TRAITÉ
DE
COUVERTURE ET PLOMBERIE

Installations d'Eau, de Gaz et d'Électricité

TOME II. — **MÉTRÉ**

TOURS. — IMPRIMERIE DESLIS FRÈRES, RUE GAMBETTA, 6.

ENCYCLOPÉDIE THÉORIQUE & PRATIQUE DES CONNAISSANCES CIVILES & MILITAIRES

(Publiée sous le patronage de la Réunion des officiers)

PARTIE CIVILE

COURS DE CONSTRUCTION

Publié sous la direction de

G. OSLET, INGÉNIEUR DES ARTS ET MANUFACTURES

QUINZIÈME PARTIE

TRAITÉ

DE

COUVERTURE ET PLOMBERIE

Installations d'Eau, de Gaz, d'Électricité

PAR

G. OSLET
Architecte
Ingénieur des Arts et Manufactures
Chef des Travaux graphiques à l'École Centrale

A. LASCOMBE
Architecte
Ingénieur des Arts et Manufactures

TOME II. -- MÉTRÉ

A. CORDEAU, métreur spécial en couverture et plomberie.

PARIS

GEORGES FANCHON, ÉDITEUR

25, RUE DE GRENELLE, 25

Droits de traduction et de reproduction réservés

TRAITÉ DE COUVERTURE & PLOMBERIE

QUINZIÈME PARTIE DU COURS DE CONSTRUCTION

I. — MÉTRÉ DE LA COUVERTURE

§ I. — CONSIDÉRATIONS GÉNÉRALES

1. Cette partie, commes celles élaborées pour les autres corporations, a pour but de faciliter aux jeunes l'étude de l'art du métré en les éloignant des abus et des méthodes empiriques, de supprimer l'équivoque par l'application des usages établis ou du simple bon sens ; et surtout, nous plaçant sur un terrain neutre, d'empêcher les règlements arbitraires de certains vérificateurs non expérimentés qui, presque toujours, persistent à classer aux bandes de solins toutes les bandes de recouvrement posées ailleurs que sur bandeaux.

Nous commenterons, en passant, avec le grand désir de rétablir la bonne harmonie qui n'aurait jamais dû cesser d'exister entre métreurs et vérificateurs.

Aucune règle fixe n'existe pour déterminer la marche à suivre dans le métré. Liberté entière est laissée au métreur.

Ce que l'on demande, avant tout, c'est la clarté et la méthode sans lesquelles un mémoire serait forcément décousu et touffu.

Il ne faut jamais oublier que pour disposer toujours favorablement le vérificateur il faut lui faciliter sa tâche, éviter les tâtonnements et les pertes de temps sans diminuer d'un centime la part de l'entrepreneur.

Quelques-uns estiment qu'un mémoire doit *descendre* beaucoup, et que le meilleur métreur est celui qui embrouille les articles de façon à ce que la vérification ne puisse s'y reconnaître.

Ce raisonnement est le comble de l'absurdité et de la malhonnêteté.

Il faut le repousser énergiquement.

L'entrepreneur ne peut pas, ne doit pas spéculer sur la paresse, l'incapacité ou la complicité possible (fait isolé, nous en sommes convaincus) d'un vérificateur peu scrupuleux.

Nous inclinons à penser que, le plus souvent, un mémoire confus et embrouillé ne fait qu'irriter le vérificateur, en ce sens qu'il lui fait perdre un temps précieux en recherches, pour remettre de l'ordre dans le mémoire.

Et sans cette irritation justifiée, peut-être aurait-il sapé moins durement l'entrepreneur dans les points laissés à son appréciation comme sortant des prix déterminés par la série.

2. Il est d'usage d'appliquer à chaque article les prix de série sur les mémoires des travaux exécutés pour les particuliers.

Pour les travaux publics le résumé est de rigueur ; il évite les frais de timbre qui seraient considérables puisque, à défaut de résumé, il faudrait faire timbrer tout le mémoire.

D'ailleurs les administrations publiques exigent ce résumé parce que, comme les entrepreneurs, elles ont besoin de comparer en peu d'instants, les quantités allouées, les prix composés appliqués, etc., etc.

Pour faciliter l'établissement du résumé il est nécessaire de numéroter, dans la marge de gauche du mémoire, tous les articles détaillés, et de reporter ces numéros sur l'extrait ou tableau de classement, dans une colonne à gauche des quantités ; cela facilite les recherches et évite les erreurs.

L'établissement d'un mémoire demande

beaucoup de connaissances pratiques, de soin, de méthode, d'esprit de suite, et un travail matériel assez long. En général, les entrepreneurs ne surveillent pas assez l'établissement de leurs mémoires ; ils confient ce soin à leurs employés ; quand ceux-ci sont capables il n'y a aucun inconvénient à procéder de cette façon, mais en est-il toujours ainsi ?

A première vue, le métré paraît chose facile, simple, et il semble qu'avec un peu de bon vouloir et de savoir, il soit possible de produire un bon résultat.

C'est là une douce illusion qui, si elle n'avait pas de conséquence ruineuse pour l'entrepreneur, serait respectable.

Malheureusement les ruines accumulées par les métreurs inexpérimentés suffisent pour démontrer qu'en cette matière spéciale, comme en toutes autres d'ailleurs, il faut d'abord commencer par être élève, même bon élève, avant de passer maître. Les aptitudes naturelles, l'esprit d'assimilation, l'intelligence précoce et vive, la volonté et l'assiduité ne peuvent tenir lieu d'un long et sérieux apprentissage, d'une pratique constante.

Ces qualités, fort appréciables du reste, ne peuvent constituer qu'un facteur favorable et non la solution elle-même du problème désiré.

Elles sont de nature à favoriser et abréger l'étude, mais non à la supprimer.

Il n'y a que les sots qui puissent prétendre le contraire.

Si l'ouvrier est le producteur du travail même, en transformant de la façon la plus habile la matière qui lui est confiée, le métreur doit faire ressortir cette façon à sa valeur réelle, la détailler, la classer, et lui appliquer les prix, bons ou mauvais, auxquels l'entrepreneur a souscrit.

Si le premier produit, le second moissonne et l'entrepreneur récolte.

Pour atteindre ce résultat légitime et désiré, il faut que le métreur sache faire une épure ou un dessin, il doit connaître le cours des métaux dont les changements pourraient occasionner des écarts considérables dans l'établissement des devis.

Dans certains ouvrages de grand prix, la valeur de la matière est à peu près insignifiante, il faut donc dans ce cas que le talent du métreur s'exerce à détailler les façons successives subies par les métaux zinc, plomb ou cuivre, dans leurs transformations.

En résumé, le métré n'est ni très-difficile ni très long à apprendre ; mais il n'y a pas à s'y tromper, il exige un ensemble de connaissances théoriques et pratiques, une méthode particulière, un jugement sain, une clarté et un soin que l'expérience doublée d'une intelligence accentuée, mises à profit sagement et honnêtement, peuvent seules fournir.

Il ne faut pas faire de demandes excessives. Par contre, il faut tout faire valoir et tirer tout le parti possible du travail exécuté et des prescriptions, bonnes ou mauvaises, des séries de prix, cahier des charges ou conventions.

Chaque chiffre, chaque mot, chaque erreur ou chaque omission peuvent coûter gros à l'entrepreneur ; on doit lui assurer son dû légitime.

Sa prospérité peut dépendre d'un bon ou d'un mauvais métré.

C'est là une vérité que tout métreur doit avoir présente à la pensée lorsqu'il opère.

Un entrepreneur ne doit rien négliger pour que ses mémoires soient parfaitement dressés. A Paris, où il existe des métreurs spéciaux pour chaque corps d'état, la chose est assez facile ; mais en province, où le cumul est en pleine vigueur, les mémoires sont généralement mal établis.

Les mémoires s'établissent toujours en minutes ; l'expédition seule est remise à l'architecte ou au propriétaire.

L'expédition d'un mémoire doit toujours porter en tête :

1° La nature des travaux ;
2° Le nom du propriétaire et sa demeure ;
3° L'endroit où les travaux ont été exécutés ;
4° Le nom de l'architecte ;
5° Le nom et l'adresse de l'entrepreneur ;
6° L'année dans laquelle les travaux ont été faits ;
7° La date de la remise du mémoire ;
8° Le cours des métaux.

Tout mémoire doit être écrit lisiblement ; une marge doit être réservée à gauche pour les croquis ou les observations du vérificateur.

Chaque fois que le détail change de nature ou d'endroit, on doit laisser une ou plusieurs lignes en blanc, de façon à bien distinguer chaque partie du travail.

Quand on n'a pas soin de ménager des titres et des sous-titres, tout le détail se déroule comme un ruban, sans arrêt aucun, sans point de repère. Rien n'est plus ennuyeux pour le vérificateur, qui, dans ce cas, perd beaucoup de temps en recherches.

Un mémoire doit contenir des mesures très justes, des évaluations bien appliquées et une parfaite description des travaux. Tout doit être raisonné avant d'être évalué ou estimé. Rien ne doit être laissé à l'arbitraire. Les prix appliqués doivent également être ceux convenus ou ceux du tarif de la localité, et, rien de plus.

Tout métreur qui se respecte doit répudier toutes les idées d'exagération, soit à cause des mesures ou des natures d'ouvrages; en aucun cas il ne doit prêter son concours aux agissements abusifs, d'où qu'ils lui soient suggérés.

Lorsque le métreur peut assister aux vérifications sur place, sa présence est d'une utilité précieuse pour le vérificateur, et d'un intérêt incontestable pour l'entrepreneur.

Il en est de même pour la présence du maître compagnon qui a dû suivre tout le travail et donner aux métreurs toutes les indications et renseignements nécessaires.

Honoraires.

3. Il est dû aux métreurs :
Extrait de l'Avis du Conseil des bâtiments civils du 12 Pluviôse an VIII (1er Février 1800), avis qui fait jurisprudence en pareille matière :

1° *Honoraires de métreurs*. — Pour la couverture 1f,50 du cent ou 15 francs pour mille. Pour la plomberie, eau et gaz, 2 francs du cent ou 20 francs pour mille, pour métrés et expéditions de travaux selon le montant en demande du mémoire.

Lorsque la plomberie est métrée simultanément avec la couverture, souvent le prix d'honoraires est confondu comme à la couverture. Lorsqu'il y a métrage de la plomberie seule on portera le prix qui lui est appliqué.

Etant observé que dans les départements où il se fait journellement de nombreux travaux à façon, il est d'usage de porter les honoraires à 2 francs pour cent du montant des travaux en demande ; et il y a lieu de les estimer en vacations toutes les fois que le montant ne s'élève pas au-dessus de 100 francs.

2° *Vacations et frais de voyage*. — Pour chaque vacation de trois heures de tout architecte, expert ou artiste opérant dans la distance de deux myriamètres, il est dû :
Dans le département de la Seine. 8f,00
Dans les autres départements . 6f,00
Au delà de deux myriamètres, il est alloué pour chaque myriamètre à titre de frais de voyage et de nourriture, soit pour aller, soit pour venir :

Aux architectes et artistes de Paris. 6f,00
A ceux des départements. . . . 4 ,50

Pour quatre vacations par jour sans déplacement :

Aux architectes et artistes de Paris. 32f,00
A ceux des départements. . . . . 24 ,00

S'il y a moins de quatre vacations, la réduction est proportionnelle.

Ce tarif d'honoraires de près d'un siècle d'existence est peu appliqué et n'est donné ici qu'à titre de renseignement, car il vient de se constituer, à Paris, un syndicat des métreurs spécialistes qui tranchera définitivement cette question des honoraires.

Nous publierons, bien entendu, leurs résolutions et décisions.

REMARQUE

4. Les prix appliqués dans cet ouvrage sont ceux de la série de la Société Centrale des Architectes français, édition 1893 — d'un usage plus répandu que la série Ville de Paris dont la dernière édition date de 1882.

Depuis cette époque les prix de matériaux et main-d'œuvre ont subi des changements, et deux industries nouvelles, dont nous nous occuperons du reste, sont venues s'ajouter au bâtiment ; nous voulons parler du Tout à l'Égout et de l'Electricité (éclairage). Ces dernières, à elles seules, nous auraient obligé à choisir la série de l'année 1895 (Société Centrale).

Prix élémentaires

5. *Fournitures dans Paris, heures du jour* (été et hiver), prix moyen.

De compagnon couvreur...	l'heure	0^f,86.
De garçon couvreur......	»	0 ,57.
De garçon gardien de rue.	»	0, 40.

Chaque ouvrier devra être muni des outils de sa profession, conformément à l'usage.

Matériaux

6. Tous les prix de matériaux comprennent le transport à pied d'œuvre.
Ardoise ordinaire. Première carrée demi-forte, deuxième modèle de 0^m,297 de hauteur sur 0^m,216 de largeur et 0^m,0027 à 0^m,030 d'épaisseur (d'Angers, de Renazé, de Riadan, d'Angrie, de Rimogne, de Fumay, de Labassère ou similaires) pesant 410 kilogrammes le mille.
Prix moyen, le mille, compris octroi (1) 51^{f}00.
Ardoise ordinaire. Première carrée premier modèle de 0^m,027 à 0^m,035 épaisseur.
(Pesant 520 kilogrammes le mille).. 56^f,00

Ardoises d'Angers, modèle Anglais

N° 1	0.640×0.360	0.0045 à 0.0060		310^k	365^f,00
N° 2	0.608×0.360	»	»	290^k	325,00
N° 3	0.608×0.304	»	»	245^k	264,00
N° 4	0.558×0.279	»	»	202^k	220,00
N° 5	0.508×0.254	0.0038 à 0.0050		154^k	176,00
N° 6	0.458×0.254	»	»	153^k	143,00
N° 7	0.406×0.203	»	»	92^k	95,00
N° 8	0.355×0.203	»	»	74^k	83,00
N° 9	0.355×0.177	»	»	63^k	72,00
N°10	0.305×0.177	»	»	47^k	57,00
N°11	0.360×0.254	»	»	96^k	110,00
N°12	0.304×0.203	»	»	62^k	72,00

Ardoises de l'assise d'Angers

Modèle français. — Type carré.

N° 1	0.220×0.220	0.0038 à 0.0005		465^k	70^f,00
N° 2	0.260×0.260	»	»	645^k	80,00
N° 3	0.300×0.300	»	»	825^k	90,00
N° 4	0.330×0.330	»	»	1150^k	115,00
N° 5	0.360×0.360	»	»	1350^k	140,00
N° 6	0.400×0.400	0.0045 à 0.006		1950^k	190,00

Ardoises : Type octogonal (dit carrelage)

N° 1	0.300×0.300 8.004 à 0006	1000^k	140^f,00
N° 2	0.330×0.330	»	»	1200^k 177,00
N° 3	0.360×0.360	»	»	1500^k 215,00

Clous à ardoises

Ordinaires fins (1000 par kilogramme)	1^f,00
En cuivre rouge (525 par kilogramme) le kilogramme....................	3,30
(Grands pour plomb), (160 au kilogramme)........................	1,00
A latte (800 au kilogramme)......	0,42
A tasseaux (150 au kilogramme)....	0,39
A volige (500 au kilogramme).....	0,42

Coton minéral

(Muller) à l'usine (les 100 kilogrammes) 32,00

Crochets ou agrafes à ardoises

En cuivre rouge (117 au kilogramme) le kilogramme...................	4^f,00
En fer étamé (125 au kilogramme)...	2,00
A deux branches dit Parisien. En cuivre rouge (75 au kilogramme).	4,00
En fer étamé (75 au kilogramme)....	2,00
Plats à deux branches pour ardoises carrées : En tôle galvanisée n° 1 (128 au kilogramme)............	2^f,50
» n° 2 (50 au kilogramme).........	1,95
Ronds à deux branches pour ardoises carrées :	
En cuivre rouge (58 au kilogramme).	4^f,00
En fer étamé (75 au kilogramme)....	2,00
Crochets métalliques pour tuiles à emboitement (le mille).........	50^f,00
Faîtière de Bourgogne ordinaire, le cent............................	60,00
Faîtière à bourrelet, le cent.......	70,00
» ronde à recouvrement, le cent.	60,00
Latte de 1^m,30 longueur (les 104 bottes, cœur de chêne : 225 francs, 50 lattes par botte, les 100 bottes........	216,35
Liteau en sapin pour tuiles à emboitement (0,025 × 0^m,027) le mètre linéaire............................	0,07
Mitre et *mitron* en terre cuite comme à la maçonnerie................	0,07
Plâtre, le mètre cube.............	17,00
Tuile neuve de Bourgogne de 0^m,015 d'épaisseur plate, grand moule 0^m,32 × 0^m,22, pesant 1958 kilog. le mille (1040 : 114 francs) le mille.	112,00
Tuile de Bourgogne, de 0^m,015, petit moule de 0,26 × 0,18 pesant 1321 kilogrammes le mille (1040 : 65 francs) le mille.............	62,00

Tuile neuve :

à recouvrement	d'Ivry (Muller) grand moule, 4 modèles.....	200,00
	d'Ivry, petit moule.....	120,00
A emboîtement	d'Altkirch (Alsace).....	200,00
	de Choisy-le-Roi (Seine). de Courbéton (Seine-et-Marne).......... d'Ecuisse, dite de Perrusson (Saône-et-Loire).. d'Essonnes, dite Radot (Seine-et-Oise)...... de Génelard.......... de la Ferté-Saint-Aubin (Loiret)............. des Laumes (Côte-d'Or). de Montbard (Côte-d'Or). de Montceau-les-Mines (Saône-et-Loire)..... de Montchanin........ de Navilly (Saône-et-Loire).............. de Pargny-sur-Saulx (Marne)............	185,00
Creuse isolante à emboîtement	d'Ivry-Port, grand moule le mille............	200,00
	d'Ivry-Port, petit moule, le mille............	150,00

NOTA. — Toutes les tuiles à recouvrement et à emboitement de première qualité doivent porter leur marque d'origine et être garanties pendant dix ans.

Tuile vieille de Bourgogne, compris transport (le mille).......... 50,00

Volige en peuplier de 2 mètres de longueur sur 0ᵐ,11 de largeur de 0ᵐ,013 d'épaisseur (les 100 voliges, à arêtes vives)....................... 22,00

Volige en sapin (pour ardoise modèle anglais) de 0ᵐ,08 de largeur, sur 0ᵐ,027 d'épaisseur, chanlattée (les 100 mètres linéaires)............. 20,00

Prix composés :

7. Les prix de règlement établis à la série de la Société Centrale des architectes français pour les travaux particuliers exécutés dans Paris, sont composés :

1° Des déboursés pour la main-d'œuvre et les fournitures ;

2° Des faux frais calculés sur la main-d'œuvre seulement ;

3° Des bénéfices appliqués aux prix de la main-d'œuvre et des fournitures et aux faux frais.

Pour la couverture (ardoises et tuiles)

Les faux-frais sont fixés à........	25 0/0
Le bénéfice à...................	10 0/0

EXEMPLE

8. Prix composé pour 1 mètre superficiel de couverture en *ardoise ordinaire d'Angers* sur volige neuve (pureau de 0,11).

43 ardoises à 51 francs le mille.....	2ᶠ,190
86 clous à ardoise, à 1 franc le mille.	0,086
6 mètres voliges à 0ᶠ,11 le mètre linéaire.........................	0,660
37 clous à volige à 0ᶠ,84 le mille.....	0,031
1 heure de couvreur et aide à......	1,430
Faux frais 25 0/0 sur 1ᶠ,43..........	0,357
	4,754
Bénéfice 10 0/0......	0,475
Prix de règlement.......	5,229

le mètre superficiel (1).

9. Sous détail pour *ardoise de Riadan, modèle anglais*, numéro 6, sur volige neuve chanlattée (pureau de 0ᵐ,190).

21 ardoises à 143 francs le mille.....	3,000
42 clous en cuivre à 6 francs le mille.	0,252
5 mètres voliges à 0ᶠ,20 le mètre linéaire.........................	1,000
31 clous à volige à 0ᶠ,84 le mille.....	0,026
40 minutes couvreur et aide à 1ᶠ,43 l'heure.........................	0,953
Faux frais 25 0/0 sur 0ᶠ,953........	0,238
	5,469
Bénéfice 10 0/0......	0,547
Prix de règlement......	6,016

le mètre superficiel (2).

(1) (2) De l'examen de ces sous-détails, il paraît ressortir que, dans la série édition de l'année 1895, on a dû se servir des prix élémentaires, portés à la série précédente, c'est-à-dire de l'édition 1893 qui donne.

Ardoise ordinaire d'Angers...	48ᶠ le mille
(anglaise) n° 6........	145ᶠ »

Alors que la série de 1895 porte :

Ardoise ordinaire............	51ᶠ »
(anglaise n° 6)........	143ᶠ »

Ce qui, pour l'ardoise ordinaire, explique la différence de 0ᶠ,13 en plus par mètre superficiel, mais pas celle de 0ᶠ,13 en moins que nous constatons sur l'ardoise anglaise n° 6.

Au reste, quelles que soient ces différences nous continuerons à appliquer les prix de série, comme nous l'avons déjà dit, dans nos démonstrations et formules de métrés.

COUVERTURE ET PLOMBERIE.

Tarif des droits d'octroi de Paris auxquels sont assujettis les différents matériaux et produits employés dans la construction (*décimes compris*).

Ardoises de grandes dimensions, le mille.........	5ᶠ,00
Ardoises de petites dimensions, le mille.........	3,60
Anthracite, houille de toute espèce, lignite bogead, tourbe carbonisée et épurée et coke les 100 kilos........	0,72
Argile, terre glaise et sable gras, le mètre cube........	1,50
Avoine, les 100 kilos........	1,25
Asphalte, bitume, brai, goudron, les 100 kil........	0,60
Blanc de céruse et autres couleurs en pâte broyées ou préparées à l'huile, l'hectolitre........	9,50
Bois de chêne, châtaignier, orme, frêne, charme, noyer, mérisier, acacia, érable, prunier, pommier et autres d'essence dure, en grumes ou équarris, débités en sciage ou fente, façonnés ou non, le stère.....	9,40
Bois de sapin, platane, peuplier, bouleau, aune, tilleul, saule, marronnier et autres d'essence tendre, en grumes ou équarris, débités en sciage ou en fente, façonnés ou non, le stère........	7,50
— Bateaux en chêne, par bateau (dimension ordinaire), par bateau....	28,80
— Bateaux en sapin, par bateau (dimension ordinaire), par bateau...	14,40
Bois de déchirage en chêne, le mètre carré........	
Bois de déchirage en chêne, le mètre carré........	
Bois à brûler d'essence dure, le stère........	2,50
Bois à brûler d'essence tendre, le stère........	1,85
Briques pleines, de dimensions ordinaires, les 100 kilos........	0,30

(*Les briques, tuiles et carreaux cassés ne paient que demi-droit.*)

Briques creuses, tuiles, les 100 kilos........	0,36
Carreaux de terre cuite, les 100 kilos........	0,60
Carreaux et panneaux de faïence, les 100 kilos........	2,70
Charbon de bois, l'hectolitre........	0,50
Charbon de terre, les 100 kil......	0,30
Chaux de toute espèce, les 100 kil..	1,20
Ciments de toute provenance, les 100 kil........	1,20
Cotrets de bois dur, menuise de bois dur et bois blanc, cotrets de menuise et fagots de toute espèce, le stère....	1,50
Essence de térébenthine. l'hectolitre........	10,20
Fers tors et à croix, fers à moulures et à vitrage, fers creux, les 100 kilos........	3,60
Foin, sainfoin, luzernes et fourrages secs, les 100 bottes de 5 kilos.....	5,00
Fontes (toute nature), les 100 kilos.	2,40
Glaces (miroirs), les 100 kilos.....	14,40
Goudrons liquides à l'état brut, et liquides provenant de la distillation des goudrons, les 100 kilos........	0,72
Huiles de lin et autres provenant de substances animales ou végétales, l'hectolitre........	32,70
Huiles et essences minérales, l'hectolitre........	21,60
Lattes et treillages, les 100 bottes.	9,40
Marbres et granits, le mètre cube..	25,00
Menuise de bois dur ou de bois blanc, cotrets de menuise et fagots divers, le stère........	1,80
Mitres et poteries de toutes espèces, les 100 kilos........	0,60
Moellons de toute espèce et meulière de toute dimension, le mètre cube........	1,00
Orge, les 100 kil........	1,50
Paille, les cent bottes de 5 kilos...	2,00
Pierres de tailles, dalles et carreaux de pierres de toute espèce, le mètre cube........	3,50
Plâtre, l'hectolitre........	0,35
Poitrails, solives, pièces pour combles, marches d'escalier et autres pièces en fer façonnées entrant dans les constructions, les 100 kil........	3,60
— Les mêmes pièces, id. en fonte, les 100 kil........	2,40
Pots creux, mitres, tuyaux et poterie de toute espèce employés dans la construction et le jardinage, les 100 kil.	0,60
Sable gras, le mètre cube........	1,80
Tuiles de dimension ordinaire, le mille........	8,40
Vernis de toute espèce autre que ceux à l'alcool, l'hectolitre........	21,60
Verres à vitres, en table, les 100 kil.	1,80

MÉTRÉ DE LA COUVERTURE.

TABLEAU DU COURS DES MÉTAUX ZINC ET PLOMB, DEPUIS L'ANNÉE 1884 JUSQU'AU 30 MAI 1896.

1884.		Zinc.	Plomb.	1885.		Zinc.	Plomb.
		fr.	fr.			fr.	fr.
Janvier	1	62	43	Janvier	1	56	39
Mars	1	»	42	Mai	15	»	40
Mai	16	»	40	Juin	15	»	41
Novembre	12	56	»	Id	30	»	42
Décembre	1	»	39	Juillet	15	»	44
				Août	20	58	»
				Septembre	1	»	42
				Novembre	1	»	41
				Id	30	»	44

1886.		Zinc.	Plomb.	1887.		Zinc.	Plomb.
		fr.	fr.			fr.	fr.
Janvier	1	58	44	Janvier	1	58	44
Février	1	»	43	Mai	1	»	43
Id	15	»	44	Octobre	5	60	»
Avril	30	»	45	Octobre	31	»	44
Juin	1	»	44	Novembre	14	62	»
				Novembre	30	»	46
				Décembre	5	»	53
				Décembre	10	65	»
				Décembre	18	70	»

1888.		Zinc.	Plomb.	1889.		Zinc.	Plomb.
		fr.	fr.			fr.	fr.
Janvier	1	70	53	Janvier	1	66	45
Février	20	»	»	Février	15	»	43
Mars	1	»	50	Août	22	71	»
Avril	16	»	48	Septembre	12	77	»
Mai	17	65	»	Novembre	15	»	47
Juin	1	»	45	Novembre	30	»	50
Juillet	10	60	»	Décembre	24	80	»
Id	31	»	47				
Août	18	63	»				
Septembre	18	66	»				
Id	30	»	50				

1890.		Zinc.	Plomb.	1891.		Zinc.	Plomb.
		fr.	fr.			fr.	fr.
Février	1	80	48	Février	1	82 50	46
Mars	1	»	46	Mars	16	»	44
Avril	1	»	45				
Mai	31	»	46				
Septembre	23	82 50	»				
Septembre	30	»	9				
Octobre	31	»	50				
Décembre	1	»	48				

1892.		Zinc.	Plomb.	1893.		Zinc.	Plomb.
		fr.	fr.			fr.	fr.
Janvier	1	82 50	41	Janvier	1	82 50	»
Décembre	1	»	38	Id	10	72 »	»
				Juillet	15	»	40
				Novembre	1	»	38

1894.		Zinc.	Plomb.	1895.		Zinc.	Plomb.
		fr.	fr.			fr.	fr.
Janvier	1	72	38	Février	11	59	»
Id	15	64	»	Avril	1	»	39
Février	1	»	38	Août	1	»	42
Août	31	»	»				

TABLEAU DU POIDS DES PLOMBS LAMINÉS EN TABLES.

(*Au mètre superficiel*)

Le mètre cube de plomb pèse 11.350 *kilogrammes*.

Épaisseurs en millimètres	1/2	1	1 1/2	2	2 1/2	3	3 1/2	4	5	6
Poids du mètre carré......	k. 5.70	k. 11.35	k. 17.00	k. 22.70	k. 28.40	k. 34.05	k. 39.75	k. 45.40	k. 56.75	k. 68.10

TABLEAU DU POIDS DU ZINC SUIVANT LES DIVERS NUMÉROS.

Numéros du Zinc.........	9	10	11	12	13	14	15	16	18	20
Poids du mètre superficiel.	k. 3.15	k. 3.50	k. 4.06	k. 4.62	k. 5.20	k. 5.75	k. 6.65	k. 7.56	k. 9.38	k. 11.20
Déchet d'emploi 1/40.......	0.08	0.09	0.10	0.12	0.13	0.15	0.17	0.20	0.23	0.28
Poids du mètre avec déchet.	k. 3.23	k. 3.59	k. 4.16	k. 4.74	k. 5.33	k. 5.90	k. 6.82	k. 7.76	k. 9.61	k. 11.48

Prix de base.

10. L'usage étant de demander le plomb au kilogramme et le zinc en surface, il est indispensable d'établir les prix de ces unités :

Plomb neuf au cours de.......... 42^f,00
Remise par 100 kilogrammes...... 4,00
Reste........... 38^f,00
Bénéfice 10 0/0........... 3,80
Ensemble........... 41^f,80
les 100 kilogrammes, ou 0^f,418 le kilogramme.

Zinc neuf laminé au cours de...... 59^f,00
Remise par 100 kilogrammes....... 4,00
Reste........... 55^f,00
Bénéfice 10 0/0........... 5,50
Ensemble........ 60^f,50
les 100 kilogrammes, ou 0^f,605 le kilogramme.

Pour obtenir le prix du mètre superficiel de zinc façonné, on n'aura donc plus qu'à multiplier le poids théorique du zinc employé par 0^f,605 ; ainsi pour le zinc n° 12 le plus généralement choisi pour couvertures 4^k,74 × 0^f,605 = 2^f,87.
Zinc n° 14 pour chéneaux 5^k,90 × 0^f,605 = 3^f,57.

II. — EXEMPLES DE MÉTRÉS

11. Les dessins qui suivent sont :
Pour les plans et les coupes à l'échelle de 0^m,01.
Pour les détails, à l'échelle de 0^m,05.

Métré numéro 1.

12. Comble simple à deux versants recouverts en tuile de Bourgogne grand moule sur lattis neuf, comprenant gouttières pendantes en zinc n° 12 × 0^m,25 de largeur, posées sur crochets ordinaires (deux par mètre) ruellées en plâtre sur les rives et faîtage en faîtières de Bourgogne avec embarrures et crêtes en plâtre (*fig.* 1 et 2).

MÉTRÉ DE LA COUVERTURE.

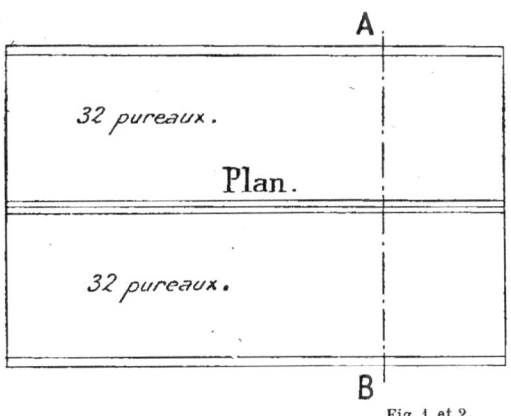
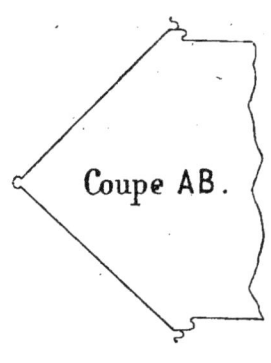

Fig. 1 et 2.

PAGES	Nos	Métré.			
606	120	Couverture en tuile neuve de Bourgogne, grand moule, sur lattis neuf. 2 fois 8.00 × 3.52ʰ (32 pureaux) produit surface....................	56.32	5.90	332.29
619	109	Gouttières en zinc n° 12, fournies, façonnées, posées, de 0.25 de développement compris crochets. 2 fois 8.00................. 16.00 4 talons × 0.15............ 0.60 Linéaires...............	16.60	2.27	37.68
609	186	Egouts de 2 tuiles de Bourgogne, fournies scellées. 2 fois 8.00.....................	16.00	1.83	29.28
610	230	Ruellées, plâtre sur tuile neuve........... 4 fois 3.50......................	14.00	1.13	15.82
609	193	Faîtage neuf en faîtières de Bourgogne, fournies, scellées, compris embarrures et crêtes en plâtre............	8.00	3.22	25.76
		Plus-value d'amortissements d'abouts en plâtre..................	2.	0.30	0.60
		Total....................			441ᶠ,43
		Nota : Comme le métré des tuyaux de descentes sera porté à la suite de la couverture en zinc, nous ne donnons ici, complémentairement, que le détail d'un moignon de gouttière. Soit : Pour moignon : tuyau en zinc n° 12 × 0.08, diamètre fourni, façonné, posé en élévation. Longueur..................... 0.15 Plus-value de 1 embranchement pour. 0.40			
621	154	Ensemble................	0.55	1.94	1.07

Métré numéro 2.

13. Comble recouvert en tuile de Bourgogne petit moule sur lattis neuf (*fig.* 3 et 4) comprenant : gouttières pendantes, en zinc n° 12 × $0^m,33$ de développement posées sur crochets ordinaires, deux par mètre, faîtage en faîtières de Bourgogne, ruellées sur rives et filet plâtre en tête du versant en appentis ; noue en zinc n° 12 de $0^m,50$ de largeur posée sur voligeage neuf en sapin, de $0^m,013$ jointif compris tranchis et parements. Châssis en fer à tabatière et crémaillère de $0^m,60$ × $0^m,80$ de jour avec, derrière, recouvrement en plomb de $0^m,0025$ d'épaisseur sur voligeage et pente en plâtre.

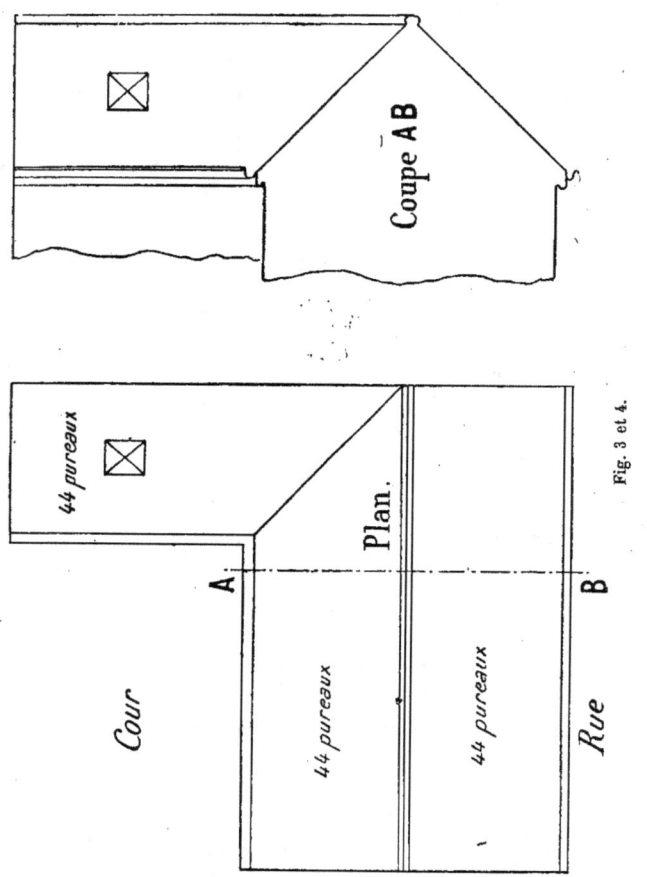

Fig. 3 et 4.

MÉTRÉ DE LA COUVERTURE.

PAGES	Nos	Métré.			
		Couverture en tuile de Bourgogne, petit moule, fournie, posée sur lattis neuf.			
		Sur rue :			
		8.00×3.52 hauteur (44 pureaux) produit.......................... 28.16			
		Sur cour :			
		Versant de face.			
		$\dfrac{5.50 \text{ et } 8.00}{2} = 6.75 \times 3.52$ hauteur (44 pureaux), produit............. 23.76			
		Versant de droite.			
		$\dfrac{4.00 \text{ et } 6.50}{2} = 5.25 \times 3.52$ hauteur (44 pureaux), produit.............. 18.50			
		Ensemble............ 70.42			
		Moins châssis de 0.60×1.05 (compris emplacement du derrière en plomb) produit........................... 0.63			
606	120	Reste surface................	69.79	6.05	422.23
		Gouttières en zinc n° 12 de 0.33 développé, fournies, façonnées, posées, compris supports			
		Sur rue...................... 8.00			
		Sur cour............... 5.50			
		4.00 } 9.70			
		1 équerre............. 0.20			
		4 talons × 0.15.................. 0.60			
619	110	Linéaires...................	18.30	2.70	49.11
609	187	Égouts de 2 tuiles neuves, petit moule *idem* 8.00, 5.50, 4.00. Ensemble...............	17.50	1.88	32.90
		1 Noue (*fig*. 5).			
		Voligeage neuf en sapin de 0.013×0.11, fourni, posé, cloué jointif.			
621	170	2 fois 4.30×0.35 produit.........	3.01	2.05	6.17

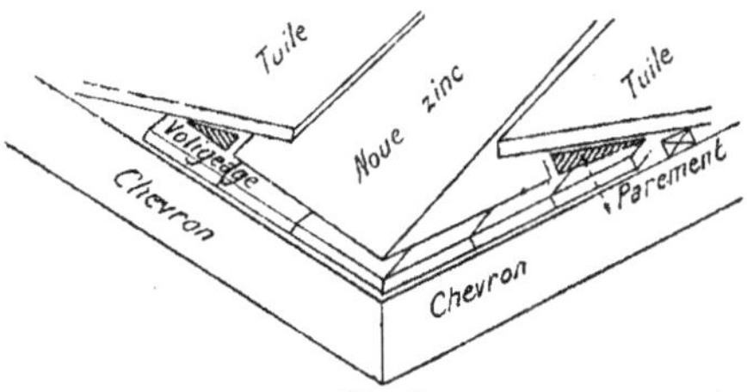

Fig. 5.

617	55	Noue en zinc n° 12, fournie, façonnée, posée. 4.70×0.50 produit............	2.35	4.17	9.80
617	65	Goussets, zinc neuf, rapportés et soudés...	3	0.28	0.84

COUVERTURE ET PLOMBERIE.

PAGES	Nos				
617	64	Angles façonnés et soudés..................	3	0.15	0.45
611	242	Tranchis biais sur tuile neuve, fournie. 2 fois 4.30 réduit...................	8.60	1.25	10.75
610	227	Parements en plâtre *idem*...............	8.60	0.40	3.44
609	193	Faîtage en faîtières de Bourgogne (*fig.* 6), fournies, scellées, compris embarrures et crêtes......................................	8.00	3.22	25.76

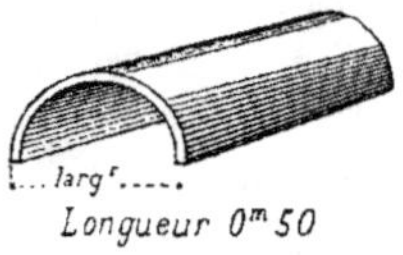

...larg^r....
Longueur 0^m50
Fig. 6.

		Amortissements d'abouts en plâtre.......	2	0.30	0.60
		Ruellées en plâtre sur tuile neuve fournie :			
		A gauche.................... 7.00			
		A droite.................... 3.50			
		Au fond.................... 3.50			
610	230	Linéaires...................	14.00	1.13	15.82
610	208	A droite; filet plâtre sur tuile *idem*......	6.50	0.95	6.18
608	160	1 châssis de 60 ×80 (*fig.* 7), Produit linéaires 2.80, à tabatière et crémaillère fourni.....................	....	5.00	

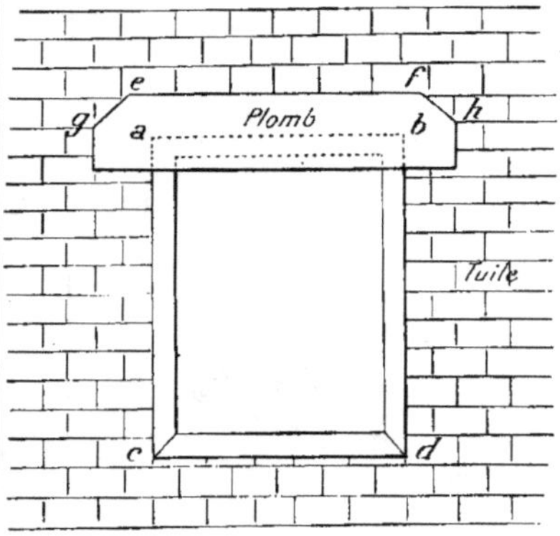

Fig. 7.

»	»	Peint à l'huile 2 couches................	....	0.24	
608	164	Posé..	....	0.30	
608	161	Plus-value de dormant en tôle laminée de 0.0025 épaisseur........................	....	0.20	
		Linéaires...................	2.80	5.74	16.07

MÉTRÉ DE LA COUVERTURE.

610	208	Filet plâtre (*cd*) sur tuile *idem*...........	0.70	0.95	0.67
611	242	Tranchis droits sur tuile neuve (*ac — bd*), 2 fois 0.90.....................	1.80	0.84	1.51
609	176	Dévirures plâtre *idem*...................	1.80	0.38	0.68
		Derrière; recouvrement en plomb neuf en table de 0.0025 épaisseur pour fourniture de 1.00 × 0.40 produit 0.40 × 28^k,40 le mètre superficiel.			
622	1	Pesant.....................	11^k,360	0.42	4.77
622	9	Façon pose, pesant	11^k,360	0.15	1.70
622	71	Bande de clouage zinc neuf, fournie posée..	1.00		0.33
616	52	Clouage espacé.....................	1.00		0.34
		Dessous :			
621	170	Voligeage neuf en sapin *idem* 1.00 × 0.22 hauteur produit.....................	0.22	2.05	0.45
Série 307	1882 156	Pente en plâtre pur de 0.05, épaisseur réduite, même surface.....................	0.22	1.90	0.42
609	187	(1) Batellement d'une tuile neuve *idem* (*ef*)	0.80	0.93	0.74
611	242	Tranchis biais sur tuile neuve (*ge — fh*), 2 fois 0.15.....................	0.30	1.25	0.37
610	227	Parement plâtre *idem*...................	1.10	0.40	0.44
		Total.....................	....	....	612^f,84
		(1) Il y a là deux épaisseurs de tuiles ou 2 tuiles mais, comme celle du dessus a été comprise dans la surface du comble, le batellement n'est demandé que de 1 tuile.			

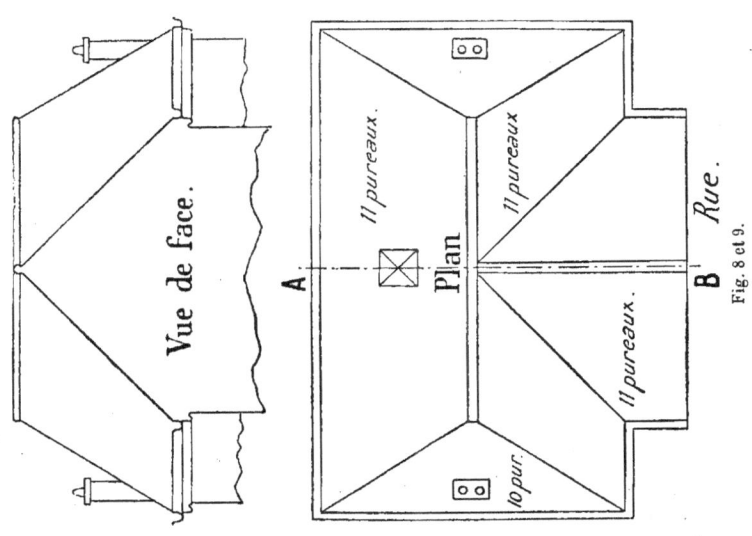

Fig. 8 et 9.

Métré numéro 3.

14. Comble recouvert en tuile Müller (*fig.* 8 à 10) grand moule sur liteaux neufs en sapin 25/27 ; gouttières en zinc n° 14 × 0^m,33 développé à crochets en fer renforcé munis de paillettes en cuivre rouge étamé, espacés de 0^m40, et fixés sur chevrons; noues en zinc n° 14 × 0^m,65 de largeur posées sur voligeage en sapin de 0^m,013 épaisseur ; faîtages à bourrelet ; arêtiers en plâtre ; châssis de sortie Müller ; souches de cheminées raccordées avec derrières en zinc n° 14 et solins plâtre.

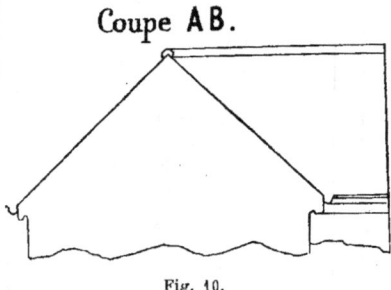

Fig. 10.

PAGES	Nos	Métré.		
		Couverture en tuile neuve Müller sur liteaux neufs (*fig.* 11 et 12).		
		Versant sur rue : 2 fois $\frac{1.30 \text{ et } 2.10}{2} = 3.40 \times 3.74$ hauteur produit	12.72	
		Avant-corps : 2 fois $\frac{0.80 \text{ et } 3.30}{2} = 4.10 \times 3.74$ hauteur, produit..................	15.33	
		Croupes : 2 fois $\frac{5.00 \times 3.40}{2}$ hauteur (10 pureaux), produit....................	17.00	
		Versant opposé à rue : $\frac{8.00 \text{ et } 5.00}{2} = 6.50 \times 3.74$ hauteur, produit........................	24.31	
		Ensemble	69.36	
		Moins : 2 souches de chaque, 0.60×0.35 produit $= 0.42$		
		A reporter	0.42	69.36

Fig. 11 et 12.

MÉTRÉ DE LA COUVERTURE.

PAGES	Nos				
		Reports...... 0.42 69.36			
		1 châssis,			
		0.50 × 1.00 produit = 0.50			
		A déduire............ 0.92			
607	127	Reste surface....................	68.44	4.20	287.45
		Gouttières en zinc n° 14 × 0.33 développé, fournies, façonnées, posées sans crochets.			
		2 fois 1.15.................. 2.30			
		2 fois 1.65.................. 3.30			
		2 fois 5.30.................. 10.60			
		1 fois...................... 8.00			
		6 équerres × 0.20............ 1.20			
		2 talons × 0.15 .... 0.30			
609 608	110 91-93	Linéaires....................	25.70	2.23	57.31
608	91	Supports en fer renforcé pour gouttière de 0.33, fournis............................	66	0.20	13.20
608	93	Posés................................	66	0.15	9.90
»	»	Plus-value de renforcement..............	66	0.20	13.20
»	»	Plus-value de paillettes en cuivre rouge étamé 66 fois 2	132	0.30	39.60
		Par le bas des versants pour recevoir la culée de la tuile, doubles liteaux *idem*, fournis, posés et cloués. 1.30, 0.80, 5.00 = 7.10.			
		2 fois 7.10..................... 14.20			
		8.00	22.20	0.20	4.44

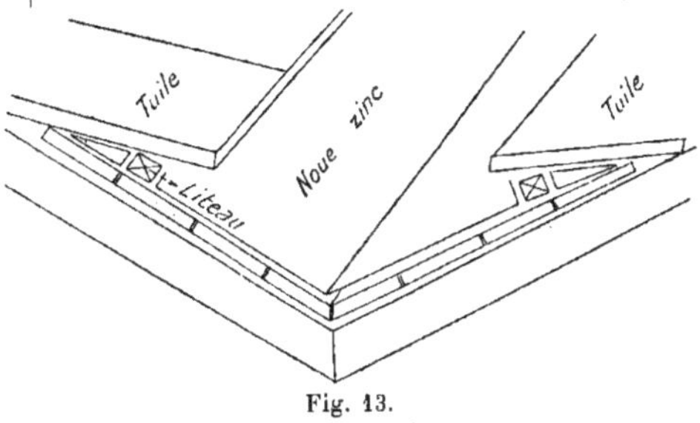

Fig. 13.

		2 noues semblables (*fig.* 13).			
		Détails d'une :			
		Voligeage neuf en sapin de 0.013 jointif.			
621	170	2 fois 4.30 × 0.44 produit..............	3.78	2.05	7.75
		Noue en zinc n° 14, fournie, façonnée, posée			
617	54	4.70 × 0.65, produit..................	3.05	4.67	14.24
617	65	Goussets............................	3	0.28	0.84
617	64	Angles.............................	3	0.15	0.45
N° 1.		Sur les côtés; liteaux neufs en sapin de 0.027, fournis posés et cloués.			
»	»	2 fois 4.30........................	8.60	0.20	1.72
		Tranchis (biais) à la scie sur tuile neuve à emboîtement.			
611	245	2 fois 4.30 réduit..................	8.60	3.43	29.50
610	227	Parements plâtre *idem*................	8.60	0.40	3.44

COUVERTURE ET PLOMBERIE.

PAGES	Nos				
609	194	Une autre noue semblable à celle accoladée ci-dessus n° 1	1	»	57.94
		Faîtages en faîtières de Bourgogne à bourrelets (*fig.* 14 et 15), fournies, scellées, compris embarrures 5.00			
		3.50			
		Linéaires...............	8.50	3.45	29.33

Longueur 0^m50
Fig. 14 et 15.

»	»	Amortissements d'abouts en plâtre	2	0.30	0.60
608	197	Arêtiers en plâtre sur tuile neuve à emboîtement.			
610	236	4 fois 3.90............................	15.60	1.88	29.33
		1 châssis Müller (*fig.* 16) de 9 tuiles grand moule.			
		Fourni.......	1	»	22.00
		Posé de 0.46 × 0.90 de jour, produit....			
608	164	Linéaires................	2.72	0.30	0.82

Fig. 16.

	208	Filet plâtre sur tuile neuve à emboîtement.	0.50	1.19	0.60
610	236	Tranchis droits sur tuile *idem*.			
»	»	2 fois 1.00...................	2.00	1.05	2.10
609	176	Dévirures en plâtre *idem*...............	2.00	0.38	0.76
610	227	Parement plâtre au-dessus...............	0.50	0.40	0.20
»	»	Liteau neuf *idem*......................	0.50	0.20	0.10

MÉTRÉ DE LA COUVERTURE.

621	170	2 souches de cheminées semblables. Détail d'une : Derrière : voligeage neuf en sapin *idem*. 0.80 × 0.35 produit....................	0.28	2.05	0.57
»	»	Pente plâtre pur : 0.80 × 0.25 produit....................	0.20	1.90	0.38
620	130	Papier goudronné idem. surface.........	0.20	0.29	0.06
618 616	23 33	Recouvrement en zinc n° 14 × 0.40 large, fourni, façonné, posé.................	0.80	2.91	2.33
N° 2.		Sous la tuile : Liteau neuf *idem*...................	0.50	0.20	0.10
		Parement plâtre....................	0.50	0.40	0.20
620	140	Solins plâtre : Sur zinc........................	0.60	0.72	0.43
610	208 236	Sur tuile neuve à emboîtement, face. 0.60 Côtés 2 fois 0.60.................. 1.20 Ensemble....................	1.80	1.19	2.14
		1 autre souche comme celle accoladée, n° 2.	1	»	6.21
		Total....................			639.24

Les différents sous-détails seront donnés, avec toutes les explications nécessaires, à la suite du *Métré de la Couverture*.

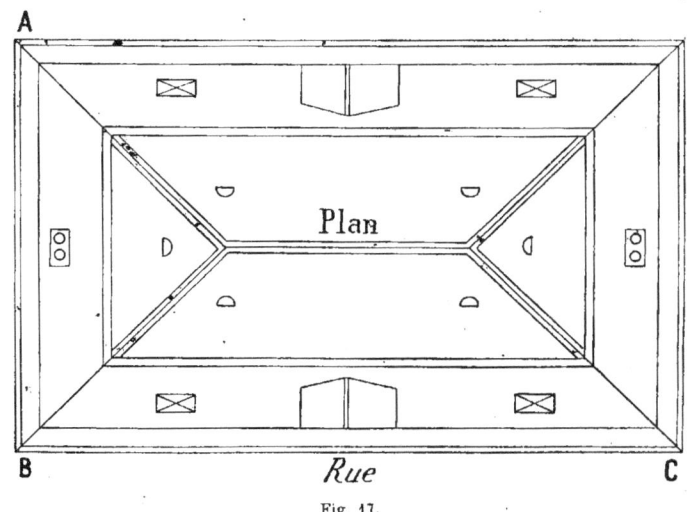

Fig. 17.

Sciences générales.   Couverture et Plomberie. — Tome II. -- 2.

COUVERTURE ET PLOMBERIE.

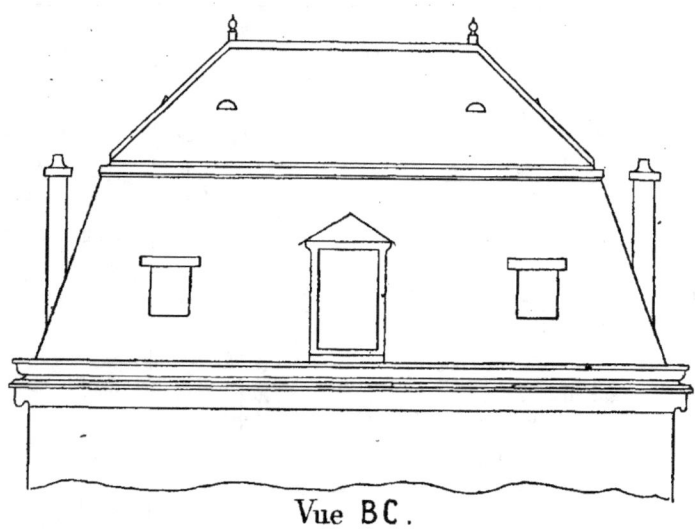

Vue BC.

Fig. 18.

Métré n° 4.

11. Comble à la Mansard (*fig.* 17 à 19) comprenant :

Gouttières à l'anglaise en zinc n° 14 de $0^m,40$ développé sur supports fer de 30/6 à pied portant sur entablement recouvert en zinc n° 12 à coulisseaux par 2 mètres à relief suffisant protégeant la sablière ; brisis recouverts en ardoise d'Angers, forte, sur volige peuplier, arêtiers fermés ; les lucarnes recouvertes en ardoise idem avec égouts de 2 tuiles, faîtage de Bourgogne et noues en plomb de $0^m,0025$ épaisseur, 4 châssis de 65 × 80 avec derrières en plomb, de $0^m,0025$ épaisseur comme aux souches de cheminées ; à ces dernières et aux jouées de lucarnes, solins en plâtre (*pas de noquets*); Terrasson de comble recouvert en tuile à emboîtement Muller ; avec, au bas, banquette en zinc formant couronnement de brisis, et bandes de filet en plomb de $0^m,0015$ épaisseur et filets en plâtre ; faîtage en faîtières à recouvrement et arêtiers ogive avec abouts, chattières en terre cuite pour l'aération du grenier, et poinçons en terre cuite sur le faîte.

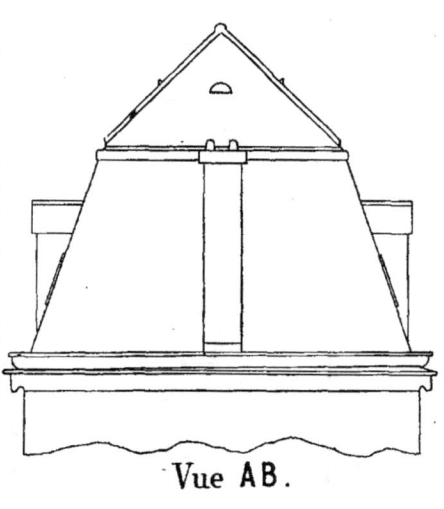

Vue AB.

Fig. 19.

MÉTRÉ DE LA COUVERTURE.

NUMÉROS PAGES	SÉRIES				
		Métré n° 4.			
		Brisis :			
		Couverture en ardoise d'Angers, forte, sur volige neuve peuplier, fournie, clouée.			
		Grands versants :			
		2 fois $\dfrac{9.90 \text{ et } 7.80}{2} \times 3.19$ hauteur (29 pureaux), produit.................... 56.36			
		Côtés :			
		2 fois $\dfrac{5.90 \text{ et } 3.90}{2} \times 3.19$ hauteur, produit....................... 31.26			
		Surface.......... 87.62			
		Moins :			
		2 lucarnes de chaque 1.30 $\times$ 1.80 réduit produit......... 4.68			
		4 châssis de chaque, 0.65$\times$1.00 produit.................... 2.60			
		2 souches de cheminées de chaque 0.78 $\times$ 0.80 produit... 1.24			
		A déduire............. 8.52			
605	72				
605	78	Reste surface...... 79.10	79.10	5.32	420.81

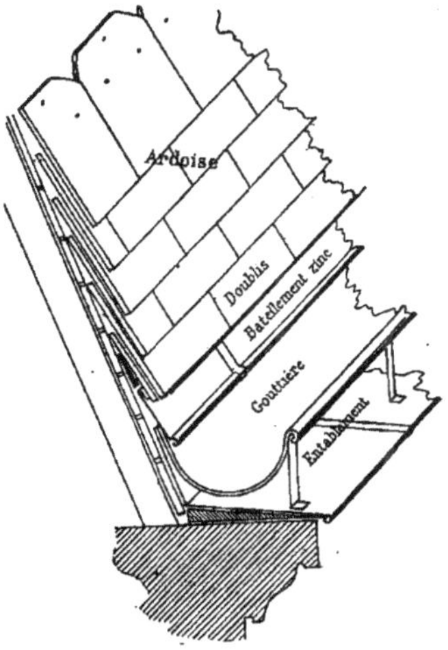

Fig. 20.

Chéneau sur entablement (*fig.* 20).
Sur entablement :
Glacis en plâtre pur, en pente,
2 fois 10.20 = 20.40
2 fois 6.20 = 12.40
Ensemble 32.80 $\times$ 0.30 large, produit

| 619 | 103 | Surface... | 9.84 | 1.25 | 12.30 |

COUVERTURE ET PLOMBERIE.

NUMÉROS PAGES	SÉRIES				
620	130	Papier goudronné, même surface..........	9.84	0.29	2.85
		Bandes d'agrafe en zinc, 12 fournies (1)			
		2 fois 10.70 = 21.40			
		2 fois 6.70 = 13.40			
		Ensemble 34.80 × 0.40 large, produit			
615	23	surface	3.48	2.87	9.99
616	25	Façonnées, posées ; linéaires............	34.80	0.25	8.70

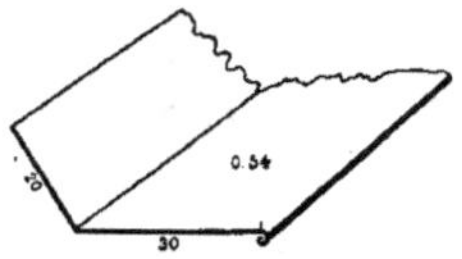

Fig. 16.

Bandes de recouvrement (*fig.* 21) en zinc n° 12 pour fourniture.
2 fois 10.30 ...... = 20.60
2 fois 6.30 ...... = 12.60
Coulisseaux :
16 × 20 courant.. = 3.20
4 équerres × 0.20 = 0.80
Linéaires........ = 37.20 × 0.54 développé produit surface ....

615	23	loppé produit surface	20.09	2.87	57.65
616	34	Façon, pose ; linéaires..................	37.20	1.65	61.35
		Brisures façonnées, soudées aux coulisseaux			
617	64	comme angles, ensemble.................	16	0.15	2.40

Gouttières zinc n° 14, pour fourniture :
2 fois 10.20 réduit = 20.40
2 fois 6.20 réduit = 12.40
4 équerres × 0.20 = 0.80
16 croisures × 0.05 = 0.80
Linéaires... 34.40 × 0.40 développé réduit produit surface ....

615	23		13.76	3.59	4.88
		Façon, pose de gouttières à l'anglaise de 0.40			
619	106	développé (*fig.* 22) ; linéaires............	34.40	1.75	60.20

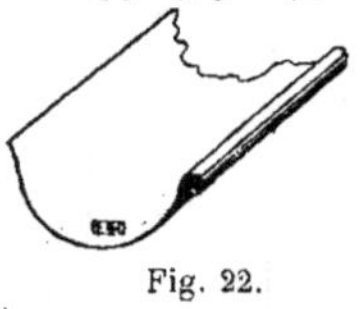

Fig. 22. 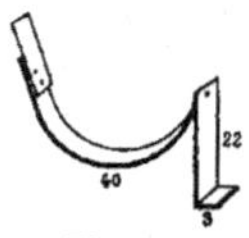   Fig. 23.

Supports en fer de 30/6 fournis de 0.65 développés (*fig.* 23) et posés :
2 fois 25 = ... 50
2 fois 15 = ... 30
Ensemble...............

| 620 | 145 | | 80 | 2.68 | 214.40 |

(1) Nous prendrons, dès maintenant, cette disposition spéciale, afin de dégager les prix de façon qu'il sera facile de retrouver en série. — Observation.

MÉTRÉ DE LA COUVERTURE.

NUMÉROS PAGES	SÉRIES				
»	»	A chaque : 1 paillette supplémentaire en cuivre rouge étamé, fournie, rivée. Ensemble	80	0.30	24.00
Serru	rerie	1 trou sur fer : ensemble	80	0.08	6.40
		Par le bas du brisis :			
		Voligeage neuf en sapin de 0.013 × 0.11 fourni, cloué jointif. 2 fois 9.90 = 19.80 2 fois 5.90 = 11.80 Linéaires.... 31.60 × 0.47 hauteur produit			
621	170	surface	14.85	2.05	30.44
		Au-dessus de la gouttière :			
		Bandes de batellement en zinc n° 12, pour fourniture (*fig.* 24).			

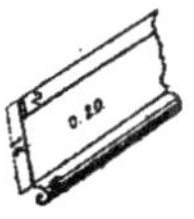

Fig. 24.

		Mêmes longueurs .... 31.60 16 coulisseaux × 0.20... 3.20 Ensemble 34.80 × 0 20 large			
615	23	produit surface	6.96	2.87	19.98
616	28	Façon, pose ; linéaires	34.80	0.57	19.84
617	64	Angles	4	0.15	0.60
»	»	Onglets façonnés, soudés	4	0.15	0.60
		Au droit des lucarnes :			
617	63	Goussets zinc rapportés, 2 fois 2	4	0.28	1.12
617	64	Angles, 2 fois 4	8	0.15	1.20
		Doublis de 1 ardoise neuve d'Angers, forte ;			
»	»	linéaires	31.60	0.41	12.96
610	227	Parements en plâtre	31.60	0.40	12.64
		2 lucarnes (*fig.* 25).			
		Détail d'une :			
		Sur appui ; recouvrement en zinc n° 12, pour			
615	23	fourniture, 1.30 × 0.30 large, produit surface.	0.39	2.87	1.12
616	33	Façon, pose (*fig.* 26 et 27)	1.30	1.48	1.92
		2 têtes en zinc *idem*, fournies, rapportées,			
617	65	soudées pour chaque 2 goussets	4	0.28	1.12
		Collets circulaires dégorgés, sur jet d'eau en zinc	2	0.40	0.80
N° 1.		Plus-value de clouage serré à piston : 1 fois .... 1.00 2 fois 0.15 .... 0.30 4 fois 0.10 .... 0.40 2 fois 0.05 .... 0 10			
616	52	Linéaires	1.80	0.34	0.61

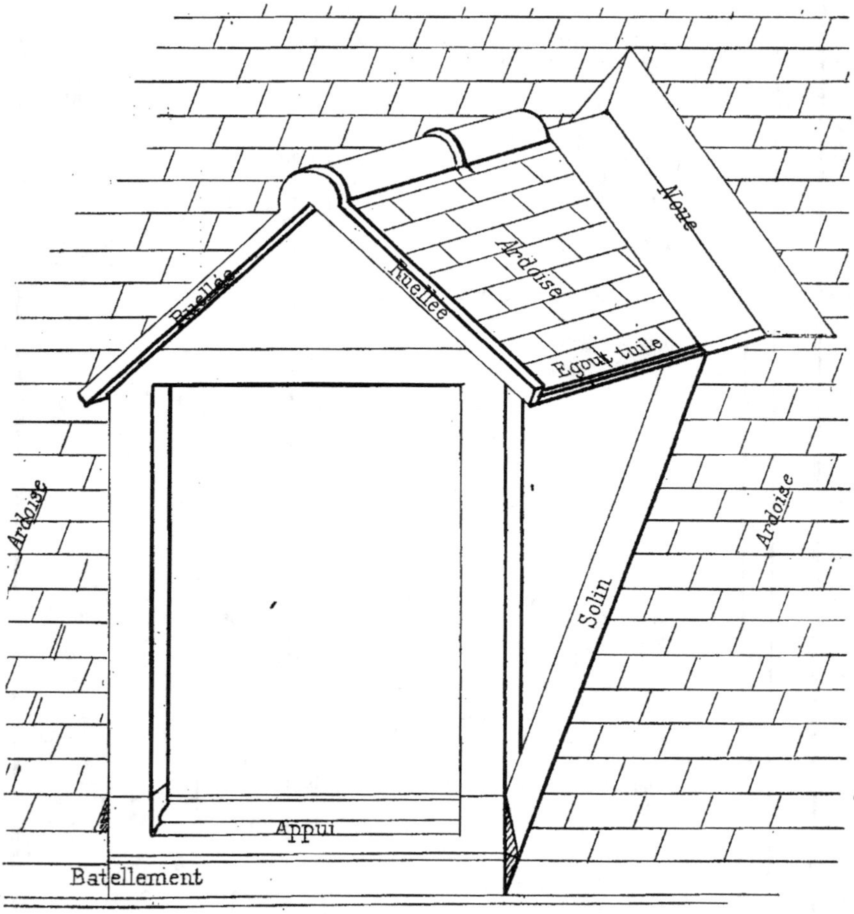

COUVERTURE ET PLOMBERIE.

Fig. 25.

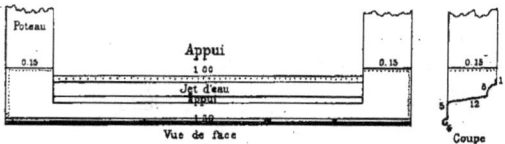

Fig. 26 et 27.

MÉTRÉ DE LA COUVERTURE.

NUMÉROS PAGES	SÉRIES				
		Aux jouées :			
610	210	Solins en plâtre, sur ardoise neuve, fournie. 2 fois 1.80	3.60	0.90	3.24
		Dessus de lucarne.			
609	186	Egouts de 2 tuiles neuves, bourgogne grand moule, 2 fois 0.70....................	1.40	1.83	2.56
		Couverture en ardoise neuve, idem, sur voligeage neuve.			
»	»	2 fois $\dfrac{0.60 \text{ et } 0.80}{2} \times 0.77$ hauteur (7 pureaux), produit surface..............	1.08	5.32	5.75
609	193	Faîtage bourgogne, fourni, scellé, compris embarrures et crêtes............	0.80	3.22	2.58
»	»	Amortissements d'abouts en plâtre........	2	0.30	0.60
»	»	Ruellées plâtre sur ardoise neuve. 2 fois 1.00....................	2.00	1.13	2.26
N° 1.		Noues, en plomb neuf, en table de 0.^{l}025 épaisseur pour fourniture.			
622	1	2 fois 1.25 $\times$ 0.50 large, produit 1.25 $\times$ 28^k,40 le mètre ; pesant..............	35^{k}500	0.42	14.91
622	9	Façon, pose ; pesant....................	35^{k}500	0.15	5.32
		Sur les côtés : mains d'arrêt en zinc neuf, en valeur entière.			
»	»	2 fois 10....................	20	0.16	3.20
622	10	Angles façonnés sur plomb..............	2	0.50	1.00
»	»	1 équerre façonnée, idem, en angles......	3	0.50	1.50
642	201	Soudure au fer mahon sur plomb $\times$ 0.03 large....................	0.65	2.47	1.61
		Tranchis biais sur ardoise neuve.			
611	238	4 fois 1.20 réduit....................	4.80	0.70	3.36
610	227	Parements plâtre, idem..............	4.80	0.40	1.92
		Sous la noue :			
621	170	Voligeage neuf en sapin de 0.013 $\times$ 0.11, jointif. 2 fois 1.20 réduit $\times$ 0.44 produit......	1.06	2.05	2.17
619	103	Glacis en pente, en plâtre pur. 2 fois 1.20 $\times$ 0.40 produit surface.........	0.96	1.25	1.20
»	»	1 autre lucarne semblable à celle accoladée n° 1....................	1	»	58.75
		4 châssis comme à la figure 5. Détail d'un : 1 châssis de 0.65 $\times$ 0.80 produit linéaire 2.90 à tabatière et crémaillère.			
608	160	fourni....................	le mètre	5.00	
»	»	Peint à l'huile, 2 couches..............	le mètre	0.24	
608	164	Posé....................	le mètre	0.30	
N° 2.		Plus-value de dormant en tôle laminée de 0.0025 épaisseur....................	le mètre	0.20	
608	161	Soit linéaires....................	2.90	5.74	16.45
610	210	Filet plâtre sur ardoise neuve..............	0.75	0.90	0.68
		Tranchis droits sur ardoise, idem.			
611	238	2 fois 0.90....................	1.80	0.43	0.77
609	176	Dévirures plâtre, idem.	1.80	0.38	0.68

COUVERTURE ET PLOMBERIE.

NUMÉROS PAGES	SÉRIES				
		Derrière :			
622	1	Recouvrement en plomb neuf, en table de 0.0025 d'épaisseur, pour fourniture de 1.00×0.50 produit $0.50 \times 28^k,40$ le mètre superficiel; pesant..	$14^k 200$	0.42	9.96
622	9	Façon, pose; pesant......................	$14^k 200$	0.15	2.13

N° 2.

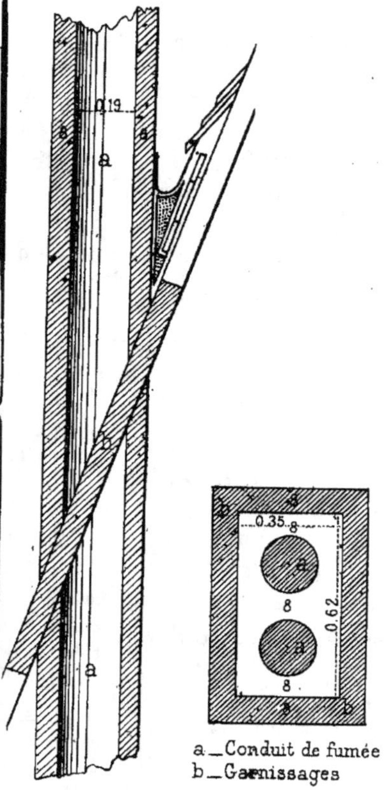

Fig. 28 et 29.

a — Conduit de fumée
b — Garnissages

622	71	Bande de clouage en zinc neuf, fournie, posée..................................	1.00	»	0.33
616	52	Clouage espacé.......................	1.00	»	0.34
		Dessous :			
621	170	Voligeage neuf en sapin de 0.013 épaisseur 1.00×0.33 hauteur produit................	0.33	2.05	0.66

MÉTRÉ DE LA COUVERTURE.

NUMÉROS PAGES	SÉRIES				
»	»	Pente en plâtre pur de 0.05 épaisseur réduite ; même surface..............	0.33	1.90	0.63
609	188	Doublis de 1 ardoise neuve fournie.........	0.80	1.28	1.02
N° 2.		Tranchis biais sur ardoise neuve, *idem*.			
611	238	2 fois 0.15............................	0.30	0.70	0.21
610	227	Parements en plâtre, 0.80, 0.30.........	1.10	0.40	0.44
»	»	3 autres châssis semblables à celui accolé n° 2.................................	3	34.00	102.00
		2 souches de cheminées (*fig*. 28 et 29).			
		Détail d'une :			
		Filet et solins plâtre sur ardoise neuves *idem*...................... 0.78			
		2 fois 0.60...................... 1.20			
610	210	Ensemble....................	1.98	0.90	1.78

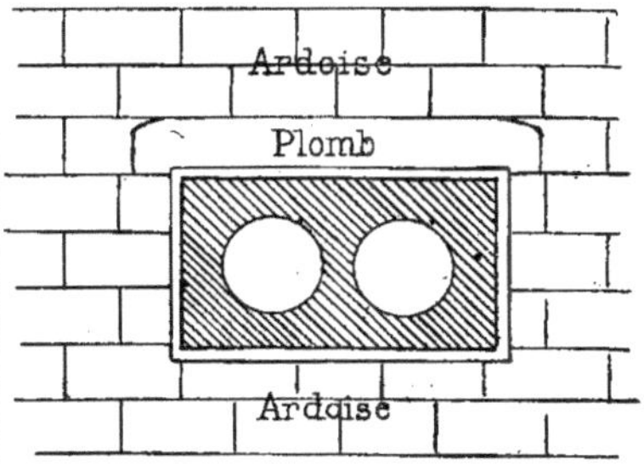

Fig. 30.

N° 3.		Derrière (*fig*. 30).			
		Voligeage neuf (1) en sapin de 0.0013, *idem* jointif.			
621	170	1.00 × 0.33 produit............	0.33	2.05	0.66
		(1) *Le voligeage vient affleurer le garnissage b en raison des règlements interdisant l'approche des bois à plus de 0ᵐ,16 du feu, c'est-à-dire des conduits de fumée a; les garnissages sont faits par le maçon ou par celui, 'umiste ou couvreur, qui monte la cheminée.*			
		Pente en plâtre pur *idem*.			
»	»	Même surface................	0.33	1.90	0.63
		Recouvrement en plomb neuf, en table de 0.0025 épaisseur, pour fourniture de 1.00 × 0.40 produit 0.40 × 28ᵏ,40 le mètre ;			
622	1	pesant.........................	11ᵏ360	0.42	4.77
622	9	Façon pose, pesant..............	11ᵏ360	0.15	1.70
622	71	Bande de clouage zinc *idem*........	1.00	»	0.33
616	52	Clouage espacé..................	1.00	»	0.34
»	»	Solin en plâtre sur plomb..........	0.78	0.72	0.56
609	188	Doublis de 1 ardoise neuve.........	0.80	0.64	0.51
		Tranchis biais :			
611	238	2 fois 0.15................	0.30	0.70	0.21
		Parements en plâtre			
610	227	0.80, 0.30................	1.10	0.40	0.44

COUVERTURE ET PLOMBERIE.

NUMÉROS PAGES	SÉRIES				
»	»	1 autre souche semblable à celle accoladée n° 3..................................	1	»	11.93
607	145	Arêtiers sur ardoise fournie. 4 fois 3.30...................................	13.20	1.50	19.80
		En tête du brisis : Banquette (*fig.* 31).			

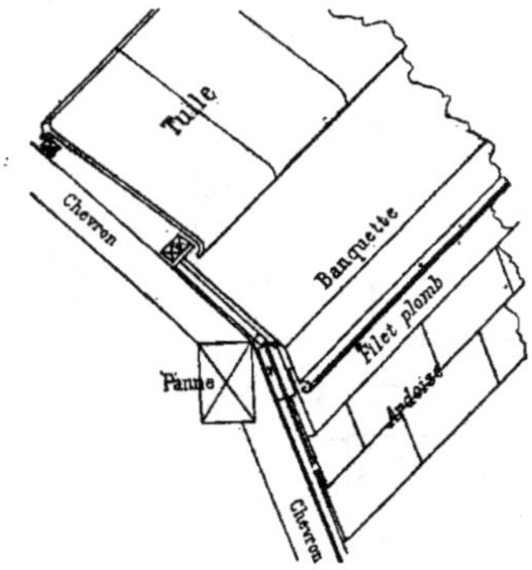

Fig. 31.

		Voligeage neuf, sapin de 0.013 *idem*. 2 fois 7.80 = 15.60 2 fois 3.90 = 7.80 Ensemble. 23.40 Soit : Pour la face (en double épaisseur) : 2 fois 23.40 × 0.22 produit........ 10.30 Au dessus : 23.40 × 0.22 hauteur produit....... 5.15			
621	170	Surface........................	15.45	2.05	31.67

Fig. 32.

		Devant : Filets plâtre sur ardoise neuve fournie.			
610	210	Linéaires.....................	23.40	0.90	21.06
		Bavettes de filet (*fig.* 32) en plomb neuf en tables de 0.0015 épaisseur pour fourniture. Linéaires........................ 23.40 2 croisures × 0.10................ 0.20 8 abouts × 0.15.................. 1.20 Ensemble......... 24.80			
622	1	× 0.16 large produit surface 3.97 × 17ᵏ le mètre, pesant............:.................	67ᵏ490	0.42	28.35

MÉTRÉ DE LA COUVERTURE.

NUMÉROS PAGES	SÉRIES				
622	9	Façon pose, pesant....................	67ᵏ490	0.15	10.12
622	16	Angles emboutis sur plomb 4 fois 2........	8	0.50	4.00
622	17	Bande de clouage en zinc *idem*..........	23.40	0.33	7.72
616	52	Clouage espacé *idem*.	23.40	0.34	7.95

Au dessus :

Recouvrement en zinc n° 12 (*fig.* 33) pour fourniture.
Linéaires....................... 23.40
8 coulisseaux × 0.20 courant = 1.60
4 équerres × 0.20. . . . . 0.80
Ensemble = 25.80

615	23	× 0.40 large, produit....................	10.32	2.87	29.62
616	33	Façon pose, linéaires....................	25.80	1.48	38.18

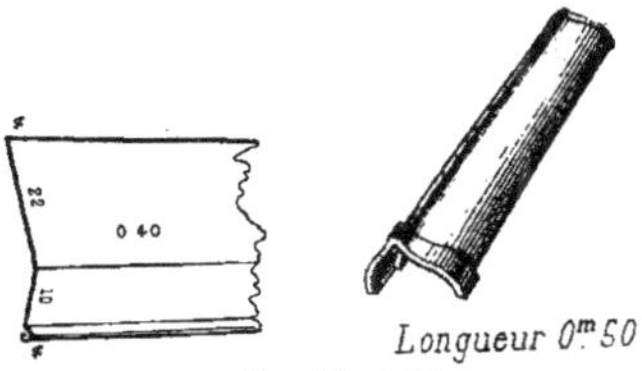

Longueur 0ᵐ50

Fig. 33 et 34.

617	64	Brisures soudées aux coulisseaux, comme angles 8 fois 2......................	16	0.15	2.40

Terrasson de comble :

Couverture en tuile neuve Müller à emboîtement fournie posée sur liteaux neufs.

Grands versants :

2 fois $\dfrac{7.60 \text{ et } 4.00}{2}$ × 2.38 hauteur (7 pureaux), produit.................... 27.61

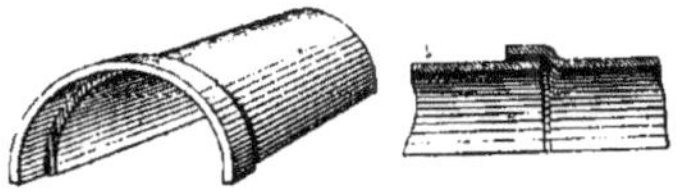

Fig. 35 et 36.

Croupes :

2 fois $\dfrac{3.70 \times 2^m.38}{2}$ hauteur (7 pureaux), produit.................... 8.81

607	127	Surface........................	36.42	4.20	152.96
»	»	Arêtiers ogive de 0.25 en terre cuite Müller (*fig.* 34) fournis. 4 fois 3.20.....................	12.80	1.70	21.76
»	»	Posés scellés.......................	12.80	1.25	16.00
»	»	Plus-value d'abouts *idem*..............	4	0.30	1.20

COUVERTURE ET PLOMBERIE.

NUMÉROS PAGES	SÉRIES				
»	»	Tranchis biais sur tuile neuve à emboîtement. 8 fois 3.20 = 25.60 à demi = ...	12.80	1.56	19.97
609	176	Dévirures plâtre *idem*.	25.60	0.38	9.73
609	195	Faîtage en faîtières à recouvrement (*fig.* 35 et 36) fournies scellées. Linéaires........	4.00	3.05	12.20

Fig. 37.

»	»	Poinçons en terre cuite (*fig.* 37).			
»	»	Fournis...........................	2	8.00	16.00
»	»	Posés scellés.....................	2	1.50	3.00
»	»	Entailles en faîtières.............	2	0.40	0.80
Müller	Müller	Chatières en terre cuite (*fig.* 38). Fournies........................	6	2.75	16.50
»	»	Posées...........................	6	0.60	3.60

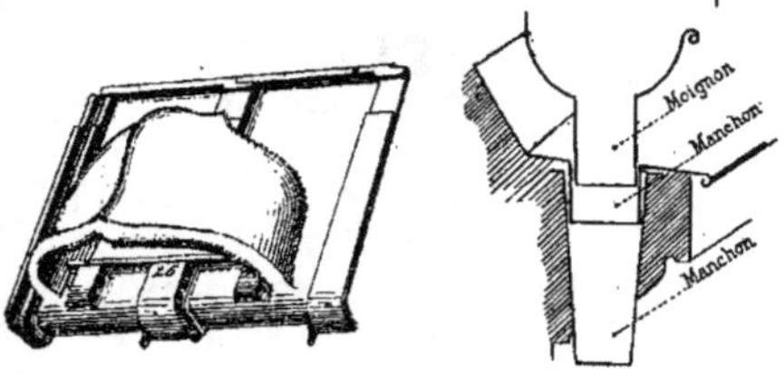

Fig. 38 et 39.

| » | » | Par le bas du comble (sous la tuile) : Doubles liteaux sapin fournis posés cloués. 4 fois 7.60..................... 30.40 4 fois 3.90..................... 15.60 Linéaires................. 2 écoulements de chéneaux (*fig.* 39). | 46.00 | 0.20 | 9.20 |

MÉTRÉ DE LA COUVERTURE.

NUMÉROS PAGES	SERIES					
		Détail d'un :				
		Pour moignon : tuyau zinc n° 14 × 0.11 diamètre pour fourniture............ 0.15				
		1 embranchement............... 0.40				
		Ensemble....... 0.55				
		× 0.35 développé produit.......... 0.19				
		Sur entablement ; manchon en zinc n° 14 × 0.12 diamètre pour fourniture.				
		1 fois............... 0.10				
		1 embranchement...... 0.40				
N° 4.		Ensemble. 0.50 × 0.39 développé produit................ 0.20				
		Dans l'épaisseur de l'entablement : manchon en zinc n° 14 pour fourniture × 0.13 diamètre réduit = 0.35 longueur × 0.42 développé produit.......... 0.15				
615	23	Surface...................	0.54	3.57	1.93	
		Façon pose, comme tuyaux zinc de 0.11 diamètre.................. 0.55				
		0.50				
		0.35				
621	155		1.40	1.40	1.96	
		Sur le dernier manchon : collet battu et dégorgé de 0.14 diamètre sur zinc........	1	»	0.50	
		1 autre écoulement semblable à celui accoladé n° 4................	1	»	4.39	
		Total............			1755^{fr},27	

Métré n° 5.

Comble recouvert en tuile à emboîtement Perrusson sur liteaux en sapin fournis ; chéneaux en zinc n° 16 sur fonds en bois à coyaux de pente reposant sur chevrons, rives en terre cuite Müller sur les faces, sauf pour le chéneau encaissé du fond

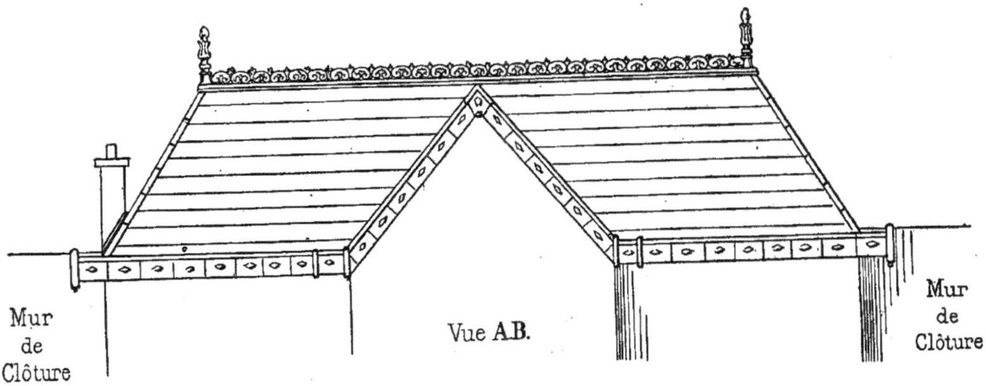

Vue AB.

Mur de Clôture

Mur de Clôture

Fig. 40.

dont le mur de clôture formant acrotère est recouvert en zinc n° 12 avec bande de rive tasseau et couvrejoint ; arêtiers à recouvrement ; faîtages ornés avec épis en terre cuite sur les poinçons ; au fronton, noues en zinc n° 14 × 0.50 sur voligeage jointif et liteaux soutenant les tranchis (à la scie) ; en rives, alaises en plomb, arma-

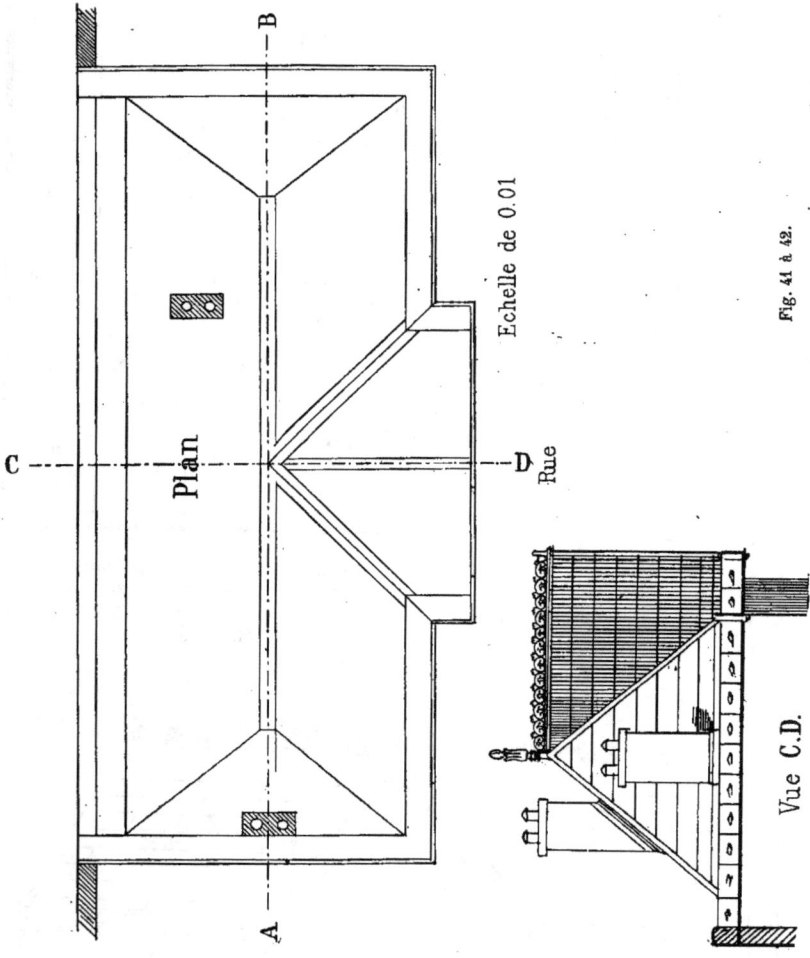

Fig. 41 à 42.

tures zinc et rives en terre cuite idem avec fronton mobile et motifs d'angles. Les souches recouvertes en zinc n° 12, avec lanternes en terre cuite alaises en plomb sur comble, derrières en zinc, bandes de solins en zinc maintenues par des pattes en cuivre rouge étamé et solins en plâtre (*fig.* 40 à 42).

MÉTRÉ DE LA COUVERTURE.

NUMÉROS PAGES	SÉRIES				
		Métré.			

Couverture tuile neuve à emboîtement Perrusson, fournie, posée sur lattis neuf.

Versant du fond :

$\dfrac{12.40 \text{ et } 9.00}{2} \times 3.06$ hauteur (9 pureaux),

produit surface 32.74

2 croupes de chaque

$\dfrac{4.60 \text{ et } 0.30}{2} \times 3.06$ hauteur produit 7.50

    Ensemble 15.00

  Versant de face :

$a \begin{cases} \text{à gauche.} \\ \dfrac{4.00 \text{ et } 4.50}{2} \times 3.06 \text{ hauteur} \\ \text{produit} \dots\dots\dots\dots \quad 13.00 \end{cases}$

A droite, *idem a*, produit 13.00

  Fronton.

  Versant de gauche :

$b \begin{cases} \dfrac{0.65 \text{ et } 2.70}{2} \times 3.40 \text{ hauteur} \\ (10 \text{ pureaux}) \\ \text{produit}\dots\dots\dots\dots\dots \quad 5.70 \end{cases}$

Versant de droite, *idem b*, produit.. 5.70

    Surface 85.14

  Moins :

2 souches de chaque, 0.36 × 0.80 produit 0.29

    Ensemble 0.38

| 607 | 129 | Reste surface................ | 84.56 | 3.85 | 325.56 |

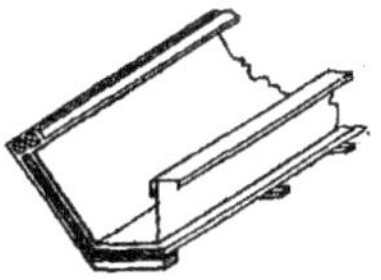

Fig. 43.

Chéneaux de droite (*fig.* 43).

Voligeage neuf en sapin de 0.018 × 0.11 fourni, posé, cloué, jointif (partant du fond).

  Croupe..... 5.50
  Face....... 4.00
  Retour..... 0.80
  Linéaires... 10.30 × 0.60 largeur produit

| N° | 1. | | | | |
| 621 | 171 | surface....................................... | 6.18 | 2.38 | 14.71 |

COUVERTURE ET PLOMBERIE.

NUMÉROS PAGES	SÉRIES				
		Dessous :			
		Coyaux en sapin de 0.054 épaisseur coupés chaque de 0.20 longueur réduite et réglés de pente.			
»	»	Fournis............................	33	0.50	16.50
608	167	Posés, cloués........................	33	0.33	10.89
		Chéneaux en zinc n° 16, pour fourniture, mêmes longueurs............... 10.30			
N° 1.		Plus :			
		3 croisures × 0.05......... 0.15			
		2 Equerres × 0.20......... 0.40			
		2 Abouts × 0.15.......... 0.30			
		Ensemble............ 11.15			
615	23	× 0.80 largeur développée, produit surface...	8.92	4.59	40.94
619	107	Façon, pose de chéneaux, zinc ; linéaires...	11.15	1.95	21.74
		Mains d'arrêt en zinc, idem, fournies, posées, clouées sur les côtés.			
»	»	2 fois 33....................	66	0.16	10.56

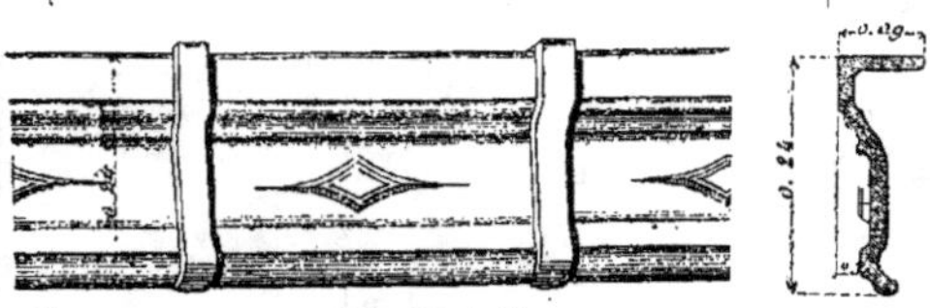

Fig. 44 et 45.

		Sous la tuile :			
		Doubles liteaux en sapin de 0.027, fournis, posés, cloués............ 4.60			
		4.00			
		0.65			
»	»	2 fois.................. 9.25 =	18.50	0.20	3.70
		Sur la face :			
		Rives en terre cuite Müller (fig. 44, 45), n° 17 de l'album.			
		Fournies.................. 5.50			
N° 1.		4.00			
Müller	Müller	0.50			
		Linéaires...............	10.00	2.50	25.00
»	»	Plus-value de pièces fournies, d'angles saillants (fig. 46) et rentrants (1).............	2	7.50	15.00
		(1) On peut aussi demander ces pièces pour leur valeur entière en les déduisant des longueurs de rives.			»
»	»	Ajustement, pose de rives en terre cuite Linéaires......................	9.95	0.90	8.95
»	»	Plus-value de pièces d'angles, idem.......	2	1.50	3.00
Serru	rerie	Vis à bois de 0.060 fournies, posées. Ensemble.................	40	0.113	4.52

MÉTRÉ DE LA COUVERTURE. 33

NUMÉROS PAGES	SÉRIES				
»	»	Coupement préalable de rives terre cuite pour raccordement....................	2	0.63	1.26
621	149	En about, sur mur du fond : Tasseau sapin de 0.040 fourni, posé, cloué..	0.55	0.33	0.18
		Bande de rive en zinc n° 12, pour fourniture....................... 0.55			
		0.10			
		1 Equerre.............. 0.20			
		Linéaires............. 0.85			
615	23	× 0.40 large, produit....................	0.34	2.87	0.98
N° 1.					

Fig. 46.

616	28	Façon, pose ; linéaires..................	0.85	0.57	0.48
»	»	Bande d'agrafe zinc, *idem*, fourniture 0.65 × 0.10 large, produit..............	0.07	2.87	0.20
616	25	Façon, pose......................	0.65	0.25	0.14
616	35	Pliure pour coudage	0.65	0.04	0.03
»	»	Couvre-joint en zinc n° 12, pour fourniture, 0.55 × 0.10 produit.................	0.06	2.87	0.17
»	»	Façon, pose......................	0.55	0.20	0.11
618	76	Têtes zinc.......................	2	0.20	0.40

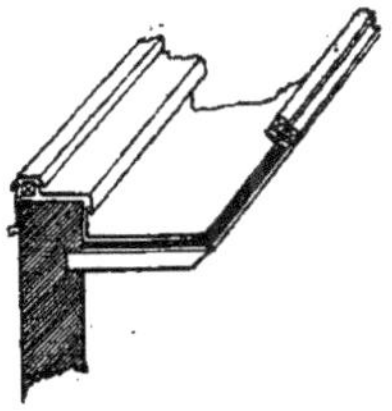

Fig. 47.

Chéneau du fond (*fig.* 47).
Voligeage neuf en sapin de 0.018 × 0.11, *idem.*

| 621 | 171 | 13.00 × 0.60 produit surface............ | 7.80 | 2.38 | 18.56 |

Dessous :
Coyaux de pente en sapin de 0.054, *idem*, coupés, × chaque 0.45 de longueur.

COUVERTURE ET PLOMBERIE.

NUMÉROS PAGES	SÉRIES				
»	»	Fournis..........................	40	0.65	26.00
608	167	Posés, cloués....................	40	0.33	13.20
»	»	Trous en murs de 0.05 profondeur et scellements au plâtre..................	40	0.23	9.20
		Chéneau en zinc n° 16, pour fourniture 13.00 Plus :			
		2 têtes sur besace, pour chaque 0.15. 0.30			
		2 larmiers de 0.05............ 0.10			
		6 croisures × 0.05.............. 0.30			
		Linéaires............ 13.70			
615	23	× 0.80 développé réduit, produit surface.....	10.96	4.59	50.31
619	107	Façon, pose ; linéaires..................	13.70	1.95	26.72
		Sur les côtés :			
		Mains d'arrêt, idem, 2 fois 40............	80	0.16	12.80
		Aux larmiers :			
617	65	Goussets zinc, 2 fois 2.................	4	0.28	1.12
617	64	Angles soudés, 2 fois 2.................	4	0.15	0.60
		A la besace :			
621	151	Faîtage bois de 0.080 fourni posé, cloué...	0.45	0.99	0.44
		Couvre-joint en zinc n° 16 pour fourniture.			
615	23	0.45 × 0.16 produit...................	0.07	4.59	0.32
		Façon pose, comme recouvrement de 0.16			
616	32	large.............................	0.45	1.25	0.56
618	77	Têtes zinc.....................	2	0.25	0.50
620	132	Pattes cuivre rouge en plus-value.........	2	0.20	0.40
		Côté comble :			
		Sous la tuile ; doubles liteaux en sapin, idem.			
»	»	2 fois 13.00........................	26.00	0.20	5.20
		Acrotère :			
		Dessus :			
		Glacis en plâtre pur.			
		13.00 × 0.20 large produit.			
619	103	Surface.......................	2.60	1.25	3.25
		Papier goudronné,			
620	130	même surface..................	2.60	0.29	0.75
		Recouvrement en zinc n° 12 pour fourniture			
		Linéaires................... 13.00			
		6 coulisseaux × 0.20.............. 1.20			
		2 larmiers de 0.06............... 0.12			
		Ensemble........ 14.32			
		× 0.30 largeur développée produit.			
615	23	Surface......................	4.30	2.87	12.34
616	33	Façon pose. Linéaires................	14.32	1.48	21.19
617	65	Goussets......................	2	0.28	0.56
617	64	Angles 2 fois 2.....................	4	0.15	0.60
		Brisures façonnées, soudées aux coulisseaux ; comme angles.			
»	»	6 fois 2...........................	12	0.15	1.80
		Pattes cuivre rouge idem :			
620	132	Aux larmiers...................	42	0.20	8.40

NUMÉROS PAGES	SÉRIES				
		En rive :			
		Tasseau neuf sapin de 0.040 fourni posé *idem*.			
621	149	Linéaires.............................	13.00	0.33	4.29
		Bande de rive en zinc n° 12 pour fourniture............................. 13.00			
		6 croisures × 0.05............... 0.30			
		2 abouts × 0.10.................. 0.20			
		2 équerres × 0.20............... 0.40			
		Linéaires............... 13.90			
		× 0.20 largeur développée produit.			
»	»	Surface........................	2.78	2.87	7.98
616	28	Façon pose : Linéaires...................	13.90	0.57	7.93
		Bande d'agrafe (pour l'ourlet) en zinc, *idem* pour fourniture.			
		13.00 × 0.10 largeur produit.			
»	»	Surface........................	1.30	2.87	3.73
616	25	Façon pose. Linéaires....................	13.00	0.25	3.25
		Plus-value de pliure ; comme relief (2).			
616	35	Linéaires.....................	13.00	0.04	0.52
		(2) *Comme la façon de bande d'agrafe ne comporte que coupe, pose et clouage, la pliure est bien due en supplément par analogie comme façon d'un relief.*	Obser	vation	»
		Couvre-joint en zinc n° 12 pour fourniture.			
		Linéaires............ 13.00			
		6 croisures × 0.05.... 0.30			
		Ensemble....... 13.30			
		× 0.10 largeur développée, produit.			
»	»	Surface........................	1.33	2.87	3.82
»	»	Façon pose. Linéaires...................	13.30	0.20	2.66
		Vis fer et rondelles en plomb.			
618	80	Ensemble............	12	0.18	2.16
618	76	Talons zinc.............................	2	0.20	0.40
		Le chéneau de gauche.			
»	»	Semblable à celui accolado n° 1............	1	»	179.46
		Sur le versant du fond :			
		1 Souche de cheminée (*fig.* 48).			

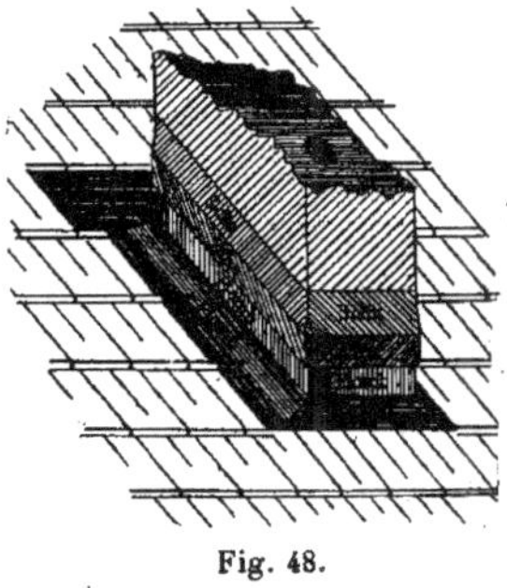

Fig. 48.

COUVERTURE ET PLOMBERIE.

NUMÉROS PAGES	SÉRIES				
610	208 236	Filet plâtre sur tuile neuve à emboîtement............ 0.50 Solins idem. 2 fois 0.95 réduit.............. 1.90 Linéaires...............		2.40	1.19	2.86

Recouvrements en plomb neuf de 0.002 épaisseur pour fourniture (*fig. 49*).

Fig. 49.

		Bavette au devant. Linéaires....... 0.60 Alaises sur côtés. 2 fois 1.10...................... 2.20 Ensemble...... 2.80 × 0.25 largeur produit. Surface 0.70 × 22^k,70 le mètre superficiel.				
622	1	Pesant.....................	15^{k}890	0.42	6.67
622	9	Façon pose de plomb. Pesant.....................	15^{k}890	0.15	2.38
622	71	Bande de clouage zinc neuf. Linéaires.....	2.80	0.33	0.92
616	52	Clouage espacé à piston...............	2.80	0.34	0.95
		Plus-value d'emboutissage : Sur pureaux ; 2 fois 4............	8	0.50	4.00
»	»	Sur cannelures............	9	0.60	5.40
»	»	(3) { Goussets...............	6	0.60	3.60
622	16	Angles.................	6	0.50	3.00
		(3) *Il faut remarquer que ces bandes sont, par le bas, en deux épaisseurs, ce qui donne pour :* *Les cannelures, 7 dessous, 2 dessus* = 9 *Les goussets, 2 dessous, 2 dessus, 2 en haut*...................... = 6 *Angles, 2 dessous, 2 dessus, 2 en haut*............. = 6	Obser	vation	»
		Derrière : Voligeage neuf en sapin de 0,014 jointif.			
621	170	0.60 × 0.33 produit. Surface...........	0.20	2.05	0.41
		Pente plâtre pur.			
620	133	Même surface.................	0.20	1.60	0.32
		Papier goudronné.			
620	130	Même surface.................	0.20	0.29	0.06
		Recouvrement en zinc n° 12 pour fourniture			
615	23	0.60 × 0.40 largeur produit. Surface......	0.24	2.87	0.69
616	33	Façon pose. Linéaires................	0.60	1.48	0.89
617	65	Goussets....................	2	0.28	0.56
617	64	Angles.....................	2	0.15	0.30

MÉTRÉ DE LA COUVERTURE.

NUMÉROS PAGES	SÉRIES				
»	»	2 brisures aux larmiers, comme angles.....	2	0.15	0.30
»	»	Liteau sapin sous batellement.............	0.60	0.20	0.12
		Bandes de solins en zinc n° 12 pour fourniture.			
		2 fois 0.95........................ 1.90			
		2 fois 0.40........................ 0.80			
		Linéaires........ 2.70			
		× 0.10 largeur développée, produit.			
615	23	Surface......................	0.27	2.87	0.77
616	28	Façon pose. Linéaires....................	2.70	0.57	1.54
»	»	Angles.................................	4	0.15	0.60
		Pattes en cuivre rouge en plus-value de celles sur zinc.			
»	»	Ensemble.........	12	0.20	2.40
		Solins en plâtre sur zinc :			
620	140	Même longueur........	2.70	0.72	1.94
		Dessus de souche (*fig.* 50 et 51).			

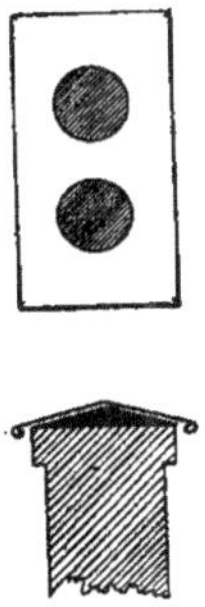

Fig. 50 et 51.

		Glacis en plâtre pur (4).			
		0.90 × 0.44 produit. Surface.............	0.40	1.25	0.50
		(4) *Le glacis est demandé quand l'épaisseur réduite du plâtre n'excède pas 0.015; autrement, il y aurait lieu de demander ce plâtre comme pente.*	Obser	vation	»
		Papier goudronné.			
620	130	Même surface..................	0.40	0.29	0.12
		Bandes d'agrafe en zinc n° 12 pour fourniture.			
N°	2.	2 fois 0.95........................ 1.90			
		2 fois 0.40........................ 0.80			
		Linéaires........ 2.70			
615	23	× 0.10 largeur produit. Surface...........	0.27	2.87	0.77
616	25	Façon pose. Linéaires....................	2.70	0.25	0.67
		Recouvrement en zinc n° 12 pour fourniture.			
		1.01 × 0.56 développé produit.			
»	»	Surface.........................	0.57	2.87	1.64

COUVERTURE ET PLOMBERIE.

NUMÉROS PAGES	SÉRIES				
616	34	Façon pose. Linéaires..................	1.01	1.65	1.67
»	»	Onglets soudés.......................	4	0.15	0.60
		Plus-value de :			
618	69	Coupe à la griffe sur zinc.............	0.56	0.20	0.11
620	141	Soudure obligée sur zinc neuf..........	0.56	0.66	0.37
618	75	Percements circulaires sur zinc de 0.24 de diamètre.............................	2	0.80	1.60

N° 2.

Fig. 52.

		Lanternes en terre cuite (*fig.* 52), n° 9 de l'album Müller.			
Müller	Müller	Fournies.............................	2	4.50	9.00
		Posées, scellées......................	2	1.50	3.00
		Sur croupe de gauche.			
		1 souche de cheminée.			
		Au chéneau :			
617	65	Gousset zinc.........................	2	0.28	0.56
617	64	Angles, 2 fois 2.....................	4	0.15	0.60
		Au-dessus :			
»	»	Bande de larmier en zinc n° 12, pour fourniture, 0.80 × 0.20 produit, surface..........	0.16	2.87	0.46
616	28	Façon, pose : linéaire.................	0.80	0.57	0.46
»	»	Pattes cuivre, *idem*..................	4	0.20	0.80
		En alaises :			
610	205 236	Solins plâtre sur tuile neuve, *idem*, 2 fois 0.45.................................	0.90	1.19	1.07
		Recouvrements en plomb neuf de 0.002 épaisseur pour fourniture. 2 fois 0.60 = 1.20 × 0.25 largeur, produit surface 0.30 × 22^k,70 le mètre superficiel ; pesant.................................	6^{k}810	0.42	2.86
622	9	Façon, pose, pesant...................	6^{k}810	0.15	1.02
		Bandes de clouage en zinc neuf.			
622	17	2 fois 0.60..........................	1.20	0.33	0.40
616	52	Clouage espacé, *idem*................	1.20	0.34	0.41
		Plus-value d'emboutissage du plomb sur pureaux, 2 fois 2......................			
»	»	pureaux, 2 fois 2....................	4	0.50	2.00
»	»	Goussets, 2 fois 2....................	4	0.60	2.40
622	16	Angles façonnés sur plomb.............	4	0.50	2.00

MÉTRÉ DE LA COUVERTURE.

NUMÉROS PAGES	SÉRIES				
		Derrière :			
621	170	Voligeage neuf en sapin de 0.013 jointif 1.00 × 0.40 produit surface................	0.40	2.05	0.82
620	133	Pente en plâtre, même surface...........	0.40	1.60	0.64
620	130	Papier goudronné, même surface.........	0.40	0.29	0.12
		Recouvrement en zinc n° 12, pour fourniture 1.05 × 0.50 largeur, développé produit.			
»	»	Surface.....................	0.53	2.87	1.52
616	33	Façon, pose ; linéaire..................	1.05	1.48	1.55
617	65	Goussets............................	2	0.28	0.56
	64	Angles..............................	2	0.15	0.30
»	»	2 brisures comme angles...............	2	0.15	0.30
»	»	Liteau sapin, *idem*...................	1.00	»	0.20
		Bandes de solins en zinc n° 12, pour fourniture. 2 fois 0.80.................. 1.60			
		2 fois 0.45.................... 0.90			
		Linéaires............. 2.50			
»	»	× 0.10 large, produit surface.............	0.25	2.87	0.72
		Façon, pose de bandes de solins.			
616	28	Linéaires...................	2.50	0.57	1.42
617	64	Angles soudés.......................	4	0.15	0.60
»	»	Pattes cuivre, *idem*..................	12	0.20	2.40
620	140	Solins plâtre sur zinc, linéaires...........	2.50	0.72	1.80
		1 dessus en zinc et lanternes en terre cuite,			
»	»	comme à l'accolade n° 2................	1	»	20.05
		Versant de face.			
		2 noues semblables.			
		Détail d'une :			
		Voligeage neuf en sapin de 0.013 jointif			
621	170	3.60 × 0.44 large, produit surface.........	1.58	2.05	3.24
		Noue en zinc n° 14, pour fourniture 3.75 × 0.50 largeur developpée, produit.			
»	»	Surface.....................	1.88	3.57	6.71
617	55	Façon, pose ; surface..................	1.88	1.60	3.01
617	65	Goussets............................	3	0.28	0.84
	64	Angles..............................	5	0.15	0.75
N°	3.	Tranchis biais à la scie, sur tuile neuve à emboîtement.			
611	245	2 fois 3.60 réduit.....................	7.20	3.43	24.70
»	»	Liteaux sapin, *idem*, dessous...........	7.20	0.20	1.44
		Parements en plâtre, *idem* (5).			
610	227	Mêmes linéaires.............	7.20	0.40	2.88
		(5) *Le parement peut ne pas exister en raison du plus ou moins d'inclinaison du tranchis étant donné que ce dernier soit déjà pourvu d'un point d'appui suffisant (liteau ou métal).*	Obser	vation	»
»	»	1 autre noue semblable à celle accoladée n° 3................................	1	»	43.57

COUVERTURE ET PLOMBERIE.

NUMÉROS PAGES	SÉRIES				
		Fronton : En rives (*fig.* 53).			
		Fig. 53.			
610	208 236	Solins en plâtre sur tuile neuve. *idem* (6). 2 fois 3.40..............................	6.80	1.19	8.09
		(6) *Quoique non apparent et plus allongé sur le plan horizontal ce plâtre comporte toutes les façons du solin (tranchis, dévirure et solin) et doit être payé tel*.........	Obser	vation	»
		Recouvrements en plomb neuf en tables de 0.002 épaisseur, pour fourniture. 2 fois 3.70 = 7.40 × 0.25 largeur, produit surface 1.85 × 22^k,70 le mètre superficiel.			
622	1	Pesant.....................	42^k.	0.42	17.64
		Façon pose de recouvrements en plomb.			
622	9	Pesant.....................	42^k	0.15	6.30
		Plus-values d'emboutissage du plomb.			
		Sur pureaux 2 fois 10...................	20	0.50	10.00
		En goussets...........................	2	0.60	1.20
		En angles.............................	4	0.50	2.00
		Deux circulaires sur faîtage pour chaque. 3 angles......................	6	0.50	3.00
		Bandes de clouage zinc neuf.			
		2 fois 3.60............................	7.20	0.33	2.38
		Clouage espacé *idem*....................	7.20	0.34	2.45
		Bandes de larmier en zinc n° 12 pour fourniture. 2 fois 3.50 = 7.00 × 0.16 largeur produit.			
		Surface.....................	1.12	2.87	3.21
		Façon pose. Linéaires....................	7.00	0.57	3.99
		Pattes cuivre *idem*. 2 fois 14 =..........	28	0.20	5.60
		Au-dessus des abouts de chéneaux : Bandes de larmier zinc *idem* pour fourniture. 2 fois 0.25 = 0.50 × 0.12 large produit.			
		Surface.....................	0.06	2.87	0.17
		Façon pose. Linéaire.....................	0.50	0.57	0.29
		Pattes cuivre *idem*. 2 fois 2...............	4	0.20	0.80
		Rives en terre cuite comme précédentes fournies.			
		2 fois 4.00............................	8.00	2.50	20.00
		Ajustées posées *idem*,...................	8.00	0.90	7.20

MÉTRÉ DE LA COUVERTURE.

NUMÉROS PAGES	SÉRIES				
Müller	Müller	Plus-value de : Fronton mobile, fourni (*fig.* 54)..........	1	»	5.00

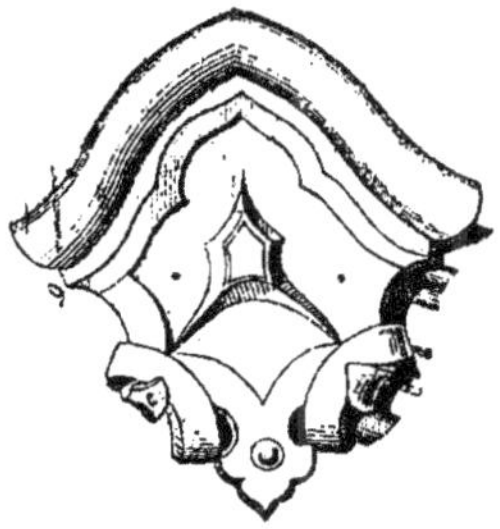

Fig. 54.

»	»	Pièces d'angles *idem*, fournies *idem*......	2	7.50	15.00
»	»	Plus-value de pose de ces pièces fronton et angles.................................	3	1.50	4.50
»	»	Vis à bois de 0.060 fournies posées. Ensemble....................	38	0.113	4.29

4 Arêtiers :

Arêtiers en terre cuite à recouvrement. Müller (*fig.* 55) fournis posés scellés.

Fig. 55.

| 608 | 153 | 4 fois 3.50........................ | 14.00 | 4.60 | 64.40 |

Abouts de talons en terre cuite (*fig.* 56 et 57).

Coupe

Fig. 56 à 57.

| Müller | Müller | Fournis..................... | 4 | 0.30 | 1.20 |
| » | » | Posés scellés................ | 4 | 0.50 | 2.00 |

2 Faîtages :

Faîtage en terre cuite Müller n° 13 de l'album (*fig.* 58).

NUMÉROS PAGES, SÉRIES					
		Fig. 58.			
		Fournis............................	9.00		
			2.70		
»	»	Linéaires......................	11.70	7.00	81.90
		Posés, calés scellés.			
»	»	Mêmes Linéaires...............	11.70	1.25	14.62
»	»	Coupes sur faîtières ornées compris risques de casse................................	2	3.50	7.00
		Tranchis droits non apparents sur tuile à emboîtement.			
»	»	2 fois 11.70 = 23.40 à demi.............	11.70	1.56	18.25
609	176	Dévirures plâtre......................	23.40	0.38	8.89
		Fig. 59 et 60.			
		Socles de poinçons en terre cuite Müller (*fig.* 59).			
»	»	Fournis......................	2	7.00	14.00
»	»	Posés scellés...................	2	1.50	3.00
		Epis en terre cuite n° 4 de l'album Müller × 0.83 de hauteur (*fig.* 60).			
»	»	Fournis.......................	2	12.00	24.00
»	»	Posés scellés...................	2	1.50	3.00
		Total.........			1497f,68

Métré n° 6

Un pavillon recouvert en ardoise d'Angers forte fournie, posée avec clous en cuivre sur volige sapin ; chéneaux en plomb de 0.003 d'épaisseur sur pente plâtre à ressauts, mains d'arrêt en cuivre ; socle en sapin de 0.041, épaisseur × 0.30, hauteur, maintenu par le bas avec des équerres en fer scellées dans l'entablement et en about de plancher par des platebandes et équerres d'angles en même fer ; sur le le devant, face en zinc estampé, raccordée à sa partie supérieure par un recouvrement de socle formant couronnement et à sa partie inférieure par un recouvrement en zinc sur le bandeau d'entablement à coulisseaux tous les mètres et bande d'agrafe

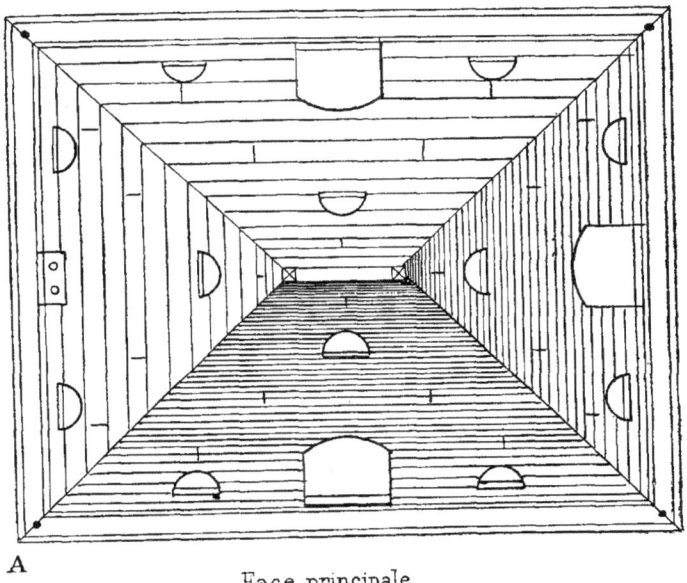

Face principale

Fig. 61.

par le bas des versants ; bandes de batellement en zinc à ourlet chassé, coulisseaux idem et pattes en cuivre rouge.

Sur ces versants : 3 lucarnes en zinc estampé, grand modèle.
8 lucarnes en zinc estampé, petit modèle.
4 œils-de-bœuf zinc estampé.

Crochets de service en fer forgé fixés avec tirefonds sur les chevrons et raccordés avec ardoises en plomb. Une souche de cheminée raccordée avec bavette et noquets zinc, derrière en plomb de 0.003 d'épaisseur. Bandes de solins zinc avec pattes cuivre et joints en ciment, 4 arêtiers composés chaque de 1 arêtier et 1 baguette demi-ronde en sapin, 2 alaises en plomb de 0,002 épaisseur, 2 bavettes zinc à ourlet chassé et pattes cuivre, 1 arêtier en zinc estampé avec pattes idem ; faîtage double en zinc estampé avec épis (*fig.* 61 et 62).

Vue A.B.

Fig. 62.

NUMÉROS	Métré			
	Comble recouvert en ardoise d'Angers sur volige neuve.			
	Versant de face.			
a	$\dfrac{9.70 \text{ et } 2.30}{2} \times 7.48$ hauteur (68 pureaux)			
	produit surface.................. 44.88			
	En tête :			
a	1.35 réduit $\times$ 0.33 (3 pureaux).			
	Produit.................... 0.45			
	Versant opposé :			
	Même surface que ci-dessus accoladée a 45.33			
	Versant de gauche :			
b	$\dfrac{7.80 \text{ et } 0.30 \times 7.81}{2}$ hauteur			
	71 pureaux, produit.......... 31.63			
	A reporter............... 122.29			

MÉTRÉ DE LA COUVERTURE.

NUMÉROS PAGES	SÉRIES				
		Report............... 122.29			
		Versant de droite :			
		Même surface que ci-dessus accoladée b..:...................... 31.63			
		Ensemble.......... 153.92			
		Moins :			
		3 grandes lucarnes de chaque 1.50 × 1.80 haut., produit 2.70 Ensemble..... 8.10			
		8 petites lucarnes de chaque 0.70 × 1.20 produit.... 0.84 Ensemble..... 6.72			
		4 œils-de-bœuf de chaque 0.80 × 1.00 produit.... 0.80 Ensemble..... 3.20			
		1 souche de cheminée de 0.90 × 1.20 produit.... 1.08			
		A déduire.......... 19.10			
604	72	Reste surface...............	134.82	5.09	686.23
		Plus-value pour ardoise première carrée 2ᵉ modèle mais forte.			
605	78	Même surface...............	134.82	0.23	31.00
		Plus-value pour emploi de volige sapin de 0.013/0.11 au lieu de peuplier.			
605	83	Même surface...............	134.82	0.26	35.05
		Plus-value pour ardoises fixées avec clous en cuivre.			
605	85	Même surface...............	134.82	0.22	29.66

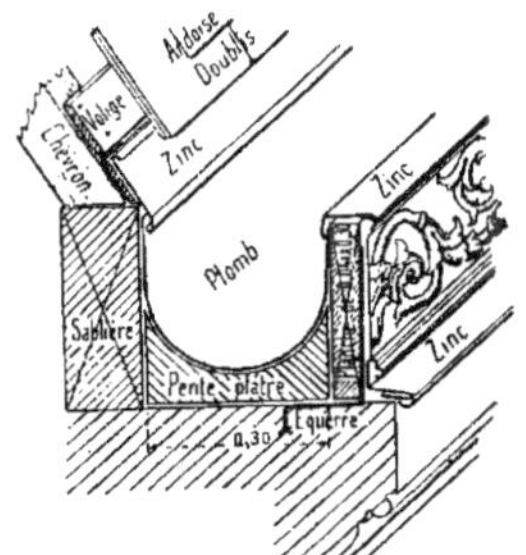

Fig. 63.

Chéneaux (*fig.* 63).
Planche de socle en sapin de 0.041 d'épaisseur de 0.30 largeur, rainée fournie posée (1).
2 fois 10.60.......... 21.20
2 fois 8.60.......... 17.20

Menui	serie	Linéaires.................	38.40	1.85	71.04
		(1) *La planche est considérée ici comme non assemblée aux abouts et aux angles, étant maintenue extérieurement par les plates-bandes et équerres, en fer et intérieurement par la pente en plâtre.*	Obser	vation	»

NUMÉROS PAGES	SÉRIES				
Serru	rerie	Plates-bandes en fer de 35/7 fournies de chaque 0.40 développé, entaillées et fixées avec vis. Ensemble..................	16	1.38	22.08
		Equerres d'angles en même fer fournies de chaque 0.40 développé, entaillées et fixées avec vis idem. Ensemble..................	8	2.44	19.52
		Pour maintenir la planche verticalement : Equerres en fer de 35/7 fournies de chaque 0.50 développé coudées et contrecoudées à scellement. Ensemble..................	44	3.03	133.32
Maçon	nerie	Trous en pierre et scellements de chaque 0.10 profondeur. 44 pour chaque 0.24 de légers. Produit....................	10.56	4.00	42.24
		Peinture, au minium 2 couches, d'équerres et plates-bandes en fer. Ensemble..................	68	0.12	8.16

622	23	Pentes en plâtre pur × 0.30 de largeur
		  2 fois 10.30 réduit........ 20.60
		  2 fois 8.30 réduit........ 16.60
		2 ressauts pour chaque 0.30.
		Produit........................ 0.60
		           Linéaires..................
			37.80	1.45	54.81

		Chéneaux en plomb neuf, en tables de 0.003 épaisseur pour fourniture.
		  2 fois 10.30 réduit........ 20.60
		  2 fois 8.30 réduit........ 16.60
		4 Equerres pour chaque 0.20.
		Produit........................ 0.80			

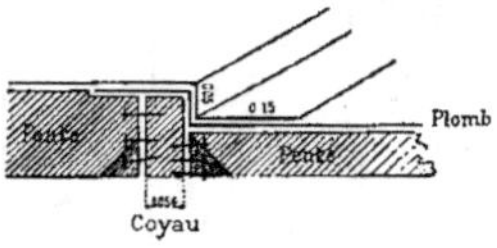

Fig. 64.

		2 ressauts (*fig. 64*) de chaque 0.40 de croisure.
		          Ensemble.......... 0.80
		2 têtes de chaque 0.15.
		Produit........................ 0.30
		          Linéaires........... 39.10
		× 0.60 largeur réduite produit.
		Surface 23.46 × 34^{k}05 le mètre superficiel.			

622	1	Pesant....................	798^{k}813	0.42	335.50
		Façon pose du chéneau plomb, cintré en gorges.			
622	4	Pesant....................	798^{k}813	0.18	143.79

MÉTRÉ DE LA COUVERTURE.

NUMÉROS PAGES	SÉRIES				
		En plus :			
		Aux ressauts :			
		Goussets emboutis sur plomb.			
		2 fois 4.......................	8	0.60	4.80
		Aux angles :			
		Soudures de 0.03 large au fer mahon sur plomb.			
642	201	4 fois 0.75 réduit produit................	3.00	2.47	7.41
		Sur les côtés :			
		Mains d'arrêt en cuivre rouge étamé, fournies posées (en valeur entière).			
		4 fois 32....................... 128			
		4 fois 26....................... 104			
620	131	Ensemble..................	232	0.30	69.60
		Coyaux en sapin de 0.054 épaisseur, coupés, de chaque, 0.30 longueur à rive chanfreinée fournis.			
»	»	× 0.08 hauteur : aux ressauts............	2	1.10	2.20
»	»	× 0.20 hauteur : à la besace............	1	»	1.90
		Posés :			
608	167	Ensemble..................	3	0.33	0.99
		Plus-value de lardis de clous à bateaux et scellements avec solins sur côtés.			
		6 fois 0.30 produit : linéaires............	1.80	0.70	1.26
		Sur besace (fig. 65).			

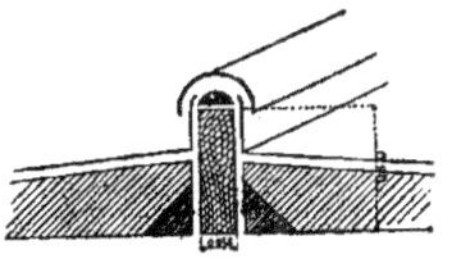

Fig. 65.

		Baguette en sapin, demi-ronde de 0.054, fournie, coupée de longueur ajustée et clouée.	Vaut	»	0.40
		Recouvrement en plomb neuf de 0.003 en table, pour fourniture.			
		2 fois 0.25 = 0.50 × 0.10 large, produit surface 0.05 × 34^k,05 le mètre.			
622	1	Pesant......................	1^{k}703	0.42	0.72
		Façon, pose de plomb sur moulure courbe..			
622	12	Pesant......................	1^{k}703	1.00	1.70
»	»	Patte cuivre idem..................	1	»	0.30
		Plus-value de têtes embouties sur plomb			
622	16	2 pour chaque, 2 angles..................	4	0.50	2.00
		Sur bandeau d'entablement :			
		Glacis en plâtre idem.			
		2 fois 10.90.................. 21.80			
		2 fois 8.90.................. 17.80			
		Linéaires............ 39.60			
619	103	× 0.10 large produit surface............	3.96	1.25	4.95
620	130	Papier goudronné idem, même surface.....	3.96	0.29	1.15

COUVERTURE ET PLOMBERIE.

NUMÉROS PAGES	SÉRIES				
615	23	Bandes d'agrafe en zinc n° 14 pour fourniture. Mêmes linéaires 39.60 × 0.10 large produit. Surface..................... Façon, pose. Linéaires..............	3.96 39.60	3.57 0.25	14.14 9.90

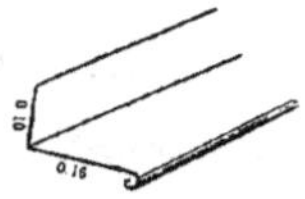

Fig. 66.

		Recouvrement en zinc n° 14 pour fourniture (*fig.* 66).			
		2 fois 10.80 réduit.......... 21.60			
		2 fois 8.80 réduit.......... 17.60			
		Linéaires 39.20			
		Coulisseaux plats.			
		2 fois 10............ = 20			
		2 fois 8............ = 16			
		Ensemble.... 36			
		× 0.20 courant, produit 7.20			
		4 Equerres × 0.20 courant produit 0.80			
		Ensemble.......... 47.20			
615	23	× 0.26 large, produit. Surface............	12.27	3.57	43.80
		Façon, pose de recouvrement zinc.			
		× 0.26 largeur.			
		Linéaires 47.20			
		Plus-value de façon par bouts de 1.00 longueur.			
		1/10 × 39.20..................... 3.92			
616	33	Ensemble	51.12	1.48	75.66
		Brisures façonnées soudées aux coulisseaux; comme angles.			
617	64	Ensemble.................	36	0.15	5.40
		Au dessus :			
		Face de socle en zinc estampé n° 934 de l'album Coutelier (*fig.* 67).			

Fig. 67.

		fournie			
		2 fois 10.68................ 21.36			
		2 fois 8.68................ 17.36			
		Ensemble.......... 38.72			

MÉTRÉ DE LA COUVERTURE.

NUMÉROS PAGES	SÉRIE				
		Report............ 38.72			
		Plus croisures.			
		2 fois 10 = 20			
		2 fois 8 = 16			
		Ensemble.... 36 × 0.05 produit = 1.80			
»	»	Linéaires...................	40.52	4.50	182.34
		Ajustement pose de ces bandes.			
		Linéaires.......... 40.52			
		Plus-value de coupe et ajustement par bouts de 1.00 longueur.			
		1/10 × 38.72 produit............ 3.87			
»	»	Ensemble...................	44.39	0.63	27.97
		Pattes d'agrafe en cuivre rouge *idem*.			
		Par le bas.			
		2 fois 44...................... 88			
		2 fois 36...................... 72			
		Plus 2 à chaque croisure.			
		Soit 36 fois 2.................. 72			
620	132	Ensemble...................	232	0.20	46.40
Éva	lué	Angles découpés ajustés soudés dans les moulures en zinc..........................	4	1.50	6.00

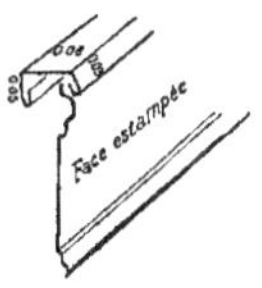

Fig. 68.

Couronnements de socle en zinc n° 14 pour fourniture (*fig.* 68).

		Linéaires............ 38.72			
		Coulisseaux			
		2 fois 10 = 20			
		2 fois 8 = 16			
		Ensemble 36 × 0.20 courant produit 7.20			
		4 équerres × 0.20 courant produit.. 0.80			
		Ensemble............ 46.72			
615	23	× 0.16 largeur, produit. Surface.........	7.48	3.57	26.70
		Façon, pose de ces bandes de recouvrement			
		Linéaires.......... 46.72			
		Plus-value de façon.			
		1/10 × 38.72 produit............ 3.87			
616	32	Ensemble...................	50.59	1.25	63.24
		Pattes cuivre *idem* :			
		Aux larmiers :			
		4 fois 44..................... 176			
		4 fois 36..................... 144			
»	»	Ensemble...................	320	0.20	64.00
		Côté du comble :			
		Voligeage neuf sapin de 0.013 × 0.11 jointif.			
		2 fois 10.00................. 20.00			
		2 fois 8.00................. 16.00			
		Linéaires............ 36.00			

Sciences générales.   COUVERTURE ET PLOMBERIE. — TOME II. — 4.

COUVERTURE ET PLOMBERIE.

NUMÉROS PAGES	SERIE				
621	170	× 0.11 largeur, produit. Surface....................		3.96	2.05	8.12
		Bande de batellement en zinc n° 14 pour fourniture.				
		Linéaires	36.00			
		Coulisseaux plats	»			
		2 fois 9 = 18	»			
		2 fois 7 = 14	»			
		Ensemble..... 32 × 0.20 courant	»			
		Produit............	6.40			
		4 Équerres × 0.20 courant.				
		Produit............	0.80			
		Ensemble..........	43.20			
		× 0.20 largeur développée produit.				
»	»	Surface....................		8.64	3.57	30.84
		Façon, pose *idem*.				
		Linéaires	43.20			
		Plus-value de façon par bouts de 1.00 longueur.				
		1/10 × 36.00	3.60			
616	32	Ensemble..................		46.80	1.25	58.50
617	64	Brisures façonnées soudées aux coulisseaux comme angles ;				
		Ensemble		32	0.15	4.80
		Pattes en cuivre *idem*.				
		2 fois 40.......................	80			
»	»	2 fois 32.......................	64	144	0.20	28.80
		Au dessus :				
		Doublis de 1 ardoise neuve d'Angers.				
		2 fois 9.80..................	19.60			
		2 fois 7.80..................	15.60			
		Ensemble..........	35.20			
		Moins :				
		3 lucarnes de chaque, 2.00 longueur.				
		Produit....... 6.00				
		1 souche de cheminée de... 0.90				
		A déduire.............	6.90			
609	188	Reste linéaires.............		28.30	0.64	18.11
		Parements en plâtre *idem*.				
610	227	Linéaires		28.30	0.40	11.32
		3 grandes lucarnes (*fig.* 69).				
		Détail d'une :				
		1 lucarne en zinc estampé n° 1371 de l'album Coutelier.				
		Fournie....................		1	»	220.00
		Pour soudure, ajustement et pose de cette lucarne.				
615	17 18	Employé 8 heures de compagnon zingueur et aide (2)........................		8	1.90	15.20
N° 1.		(2) *Cette évaluation est donnée sous toutes réserves ; le temps passé peut varier suivant le plus ou moins de difficultés de pose occasionnée par l'état de la charpente devant recevoir cette lucarne.*				

MÉTRÉ DE LA COUVERTURE.

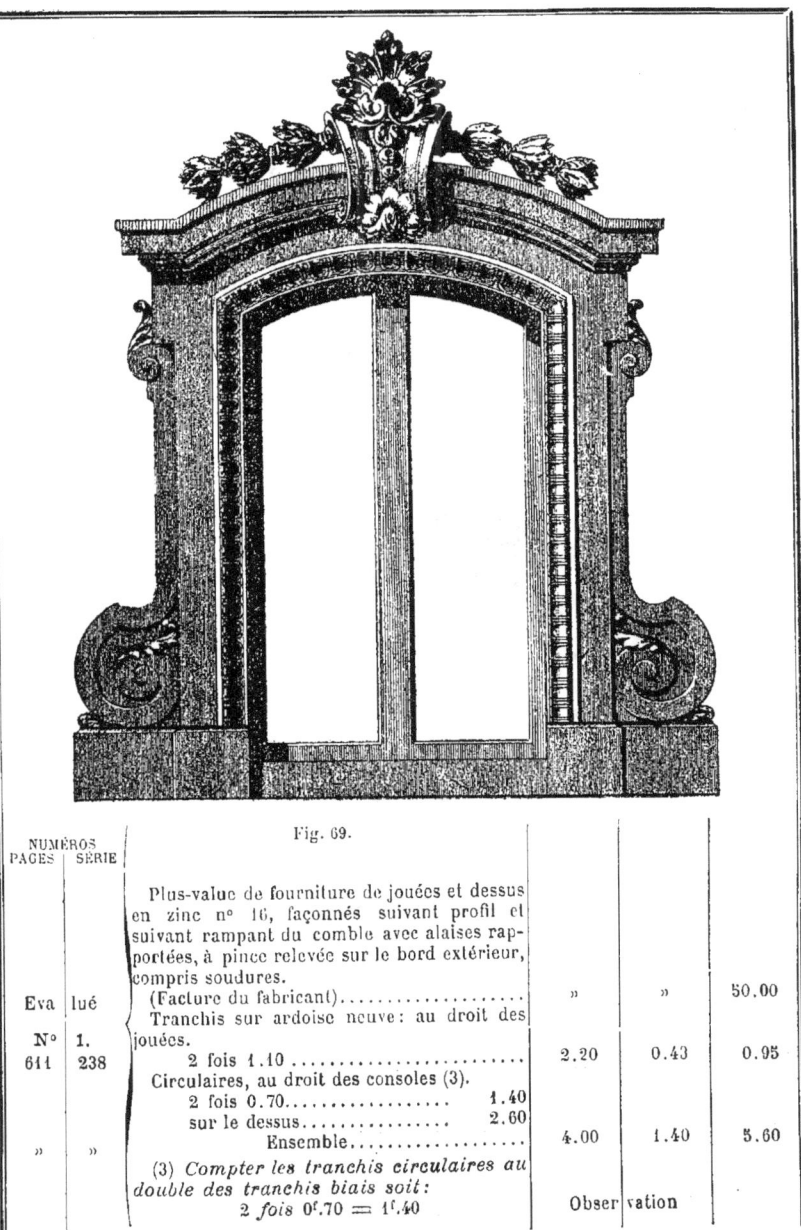

Fig. 69.

NUMÉROS PAGES	SÉRIE				
		Plus-value de fourniture de jouées et dessus en zinc n° 16, façonnés suivant profil et suivant rampant du comble avec alaises rapportées, à pince relevée sur le bord extérieur, compris soudures.			
Eva	lué	(Facture du fabricant)..................	»	»	50.00
N° 611	1. 238	Tranchis sur ardoise neuve : au droit des jouées. 2 fois 1.10	2.20	0.43	0.95
		Circulaires, au droit des consoles (3). 2 fois 0.70.................. 1.40 sur le dessus............... 2.60			
»	»	Ensemble...................	4.00	1.40	5.60
		(3) *Compter les tranchis circulaires au double des tranchis biais soit:* 2 *fois* 0f.70 = 1f.40	Obser	vation	

COUVERTURE ET PLOMBERIE.

NUMÉROS PAGES	SÉRIE				
		Parements en plâtre *idem*........ 2.20			
		4.00			
		Linéaires..................	6.20	0.40	2.48
		Voligeage neuf en sapin de 0.013 jointif (*avant, bien entendu, la pose de la lucarne*).			
N° 1.		Aux jouées :			
		2 fois $\dfrac{1.10 \times 1.60}{2}$ hauteur produit. 1.76			
		Dessus :			
		1.00 réduit × 1.60 produit........ 1.60			
621	170	Surface...................	3.36	2.05	6.89
		2 autres lucarnes semblables à celle accoladée n° 1...............................	2	301.12	602.24
		8 petites lucarnes (*fig.* 70).			

Fig. 70.

		Détail d'une :			
		1 lucarne en zinc estampé, modèle n° 1 de l'album Coutelier.			
		Fournie.......................	1	»	60.00
N° 2.		Pour ajustement, pose de ladite, comme *idem* : employé 4 heures de compagnon zingueur et aide.....................	4	1.90	7.60
»	»	Plus-value de fourniture, façon, pose et soudure de hausse circulaire en zinc suivant rampant comme *idem*.			
Éva	lué	Vaut......................	»	»	25.00

MÉTRÉ DE LA COUVERTURE.

NUMÉROS PAGES	SÉRIE				
622	1	Au devant : Bavette en plomb neuf en table de 0.0025 d'épaisseur pour fourniture de 1.40 × 0.20 large, produit Surface 0.28 × 28^k.40 le mètre. Pesant.....................	7^{k}952	0.42	3.34
622	9	Façon, pose : Pesant.................	7^{k}952	0.15	1.19
622	17	Bande de clouage en zinc neuf fournie posée.	1.40	0.33	0.46
616	52	Clouage espacé.......................	1.40	0.34	0.48
N° 2.		Tranchis circulaires sur ardoise neuve. 2 fois 1.90.................. 3.80 Moins : Tranchis droits 2 fois 0.20............ 0.40 2 fois 0.30............ 0.60			
»	»	Ensemble.......... 1.00	1.00	»	0.43
»	»	Reste circulaires............	2.80	1.40	3.92
610	227	Parements plâtre *idem*...............	3.80	0.40	1.52
		7 autres lucarnes semblables à celle accoladée n° 2...........................	7	103.94	727.58
»	»	(4) *A ces lucarnes il y aurait lieu de compter les raccordements des baies, comme pour les grandes lucarnes, baies et appuis, suivant la nature de ces travaux.* 4 œils-de-bœuf.		Observation	»

Fig. 71.

Détail d'un (*fig.* 71) :
1 œil-de-bœuf en zinc estampé modèle n° 20 de l'album Coutelier.

N° 3.		Fourni........................	1	»	45.00
		Pour ajustement et pose : employé 2 heures de compagnon zingueur et aide	2	1.90	3.80
Éva	lué	Plus-value de fourniture de hausse circulaire en zinc façonnée *idem* et soudée. Vaut............	»	»	15.00

COUVERTURE ET PLOMBERIE.

NUMÉROS PAGES	SÉRIE				
		Au devant :			
		Bavette en plomb neuf en table de 0.0025 d'épaisseur pour fourniture			
N° 3.		de 0.80 × 0.20 large produit surface 0.16 × 28k.40 le mètre.			
622	1	Pesant....................	4k.544	0.42	1.91
622	9	Façon, pose : Pesant....................	4k.544	0.15	0.68
»	»	Bande de clouage en zinc neuf...........	0.80	0.33	0.26
»	»	Clouage espacé *idem*....................	0.80	0.34	0.27
»	»	Tranchis circulaires sur ardoise neuve.			
»	»	Linéaires	2.00	1.40	2.80
»	»	Parements en plâtre *idem*...............	2.00	0.40	0.80
		3 autres œils-de-bœuf semblables à celui accoladé n° 3...................	3	70.52	211.56
		Sur le versant de gauche :			
		1 souche de cheminée.			
		Au devant :			
		Bande de larmier en zinc n° 12 pour fourniture............... 0.90			
		2 fois 0.05.... 0.10			
		Ensemble......... 1.00 × 0.20 large produit.			
615	23	Surface....................	0.20	2.87	0.57
616	28	Façon, pose : linéaires	1.00	»	0.57
»	»	Pattes d'agrafe en cuivre *idem*...........	4	0.20	0.80

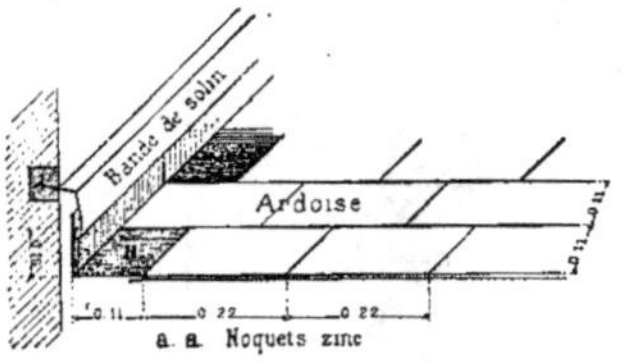

Fig. 72.

		Sur côtés (*fig. 72*) :			
		Tranchis droits sur ardoise neuve.			
611	238	2 fois 0.90....................	1.80	0.43	0.77
609	176	Dévirures *idem*................	1.80	0.38	0.68
		Noquets droits en zinc n° 12 pour fourniture 2 fois 4 = 8 de chaque 0.30 × 0.25 développé produit 0.075.			
		Ensemble................	0.60	2.87	1.72
620	127	Façon, pose de noquets	8	0.15	1.20
		Derrière :			
		Voligeage neuf en sapin de 0.013 jointif			
621	170	1.10 × 0.33 produit surface............	0.36	2.05	0.74
620	133 / 134	Pente en plâtre pur de 0.05 épaisseur réduite, même surface...........................	0.36	2.00	0.72

MÉTRÉ DE LA COUVERTURE.

NUMÉROS PAGES	SÉRIE				
		Recouvrement en plomb neuf en table de 0.003 épaisseur pour fourniture. 1.20×0.50 large produit surface $0.60 \times 34^k.05$ le mètre.			
622	1	Pesant....................	$20^k.430$	0.42	8.58
622	9	Façon, pose : Pesant....................	$20^k.430$	0.15	3.06
»	»	Goussets emboutis....................	2	0.60	1.20
622	16	Angles emboutis....................	2	0.50	1.00
»	17	Bande de clouage zinc neuf, fournie posée idem....................	1.20	0.33	0.40
616	52	Clouage espacé idem....................	1.20	0.34	0.41
		Bandes de solins en zinc n° 12 pour fourniture.			
		4 fois 0.90........ 3.60			
		2 fois 0.25........ 0.50			
		2 fois 0.12........ 0.24			
		4 équerres $\times$ 0.20........ 0.80			
		Linéaire............ 5.14			
»	»	$\times$ 0.10 large, produit surface............	0.51	2.87	1.46
»	»	Façon, pose : Linéaires....................	5.14	0.57	2.93
»	»	Angles soudés en plus des équerres.......	4	0.15	0.60
		Pattes cuivre idem : Ensemble	20	0.20	4.00
		Tranchées en mur (souche) et joints en ciment.................... 5.14			
		Moins............... 0.80			
»	»	Reste linéaires...............	4.34	0.80	3.47

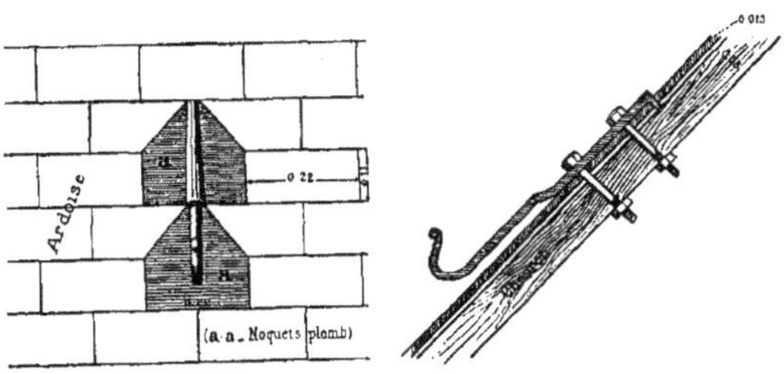

Fig. 73 et 74.

		20 crochets d'échelle sur les versants.			
		Détail d'un (fig. 73 et 74) :			
		Crochet de service en fer forgé.			
608	168	fourni....................	1	»	3.50
608	169	Posé compris façon pose de noquets plomb	1	»	0.82
N° 4.		Noquets (ou ardoises) en plomb neuf de 0.0025 d'épaisseur pour fourniture de chaque 0.30×0.22 produit surface 0.066. Ensemble $0.132 \times 28^k.40$ le mètre.			
622	1	Pesant....................	$3^k.749$	0.42	1.57
622	16	Plus-value d'emboutissage du plomb sur fer ; évalué en angles sur plomb....................	2	0.50	1.00

NUMÉROS PAGES	SÉRIE				
		Bandes de clouage zinc neuf *idem*.			
		2 fois 0.22................	0.44	0.33	0.15
N°	4.	Clouage espacé *idem*.................	0.44	0.34	0.15
		Tirefonds en fer de 0.14 longueur fournis			
Serru	rerie	posés........................	2	1.15	2.30
		Tranchis biais sur ardoise neuve.			
611	238	4 fois 0.15................	0.60	0.70	0.42
610	227	Parements plâtre, *idem*.............	0.60	0.40	0.24
		19 autres crochets semblables à celui acco-			
		ladé n° 4	19	10.15	192.85

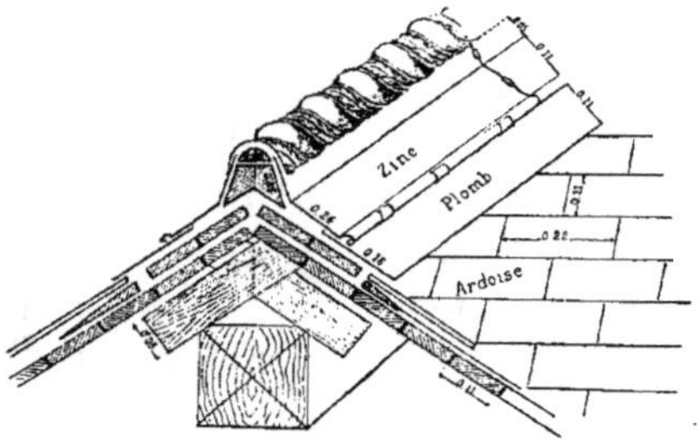

Fig. 75.

		4 arêtiers.			
		Détail d'un (*fig.* 75) :			
		Voligeage neuf en sapin de 0.013 jointif.			
		2 fois 8.70 = 17.40 × 0.22 large produit			
		surface...................... 3.83			
		Pour double épaisseur			
		même surface................. 3.83			
621	170	Ensemble..................	7.66	2.05	15.70
		Tranchis biais sur ardoise neuve.			
611	238	2 fois 8.70 produit. Linéaires.........	17.40	0.70	12.18
609	176	Dévirures plâtre *idem* :			
		Linéaires..................	17.40	0.38	6.61
		Arêtier en sapin de 0.080 fourni, posé.			
621	151	Linéaires..................	8.70	0.99	8.61
N°	5.	Sur le dessus :			
		Membron en sapin de 0.060/0.054 demi-rond			
		fourni posé.			
620	124	Linéaires....................	8.70	0.99	8.61
		Sur les côtés :			
		Bavettes en plomb neuf en tables de 0.002			
		épaisseur pour fourniture.			
		2 fois 8.70.................. 17.40			
		6 croisures × 0.10........... 0.60			
		2 têtes de 0.05............... 0.10			
		2 talons de 0.05 .... 0.10			
		Linéaires 18.20			
		× 0.16 large produit surface			
		2.91 × 22^k.70 le mètre.			

MÉTRÉ DE LA COUVERTURE.

NUMÉROS PAGES	SÉRIE				
622	1	Pesant......................	66ᵏ.057	0.42	27.74
622	9	Façon, pose : Pesant................	66ᵏ.05	0.15	9.91
		Bandes de clouage en zinc neuf fournies, posées.			
»	»	2 fois 8.70.....................	17.40	0.33	5.74
»	»	Clouage espacé : Linéaires...............	17.40	0.34	5.92
		Au dessus :			
		Bandes de recouvrement en zinc n° 14 pour fourniture.			
		2 fois 8.70.................. 17.40			
		16 croisures × 0.05............. 0.80			
N° 5.		Linéaires........... 18.20			
		× 0.24 largeur développée, produit.			
»	»	Surface.....................	4.37	3.57	15.60
		Façon, pose : Linéaires.......... 18.20			
		Plus-value de façon par bouts de 1.00 pour obtenir une dilatation parfaite.			
		1/10 × 18.20..................... 1.82			
616	32	Ensemble....................	20.02	1.25	25.03
		Pattes d'agrafe en cuivre rouge, en plus-value.			
		2 fois 26..................... 52			
		Aux croisures, 16 fois 2 32			
»	»	Ensemble....................	84	0.20	16.80

Fig. 76.

		Arêtier en zinc estampé (*fig.* 76) modèle n° 490 de l'album Coutelier.			
		fourni.......................... 8.70			
		8 croisures × 0.05...... 0.40			
		Linéaires.....................			
»	»	Ajustement, pose dudit........... 9.10	9.10	5.00	45.50
		Plus de coupe et ajustement par bouts de 1.00 longueur.			
		1/10 × 9.10..................... 0.91			
»	»	Ensemble....................	10.01	0.63	63.06
N° 5.		Pattes cuivre rouge *idem*.			
		Sur les côtés :			
		2 fois 26....................... 52			
		Aux croisures................... 8			
»	»	Ensemble....................	60	0.20	12.00
		Par le bas :			
»	»	About en zinc neuf fourni de 0.20 × 0.10 produit......................	0.02	2.87	0.06
		Façon découpage, pose et soudure dudit.			
»	»	Vaut........................		»	0.50

COUVERTURE ET PLOMBERIE.

NUMÉROS PAGES	SERIE				
N° 5.		Au faîte :			
»	»	1 embranchement façonné soudé sur zinc estampé.			
		Vaut......................	»	»	1.20
		3 autres arêtiers semblables à celui accoladé n° 5......................................	3	280.77	842.31
		En plus sur les croupes : *sous le faîte*. Filets plâtre sur ardoise neuve.			
610	210	2 fois 0.40...................	0.80	0.90	0.72
		Bavettes en plomb neuf en table *idem* pour fourniture.			
		2 fois 0.60 = 1.20 × 0.16 large produit surface 0.19 × 22^k.70 le mètre.			
622	1	Pesant......................	4^k.313	0.42	1.81
622	9	Façon, pose : Pesant...............	4^k.313	0.15	0.65
		Bandes de clouage zinc *idem*.			
»	»	2 fois 0.60	1.20	0.33	0.41
»	»	Clouage espacé *idem*................	1.20	0.34	0.41
		Angles emboutis sur plomb.			
»	»	2 fois 2.....................	4	0.50	2.00
		Bandes de recouvrement en zinc n° 14 pour fourniture.			
		2 fois 0.50 réduit = ...	1.00		
		Equerres 2 fois 2 = 4 × 0.20 =..	0.80		
»	»	Linéaires............	1.80		
		× 0.24 large produit surface...............	0.43	3.57	1.54
		Façon, pose : Linéaires............	1.80		
		Plus-value de 1/10 façon	0.18		
616	32	Ensemble..................	1.90	1.25	2.38
»	»	Pattes cuivre *idem*.			
		2 fois 3.....................	6	0.20	1.20
		Sur les faces (*grands versants*) :			
		En tête :			
		Filets en plâtre sur ardoise neuve.			
		4 fois 0.36..................	1.44		
		2 fois 1.70..................	3.40		
610	210	Linéaires...................	4.84	0.90	4.36
		Bavettes en plomb neuf en tables de 0.002 épaisseur pour fourniture.			
		4 fois 0.45..................	1.80		
		2 fois 1.50..................	3.00		
		Linéaires............	4.80		
		× 0.16 large produit surface 0.77 × 22^k.70 le mètre.			
622	1	Pesant......................	17^k.479	0.42	7.34
622	9	Façon, pose : Pesant...............	17^k.479	0.15	2.62
		Bandes de clouage zinc *idem*.			
		Linéaires	4.80	0.33	1.58
622	17	Clouage espacé *idem*................	4.80	0.34	1.63
616	52	Angles façonnés sur plomb.			
»	»	2 fois 6.....................	12	0.50	6.00
		Bandes de recouvrement en zinc n° 14 pour fourniture.			

MÉTRÉ DE LA COUVERTURE.

NUMÉROS PAGES	SÉRIE				
»	»	4 fois 0.35............ 1.40 2 fois 1.30............ 2.60 Équerres. » 2 fois 6 = 12 × 0.20 courant » produit.................. 2.40 Linéaires......... 6.40 × 0.24 large produit. Surface....... Façon, pose : Linéaires......... 6.40 Plus-value de 1/10 comme *idem* *pour longueurs précises* × 4.00..... 0.40	1.54	3.57	5.50
616	32	Ensemble.................	6.80	1.25	8.50
»	»	(5) *Nous ne comptons pas les décrochements latéraux qui ont été comptés avec les arêtiers.* Pattes cuivre *idem.* 2 fois 12.......................	Observation	»	»
			24	0.20	4.80

Composition de faîtage (*fig.* 77) n° 1309 de l'album Coutelier.

Fig. 77.

COUVERTURE ET PLOMBERIE.

NUMÉROS PAGES	SÉRIE				
»	»	Fournie (*en bloc*)....................	»	»	186.00
		(6) *On pourrait aussi détailler cette fourniture avec les indications de l'album qui portent* :			
		Epi, la pièce................ 60 *francs*			
		Crête double, le mètre....... 25 *francs*			
		Membron, le mètre.......... 2 *fr*. 80	Observation		»
		Pour montage, pose, ajustement des pièces formant la composition ci-dessus et soudures : Employé :			
615	17 18	8 heures de 1 compagnon zingueur et 2 aides.	8	2.69	21.52
»	»	Fourniture de soudure et charbon. Évalué..	»	»	3.00
		Dessous :			
		Voligeage sapin de 0.013 jointif			
		4 fois 0.40 × 0.55 réduit... 0.88			
		2 fois 1.70 × 0.33 » ... 1.12			
		Sur croupes :			
		2 fois 0.50 réduit × 0.55... 0.55			
		Surface............ 2.55			
		Double épaisseur même surface ... 2.55			
621	170	Ensemble..................	5.10	2.05	10.46

Fig. 78.

		Membrons sapin de 0.12/0.16 arrondi de 0.10 développé, fournis, posés, cloués (*fig.* 78) :			
		2 fois 1.52 réduit.......... 3.04			
		4 fois 0.08................ 0.32			
		6 fois 0.28 réduit.......... 1.68			
		Coupes et assemblages d'onglets.			
		12 × 0.12................ 1.44			
		Linéaires..................	6.48	2.28	14.77
		(7) *Le plombaginage sera donné avec la couverture en zinc.*	Observation		»
		(8) *Il n'est pas compté d'échafaudage pour le chéneau, nous supposons que la construction est neuve et que le couvreur s'est servi des échafaudages du maçon.*			
		Nous tiendrons compte des échafaudages en travaux de réparations.........	Observation		»
		TOTAL			6 047 fr,26

Métré n° 7.

Habitation.

Comble (*fig.* 79 à 81) recouvert en ardoises d'Angers, 1ʳᵉ carrée, 1ᵉʳ modèle sur volige sapin chanlattée et crochets en cuivre système Fourgeau : gouttières en zinc n° 16 façonnées à l'anglaise à supports en fer forgé, portant pied sur entablement recouvert en zinc n° 14, avec revêtement en zinc n° 12 au-devant de la sablière ; face de socle en zinc n° 14, s'agrafant par le haut dans l'ourlet de la gouttière, maintenue au bas par des pattes en cuivre rouge étamé, rivées sur les pieds de supports ; côté comble, banquette en zinc n° 14, avec doublis ardoises de deux pièces au dessus ; sous le zinc de l'entablement glacis en pente et papier goudronné.

Sur comble central.

Une lucarne en pierre recouverte en ardoise *idem* avec noues en zinc, bandes de batellements en zinc au bas des versants, bandes de solins en zinc aux jouées, avec raccords des ailerons en pierre et bavette d'appui. 4 châssis à tabatière et crémaillère ; 2 souches de cheminées sous faîtage ; 4 noues en zinc *idem*.

Aux pavillons.

Les 2 frontons de Bow-Window recouverts en zinc *idem* avec raccordements sur combles et sur gouttières ; 2 œils-de-bœuf en zinc estampé ; 4 souches de cheminées recouvertes en zinc ; 4 épis en zinc estampé. Les arêtiers en ardoise à arête vive.

Au droit des souches, châssis et lucarnes, bandes de dévirures en zinc. Les faîtages bois et zinc, avec, sur les côtés, bavettes zinc et plomb. Toutes les pattes apparentes en cuivre rouge étamé. Coulisseaux tous les 1 mètre sur bandes zinc. 4 écoulements de gouttières comprenant chaque moignon et manchon, zinc n° 16, manchon plomb dans l'épaisseur de l'entablement.

Communs.

Les combles recouverts en ardoise *idem*, mais sur crochets en fer étamé. Gouttières pendantes en zinc n° 14 × 0.33 développé sur supports en fer renforcés et galvanisés, banquette zinc au dessus, 1 lucarne couverte et raccordée comme la précédente. Les faîtages comme les précédents et arêtiers semblables aux faîtes ; 1 poinçon zinc estampé. Aux rives, tasseau, bandes zinc et plomb avec couvre-joints *idem*. Chattières zinc estampé. 2 souches raccordées *idem* avec dessus recouverts en zinc. Noquets zinc *idem*.

Poulailler et lapinière.

Couverts en tuile à emboîtement de Courbéton sur liteaux avec voligeage dessous. Gouttière zinc n° 14 × 0.16 développé avec crochets galvanisés. Rives de côtés en zinc avec tasseau et couvre-joints (*tranchis isolés*). Rive de tête avec bavettes plomb et zinc, bande de solin et solin.

NUMÉROS		Métré.			
PAGES	SÉRIE				
		Habitation (*fig.* 79 à 81) :			
		Couverture ardoise d'Angers 1ʳᵉ carrée 1ᵉʳ modèle, fournie posée avec crochets en cuivre rouge sur volige sapin chanlattée.			
		Comble central			
		Versant de face :			
		$\dfrac{8.40 \text{ et } 12.30}{2} \times 4.18$ hauteur (38 pureaux) produit.................	44.06		
		A reporter...........	44.06		

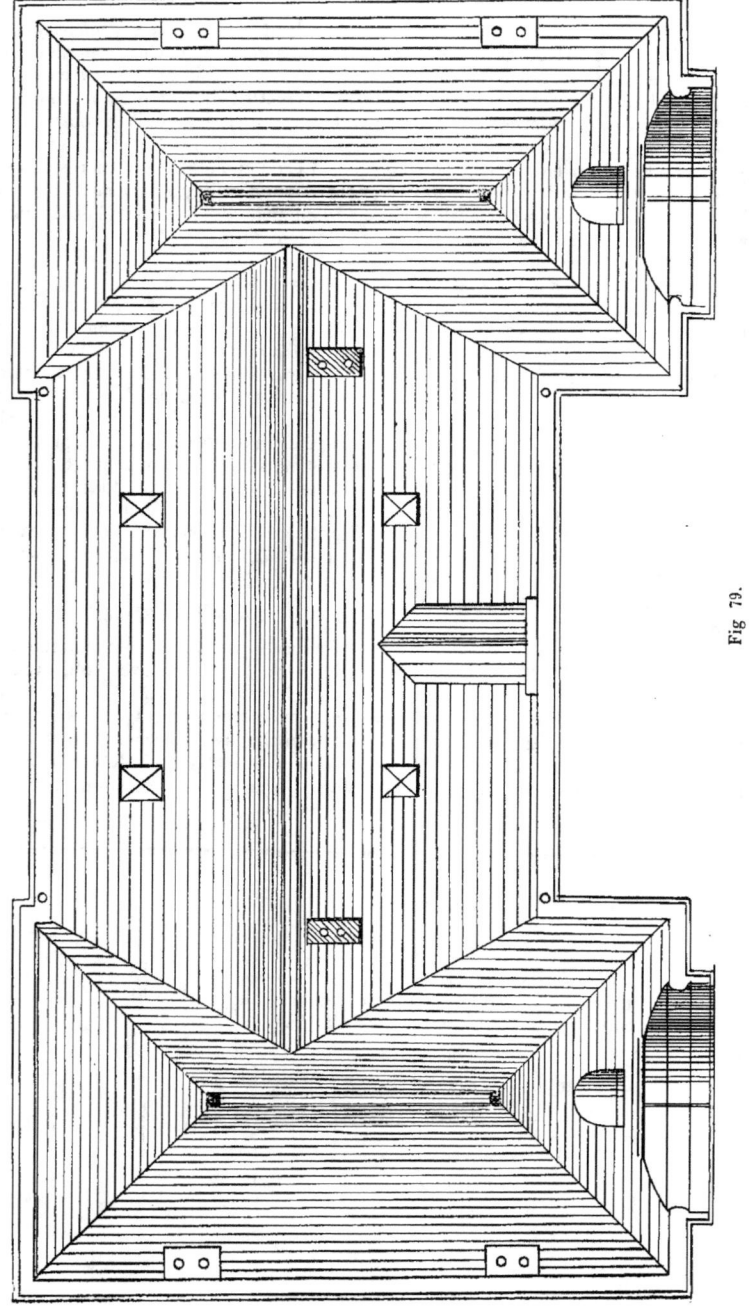

Fig 79.

MÉTRÉ DE LA COUVERTURE.

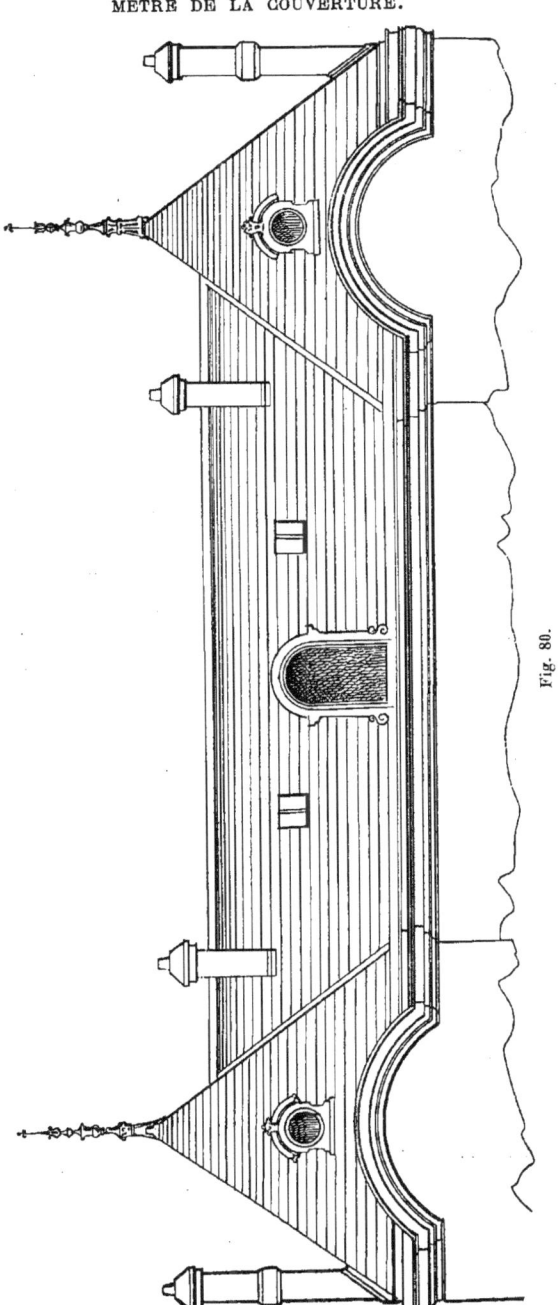

Fig. 80.

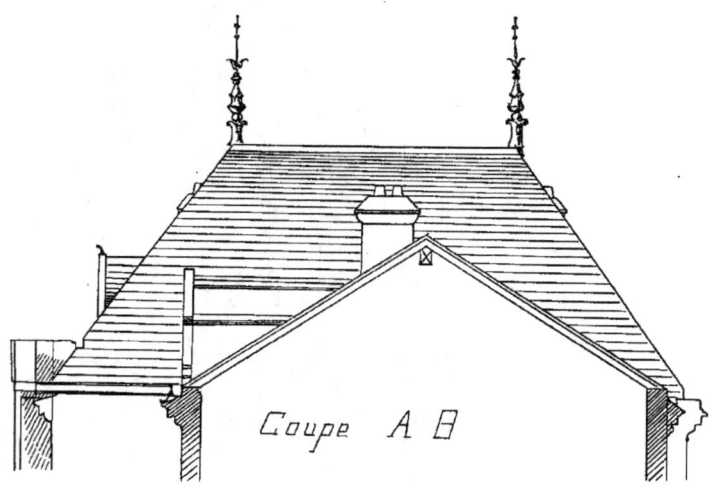

Fig. 81.

NUMÉROS PAGES	SÉRIE		
		Report.........	44.06
		Versant du fond :	»
		Même surface...............	44.06
		Pavillon de gauche.	»
		Versant de droite.	»
		Côté face :	
		$\dfrac{1.80\ \text{et}\ 3.60}{2} \times 3.30$ hauteur (30 pureaux) produit...................	8.91
		Côté fond :	
		$\dfrac{0.22\ \text{et}\ 1.80}{2} \times 3.30$ hauteur (30 pureaux) produit...................	3.33
		Au dessus :	
N° 1.		$\dfrac{5.80\ \text{et}\ 4.50}{2} \times 1.10$ hauteur (10 pureaux) produit...................	5.67
		Croupe de face :	
		Sur les côtés du fronton. 2 fois 0.90×0.77 hauteur (7 pureaux) produit......................	1.38
		Au dessus :	
		4.40 réduit $\times$ 0.33 hauteur (3 pureaux) produit....................	1.45
		A reporter...........	108.86

MÉTRÉ DE LA COUVERTURE. 65

NUMÉROS PAGES	SÉRIE					
N° 1.		Sur les côtés de l'œil-de-bœuf 2 fois 1.28 réduit × 1.10 hauteur (10 pureaux) produit..................	2.82			
		Au dessus : $\frac{2.50 \times 2.20}{2}$ hauteur (20 pureaux) produit.......................	2.75			
		Versant de gauche : $\frac{9.78 \text{ et } 4.50}{2} \times 4.40$ hauteur (40 pureaux) produit.................	31.92			
		Versant du fond : $\frac{5.50 \times 4.40}{2}$ hauteur (40 pureaux). produit......................	12.10			
		Pavillon de droite. Semblable à celui de gauche accoladé n° 1.......................	71.33			
		Ensemble.........	228.78			
		Moins : Comble central : 1 lucarne de 1.40 × 2.50 hauteur réduite produit............	3.50	»		
		2 souches de cheminées de chaque 0.40 × 1.20 produit 0.48.		»		
		Ensemble........	0.96	»		
		4 châssis.		»		
		2 de chaque 0.50 × 0.80 produit 0.40.				
		Ensemble........	0.80	»		
		2 de chaque 0.50 × 0.90 produit 0.45.	»	»		
		Ensemble........	0.90	»		
		Aux pavillons 4 souches de cheminées de chaque 0.90 × 1.00 produit 0.90.	»	»		
		Ensemble........	3.60	»		
		A déduire............	9.76	= 9.76		
com	posé	Reste surface................	219.02	219.02	8.26	1709.10
		Chéneaux (fig. 82). Sur entablements : Glacis en pente en plâtre pur. Côté face (milieu)...............	8.50			
		En retour 2 fois 2.00............	4.00			
		Sur la face des pavillons. 4 fois 1.30.....................	5.20			
		Sur les côtés : 2 fois 10.30..................	20.60			
		Côté fond....................	8.50			
		Aux pavillons 2 fois 6.00........	12.00			
		En retour 2 fois 0.30.........	0.60			
		Linéaires ensemble (a)....	59.40			

COUVERTURE ET PLOMBERIE.

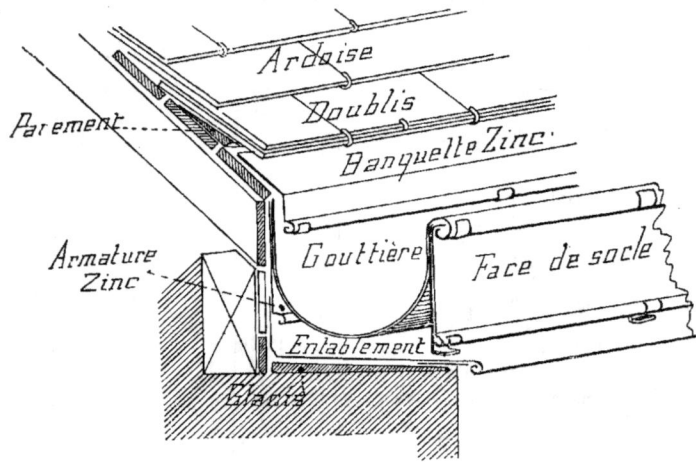

Fig. 82.

NUMÉROS PAGES	SÉRIE				
619	103	× 0.30 large, produit surface............	17.82	1.25	22.28
620	130	Papier goudronné ; même surface..........	17.82	0.29	5.17
		Bandes d'agrafe en zinc n° 14 pour fourniture même linéaires..... 59.40			
		Plus aux équerres			
		8 fois 0.33............ 2.64			
615	23	Ensemble......... 62.04 × 0.10 large produit surface......................	6.20	3.57	22.13
616	25	Façon, pose; linéaires..................	62.04	0.25	15.51
		Recouvrements d'entablements en zinc n° 14 pour fourniture :			
		Mêmes linéaires que glacis (a).... 59.40			
		Coulisseaux.			
		(Central). 2 fois 8 = 16			
		Pavillons 2 fois 1 = 2			
		4 fois 1 = 4			
		2 fois 10 = 20			
		2 fois 5 = 10			
		Ensemble........ 52 × 0.20			
		courant.................... = 10.40			
		4 talons × 0.15 courant......... 0.60			
		12 équerres × 0.20 courant...... 2.40			
		Linéaires........... 72.80			
615	23	× 0.46 large produit surface............	33.49	3.57	119.56
616	33	Façon, pose; linéaires........... 72.80			
		Plus-value de 1/10 par 1.00 × 59.40. 5.94			
		Ensemble................	78.74	1.48	116.54
		Brisures façonnées soudées aux coulisseaux			
617	64	comme angles...........................	52	0.15	7.80

MÉTRÉ DE LA COUVERTURE.

NUMÉROS PAGES	SÉRIE					
		Au-devant de la sablière et en abouts de chevrons; voligeage neuf en sapin de 0.013 0.11 jointif.				
		2 fois 8.80................	17.60			
		2 fois 2.00................	4.00			
		4 fois 0.90................	3.60			
		2 fois 10.00...............	20.00			
		2 fois 5.80................	11.60			
		2 fois 0.25................	0.50			
		Ensemble (b)........	57.30			
		Moins :				
		1 lucarne de.......... 1.60				
		Souches des pavillons :				
		4 fois 0.88........ 3.52				
		A déduire...............	5.12			
		Reste linéaires (c)..........	52.18			
621	170	× 0.27 hauteur produit. Surface....................		14.09	2.05	28.88
		Armatures verticales en zinc n° 12 pour fourniture mêmes linéaires que (b)...	57.30			
		4 talons × 0.15 courant produit...	0.60			
		52 coulisseaux × 0.20 courant produit..........................	10.40			
		12 équerres × 0.20 courant produit...........................	2.40			
		Linéaires...........	70.70			
615	23	× 0.22 largeur produit surface..........		15.55	2.87	44.63
		Façon, pose; linéaires...........	70.70			
		Plus-value de 1/10 par 1 mètre...	5.73			
616	32	Ensemble...............	76.43	1.25	95.54	
		Pattes d'agrafe en cuivre rouge étamé, fournies, posées, en plus-value.				
620	132	Ensemble................		170	0.20	34.00
		Gouttières en zinc n° 16 pour fourniture ; mêmes linéaires que glacis (a)......	59.40			
		En plus :				
		20 croisures × 0.05..............	1.00			
		12 équerres × 0.20 courant......	2.40			
		4 talons × 0.15 (aux frontons)....	0.60			
		Ensemble..........	63.40			
615	23	× 0.48 développé réduit. produit surface........................		30.43	4.69	142.72
		Façon de gouttière à l'anglaise de 0.48 réduit compris pose.				
619	106	Linéaires...................		63.40	1.75	110.95
		Supports en fer forgé de 0.035/0.007 portant pied sur entablement fournis de chaque 0.76 développé réduit et posés (fig. 83).				
620	146	Ensemble...............		188	3.43	644.84
		A chaque : 1 paillette supplémentaire en cuivre rouge étamé, fournie rivée.				
N° 2.						
»	»	Ensemble............		188	0.30	56.40
»	»	1 trou sur fer; ensemble		188	0.08	15.04

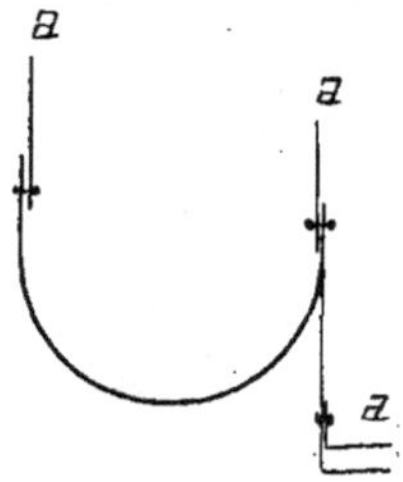

Fig. 83.

NUMÉROS PAGES	SÉRIE				
		Face de socle : Recouvrements en zinc n° 14 pour fourniture :			
		(Partant de face)................ 8.40			
		2 fois 2.00.................. 4.00			
		4 fois 1.30 réduit........... 5.20			
		(Côtés) 2 fois 10.50.......... 21.00			
		Fond...................... 8.40			
		2 fois 6.40................. 12.80			
		2 fois 0.30................. 0.60			
		Linéaires 60.40			
		Plus :			
		4 talons × 0.15 courant produit... 0.60			
		12 équerres × 0.20 courant produit 2.40			
		52 coulisseaux × 0.20 courant produit..................... 10.40			
		Ensemble............... 73.80			
»	»	× 0.25 développé produit surface..........	18.45	3.57	65.87
616	32	Façon, pose ; linéaires...................	73.80	1.25	92.25
616	41	Plus-value de 1/10 par bouts de 1 mètre...	60.40	0.125	7.55
617	64	Brisures soudées aux coulisseaux ; comme angles ; ensemble................	52	0.15	7.80
		Paillettes en cuivre rouge agrafant l'ourlet comme celle accoladée n° 2................	188	0.38	71.44
		Par le bas du comble (banquette). Voligeage neuf en sapin de 0.013 jointif mêmes linéaires que (c).			
621	170	Soit 52m,18 × 0.11 large produit surface ..	5.74	2.05	11.77
		Recouvrements en zinc n° 14 pour fourniture mêmes linéaires que (c) (*voligeage sur sablière*), soit..................... 52.18			
		12 équerres × 0.20 courant produit. 2.40			
		46 coulisseaux × 0.20 courant..... 9.20			
		12 têtes × 0.15 courant........... 1.80			
		Ensemble............... 65.58			
		× 0.22 large, produit surface..............	14.43	3.57	51.51
616	32	Façon, pose ; linéaires...................	65.58	1.25	81.97
616	41	Plus-value de 1/10 pour façon par bouts de 1 mètre..................................	52.18	0.125	6.52
617	64	Brisures façonnées soudées aux coulisseaux comme angles ; ensemble................	46	0.15	6.90
620	132	Pattes d'agrafe en cuivre rouge *idem.* Ensemble......................	154	0.20	30.80

MÉTRÉ DE LA COUVERTURE. 69

NUMÉROS PAGES	SÉRIE				
com	posé	Doublis de 1 ardoise neuve *idem* avec crochets en cuivre.			
		Mêmes linéaires que *c*..................	52.18	0.86	44.87
		Parements plâtre *idem*..................	52.18	0.40	20.87
		4 Noues :			
		Voligeage neuf en sapin de 0.013 (0.11) jointif. 4 fois 5.30 = 21.20 × 0.44 large.			
621	170	produit surface.......................	9.33	2.05	19 13
		Noues en zinc n° 14 pour fourniture.			
		(*comprenant clair*)............ 5.30			
		1 *agrafure* simple (bas)......... 0.03			
		2 *agrafures* doubles × 0.10...... 0.20			
		1 *relief au faîte*.............. 0.10			
		Ensemble............... 5.63			
		soit 4 fois 5.63 = 22.52 × 0.50 largeur			
»	»	produit surface........................	11.26	3.57	40.20
617	55	Façon pose, comme type *b* surface.......	11.26	1.60	18.02
617	65	Par le bas, goussets ; ensemble..........	4	0.28	1.12
		Brisures (*en tête*); ensemble............	4	0.15	0.60
		Tranchis biais sur ardoise neuve.			
611	238	8 fois 5.30 réduit produit linéaires.......	42.40	0.70	29.68
610	227	Parements plâtre *idem*.................	42.40	0.40	16.96
		Raccords			
		Comble central			
		1 lucarne (côté face).			
		Devant :			
		Sur appui ; recouvrement en zinc n° 14 pour fourniture.			
»	»	1.30 × 0.30 développé produit surface....	0.39	3.57	1.39
616	33	Façon, pose ; linéaires..................	1.30	1.48	1.92
620	132	Pattes cuivre *idem*....................	6	0.20	1.20
		2 têtes zinc fournies rapportées et soudées			
617	65	pour chaque 2 goussets.................	4	0.28	1.12
Eva	lué	Collets circulaires dégorgés sur jet d'eau zinc.	2	0.40	0.80
		Plus-value de clouage serré à piston sur			
616	52	jet d'eau............................	0.90	0.34	0.31
		Tube de buée fourni, posé, soudé, compris			
621	167	percements sur bois et zinc.............	1	»	1.00
		Aux ailerons :			
		Derrière ; voligeage neuf sapin de 0.013 jointif.			
621	170	2 fois 0.20 × 0.22 produit................	0.09	2.05	0.18
Eva	lué	Pentes, en plâtre fourni, façonnées à revers.	2	0.52	1.04
		Papier goudronné 2 fois 0.20 × 0.20.			
620	130	Produit surface.......................	0.08	0.29	0.02
		Recouvrements en zinc n° 14 pour fourniture.			
		2 fois 0.40 = 0.80 × 0.40 développé.			
»	»	Produit surface.......................	0.32	3.57	1.14
616	33	Façon, pose ; linéaires..................	0.80	1.48	1.18
»	»	Goussets, 2 fois 1....................	2	0.28	0.56
»	»	Angles, 2 fois 2.................... 4			
»	»	Brisures *idem*, 2 fois 1............ 2			
		Ensemble................	6	0.15	0.90

NUMÉROS PAGES	SÉRIE				
		Bandes de solins en zinc n° 14 pour fourniture.			
		2 fois 0.30 (faces)............ 0.60			
		2 fois 0.15 (côtés)............ 0.30			
		2 fois 0.20 (derrière).......... 0.40			
		2 fois 0.10 .... 0.20			
		Linéaires............ 1.50			
»	»	× 0.08 large, produit surface...............	0.12	3.57	0.43
616	28	Façon, pose ; linéaires...................	1.50	0.57	0.86
		Angles, 2 fois 4................... 8			
		Onglets, 2 fois 4.................. 8			
617	64	Ensemble............	16	0.15	2.40
»	»	Pattes cuivre, *idem*, 2 fois 5...........	10	0.20	2.00
		Sciottages dans la pierre et joints en ciment.			
		Linéaires...............	1.50	1.35	2.03
		Aux jouées :			
		Bandes de dévirures en zinc n° 14 pour fourniture.			
		2 fois 1.80 = 3.60 × 0.20 large, produit.			
		Surface.................	0.72	3.57	2.57
616	28	Façon, pose ; linéaires...................	3.60	0.57	2.05
		Tranchis droits sur ardoise neuve.			
611	238	2 fois 1.80......................	3.60	0.43	1.55
610	227	Parements plâtre *idem*...............	3.60	0.40	1.44
		Bandes de solins en zinc n° 14 pour fourniture			
		2 fois 1.70 = 3.40 × 0.08 large.			
»	»	Produit surface.....................	0.27	3.57	0.96
616	28	Façon, pose : linéaires................	3.40	0.57	1.94
620	131	Pattes cuivre *idem*, 2 fois 11..............	22	0.20	4.40
		Solins en plâtre sur zinc.			
620	140	2 fois 1.70.......................	3.40	0.72	2.45
		Dessus de lucarne (fig. 84 à 86).			
		Couverture en ardoise neuve *idem* sur crochets en cuivre, comme *idem*.			
»	»	2 fois $\frac{1.50 \text{ et } 2.10}{2}$ × 0.55 hauteur produit surface.................	1.98	8.26	16.35
		2 Noues :			
		Voligeage neuf en sapin de 0.013 jointif.			
621	170	2 fois 1.05 réduit × 0.44 produit surface...	0.92	2.05	1.89
		Noues en zinc n° 14 pour fourniture.			
»	»	2 fois 1.20 × 0.50 large produit surface...	1.20	3.57	4.28
		Façon, pose : par analogie comme couverture en zinc par feuilles de 0.50 large et réduites.			
617	55-60	Surface..................	1.20	2.05	2.46
»	»	Onglets façonnés soudés..............	2	0.15	0.30
»	»	Brisures façonnées soudées au faîte........	2	0.15	0.30
		Tranchis biais sur ardoise neuve.			
611	238	4 fois 1.20 réduit............	4.80	0.70	3.36
610	227	Parements plâtre *idem*.................	4.80	0.40	1.92
		Par le bas des versants :			
		Voligeage neuf *idem*.			
621	170	2 fois 1.50 × 0.11 produit surface........	0.33	2.05	1.00

MÉTRÉ DE LA COUVERTURE. 71

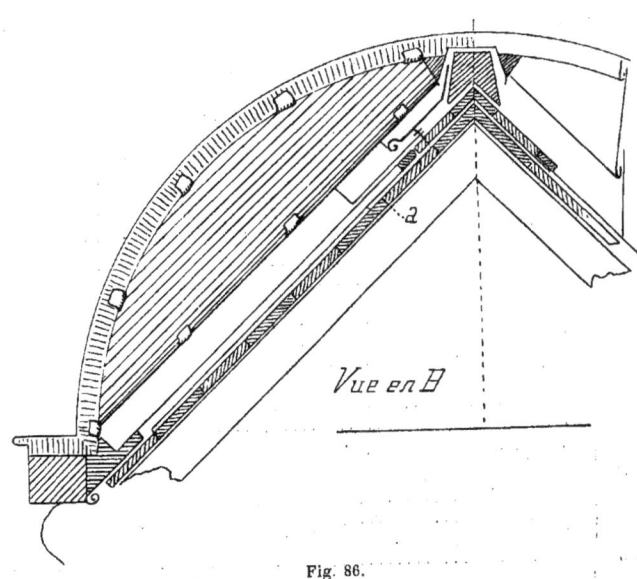

Fig. 84 et 85.

Fig. 86.

COUVERTURE ET PLOMBERIE.

NUMÉROS PAGES	SÉRIE				
»	»	Bandes d'agrafe en zinc n° 14 pour fourniture.			
		2 fois 1.70 = 3.40 × 0.10 large.			
616	25	produit surface..................	0.34	3.57	1.21
		Façon, pose; linéaires............	3.40	0.25	0.85
		Bandes de recouvrement en zinc n° 14 pour fourniture.			
		2 fois 1.50................ 3.00			
		2 fois 2 coulisseaux = 4 × 0.20			
		courant (*dont un raccord de noue*). 0.80			
		2 têtes × 0.15 .... 0.30			
		Linéaires............ 4.10			
615	23	× 0.20 large produit surface.............	0.82	3.57	2.93
616	28	Façon, pose; linéaires...............	4.10	1.25	5.12
616	41	Plus-value de 1/10 par bouts de 1 mètre....	4.10	0.125	0.51
		Doublis de 1 ardoise neuve *idem*.			
Com	posé	2 fois 1.50................	3.00	0.86	2.58
610	227	Parements plâtre *idem*................	3.00	0.40	1.20
		Au faitage :			
		Voligeage neuf sapin *idem*.			
		2 fois 2.10 × 0.15 large produit 0.63			
		Plus pour double épaisseur *idem*.. 0.63			
621	170	Ensemble surface...........	1.26	2.05	2.58
		Filets en plâtre sur ardoise neuve.			
610	210	2 fois 2.10................	4.20	0.90	3.78
		Bavettes de filets en plomb neuf en tables de 0.002 épaisseur pour fourniture.			
		2 fois 2.30 = 4.60 × 0.16 large produit			
622	1	surface 0.74 × 22^k.70 le mètre; pesant......	16^{k}800	0.42	7.06
622	9	Façon, pose ; pesant................	16^{k}800	0.15	2.52
		Bandes de clouage zinc fournies, posées.			
622	17	2 fois 2.30.....................	4.60	0.33	1.52
616	52	Clouage espacé *idem*..................	4.60	0.34	1.56
		Au dessus :			
	C	Bavettes en zinc n° 14 pour fourniture.			
		2 fois 2.10............... 4.20			
		Coulisseaux 2 fois 2 = 4 × 0.20			
		courant...................... 0.80			
		2 têtes × 0.15 courant........... 0.30			
		Linéaires............ 5.30			
616	32	× 0.20 large, produit surface.............	1.06	3.57	3.80
616	41	Façon, pose ; linéaires................	5.30	1.25	6.63
»	»	Plus-value de 1/10 pour façon par bouts de 1 mètre.................	5.30	0.125	0.66
		Pattes cuivre 2 fois 6................	12	0.20	2.40
»	»	Aux bavettes en plomb ; crochets agrafe en cuivre rouge (*fig. 87 et 88*) fournis, posés comme pattes........................			
		2 fois 10.................	20	0.20	4.00
		Faîtage en sapin de 0.80 fourni, posé, cloué:			
621	151	Linéaires	2.40	0.99	2.38

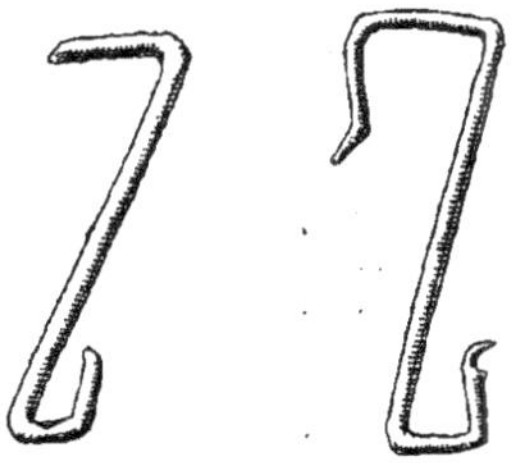

MÉTRÉ DE LA COUVERTURE.

NUMÉROS PAGES	SÉRIE				
C					

Fig. 87 et 88.

Faitage en zinc n° 14 pour fourniture.
  Linéaire............ 2.40
  2 croisures × 0.05.......... 0.10
      Ensemble...... 2.50

		× 0.16 développé.			
»	»	Produit surface.....................	0.40	3.57	1.43
618	55-60	Façon, pose ; surface................	0.40	2.05	0.82
»	»	Pattes cuivre *idem* aux croisures.......	2	0.20	0.40
618	77	Têtes zinc rapportées et soudées.........	2	0.25	0.50

Fronton de lucarne :
En raccord des versants.
Bande de dévirure en zinc n° 14 pour fourniture
2 fois 0.65 = 1.30 × 0.20 large produit surface.

»	»		0.26	3.57	0.93
616	28	Façon, pose ; linéaires................	1.30	0.57	0.74

Tranchis droits sur ardoise neuve.

611	238	2 fois 0.55..............	1.10	0.43	0.47
610	227	Parements plâtre *idem*................	1.10	0.40	0.44

Aux jouées :
Armatures en zinc n° 14 pour fourniture.
2 fois 0.85 = 1.70 × 0.20 développé.

»	»	réduit produit surface.............	0.34	3.57	1.21
610	32	Façon, pose ; linéaires................	1.70	1.25	2.12

Plus-value de coupes circulaires sur zinc.

618	70	2 fois 1.00.....................	2.00	0.30	0.60

Pattes d'agrafe en cuivre *idem*.

»	»	2 fois 3....................	6	0.20	1.20

Couronnement du fronton :
Bandes d'agrafe en zinc n° 14 pour fourniture.
  Face............ 2.00
  2 fois 0.10................ 0.20
  En retour 2 fois 0.15............. 0.30
      Linéaires............ 2.50

»	»	× 0.10 large produit surface.............	0.25	3.57	0.90

Façon, pose ; linéaires............ 2.50
Plus-value de circulaire.
1/3 × 2.00................ 0.40

610	25	Ensemble..........	2.90	0.25	0.72

(1) *Cette plus-value de 1/3, consacrée par l'usage, n'est pas déterminée par la série, quoique cette dernière ait établi la différence dans les articles de couvertures en zinc.*   Observation

COUVERTURE ET PLOMBERIE.

NUMÉROS PAGES	SÉRIE				
»	»	Recouvrements en zinc n° 14 pour fourniture.			
		1 fois 2.00 × 0.16 large produit 0.32			
		2 fois 0.25 = 0.50 × 0.25 large produit 0.13			
»	»	Surface	0.45	3.57	1.61
		Façon, pose; linéaires 2.00			
		0.50			
		Plus-value de 1/5 pour circulaire × 2.00 .... 0.40			
616	32	Ensemble	2.90	1.25	3.62
618	72	Fourniture, pose et soudure d'ourlet circulaire en zinc; linéaires	2.00	0.80	1.60
»	»	Larmier circulaire 2.00 × 0.05 large zinc n° 14 produit surface	0.10	3.57	0.36
		Façon, pose, soudure de :			
Com	posé	Larmier circulaire *idem* : Linéaires	2.00	1.83	3.66
		Equerres façonnées soudées sur recouvrements zinc en raccordement de bandes droites et circulaires	2	0.43	0.86
»	»	2 onglets façonnés soudés; comme angles ..	2	0.15	0.30
»	»	2 talons d'ourlets rapportés soudés; comme goussets	2	0.28	0.56
»	»	Aux larmiers; pattes en cuivre rouge *idem*.			
»	»	2 fois 5	10	0.20	2.00
»	»	1 entaille trapézoïdale sur zinc pour pénétration du faîtage	1	»	0.20
		2 châssis comme à la figure 7.			
		Détail d'un :			
		1 châssis en fer à tabatière et crémaillère de 0.50 × 0.60 de jour produit linéaire 2.20 à dormant en tôle laminée de 0.0025 épaisseur pour fourniture, peinture et pose comme à l'accolade 2 du métré n° 4.			
»	»	Soit Linéaires	2.20	5.74	12.63
		Devant :			
610	210	Filet plâtre sur ardoise neuve	0.60	0.90	0.54
621	170	Voligeage neuf sapin *idem* 0.50 × 0.11 produit	0.06	2.05	0.12
N° 3.		Bande de recouvrement en zinc n° 14 pour fourniture.			
»	»	0.72 × 0.16 large produit surface	0.12	3.57	0.43
616	32	Façon, pose; linéaires	0.72	1.25	0.90
»	»	Goussets zinc neuf	2	0.28	0.56
»	»	Angles	2	0.15	0.30
		Crochets agrafe en cuivre *idem*	3	0.20	0.60
		Sur les côtés :			
		Bandes de dévirures en zinc n° 14 pour fourniture.			
»	»	2 fois 0.70 = 1.40 × 0.20 large produit surface	0.28	3.57	1.00
616	28	Façon, pose; linéaires	1.40	0.57	0.80
		Pattes cuivre *idem* (*aux agrafures basses*).			
»	»	2 fois 1	2	0.20	0.40

MÉTRÉ DE LA COUVERTURE.

NUMÉROS PAGES	SÉRIE				
		Tranchis droits sur ardoise neuve,			
611	238	2 fois 0.70.........................	1.40	0.43	0.60
610	227	Parements plâtre *idem*................	1.40	0.40	0.56
		Derrière :			
521	170	Voligeage neuf sapin *idem* 0.50 × 0.22 produit...............................	0.11	2.05	0.22
N° 3.		(2) *Ce voligeage, comme celui au-devant du châssis, est dû en dehors de l'ardoise qui comporte le voligeage*	Obser	vation	
620	133-134	Pente en plâtre pur × 0.05 épaisseur réduite 0.50 × 0.30 produit surface.......	0.15	2.00	0.30
N° 5.		Recouvrement en plomb neuf en table de 0.0025 épaisseur pour fourniture de 0.72 ×0.50 produit surface 0.36 × 28^k.40 le mètre			
622	1	pesant................................	10^{k}224	0.42	4.29
622	9	Façon, pose ; pesant.................	10^{k}224	0.15	1.53
622	17	Bande de clouage zinc neuf..........	0.72	0.33	0.24
»	»	Clouage espacé *idem*.................	0.72	0.34	0.24
»	»	Doublis de 1 ardoise neuve *idem*......	0.60	0.86	0.52
		Tranchis biais sur ardoise *idem*.			
611	238	2 fois 0.15..........................	0.30	0.70	0.21
		Parements plâtre............... 0.60			
		0.30			
610	227	Ensemble...................	0.90	0.40	0.36
		1 autre châssis semblable à celui accolé n° 3.	1	»	27.35
		2 souches de cheminées.			
		Détail d'une :			
		Devant :			
		Voligeage neuf en sapin de 0.013 jointif			
621	170	0.40 × 0.11 produit surface...........	0.04	2.05	0.08
610	210	Filet plâtre sur ardoise neuve...........	0.40	0.90	0.36
		Recouvrement en zinc n° 14 pour fourniture 0.62 × 0.22 large produit surface..........	0.14	3.57	0.50
616	32	Façon, pose ; linéaire................	0.62	1.25	0.78
»	»	Goussets.............................	2	0.28	0.56
»	»	Angles...............................	2	0.15	0.30
		Sur les côtés : *comme à la figure 92.*			
N° 4.		Bandes de dévirures en zinc n° 14 pour fourniture.			
		2 fois 100 = 200 × 0.20 large			
»	»	produit surface.......................	0.40	3.57	1.43
»	»	Façon, pose ; linéaire	2.00	0.57	1.14
»	»	Pattes cuivre *idem*.			
		2 fois 1.............................	2	0.20	0.40
		Tranchis droits sur ardoise neuve *idem*.			
611	238	2 fois 0.99.........................	1.98	0.43	0.85
610	227	Parements plâtre *idem*................	1.98	0.40	0.79
		Derrière :			
		Voligeage neuf sapin *idem*.			
621	170	0.40 × 0.22 produit surface............	0.09	2.05	0.18
620	133-134	Pente plâtre *idem*.....................	0.09	2.00	0.18
»	»	Papier goudronné *idem*...............	0.09	0.29	0.03

COUVERTURE ET PLOMBERIE.

NUMÉROS PAGES	SÉRIE				
»	»	Recouvrement en zinc n° 14 pour fourniture 0.64 × 0.40 largeur développée produit surface.	0.26	3.57	0.93
616	33	Façon, pose ; linéaire	0.64	1.48	0.95
		2 amortissements d'abouts en zinc rapportés soudés ; pour chaque 4 goussets............	8	0.28	2.24
		Tranchis biais sur ardoise neuve.			
611	238	2 fois 0.15	0.30	0.70	0.21
610	227	Parements plâtre *idem*	0.30	0.40	0.12
		(3) *La souche placée sous faîtage n'a pas d'ardoise derrière et, par conséquent, pas de doublis*..........................	Obser	vation	
		Bandes de solins en zinc n° 14 pour fourniture.			
		Devant et derrière :			
		2 fois 0.48 = 0.96			
		Sur côtés			
		2 fois 0.85 = 1.70			
		2 fois 0.15 = 0.30			
		2 fois 0.08 = 0.16			
		Linéaires = 3.12 × 0.12 large produit surface..	0.37	3.57	1.32
616	28	Façon, pose ; linéaires...................	3.12	0.57	1.78
		Pattes d'agrafes en cuivre *idem*.			
N° 4.		2 fois 2 4			
		2 fois 5 10			
»	»	Ensemble	14	0.20	2.80
»	»	Angles façonnés soudés.			
»	»	2 fois 4	8	0.15	1.20
»	»	Onglets *idem*	8	0.15	1.20
620	140	Solins en plâtre sur zinc ; linéaires	3.12	0.72	2.25
		Dessus de souche (*comme à la figure 94*).			
		Bandes d'agrafe en zinc n° 14 pour fourniture.			
		2 fois 0.40 = 0.80			
		2 fois 0.56 = 1.12			
		Linéaires = 1.92 × 0.10 large produit surface..	0.19	3.57	0.68
616	25	Façon, pose ; linéaires...................	1.92	0.25	0.48
		Recouvrements en zinc n° 14 pour fourniture			
		2 fois 0.43 réduit = 0.86			
		2 fois 0.27 réduit = 0.54			
		4 équerres × 0.20 courant = 0.80			
		Linéaires.......... 2.20			
		× 0.30 développé produit............ 0.66			
		Au dessus :			
		0.31 × 0.16 large produit......... 0.05			
»	»	Surface ensemble................	0.71	3.57	2.53
		Façon, pose de bandes de recouvrements zinc			
616	33	de 0.30 largeur ; linéaires.................	2.20	1.48	3.26
616	32	de 0.16 largeur	0.31	1.25	0.39

MÉTRÉ DE LA COUVERTURE.

NUMÉROS PAGES	SÉRIE				
		Plus soudure obligée sur zinc neuf.			
		2 fois 0.30 = ... 0.60			
		2 fois 0.15 = ... 0.30			
620	141	Linéaires......................	0.90	0.66	0.59
618	73	1 trou de mitron sur zinc avec collet circulaire dégorgé de 0.16 diamètre	1	»	0.65

N° 4.

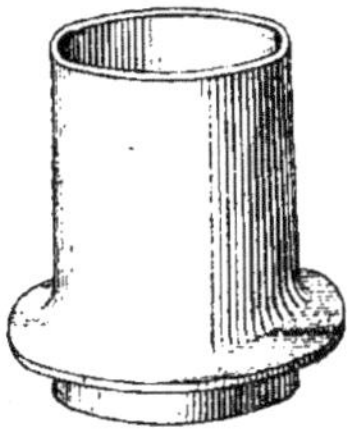

Fig. 89.

»	»	Mitron en terre cuite (*fig. 89*) de 0.16 diamètre ; fourni	1	»	0.90
»	»	Posé scellé....................	1	»	1.25
		Versant du fond :			
		2 châssis.			
		Détail d'un :			
		1 châssis en fer à tabatière et crémaillère de 0.50 × 0.70 de jour produit linéaires 2.40 fourni peint, posé, compris dormant en tôle laminée de 0.0025 épaisseur comme précédents			
»	»	Soit linéaires................	2.40	5.74	13.78
		Devant :			
610	210	Filets plâtre sur ardoise neuve...........	0.60	0.90	0.54
621	170	Voligeage neuf sapin de 0.013 *idem.* 0.50 × 0.11 produit surface............	0.06	2.05	0.12
N° 6.		Bande de recouvrement en zinc n° 14 pour fourniture.			
»	»	0.72 × 0.16 large produit surface	0.12	3.57	0.43
616	32	Façon, pose ; linéaire....................	0.72	1.25	0.90
»	»	Goussets....................	2	0.28	0.56
»	»	Angles.....................	2	0.15	0.30
»	»	Crochets agrafe en cuivre *idem*...........	3	0.20	0.60
		Sur les côtés :			
		Bandes de dévirures en zinc n° 14 pour fourniture.			
		2 fois 0.80 = 1.60 × 0.20 large produit			
»	»	surface.....................	0.32	3.57	1.14
616	28	Façon, pose ; linéaires....................	1.60	0.57	0.91
»	»	Pattes cuivre *idem* 2 fois 1................	2	0.20	0.40
		Tranchis droits sur ardoise neuve.			
611	238	2 fois 0.80......................	1.60	0.43	0.69
610	227	Parements plâtre *idem*...................	1.60	0.40	0.64
»	»	Derrière : semblable à celui accolé n° 5.....	1	»	7.91

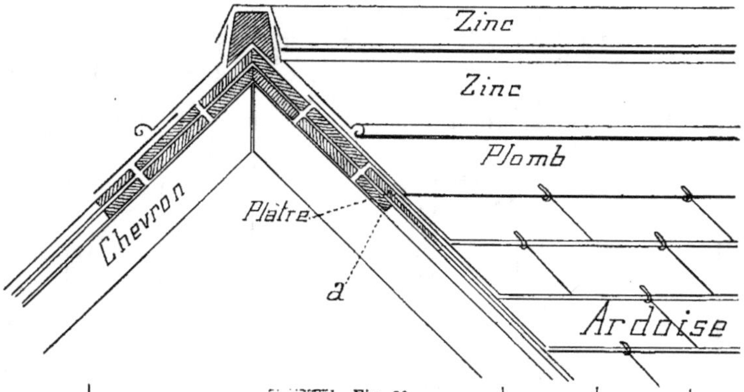

Fig. 90.

NUMÉROS PAGES	SÉRIE				
»	»	1 autre châssis comme celui accoladé n° 6. Faltage de comble (*figure 90*). Voligeage neuf en sapin de 0.013 (0.11) jointif Dessous : 2 fois 12.40 = 24.80 × 0.30 hauteur produit.................. 7.44 (4) (*Mesurer la hauteur du voligeage, du milieu du faîte au point* a, *surface non couverte par l'ardoise apparente*). Pour double épaisseur 2 fois 12.40 = 24.80 × 0.22 large produit........................... 5.46	1	»	28.92
621	170	Surface ensemble...............	12.90	2.05	26.45
610	210	Filets en plâtre sur ardoise neuve. 2 fois 12.30........................	24.60	0.90	22.14
	A	Bavettes de filets, en plomb neuf en tables de 0.002 épaisseur pour fourniture. Mêmes linéaires................ 24.60 Plus : Croisures 2 fois 2 = 4 × 0.10 = 0.40 Linéaires............... 25.00 × 0.16 large produit surface 4.00 × 22^k.70			
622	1	le mètre pesant...............	90^{k}800	0.42	38.14
622	9	Façon, pose ; pesant...............	90^{k}800	0.15	13.62
622	17	Bandes de clouage zinc *idem*. 2 fois 12.30 = ...	24.60	0.33	8.12
616	52	Clouage espacé *idem*...............	24.60	0.34	8.36
		Crochets agrafe en cuivre *idem*...... { 56 / 52			
»	»	Ensemble....................	108	0.20	21.60
»	»	Plus-value de coupes biaises aux abouts...	4	0.15	0.60

Au dessus :
Bavettes en zinc n° 14 pour fourniture.

MÉTRÉ DE LA COUVERTURE.

NUMÉROS PAGES	SÉRIE					
»	»	2 fois 12.40 = ... 24.80 Coulisseaux. 2 fois 12 = 24 × 0.20 courant..... 4.80 Linéaires............. 29.60 × 0.25 large produit surface........... Façon, pose ; linéaires .... 29.60 Plus-value de 1/10 pour façon par bouts de 1 mètre............... 2.48		7.40	3.57	26.42
616	32	Ensemble.....................		32.08	1.25	40.10
»	»	Pattes cuivre rouge *idem*. 2 fois 37............................		74	0.20	14.80
621	151	Faîtage en sapin de 0.080 évidé, fourni, posé, cloué ; linéaires.................		12.80	0.99	12.67
	A	Faîtage en zinc n° 14 pour fourniture. Mêmes linéaires .... 12.80 Plus : 12 croisures × 0.05......... 0.60				
»	»	Ensemble............. 13.40 × 0.16 large produit surface..............		2.14	3.57	7.64
»	»	Façon, pose ; surface...................		2.14	2.05	4.39
		(5) *Ce faîtage est compté ici par analogie, comme façon de couverture en zinc, par feuilles de 0.50 large et débitées, ou sa façon isolée, puisqu'il n'y a pas en fait de couverture en zinc proprement dite*.......		Obser	vation	
»	»	Pattes en cuivre rouge aux croisures. Ensemble.....................		12	0.20	2.40
618	77	Têtes zinc rapportées et soudées...........		2	0.25	0.50
»	»	Plus-value pour fourniture de têtes en zinc de grandes dimensions (*s'aboutant dans les noues*)		2	0.40	0.80

Pavillon de gauche

Fronton de Bow-Window

Dessus :

		Bandes d'agrafe en zinc n° 14 pour fourniture circulaire..................... 4.20 droites 2 fois 0.20 =.............. 0.40 2 fois 0.30 = ... 0.60 Linéaires................ 5.20 × 0.10 large, produit surface.............		0.52	3.57	1.86
N° 8. 616	25	Façon, pose ; linéaires .... 5.20 Plus-value de circulaire 1/5 × 4.20 0.84 Ensemble..................		6.04	0.25	1.51
		Bandes de recouvrements en zinc n° 14 pour fourniture. Par le bas. 2 fois 0.50 réduit............... 1.00 2 équerres en raccords d'entable- ment × 0.20 courant .... 0.40 Linéaires................ 1.40 × 0.25 développé, produit surface		0.35	3.57	1.25
» 616	» 32	Façon, pose ; linéaires		1.40	1.25	1.75

COUVERTURE ET PLOMBERIE.

NUMÉROS PAGES	SERIE				
»	»	Onglets façonnés, soudés. 2 fois 2....................	4	0.15	0.60
»	»	Couronnement en zinc n° 14 pour fourniture. 2 fois 2.00 = 4.00 × 0.36 large produit surface....................	1.44	3.57	5.14
616	33	Façon, pose ; linéaires............ 4.00 Plus-value de circulaire 1/5........ 0.80 Ensemble....................	4.80	1.48	7.10
Eva	lué	Plus-value de reliefs circulaires dégorgés au marteau sur zinc ; linéaires............	4.00	1.00	4.00
618	72	Ourlets circulaires en zinc, rapportés, soudés ; linéaires....................	4.00	0.80	3.20
»	»	Pattes d'agrafe en cuivre rouge *idem* par le bas, 2 fois 2....................	4	0.20	0.80
621	149	Tasseaux neufs en sapin de 0.040 fournis, posés, cloués. 4 fois 1.70 réduit........... 6.80 Au faîte.................... 1.10 Plus-value de 1/5 pour circulaire ployée au moyen de traits de scie ; linéaires.................... 1.36 Ensemble....................	9.26	0.33	3.06
N°	8.	Couverture en zinc n° 14 pour fourniture. Noues. 2 fois 1.60 × 0.40 large produit... 1.28 Versants. 2 fois $\frac{0.42 \text{ et } 0.84}{2}$ × 1.80 hauteur produit.................... 2.27 Couvre-joints *idem* tasseaux, 7.90 Plus : croisures 5 × 0.05 = 0.25 8.15			
»	»	Linéaires .... 8.15 × 0.10 développé, produit surface... 0.82 Ensemble....................	4.37	3.57	15.60
617 618	55-60 78	Façon, pose de couverture zinc de forme circulaire par feuilles de 0.50 large (*type d*) et réduites, surface.................... Contre-talons zinc ; ensemble........... Talons zinc fournis, soudés........... 5 Têtes *idem*.................... 5	4.37 10	3.80 0.15	16.61 1.50
118	76	Ensemble....................	10	0.20	2.00
»	»	Pattes d'agrafe en cuivre rouge aux croisures ; ensemble....................	5	0.20	1.00
		Aux noues.			
		Goussets zinc....................	3	0.28	0.84
		1 équerre façonnée, soudée............	1	»	1.40
618	70	En raccord du versant en ardoise : Plus-value de coupes circulaires sur zinc. 2 fois 1.60....................	3.20	0.30	0.96
Eva	lué	Plus-value de pinces relevées, façonnées, circulaires ; linéaires....................	3.20	1.00	3.20
»	»	Tranchis sur ardoise neuve : Circulaires ; linéaires....................	3.20	1.40	4.48
610	227	Parements en plâtre....................	3.20	0.40	1.28

MÉTRÉ DE LA COUVERTURE. 81

NUMÉROS PAGES	SÉRIE				
Eva	lué	Plus-values de façon en amortissements sur parties circulaires, d'abouts de : Entablements zinc....................	2	0.80	1.60
»	»	Gouttières *idem*.....................	2	0.80	1.60
»	»	Banquettes.........................	2	0.80	1.60
		Au dessus. 1 œil-de-bœuf (*fig. 91*).			
»	»	Fourniture d'œil-de-bœuf en zinc estampé modèle n° 17 de l'album Coutelier...........	1	»	54.00
N° 8.					
Eva	lué	Plus-value de couronnement et jouées en zinc n° 16 fournis, façonnés, compris soudures et alaises circulaires rapportées et soudées suivant rampant de comble. Vaut...........	»	»	25.00
615	17-18	Pour montage, ajustement, pose de cet œil-de-bœuf : employé 3 heures de zingueur et aide.	3	1.90	5.70
		Tranchis sur ardoise neuve :			
Eva	lué	Circulaire........................	1.00	»	1.40
Eva	lué	Suivant les sinuosités des moulures (*au double des tranchis circulaires*). 2 fois 0.67 développé................	1.34	2.80	3.75
610	210	Au devant : filet plâtre sur ardoise neuve...	1.00	0.90	0.90
610	227	Parements en plâtre, sous tranchis. 1.00 1.34			
		Ensemble.....................	2.34	0.40	0.94
		Versant de gauche : 2 souches de cheminées (*fig. 92*).			

Fig. 91.

Sciences générales.   COUVERTURE ET PLOMBERIE. — TOME II. — 6.

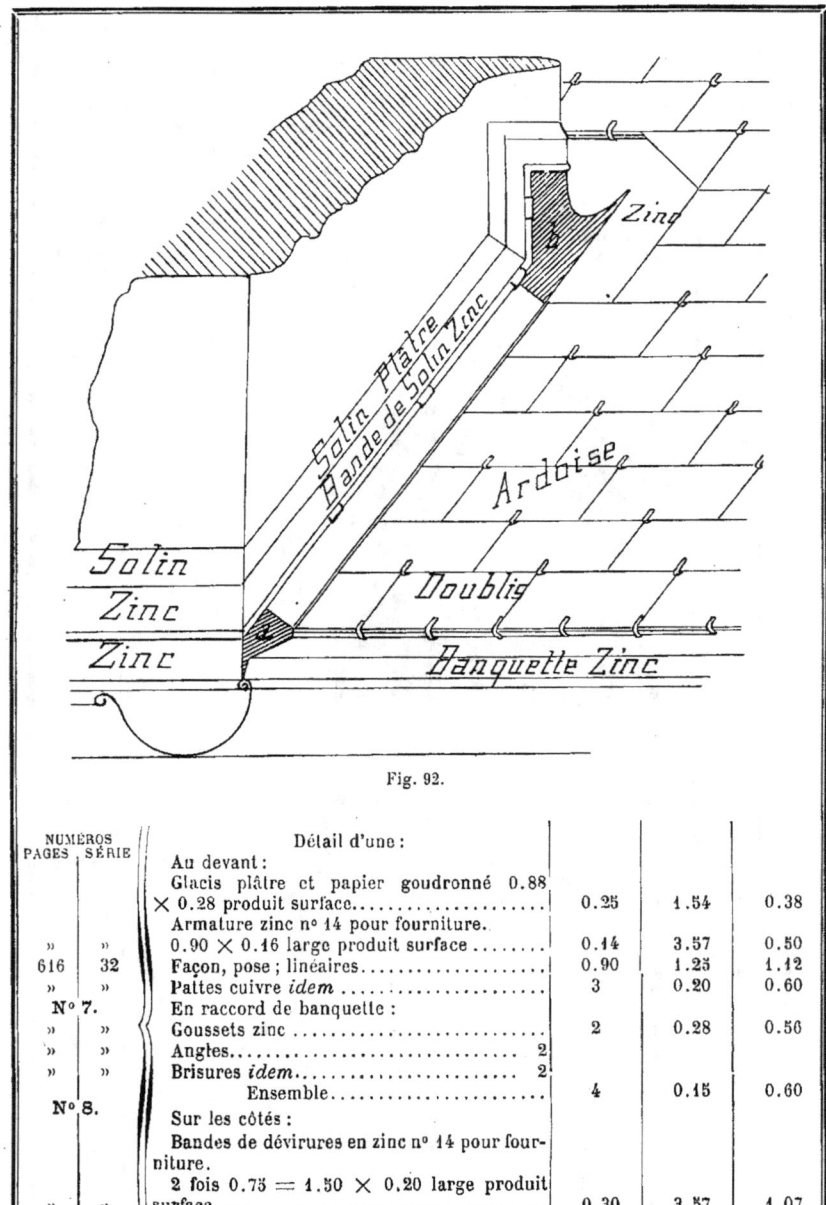

Fig. 92.

NUMÉROS PAGES	SÉRIE	Détail d'une :			
		Au devant :			
		Glacis plâtre et papier goudronné 0.88 × 0.28 produit surface....................	0.25	1.54	0.38
		Armature zinc n° 14 pour fourniture.			
»	»	0.90 × 0.16 large produit surface........	0.14	3.57	0.50
616	32	Façon, pose ; linéaires.....................	0.90	1.25	1.12
»	»	Pattes cuivre *idem*......................	3	0.20	0.60
N° 7.		En raccord de banquette :			
»	»	Goussets zinc	2	0.28	0.56
»	»	Angles................................. 2			
»	»	Brisures *idem*......................... 2			
		Ensemble.............................	4	0.15	0.60
N° 8.		Sur les côtés :			
		Bandes de dévirures en zinc n° 14 pour fourniture.			
»	»	2 fois 0.75 = 1.50 × 0.20 large produit surface.................................	0.30	3.57	1.07

MÉTRÉ DE LA COUVERTURE.

NUMÉROS PAGES	SÉRIE				
616	28	Façon, pose ; linéaires..................	1.50	0.57	0.86
»	»	Pattes cuivre *idem*.			
		2 fois 1................................	2	0.20	0.40
		Tranchis droits sur ardoise neuve.			
611	238	2 fois 0.88............................	1.76	0.43	0.76
610	227	Parements plâtre *idem*...............	1.76	0.40	0.70
		Derrière :			
		Voligeage neuf en sapin *idem*.			
621	170	0.88 × 0.22 produit surface.............	0.19	2.05	0.38
620	133-134	Pente plâtre *idem*.....................	0.19	2.00	0.38
620	130	Papier goudronné *idem*.................	0.19	0.29	0.05
		Recouvrement en zinc n° 14 pour fourniture.			
»	»	1.10 × 0.40 large produit surface........	0.44	3.57	1.57
616	33	Façon, pose ; linéaires..................	1.10	1.48	1.63
		2 amortissements d'abouts (*b*) en zinc rapportés, soudés ; pour chaque 4 goussets.....	8	0.28	2.24
Com	posé	Doublis de 1 ardoise neuve *idem*.........	0.90	0.86	0.77
611	238	Tranchis biais *idem*.			
		2 fois 0.15............................	0.30	0.70	0.21
N° 7.		Parements en plâtre *idem*........ 0.90			
		0.30			
		Ensemble...................	1.20	0.40	0.48
610	227	Bandes de solins en zinc n° 14 pour fourniture.			
		Devant........... 0.90			
		Derrière.......... 0.90			
		Sur côtés.			
N° 8.		2 fois 0.74 = ... 1.48			
		2 fois 0.15 = ... 0.30			
		2 fois 0.08 = ... 0.16			
		Linéaires =. 3.74 × 0.12 large			
»	»	produit surface.......................	0.45	3.57	1.61
616	28	Façon, pose ; linéaires.................	3.74	0.57	2.13
»	»	Angles............................ 8			
»	»	Onglets........................... 8			
		Ensemble...................	16	0.15	2.40
»	«	Pattes cuivre *idem ;* ensemble	16	0.20	3.20
620	140	Solins en plâtre sur zinc ; linéaires........	3.74	0.72	2.69

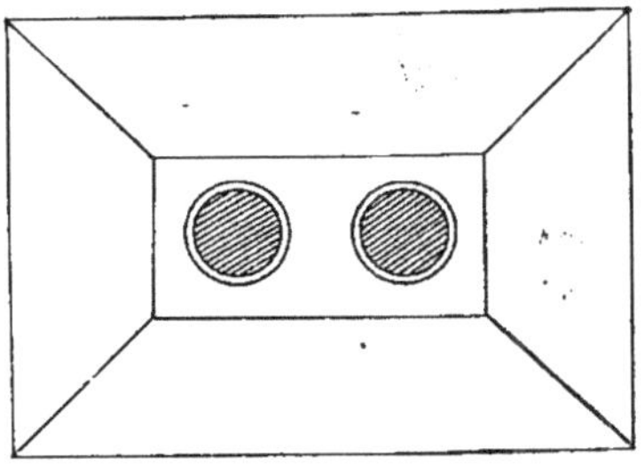

Fig. 93.

Dessus de souche (*fig. 93 et 94*).

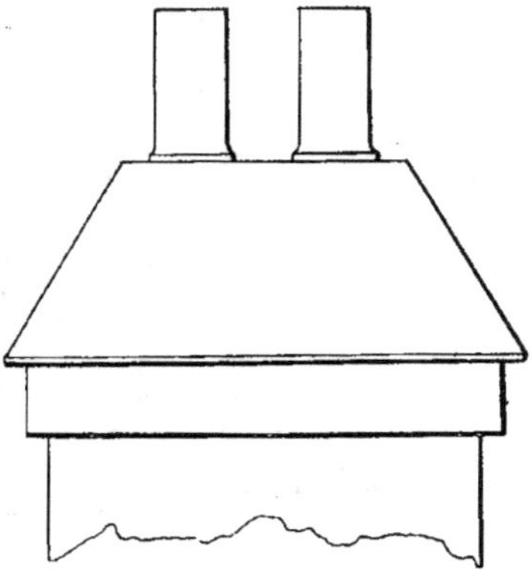

COUVERTURE ET PLOMBERIE.

Fig. 94

NUMÉROS PAGES	SÉRIE				
N° 8.		Bandes d'agrafe en zinc n° 14 pour fourniture.			
		2 fois 0.40 = ... 0.80			
		2 fois 0.56 = ... 1.12			
N° 7.		Linéaires = 1.92 × 0.10 large			
»	»	produit surface........................	0.19	3.57	0.68
616	25	Façon, pose ; linéaires	1.92	0.25	0.48
		Recouvrements en zinc n° 14 pour fourniture.			
		2 fois 0.43 réduit = ... 0.86			
		2 fois 0.27 réduit = ... 0.54			
		4 équerres × 0.20 = ... 0.80			
		Linéaires = ... 2.20			
		× 0.30 développé produit surface.... 0.66			
		Au-dessus :			
		0.31 × 0.16 large produit......... 0.05			
		Surface ensemble.................	0.71	3.57	2.54
616	33	Façon, pose de recouvrements zinc.			
616	32	× 0.30 large ; linéaires.................	2.20	1.48	3.26
		× 0.16 large ; linéaires.................	0.31	1.25	0.39
		Plus : Soudures obligées sur zinc neuf.			
		2 fois 0.30 = ... 0.60			
		2 fois 0.15 = ... 0.30			
620	144	Linéaires	0.90	0.66	0.59
618	73	Trous de mitrons de 0.16 diamètre, sur zinc.............................	2	0.65	1.30
		Mitrons en terre cuite de 0.16.			
»	»	Fournis	2	0.90	1.80
»	»	Posés, scellés	2	1.25	2.50
»	»	1 autre souche de cheminée semblable à celle accolades n° 7...................	1	»	40.43
		Les arêtiers en ardoise à arête vive compris tranchis et scellements.			
607	145	4 fois 5.60............................	22.40	1.50	33.60

MÉTRÉ DE LA COUVERTURE.

NUMÉROS PAGES	SÉRIE				
		Faîtage (*comme à la figure* 90). Comme à l'accolade A.			
		Linéaires	4.50	20.10	90.45
		(6) *Pour éviter les redites de détails il y a lieu, pour un travail semblable, d'établir le prix moyen du mètre linéaire, comme suit :* *Montant de l'accolade A* 247^f,45 : 12^m,30 longueur du faîte............ = 20^f,10 le mètre linéaire....................	»	»	»
618	77	Têtes rapportées, soudées sur faîtage en zinc. Sur les croupes au-dessous des épis. Voligeage neuf sapin *idem*. 2 fois 0.20 réduit $\times$ 0.30 hauteur produit.................... 0.12 Pour double épaisseur. 2 fois 0.20 $\times$ 0.22 produit........ 0.09	2	0.25	0.50
621	170	Ensemble......................	0.21	2.05	0.42
610	210	Filets en plâtre sur ardoise neuve. 2 fois 0.22...........·............	0.44	0.90	0.40
		Bavettes de filets en plomb neuf en table de 0.002 épaisseur pour fourniture. 2 fois 0.32 = 0.64 $\times$ 0.16 large produit			
N° 8					
622	1	surface 0.10 $\times$ 22^k,70 le mètre pesant......	2^{k}270	0.42	0.95
622	9	Façon, pose ; pesant....................	2^{k}270	0.15	0.34
622	17	Bandes de clouage zinc *idem* ; linéaires....	0.64	0.33	0.21
616	52	Clouage espacé *idem*....................	0.64	0.34	0.22
»	»	Crochets agrafe en cuivre 2 fois 2........	4	0.20	0.80
		Angles emboutis sur plomb : (Bandes du dessus) 2 fois 2............ 4 (Bandes du dessous) 2 fois 2............ 4			
622	16	Ensemble........	8	0.50	4.00
		Au-dessus : Bavettes en zinc n° 14 pour fourniture. 2 fois 0.16 réduit = 0.32. 4 équerres $\times$ 0.20 = 0.80. Linéaire = 1.12 $\times$ 0.26 large			
»	»	produit surface....	0.29	3.57	1.04
616	33	Façon, pose : Linéaires..................	1.12	1.48	1.66
		Pattes cuivre *idem*. 2 fois 2........................			
»	»		4	0.20	0.80
		Aux poinçons : Epis en zinc estampé (*fig.* 95) n° 162 de l'album Coutelier.			
Évalué		Fournis de 2^m,50 hauteur................	2	73.50	147.00
		Montage pose de ces épis................	2	5.00	10.00
		Garniture de 2 socles (*poinçons*) en zinc n° 14 pour fourniture (*fig.* 96).			
N° 12.		6 fois 0.10 réduit = 0.60 $\times$ 0.25 hauteur produit.................... 0 15			

86 COUVERTURE ET PLOMBERIE.

Fig. 95 et 96.

NUMÉROS PAGES / SÉRIE					
N° 12. Évalué N° 8. » » » »		2 fois 0.10 réduit $= 0.20 \times 0.15$ hauteur produit .... 0.03 Surface .... Façon pose de chaque socle en 4 parties découpées, assemblées, soudées (*a*). Ensemble .... Pattes cuivre rouge *idem.* 2 fois 4 .... Entailles trapézoïdales sur zinc pour pénétration du faîtage .... Le pavillon de droite semblable à celui de gauche accoladé n° 8 .... (7). *Pour les écoulements de chéneaux, comprenant moignon et manchons en zinc voir le détail de l'accolade 4 du métré n° 4.*	0.18 2 8 2 1	3.57 3.20 0.20 0.35 »	0.64 6.40 1.60 0.70 558.22

MÉTRÉ DE LA COUVERTURE.

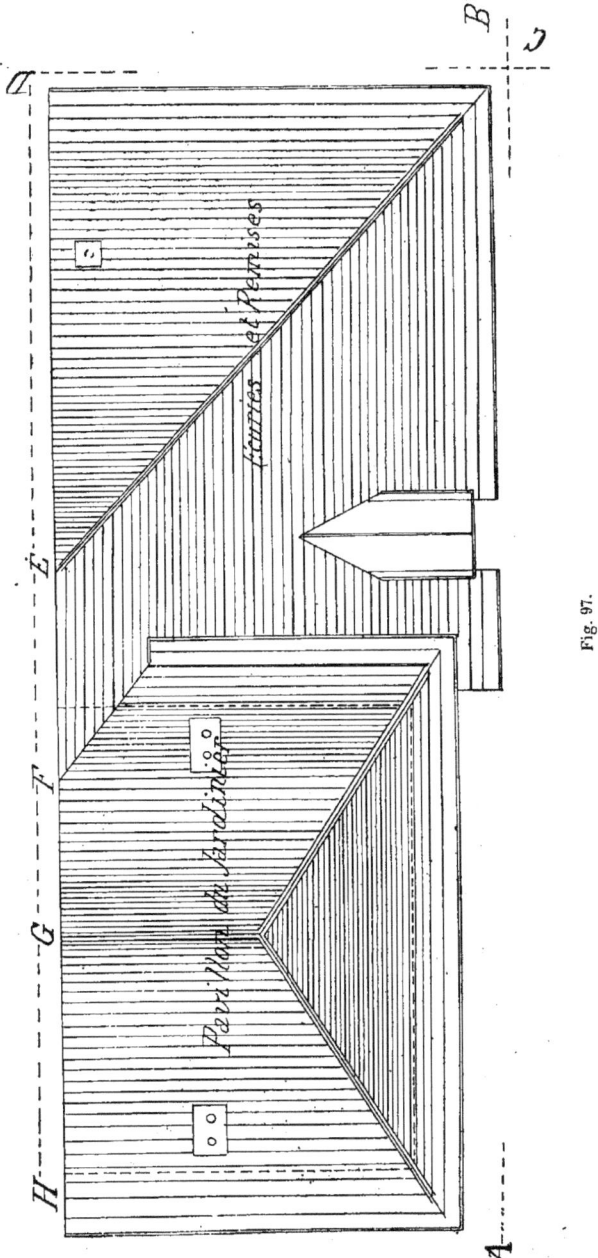

Fig. 97.

88   COUVERTURE ET PLOMBERIE.

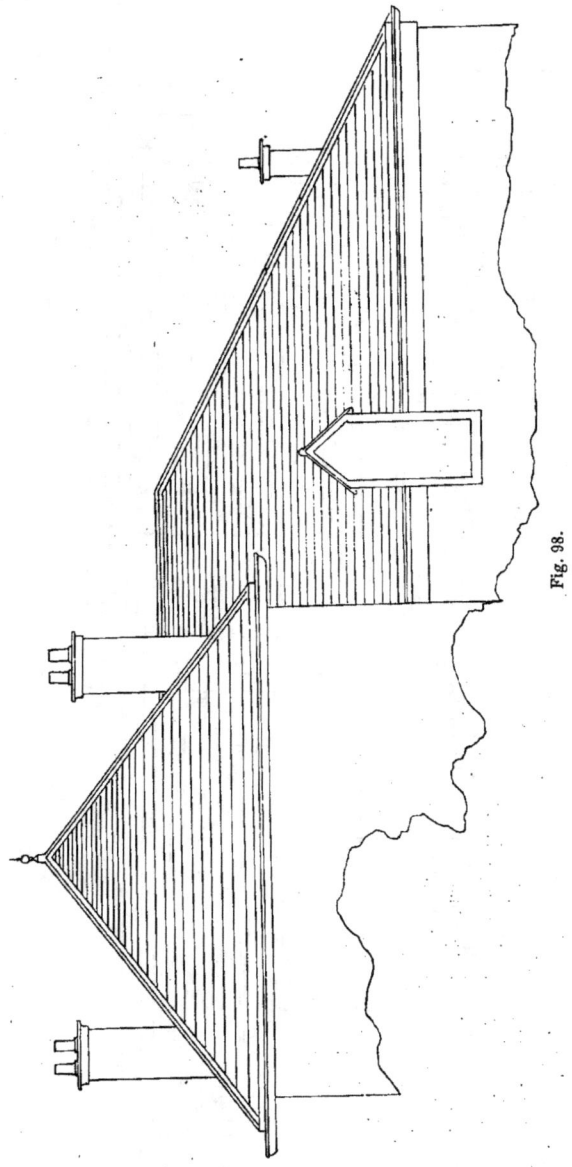

Fig. 98.

NUMÉROS PAGES	SÉRIE				
		Communs.			
		Pavillon du jardinier, écuries et remises.			
		Plan et vues (*fig. 97 à 99*).			
		Pavillon du jardinier :			
		Couverture en ardoise neuve d'Angers *idem*			

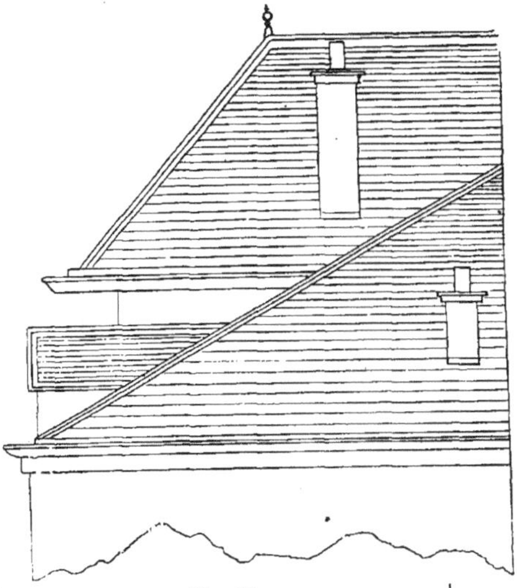

Fig. 99.

		première carrée, fournie posée avec crochets en fer étamé sur volige chanlattée.			
		Sur la face :			
		$\frac{8.60 \times 4.29}{2}$ hauteur (39 pureaux) produit........................	18.45		
		Versant de gauche			
		$\frac{6.00 \text{ et } 3.20}{2} \times 5.50$ hauteur (50 pureaux) produit.....................	25.30		
		Versant de droite :			
		4.50×2.31 hauteur (21 pureaux) produit........................	10.40		
		$\frac{4.50 \text{ et } 3.20}{2} \times 3.19$ hauteur (29 pureaux) produit.....................	12.28		
		Ensemble........	66.43		

NUMÉROS PAGES	SERIE					
		Report............ 66.43				
		Moins :				
		2 souches de cheminées de chaque 0.50 × 1.40 produit 0.70.				
		Ensemble à déduire..... 1.40				
Com	posé	Reste surface.................		65.03	7.41	481.87
		Gouttières ordinaires en zinc n° 14 pour fourniture.				
		Face.................... 9.60				
		A gauche................. 6.30				
		A droite................. 4.80				
		9 croisures × 0.05......... 0.45				
		2 talons × 0.15............ 0.30				
		2 équerres × 0.20......... 0.40				
		Linéaires....... 21.85				
»	»	× 0.33 développé produit surface.........		7.21	3.57	25.74
619	110	Façon, pose : Linéaires.................		21.85	1.75	38.24
		Pour 20^m,70 de gouttière, il faut 41 crochets,				
618	92	fourniture de 56 ; soit en supplément........		15	0.20	3.00
618	93	Pose de crochets supplémentaires		15	0.15	2.25
		Plus-value de crochets en fer renforcé.				
»	»	Ensemble...............		56	0.20	11.20
»	»	Galvanisation desdits.................		56	0.05	2.80
		A chaque : 2 paillettes en cuivre rouge étamé, fournies, rivées.				
»	»	Ensemble............		112	0.30	33.60
»	»	Trous sur fer en plus de ceux dûs.........		56	0.08	4.48
		(8). *Le prix de gouttière ordinaire façonnée et posée comprenant la fourniture et pose de 2 crochets par mètre.*				
		A la gouttière :				
»	»	Plus-value de talon biais en amortissement sur rampant de comble à droite............		1	»	0.80
		Au-dessus de la gouttière :				
		Bandes de larmier en zinc n° 14 pour fourniture : Linéaires, ensemble 16.00 × 0.10				
»	»	largeur réduite, produit surface............		1.60	3.57	5.71
616	28	Façon, pose : Linéaires.................		16.00	0.57	9.12
»	»	Angles soudés.....................		2	0.15	0.30
		Banquette (comme à la figure 82) :				
		Voligeage en sapin de 0.013 *idem.*				
		Face 9.00				
		A gauche................ 5.90				
		A droite................. 4.50				
		Linéaires...... 19.40				
621	170	× 0.11 hauteur, produit, surface.........		2.13	2.05	4.37

MÉTRÉ DE LA COUVERTURE.

NUMÉROS PAGES	SÉRIE				
		Recouvrements en zinc n° 14 pour fournitures mêmes linéaires............. 19.40			
		1 tête....................... 0.15			
		Coulisseaux face 8 »			
		à gauche 5 »			
		à droite. 4 »			
		Ensemble.... $\overline{17}$ × 0.20 courant 3.40			
		2 équerres × 0.20 courant........ 0.40			
		Ensemble.......... 23.35			
»	»	× 0.22 large produit surface.............	5.14	3.57	18.35
		Façon, pose; linéaires........... 23.35			
		Plus-value de 1/10 par bouts de 1 m. 1.94			
616	32	Ensemble.................	25.29	1.25	31.61
		Pattes en cuivre rouge *idem*.			
		Ensemble...............	60	0.20	12.00
		Doublis de 1 ardoise neuve *idem*.			
		face................. 8.60			
		à gauche............... 6.00			
		à droite............... 4.50			
Com	posé	Linéaires...............	19.10	0.76	14.52
		Parements plâtre *idem*.............	19.10	0.40	7.64
		2 arêtiers :			
		Voligeage neuf en sapin *idem*.			
		4 fois 6.10 = 24.40 × 0.22 largeur produit........................ 5.37			
		Pour double épaisseur; même surface............................ 5.37			
621	170	Ensemble.................	10.74	2.05	22.02
		Tranchis biais sur ardoise neuve			
611	238	4 fois 6.10 réduit............	24.40	0.70	17.08
610	227	Parement en plâtre *idem*............	24.40	0.40	9.76
		Bavettes de côtés en plomb neuf en tables de 0.002 épaisseur pour fourniture.			
		4 fois 6.10 réduit......... 24.40			
		Plus croisures			
		4 fois 2 = 8 × 0.10........ 0.80			
	B.	Linéaires........... 25.20			
		× 0.16 large produit surface 4.03 × 22ᵏ.70			
622	1	le mètre. Pesant................	91ᵏ480	0.42	38.42
622	9	Façon, pose ; pesant.............	91ᵏ480	0.15	13.72
622	17	Bandes de clouage zinc *idem* ; linéaires ...	24.40	0.33	8.05
616	52	Clouage espacé : *idem*.............	24.40	0.34	8.30
		Au-dessus :			
		Bavettes en zinc n° 14 pour fourniture			
		4 fois 6.10 réduit............ 24.40			
		4 agrafures simples (basses) × 0.03...................... 0.12			
		12 agrafures doubles × 0.10...... 1.20			
		4 têtes × 0.15................. 0.60			
		Linéaires........... 26.32			
»	»	× 0.20 largeur produit surface............	5.26	3.57	18.78
616	32	Façon, pose : Linéaires................	26.32	1.25	32.90

NUMÉROS PAGES	SÉRIE				
»	»	Pattes cuivre rouge *idem*.			
		aux ourlets 4 fois 18............ 72			
		aux agrafures 4 fois 4....... 16			
»	»	Ensemble..................	88	0.20	17.60
		Arêtiers en sapin de 0.080 évidé, fournis posés, cloués.			
621	151	2 fois 6.10............................	12.20	0.99	12.08
	B.	Arêtiers en zinc n° 14 pour fourniture.			
		Mêmes linéaires.................. 12.20			
		Plus croisures :			
		2 fois 6 = 12 × 0.05 =......... 0.60			
		Ensemble................ 12.80			
»	»	× 0.16 large produit surface............	2.05	3.57	7.32
»	»	Façon, pose, comme *idem* : surface.......	2.05	2.05	4.20
»	»	Pattes cuivre aux croisures ; ensemble.....	12	0.20	2.40
		Contretalons zinc, rapportés, soudés.			
618	79	2 fois 2.............................	4	0 20	0.80
618	77	Talons zinc *idem*.....................	2	0.25	0.50
		Le faîtage comme à l'accolade A.			
		Linéaires.....................	3.20	19.90	63.68
		Moins-value de crochets agrafe en fer galvanisé au lieu de crochets en cuivre rouge pour les bavettes en plomb : accolade A........................ 20ᶠ,10			
		Par mètre			
		10 crochets cuivre à 0.20 = 2.00			
		10 crochets fer à 0.18.... = 1.80			
		Différence en moins 0.20			
		Reste pour 1 mètre 19.90	»	»	»
		Plus :			
618	77	Talon et tête zinc rapportés, soudés au faîtage.	2	0.25	0.50
»	»	2 embranchements façonnés, ajustés en raccords d'arêtiers compris entailles et soudures, pour chaque 3 angles...............	6	0.15	0.90

Fig. 100.

1 poinçon en zinc estampé (*figure 100*) n° 112 de l'album Coutelier.

MÉTRÉ DE LA COUVERTURE.

NUMÉROS PAGES	SERIE				
»	»	Fourni...	1	»	4.20
»	»	Posé...	1	»	1.00
»	»	Pattes cuivre *idem*...	4	0.20	0.80
»	»	1 garniture de poinçon semblable à celle accoladée n° 12...	1	»	4.67

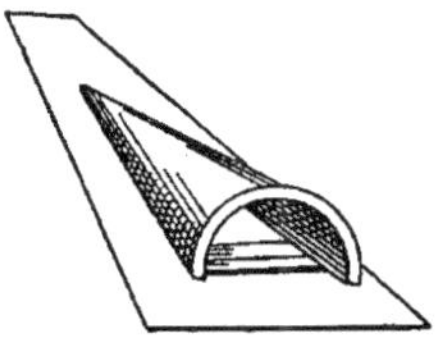

Fig. 101.

		1 chattière en zinc estampé (*fig.* 101) pour comble en ardoise modèle 628 de l'album Javon et Trocmé.			
N° 9.		Fournie...	1	»	2.55
»	»	Posée...	1	»	0.90
»	»	Crochets agrafe en fer par le bas...	2	0.18	0.36
610	210	Filet plâtre sur ardoise neuve...	0.44	0.90	0.40
		Tranchis biais sur ardoise *idem*.			
611	238	2 fois 0.55 =...	1.10	0.70	0.77
610	227	Parements plâtre *idem*...	1.10	0.40	0.44
		2 autres chattières semblables à celle accoladée n° 9...	2	5.42	10.84
		2 souches de cheminées			
		Détail d'une :			
		Au devant :			
		Voligeage neuf sapin de 0.013 jointif.			
621	170	0.50 × 0.11 produit surface...	0.06	2.05	0.12
610	210	Filet plâtre sur ardoise neuve...	0.50	0.90	0.45
		Recouvrement en zinc n° 14 pour fourniture.			
		0.72 × 0.22 large produit surface...	0.16	3.57	0.57
616	32	Façon, pose : Linéaires...	0.72	1.25	0.90
»	»	Goussets...	2	0.28	0.56
		Angles...	2	0.15	0.30
		Sur les côtés :			
N° 10.		Bandes de dévirures en zinc n° 14 pour fourniture.			
		2 fois 1.00 = 2.00 × 0.20 large produit surface...	0.40	3.57	1.43
616	28	Façon, pose : Linéaires...	2.00	0.57	1.14
»	»	Pattes cuivre par le bas...	2	0.20	0.40
		Tranchis droits sur ardoise neuve.			
611	238	2 fois 1.32 =...	2.64	0.43	1.14
610	227	Parements plâtre *idem*...	2.64	0.40	1.06
		Derrière :			
		Voligeage neuf en sapin *idem*.			
621	170	0.50 × 0.22 produit surface...	0.11	2.05	0.22

NUMÉROS PAGES	SÉRIE				
620	133-134	Pente plâtre idem......................	0.11	2.00	0.22
620	130	Papier goudronné idem.................	0.11	0.29	0.03
»	»	Recouvrement en zinc n° 14 pour fourniture. 0.74 × 0.40 largeur produit surface......	0.30	3.57	1.07
616	33	Façon, pose : Linéaires................	0.74	1.48	1.10
»	»	2 amortissements d'abouts en zinc, rapportés, soudés, pour chaque 4 goussets.........	8	0.28	2.24
Com	posé	Doublis de 1 ardoise neuve idem.........	0.50	0.76	0.38
611	238	Tranchis biais sur ardoise idem. 2 fois 0.15 =.....................	0.30	0.70	0.21
»	»	Parements plâtre................ 0.50 0.30			
»	»	Ensemble......................	0.80	0.40	0.32
		Bandes de solins en zinc n° 14 pour fourniture.			
		Devant et derrière :			
		2 fois 0.58 =.................... 1.16			
		Sur côtés :			
		2 fois 0.90 =............... 1.80 2 fois 0.15 =............... 0.30 2 fois 0.08 =............... 0.16			
		Linéaires............... 3.42			
»	»	× 0.12 large produit surface........	0.41	3.57	1.47
616	28	Façon, pose, linéaires..................	3.42	0.57	1.95
		Angles 2 fois 4.................... 8			
N° 10.		Onglets idem....................... 8			
»	»	Ensemble......................	16	0.15	2.40
		Pattes cuivre idem. 2 fois 2..................... 4 2 fois 5..................... 10			
		Ensemble....................	14	0.20	2.80
620	140	Solins en plâtre sur zinc, linéaires........	3.42	0.72	2.46
		Dessus de souche.			
619	103	Glacis en plâtre pur 0.86 × 0.53 produit surface..............................	0.46	1.25	0.58
»	»	Papier goudronné idem................	0.46	0.29	0.13
		Bandes d'agrafe en zinc n° 14 pour fourniture. 2 fois 0.92 =....... 1.84 2 fois 0.59 =....... 1.18			
»	»	Linéaires... 3.02 × 0.10 large produit surface.....................	0.30	3.57	1.07
		Façon, pose : Linéaires................	3.02	0.25	0.75
»	»	Recouvrements en zinc n° 14 pour fourniture 0.98 × 0.65 développé produit surface...	0.64	3.57	2.28
616	34	Façon, pose : Linéaires.................	0.98	1.65	1.62
»	»	Onglets façonnés soudés................	4	0.15	0.60
		Plus-value d'ourlet rapporté soudé en about avec coupe à la griffe. Linéaire................	0.62	0.86	0.53
618	73	Trou de mitrons de 0.16 sur zinc........	2	0.65	1.30
»	»	Mitrons neufs de 0.16 fournis...........	2	0.90	1.80
»	»	» » posés scellés........	2	1.25	2.50

MÉTRÉ DE LA COUVERTURE.

NUMÉROS PAGES	SÉRIE				
		1 autre souche de cheminée, semblable à celle accoladée n° 10......................	1	»	38.10

Écuries et remises.

Couverture en ardoise neuve d'Angers *idem*, fournie posée avec crochets en fer étamé sur volige chanlattée.

Versant de face :

$$\frac{9.40 \text{ et } 1.90}{2} \times 7.48 \text{ hauteur (68 pureaux)}$$

produit surface................... 42.26

Ecoinçon à gauche en tête

$$\frac{1.30 \times 1.10}{2} \text{ hauteur (10 pureaux).}$$

produit......................... 0.72

Croupe de droite :

$$\frac{6.40 \text{ et } 0.22}{2} \times 8.36 \text{ hauteur (76 pureaux) produit}............... 27.67$$

Ensemble........... 70.65

Moins :

1 lucarne de 1.20 × 2.09 hauteur réduite (19 pureaux) produit.. 2.51
1 souche de cheminée de 0.50 × 0.80 produit........ 0.40

Ensemble à déduire....... 2.91 = 2.91
Reste surface...............

			67.74	7.41	501.93
Com	posé				

Gouttières en zinc n° 14 pour fourniture.

Versant de face :

A gauche...................... 1.95
A droite...................... 6.90
Versant de droite.............. 7.00
6 croisures × 0.05............ 0.30
1 équerre.................... 0.20
4 talons × 0.15.............. 0.60

Linéaires............ 16.95

»	»	× 0.33 développé, produit surface.........	5.59	3.57	19.95
619	110	Façon, pose : Linéaires.................	16.95	1.75	29.66

Pour 15m,85 de gouttière, il faut 32 crochets.
Fourniture de 42 crochets.

618	92	Soit en supplément..........	10	0.20	2.00
618	93	Pose desdits................	10	0.15	1.50
»	»	Plus-value de crochets en fer renforcé	42	0.20	8.40
»	»	Plus-value de galvanisation desdits.......	42	0.05	2.10

A chaque :

»	»	2 paillettes en cuivre étamé *idem*: ensemble.	84	0.30	25.20
»	»	1 trou supplémentaire sur fer : ensemble...	42	0.08	3.36

COUVERTURE ET PLOMBERIE.

NUMÉROS PAGES	SÉRIE				
»	»	Bandes de larmier en zinc n° 14 pour fourniture. Linéaires ensemble 12.00 × 0.09 réduit largeur produit surface	1.08	3.57	3.86
616	28	Façon, pose : Linéaires.................	12.00	0.57	6.84
»	»	Angle	1	»	0.15
»	»	3 têtes zinc rapportées soudées ; comme goussets............................	3	0.28	0.84
		Banquette : Voligeage neuf en sapin *idem*. Face................... 1.95 6.30 A droite................. 6.50 Linéaires......... 14.75			
621	170	× 0.11 large produit surface..............	1.62	2.05	3.32
		Recouvrements en zinc n° 14 pour fourniture même linéaires............... 14.75 Coulisseaux face.... 1 6 A droite........... 6 —— Ensemble.......... 13 × 0.20 courant................. 2.60 1 équerre ×.................. 0.20 4 têtes × 0.15 courant........... 0.60 —— Linéaires......... 18.15			
»	»	× 0.20 largeur produit surface............	3.63	3.57	12.96
		Façon, pose : Linéaires........... 18.15 Plus-value 1/10 par bouts de 1 mèt. 1.48 —— Ensemble............. 19.63			
616	32		19.63	1.25	24.54
»	»	Pattes cuivre *idem* ; ensemble........	48	0.20	9.60
		Doublis de 1 ardoise neuve *idem*. Face .... 1.95 6.30 A droite.................. 6.50 Linéaires............... 14.75			
Com	posé	Linéaires...............	14.75	0.76	11.21
610	227	Parements plâtre, *idem*..................	14.75	0.40	5.90
		1 arêtier de 10ᵐ,60 longueur, comme à l'accolade (B). *Détail* : Montant de B = 212ᶠ,63 : par 12ᵐ,20 longueur = 17ᶠ,43 le mètre linéaire.			
		Soit : Linéaires......................	10.60	17.43	184.76
		En plus :			
618	79	Contre-talons zinc, rapportés, soudés......	2	0.20	0.40
618	76	Talon zinc *idem*.....................	1		
»	«	Tête zinc *idem*......................	1		
		Ensemble.............	2	0.25	0.50
		En rive à gauche : Bande de dévirure en zinc n° 14 pour fourniture.			
»	»	5.00 × 0.20 largeur produit surface........	1.00	3.57	3.57
616	20	Façon, pose : Linéaires..................	5.00	0.57	2.85

MÉTRÉ DE LA COUVERTURE.

NUMÉROS PAGES	SÉRIE				
»	»	Pattes cuivre aux agrafures...............	3	0.20	0.60
611	238	Tranchis droits sur ardoise neuve.........	5.00	0.43	2.15
610	227	Parements plâtre idem..................	5.00	0.40	2.00
		Par le bas :			
621	149	Tasseau neuf sapin de 0.040 fourni posé....	1.50	0.33	0.50
		Bande de rive en zinc n° 14 pour fourniture.			
»	»	1.50 × 0.20 large produit surface.........	0.30	3.57	1.07
616	28	Façon, pose : Linéaire..................	1.50	0.57	0.86
	D.	Couvre-joint en zinc n° 14 pour fourniture.			
»	»	1.55 × 0.10 large produit surface.........	0.16	3.57	0.57
»	»	Façon, pose : Surface...................	0.16	2.05	0.32
»	»	Patte cuivre idem......................	1	»	0.20
618	76	Talon et tête zinc......................	2	0.20	0.40
618	78	Contre-talon zinc idem..................	1	»	0.15
		Talon d'ourlet sur bande de rive..........	1	»	0.28
		Sur mur :			
		Bande de solin en zinc n° 14 pour fourniture.			
»	»	3.30 × 0.12 large produit surface.........	0.40	3.57	1.43
616	28	Façon, pose : Linéaires.................	3.30	0.57	1.88
»	»	Pattes cuivre idem.....................	10	0.20	2.00
»	»	Plus-value d'amortissement biais par le haut..	1	»	0.30
620	140	Solins en plâtre sur zinc.................	3.30	0.72	2.38
		1 noue en tête, en raccord du comble de gauche.			
		Voligeage neuf en sapin de 0.013 jointif.			
621	170	2.50 réduit × 0.44 large produit surface...	1.10	2.05	2.25
		Noue en zinc n° 14 pour fourniture.			
»	»	2.75 × 0.50 largeur développée produit surface............................	1.38	3.57	4.93
617	55	Façon, pose : Surface...................	1.38	1.60	2.21
»	»	Gousset...............................	1	»	0.28
»	»	1 brisure, comme angle.................	1	»	0.15
		Tranchis biais sur ardoise idem.			
611	238	2 fois 2.50 réduit.....................	5.00	0.70	3.50
610	227	Parements idem.......................	5.00	0.40	2.00
		1 lucarne			
		En raccord du comble et des jouées.			
		Bandes de dévirures en zinc n° 14 pour fourniture.			
		2 fois 1.60 = 3.20 × 0.20 largeur produit			
»	»	surface...............................	0.64	3.57	2.28
616	28	Façon, pose : Linéaires.................	3.20	0.57	1.82
»	»	Pattes cuivre idem, 2 fois 1.............	2	0.20	0.40
		Tranchis droits sur ardoise idem.			
611	238	2 fois 1.60...........................	3.20	0.43	1.38
»	»	Parements plâtre idem.................	3.20	0.40	1.28
		Par le bas :			
618	76-77	2 rives semblables à celle accoladée D. = 2 fois 0.30.........................	0.60	2.21	1.33
		Contre-talons idem.....................	2	0.15	0.30
		Talon et tête idem.....................	2	0.20	0.40

Sciences générales. COUVERTURE ET PLOMBERIE. — TOME II. — 7.

COUVERTURE ET PLOMBERIE.

NUMÉROS PAGES	SÉRIE				
»	»	Talons d'ourlets *idem*..................	2	0.28	0.56
		Aux jouées.			
		Bandes de solins en zinc n° 14 pour fourniture 2 fois 1.50 = 3.00 × 0.12 large, produit.			
»	»	Surface.....................	0.36	3.57	1.29
616	28	Façon, pose : Linéaires..................	3.00	0.57	1.71
»	»	Plus-value d'amortissements biais *idem*....	2	0.30	0.60
»	»	Pattes cuivre *idem* 2 fois 5.............	10	0.20	2.00
620	140	Solins en plâtre sur zinc : Linéaires........	3.00	0.72	2.16
		Dessus de lucarne :			
		Couverture en ardoise *idem* à crochets fournie, posée sur volige chanlattée.			
		2 fois $\frac{1.40 \text{ et } 2.50}{2}$ × 0.77 hauteur (7 pureaux)			
com	posé	produit surface.........................	3.00	7.41	22.23
		Par le bas et en rives :			
		Bandes d'agrafe en zinc n° 14 pour fourniture.			
		2 fois 1.50................. 3.00			
		2 fois 1.10................. 2.20			
		Linéaires........... 5.20			
»	»	× 0.10 large produit surface.............	0.52	3.57	1.86
616	25	Façon, pose : Linéaires.................	5.20	0.25	1.30
		Bandes de recouvrement en zinc n° 14 pour fourniture.			
		Bas : 2 fois 1.35.......... 2.70			
		Coulisseaux.			
		2 fois 1 = 2 × 0.20 courant.. 0.40			
		En rives : 2 fois 1.00 .... 2.00			
		1 équerre × 0.20			
		Linéaires........... 5.30			
»	»	× 0.20 largeur, produit surface.............	1.06	3.57	3.78
616	32	Façon, pose : Linéaires.................	5.30	1.25	6.62
		Plus-value de 1/10 façon par bouts de 1 mètre			
616	41	Longueur.....................	2.70	0.125	0.34
»	»	Onglets façonnés, soudés................	2	0.15	0.30
		Par le bas :			
		Doublis de 1 ardoise neuve *idem*.			
com	posé	2 fois 1.40.................	2.80	0.76	2.13
		En rives :			
		Tranchis droits sur ardoise *idem*.			
611	238	2 fois 0.77.....................	1.54	0.43	0.66
		Parements plâtre *idem*.......... 2.80			
		.... 1.54			
610	227	Linéaires..................	4.34	0.40	1.74
		2 noues :			
		Voligeage neuf en sapin *idem*.			
621	170	2 fois 1.60 × 0.44 largeur produit surface....	1.41	2.03	3.53
		Noues en zinc n° 14 pour fourniture.			
		2 fois 1.76 = 3.52 × 0.50 largeur développée			
»	»	produit surface.........................	1.76	3.57	6.28
617	55-60	Façon, pose *idem*, surface...............	1.76	2.03	3.61

MÉTRÉ DE LA COUVERTURE. 99

NUMÉROS PAGES	SÉRIE				
»	»	Onglets par le bas......................	2	0.15	0.30
»	»	Brisures façonnées, soudées, au faîte......	2	0.15	0.30
		Tranchis biais sur ardoise neuve.			
611	238	4 fois 1.60 réduit =....................	6.40	0.70	4.48
610	227	Parements plâtre *idem*..................	6.40	0.40	2.56
		Le faîtage comme celui accolé C.			
		Montant 41f,54 : par 2m,10 longueur le mètre....................... 19f,78			
		Moins-value de crochets en fer galvanisé aux bavettes de filets... 0f,20			
		Reste le mètre........ 19f,58			
		Soit faîtage...........................	3.00	19.58	58.74
		En plus :			
618	77	Tête zinc et talon rapportés et soudés.....	2	0.25	0.50
»	79	Contre-talons zinc *idem*.................	2	0.20	0.40
		Sur croupe de droite :			
		1 souche de ventilateur.			
		Au devant :			
		Voligeage neuf jointif *idem*.			
»	»	0.50 × 0.11, produit surface............	0.06	2.05	0.12
610	210	Filet plâtre sur ardoise neuve............	0.50	0.90	0.45
		Recouvrement en zinc n° 14 pour fourniture..			
»	»	0.72 × 0.22 large produit surface........	0.16	3.57	0.57
616	32	Façon, pose : Linéaire...................	0.72	1.25	0.90
»	»	Goussets................................	2	0.28	0.56
»	»	Angles.................................	2	0.15	0.30
		Sur les côtés :			
		Bandes de dévirures en zinc n° 14 pour fourniture.			
		2 fois 0.60 = 1.20 × 0.20 large produit			
»	»	surface................................	0.24	3.57	0.86
616	28	Façon, pose, linéaires...................	1.20	0.57	0.68
»	»	Pattes cuivre par le bas.................	2	0.20	0.40
		Tranchis droits sur ardoise neuve.			
611	238	2 fois 0.82............................	1.64	0.43	0.71
610	227	Parements plâtre *idem*...................	1.64	0.40	0.66
		Derrière :			
		Voligeage neuf en sapin *idem*.			
»	»	0.50 × 0.22 produit surface............	0.11	2.05	0.22
620	133-134	Pente plâtre *idem*.....................	0.11	2.00	0.22
620	130	Papier goudronné *idem*..................	0.11	0.29	0.03
		Recouvrement en zinc n° 14 pour fourniture.			
»	»	0.74 × 0.40 produit surface............	0.30	3.57	1.07
616	33	Façon, pose : Linéaire....................	0.74	1.48	1.10
		2 amortissements d'abouts en zinc neuf,			
»	»	rapportés, soudés, pour chaque, 4 goussets..	8	0.28	2.24
com	posé	Doublis de 1 ardoise neuve *idem*.........	0.50	0.76	0.38
		Tranchis biais sur ardoise neuve.			
611	238	2 fois 0.15............................	0.30	0.70	0.21
		Parements plâtre *idem*.			
»	»	0.50 + 0.30............................	0.80	0.40	0.32

COUVERTURE ET PLOMBERIE.

NUMÉROS PAGES	SÉRIE				
		Bandes de solins en zinc n° 14 pour fourniture.			
		Devant et derrière :			
		2 fois 0.58......... 1.16			
		Sur côtés.			
		2 fois 0.50......... 1.00			
		2 fois 0.15......... 0.30			
		2 fois 0.08......... 0.16			
		Linéaires... 2.62 × 0.12 large			
»	»	produit surface......................	0.31	3.57	1.11
616	28	Façon, pose : Linéaires...............	2.62	0.57	1.49
»	»	Angles, 2 fois 4..................... 8			
»	»	Onglets *idem*....................... 8			
		Ensemble........................	16	0.15	2.40
		Pattes cuivre *idem*.			
		2 fois 2............................. 4			
		2 fois 3............................. 6			
		Ensemble........................	10	0.20	2.00
»	»				
620	140	Solins en plâtre sur zinc; linéaires........	2.62	0.72	1.89
		Dessus de souche :			
		Glacis en plâtre pur *idem*.			
619	103	0.56 × 0.46 produit surface...........	0.26	1.25	0.32
620	130	Papier goudronné *idem*..............	0.26	0.29	0.07
		Bandes d'agrafe en zinc n° 14 pour fourniture.			
		2 fois 0.62 =...... 1.24			
		2 fois 0.52 =...... 1.04			
		Linéaires... 2.28 × 0.10 large			
»	»	produit surface......................	0.23	3.57	0.82
616	25	Façon, pose : Linéaires...............	2.28	0.25	0.57
		Recouvrement en zinc n° 14 pour fourniture.			
		0.68 × 0.58 développé, produit surface...	0.39	3.57	1.39
616	34	Façon, pose : Linéaire................	0.68	1.65	1.12
»	»	Onglets façonnés, soudés..............	4	0.15	0.60
		Plus-value d'ourlet rapporté, soudé en			
com	posé	about ; linéaire......................	0.58	0.86	0.50
618	73	Trou de mitron sur zinc...............	1	»	0.65
		Mitron neuf de 0.16 diamètre.			
»	»	Fourni............................	1	»	0.90
»	»	Posé, scellé........................	1	»	1.25
		Rives du fond (D.H)			
		Partant à droite.			
		Rive D.E (*fig. 102*)			
		Bandes de dévirure en zinc n° 14 pour fourniture.			
»	»	8.30 × 0.20 large produit surface........	1.66	3.57	5.93
616	28	Façon, pose : Linéaires...............	8.30	0.57	4.73
»	»	Patte cuivre *idem*...................	1	»	0.20
»	»	Tranchis droit sur ardoise *idem*.........	8.30	0.43	3.57
»	»	Parements plâtre *idem*...............	8.30	0.40	3.32
	E	Tasseau neuf en sapin de 0.040 fourni, posé,			
621	140	cloué.............................	8.50	0.33	2.81

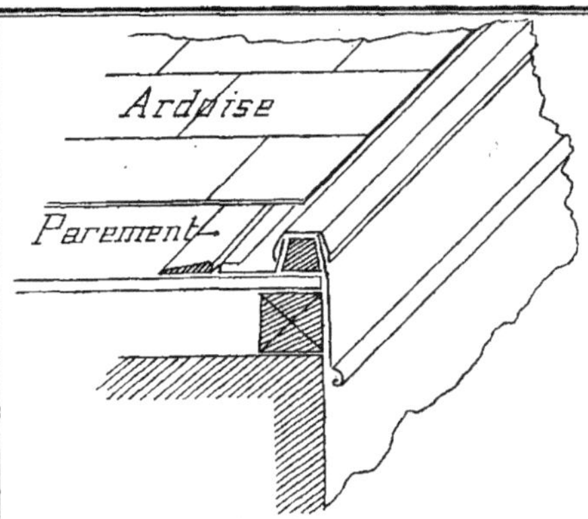

MÉTRÉ DE LA COUVERTURE.

Fig. 102.

NUMÉROS PAGES	SÉRIE				
616	28 E	Bande de rive en zinc n° 14 pour fourniture.			
		8.90 × 0.20 large produit surface	1.78	3.57	6.35
		Façon, pose : Linéaires..................	8.90	0.57	5.07
»	»	Couvre-joint zinc n° 14 pour fourniture.			
»	»	8.90 × 0.10 large produit surface	0.89	3.57	3.18
»	»	Façon, pose : Surface...................	0.89	2.05	1.82
»	»	Pattes cuivre aux croisures.............	8	0.20	1.60
»	»	Talon de couvrejoint	1	»	0.20
»	»	Contretalon *idem*.......................	1	»	0.15
»	»	Talon d'ourlet...........................	1	»	0.28

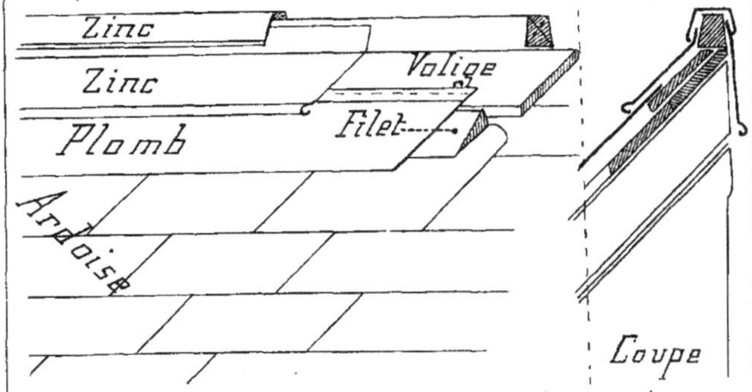

Fig. 103 et 104.

610	210	A la suite 1 rive de tête EF (*fig. 103 et 104*). Filet en plâtre sur ardoise neuve..........	3.30	0.90	2.97
		Bavette en plomb neuf de 0.002 épaisseur pour fourniture 3.30			
		2 talons et têtes de 0.05............ 0.10			
		Linéaires............ 3.40			
		× 0.16 large produit surface 0.54 × 22^k,70 le mètre.			

COUVERTURE ET PLOMBERIE.

NUMÉROS PAGES	SÉRIE				
622	1	Pesant....................	12ᵏ260	0.42	5.15
622	9	Façon pose : Pesant.....................	12ᵏ260	0.15	1.84
622	16	Angles emboutis sur plomb...............	2	0.50	1.00
622	17	Bande de clouage zinc...................	3.30	0.33	1.09
616	52	Clouage espacé *idem*...................	3.30	0.34	1.12
»	»	Crochet fer galvanisé...................	15	0.18	2.70
		Bavette en zinc n° 14 pour fourniture. 3.40			
		1 équerre ×..................... 0.20			
		3 coulisseaux × 0.20............... 0.60			
		Linéaires....... 4.20			
»	»	× 0.17 large produit surface............	0.71	3.57	2.53
		Façon, pose : Linéaires............ 4.20			
		Plus-value de 1/10 façon par bouts de 1 mètre........................ 0.34			
616	32	Ensemble.............	4.54	1.25	5.68
»	»	Pattes cuivre *idem*	11	0.20	2.20
		Dessous :			
		Voligeage neuf sapin de 0.013 *idem*.			
		3.30 × 0.22 produit............... 0.66			
		Pour double épaisseur............. »			
		Même surface................... 0.66			
621	170	Ensemble.............	1.32	2.05	2.71
621	149	Tasseau neuf en sapin de 0.040 fourni posé.	3.50	0.33	1.16
		Bande rive en zinc n° 14 pour fourniture.			
»	»	Linéaires 3.60 × 0.20 large produit surface.	0.72	3.57	2.57
616	28	Façon, pose : Linéaires................	3.60	0.57	2.05
»	»	Angles........ 2			
		Onglets....................... 2			
		Ensemble.............	4	0.15	0.60
		Couvre-joint en zinc n° 14 pour fourniture..			
		Idem tasseau 3.50			
		Plus 3 croisures × 0.05............ 0.15			
		Linéaires.......... 3.65			
»	»	× 0.10 large produit surface............	0.37	3.57	1.32
»	»	Façon, pose : Surface...................	0.37	2.05	0.76
»	»	Pattes cuivre rouge *idem* aux croisures....	3	0.20	0.60
		2 équerres façonnées soudées sur couvre-joints pour chaque 3 angles...............	6	0.15	0.90
		Rive F. G. H.			
		(*Comme à la fig. 102*) comme à l'accolade E montant 38ᶠ,58 : par 8ᵐ,30 linéaires = 4ᶠ,67 le mètre.			
		Soit rive : FG..................... 3.20			
		GH..................... 5.20			
»	»	Linéaires..............	8.40	4.67	39.23
		Plus :			
»	»	Par le bas : Contre-talon zinc de couvre-joint.	1	»	0.15
»	»	» Talon *idem*.................	1	»	0.20
»	»	» Talon d'ourlet..............	1	»	0.28

MÉTRÉ DE LA COUVERTURE.

NUMÉROS PAGES	SÉRIE				
»	»	Au faîtage 1 angle sur bande de rive......	1	»	0.15
»	»	1 onglet *idem*................	1	»	0.15
»	»	1 équerre *idem* sur couvre-joint.			
		En angles	3	0.15	0.45
		3 chattières semblables à celle accoladée n° 9.	3	5.42	16.26

Poulailler et Lapinière.

(*Plan et coupe fig. 105 et 106.*)

Couverture en tuile neuve à emboîtement de Courbéton fournie posée sur liteaux en sapin fournis cloués.

Fig. 105 et 106.

607	129	7.70 × 2.72 hauteur (8 pureaux) produit surface...................	20.94	3.85	80.62
		Voligeage sapin de 0.013 jointif (0.11).			
621	170	8.00 × 2.50 produit surface..........	20.00	2.05	41.00
		Gouttière en zinc n° 14 pour fourniture.			
		Linéaires......... 8.00			
		3 croisures × 0.05............... 0.15			
		2 talons × 0 15............... 0.30			
		Ensemble........ 8.45			
»	»	× 0.16 développé produit surface	1.35	3.57	4.82
		Façon pose de gouttière de 0.16 compris			
619	108	crochets......................	8.45	1.37	11.58
		Plus-value de crochets galvanisés.			
»	»	Ensemble...........	16	0.04	0.64
		Par le bas du comble.			
		Double liteau sapin de 0.027 fournis cloués			
»	»	2 fois 7.70...................	15.40	0.20	3.08
		En rive à gauche (*fig 107*).			
»	»	Liteau sapin *idem* : Linéaires...........	2.50	0.20	0.50
621	149	Tasseau sapin de 0.040 *idem*	2.50	0.33	0.83
		Noue en zinc n° 14 pour fourniture.			
»	»	3.80 × 0.20 largeur produit surface.......	0.76	3.57	2.71
617	55-60	Façon, pose : Surface................	0.76	2.05	1.56
N°	11.	Par le haut, angles.................	2	0.15	0.30
618	78	Par le bas, contre-talons zinc...........	2	0.15	0.30
		Tranchis à la scie sur tuile à emboîtement ;			
611	245	linéaires......................	2.60	3.43	8.92
		Bandes de rive en zinc n° 14 pour fourniture.			
»	»	2.60 × 0.20 large produit surface.......	0.52	3.57	1.86
616	28	Façon, pose : Linéaires.............	2.60	0.57	1.48

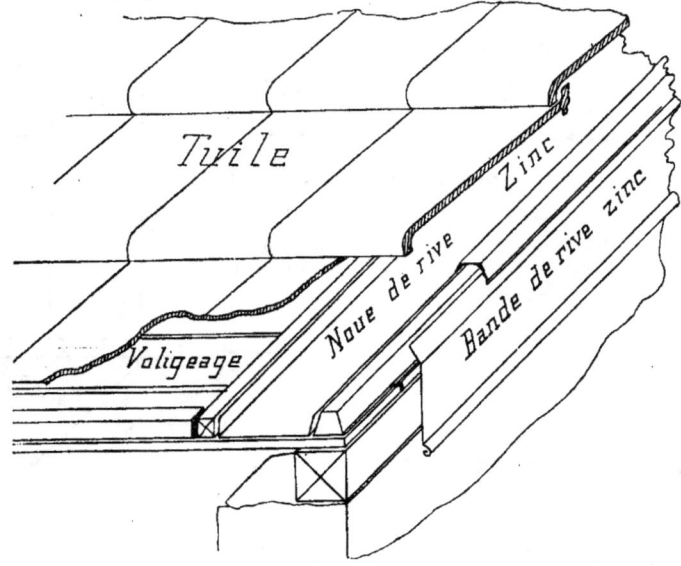

Fig. 107.

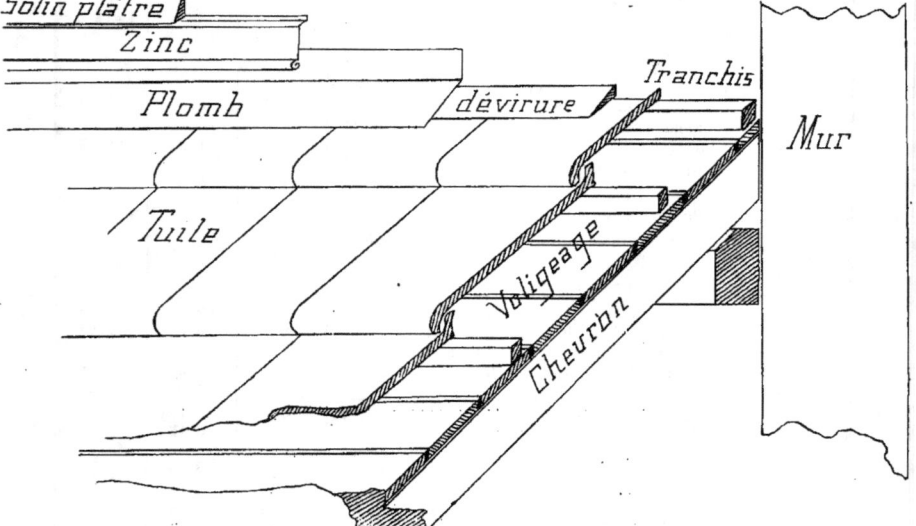

Fig. 108.

MÉTRÉ DE LA COUVERTURE.

NUMÉROS PAGES	SÉRIE				
»	»	Plus-value de tête façonnée sur zinc.......	1	»	0.30
»	»	Talon d'ourlet par le bas................	1	»	0.28
		Couvre-joint en zinc n° 14 pour fourniture.			
		Idem tasseau....... 2.50			
N° 11.		Plus :			
		2 croisures × 0.05.. 0.10			
		Linéaires... 2.60 × 0.10 large			
»	»	produit surface.....................	0.26	3.57	0.93
»	»	Façon, pose : Surface................	0.26	2.05	0.52
»	»	Pattes cuivre aux croisures.............	2	0.20	0.40
618	76	Talon et têtes zinc..................	2	0.20	0.40
		1 rive à droite comme celle accoladée n° 11.	1	»	21.29
		En tête (fig. 108) :			
		(9) Le liteau est dû dans la couverture puisque la tuile quoique tranchée est comptée pour sa hauteur normale de $0^m,34$.............................		Observation	
610	208-236	Filet en plâtre sur tuile neuve à emboîtement................................	7.70	1.19	9.16
		(10) Le filet comprenant scellement, tranchis et dévirure, cette dernière n'est pas demandée puisque nous comptons le filet.			
		Bavette en plomb neuf, en table de 0.002 épaisseur pour fourniture.			
		Linéaires. 7.70			
		1 croisure........ 0.10			
		2 talons de 0.05..... 0.10			
		Ensemble... 7.90 × 0.16 large			
		produit surface 1.26 × 22^k,70 le mètre.			
622	1	Pesant..............................	28^k600	0.42	12.01
»	9	Façon, pose, pesant..................	28^k600	0.15	4.29
»	17	Bande de clouage zinc idem............	7.70	0.33	2.54
616	52	Clouage espacé idem..................	7.70	0.34	2.62
		Bande de solin en zinc n° 14 pour fourniture.			
		Linéaires... 8.10			
		4 croisures × 0.05.. 0.20			
		Ensemble... 8.30 × 0.12 large			
»	»	produit surface......	1.00	3.57	3.57
616	28	Façon, pose : Linéaires................	8.30	0.57	4.73
620	132	Pattes cuivre idem...................	25	0.20	5.00
620	140	Solins en plâtre sur zinc...............	8.10	0.72	5.83
		TOTAL			$8003^f,73$

COUVERTURES EN ZINC

Avant de commencer les couvertures en zinc, il est bon de déterminer la façon dont nous procédons dans le métré.

D'une manière générale, on doit relever le métré dans le même ordre que l'exécu-

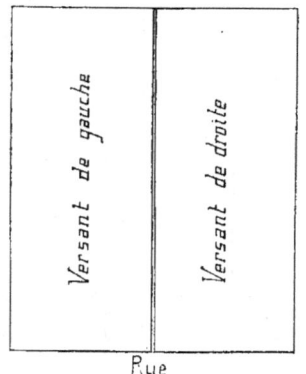

Fig. 109.

tion du travail; cependant, comme on a pu s'en rendre compte, il y a exception pour les couvertures en *tuile* et en *ardoise*.

Quoique les gouttières et les noues aient

été posées d'abord, nous prenons, pour commencer, la surface de tuile ou d'ardoise et, ensuite, les gouttières, noues, etc.

Si nous opérions autrement, surtout pour les noues, il paraîtrait bizarre de compter des tranchis ou façons sur des matériaux non posés (par le métré), c'est-à-dire inconnus du vérificateur.

En outre, le relevé des surfaces permet au métreur de se rendre compte des différents raccords qu'il aura à détailler et à les classer mentalement, on pourrait dire qu'il prend par ce fait possession du *chantier*.

Le relevé du voligeage, sous le zinc, lui donne le même résultat, mais, dans cette couverture, nous suivons entièrement la progression du travail.

Orientation

Une des conditions de clarté dans le métré c'est l'orientation. En raison de ce

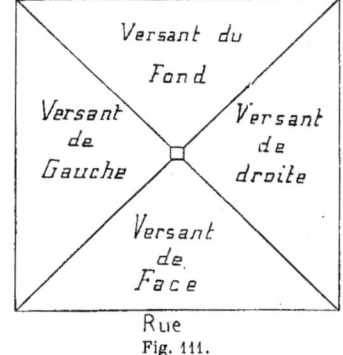

Fig. 111.

principe que, quelle que soit sa position sur le comble, le métreur doit toujours considérer le bâtiment sur lequel il opère, comme vu par lui de la rue ou sur sa façade principale.

En résumé, les combles se composent de quatre sortes de versants (*fig.* 109 à 111).

Face, fond, gauche, droite.

2 lignes de séparation des eaux.

Faîtage, arêtier.

2 conducteurs ou canaux :

Gouttière, noue.

Les formes varient, les désignations restent.

Nous donnons ci-après les renseigne-

Fig. 112. — Principales applications de la couverture en zinc à tasseaux et agrafures (Société de la Vieille-Montagne).

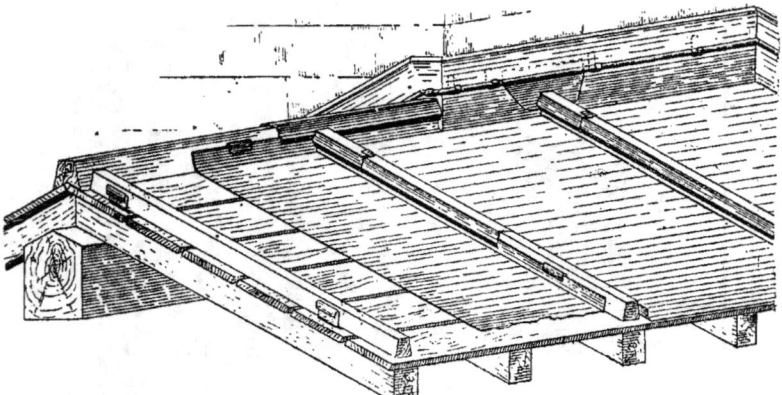

Fig. 113. — Partie supérieure d'une couverture à dilatation libre.

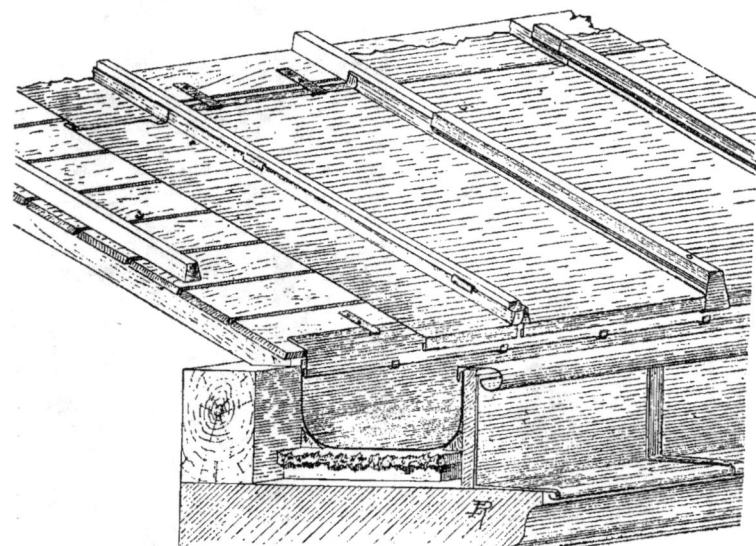

Fig. 114. — Partie inférieure d'une couverture à dilatation libre.

Fig. 115. — Patte passant sous les tasseaux et rabattue sur les reliefs des feuilles, contre les tasseaux.

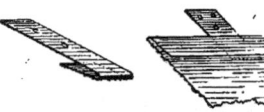

Fig. 116 et 117. — 1° Patte s'agrafant avec le pli supérieur des feuilles et clouée sur la volige ; 2° Patte soudée sous les feuilles et clouée sur la volige, dans le cas de fortes pentes.

MÉTRÉ DE LA COUVERTURE.

ments et dessins extraits de l'album de la Société anonyme des Mines et Fonderies de la Vieille-Montagne.

Couverture en zinc à dilatation libre.

Système à tasseaux et agrafures de la Société de la Vieille-Montagne.

Avantages généraux de la couverture en zinc.

Ces avantages résultent des propriétés dues au métal :

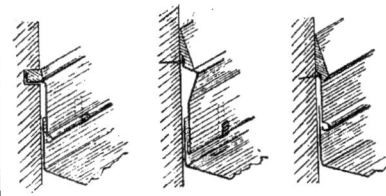

Fig. 118 à 120. — Divers systèmes de solins.

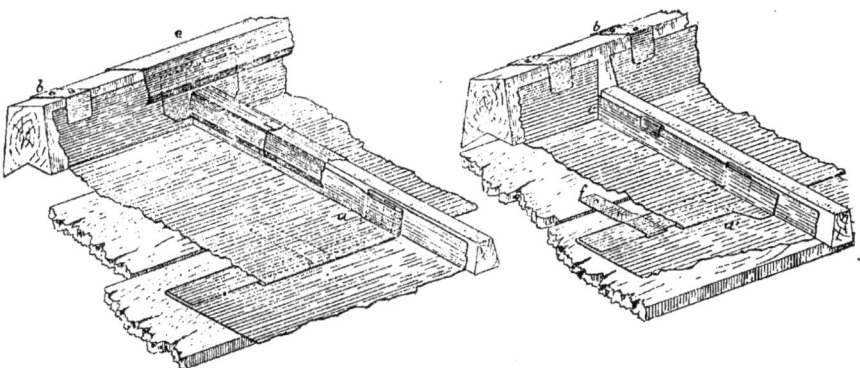

Fig. 121 et 122. — Agrafure de feuilles sur toute leur largeur et raccords des couvre-joints avec le faîtage.

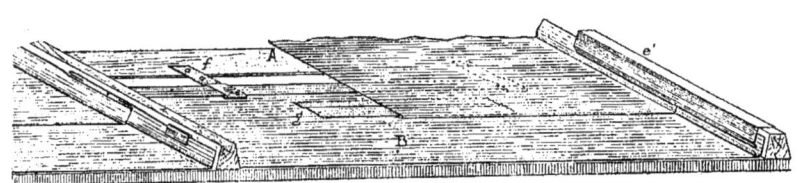

Fig. 123. — Feuilles non agrafées sur leurs reliefs contre les tasseaux. Vue du raccord des reliefs des feuilles contre les tasseaux ordinaires avec leurs reliefs contre le tasseau de faîtage avant la pose des couvre-joints ; c, soudure à la rencontre des reliefs.

Fig. 124. — Coupe AB de la figure 123, indiquant l'agrafure et le recouvrement des feuilles qui varient suivant la pente.

Fig. 125 et 126. — Couvre-joint fixé avec des clous recouverts de calotins en zinc, soudés à leur pourtour sur le couvre-joint.

Fig. 127 et 128. — Pose des couvre-joints suivant le système à gaine et languettes.

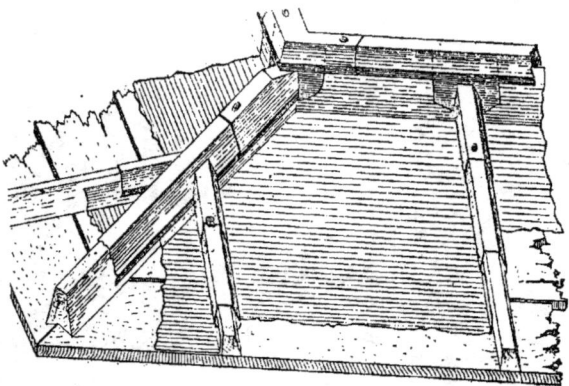

Fig. 129. — Couvre-joint d'arêtier. Raccord des couvre-joints de tasseaux d'arêtier et de faîtage.

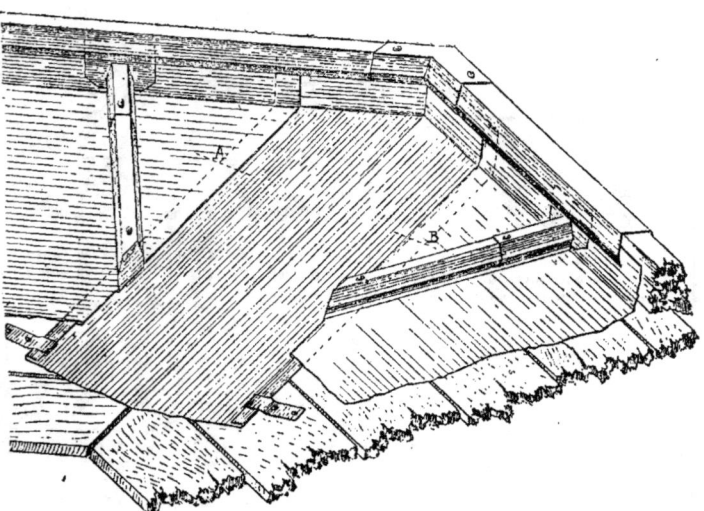

Fig. 130. — Partie supérieure d'une noue ordinaire.

MÉTRÉ DE LA COUVERTURE.

Légèreté. — La densité du zinc est de 7,19, tandis que celle du plomb est de 11,352; le zinc est donc une fois et demie plus léger que le plomb.

Fig. 131. — Coupe suivant AB de la figure 130.

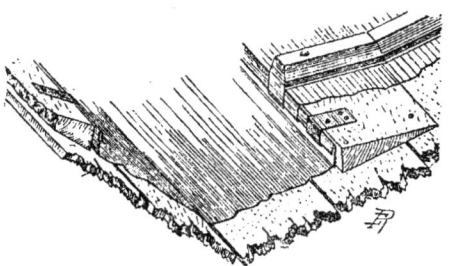

Fig. 132. — Disposition d'une noue encaissée.

Fig. 133 et 134. — Rive avec tasseaux et couvre-joint. Rive à plat.

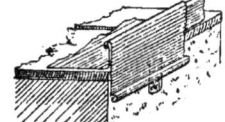

Fig. 135. — Rive avec bande à cheval.

Fig. 136. — Couverture du dessus et des jouées d'une lucarne en bois.

Ainsi une feuille de zinc couvrira une surface une fois et demie plus grande représentée par 10,88, tandis que celle du

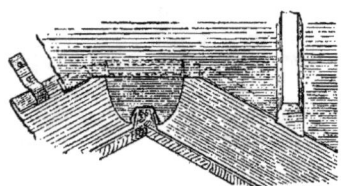

Fig. 137. — Raccord de la couverture de la lucarne avec celle de la toiture.

Fig. 139. — Vue perspective de l'arêtier.

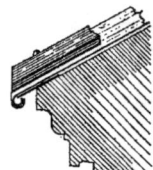

Fig. 138. — Coupe sur le larmier de la couverture de la lucarne.

Fig. 140. — Coupe suivant AB de la figure 136.

Fig. 141. — Coupe suivant CD de la figure 136.

qu'une feuille de plomb de même poids et de même épaisseur.
Ténacité. — La ténacité du zinc est représentée plomb n'est que de 2,77 ; le zinc est donc quatre fois plus résistant que le plomb.

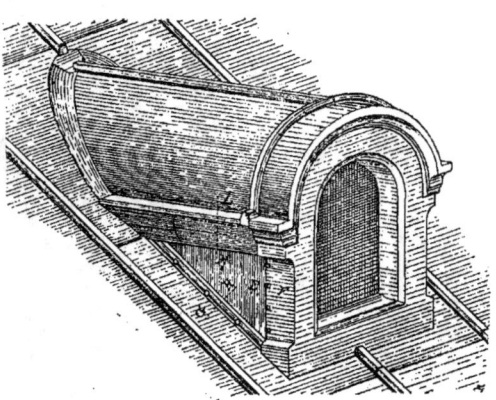

Fig. 142. — Lucarne en zinc.

MÉTRÉ DE LA COUVERTURE.

Ainsi une feuille de zinc offrira la même solidité qu'une feuille de plomb quatre fois plus épaisse.

feuilles quelque temps après leur exposition à l'air; étant insoluble dans l'eau, elle

Fig. 144. — Coupe suivant EF.

Fig. 143. — Coupe suivant LM.

Fig. 145. — Coupe suivant GH.

Durée. — Une patine ou enduit naturel (oxyde de zinc) se forme à la surface des

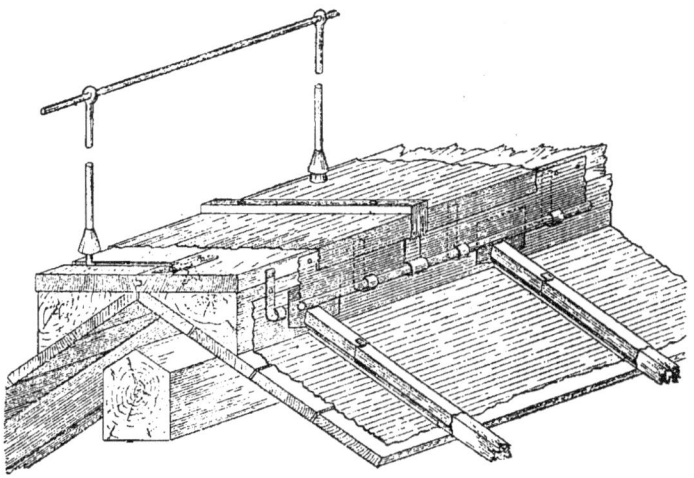

Fig. 146. — Couverture d'un chemin de faîtage avec garde-corps en fer.

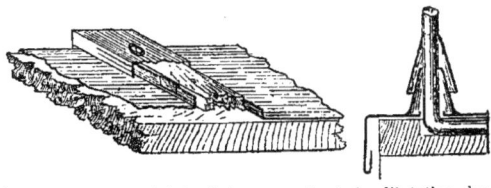

Fig. 147 et 148. — Tasseau et couvre-joint plats, permettant la dilatation des feuilles de zinc. — Coupe sur un montant du garde-corps raccordé à la couverture.

Sciences générales.   COUVERTURE ET PLOMBERIE. — TOME II. — 8.

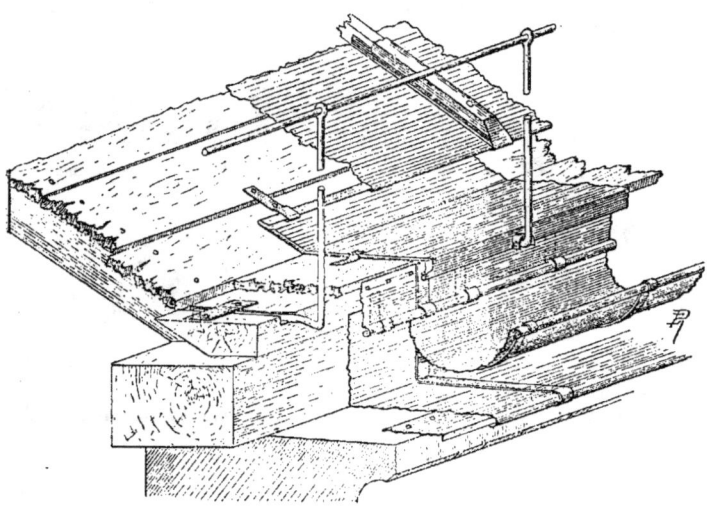

Fig. 149. — Chemin avec garde-corps en fer, au-dessus d'un chéneau à l'anglaise.

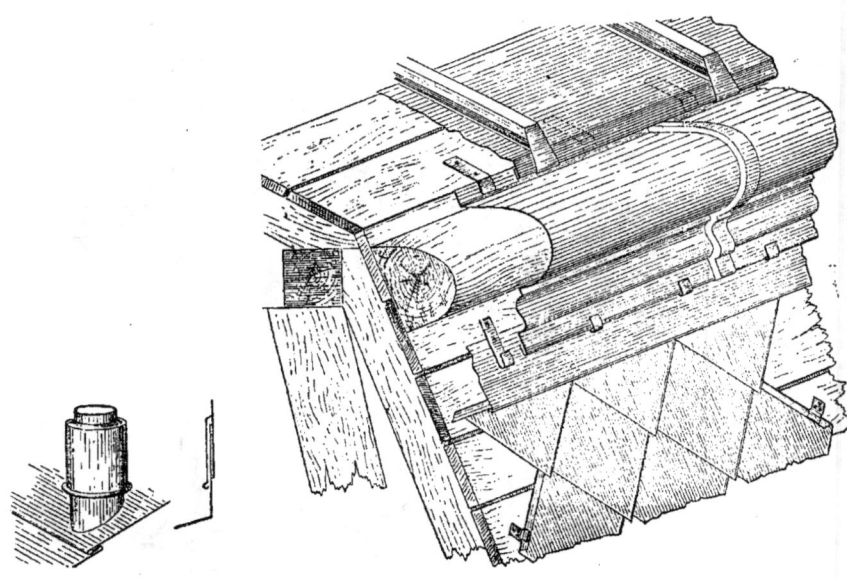

Fig. 150 et 151. — Tuyau de ventilation ou de cheminée et coupe indiquant le raccord avec la couverture.

Fig. 152. — Membron en zinc, raccords avec la couverture en zinc à tasseau de la partie supérieure et avec le brisis en losanges de zinc.

reste adhérente à leur surface. Par suite, elle préserve les feuilles d'une oxydation plus profonde et leur conserve leur poids primitif; il n'est donc pas utile, pour assurer la durée du zinc, de le peindre à une ou plusieurs couches, comme cela est nécessaire pour la tôle de fer.

Inocuité. — L'oxyde de zinc n'est pas vénéneux, on peut donc faire usage, sans danger pour la santé, des eaux pluviales recueillies après leur passage sur une couverture en zinc, tandis que le plomb et le cuivre les rendraient vénéneuses.

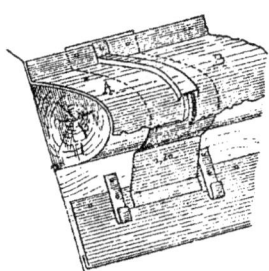

Fig. 153. — Plaque de garantie, de 0,20 environ de largeur, à la jonction de deux bouts de membron.

Fig. 154. — Coupe suivant AB de la figure 153.

Fig. 155. — Membron dit à gaine et languette (sans bague).

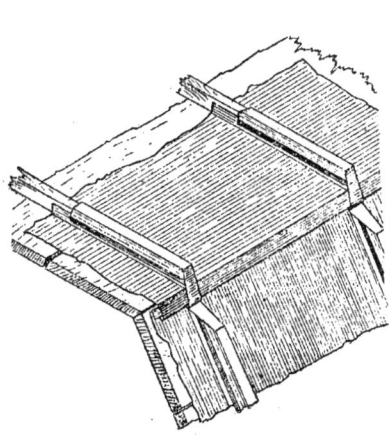

Fig. 156. — Raccord de deux parties de couverture à tasseaux d'un comble sans membron.

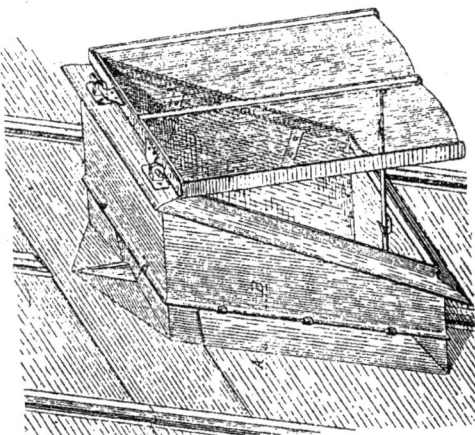

Fig. 157. — Châssis exhaussé avec coffre.

Fig. 158. — Coupe suivant AB montrant les raccords de la garniture des deux côtés du coffre avec la couverture en zinc.

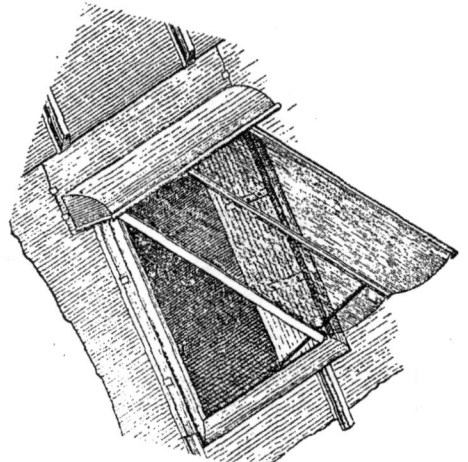

Fig. 159. — Châssis à tabatière pour toiture à forte pente.

Fig. 160. — Chatière de ventilation.

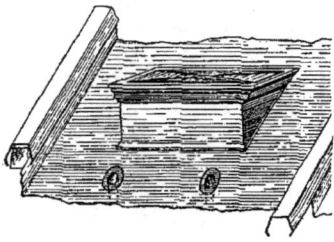

Fig. 161. — Marche en fonte de zinc pour escalier sur couverture.

Fig. 162. — Coupe de marches à godets.

Fig. 163 à 165. — Marches en fonte de zinc à crochets.

MÉTRÉ DE LA COUVERTURE.

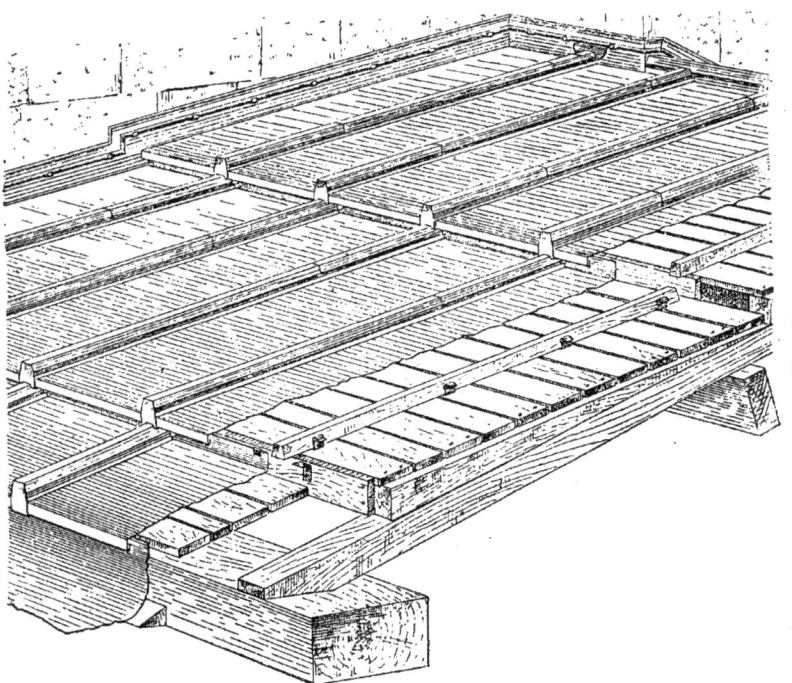

Fig. 166. — Couverture de terrasse à tasseaux et à ressauts.

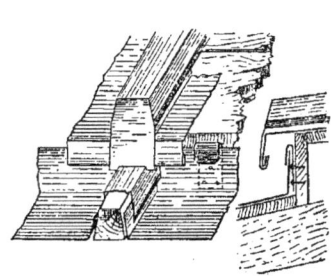

Fig. 167. — Détail d'exécution et coupe d'un ressaut.

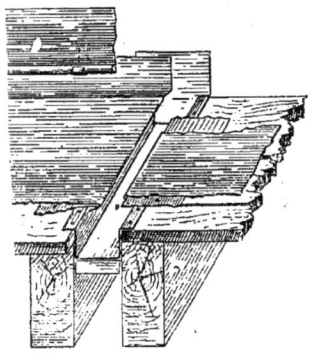

Fig. 168. — Couverture de terrasse à rigoles ; partie supérieure, avant la pose du couvre-rigole.

Incombustibilité. — Le zinc ne présente aucun danger en cas d'incendie, comme l'expérience l'a prouvé depuis longtemps ; sous l'action de la chaleur, il se volatilise en flocons blancs (blanc de zinc) qui, ne contenant aucun principe inflammable, ne peuvent pas propager l'incendie.

Avantages particuliers.

Diminution de poids. — Le poids du mètre carré d'une couverture en feuilles de

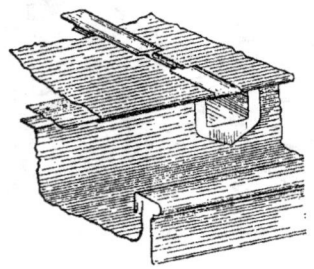

Fig. 169. — Couverture de terrasse à rigoles ; partie inférieure avec le couvre-rigole posé.

zinc n° 14 de $0^m,80/2^m,00$, mesuré sans développement, est de 7 kilos environ, tandis qu'il est de 40 kilos pour une couverture en ardoises, de 50 kilos pour une couverture en tuiles mécaniques et de

Fig. 170. — Couvre-rigole en zinc.

85 kilos pour une couverture en tuiles plates ou creuses.

Diminution de pente. — La couverture en zinc exige peu de pente, celle-ci pouvant même être réduite à $0^m,01$ ou $0^m,02$ par mètre, c'est-à-dire à la pente strictement nécessaire pour l'écoulement des eaux, tandis que la pente de la couverture en ardoises ordinaires doit être de 30 à 35° et celle en tuiles de 35 à 45°.

Il résulte de ces avantages que l'emploi du zinc pour couverture permet :

1° De réduire l'importance de la surface à couvrir ;

2° D'employer des charpentes plus simples et plus légères ;

Fig. 171 et 172. — Extrémité inférieure de la rigole aboutissant dans la gouttière ou dans le chéneau.

3° De diminuer le cube des maçonneries, les murs de pignon et de refend et les souches de cheminée étant moins hauts et pouvant avoir une plus faible épaisseur par suite du poids moins élevé qu'ils ont à supporter ;

4° De pouvoir profiter de toute la hauteur accordée pour les constructions par les règlements de voirie ;

5° De permettre de circuler facilement sur les toitures, ce qui, en cas d'incendie, facilite le fonctionnement du service d'extinction.

Économie. — Tous ces avantages réunis font que l'emploi du zinc pour couverture procure une grande économie, dans

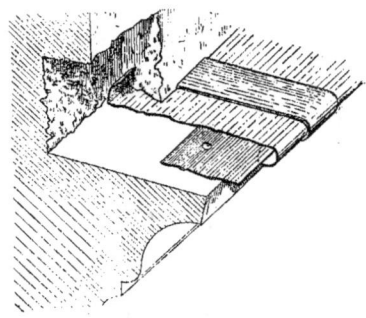

Fig. 173. — Recouvrement de bandeau de faible largeur.

laquelle il faut encore comprendre celle résultant de l'absence de tout entretien pendant plusieurs années, tandis que dans le même temps les frais d'entretien d'une couverture en ardoises ou en tuiles en ont augmenté beaucoup le prix d'établissement.

Valeur du vieux zinc. — Une autre considération, qui a encore son importance en faveur de la préférence à donner à la couverture en zinc sur celles en tôle, en ardoises et en tuiles, est la valeur que conserve toujours ce métal, car, mis au rebut, il peut encore être vendu moitié environ de son prix d'achat, tandis que, après leur dépose, la tôle, les ardoises et les tuiles n'ont plus de valeur appréciable.

Système à tasseaux et agrafures

Dilatation libre. — Une condition indispensable pour assurer les bons résultats d'une couverture en zinc est de permettre aux feuilles de se dilater facilement dans tous les sens, sinon elles se gondoleraient et elles pourraient même finir par se déchirer.

L'emploi du système à tasseaux et agrafures permet de satisfaire complètement à cette condition, car il dispense de souder les feuilles entre elles et de les clouer directement sur la volige.

Agrafures. — Dans ce système, on fait à chacune des extrémités des feuilles un pli en sens contraire pour former des agrafures ; on donne au pli ou agrafure supérieure une largeur de $0^m,025$ à $0^m,03$ et de $0^m,03$ à $0^m,035$ au pli inférieur.

Reliefs. — On relève les bords longitudinaux des feuilles de $0^m,035$ contre les

Fig. 175. — Recouvrement de bandeau supérieur à $0^m,25$.

côtés des tasseaux sur lesquels ils viennent s'appliquer et dont la hauteur serait de $0^m,04$.

Tasseaux. — Les feuilles sont agrafées entre elles et séparées par des tasseaux en bois blanc ayant la forme d'un trapèze et

Fig. 174. — Recouvrement de bandeau de $0^m,15$ à $0^m,20$ de saillie.

Fig. 176. — Revêtement d'appui de fenêtre avec jet d'eau.

pour dimensions ordinaires $0^m,05$ de largeur à la base inférieure, $0^m,027$ à la base supérieure et $0^m,04$ de hauteur ; ces tasseaux sont fixés sur la volige par des clous de $0^m,07$ de longueur et de $0^m,003$ d'épaisseur, lardés sur leurs côtés et espacés d'environ 0^m,40, ou par des pointes inclinées et placées alternativement, tous les 0^m,20 environ, à 0^m,01 à droite et à gauche du milieu des tasseaux.

Pattes. — Pour empêcher le glissement des feuilles dans le sens de la pente de la toiture, on agrafe avec le pli supérieur de chacune d'elles deux pattes en zinc ayant 0^m,10 de développement et 0^m,04 de largeur et terminées par une agrafure de 0^m,025 de largeur; ces pattes sont fixées

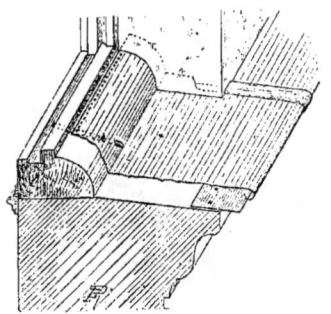

Fig. 177. — Revêtement d'appui de fenêtre avec jet d'eau.

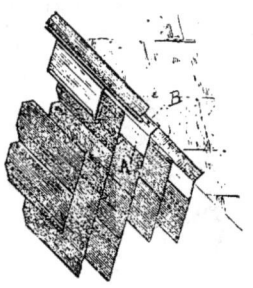

Fig. 178. — Noquet en zinc contre un mur.

sur la volige par deux ou trois clous à tête plate de 0^m,027 de longueur et de 0^m,0027 d'épaisseur passant par des trous percés d'avance à leur extrémité supérieure.

D'autres pattes, ordinairement au nombre de trois par feuille, et ayant environ 0^m,17 de développement sur 0^m,035 de largeur, passent sous les tasseaux, se relèvent contre leurs côtés et se rabattent à leurs extrémités sur les reliefs des feuilles, qu'elles maintiennent ainsi contre les tasseaux, tout en empêchant le soulèvement des feuilles.

Couvre-joints. — On recouvre les tasseaux, avec des couvre-joints en zinc à

Fig. 179 et 180. — Noquet en zinc d'arêtier.

biseaux ayant même forme qu'eux, seulement un peu plus évasée, et développant 0^m,10 pour des tasseaux de 0^m,04 de hauteur; les biseaux, dont la largeur est de 0^m,008, ont pour but d'empêcher l'eau de remonter par capillarité entre les reliefs des feuilles et les côtés des couvre-joints dont ils empêchent aussi la déformation en donnant de la raideur à leurs bords longitudinaux.

Les couvre-joints de 2 mètres de longueur sont maintenus sur les tasseaux

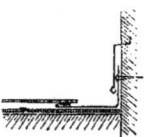

Fig. 181. — Coupe sur AB de la figure 178.

de mètre en mètre par des clous à tête ronde, dits à piston, de 0^m,027 de longueur et de 0^m,0027 d'épaisseur, dont la tête est recouverte par des calotins en zinc soudés à leur pourtour sur le dessus des couvre-joints ou par des vis à tête ronde de 0^m,03 de longueur et de 0^m,0049 de diamètre, pressant sur des rondelles en plomb de 0^m,002 à 0^m,003 d'épaisseur et de 0^m,015 de diamètre.

Pour éviter l'emploi des calotins, qui se dessoudent assez souvent, et qui, par suite, ne protègent plus la tête des clous contre l'oxydation, on a recours à un autre système, qui commence à être très apprécié et à se généraliser. Ce système

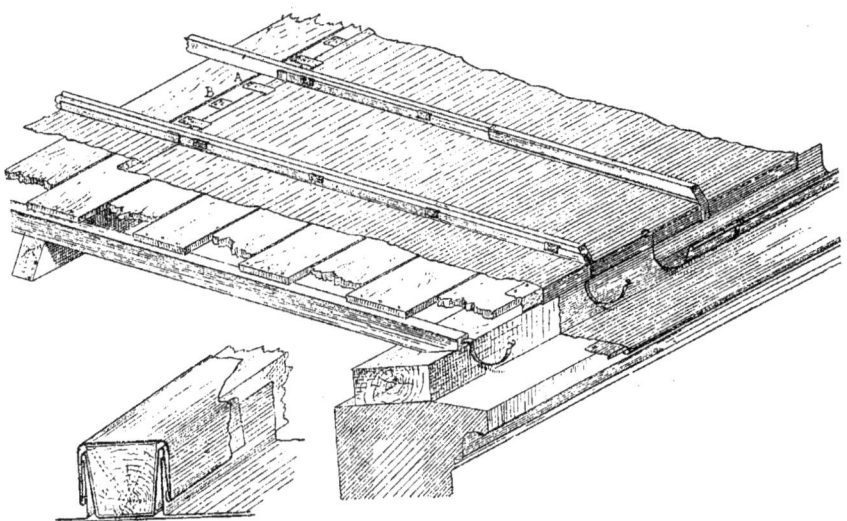

Fig. 182 et 183. — Couverture à tasseaux pour pente de 0^m,35 à 0^m,50 par mètre. Tasseau en bois, relief des feuilles et agrafures du couvre-joint avec les pattes maintenant les reliefs contre le tasseau.

consiste dans l'emploi de couvre-joints de 1 mètre de longueur, ayant à leur extrémité inférieure une patte en zinc soudée à l'intérieur de chacun de leurs côtés ; leur extrémité supérieure est clouée sur le dessus du tasseau avec des clous à tête plate de 0^m,027 de longueur et est recouverte de 0^m,08 par le couvre-joint qui est placé à la suite et dont les deux pattes soudées à l'intérieur, comme il vient d'être dit, s'engagent dans le vide existant entre les côtés du couvre-joint recouvert et les reliefs des feuilles contre les tasseaux ; les têtes des clous sont ainsi elles-mêmes recouvertes et, par conséquent, à l'abri de l'oxydation.

Minimum de pente. — Pour des pentes inférieures à 0^m,20 par mètre, il est nécessaire, pour ne pas être obligé de souder les feuilles entre elles, d'augmenter leur recouvrement ; sans cette précaution, des infiltrations pourraient avoir lieu par leurs agrafures. La figure 123 représente la disposition à employer dans ce cas. Une bande de zinc est soudée à la partie supérieure de chaque feuille à une distance de

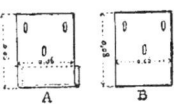

Fig. 184 et 185. — Pattes A et B empêchant le glissement des feuilles.

son agrafure qui dépend du recouvrement qu'il est nécessaire de donner aux feuilles en raison du plus ou moins de pente de la couverture ; cette bande sert à agrafer la feuille placée au dessus et à assurer ainsi la dilatation, comme dans le système ordinaire.

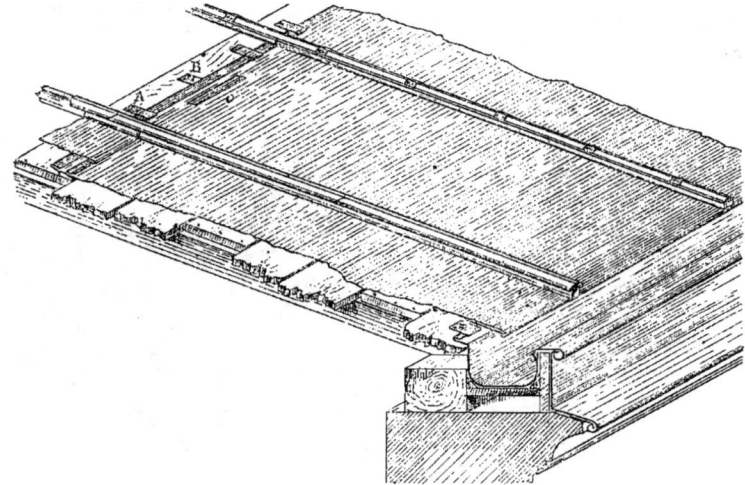

Fig. 186. — Système breveté pour pentes inférieures à 0ᵐ,35 par mètre. La patte O, de 0ᵐ,25 de longueur, sert à l'agrafure du pli inférieur des feuilles.

Chéneaux en zinc.

Systèmes divers et détails d'exécution.
Société de la Vieille-Montagne.

Considérations générales.

1. Le chéneau en zinc est une des parties de la couverture dont l'exécution exige le plus de soin et d'habileté.

Parmi les précautions à prendre, la plus essentielle consiste à ménager au métal la dilatation du zinc dans tous les sens, ce qu'on peut obtenir par l'emploi d'un des systèmes représentés fig. 245 à 275.

D'autres conditions sont encore indispensables à remplir pour assurer le bon fonctionnement des chéneaux ; ainsi il faut que la disposition même de leur emplacement soit convenable, qu'elle permette, par exemple, de leur donner des dimensions en rapport avec les quantités d'eau qu'ils auront à recevoir, et, par suite, avec l'importance des surfaces de couverture qu'ils auront à desservir. Il ne faudra même pas craindre de leur donner des dimensions plus grandes qu'il ne serait rigoureusement nécessaire, parce que les chéneaux devant toujours être tenus très propres, il est indispensable de pouvoir circuler à

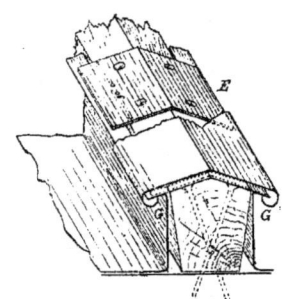

Fig. 187. — Tasseau en bois et couvre-joint s'agrafant avec les plaques E et avec les replis G des reliefs des feuilles.

leur intérieur pour les balayer, et, l'hiver, enlever les neiges qui, en fondant, pourraient occasionner des infiltrations.

Dispositions particulières. — Le passage

MÉTRÉ DE LA COUVERTURE.

POIDS ET PROFILS DES FAÇONNÉS POUR COUVERTURE

COUVRE-JOINTS de Tasseaux, d'Arêtiers et de Faitages

MODÈLES (figures 188 à 194)							OBSERVATIONS
Développement	0m08	0m09	0m10	0m11	0m12	0m14	0m16	
POIDS moyens par bouts de 2m00 de longueur. N° 10.	0k 560	0k 630	0k 700	0k 770	0k 840	0k 980	1k 120	
» 11.	0 650	0 731	0 812	0 893	0 974	1 137	1 299	
» 12.	0 739	0 832	0 924	1 016	1 109	1 294	1 478	
» 13.	0 829	0 932	1 036	1 140	1 243	1 450	1 658	
» 14.	0 918	1 033	1 148	1 263	1 378	1 607	1 837	

GOUTTIÈRES demi-rondes

MODÈLES (figures 195 à 201)							OBSERVATIONS
Développement	0m16	0m20	0m22	0m25	0m27	0m30	0m33	Le *développement* comprend le boudin ou ourlet, dont le *diamètre* est ordinairement de 0m 01
POIDS moyens par bouts de 2m00 de longueur. N° 10.	1k 120	1k 400	1k 540	1k 750	1k 890	2k 100	2k 310	
» 11.	1 299	1 624	1 786	2 030	2 192	2 436	2 680	
» 12.	1 478	1 848	2 033	2 310	2 495	2 772	3 049	
» 13.	1 658	2 072	2 279	2 590	2 797	3 108	3 419	
» 14.	1 837	2 296	2 526	2 870	3 100	3 444	3 788	

| Gouttière demi-ronde à deux boudins Fig. 202 | Gouttières anglaises ou havraises Fig. 203 Fig. 204 | Gouttières plates modèle Laval Fig. 205 Fig. 206 | Gouttières carrées ou dalles Fig. 207 Fig. 208 | Les *gouttières* des modèles ci-contre ne se fabriquent que sur commandes accompagnées de leur *profil* coté ou mieux en grandeur d'exécution. |

TUYAUX DE DESCENTE

Diamètre	0m05	0m06	0m07	0m08	0m09	0m10	0m11	OBSERVATIONS
POIDS moyens par bouts de 2m00 de longueur. N° 10.	1k 169	1k 386	1k 610	1k 830	2k 047	2k 268	2k 488	Dans les poids des tuyaux se trouve compris celui du recouvrement de 0m 01 nécessaire pour la soudure, mais non le poids de cette soudure.
» 11.	1 356	1 608	1 808	2 123	2 375	2 631	2 887	
» 12.	1 543	1 820	2 123	2 416	2 703	2 994	3 285	
» 13.	1 730	2 031	2 383	2 709	3 030	3 357	3 683	
» 14.	1 917	2 273	2 640	3 002	3 358	3 749	4 081	

NOTA. — On doit admettre sur les poids des Façonnés la même tolérance que celle adoptée pour les poids des feuilles de zinc laminé ordinaire, soit donc 1,36e en plus ou en moins des poids théoriques ou moyens qui figurent sur les tableaux ci-dessus.

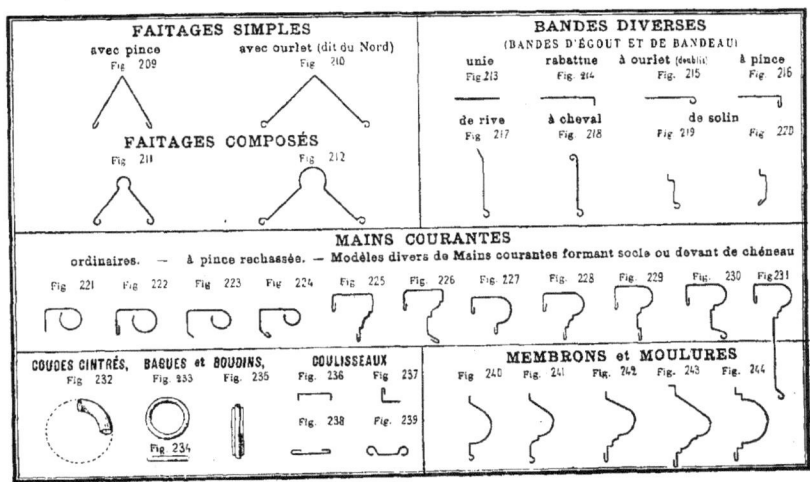

Fig. 188 à 244.

dans l'intérieur des chéneaux fatigue le métal et peut le détériorer dans un temps plus ou moins long; aussi est-il préférable, toutes les fois que la disposition de l'entablement et de la charpente de la toiture le permet, de réserver longitudinalement aux chéneaux, comme le représentent les figures 238 et 239, une banquette qui sert de chemin pour permettre de faire, sans entrer dans le chéneau, ce service d'entretien.

On ne peut que très rarement éviter, dans l'exécution d'un chéneau, de souder plusieurs feuilles ensemble, mais, en règle générale, il faut chercher à réduire le plus possible le nombre de ces feuilles; lorsque la longueur et la hauteur (ou profondeur) du chéneau ne permettent pas d'y établir ou d'espacer convenablement des ressauts assurant la dilatation des feuilles, il faut, pour éviter l'obligation de souder un trop grand nombre de feuilles entre elles, par exemple plus de deux ou trois feuilles, rapprocher le plus possible les tuyaux de descente, ce qui permet de diviser la longueur totale du chéneau en plusieurs parties, formant pour ainsi dire autant de chéneaux séparés de longueur réduite, dont la dilatation pourra alors s'effectuer facilement.

C'est en vue de ménager cette dilatation qu'on place, au milieu de la distance existant entre deux tuyaux de descente, peu éloignés l'un de l'autre, le point de départ de la pente du fond de chacune de ces deux parties du chéneau vers son tuyau de descente, point où se trouve ainsi la haute pente, et qu'on laisse libres les extrémités des feuilles aboutissant à cet endroit, en les relevant, sans les clouer, contre un tasseau sur lequel est ensuite placé un couvre-joint; on réduit ainsi de moitié la longueur de chaque partie du chéneau.

Système dit à l'anglaise.

La disposition de la construction ne permet pas toujours de pouvoir ainsi multiplier le nombre des tuyaux de descente; elle ne s'y prête même que très rarement, aussi faut-il recourir dans des cas semblables, et même lorsque l'emploi des ressauts est possible, à un autre système mettant à l'abri des inconvénients presque toujours graves, des infiltrations venant à se produire dans un chéneau pour une cause ou pour une autre. Le système aujourd'hui très employé pour obvier à ces inconvénients est représenté par les figures 245 à 253 et 258 à 266; il est désigné sous le nom de chéneau à l'anglaise.

Pour exécuter un chéneau suivant ce système, il faut couvrir le dessus de la corniche ou de l'entablement en feuilles de zinc posées à dilatation libre, c'est-à-dire avec coulisseaux ou avec tasseaux et couvre-joints; au-dessus de cette couverture, on place sur des crochets en fer espacés de 0^m,80 environ la gouttière ordinaire en zinc, c'est-à-dire de 0^m,25 ou de 0^m,325 de développement (*fig.* 249), ou sur des supports en fer convenablement espacés le chéneau en zinc qui peut avoir la forme d'une véritable gouttière d'un diamètre aussi grand que possible et qui reste apparent dans les constructions économiques (*fig.* 247, 248 et 249), ou qui, dans celles plus luxueuses, est dissimulé par un socle ou devant de chéneau en zinc uni moulé (*fig.* 245 et 246); par cette disposition, les fuites, s'il venait à s'en produire dans la gouttière, ne pourraient occasionner aucun dégât, puisque l'eau tomberait sur le zinc du revêtement de l'entablement et serait ainsi rejetée extérieurement sans avoir pu pénétrer dans la maçonnerie.

Système à ressauts.

Pour établir un véritable chéneau à ressauts, il faut former un encaissement avec des planches reposant et maintenues sur des supports ou équerres en fer, et placer sur les planches de fond des tasseaux produisant des ressauts et supportant d'autres planches de fond qui se trouvent ainsi surélevées par rapport aux premières; le nombre et la hauteur des ressauts dépendent de la longueur et de la hauteur ou profondeur du chéneau.

Équerres ou supports. — Les équerres ou supports en fer peuvent être tous du même modèle, c'est-à-dire avoir même forme et mêmes dimensions, comme le représentent les figures 258 et 259. Dans ce système, on obtient les différences de niveau nécessaires pour l'écoulement des

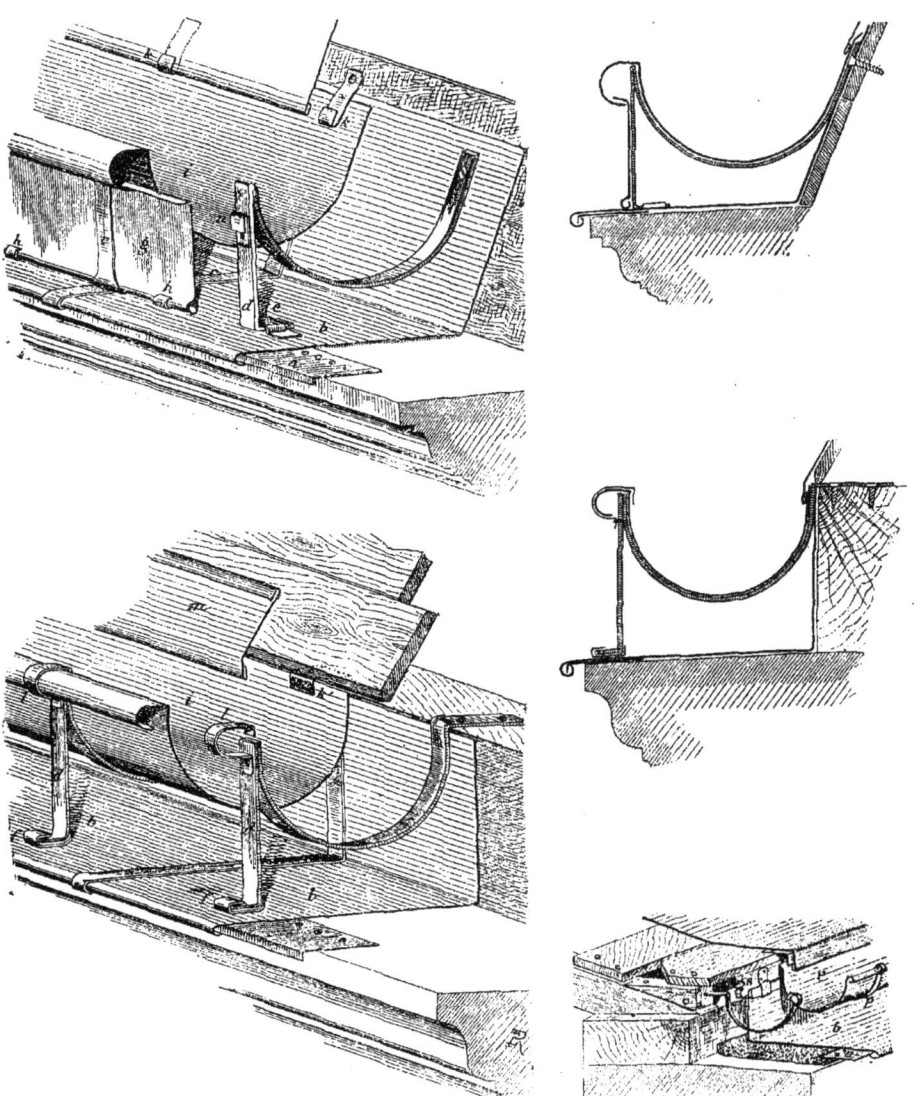

Fig. 245 à 249. — Gouttière et chéneau-gouttière à l'anglaise sans planche de socle ni ressauts (Société de la Vieille-Montagne).

a, bande d'agrafe; *b*, couverture de l'entablement en feuilles de 1 mètre; *c*, couliss aux de dilatation; *d*, équerres ou supports en feuillard de $0^m,006 \times 0^m,030$, espacés de $0^m,50$; *e*, gaine ou pontet soudé et maintenant le pied des supports; *f*, paillette (*fig.* 247) tenant lieu de gaine; *g*, devant de chéneau ou socle avec coulisseaux de dilatation; *h*, pattes soudées et rabattues sur la moulure du bas du socle, espacées de $0^m,33$ environ; *i*, chéneau-gouttière maintenu sur les supports par les pattes *k* et s'agrafant à la partie supérieure du socle (*fig.* 245 et 246) ou ayant son fort boudin retenu par les pattes *l* (*fig.* 247 et 248); *k*, *k'*, pattes clouées sur volige ou sablière maintenant le chéneau et la bande d'égout *m* (*fig.* 245 et 247); *l*, pattes rivées sur les équerres et embrassant le bourrelet ou boudin du chéneau (*fig.* 247 et 248); *m*, bande d'égout (*fig.* 247) s'agrafant dans le bas avec les pattes *k'* et dans le haut avec la couverture; *n*, pattes vissées sur les équerres; *r*, gouttière ordinaire (*fig.* 249) suspendue sur crochets fixés à des hauteurs variables pour donner la pente.

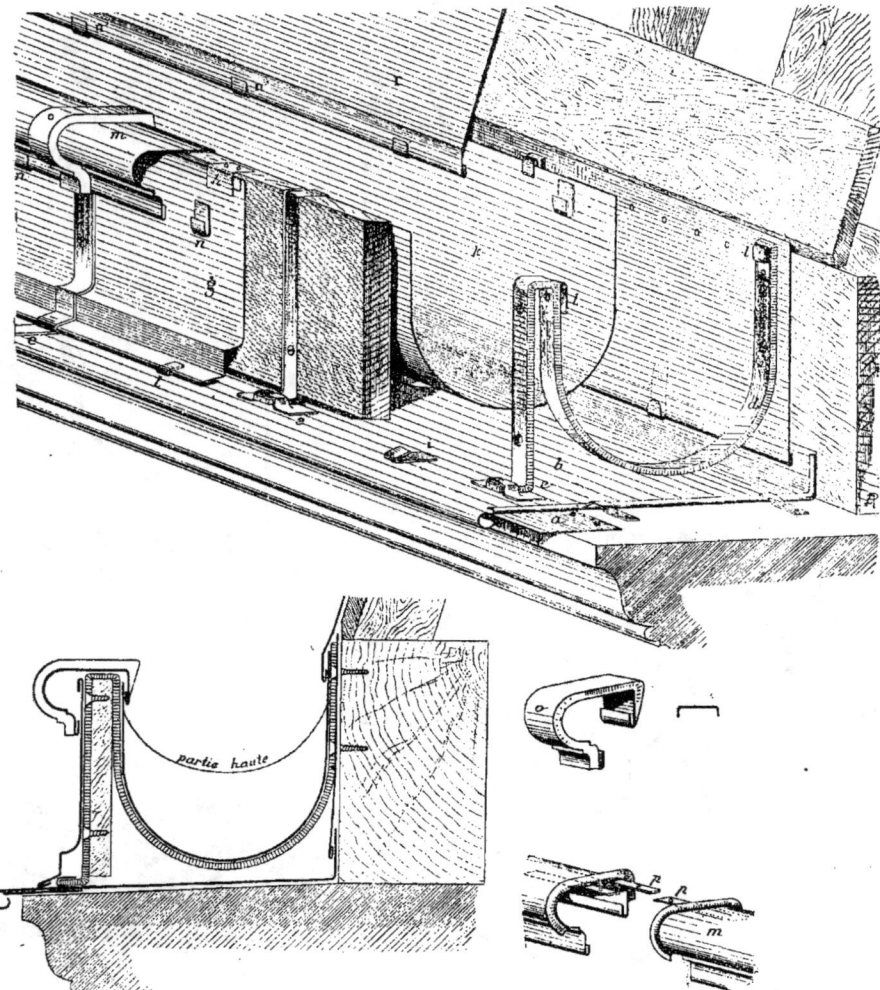

Fig. 250 à 253. — Chéneau-gouttière à l'anglaise, avec socle et devant en zinc, sans ressauts.
a, bande d'agrafe; *b*, couverture d'entablement en feuilles de zinc de 1 mètre, à dilatation; *c*, *c'*, coulisseaux de dilatation; *d*, support en feuillard de $0^m,03 \times 0^m,006$, espacés de $0^m,50$, fixés sur la sablière et maintenus à l'autre extrémité par des gaines; *e*, gaine en zinc soudée et recevant le pied de biche des supports; *f*, planche de socle de $0^m,027$ à $0^m,040$, vissée sur les supports l'entourant et entaillée sur le dessus pour l'encastrement desdits supports; *g*, devant de chéneau en feuilles de 1 mètre, réunies par des coulisseaux; *h*, pattes clouées et rabattues sur le devant du chéneau; *i*, pattes soudées et rabattue pour maintenir le bas du devant de socle; *k*, chéneau arrondi et maintenu par des pattes *l*; *l*, pattes rivées sur les supports et rabattues sur les bords du chéneau; *m*, main-courante par bouts de 1 mètre de longueur ayant un petit relief à chacune de leurs extrémités (*fig.* 253) et des pattes *pp*, soudées à leur intérieur et clouées sur le dessus de la planche de socle ou pouvant être posées à gaines; *n*, pattes soudées sur le devant du chéneau, pour tenir la main-courante et espacées de $0^m,33$ environ; *o*, bague en zinc (*fig.* 250 et 252) placée sur les joints de la main-courante et soudée d'un côté seulement; *r*, bande d'égout maintenue par les pattes *n'*.

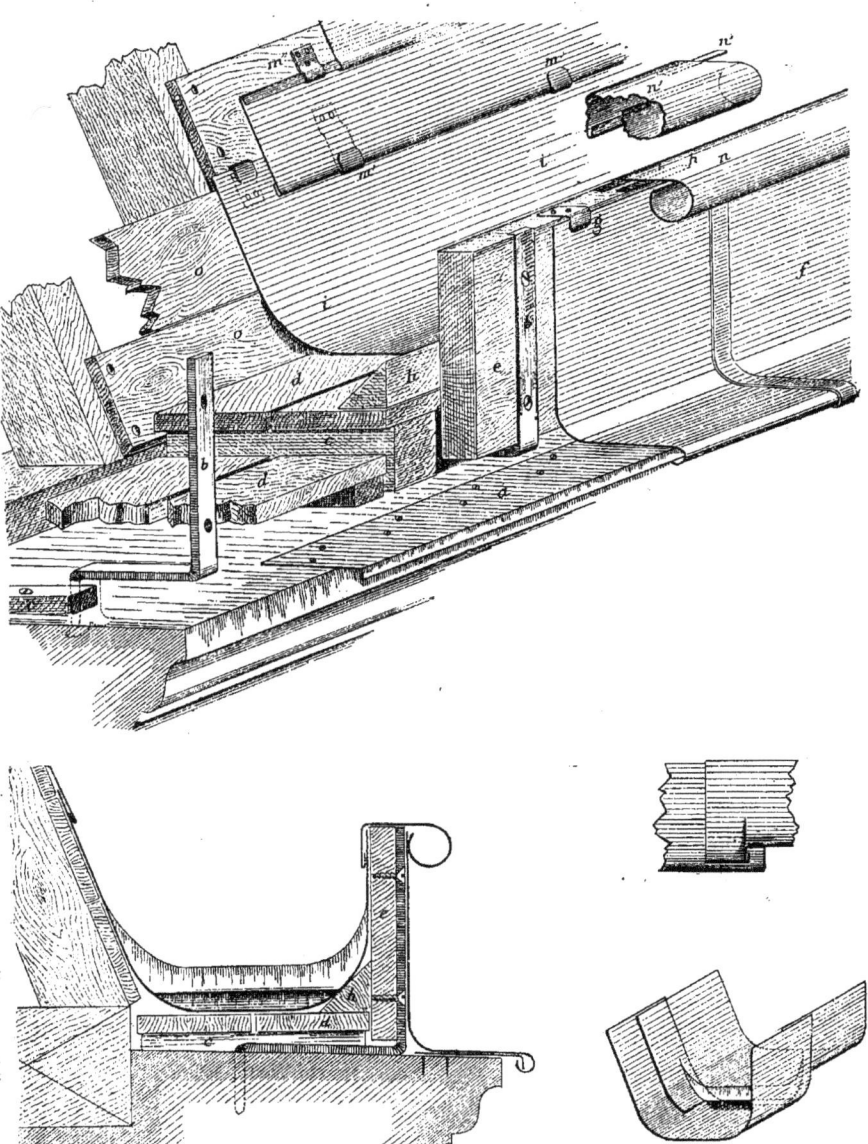

Fig. 254 à 257. — Chéneau-gouttière à ressauts, avec socle et devant de chéneau en zinc.

a, bande d'agrafe ; b, équerres ou supports en fer de $0^m,008 \times 0^m,040$, espacées de $0^m,80$ à 1 mètre et scellées dans la maçonnerie de l'entablement ; c, coyaux ou lambourdes formant ressauts ; d, voliges de $0^m,020$ à $0^m,027$, pour fond de chéneau ; e, planche de socle de $0^m,027$ à $0^m,040$, fixée sur les équerres ; f, devant de socle en zinc à dilatation libre ; g, pattes en zinc maintenant le devant du chéneau ; h, chanlatte en sapin évitant le pliage du zinc à angle droit ; i, chéneau en zinc, maintenu par les pattes m et g, placées en sens contraire ; m, m', m'', pattes en zinc clouées sur la volige tous les $0^m,50$ environ ; n, n', main-courante en zinc avec pattes p et p' soudées à l'intérieur et clouées sur le dessus de la planche de socle (le recouvrement de n et n' est de $0^m,06$ à $0^m,10$).

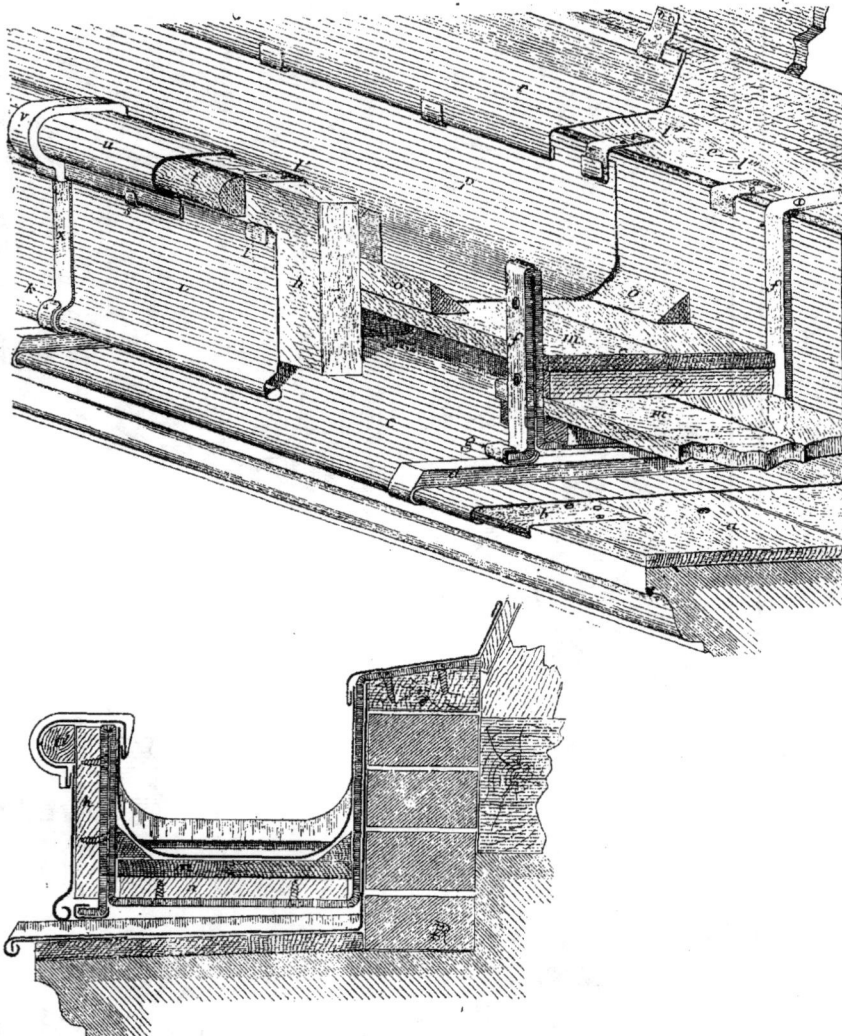

Fig. 258 et 259. — Vue perspective et coupe d'un chéneau à l'anglaise à ressauts, avec équerres ou supports semblables.

a, volige fixée sur l'entablement par des clous tamponnés; b, bande d'agrafe; c, couverture de l'entablement à dilatation libre; d, couvre-joint sur tasseaux sapin de $0^m,015 \times 0^m,03$; e, planche formant banquette; f, équerres en fer de $0^m,04 \times 0^m,007$; g, pattes soudées sur les couvre-joints et maintenant le pied des équerres; h, planche de socle de $0^m,04$, fixée sur les équerres; i, devant de chéneau en zinc maintenu par les pattes k et l; m, fond en sapin de $0^m,028$, posé en pente sur tasseaux; n, tasseaux formant pente et ressauts; o, chanlattes sapin en biseau ou arrondies pour éviter le pliage du zinc à angle droit; p, chéneau en zinc maintenu par les pattes l' et l'; r, bande d'égout se raccordant à la couverture; s, pattes soudées tous les $0^m,33$ et maintenant la main-courante en zinc u; t, main-courante en sapin de $0^m,04$; v, bagues de raccordement et de dilatation; x, coulisseaux du devant du chéneau en zinc.

MÉTRÉ DE LA COUVERTURE.

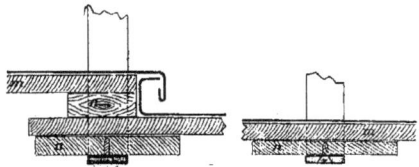

Fig. 260. — Coupes sur deux équerres, dont l'une au droit d'un ressaut.

Fig. 261. — Système d'assemblage par boulons au lieu de vis.

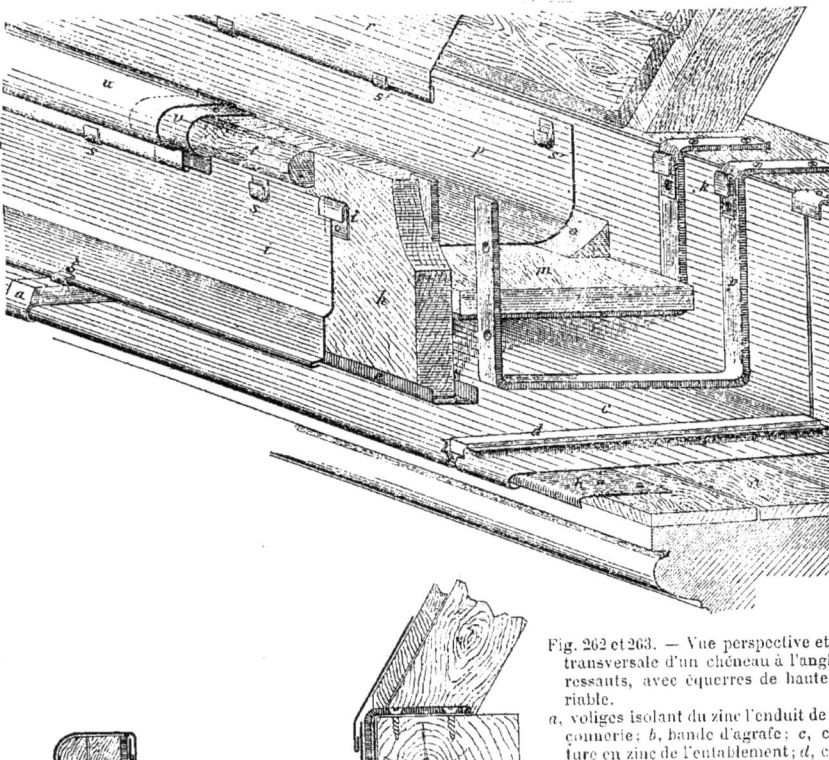

Fig. 262 et 263. — Vue perspective et coupe transversale d'un chéneau à l'anglaise à ressauts, avec équerres de hauteur variable.

a, voliges isolant du zinc l'enduit de la maçonnerie; b, bande d'agrafe; c, couverture en zinc de l'entablement; d, couvre-joint sur tasseaux sapin de $0^m,015 \times 0,03$; e, bande d'armature sous la planche du socle; f, équerres en fer de $0^m,04 \times 0^m,007$, espacées de 1 mètre; g, pattes soudées sur couvre-joint et rabattues pour maintenir avec les pattes l, le devant du chéneau; h, planche de devant de chéneau en sapin de $0^m,04$; i, garniture en zinc de devant de chéneau; k, pattes vissées sur les équerres maintenant le chéneau; m, fond en sapin de $0^m,027$, suivant la pente; o, chanlatte en biseau ou arrondie, évitant le pliage du zinc à angle droit; p, chéneau en zinc posé à dilatation libre; r, bande d'égout se raccordant à la couverture; s, s' pattes soudées et rabattues (tous les $0^m,33$); t, main-courante en sapin de $0^m,04$, u main-courante en zinc s'agrafant avec la gaine; v, gaine en zinc fort, clouée sur le socle et placée à l'endroit du recouvrement des bouts de main-courante.

Sciences générales.   COUVERTURE ET PLOMBERIE. — TOME II. — 9.

eaux et pour l'établissement des ressauts par l'interposition, entre les planches de fond, de tasseaux qui varient de hauteur à chaque support, tandis que, dans les autres systèmes, qui sont le plus généralement employés, les tasseaux sont de même hauteur et les supports de hauteur variable (*fig.* 243 à 253 et 262 à 264).

Nombre des ressauts. — Il est inutile de multiplier par trop le nombre des ressauts, lors même que la disposition et les dimensions du chéneau le permettraient : il est

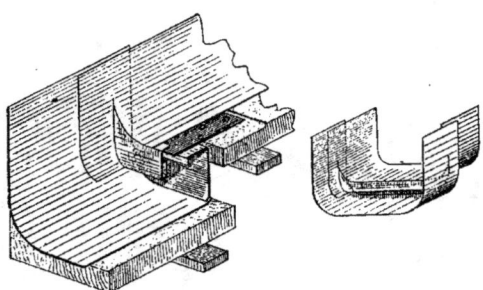

Fig. 264. — Détail d'un ressaut.

préférable d'en avoir moins et d'en augmenter la hauteur ; l'étanchéité est ainsi mieux assurée et, de plus, il en résulte une économie.

Tuyaux de descente. — Il faut encore, pour qu'il n'y ait pas d'infiltrations par les ressauts, que le niveau de l'eau à l'intérieur du chéneau ne puisse jamais atteindre la partie supérieure du relief du zinc du fond du chéneau contre chaque ressaut, et pour cela il faut que la largeur ou la section du tuyau de descente soit

Fig. 265. — Coupe sur le couvre-joint *d* de la figure 262.

suffisante pour assurer un débit rapide à la plus grande quantité d'eau à écouler, et que des engorgements ne puissent pas se produire dans ce tuyau ; on évite cet inconvénient en plaçant sur l'orifice du tuyau, dans le chéneau, une crapaudine en zinc perforé ou en fil de zinc s'opposant au passage de tout corps un peu volumineux.

Trop-plein ou dégorgeoir. — Cette dernière précaution ne suffit pas encore, car la crapaudine elle-même pourrait être obstruée par des feuilles ou autres matières entraînées par les eaux et venant s'accumuler contre elle ; aussi est-il indispensable de pratiquer une ouverture dans la planche de socle et le devant de chéneau en zinc pour donner passage à l'excédent d'eau ne pouvant s'écouler par le tuyau de descente ou provenant d'une grande pluie d'orage. Cette ouverture, à laquelle est adapté un ajutage en zinc désigné sous le nom de trop-plein et servant à rejeter l'eau à l'extérieur, doit avoir sa partie supérieure à un niveau un peu

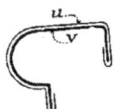

Fig. 266. — Coupe sur la gaine (*fig.* 262).

inférieur à celui du dessus du dernier ressaut, car autrement l'eau du chéneau pourrait passer en partie par ce ressaut en cas d'engorgement.

Le trop-plein doit être placé à la partie basse du chéneau au-dessus de l'orifice du tuyau de descente (*fig.* 267, 270, 272 et 273).

Cuvette. — L'emploi d'une cuvette (*fig.* 272 et 273) placée à l'extrémité supérieure du tuyau de descente est à recommander, parce que l'eau du chéneau la remplissant, au moins en partie, produit

MÉTRÉ DE LA COUVERTURE. 131

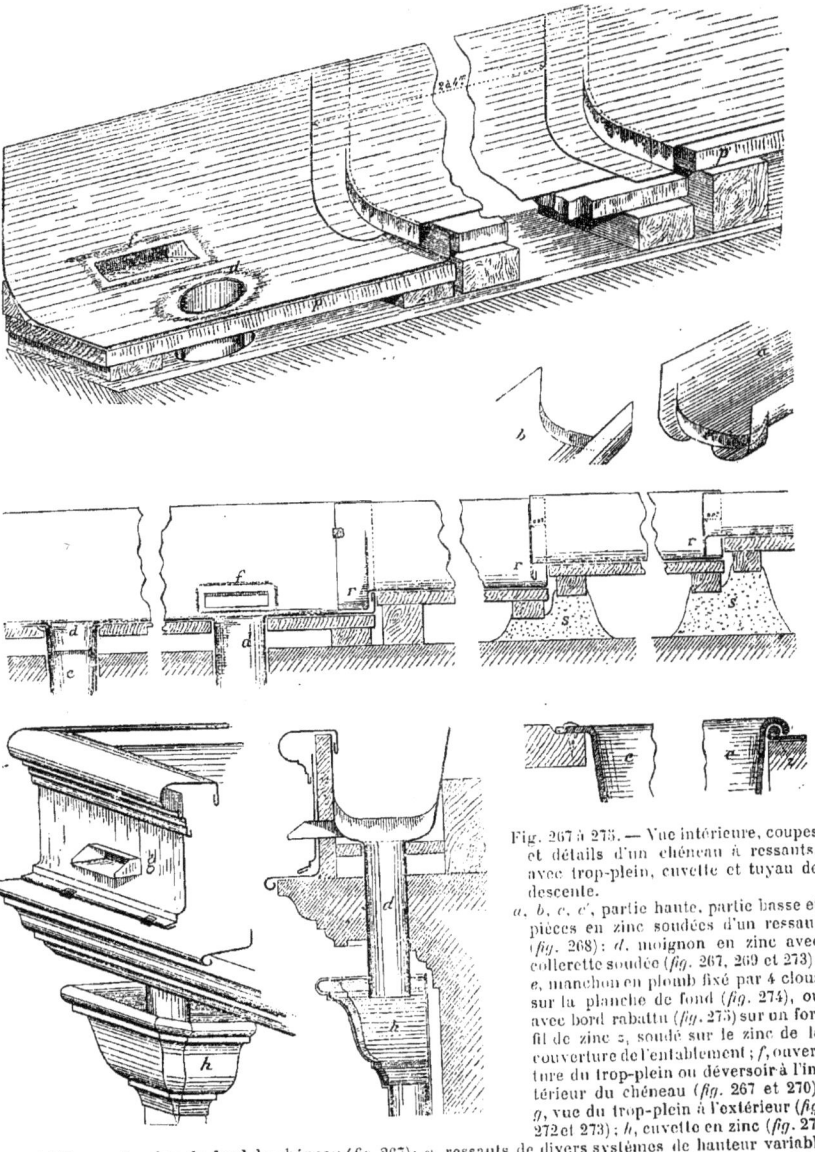

Fig. 267 à 275. — Vue intérieure, coupes et détails d'un chéneau à ressauts, avec trop-plein, cuvette et tuyau de descente.

a, b, c, c', partie haute, partie basse et pièces en zinc soudées d'un ressaut (fig. 268); d, moignon en zinc avec collerette soudée (fig. 267, 269 et 273); e, manchon en plomb fixé par 4 clous sur la planche de fond (fig. 274), ou avec bord rabattu (fig. 275) sur un fort fil de zinc z, soudé sur le zinc de la couverture de l'entablement; f, ouverture du trop-plein ou déversoir à l'intérieur du chéneau (fig. 267 et 270); g, vue du trop-plein à l'extérieur (fig. 272 et 273); h, cuvette en zinc (fig. 272 et 273); p, planches de fond du chéneau (fig. 267); r, ressauts de divers systèmes de hauteur variable ($0^m,04$ à $0^m,06$) avec recouvrement de $0^m,03$ à $0^m,06$ (fig. 267, 268, 270 et 271); s, solins en plâtre supportant les lambourdes ou coyaux formant ressauts.

une pression sur celle qui s'écoule dans le tuyau et en augmente ainsi la vitesse d'écoulement et par suite le débit.

Isolement du zinc.

Il faut toujours éviter de mettre le zinc en contact direct avec le plâtre et les bois

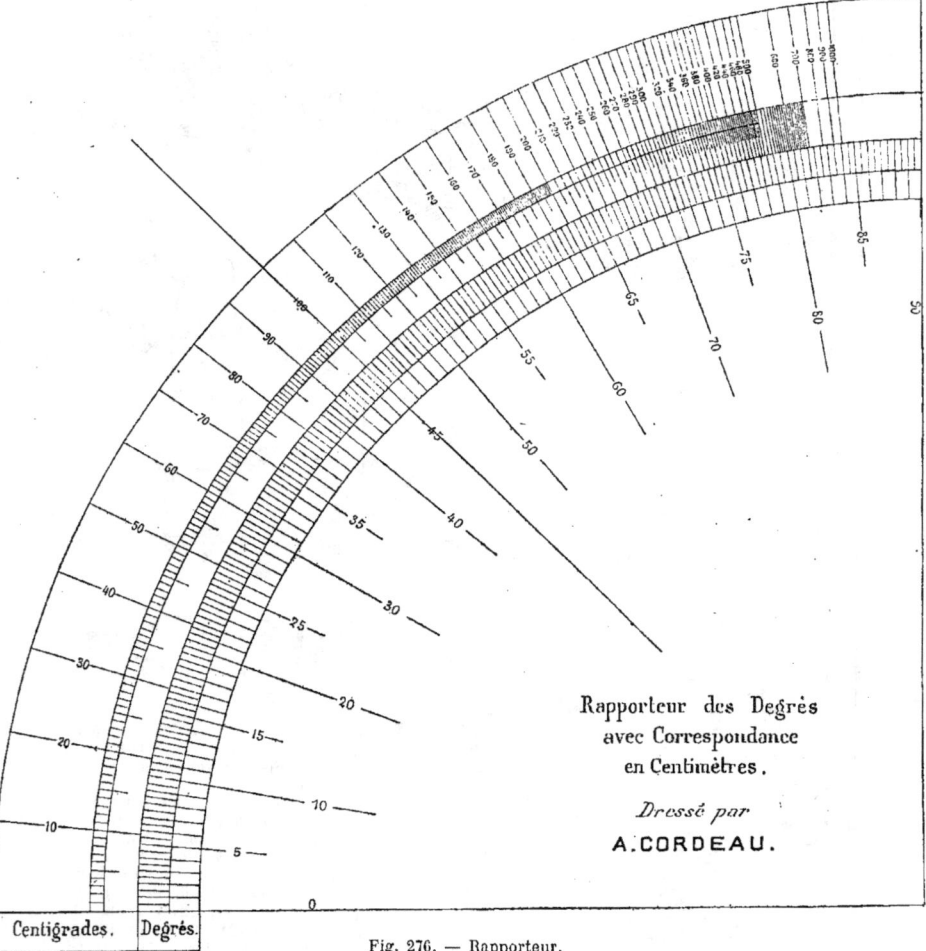

Fig. 276. — Rapporteur.

de chêne et de châtaignier, parce que les acides contenus dans ces produits ne tarderaient pas à l'attaquer et même à le détruire. On empêche ce contact en faisant reposer le métal sur des planches ou des voliges en bois blanc, peuplier ou sapin, comme le représentent les divers croquis. Ce moyen est bien préférable à celui qui est encore assez souvent employé et qui consiste à interposer du papier anglais ou goudron entre le zinc du fond du chéneau et le plâtre recouvrant

MÉTRÉ DE LA COUVERTURE.

l'entablement et donnant ordinairement au fond du chéneau la pente nécessaire à l'écoulement des eaux.

2. Nous donnons (*fig.* 276), un rapporteur des degrés avec correspondance

COURS DU ZINC		NUMÉROS						
OFFICIELS	RECTIFIÉS	10	11	12	13	14	15	16
francs	francs							
50	50.60	1,82	2,10	2,40	2,70	2,99	3,45	3,93
51	51.70	1,86	2,15	2,45	2,76	3,05	3,53	4,01
52	52.80	1,90	2,20	2,50	2,81	3,12	3,60	4,10
53	53.90	1,94	2,24	2,55	2,87	3,18	3,68	4,18
54	55.00	1,97	2,29	2,61	2,93	3,25	3,75	4,27
55	56.10	2,01	2,33	2,66	2,99	3,31	3,83	4,35
56	57.20	2,06	2,38	2,71	3,05	3,37	3,90	4,44
57	58.30	2,09	2,43	2,76	3,11	3,44	3,98	4,52
58	59.40	2,13	2,47	2,82	3,17	3,50	4,05	4,61
59	60.50	2,17	2,52	2,87	3,22	3,57	4,13	4,69
60	61.60	2,21	2,56	2,92	3,28	3,63	4,20	4,78
61	62.70	2,25	2,61	2,97	3,34	3,70	4,28	4,87
62	63.80	2,29	2,65	3,02	3,40	3,76	4,35	4,95
63	64.90	2,33	2,70	3,08	3,46	3,83	4,43	5,04
64	66.00	2,37	2,75	3,13	3,52	3,89	4,50	5,12
65	67.10	2,41	2,79	3,18	3,58	3,96	4,58	5,21
66	68.20	2,45	2,84	3,23	3,64	4,02	4,65	5,29
67	69.30	2,49	2,88	3,28	3,69	4,09	4,73	5,38
68	70.40	2,53	2,93	3,34	3,75	4,15	4,80	5,46
69	71.50	2,57	2,97	3,39	3,81	4,22	4,88	5,55
70	72.60	2,61	3,02	3,44	3,87	4,28	4,95	5,63
71	73.70	2,65	3,07	3,49	3,93	4,35	5,03	5,72
72	74.80	2,69	3,11	3,55	3,99	4,41	5,10	5,80
73	75.90	2,72	3,16	3,60	4,05	4,48	5,18	5,89
74	77.00	2,77	3,20	3,65	4,10	4,54	5,25	5,98
75	78.10	2,80	3,25	3,70	4,16	4,61	5,33	6,06
76	79.20	2,84	3,29	3,75	4,22	4,67	5,40	6,15
77	80.30	2,88	3,34	3,80	4,28	4,74	5,48	6,23
78	81.40	2,92	3,39	3,86	4,34	4,8	5,55	6,32
79	82.50	2,96	3,43	3,91	4,40	4,87	5,63	6,40
80	83.60	3,00	3,48	3,96	4,45	4,93	5,70	6,49
81	84.70	3,04	3,52	4,01	4,51	5,00	5,78	6,57
82	85.80	3,08	3,57	4,07	4,57	5,06	5,85	6,66
82,50	86.35	3,10	3,59	4,09	4,60	5,09	5,89	6,70

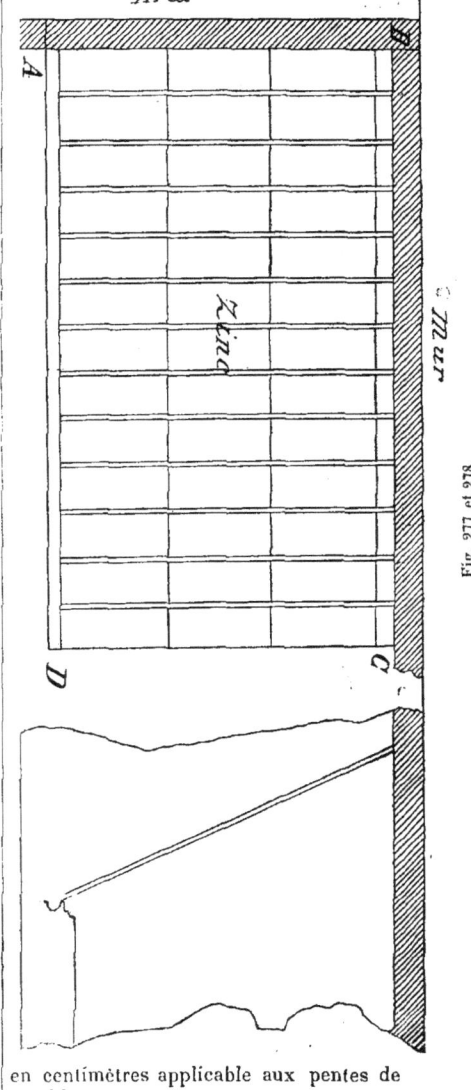

Fig. 277 et 278.

en centimètres applicable aux pentes de combles.

COUVERTURE ET PLOMBERIE.

Pour faciliter les calculs, nous donnons dans le tableau qui précède le prix du mètre superficiel de zinc calculé d'après le poids théorique avec 1/40° de déchet, pour fourniture seulement, suivant le cours, diminué de 4 francs de remise par 100 kilogrammes et augmenté de 10 0/0 de bénéfice.

Métré n° 8.

Comble en appentis recouvert en zinc sur voligeage en sapin jointif, feuilles de 0^m,80 de largeur, *type a*, tasseaux de 0^m,040, couvre-joints de 0^m,10 de largeur ; gouttière ordinaire en zinc de 0^m,25 développé, bande de larmier au dessus ; bande de rive et bandes de solins en zinc, solins en plâtre (*fig.* 277 et 278).

NUMÉROS PAGES	SÉRIE	Métré.			
615	23	Gouttière en zinc n° 12 pour fourniture (*fig.* 279).			
		Linéaires............ 10.00			
		4 croisures × 0.05............ 0.20			
		2 talons × 0.15............ 0.30			
		Ensemble..... 10.50			
		× 0.25 développé, produit. Surface........	2.62	3.34	8.75
		Fig. 279.			
619	100	Façon, pose de gouttière de 0.25 y compris crochets ; linéaires.....................	10.50	1.55	16.28
		Bande de larmier en zinc n° 12 pour fourniture.			
»	»	8.00 × 0.09 réduit, produit. Surface......	0.72	3.34	2.40
616	28	Façon, pose : Linéaires.................	8.00	0.57	4.56
617	64	Angle............................	1	»	0.15
		Comble :			
		Voligeage neuf en sapin de 0.013 × 0.11 fourni, posé, cloué, jointif.			
621	170	10.00 × 6.00 hauteur, produit. Surface....	60.00	2.05	123.00
		Tasseaux neufs en sapin de 0.040, fournis, posés, cloués.			
621	149	12 fois 6.00 produit linéaires.............	72.00	0.33	23.76
		(1) *La rive DC à relief simple sans tasseau.*			

MÉTRÉ DE LA COUVERTURE.

NUMÉROS PAGES	SÉRIE				
		La couverture en zinc n° 12 pour fourniture. *(Partant à gauche.)*			
		12 fois 0.80 =.... 9.60			
		Rive à droite = ... 0.72			
		Ensemble..... 10.32 × 6.51 hauteur, produit........................ 67.18			
		Couvre-joints, *idem*, tasseaux =................. 72.00			
		Plus 27 croisures × 0.05 =. 1.35			
		Linéaires =. 73.35			
»	»	× 0.10 de largeur, produit.......... 7.34			
		Surface	74.52	3.34	248.90
		Voir le développement en largeur des feuilles (fig. 280), quant au développement			

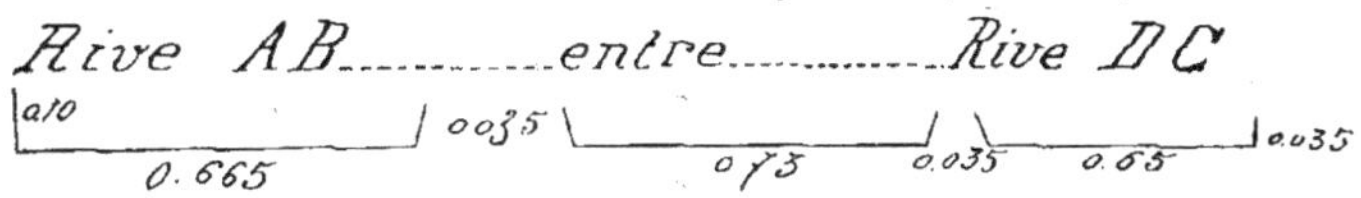

Rive AB .... entre .... Rive DC

| 0.10 | 0.035 | 0.75 | 0.035 | 0.65 | 0.035 |

0.665

Fig. 280.

		en hauteur, il comprend la hauteur claire du comble.			
		Soit.................. 6.00			
		1 larmier de.................. 0.05			
		3 agrafures doubles de 0.12..... 0.36			
		1 relief en tête de............... 0.10			
		Ensemble 6.51			
617	53	Façon, pose de zinc par feuilles de 0.80 type *a* ; surface........................	74.52	0.85	63.34
		Plus-value de façon par feuilles débitées, même surface 74.52			
		Moins feuilles entières.			
		36 de chaque 2.00×0.80, produit 1.60 ensemble........................ 57.60			
617	60	Reste surface............. ..	16.92	0.45	10.49
		Par le bas :			
617	65	Goussets, zinc neuf, rapportés, soudés	2	0.28	0.56
617	64	Angles......................................	2	0.15	0.30
»	»	Par le haut ; angles........................	2	0.15	0.30
		A droite :			
		Bande de rive (*à cheval sur relief de feuille*) en zinc n° 12 pour fourniture.			
		Linéaires............ 6.15			
		Plus :			
		3 croisures × 0.05 =............ 0.15			
		1 tête..................... 0.15			
		Ensemble 6.45			

COUVERTURE ET PLOMBERIE.

NUMÉROS PAGES	SÉRIE					
»	»	× 0.16 de largeur, produit. Surface........		1.03	3.34	3.44
616	28	Façon, pose : Linéaires		6.45	0.57	3.68
		Sur murs :				
		Bandes de solins en zinc n° 12 pour fourniture.				
		A gauche....................	0.15			
		En tête....................	6.00 10.20			
		Plus :				
		8 croisures × 0.05.............	0.40			
		Linéaires.............	16.75			
»	»	× 0.10 de largeur, produit. Surface........		1.68	3.34	5.61
616	28	Façon, pose : Linéaires		16.75	0.57	9.55
»	»	Angles.................		2	0.15	0.30
		Solins en plâtre sur zinc.				
620	140	Mêmes linéaires.............		16.35	0.72	11.77
		(*Moignon et descente comme précédents*).				
		TOTAL....................		»	»	537f.14

Métré n° 9.

Comble à deux versants recouvert en zinc n° 14 par feuilles de 0ᵐ,80 de largeur *type* b sur voligeage en sapin de $0^m,013 \times 0^m,11$ jointif, tasseaux sapin de $0^m,040$, couvre-joints *idem*, gouttières en zinc n° 14 $\times 0^m,33$ développé, posées sur crochets or-

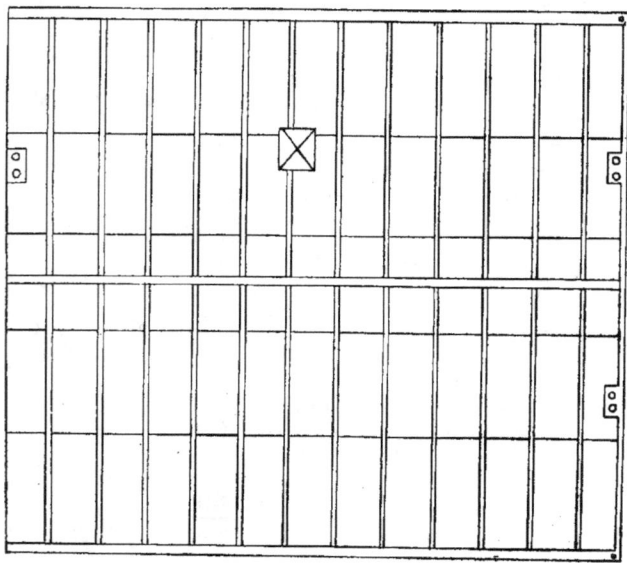

Fig. 281.

MÉTRÉ DE COUVERTURE.

dinaires espacées de 0ᵐ,40 ; faîtage en sapin de 0ᵐ,080, 1 châssis en fer à tabatière et crémaillère, fourni posé sur tasseaux d'encadrement ; raccords derrière châssis et souches avec contre-pentes ; bandes zinc n° 14 × 0ᵐ,20 aux rives (*fig.* 281 et 282).

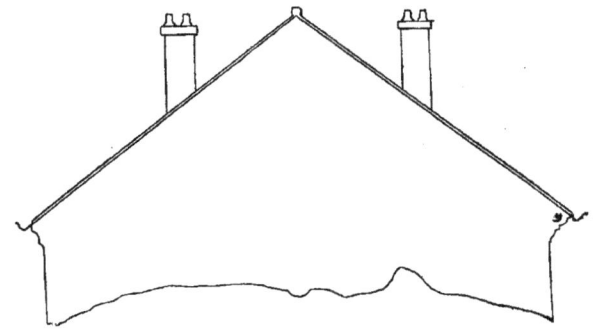

Fig. 282.

NUMÉROS PAGES	SÉRIE	Métré.			
		Gouttières en zinc n° 14 pour fourniture. 2 fois 10.00............= 20.00			
		Plus :			
		Croisures 2 fois 4 = 8 × 0.05.. = 0.40			
		Talons............ 4 × 0.15.. = 0.60			
		Linéaires............ 21.00			
615	23	× 0.33 développé ; produit, surface........	6.93	4.15	28.76
619	110	Façon, pose : Linéaires.................	21.00	1.75	36.75
		Cette façon comprenant la fourniture et la pose de 2 crochets par mètre, il y a lieu de dire :			
		Pour 20 mètres de gouttière, il faut 40 crochets			
		Fourniture de.............. 50 —			
618	92	Soit en supplément......................	10	0.20	2.00
	93	Pose desdits........................	10	0.15	1.50
		Bandes de larmiers en zinc n° 14 pour fourniture.			
		2 fois 8.00.................= 16.00			
		2 têtes × 0.15................= 0.30			
		Linéaires............ 16.30			
»	»	× 0.12 réduit de largeur produit surface.....	1.96	4.15	8.13
616	28	Façon, pose : Linéaires................	16.30	0.57	9.29
		Comble :			
		Voligeage neuf en sapin de 0.013 × 0.11 fourni, posé, cloué jointif.			
		2 fois 10.00 × 5.50 de hauteur produit surface..................... 110.00			

NUMÉROS PAGES	SÉRIE				
		Report............ 110.00			
		Moins :			
		1 châssis de			
		0.60 × 0.70 produit....... 0.42			
		3 souches de cheminées de			
		chaque 0.30 × 0.70 produit			
		0.21 ; ensemble............ 0.63			
		A déduire........... 1.05			
621	170	Reste surface..............	108.95	2.05	223.35
		Tasseaux neufs en sapin de 0.040 fournis, posés, cloués.			
		28 fois 5.45..................= 152.60			
		Moins vides :			
		Aux souches 3 fois 0.70..= 2.10			
		Au châssis 1 fois......... 0.75			
		A déduire........... 2.85			
621	149	Reste linéaires..............	149.75	0.33	49.42
	151	Faitage neuf en sapin de 0.080 évidé, fourni, posé, cloué................................	10.00	0.99	9.90
		La couverture en zinc n° 14 pour fourniture.			
		Versant sur rue.			
		(*Partant à gauche*)			
		1 fois............ 0.72			
		11 fois 0.80.....= 8.80			
		A droite........ 0.72			
		Ensemble.... 10.24 × 5.81 de hau-			
		teur produit...................... 59.49			
		La hauteur développée compre-			
		nant hauteur claire...... 5.45			
		1 larmier ×........... 0.05			
		2 agrafures doubles ×			
		0.12..................= 0.24			
		1 relief au faitage...... 0.07			
		Ensemble.......... 5.81			
		Versant sur cour:			
		Même surface que sur rue......= 59.49			
		Ensemble............ 118.98			
		Moins :			
		3 souches de cheminées de			
		chaque 0.24 × 0.50 net pro-			
		duit 0.12 ; ensemble........ 0.36			
		1 châssis de 0.40 × 0.50			
		net produit................ 0.20			
		A déduire........... 0.56			
		Reste surface........ 118.42			
		Plus :			
		Couvre-joints en zinc même lon-			
		gueur que tasseaux......= 149.75			
		Plus croisures 50 × 0.05.. 2.50			
		Ensemble.......... 152.25			
		× 0.10 de largeur, produit......... 15.23			
		A reporter........ 133.65			

MÉTRÉ DE LA COUVERTURE.

NUMÉROS PAGES	SÉRIE				
		Report............ 133.65			
		Faîtage zinc *idem* bois = 10.00			
		Plus croisures 4 × 0.05 = 0.20			
		Ensemble........ 10.20			
		× 0.16 de largeur, produit........ 1.63			
»	»	Ensemble surface......................	135.28	4.15	561.41
		Façon, pose de couverture en zinc par feuilles de 0.80 de largeur *type b*.			
617	53	Même surface........................	135.28	1.20	162.34
		Plus-value de façon par feuilles débitées surface...................... 135.28			
		moins 40 feuilles entières :			
		de 2.00 × 0.80 produit 1.60			
617	60	Ensemble.......... 64.00			
		Reste surface..............	71.28	0.45	32.08
		Par le bas des versants et aux abouts.			
617	65	Goussets zinc *idem* rapportés............	4	0.28	1.12
»	64	Angles...........................	4	0.15	0.60
618	78	Contre-talons en zinc *idem* ; ensemble.....	52	0.15	7.80
»	76	Talons et têtes zinc ; ensemble.............	64	0.20	12.80
»	77	Au faîtage ; talons zinc................	2	0.25	0.50
		Entailles trapézoïdales sur zinc pour pénétration des couvre-joints..................	28	0.15	4.20
		Raccords :			
		Versants sur rue :			
		1 souche sur rive de droite.			
		Derrière :			
»	»	1 pente en plâtre fournie façonnée à revers.	1	»	0.52
»	»	Plus-value de façon de contre-pente sur zinc.	1	»	0.60
»	»	Goussets.............................	2	0.28	0.56
»	»	Angles........................... 2			
		1 brisure (*occasionnée par la contre-pente*), comme angle............. 1			
»	»	Ensemble.............	3	0.15	0.45
		Bandes de solins en zinc nº 14			
Nº 1.		pour fourniture........ 0.75			
		2 fois 33......... = 0.66			
		Linéaires. 1.41 × 0.12 de			
»	»	largeur produit surface..............	0.17	4.15	0.71
616	28	Façon, pose : Linéaires..............	1.41	0.57	0.80
»	»	Angles...........................	2	0.15	0.30
620	140	Solins, plâtre sur zinc................	1.41	0.72	1.02
		1 brisure façonnée soudée sur couvre-joint (*au droit de la contre-pente*).			
»	»	En angles....................	2	0.15	0.30
		Versant sur cour :			
		2 souches de cheminées semblables à celle			
»	»	accolée nº 1.......................	2	5.26	10.52
		1 châssis (*fig. 283 et 284*).			
		Fourniture, pose, peinture de châssis en fer à crémaillère, à dormant en tôle laminée de 0.0025 épaisseur (*comme précédents*), de 0.60 × 0.70 de jour produit.			
	composé	Linéaires..............	2.60	5.74	14.92

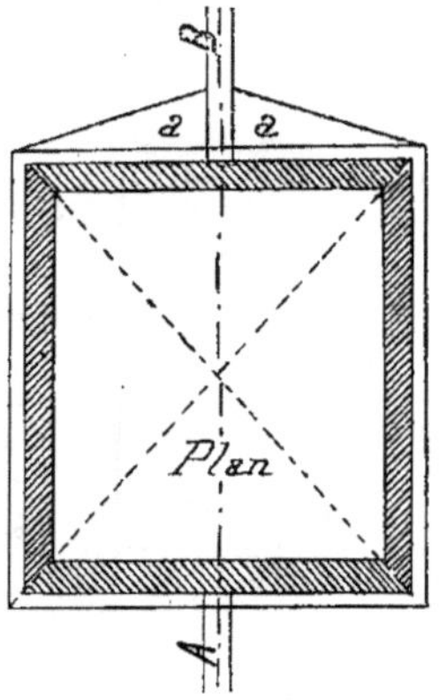

COUVERTURE ET PLOMBERIE.

NUMÉROS					
PAGES	SÉRIE				

Fig. 283.

Encadrement en tasseaux de 0.080 *(faîtage)* fourni, posé, cloué......................
  Linéaires............ 3.24
  4 onglets × 0.12................ 0.48

		Ensemble................	3.72	0.99	3.68

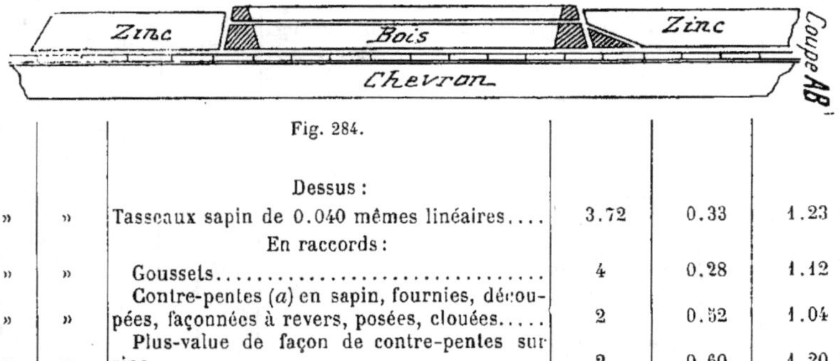

Fig. 284.

		Dessus :			
»	»	Tasseaux sapin de 0.040 mêmes linéaires....	3.72	0.33	1.23
		En raccords :			
»	»	Goussets...................	4	0.28	1.12
»	»	Contre-pentes (a) en sapin, fournies, découpées, façonnées à revers, posées, clouées.....	2	0.52	1.04
»	»	Plus-value de façon de contre-pentes sur zinc.......................	2	0.60	1.20
		Brisures façonnées, soudées :			
		2 aux reliefs des feuilles ; en angles..= 2			
		1 sur couvre-joint ; en angles......= 2			
»	»	Ensemble................	4	0.15	0.60
		Armatures en zinc n° 14 pour fourniture en recouvrement d'encadrement.			
		2 fois 0.76............ 1.52			
		2 fois 0.86............ 1.72			
		4 équerres × 0.20..= 0.80			
		Linéaires. 4.04 × 0.07 de			
»	»	largeur produit surface.................	0.28	4.15	1.16

MÉTRÉ DE LA COUVERTURE.

NUMÉROS PAGES	SÉRIE				
616	31	Façon, pose : Linéaires....................	4.04	1.10	4.44
616	31.52	Plus-value de clouage serré à piston. Linéaires....................	4.04	0.36	1.45
		Bandes de rives en zinc n° 14 pour fourniture.			
		4 fois 5.50............... = 22.00			
		Plus 8 croisures × 0.05....... = 0.40			
		Ensemble.......... 22.40			
		Moins souches :			
		3 fois 0.70................ = 2.10			
		Reste linéaire...... = 20.30			
»	»	× 0.16 de largeur produit surface.........	3.25	4.15	13.49
616	28	Façon, pose : Linéaires....................	20.30	0.57	11.57
»	»	Angles............................ 2			
»	»	Onglets........................... 2			
		Ensemble..................	4	0.15	0.60
		Aux parties basses de ces bandes : Revers d'eau lanceurs, en zinc ;			
»	»	Fournis....................	7	0.25	1.75
»	»	Posés, soudés...............	7	0.35	2.45
		Total................	»	»	1228.43

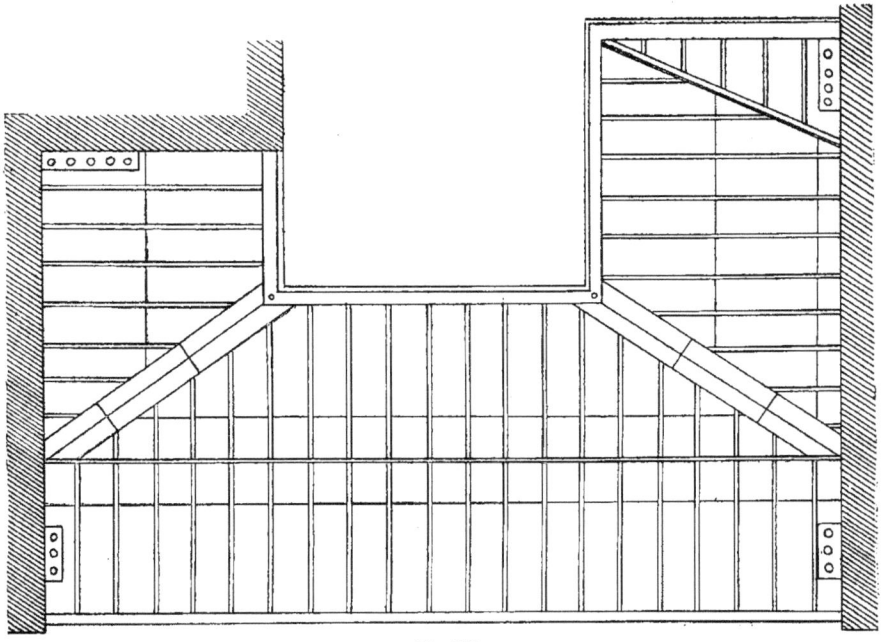

Fig. 285.

Métré n° 10.

Comble recouvert en zinc n° 12 par feuilles de 0ᵐ,63 de largeur (*type b*) à tasseaux de 0ᵐ,040 et couvre-joints avec vis et rondelles, sur voligeage sapin de 0ᵐ,013 × 0ᵐ,11 jointif; noues en même zinc; bandes de solins sur murs et souches;

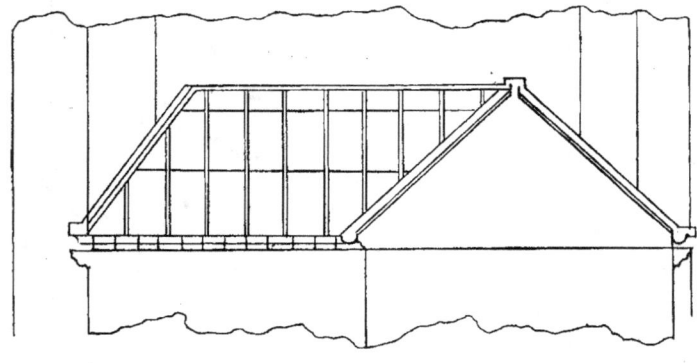

Fig. 286.

arêtier et faîtage en sapin de 0ᵐ,080; sur rue et sur cour, gouttières en zinc n° 14 façonnées à l'anglaise, posées sur supports en fer portant pied sur entablement recouvert en zinc n° 12, à coulisseaux tous les 1 mètre et armature verticale *idem* sur sablière (*fig.* 285 et 286).

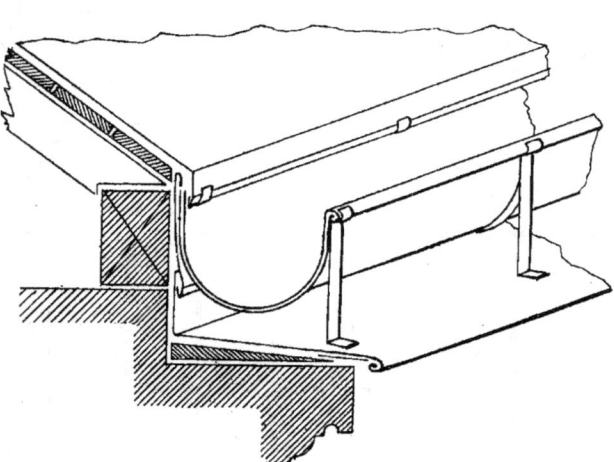

Fig. 287.

MÉTRÉ DE LA COUVERTURE.

NUMÉROS PAGES	SÉRIE	Métré.			
		Gouttière sur rue (*fig.* 287).			
		Entablement :			
		Glacis en plâtre pur.			
619	103	12.80 × 0.30 de largeur, produit. Surface.	3.84	1.25	4.80
620	130	Papier goudronné, *idem*..............	3.84	0.29	1.11
		Bande d'agrafe en zinc n° 12 pour fourniture.			
615	23	12.80 × 0.10 de largeur, produit. Surface.	1.28	3.34	4.28
616	25	Façon, pose : Linéaires................	12.80	0.25	3.20
		Recouvrements en zinc n° 12 pour fourniture.			
		12 fois 1.00......... = 12.00			
		2 fois 0.40......... = 0.80			
		13 coulisseaux × 0.20... = 2.60			
		2 têtes × 0.15........ = 0.30			
		(*a*) Linéaires.. = 15.70 × 0.47			
»	»	largeur développée, produit. Surface........	7.38	3.34	24.65
		Façon, pose : Linéaires........... 15.70			
		Plus-value 1/10 par bouts de 1 mètre. 1.57			
616	33	Ensemble (*b*)................	17.27	1.48	25.56
617	64	13 brisures aux coulisseaux ; en angles.....	13	0.15	1.95
		Sur sablière :			
		Armature en zinc n° 12 pour fourniture....			
		Idem a, 15.70 × 0.17 largeur, produit.			
»	»	Surface.............................	2.67	3.34	8.92
616	32	Façon, pose : Linéaires *idem b*...........	17.27	1.25	21.59
		Gouttière anglaise en zinc n° 14 pour fourniture.			
		1 fois.................. = 12.80			
		6 croisures × 0.05............ = 0.30			
		2 têtes × 0.15.............. = 0.30			
		Linéaires........... = 13.40			
»	»	× 0.54 largeur réduite, produit. Surface.....	7.24	4.15	30.05
619	107	Façon, pose : Linéaires..............	13.40	1.95	26.13
		Supports en fer de 30/6 fournis, façonnés à pied, portant sur entablement de chaque 0.81 développé réduit, posés, compris entailles et vis.			
620	145	Ensemble..............	40	4.85	194.00
	A	Plus, à chaque :			
		1 paillette supplémentaire en cuivre rouge			
»	»	étamé, fournie, rivée : Ensemble.............	40	0.30	12.00
»	»	1 trou sur fer : Ensemble................	40	0.08	3.20
		1 écoulement de chéneau, comprenant : Moignon, manchons zinc, comme à la figure 39).	Observation		»

COUVERTURE ET PLOMBERIE.

NUMÉROS PAGES	SÉRIE				
		Sur cour :			
		Entablement :			
		Glacis plâtre *idem*.			
		(*Partant à gauche*).. 2.40			
		5.20			
		4.30			
		3.90			
		Linéaires (c). 15.80 $\times$ 0.30 de largeur produit. Surface...................	4.74	1.25	5.93
»	»	Papier goudronné, *idem*.	4.74	0.29	1.37
		Bandes d'agrafe en zinc n° 12 pour fourniture 2.20, 4.80, 4.30, 4.10. Ensemble 15.40			
»	»	$\times$ 0.10 de largeur, produit. Surface........	1.54	3.34	5.14
»	»	Façon, pose : Linéaires...................	15.40	0.25	3.85
		Recouvrements en zinc n° 12 pour fourniture.			
		2 fois 1.00 = 2.00 ⎱			
		1 fois........ 0.40 ⎰ 2.40			
		4 fois 1.00 = 4.00 ⎱			
		2 fois 0.60 = 1.20 ⎰ 5.20			
		4 fois 1.00 = 4.00 ⎱			
		1 fois .... 0.30 ⎰ 4.30			
		3 fois 1.00 = 3.00 ⎱			
		1 fois........ 0.90 ⎰ 3.90			
		Linéaires... 15.80			
		Plus :			
		14 coulisseaux $\times$ 0.20 = 2.80			
		3 équerres $\times$ 0.20.. = 0.60			
		2 têtes $\times$ 0.15..... = 0.30			
		Ensemble = 19.50 $\times$ 0.40 largeur			
»	»	développée, produit. Surface.............	7.80	3.34	26.05
»	»	Façon, pose : Linéaires............ 19.50			
		Plus-value de 1/10 $\times$ 15.80....... 1.58			
613	33	Ensemble.................	21.08	1.48	31.20
»	»	14 brisures façonnées, soudées aux coulisseaux.	14	0.15	2.10
		Sur sablière :			
		Armatures en zinc n° 12 pour fourniture, 2.55, 5.50, 4.30, 3.80.			
		Linéaires.. 16.15			
		14 coulisseaux $\times$ 0.20. 2.80			
		3 équerres $\times$ 0.20.. = 0.60			
		2 têtes $\times$ 0.15..... = 0.30			
		Ensemble.... 19.85 $\times$ 0.16 de largeur produit surface................	3.18	3.34	10.62
616	31	Façon, pose : Linéaires..................	19.85	1.10	21.84
		Gouttières anglaises en zinc n° 14 pour fourniture, mêmes linéaires que c....... 15.80			
		6 croisures $\times$ 0.05.............. = 0.30			
		3 équerres $\times$ 0.20............. = 0.60			
		2 têtes $\times$ 0.15................. = 0.30			
		Ensemble.......... 17.00			
		$\times$ 0.40 développé réduit, produit surface....	6.80	4.15	28.22

MÉTRÉ DE LA COUVERTURE.

NUMÉROS PAGES	SÉRIE				
619	106	Façon, pose : Linéaires..................	17.00	1.75	29.75
		Supports en fer comme précédents accoladés A : Ensemble........................	48	5.23	251.04
		1 écoulement comme précédent.	»	»	Mémoire
		Comble :			
		Voligeage neuf en sapin de 0.013 × 0.11 fourni, posé, cloué jointif.			
		Versant sur rue :			
		12.80 × 3.50 hauteur produit...= 44.80			
		Sur cour.			
		Versant de gauche.			
		$\frac{2.55 \text{ et } 5.10}{2} \times 4.30$ hauteur produit. 16.47			
		Versant de face.			
		$\frac{5.50 \text{ et } 12.80}{2} \times 3.50$ hauteur produit. 32.03			
		Versant de droite :			
		$\frac{4.30 \text{ et } 5.20}{2} \times 4.50$ hauteur produit. 21.38			
		Croupe à droite.			
		$\frac{3.80 \times 3.00}{2}$ hauteur produit........ 5.70			
		Ensemble........... 120.38			
		Moins souches :			
		Versant sur rue.			
		2 de chaque 0.35 × 0.80 produit 0.56 ; ensemble............ 0.28			
		Sur cour.			
		Versant de gauche :			
		1 de 0.30 × 1.80 produit.. 0.54			
		Croupe de droite.			
		1 de 0.30 × 1.90 produit.. 0.57			
		A déduire ; ensemble...... 1.67			
621	170	Reste surface................	118.71	2.05	243.36
		Tasseaux neufs en sapin de 0.040 fournis, posés, cloués.			
		Sur rue			
		20 fois 3.45............= 69.00			
		Moins ; au droit de la souche de droite................. 0.50			
		Reste................. 68.50			
		Sur cour.			
		Versant de gauche.			
		3 fois 4.30............= 12.90 ⎫ 21.70			
		4 fois 2.20 réduit....... = 8.80 ⎭			
		A reporter....... 90.20			

Sciences générales.   COUVERTUR ET PLOMBERIE. — TOME II. — 10.

NUMÉROS					
PAGES	SERIE				
		Report.............. 90,20			
		Versant de face.			
		5 fois 1.70 réduit......= 8.50 ⎫			
		7 fois 3.50............= 24.50 ⎬ 42.60			
		6 fois 1.60 réduit......= 9.60 ⎭			
		Versant de droite.			
		4 fois 2.00 réduit......= 8.00 ⎫			
		4 fois 4.50............= 18.00 ⎬ 30.80			
		2 fois 2.40 réduit......= 4.80 ⎭			
		Croupe de droite.			
		5 fois 1.70 réduit............ 8.50			
621	149	Linéaires ; ensemble.........	172.10	0.33	56.79
		Faîtage en sapin de 0.080 évidé, fourni, posé,			
		cloué........................ 12.80			
		Arêtier *idem*................ 4.85			
621	151	Ensemble............	17.65	0.99	17.47
		La couverture en zinc n° 12 pour fourniture.			
		Sur rue.			
		(*Partant à gauche*)			
		20 fois 0.65.....= 13.00			
		A droite........= 0.49			
		Ensemble... 13.49 × 3.54 hauteur			
		produit....................... 47.76			
		Sur cour.			
		Versant de gauche.			
		(*Bas 3 fois* 0.65 + 0.43 = 2.38)			
		(*Haut 7 fois* 0.65 + 0.48 = 5.03)			
		Soit $\frac{2.38 \text{ et } 5.03}{2}$ × 4.69 hauteur pro-			
		duit.......................... 17.35			
		1 Noue :			
		0.65 × 5.54 hauteur produit....= 3.60			
		(*Hauteur 2 fois* 2.00 + 1.54 *en*			
		tête mesure prise dans le creux.			
		Versant de face :			
		(*Bas* 0.38 + 6 *fois* 0.65 +			
		0.55..................= 4.83)			
		(*Haut* 0.53 + 17 *fois* 0.65 +			
		0.53..................= 12.11			
		Soit $\frac{4.83 \text{ et } 12.11}{2}$ × 3.54 hauteur			
		produit....................... 29.98			
		1 noue à droite.			
		0.65 × 5.79 hauteur produit....... 3.76			
		Versant de droite.			
		(*Bas* 0.13 + 6 *fois* 0.65 = 4.03)			
		(*Haut* 0.18 + 7 *fois* 0.65			
		+ 0.21................= 4.94			
		A reporter............. 102.45			

MÉTRÉ DE LA COUVERTURE.

NUMÉROS PAGES	SÉRIE				
		A reporter.............. 102.45			
		Soit :			
		$\dfrac{4.03 \text{ et } 4.94}{2} \times 4.89$ hauteur produit...................... 21.95			
		Coupe de droite :			
		(bas $0.56 + 5$ fois $0.65 = \dfrac{3.81 \times 3.19}{2}$			
		hauteur, produit.................... 6.08			
		Surface............. 130.48			
		Moins souches :			
		Sur croupe de droite :			
		1 de 0.30×1.70 net. Produit= 0.51			
		Versant de gauche sur cour			
		1 de 0.30×1.80 net. Produit= 0.54			
		Sur rue :			
		2 de chaque 0.35×0.60 net.			
		Produit : Ensemble.......... 0.42			
		A déduire............ 1.47			
		Reste surface..... 129.01			
		Plus :			
		Couvre-joints *idem* que lasseaux.................= 172.10			
		141 croisures $\times 0.05$....... 7.05			
		Linéaires..... 179.15			
		$\times 0.10$ large, produit.............. 17.92			
		Faîtage et arêtier *idem* bois= 17.65			
		16 croisures $\times 0.05$........ 0.80			
		Linéaires..... 18.45			
		$\times 16$ large, produit................. 2.95			
		Ensemble surface..........	149.88	3.34	500.60
		Façon, pose de couverture en zinc par feuilles de 0.65 *type b*.			
617	54	Surface.................	149.88	1.40	209.83
		Plus-value de façon par feuilles débitées.			
		Surface.......... 149.88			
		Moins 41 feuilles entières de chaque			
		1.30 superficiel. Produit........... 53.30			
617	60	Reste. Surface.......	86.58	0.45	38.96
	78	Contretalons zinc de couvre-joints..........	122	0.15	18.30
	79	Contretalons d'arêtier.................	2	0.20	0.40
	76	Talons et têtes de couvre-joints...........	122	0.20	24.40
	77	Talon et têtes de faîtage et arêtier.........	4	0.25	1.00
»	»	1 brisure façonnée, soudée sur talon d'arêtier.........	1	»	0.15
»	»	Plus de têtes et talons biais...............	16	0.12	3.12
		Entailles trapézoïdales sur faîtage et arêtier zinc pour pénétration des couvre-joints.......			
»	»	Ensemble...................	45	0.15	6.75
618	80	Vis fer étamé et rondelles en plomb sur couvre-joints, faîtage et arêtier. Ensemble....	219	0.18	39.12

COUVERTURE ET PLOMBERIE.

NUMÉROS PAGES	SERIE				
		Raccords :			
		Versant sur rue :			
»	»	Aux larmiers : Goussets, *idem*............	2	0.28	0.56
		Angles..................................	2	0.15	0.30
		Souche de cheminée de gauche (*fig.* 288 et 289).			
»	»	Goussets (*b, c*).........................	2	0.28	0.56
»	»	Angles (*a, d*)..........................	2	0.15	0.30

N° 1.

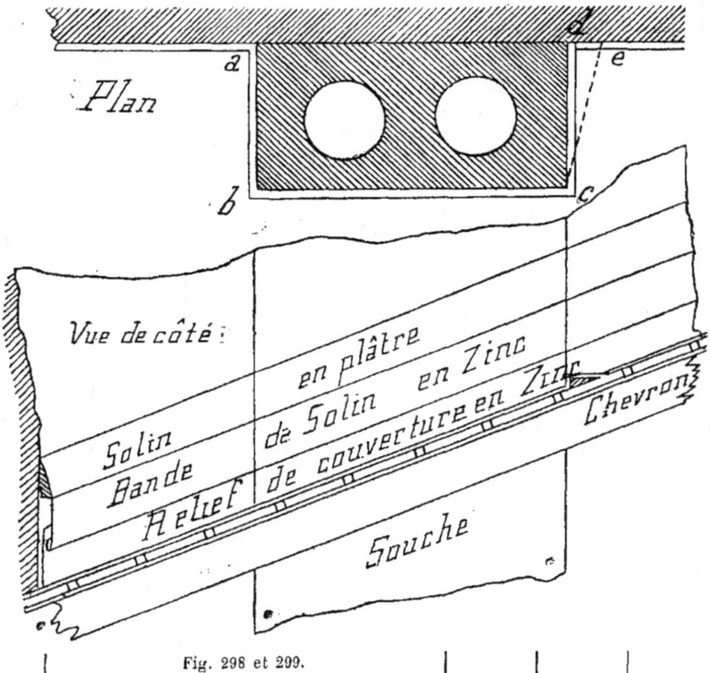

Fig. 298 et 299.

		Derrière :			
»	»	1 pente plâtre à revers.................	1	»	0.52
»	»	Plus-value de façon de contrepente sur zinc	1	»	0.60
»	»	1 brisure façonnée, soudée (*e*)..........	1	»	0.15
		(*Les bandes de solins seront comptées avec celles sur mur*).			
		La souche de droite semblable à celle accoladée n° 1.....................................			
»	»		1	»	2.13
		Plus :			
»	»	1 angle soudé sur la face...............	1	»	0.15

MÉTRÉ DE LA COUVERTURE.

NUMÉROS PAGES	SÉRIE				
		Derrière :			
620	141	Soudure obligée sur zinc neuf.............	0.50	0.66	0.33
		Versant sur cour :			
		Dans les noues :			
»	»	Goussets...............................	2	0.28	0.56
»	»	Angles................................	2	0.15	0.30
		1 souche sur croupe de droite :			
		Au devant :			
»	»	Gousset...............................	1	»	0.28
		Armature en zinc n° 12 pour fourniture de			
		0.50 × 0.16 largeur, produit. Surface.......	0.08	3.34	0.27
616	32	Façon, pose : Linéaires.................	0.50	1.25	0.62
		Derrière :			
»	»	1 pente plâtre à revers, *idem*	1	»	0.52
»	»	Plus-value de contrepente sur zinc........	1	»	0.60
»	»	Gousset...............................	1	»	0.28
»	»	Angle.................................	1	»	0.15
»	»	Brisure...............................	1	»	0.15
		1 souche sur versant de gauche.			
»	»	Gousset...............................	1	»	0.28
»	»	Angles................................	2	0.15	0.30
		Au larmier du versant :			
»	»	Gousset...............................	1	»	0.28
»	»	Angle.................................	1	»	0.15
		Bandes de solins en zinc n° 12 pour fourniture.			
		Mur de gauche :			
		Côté rue................ 0.20			
		.... 3.35			
		Côté cour.............. 5.00			
		En retour au fond........ 4.20			
		.... 0.20 } 13.65			
		Plus décrochements aux souches........................			
		2 fois 0.35............. 0.70			
		Mur de droite :			
		Côté rue, 0.20 + 3.35... = 3.55			
		Côté cour			
		5.10 + 2.90 + 0.20...... 8.20 } 11.75			
		Croisures, ensemble = 9 × 0.05... 0.45			
		Plus, décrochements aux souches.			
		4 fois 0.35.................. 1.40			
		Aux faitage et arêtier.			
		3 fois 0.30.............. 0.90 } 1.62			
		6 fois 0.12.............. 0.72			
		Linéaires............ 28.87			
»	»	× 0.12 large, produit. Surface.............	3.46	3.34	11.56
616	28	Façon, pose : Linéaires.................	28.87	0.57	16.46
»	»	Angles................................	33	0.15	4.95
620	140	Solins en plâtre sur zinc................	28.87	0.72	20.79
		Total.............	»	»	2003^f,36

Métré n° 11.

4. Comble comprenant : sur rues, chéneaux à l'anglaise en zinc n° 14 à supports fer 30/6 portant pied sur entablement recouvert en zinc n° 12 à, coulisseaux et relief suffisant pour protéger la sablière, face de socle zinc *idem* fixée sur les supports (le chéneau formant membron sur le socle).

Sur cour et courette ; gouttières à l'anglaise *idem*, mais sans face de socle.

Les brisis sur rues et cours recouverts en ardoises d'Angers, sur volige peuplier avec bandes de battellement par le bas et membron en tête, sauf sur cours, où le membron sera remplacé par une bavette en zinc à coulisseaux.

Les châssis en fer, à crémaillère brisée et derrière plomb.

Aux lucarnes, terrassons, jouées et dessus en zinc.

Les noues en zinc n° 12 $\times$ 0,50 large.

Les arêtiers en ardoises à arête vive.

Le terrasson de comble recouvert en zinc n° 12 par feuilles de 0,80 large sur voligeage en sapin de 0,013 jointif, tasseaux de 0,040, faîtages et arêtiers de 0,080 ; couvre-joints par bouts de 1 mètre à gaines, à vis fer et rondelles plomb aux manchettes ; châssis à tabatière et poulie montés sur hausses bois armées en zinc.

Aux murs et souches, bandes de solins zinc, solins plâtre et couverture en zinc des dessus (*fig.* 290 à 296).

NUMÉROS PAGES	SÉRIE	Métré.			
		Chéneaux à l'anglaise, comme aux figures 245 et 246.			
		Sur entablements :			
		Glacis en pente en plâtre pur de 0.015, épaisseur réduite.			
		Sur rue........ 23.35 réduit.			
		Pan coupé...... 13.75			
		Sur avenue.... 23.35			
		Linéaires (*a*). 60.45 $\times$ 0.34 largeur			
619	103	produit surface................	20.55	1.25	25.69
620	130	Papier goudronné ; même surface.....	20.55	0.29	5.96
		Recouvrements en zinc n° 12 pour fourniture :			
		Linéaires *idem* (*a*) = 60.45			
		2 équerres $\times$ 0.20 = 0.40			
		2 têtes $\times$ 0.15 = 0.30			
		60 coulisseaux $\times$ 0.20 = 12.00			
		Linéaires (*b*)... 73.15 $\times$ 0.60 largeur			
615	23	développée, produit surface............	43.89	3.34	146.59
616	34	Façon pose ; mêmes linéaires que (*b*) =	73.15	1.65	120.70
617	64	60 brisures façonnées, soudées aux coulisseaux, comme angles	60	0.15	9.00
		Bandes d'agrafes en zinc n° 12 pour fourniture :			
		2 fois 23.70 = 47.40			
		1 fois......... 14.10			
		Linéaires... 61.50 $\times$ 0.10 large.			
»	»	produit surface................	6.15	3.34	20.54
616	25	Façon, pose ; linéaires...............	61.50	0.25	15.38
616	35	Plus-value de cuudage desdites comme relief...................	61.50	0.04	2.46

MÉTRÉ DE LA COUVERTURE.

NUMÉROS PAGES	SÉRIE				
		Gouttières zinc n° 14 pour fourniture :			
		Linéaires *idem* (a) = 60.45			
		28 croisures × 0.05 = 1.40			
		2 équerres × 0.20 = 0.40			
		2 talons × 0.15 = 0.30			
		Ensemble... 62.55 × 0.70 développé			
»	»	réduit, produit surface.....................	43.79	4.15	181.73
		Façon, pose de gouttière anglaise de 0.65			
619	107	développé; linéaires.....................	62.55	1.95	121.97
		Plus-value de façon pour gouttière formant couronnement de socle, comprenant par analogie :			
616	35	1 relief...... 0f,04 ⎫			
616	38	1 arrondi.... 0,15 ⎬ 0f,19			
		Soit linéaires................	62.55	0.19	11.88
620	131	Mains d'arrêt cuivre en valeur entière.....	184	0.30	55.20
		Les supports en fer forgé de 0.030 en 0.006 fournis, façonnés à pied portant sur entablement, et paillette en cuivre rouge étamé chaque 0.84 développé réduit, posés et fixés avec vis fournies ;			
		Sur rue et avenue :			
		2 fois 48.................. 96			
		Sur pan coupé............. 28			
620	145	Ensemble...............	124	3.15	390.60
		A chaque, sur le talon rentrant, 1 pontet en cuivre rouge étamé, fourni, façonné et			
Eva	lué	soudé sur l'entablement en zinc. Ensemble...	124	0.45	55.80
		Face de socle :			
		Recouvrements en zinc n° 12 pour fourniture			
		Sur rue et avenue :			
		2 fois 23.25...... = 46.50			
		Pan coupé........ = 13.55			
		2 Équerres × 0.20 = 0.40			
		2 têtes × 0.15 = 0.30			
		60 coulisseaux × 0.20 = 12.00			
		Linéaires (C)...... 72.75 × 0.22 largeur			
»	»	produit surface.....................	20.00	3.34	65.80
616	32	Façon, pose ; linéaires (C)............	72.75	1.25	90.94
		Par le bas :			
		Pattes en cuivre rouge étamé fournies, posées soudées en plus-value de celles dues (*sur zinc*).			
		Sur rue et avenue :			
		2 fois 47.............. 94			
		Sur pan coupé......... 27			
620	132	Ensemble............	121	0.20	24.20
		(1) *La paillette cuivre agrafant la bande à sa partie supérieure n'est pas demandée, étant déjà payée dans le prix du support.*	Obser	vation	
		Courette.			
		Gouttière à l'anglaise, comme aux figures 247 et 248.			

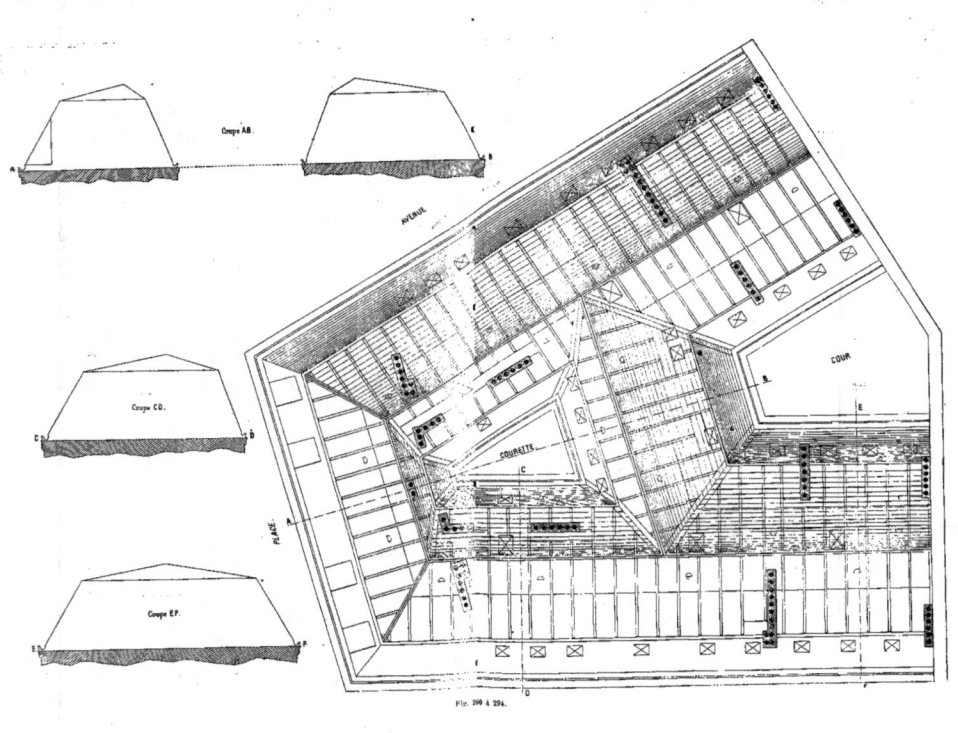

NUMÉROS PAGES	SÉRIE				
		Sur entablements.			
		Glacis plâtre pur *idem* :			
		de face...... 0.83 réduit.			
		à droite..... 5.33 —			
		à gauche.... 5.33 —			
		au fond..... 3.70 —			
		Linéaires (D). 15.19 × 0.38 largeur			
»	»	produit surface.........................	5.77	1.25	7.21
»	»	Papier goudronné, même surface.........	5.77	0.29	1.67
		Recouvrements en zinc n° 12 pour fourniture :			
		Linéaires *idem* (D)... 15.19			
		4 équerres × 0.20 = 0.80			
		15 coulisseaux × 0.20 = 3.00			
		Linéaires (E)...... 18.99 × 0.72 largeur			
»	»	développée, produit surface...............	13.67	3.34	45.66
616	34	Façon, pose, mêmes linéaires que (E)....	18.99	1.65	31.33
		15 brisures façonnées aux coulisseaux,			
»	»	comme angles............................	15	0.15	2.25
		Bandes d'agrafe en zinc n° 12 pour fourniture			
		de face..... 0.65			
		à droite..... 5.15			
		à gauche.... 5.15			
		au fond..... 3.50			
		Linéaires. 14.45 × 0.10 large, produit			
615	23	surface................................	1.45	3.34	4.84
616	25	Façon, pose ; linéaires...................	14.45	0.25	3.61
		Plus-value de coudage, comme relief......	14.45	0.04	0.57
		Gouttières en zinc n° 14 pour fourniture.			
		Mêmes linéaires que (D). 15.19			
		5 croisures × 0.05 = 0.25			
		5 équerres × 0.20 = 0.80			
		Linéaires....... 16.24 × 0.65 largeur			
		développée réduite, produit surface.........	10.56	4.15	43.82
619	107	Façon, pose de gouttières à l'anglaise de 0.65 développé. Linéaires................	16.24	1.95	31.67
		Plus-value pour façon de gouttière zinc formant *couronnement idem*.			
»	»	Linéaires............	16.24	0.19	3.09
		Les supports en fer forgé de 0.030/0.006 fournis, posés, de 0.97 développé, réduit à paillette cuivre *idem*.			
620	145	Ensemble............	34	3.48	118.38
		Le développement du support comprend :			
		Circulaire............... 0ᵐ,53			
		Patte coudée sur sablière... 0 ,13			
N°	1.	Pied...................... 0 ,27			
		Talon sortant............ 0 ,04			
		Ensemble.... 0ᵐ,97			
		A chaque support :			
		1 gaine en cuivre rouge étamé, fournie, soudée sur entablement zinc et agrafant le			
Eva	lué	talon. Ensemble............	34	0.30	10.20
		1 paillette en cuivre *idem*, enveloppant le *couronnement* pour plus-values de fourniture et façon. Ensemble............	34	0.20	6.80

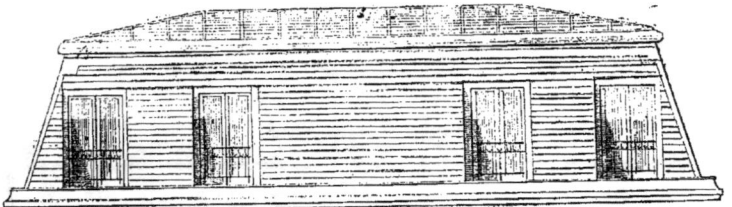

Fig. 295.

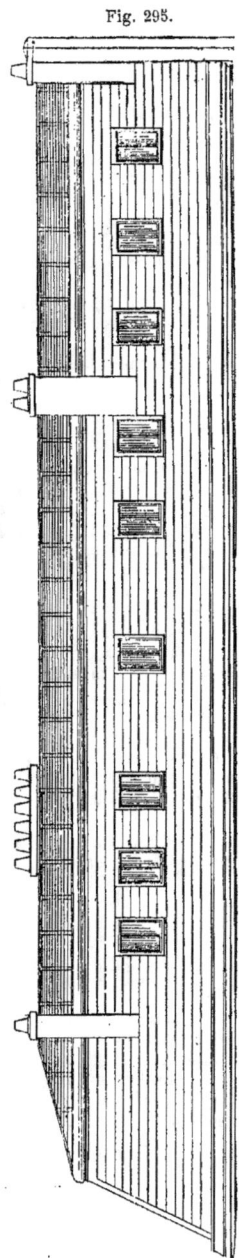

Fig. 296.

NUMÉROS PAGES	SERIES				
		A la gouttière, côté comble : Mains d'arrêts en cuivre fournies, posées en valeur entière (*c'est-à-dire non dues, dans la façon et pose de gouttière à l'anglaise*) comme sur plomb. Ensemble..........	49	0.30	14.70

		Cour :
		Gouttière anglaise *comme sur Courette.*
		Sur entablement :
		Glacis plâtre *idem*
		  de face..... 3.18 réduit
		  à droite..... 6.88 —
		  à gauche... 6.88 —
		  Linéaires (F) 16.94 × 0.38 largeur			

»	»	produit surface..........................	6.44	1.25	8.05
»	»	Papier goudronné, même surface..........	6.44	0.29	1.88
		Recouvrements en zinc n° 12 pour fourniture Linéaires *idem* (F)... 16.94 2 équerres × 0.20 = 0.40 2 têtes × 0.15 = 0.30 15 coulisseaux × 0.20 = 3.00 Ensemble.... 20.64 × 0.72 largeur			
		produit surface..........................	14.86	3.34	49.63
		Façon, pose. Linéaires	20.64	1.65	34.05
»	»	15 brisures façonnées soudées aux coulisseaux comme angles......................	15	0.15	2.25
		Bandes d'agrafe n° 12 pour fourniture...... 3.00 2 fois 6.75 = 13.50			
»	»	Linéaires... 16.50 × 0.10 large produit surface..........................	1.65	3.34	5.51
»	»	Façon, pose; linéaires...................	16.50	0.25	4.12
»	»	Plus-value de coudage, comme relief.......	16.50	0.04	0.66
		Gouttières en zinc n° 14 pour fourniture. Linéaires *idem* (F). 16.94 7 croisures × 0.05 = 0.35 2 équerres × 0.20 = 0.40 2 talons × 0.15 = 0.30 Ensemble..... 17.99 × 0.65 développé			
»	»	réduit, produit surface	11.63	4.15	48.26
»	»	Façon, pose de gouttière anglaise de 0.65 développé. Linéaires......................	17.99	1.95	34.90
»	»	Plus-value de façon de moulure formant couronnement *idem*. Linéaires............	17.99	0.19	3.40
»	»	Supports en fer forgé comme à l'accolade n° 1. Ensemble..................	37	3.98	147.26
»	»	Mains d'arrêt cuivre *idem*. Ensemble......	55	0.30	16.50
		Brisis. Ardoise neuve d'Angers, ordinaire demi forte, fournie, posée sur volige neuve en peuplier. Sur rue : $\dfrac{23.00 \text{ et } 22.00}{2} \times 2.42$ hauteur (22 pureaux de 0.11) produit.. 54.45		»	

MÉTRÉ DE LA COUVERTURE.

NUMÉROS PAGES	SERIE					
		Report........ 55.45	»			
		Moins :	»			
		1 souche au fond de	»			
		0.32 × 0.40 produit... 0.45	»			
		1 souche isolée »	»			
		de 0.65 × 1.40 produit. 0.91	»			
		9 châssis de chaque »	»			
		0.65×1.13 produit 0.73. »				
		Ensemble...... 6.57	»			
		A déduire...... 7.93				
		Reste surface (G)...	46.52			
		Pan coupé, face à la place :				
		$\dfrac{13.50 \text{ et } 11.25}{2} \times 2.42$ hauteur	»			
		(22 pureaux) produit......... 29.96	»			
		Moins : »	»			
		4 lucarnes de chaque »	»			
		1.10 × 2.42 hauteur, pro- »	»			
		duit 2.66, ensemble.......... 10.64	»			
		Reste surface..........	19.32			
		Sur avenue :	»			
		Même surface que (G).............	46.52			
		Courette :	»			
		Versant de face :				
		$\dfrac{1.00 \text{ et } 2.20}{2} \times 2.20$ hauteur	»			
		(20 pureaux) produit................	3.52			
		Versant de droite :	»			
		$\dfrac{5.50 \text{ et } 7.50}{2} \times 2.20$ hauteur				
		produit..................... 14.30	»			
		Moins : »	»			
		1 châssis *idem* que pré- »	»			
		cédents.................... 0.73	»			
		Reste surface (H).........	13.57			
		Versant de gauche :				
		Même surface que (H).............	13.57			
		Versant du fond :				
		$\dfrac{3.90 \text{ et } 6.25}{2} \times 2.20$ hauteur				
		produit..................... 11.18	»			
		Moins : »	»			
		4 châssis *idem* précédents »	»			
		× 0.73. Surface............. 2.92	»			
		Reste surface..........	8.26			
		Cour.	»			
		Versant de face :	»			
		$\dfrac{3.35 \text{ et } 5.60}{2} \times 2.42$ hauteur (22 pu-	»			
		reaux) produit............. 10.84	»			
		Moins : »	»			
		2 tuyaux de chaque 0.40×0.60 »	»			
		produit 0.24. Ensemble....... 0.48	»			
		Reste surface..........	10.36			

NUMÉROS PAGES	SÉRIE					
		Report.................. 161.64				
		Versant de droite : »				
		$\dfrac{7.00 \text{ et } 8.00}{2} \times 2.42$ hauteur »				
		produit.................. 18.15 »				
		Moins :				
		1 souche de 0.32×0.22 » » »				
		produit............... 0.07 » »				
		1 souche de 0.40×1.60 » » »				
		produit............... 0.64 » »				
		5 châssis *idem* précé- » » »				
		dents de chaque 0.73, » » »				
		surface produit........ 3.65 » »				
		A déduire......... 4.36 »				
		Reste surface.......... 13.79				
		Versant de gauche : »				
		$\dfrac{7.00 \text{ et } 8.00}{2} \times 2.42$ hauteur » »				
		produit.................. 18.15 »				
		Moins : » »				
		1 souche de 0.40×0.90 » »				
		produit............... 0.36 » »				
		1 souche de 0.32×0.22 » »				
		produit............... 0.07 » »				
		4 châssis *idem* précé- » »				
		dents de chaque 0.73, » »				
		produit............... 2.92 » »				
		A déduire.......... 3.35 »				
		Reste surface.......... 14.80 »				
604	72	Ensemble surface........	190.23	5.09	968.27	
		Par le bas des brisis :				
		Voligeage neuf en sapin de 0.013 fourni, posé et cloué jointif.				
		Sur rue et avenue :				
		2 fois 23.00 = 46.00				
		Pan coupé..... 13.50				
		Linéaires (I).. 59.50 × 0.33 hauteur, produit........................ 19.64				
		(*Du niveau de l'entablement au doublis, voir figure 245*).......... » »				
		Courette : »				
		(*Sous la bande de batellement seulement, voir figure 247*).......... » »				
		de face..... 1.00 »				
		à droite.... 5.50 »				
		à gauche... 5.50 »				
		au fond.... 3.90 »				
		Linéaires (J) 15.90 × 0.11 hauteur »				
		produit....................... 1.75				

MÉTRÉ DE LA COUVERTURE.

NUMÉROS PAGES	SÉRIE				
		Report............... 21.39			
		Cour:	»		
		de face..... 3.35	»		
		à droite.... 7.00	»		
		à gauche... 7.00	»		
		Linéaires (K) 17.35 × 0.11 hauteur	»		
		produit................ 1.91			
621	170	Ensemble surface............	23.30	2.05	47.77
		Bandes de batellement en zinc n° 12 pour fourniture.			
		Sur rue, avenue et pan :			
		idem (I).................. 59.50			
		Moins 4 lucarnes de chaque » »			
		1.10 produit................ 4.40	»		
		Reste......... 55.10			
		Sur courette, idem (J).......... 15.90			
		Sur cour, idem (K)........... 17.35			
		Linéaires (L)...... 88.35			
		Plus sur rues et cour :			
		4 têtes × 0.15....= 0.60			
		87 coulisseaux × 0.20....= 17.40			
		8 équerres × 0.20....= 1.60			
		Ensemble........= 107.95			
615	23	× 0.20 largeur développée, produit surface.....................	21.59	3.34	72.11
616	28	Façon, pose desdites bandes........	107.95	0.57	61.53
620	132	Pattes d'agrafe en cuivre rouge en plus-value............................	324	0.20	64.80
		Doublis de 1 ardoise neuve.			
609	188	idem (L)............ 88.35	88.35	0.64	56.54
610	227	Parements plâtre idem............	88.35	0.40	35.34
		Raccords.			
		Partant à droite sur rue.			
		1 rive au fond.			
611	232	Tranchis droits sur ardoise neuve. Linéaires.	2.42	0.43	1.04
609	176	Dévirures plâtre idem................	2.42	0.38	0.92
		11 noquets droits en zinc n° 12 pour fourniture de chaque 0.30 × 0.25, produit 0.075.			
»	»	Ensemble............	0.83	3.34	2.77
620	127	Façon, pose desdits.................	11	0.15	1.65
		Devant la souche :			
610	210	Filet plâtre sur ardoise neuve............	0.44	0.90	0.40
N°	3.	Bavette en zinc n° 12 pour fourniture 0.54 × 0.20 large, produit. Surface........	0.11	3.34	0.37
616	32	Façon, pose; linéaires,..................	0.54	1.25	0.68
617	65	Gousset zinc.....................	1	»	0.28
617	64	Angles........................	2	0.15	0.30
		Pattes d'agrafe, en plus-value............	2	0.20	0.40
		Sur mur et souche :			
		Bandes de solins en zinc n° 12 pour fourniture (*du socle du chéneau au membron*) 0.50 + 2.95 + 0.32 = Ensemble = 3.77 × 0.12 large, produit surface........................	0.45	3.34	1.50

COUVERTURE ET PLOMBERIE.

NUMÉROS PAGES	SÉRIE				
616	28	Façon, pose ; linéaires..................	3.77	0.57	2.15
»	»	Angles...............................	4	0.15	0.60
620	140	Solins plâtre sur zinc..................	3.77	0.72	2.71
		1 châssis.			
		Encadrement en faîtage, sapin de 0.080, fourni, posé, cloué.			
		2 fois 0.73 =............... 1.46			
		2 fois 0.88 =............... 1.76			
		4 onglets × 0.12 =........... 0.48			
621	151	Linéaires................	3.70	0.99	3.66
		Au devant :			
		Bavette en zinc n° 12 pour fourniture de 1,00 × 0.20 large, produit. Surface.......	0.20	3.34	0.67
»	»	Façon, pose ; linéaires..................	1.00	»	1.25
»	»	Goussets.............................	2.00	0.28	0.56
»	»	Angles...............................	2.00	0.15	0.30
»	»	Pattes cuivre idem en plus-value..........	3	0.20	0.60
		Dessous :			
		Filets plâtre sur ardoise neuve............	0.80	0.90	0.72
		Sur les côtés :			
		Tranchis droits sur ardoise idem.			
»	»	2 fois 1.13 =........................	2.26	0.43	0.97
»	»	Dévirures idem.......................	2.26	0.38	0.86
N° 2.		Noquets droits en zinc n° 12 pour fourniture 2 fois 4 = 8 × chaque 0.075, produit.			
»	»	Surface....................	0.60	3.34	2.00
N° 3.		Façon, pose desdits................	8	0.15	1.20
		Derrière :			
		Voligeage neuf en sapin de 0.013 jointif.			
»	»	1.00 × 0.30 hauteur, produit. Surface....	0.30	2.05	0.62
		Pente plâtre pur de 0.05 épaisseur réduite ; même surface	0.30	2.00	0.60
		Recouvrement en plomb neuf en table de 0.0025 épaisseur pour fourniture 1.00 × 0.50 largeur, produit surface 0,50 × 28^{kil},400 le			
622	1	mètre. Pesant.......................	14^k,200	0.42	5.96
622	9	Façon, pose. Pesant...................	14^k,200	0.15	2.13
622	17	Bande de clouage zinc neuf fournie et posée.	1.00	»	0.33
616	52	Clouage à piston × 0.05..............	1.00	»	0.34
»	»	Doublis de 1 ardoise neuve idem.......	0.80	0.64	0.51
611	238	Tranchis biais 2 fois 0.15................	0.30	0.70	0.21
»	»	Parement plâtre idem.................	1.10	0.40	0.44
		Le châssis en fer à crémaillère de 0.65 × 0.80 de baie produit linéaires 2 90 ; fourni à dormant en tôle laminée de 0.0025 épaisseur, peint et posé comme précédents (Métré n° 4 figure 7).			
		Linéaires.................	2.90	5.74	15.65
		Plus-value de fourniture de crémaillère à			
Eva	lué	mouvement (dite brisée).................	1	«	3.50
		8 autres châssis semblables à celui accoladé n° 2......................	8.00	43.08	344.64

MÉTRÉ DE LA COUVERTURE.

	NUMÉROS PAGES SÉRIE				
N° 3.		Souche isolée.			
		Au devant :			
		Filet plâtre sur ardoise *idem*............	0.85	0.90	0.76
		Bavette sur zinc n° 12, pour fourniture, 0.89 × 0.22 largeur, produit surface.........	0.20	3.34	0.67
		Façon, pose ; linéaires..................	0.89	1.25	1.10
		Goussets...........................	2	0.28	0.56
		Angles..............................	2	0.15	0.30
		Pattes cuivre *idem*....................	3	0.20	0.60
		Sur les côtés :			
		Tranchis droits sur ardoise neuve.			
		2 fois 1.10 = ...	2.20	0.43	0.95
		Dévirures plâtre *idem*..................	2.20	0.38	0.84
		10 noquets droits en zinc n° 12, pour fourniture × chaque 0.075, produit. Surface......	0.75	3.34	2.51
		Façon, pose desdits...................	10.00	0.15	1.50
		Bandes de solins en zinc n° 12, pour fourniture...... 0.65			
		2 fois 1.20 = 2.40			
		Linéaires.... 3.05 × 0.12 largeur, produit. Surface........................	0.37	3.34	1.24
		Façon, pose ; linéaires.................	3.05	0.57	1.74
		Angles..............................	4	0.15	0.60
		Solins plâtre sur zinc...................	3.05	0.72	2.20
		Pan coupé.			
	607 | 145	A droite, 1 arêtier : comprenant 2 tranchis biais et plâtre dessous avec façon des approches. Linéaires................	3.10	1.50	4.65
		1 lucarne (*fig.* 297 à 300).			
		Terrasson :			
	621 | 170	Voligeage neuf en sapin de 0.013 fourni, posé, cloué, jointif. 1.30 × 1.16 produit surface............	1.50	2.05	3.08
	615 | 23	Terrasson garni en zinc n° 14 pour fourniture de 1.60 × 1.36, produit surface.........	2.18	4.15	9.05
	617 | 53	Façon, pose : surface..................	2.18	1.20	2.62
N° 4.		(2) (*Ce recouvrement ayant plus de 0.65 de développé est compté en surface comme couverture par feuilles de 0.80 de largeur*).	Obser	vation	
	617 | 60	Plus-value de façon de feuilles débitées ; même surface........................	2.18	0.45	0.98
		Au larmier :			
		Contre-talons zinc neuf, rapportés, soudés.	2	0.15	0.30
		Pattes en cuivre rouge étamé, fournies, posées en plus-value.....................	4	0.20	0.80
		Aux poteaux :			
		Goussets zinc, rapportés, soudés.........	2	0.28	0.56
		Angles façonnés, soudés................	4	0.15	0.60

Sciences générales.   COUVERTURE ET PLOMBERIE. — TOME II. — 11.

NUMÉROS					
PAGES	SERIE				
616	38	Au jet d'eau :			
"	35	Plus-value de façon de :			
		1 moulure courbe............... 0f,15			
		1 relief..................... 0,04			
		Linéaires...................	1.00	"	0.19
"	"	Entailles de jouées zinc suivant profil du jet d'eau................................	2	0.20	0.40
"	"	Collets circulaires dégorgés sur zinc.......	2	0.30	0.60
"	"	Collets *idem* soudés	2	0.20	0.40

N° 4.

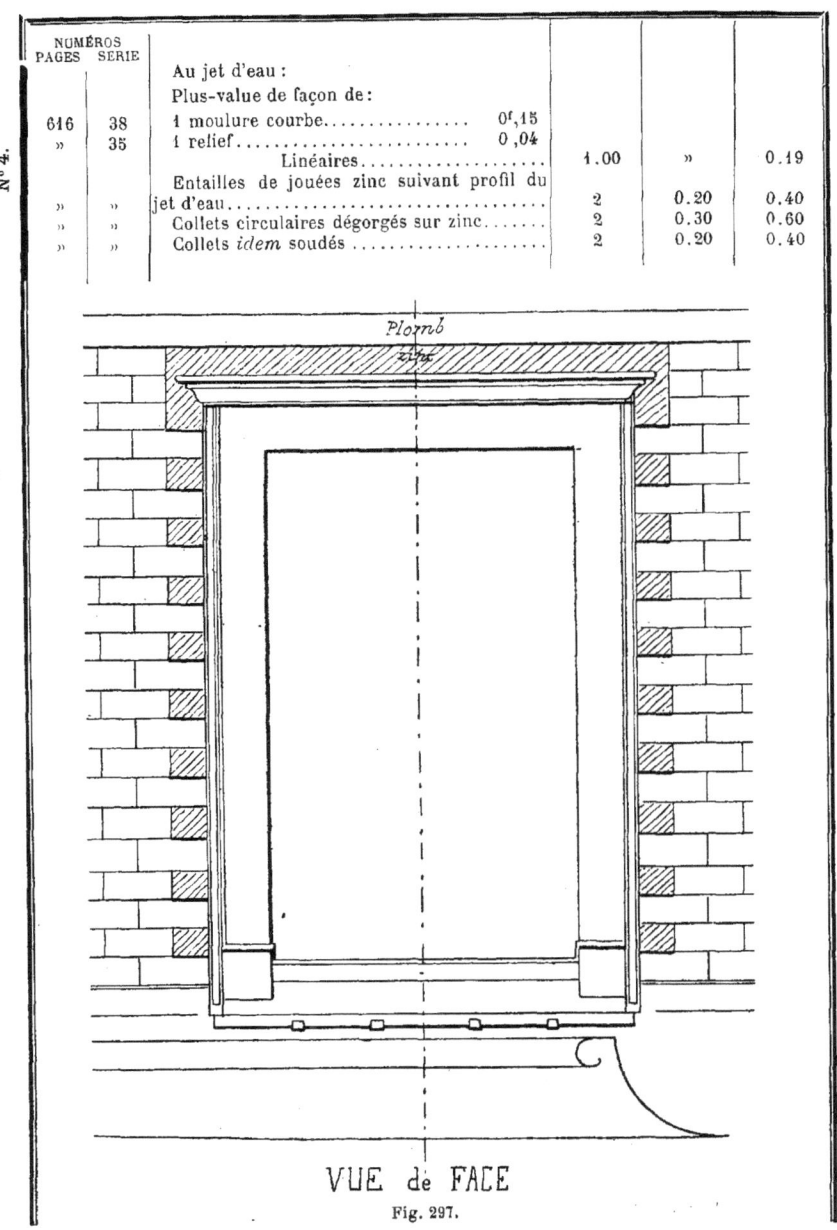

VUE de FACE

Fig. 297.

MÉTRÉ DE LA COUVERTURE.

N° 4.	NUMÉROS PAGES	SÉRIE				
	621	107	Tube de buée en plomb fourni, compris ajustement, battage des deux collets aux extrémités, percement sur zinc, agrandissement du trou dans la pièce d'appui, pose et soudure..	1	»	1.00
			(3) *Les bandes d'encadrement sur appui et poteaux seront comptées en même temps que celles des jouées.*		Observation	

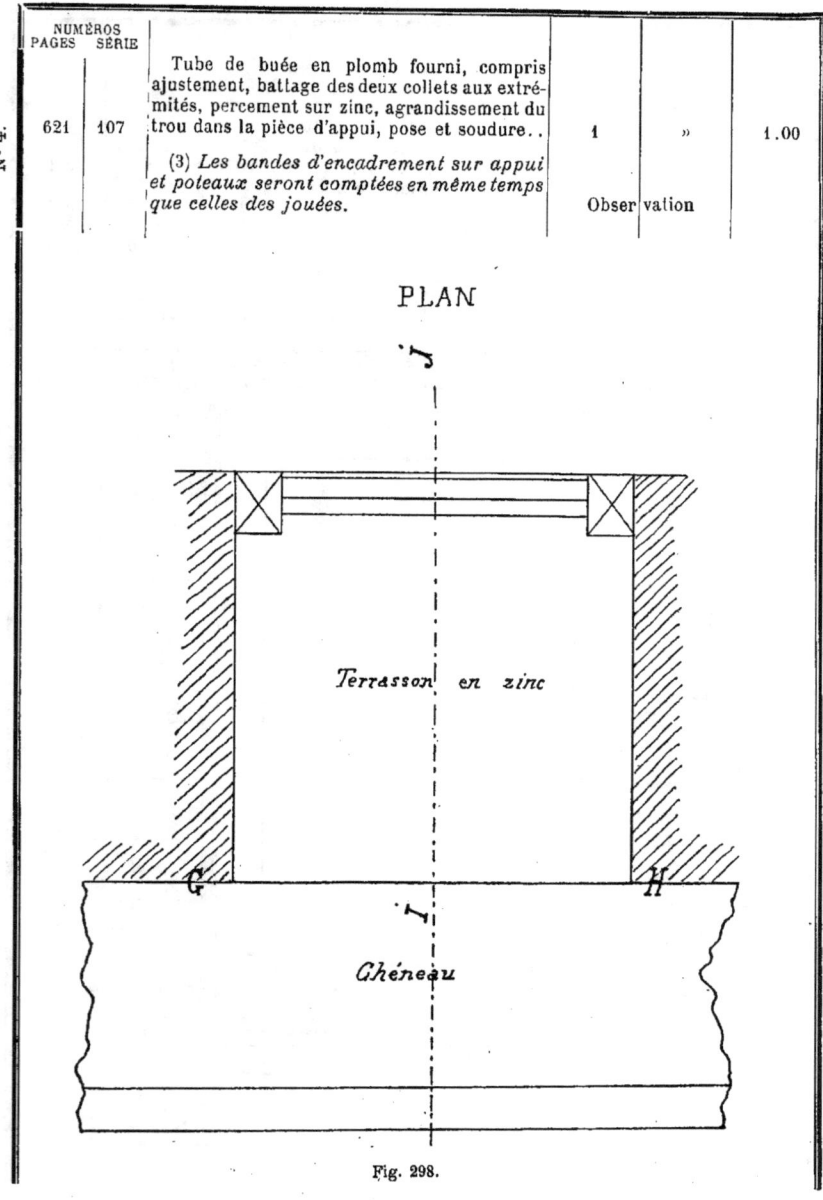

Fig. 298.

NUMÉROS					
PAGES	SÉRIE				
»	»	2 jouées intérieures : Jouées en zinc n° 12 pour fourniture : 2 fois 1.80 = ... 3.60 × 0.55 développé réduit; produit surface.... Façon pose; comme bandes de recouvrement	1.98	3.34	6.61
616	33	× 0.55 développé........................ Linéaires....................	3.60	1.48	5.33
620	131	Par le bas : Pattes cuivre *idem* 2 fois 4..............	8	0.20	1.60

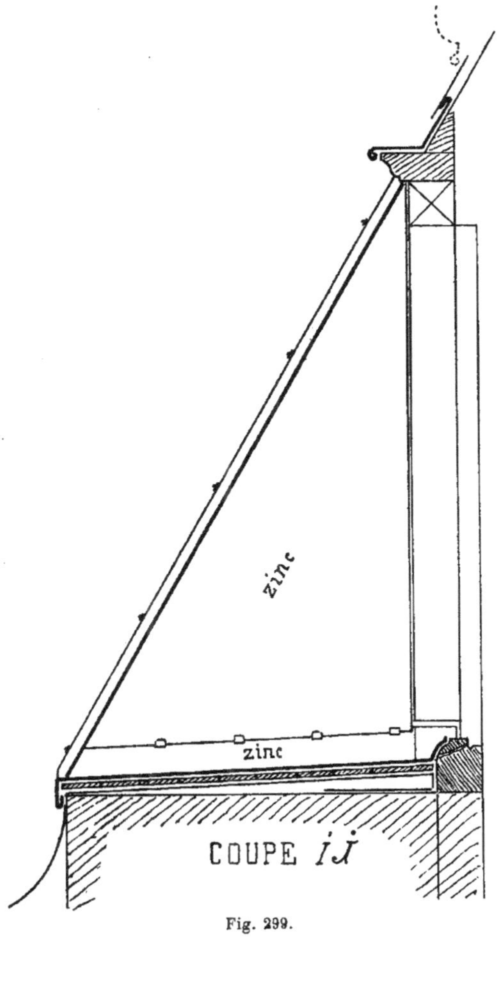

N° 4.

COUPE *ij*

Fig. 299.

MÉTRÉ DE LA COUVERTURE.

Coupe GH

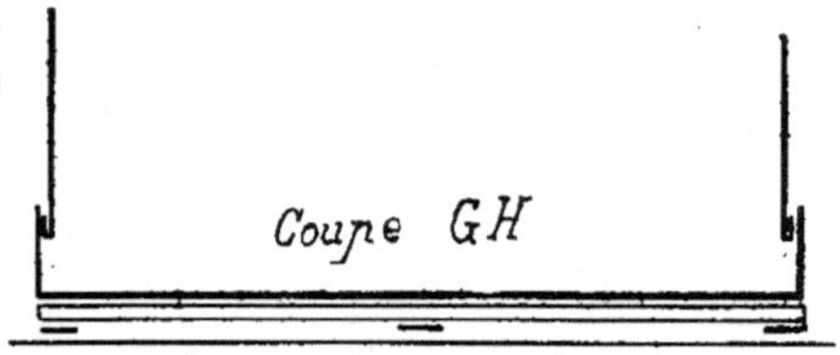

Fig. 300.

NUMÉROS PAGES	SÉRIE				
		Les bandes d'encadrement en zinc n° 12 pour fourniture,			
		(ab) 2 fois 1.80 = ... 3.60			
		(bc) 2 fois 0.15 = ... 0.30			
		(cd) 2 fois 0.14 = ... 0.28			
		(de) 2 fois 0.06 = ... 0.12			
		(ef) 1 fois............... 1.00			
		Linéaires............ 5.30			
»	»	× 0.07 large, produit surface............	0.37	3.34	1.24
616	28	Façon, pose, linéaires............	5.30	0.57	3.02
617	64	Angles idem : 2 fois 4............	8	0.15	1.20
616	52	Clouage à piston espacé de 0.05. Linéaires.	5.30	0.34	1.80
		En raccord de brisis :			
		Tranchis droits sur ardoise neuve			
611	238	2 fois 2.42 = ...	4.84	0.43	2.08
»	»	Dévirures plâtre idem............	4.84	0.38	1.84
		Noquets droits en zinc n° 12 pour fourniture			
		2 fois 9 = ... 18			
		de chaque 0.30 × 0.25 produit surface. 0.075			
»	»	Ensemble............	1.35	3.34	4.51
620	127	Façon, pose desdits............	18	0.15	2.70
		Plus :			
		Noquets zinc idem pour fourniture 2 de chaque 0.23 × 0.25 produit......... 0.06			
»	»	Ensemble............	0.12	3.34	0.40
»	»	Façon, pose desdits............	2	0.15	0.30
		Plus-value de noquets zinc, façonnés suivant moulures de la capucine compris coupes et			
»	»	soudures............	2	1.50	3.00
		En rives :			
		Tasseaux neufs en sapin de 0.055, fournis, posés, cloués.			
621	150	2 fois 2.26............	4.52	0.38	1.72
		Couvrejoints zinc idem, pour fourniture			
		Linéaires............ 4.52			
		Plus :			
		Croisures 2 × 0.05 = ... 0.10			
		Ensemble............ 4.62			
»	»	× 0.10 large, produit surface............	0.46	3.34	1.54

COUVERTURE ET PLOMBERIE.

	NUMÉROS PAGES	SÉRIE				
N° 4.	616	44	Façon, pose, linéaires....................	4.62	0.20	0.92
	618	76	Talons zinc rapportés, soudés............	2	0.20	0.40
	»	»	Têtes zinc *idem*........................	2	0.20	0.40
	»	»	Plus-value de brisures façonnées, soudées sur ces dernières........................	2	0.15	0.30
	618	80	Vis fer et rondelles plomb, fournies, posées. 2 fois 5.............................	10	0.18	1.80
			Dessus de lucarne :			
	»	»	Voligeage neuf, sapin de 0.013, fourni, posé cloué, jointif sur versant. 1.60 × 0.11 produit surface.............	0.18	2.05	0.36
			Bandes d'agrafe en zinc n° 12 pour fourniture : 1 fois........................ 1.55 2 fois 0.17 = ... 0.34 Linéaires............. 1.89			
	»	»	× 0.10 large, produit surface............	0.19	3.34	0.63
	616	25	Façon, pose ; linéaires..................	1.89	0.25	0.47
			Recouvrement en zinc *idem* pour fourniture. Linéaires............. 1.64			
	»	»	× 0.43 large ; produit surface...........	0.71	3.34	2.37
	616	33	Façon, pose ; Linéaires..................	1.64	1.48	2.43
	»	»	Onglets façonnés, soudés................	2	0.15	0.30
	617	65	Goussets rapportés, soudés..............	2	0.28	0.56
	»	»	2 autres lucarnes semblables à celle accoladée n° 4.................................	2	70.41	140.82
			A gauche :			
	607	145	Arêtier ardoise *idem*...................	3.10	1.50	4.65
			Brisis sur Avenue.			
	»	»	Comprenant châssis, souches et rive comme sur rue : A reprendre 1 fois l'accolade n° 3.........	1	»	419.06
			Courette.			
			Versant de face :			
N° 5.	»	»	1 noue à droite. Voligeage neuf en sapin de 0.013 jointif. 2 fois 2.75 = 5.50 × 0.22 large, produit surface...........................	1 21	2.05	2.48
	»	»	Noue en zinc n° 12 pour fourniture. 2.95 × 0.50 large, produit surface...	1.48	3.34	4.94
	617	55	Façon, pose, comme couverture zinc, par feuilles de 0.50 (*type C*) surface........	1.48	1.70	2.52
	»	»	Gousset *idem*..........................	1	»	0.28
	»	»	Brisure *idem*..........................	1	»	0.15
			Sur côtés :			
	611	238	Tranchis biais sur ardoise neuve. 2 fois 2.75 = ...	5.50	0.79	3.85
	610	227	Parements plâtre *idem*.................	5.50	0.40	2.20

MÉTRÉ DE LA COUVERTURE.

	NUMÉROS PAGES	NUMÉROS SERIE				
	»	»	A gauche : 1 noue ; comme celle accoladée n° 5........	1	»	16.42
			Versant de droite :			
	»	»	1 châssis en fer à tabatière de 0.65 × 0.80 comme celui accolé n° 2................	1	»	43.08
			Versant de gauche :			
	»	»	1 châssis comme celui accolé n° 2.......	1	»	43.08
			Versant du fond :			
N° 6.	»	»	1 noue à gauche. Voligeage neuf en sapin *idem*. 2 fois 2.90 = 5.80 × 0.22 large; produit surface....................	1.28	2.05	2.62
	»	»	Noue en zinc n° 12 pour fourniture. 3.10 × 0.50 large produit surface.........	1.55	3.34	5.18
	»	»	Façon, pose, comme couverture (*type C*)...	1.55	1.70	2.64
	617	65	Gousset..............................	1	»	0.28
	»	»	Brisure *idem*.......................	1	»	0.15
			Sur côtés :			
	»	»	Tranchis biais sur ardoise neuve.			
	611	238	2 fois 2.90.................	5.80	0.70	4.06
	610	227	Parements plâtre, *idem*...............	5.80	0.40	2.32
	»	»	4 châssis semblables à celui accolé n° 2..	4	43.08	172.32
			(4) *Deux de ces châssis sont figurés au plan en pénétration dans les noues, mais dans la pratique, on doit rechercher le moyen de les reporter dans la couverture, pour ne pas faire obstacle à l'écoulement des eaux dont les noues sont les principales conductrices.*	Observation		
			Cour.			
			Versant de droite :			
			1 rive au fond :			
	611	232	Tranchis droits sur ardoise neuve; linéaires.	2.42	0.43	1.04
	609	176	Dévirures plâtre *idem*................	2.42	0.38	0.92
			Noquets droits en zinc *idem* pour fourniture = 11 de chaque 0.30 × 0.25 produit 0.075.			
	»	»	Ensemble....................	0.83	3.34	2.77
	620	127	Façon, pose desdits.................	11	0.15	1.65
N° 9.			Devant la souche :			
	610	210	Filets plâtre sur ardoise neuve...........	0.44	0.90	0.40
			Bavette en zinc *idem* pour fourniture = 0.54 × 0.20 large, produit surface.............	0.11	3.34	0.37
	616	32	Façon, pose ; linéaires..............	0.54	1.25	0.68
	617	65	Gousset zinc, rapporté, soudé...........	1	»	0.28
	617	64	Angles façonnés, soudés..............	2	0.15	0.30
	»	»	Pattes d'agrafe cuivre, en plus-value......	2	0.20	0.40

COUVERTURE ET PLOMBERIE.

NUMÉROS PAGES	SERIE				
		Sur mur et souche :			
		Bandes de solins en zinc *idem* pour fourniture.			
		1 fois................ 0.50			
		1 fois................ 2.95			
		1 fois................ 0.32			
		Linéaires............ 3.77			
		× 0.12 large, produit surface............	0.43	3.34	1.50
616	28	Façon, pose.............................	3.77	0.57	2.15
»	»	Angles.................................	4	0.15	0.60
620	140	Solins en plâtre sur zinc................	3.77	0.72	2.71
		A la suite :			
»	»	3 châssis semblables à celui accolade n° 2.	3	43.08	129.24
		1 Souche.			
		Au-devant :			
610	210	Filet plâtre sur ardoise neuve...........	0.40	0.90	0.36
		Bavette en zinc n° 12 pour fourniture = 0.65			
»	»	× 0.23 large, produit surface............	0.15	3.34	0.40
616	32	Façon, pose ; linéaires..................	0.65	1.25	0.81
»	»	Pattes d'agrafe cuivre *idem*............	3	0.20	0.60
»	»	Goussets................................	2	0.28	0.56
»	»	Angles..................................	2	0.15	0.30
		Sur côtés :			
		Tranchis droits sur ardoise neuve.			
611	238	2 fois 1.40................	2.80	0.43	1.20
609	176	Dévirures plâtre *idem*............	2.80	0.38	1.06
		Noquets droits zinc *idem* pour fourniture.			
		2 fois 6 = ... 12			
»	»	de chaque 0.075 superficiel, produit.......	0.90	3.34	3.00
»	»	Façon, pose desdits......................	12	0.15	1.80
		Bandes de solins en zinc n° 12 pour fourniture : 1 fois................ 0.44			
		2 fois 1.60 = ... 3.20			
		Linéaires............ 3.64			
»	»	× 0.12 large, produit surface............	0.44	3.34	1.47
616	28	Façon, pose ; linéaires..................	3.64	0.57	2.07
»	»	Angles *idem*...........................	4	0.15	0.60
620	140	Solins plâtre sur zinc...................	3.64	0.72	2.62
		A la suite :			
»	»	2 châssis semblables à celui accolade n° 2..	2	43.08	86.16
		(*Pour le dernier, même observation que celle n° 4*).			
		Versant de face.			

N° 9.

MÉTRÉ DE LA COUVERTURE.

NUMÉROS PAGES	SÉRIE				
		2 Ventilateurs.			
		Détail d'un :			
		Voligeage neuf sapin *idem*.			
621	170	0.40 × 0.60 produit..................	0.24	2.05	0.49
		Recouvrement zinc n° 12 pour fourniture.			
		Linéaires................. 0.55			
»	»	× 0.65 développé produit surface...........	0.36	3.34	1.20
616	34	Façon, pose.....................	0.55	1.65	0.91
»	»	Angles *idem*.......................	2	0.15	0.30
		Au devant :			
610	210	Filet plâtre sur ardoise neuve............	0.55	0.90	0.50
620	131	Pattes d'agrafe cuivre *idem*............	3	0.20	0.60
		Sur côtés :			
		Tranchis droits sur ardoise neuve.			
»	»	2 fois 0.55.....................	1.10	0.43	0.47
		Au dessus :			
609	188	Doublis de 1 ardoise neuve *idem*.........	0.40	0.64	0.26
»	»	Parements plâtre : 2 fois 0.55 = .. 1.10			
		1 fois 0.40			
»	»	Ensemble............... 1.50	1.50	0.40	0.60
		Pour ventilateur :			
		Tuyau zinc n° 12 pour fourniture... 2.00			
		Manchon..................... 0.80			
		1 embranchement façonné, soudé sur recouvrement zinc pour............ 0.40			
		2 bagues de 0.10.............. 0.20			
		Plus-value desdites			
		2 × 0.20 courant = ... 0.40			
		Linéaires............... 3.80			
»	»	× 0.80 développé (0.25 diamètre) produit surface...................	3.04	3.34	10.15
621	157	Façon, pose ; linéaires...............	3.80	1.91	7.26
»	»	Pattes d'agrafe cuivre fournies, soudées sur manchon en zinc...................	4	0.20	0.80
»	»	Percement circulaire sur voligeage de 0,26 de diamètre.....................	1	»	0.50
»	»	1 autre ventilateur semblable à celui accoladé n° 7.................	1	»	24.04
		A droite et à gauche :			
		2 noues.			
		Détail d'une :			
		Voligeage neuf sapin *idem*.			
		2 fois 3.10 = ... 6.20			
»	»	× 0.22 large, produit surface.............	1.36	2.05	2.79
		Noue zinc n° 12 pour fourniture = 3.30			
»	»	× 0.50 large, produit surface...........	1.65	3.34	5.51
»	»	Façon, pose, comme *idem*........	1.65	1.70	2.81
»	»	Gousset......................	1	»	0.28
»	»	Brisure.......................	1	»	0.15
		Sur côtés :			
		Tranchis biais sur ardoise neuve.			
611	238	2 fois 3.10.....................	6.20	0.70	4.34
610	227	Parements plâtre *idem*.............	6.20	0.40	2.48

N° 7.

N° 8.

NUMÉROS PAGES	SÉRIE				
»	»	1 autre noue comme celle accoladée n° 8...	1	»	18.36
		Versant de gauche :			
»	»	1 châssis comme celui accoladé n° 2.......	1	»	43.08
		1 souche isolée.			
		Au-devant :			
610	210	Filet plâtre sur ardoise neuve............	0.40	0.90	0.36
		Bavette en zinc n° 12, pour fourniture.			
		Linéaires............... 0.65			
»	»	× 0.23 large, produit surface..............	0.15	3.34	0.40
616	32	Façon, pose...........................	0.65	1.25	0.81
617	65	Goussets...............................	2	0.28	0.56
»	64	Angles................................	2	0.15	0.30
»	»	Pattes cuivre *idem*...................	3	0.20	0.60
		Sur côtés :			
		Tranchis droits sur ardoise neuve.			
611	238	2 fois 0.70......................	1.40	0.43	0.60
609	176	Dévirures *idem*........................	1.40	0.38	0.53
		Noquets droits zinc *idem*, pour fourniture.			
		2 fois 3 = ... 6			
»	»	de chaque 0.075 superficiel, produit........	0.45	3.34	1.50
620	127	Façon, pose desdits...................	6	0.15	0.90
		Bandes de solins en zinc n° 12 pour fourniture : 1 fois................ 0.45			
		2 fois 0.80 = ... 1.60			
		Linéaires............... 2.05			
»	»	× 0.12 large, produit surface..............	0.25	3.34	0.83
616	28	Façon, pose ; linéaires....................	2.05	0.57	1.17
617	64	Angles................................	4	0.15	0.60
620	140	Solins plâtre sur zinc	2.05	0.72	1.48
		A la suite :			
»	»	3 châssis semblables à celui accoladé n° 2..	3	43.08	129.24
		1 rive et souche au fond ; à reprendre 1 fois			
»	»	l'accolade n° 9............................	1	»	15.77
		Couronnements de brisis.			
		Sur rue, place et avenue.			
		Membrons.			
		Voligeage neuf en sapin de 0.013 épaisseur, fourni, posé, cloué, jointif.			
		Rue............... 22.00			
		Place................ 11.25			
		Avenue.............. 22.00			
		Linéaires. Ensemble.. 55.25			
		Moins souches :			
		2 fois 0.35 = ... 0.70 »			
		2 fois 0.65 = ... 1.30 »			
		A déduire ensemble 2.00 2.00			
		Reste linéaires (M)...... 53.25			
		× 0.22 hauteur, produit surface..... 11.71			
		Pour double épaisseur :			
		Même surface.................. 11.71			
621	170	Ensemble............ 23.42	23.42	2.05	48.01

MÉTRÉ DE LA COUVERTURE.

NUMÉROS PAGES	SÉRIE				
Com	posé	Membrons en sapin de 0.14 × 0.12 à arrondi de 0.15 développé, fournis, posés, cloués (non assemblés).			
		Mêmes linéaires que (M).......... 53.25			
		Plus :			
		6 amortissements × 0.05 courant.. 0.30			
		2 coupes et ajustements d'onglets × 0.12 courant.................... 0.24			
		Ensemble............. 53.79	53.79	4.05	217.85
		Recouvrements de membrons en zinc n° 12, pour fourniture.			
		Mêmes linéaires que (M).......... 53.25			
		Plus :			
		Coulisseaux (par 1 mètre) :			
		Sur rue................. 21			
		Sur place................. 11			
		Sur avenue................ 21			
		Ensemble......... 53			
		× 0.20 courant, produit........... 10.60			
		Têtes ; ensemble.......... 6			
		× 0.15 courant, produit........... 0.90			
		Équerres................ 2			
		× 0.20 courant, produit........... 0.40			
		Ensemble. Linéaires......... 65.15			
»	»	× 0.40 développé, produit surface..........	26.06	3.34	87.04
616	33	Façon, pose de membrons zinc, comme recouvrements de 0.40 développé. Linéaires....	61.15	1.48	90.50
616	41	Plus-value de 1/10 façon par bouts de 1 mètre. Linéaires....................	53.25	0.15	7.99
		Plus-value de façon de moulures sur zinc.			
		Comprenant :			
»	36	1 Ourlet à............ 0ᶠ,10 = 0ᶠ,10			
»	35	4 Arêtes comme reliefs à 0,04 = 0,16			
»	38	2 Courbes à........... 0,15 = 0,30			
		Ensemble............... 0ᶠ,56			
»	»	Soit, linéaires...................	65.15	0.56	36.48
»	»	Brisures façonnées, soudées aux coulisseaux 53 fois 2 =.....................	106	0.15	15.90
»	»	Pattes d'agrafe cuivre rouge, fournies, posées en plus-value. Ensemble..................	172	0.20	34.40
		Au-dessous du membron :			
		Bavettes de filets en plomb neuf de 0.0015 épaisseur, pour fourniture.			
		Mêmes linéaires que (M).......... 53.25			
		Plus :			
		Têtes................. 6			
		× 0.15 courant................ 0.90			
		A reporter............ 54.15			

NUMÉROS						
PAGES	SÉRIE					
		Report..............	54.15			
		Équerres................ 2				
		× 0.20 courant...............	0.40			
		(5) *Ces deux dernières évaluations de longueurs, ne sont pas prévues en série, mais correspondent aux dimensions effectives des bandes, aux emplacements désignés*.....	»	Obser	vation	
		Croisures ; ensemble......... 13				
		× 0.10, produit................	1.30			
		Linéaires. Ensemble......... 55.85				
		× 0.16 large, produit surface 8.94 × 17 kilos le mètre superficiel :				
622	1	Pesant........................	151^k,980	0.42	63.83	
»	9	Façon, pose de plomb en bavette. Pesant...	151^k,980	0.15	22.79	
		Angles façonnés, emboutis sur plomb :				
		Aux abouts...................... 6				
		Aux arêtiers 2 fois 2 = ... 4				
»	16	Ensemble................... 10	10	0.50	5.00	
»	17	Bandes de clouage en zinc neuf, fournies, posées ; mêmes linéaires que (M)............	53.25	0.33	17.57	
		Clouage à piston, espacé de 0.05.				
616	52	Linéaires........................	53.25	0.34	18.11	
		Filets en plâtre sur ardoise neuve ; mêmes linéaires que (N).................. 53.25				
		Moins :				
		Lucarnes................. 3				
		de chaque 1.60, produit...........	4.80			
610	210	Reste linéaires.............	48.45	48.45	0.90	43.61
		Sur **Courette**.				
		Banquette comme à la figure 31 (*mais à pince d'agrafe en tête, au lieu de relief et liteaux*).				
		Voligeage neuf en sapin *idem*.				
		De face............... 2.20				
		A droite............... 7.50				
		A gauche............... 7.50				
		Au fond............... 6.25				
		Linéaires (N)....... 23.45				
		× 0.22 hauteur, produit surface....	5.16			
		Pour double épaisseur :				
		Même surface	5.16			
621	170	Ensemble.............	10.32	10.32	2.05	21.16

MÉTRÉ DE LA COUVERTURE.

NUMÉROS PAGES	SÉRIE					
		Recouvrements en zinc n° 12, pour fourniture.				
		Mêmes linéaires que (N).......... 23.45				
		Plus :				
		Coulisseaux *idem* :				
		De face.................. 3				
		A droite................. 8				
		A gauche................. 8				
		Au fond.................. 7				
		Ensemble............. 26				
		× 0.20 courant, produit............ 5.20				
		Equerres.................. 4				
		× 0.20 courant, produit............ 0.80				
		Linéaires............. 29.45				
»	»	× 0.40 développé, produit surface..........	11.78	3.34	39.35
616	33	Façon, pose ; linéaires....................	29.45	1.48	43.58
»	41	Plus-value de 1/10, façon, par bouts de 1 mètre...............................	23.45	0.15	3.52
»	»	Brisures façonnées, soudées aux coulisseaux : 26 fois 2 = ...	52	0.15	7.80
»	»	Pattes cuivre *idem* ; ensemble	74	0.20	14.80
		Au dessous :				
		Bavettes de filets en plomb neuf de 0.0015, épaisseur pour fourniture.				
		Mêmes linéaires que (O)... 23.85				
		Plus :				
		Croisures 5				
		× 0.10, produit 0.50				
		Linéaires.......... 24.35				
		× 0.16 large, produit surface....... 3.90				
622	1	× 17 kilos le mètre superficiel : Pesant.. ...	66ᵏ300	0.42	27.86
»	9	Façon, pose ; Pesant	66ᵏ300	0.15	9.95
		Amortissements façonnés *idem*, sur plomb, compris coupes biaises, au droit des noues.				
»	»	4 fois 2 = ...	8	0.50	4.00
		Filets en plâtre sur ardoise neuve.				
		De face....................... 1.80				
		A droite...................... 7.10				
		A gauche..................... 7.10				
		Au fond...................... 7.85				
»	»	Linéaires (O)..... · 23.85	23.85	0.90	21.47
		Sur Cour.				
		Banquette comme sur courette.				
		Voligeage neuf sapin *idem*.				
		A droite 8.00				
		De face................. 5.60				
		A gauche 8.00				
		Linéaires.......... 21.60				
		Moins souches......... 4				
		de chaque 0.38 réduit 1.52				
		Reste............. 20.08				

COUVERTURE ET PLOMBERIE.

NUMÉROS PAGES	SÉRIE				
»	»	× 0.22 hauteur, produit surface..... 4.42 Pour double épaisseur : Même surface.................. 4.42 Ensemble............... 8.84 Recouvrements en zinc n° 12, pour fourniture Linéaires...................... 20.08	8.84	2.05	18.12
		Plus :			
		Coulisseaux ; A droite........ 6 De face......... 5 A gauche....... 6 Ensemble............ 17 × 0.20 courant, produit........... 3.40 Têtes..................... 6 × 0.15 courant, produit........... 0.90 Equerres................ 2 × 0.20 courant, produit.......... 0.40			
»	»	Linéaires, ensemble....... 24.78 × 0.40 développé, produit surface..........	9.91	3.34	33.10
»	»	Façon, pose desdites bandes ; Linéaires	24.78	1.48	36.67
»	»	Plus-value de 1/10 pour façon, par bouts de 1 mètre..................................	20.08	0.15	3.01
»	»	Brisures façonnées, soudées aux coulisseaux.	34	0.15	5.10
»	»	Pattes cuivre *idem*, ensemble	60	0.20	12.00
		Aux abouts :			
»	»	Goussets de brisures, en zinc, rapportés et soudés...................................	6	0.28	1.68
		Au-dessous :			
		Bavettes de filets en plomb neuf de 0.0015 épaisseur, pour fourniture. A droite : 4.50, 2.60........ 7.10 De face................ 5.00 A gauche................ 7.10 Linéaires (P)....... 19.20			
		Plus :			
		Têtes............. ... 6 × 0.15 courant............. 0.90 Croisures .... 4 × 0.10, produit .... 0.40 Linéaires, ensemble.... 20.50 × 0.16 large, produit surface........ 3.28			
622	1	× 17 kilos le mètre superficiel : Pesant......	55ᵏ760	0.42	23.42
»	9	Façon, pose de plomb en bavette : Pesant..	55ᵏ760	0.15	8.36
»	16	Angles façonnés, emboutis sur plomb aux abouts.................................	6	0.50	3.00
»	»	Amortissements façonnés sur plomb, compris coupes biaises au droit des noues. 2 fois 2 =.....................	4	0.50	2.00
»	17	Bandelettes de clouage en zinc, fournies, posées. Linéaires *idem* que (P)...............	19.20	0.33	6.34

MÉTRÉ DE LA COUVERTURE.

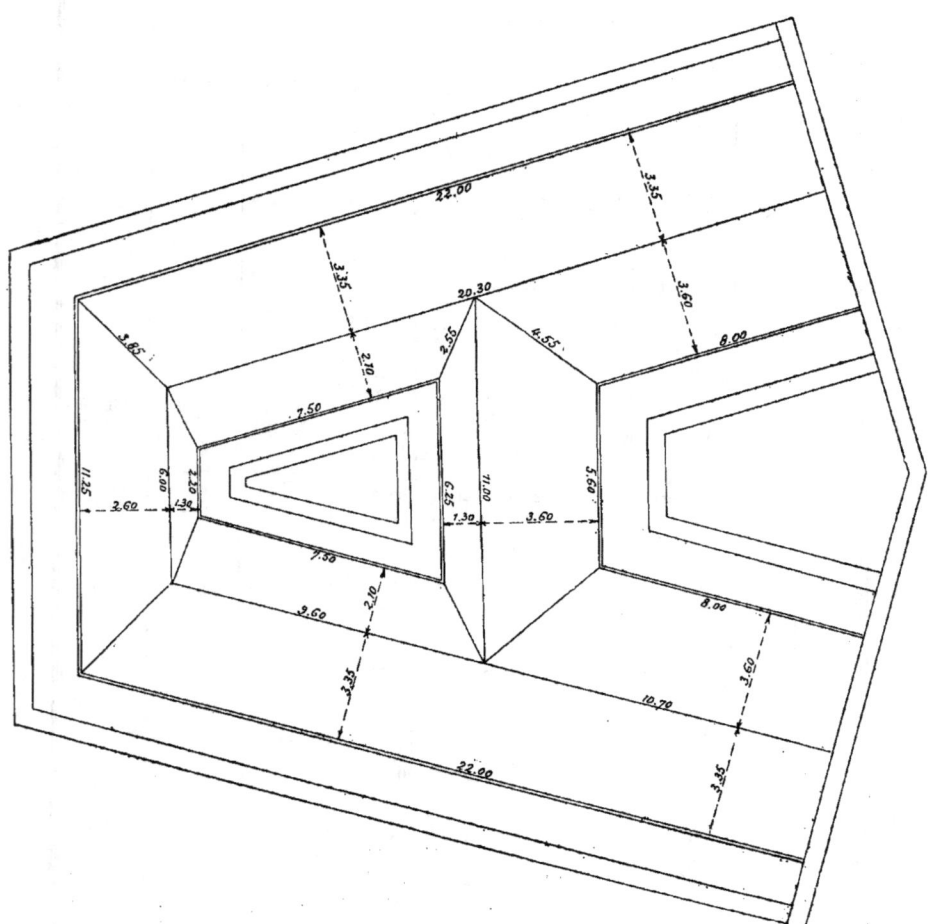

Fig. 301.

NUMÉROS					
PAGES	SÉRIE				
616	52	Clouage à piston espacé de 0.05 ; linéaires..	19.20	0.34	6.53
		Filets plâtre sur ardoise neuve.			
610	210	Linéaires *idem* que (P).................	19.20	0.90	17.28
		Terrassons de combles.			
		Voligeage neuf en sapin de 0.013, fourni, posé, cloué jointif.			
		(*suivant plan figure n° 301*)			
		Versant sur rue :			
		$\dfrac{22.00 \text{ et } 20.30}{2} = \ldots\ldots\ldots\ 21.15$			
		$\times$ 3.35 hauteur, produit surface (Q). 70.85			
		Versant face place :			
		$\dfrac{11.25 \text{ et } 6.00}{2} = \ldots\ldots\ldots\ 8.63$			
		$\times$ 2.60 hauteur, produit........... 22.44			
		Versant sur avenue :			
		Même surface que sur rue (Q)..... 70.85			
		Courette :			
		Versant de face :			
		$\dfrac{2.20 \text{ et } 6.00}{2} = \ldots\ldots\ldots\ 4.10$			
		$\times$ 1.30 hauteur, produit........... 5.33			
		Versant de droite :			
		$\dfrac{7.50 \text{ et } 9.60}{2} = \ldots\ldots\ldots\ 8.55$			
		$\times$ 2.10 hauteur, produit (R)........ 17.96			
		Versant de gauche :			
		Même surface que (R)............ 17.96			
		Versant du fond :			
		$\dfrac{6.25 \text{ et } 11.00}{2} = \ldots\ldots\ldots\ 8.63$			
		$\times$ 1.30 hauteur, produit 11.22			
		sur cour.	»		
		Versant de droite :	»		
		$\dfrac{8.00 \text{ et } 10.70}{2} = \ldots\ldots\ldots\ 9.35$	»		
		$\times$ 3.60 hauteur, produit (S)....... 33.66			
		Versant de face :	»		
		$\dfrac{5.60 \text{ et } 11.00}{2} = \ldots\ldots\ldots\ 8.30$	»		
		$\times$ 3.60 hauteur, produit........... 29.88			
		Versant de gauche :	»		
		Même surface que (S) 33.66			
		Ensemble............ 343.81			

MÉTRÉ DE LA COUVERTURE.

NUMÉROS PAGES SÉRIE						
	Moins :					
	Versant sur rue :					
	1re souche au fond de 0.35 × 1.15 produit	0.40		»	»	
	2e souche isolée de 0.35 × 2.70 produit..... 0.95					
	1 excédent de 0.25 × 0.20 produit..... 0.05	1.00		»	»	
	3e souche isolée de 0.40 × 2.10 produit.... 0.84					
	1 excédent de 0.30 × 0.75 produit.... 0.22	1.06		»	»	
	Pour versant sur rue (T) ; ensemble.....	2.46	2.46	»		
	Versant sur avenue :					
	Mêmes déductions que sur rue (T)...............		2.46	»		
	Sur courette :					
	Versant de face :					
	1 souche de 0.70 × 0.30 produit.......	0.21		»	»	
	Versant de droite :					
	1 souche de 0.35 × 1.90 produit.......	0.66		»	»	
	1 châssis de 0.66 × 0.86 produit.......	0.56		»	»	
	2e souche de 0.40 × 1.05 produit..... 0.42					
	1 excédent de 0.75 × 0.40 produit..... 0.30	0.72		»	»	
	Versant de gauche :					
	Mêmes déductions que pour le versant de droite............	1.94		»	»	
	Pour courette, ensemble	4.09	4.09	»		
	Sur cour :					
	Versant de droite :					
	1re souche adossée au fond de 0.35 × 1.50 produit..........	0.52		»	»	

Sciences générales.   COUVERTURE ET PLOMBERIE. — TOME II. — 12.

COUVERTURE ET PLOMBERIE.

NUMÉROS PAGES	SÉRIE						
		1 châssis *idem*, précédent............... 0.56	»	»			
		2° souche isolée de 0.40 × 1.50 produit.... 0.60	»	»			
		1 châssis *idem*, précédent............... 0.56	»	»			
		Versant de face :					
		1 châssis de 0.71 × 0.46 produit....... 0.32	»	»			
		1 châssis de 0.56 × 0.61 produit....... 0.34	»	»			
		1 châssis de 0.51 × 0.61 produit....... 0.31	»	»			
		Versant de gauche :					
		Mêmes déductions que pour le versant de droite............ 2.24	»	»			
		Pour cour ; ensemble. 5.48	5.48	»			
		Ensemble à déduire... 14.49	14.49				
621	170	Reste surface...............	299.32	299.32	2 05	613.61
		Faîtages en sapin de 0.080 fournis, posés, cloués 2 fois 20.30...............	40.60				
		1 fois....................	6.00				
		1 fois....................	11.00				
		Arêtiers *idem*................	»				
		2 fois 3.85................	7.70				
»	151	Linéaires............	65.30	65.30	0.99	64.65
		Tasseaux neufs en sapin de 0.040, fournis, posés, cloués :					
		Versant sur rue :					
		(*partant du fond*)					
		1 fois.................... 2.20					
		7 fois 3.30.............. 23.10					
		1 fois.................... 2.75					
		13 fois 3.30.............. 42.90					
		1.25, 0.35 = ... 1.60					
		1 fois.................... 3.00					
		1 fois.................... 3.30					
		2 fois 1.10 réduit......... 2.20					
		Ensemble sur rue...... 81.05	81.05				
		Versant sur place					
		3 fois 1.00 réduit......... 3.00					
		8 fois 2.55............... 20.40		26.40			
		3 fois 1.00 réduit......... 3.00					
		Versant sur avenue :					
		Mêmes linéaires que sur rue....... 81.05					
		A reporter.......... 188.50					

MÉTRÉ DE LA COUVERTURE.

NUMÉROS PAGES	SÉRIE				

Report............ 188.50
Sur courette :
  Versant de face :
2 fois 1.15 .... 2.30)
4 fois 0.70 réduit.... 2.80) 5.10 »
  Versant de droite :
Devant la souche (partant côté de face).
2 fois 0.55.......... 1.10
  Au-dessus :
2 fois 0.60.......... 1.20
  A la suite :
1 fois............. 1.85
Devant le châssis ... 1.00
A la suite.......... 1.85
  A la souche :
Devant : 2 fois 0.50.. 1.00
Au dessus ; 2 fois 0.60. 1.20
  A la suite :
1 fois............. 1.85
2 fois 1.30 réduit.... 2.60
Soit pour versant de droite (U)............ 13.65 13.65 »
  Versant de gauche :
Linéaires *idem* que sur celui de droite (U)................ 13.65 »
  Versant du fond :
6 fois 1.15 (*milieu*)... 6.90) »
6 fois 0.70 réduit (*côtés*) 4.20) 11.10 »
Ensemble sur courette .. 43.50 43.50

  Sur cour :
Versant de droite (*partant du fond*).
1 fois............. 2.05
5 fois 3.45......... 17.25
Au-dessus de la souche............... 1.75
  A la suite :
3 fois 3.45......... 10.35
1 fois............. 2.75
1 fois............. 0.75
1 fois............. 0.35 35.25 »
  Versant de face.
  A la suite :
3 fois 2.00 réduit.... 6.00)
1 fois............. 3.45 (
  A reporter... 9.45 35.25 43.50

COUVERTURE ET PLOMBERIE.

NUMÉROS PAGES	SÉRIE						
		Reports.. 9.45 3.25 43.50					
		1 fois............. 2.65					
		3 fois 3.45 .... 10.35					
		Devant châssis...... 0.35					
		Au dessus :					
		2 fois 2.20......... 4.40					
		A la suite :					
		2 fois 1.25 réduit ... 2.50 / 29.70 »					
		Versant de gauche :					
		3 fois 1.80 réduit.... 5.40					
		3 fois 3.45......... 10.35					
		Au-dessus de la sou-					
		che................ 2.00					
		A la suite :					
		5 fois 3.45 .... 17.25					
		1 fois............. 2.05 / 37.05 »					
		Ensemble sur cour........ 102.00 102.00					
621	149	Linéaires................ 334.00	334.00	0.33	110.22		
		La couverture en zinc n° 12 pour fourniture.					
		Versant sur rue					
		(partant du fond).					
		1 fois 0.80 × 3.53 hauteur,					
		produit................... 2.82					
		Moins 1 souche de (net).... »					
		0.35 × 1.40 produit........ 0.49					
		Reste surface....... 2.33 2.33					
		A la suite :					
		7 fois 0.80 = 5.60 × 3.53					
		hauteur, produit............ 19.77					
		Moins 1 souche de (net).... »					
		0.15 × 2.60 produit........ 0.39					
		Reste surface....... 19.38 19.38					
		A la suite :					
		16 fois 0.80 × 3.53 hauteur					
		produit................... 45.18					
		Moins 1 souche de (net).... »					
		0.20 × 1.90 produit. 0.38					
		0.30 × 0.55 produit. 0.16 { 0.54					
		Reste surface....... 44.64 44.64					
		En écoinçon					
		Par le bas 2 fois 0.80. 1.60					
		1 fois...... 0.20					
		Ensemble.... $\frac{1.80 \times 3.40}{2}$					
		hauteur, produit.................. 3.06					
		A reporter........ 69.41					

MÉTRÉ DE LA COUVERTURE.

NUMÉROS			
PAGES	SERIE		

Report............ 69.41

Versant face place :

Par le bas :

    2 fois 0.20..... 0.40 ⎫
    13 fois 0.80..... 10.40 ⎬ 10.80

Par le haut :

    2 fois 0.10..... 0.20 ⎫
    7 fois 0.80..... 0.60 ⎬ 5.80

Soit :

$$\frac{10.80 \text{ et } 5.80}{2} = \dots\dots\dots 8.30$$

× 2.78 hauteur, produit............ 23.07

Versant sur avenue :

Même surface que versant sur rue accoladé A...................... 69.41

Sur courette :

Versant de face :

2 noues de chaque
0.50 × 2.15 hauteur produit
    Ensemble................. 2.15

Versant :

Par le bas :

    1 fois......... 0.80 ⎫
    2 fois 0.23.... 0.46 ⎬ 1.26

Par le haut :

    2 fois 0.45.... 0.90 ⎫
    5 fois 0.80.... 4.00 ⎬ 4.90

Soit :

$$\frac{1.26 \text{ et } 4.90}{2} = \dots\dots\dots 3.08$$

× 1.15 hauteur, produit 3.54
Moins 1 souche de (net) »
0.20 × 0.60 produit. 0.12

Reste surface.... 3.42   3.42

Versant de droite

Première souche (côté de la face)

Par le bas :

2.30 réduit × 0.80 hauteur produit..................... 1.04

Moins 1 souche de (net)
1 fois 0.20 × 0.95 = 0.19..⎫
1 fois 0.20 × 0.55 = 0.11..⎬ 0.30

Reste surface.......... 0.74 0.74

Derrière :

2.28 × 0.53 produit.............. 1.21

A reporter............ 169.41

	Report............ 169.41
	Au dessus :
	2 fois 0.80................ 1.60
	1 fois (réduit)............. 0.70
	Ensemble............ 2.30
	× 0.70 hauteur produit............ 1.61
	A la suite :
	2 fois 0.80 × 2.03 hauteur, produit................ 3.26
	Moins 1 châssis de (net).... »
	0.46 × 0.66 produit........ 0.30
	Reste surface.......... 2.96 2.96
	Deuxième souche
	Par le bas du versant
	3 fois 0.80 = 2.40 × 0.80 hauteur produit................ 1.92
	Moins 1 souche de (net).... »
	0.15 × 1.70 produit........ 0.25
	Reste surface........ 1.67 1.67
	Derrière :
	2.58 × 0.53 produit.............. 1.37
	Au dessus :
	3 fois 0.80 = 2.40 × 0.70 hauteur produit.......................... 1.68
	Ecoinçon à la suite :
	Par le bas : 1 fois........ 0.80
	Par le haut : 3 fois 0.80.. 2.40
	Soit :
	$\frac{0.80 \text{ et } 2.40}{2} = 1.60$
	× 2.03 hauteur, produit............. 3.25
	Versant de gauche :
	Même surface que celui de droite, accoladé B....................... 14.49
	Versant du fond :
	2 noues de chaque
	0.50 × 2.55 hauteur produit 1.28
	Ensemble................. 2.56
	Versant :
	Par le bas :
	5 fois 0.80...... 4.00
	2 fois 0.68...... 1.36 5.36
	Par le haut :
	11 fois 0.80..... 8.80
	2 fois 0.48...... 0.96 9.76
	Soit :
	$\frac{5.36 \text{ et } 9.76}{2} =$ 7.56
	× 1.15 hauteur produit........... 8.69
	A reporter.......... 207.69

MÉTRÉ DE LA COUVERTURE.

NUMÉROS PAGES SÉRIE		

               Report............ 207.69

               Sur cour :

             Versant de droite

            (partant du fond)

1 fois 0.80 × 3.62 hauteur
produit................... 2.90
Moins 1 souche de *(net)*.... »
0.35 × 1.45 produit........ 0.50
       Reste surface......... 2.40   2.40
          A la suite :

Par le bas :
  8 fois 0.80...... 6.40
  1 fois.......... 0.32   6.72
Par le haut :
  11 fois 0.80..... 8.80
  1 fois.......... 0.32   9.12
           Soit :

$$\frac{6.72 \text{ et } 9.12}{2} = 7.92$$

× 3.62 hauteur, produit.... 28.67   »
           Moins :
      1 souche de *(net)*
0.20 × 1.45 produit.   0.29
2 châssis de chaque *(net)*
0.46 × 0.66 produit 0.30
    Ensemble..... 0.60
   A déduire....... 0.89   0.89
   Reste surface...... 27.78   27.78
        Versant de face.

1 noue de 0.50 × 4.64 hauteur, produit   2.32
       Ecoinçon de droite
Bas : 1 fois.............. 0.48
Haut : 3 fois 0.80 . 2.40
      1 fois...... 0.73   3.13
Soit : $\frac{0.48 \text{ et } 3.13}{2} =$ 1.81

× 3.62 hauteur, produit.......... 6.55
        Premier châssis :
        Par le bas :
2 fois 0.80 = 1.60 × 0.50 hauteur
produit................... 0.80
Moins 1 châssis de *(net)*
0.26 × 0.51 produit........ 0.13
   Reste surface........ 0.67   0.67
       A reporter.......... 247.41

C

COUVERTURE ET PLOMBERIE.

NUMÉROS PAGES	SÉRIE					
		Report............ 247.41				
		Derrière :				
		1.73 × 0.50 produit.............. 0.87				
		Au dessus :				
		2 fois 0.80 = 1.60 × 2.72 hauteur, produit......................... 4.35				
		A la suite :				
		2 fois 0.80 = 1.60 × 3.62 hauteur, produit......................... 5.79				
		Deuxième et troisième châssis :				
		Par le bas :				
		1 fois............. 0.80				
		1 fois (réduit)...... 0.80				
		1.60 × 0.71 hauteur, produit........ 1.14				
		Derrière :				
		2.18 réduit × 0.50 produit........ 1.09				
		Au dessus :				
		Bas : 2 fois 0.80 . 1.60				
		1 fois ..... 0.68 } 2.28				
		Haut : 4 fois 0.80. 3.20				
		1 fois ..... 0.63 } 3.83				
		Soit : $\frac{2.28 \text{ et } 3.83}{2}$ = ... 3.06				
		× 2.30 hauteur, produit............ 7.04				
		1 noue à gauche				
		de 0.50 × 4.64 hauteur, produit...... 2.32				
		Versant de gauche				
		Même surface que celui de droite accoladé C........................ 30.18				
		Les couvre-joints en zinc n° 12 *idem* tasseaux.................. 334.00				
		Plus : croisures, ensemble 291 × 0.05 produit linéaires.. 14.55				
		Linéaires........... 348.55				
		× 0.10 développé, produit surface.... 34.86				
		Faîtages et arêtiers zinc *idem* bois....................... 65.30				
		Plus : croisures 35 × 0.05, produit linéaires............ 1.75				
		Ensemble............. 67.05				
		× 0.16 développé, produit surface... 10.73				
»	»	Surface de zinc n° 12 fourni....... 345.78	345.78	3.34	1154.90
617	53	Façon pose de couverture en zinc neuf par feuilles de 0.80 large (*type b*). Surface......	345.78	1.20	414.94
		Plus-value pour plus de 1/5 façon de feuilles débitées.				
		Même surface.................. 345.78				
		Moins 70 feuilles entières × chaque 1.60 superficiel, produit............ 112.00				
617	60	Reste surface................ 233.78	233.78	0.45	105.20

MÉTRÉ DE LA COUVERTURE.

NUMÉROS PAGES	SERIE				
		Aux couvre-joints :			
618	76	Talons, zinc neuf....................	152	0.20	30.40
»	»	Plus-value de biais...................	25	0.15	3.75
»	76	Têtes, zinc neuf.....................	155	0.20	31.00
»	»	Plus-value de biaises.................	14	0.15	2.10
»	78	Contre-talons zinc *idem*..............	304	0.15	45.60
		Aux faîtages et arêtiers :			
		Têtes zinc *idem*............ 2			
		Talons *idem*................ 2			
»	77	Ensemble................	4	0.25	1.00
		Contre talons zinc :			
618	79	2 fois 2 =...................	4	0.20	0.80
		Embranchements façonnés, soudés 4 pour chaque 3 angles..................	12	0.15	1.80
»	»	Equerres façonnées, soudées *idem* 2 pour chaque 3 angles	6	0.15	0.90
»	»	Entailles trapézoïdales, façonnées sur faîtages et arêtiers pour pénétration des couvre-joints Ensemble..................	138	0.15	20.70
618	80	Vis fer étamé avec rondelles en plomb, fournies, posées sur couvre-joints, faîtages et arêtiers ; Ensemble..................	478	0.18	86.04
		Raccords.			
		Versant sur rue :			
		Souche adossée au mur du fond :			
617	65	Goussets zinc rapportés, soudés..........	2	0.28	0.56
»	64	Angles façonnés, soudés................	3	0.15	0.45
		Derrière			
»	»	1 pente en plâtre, façonnée à revers.......	1	»	0.52
»	»	Plus-value de façon de contre-pente sur zinc.	1	»	0.60
»	»	1 brisure façonnée, soudée, comme angle..	1	»	0.15
		Sur souche et mur :			
		Bandes de solins en zinc n° 12 pour fourniture compris croisures			
		(*Du brisis au milieu du faîtage*)			
		1 fois................... 0.30 ⎱			
		Plus-value de 1/5 circulaire. 0.06 ⎰ 0.36			
		Souche ; 1 fois (*verticale*)........ 0.10			
		1 fois (*horizontale*)...... 1.15			
		1 fois (*décrochement*).... 0.35			
		Mur ; 1 fois.................. 0.15			
		1 fois.................. 2.00			
		1 fois (*verticale*)......... 0.08			
		1 fois.................. 0.05			
		Linéaires........... 4.24			
»	»	× 0.10 large, produit surface..............	0.42	3.34	1.40
616	28	Façon, pose ; linéaires...................	4.24	0.57	2.42
»	»	Angles *idem*........................	7	0.15	1.05
620	140	Solins plâtre sur zinc, *idem*..............	4.24	0.72	3.05

COUVERTURE ET PLOMBERIE.

	NUMÉROS PAGES	SÉRIE				
N° 12.			Dessus de souche :			
	619	103	Glacis en pente, en plâtre pur. 1.76 × 0.38 large, produit surface............	0.67	1.25	0.84
	620	130	Papier goudronné, *idem*..................	0.07	0.29	0.19
			Bandes d'agrafe en zinc n° 12 pour fourniture 1 fois....................... 0.40 2 fois 1.82 = ... 3.64 Linéaires............. 4.04			
	»	»	× 0.10 large, produit surface.............	0.40	3.34	1.33
	616	25	Façon, pose ; linéaires..................	4.04	0.25	1.01
			Recouvrement en zinc n° 12 pour fourniture Linéaires 1.88			
	»	»	× 0.46 développé, produit surface..........	0.86	3.34	3.17
	»	»	Façon, pose ; linéaires..................	1.88	1.48	2.78
			(6) *Ces dessus de souches sont prévus ici, à bandes simples, sans équerres découpées ; les jonctions soudées étant dues dans la façon des bandes de recouvrement ne sont pas demandées.*	Obser	vation	
	»	»	Onglets façonnés, soudés.................	2	0.15	0.30
	»	»	Goussets, *idem*.......................	2	0.28	0.56
	»	»	Angles, *idem*.........................	2	0.15	0.30
	618	74	Percements circulaires sur zinc pour passage des mitrons de 0.19 diamètre compris collets dégorgés...........................	6	0.70	4.20
N° 10.			Deuxième souche isolée.			
			En raccord de comble.			
	»	»	Goussets, *idem*.......................	5	0.28	1.40
	»	»	Angles, *idem*	5	0.15	0.75
	»	»	Pentes plâtre à revers, *idem*............	3	0.52	1.56
	»	»	Plus-value de contre-pentes sur zinc......	3	0.60	1.80
	»	»	Brisure façonnée, soudée, *idem*.........	1	»	0.15
			Derrière la souche :			
	»	»	1 besace zinc, façonnée en forme de fer de lance ; Fournie.....................	1	»	0.50
	»	»	Posée, soudée........................	1	»	0.60
	»	»	Gousset de tête, rapporté, soudé.........	1	»	0.28

			Bandes de solins en zinc n° 12 pour fourniture ; Sur côtés.
			2 fois 0.30............ 0.60
			Plus-value de 1/5 circulaire.. 0.12 } 0.72
			  2 fois 0.10................... 0.20
			  2 fois 2.80 .... 5.60
			Décrochement, 1 fois........... 0.25
			Derrière, 2 fois 0.20........ 0.40
			            Linéaires............ 7.17			

	»	»	× 0.10 large, produit surface.............	0.72	3.34	2.40
	»	»	Façon, pose ; linéaires..................	7.17	0.57	4.09
	»	»	Angles................................ 7			
	»	»	Brisures.............................. 2			
			Ensemble............ 9	9	0.15	1.35
	»	»	Solins plâtre sur zinc, *idem*.............	7.20	0.72	5.18

MÉTRÉ DE LA COUVERTURE.

NUMÉROS PAGES	SÉRIE					
		Dessus de souche :				
		Glacis plâtre pur *idem*.				
		3.21 × 0.41 produit.............	1.32			
		0.71 × 0.28 produit.............	0.20			
»	»	Surface.............	1.52	1.52	1.25	1.90
»	»	Papier goudronné; même surface........	1.52	1.52	0.29	0.44
		Bandes d'agrafe en zinc n° 12 pour fourniture				
		2 fois 3.27.....................	6.54			
		2 fois 0.77.....................	1.54			
		Linéaires............	8.08			
		× 0.10 large, produit surface.............		0.81	3.34	2.70
»	»	Façon, pose; linéaires.................		8.08	0.25	2.02
		Recouvrements en zinc n° 12 pour fourniture				
		Linéaires........ 3.33				
		× 0.53 largeur développé, produit....	1.76			
		1 excédent; Linéaire...... 0.83				
		× 0.28 largeur développé, produit....	0.23			
»	»	Surface.............	1.99	1.99	3.34	6.65
		Façon, pose de bandes de recouvrement zinc				
616	34	De 0.53 largeur................		3.33	1.65	5.49
»	33	De 0.28 largeur................		0.83	1.48	1.23
»	»	Onglets façonnés, soudés *idem*...........		6	0.15	0.90
618	74	Trous de mitrons *idem*, sur zinc........		12	0.70	8.40
		Troisième souche isolée (*sous faîtage*)				
		En raccords :				
»	»	Goussets....................		5	0.28	1.40
»	»	Angles......................		3	0.15	0.45
		Bandes de solins en zinc n° 12 pour fourniture.				
		2 fois 2.15.....................	4.30			
		2 fois 0.70.....................	1.40			
		Linéaires.............	5.70			
»	»	× 0.10 large, produit surface...........		0.57	3.34	1.90
»	»	Façon, pose; linéaires................		5.70	0.57	3.25
»	»	Angles.....................		6	0.15	0.90
»	»	Solins plâtre, *idem*..................		5.60	0.72	4.03
		Dessus de souche :				
		Glacis plâtre pur *idem*				
		2.16 × 0.46, produit............	0.99			
		0.81 × 0.30, produit............	0.24			
»	»	Surface.............	1.23	1.23	1.25	1.54
»	»	Papier goudronné, même surface........	1.23	1.23	0.29	0.36
		Bandes d'agrafe zinc n° 12 pour fourniture				
		2 fois 2.22......................	4.44			
		2 fois 0.52......................	1.04			
		Linéaires.............	5.48			
»	»	× 0.10 large, produit surface.............		0.55	3.34	1.84
»	»	Façon, pose; linéaires.................		5.48	0.25	1.37

NUMÉROS PAGES	SÉRIE				
		Recouvrements en zinc n° 12 pour fourniture			
		Linéaires................ 2.28			
		× 0.58 largeur développée, produit.. 1.32			
		1 excédent de............ 0.93			
		× 0.30 largeur développée, produit.. 0.28			
»	»	Surface............... 1.60	1.60	3.34	5.34
		Façon, pose de bandes de recouvrement.			
616	34	De 0.58 développé...................	2.28	1.65	3.76
»	33	De 0.30 développé...................	0.93	1.48	1.38
»	»	Onglets *idem*......................	6	0.15	0.90
618	74	Trous de mitrons sur zinc, *idem*.........	8	0.70	5.60
		Versant sur avenue			
		Raccords sur comble, bandes de solins et dessus de souches, semblables à ceux sur rue accoladés n° 10......................			
»	»	1 fois...............................	1	»	108.50
		Sur courette.			
		Versant de face.			
		1 souche.			
		En raccord sur comble :			
»	»	Angles façonnés soudés, au devant........	2	0.15	0.30
		(7) *Les couvre-joints de côtés et le faîtage en zinc étant relevés au long de la souche, portent* :			
»	»	Goussets...........................	4	0.28	1.12
»	»	Angles............................	4	0.15	0.60
		Les bandes de solins en zinc n° 12 pour fourniture :			
		2 fois 0,70 .... 1.40			
		2 fois 0,40 .... 0.80			
		Plus :			
		Décrochements ; 2 fois 0.08 .... 0.16			
		Linéaires........... 2.36			
»	»	× 0.10 large, produit surface.............	0.24	3.34	0.80
»	»	Façon, pose ; linéaires..................	2.36	0.57	1.35
»	»	Angles............................	8	0.15	1.20
»	»	Solins plâtre, *idem*..................	2.36	0.72	1.70
		Dessus de souche :			
»	»	Glacis, en plâtre pur, *idem*. 0.76 × 0.36, produit surface.......................	0.27	1.25	0 34
»	»	Papier goudronné, même surface.........	0.27	0.29	0.08
		Les bandes d'agrafe en zinc, *idem* pour fourniture			
		2 fois 0.82................. 1.64			
		2 fois 0.42................. 0.84			
		Linéaires........... 2.48			
»	»	× 0.10 large, produit surface.............	0.25	3.34	0.83
»	»	Façon, pose ; linéaires..................	2.48	0.25	0.62

MÉTRÉ DE LA COUVERTURE. 189

	NUMÉROS PAGES	SÉRIE				
			Bande de recouvrement en zinc, *idem*, pour fourniture :			
			Linéaire............ 0.88			
	»	»	× 0.48 largeur développée, produit surface..	0.42	3.34	1.40
	616	33	Façon, pose ; linéaire..................	0.88	1.48	1.30
	»	»	Onglets *idem*......................	4	0.15	0.60
	618	74	Trous de mitrons *idem* sur zinc.........	2	0.70	1.40
			Versant de droite.			
			Première souche isolée :			
			En raccord sur comble.			
	»	»	Goussets...........................	5	0.28	1.40
	»	»	Angles	3	0.15	0.45
			Derrière :			
	»	»	2 pentes en plâtre façonnées à revers, *idem* × chaque 0,68 longueur ; produit linéaires...	1.36	2.00	2.72
	»	»	Plus-value de façon de contre-pentes sur zinc ; Linéaires..................	1.36	1.50	2.04
			(8) (*Ces pentes et contre-pentes sortant des dimensions ordinaires ne sont plus comp- tées à la pièce, mais au mètre linéaire*)....	Observation		
			1 besace zinc, forme fer de lance :			
	»	»	fournie............................	1	»	0.50
	»	»	posée, soudée	1	»	0.60
	»	»	Gousset de tête, *idem*.............	1	»	0.28
			Les bandes de solins en zinc, *idem* pour fourniture			
			côtés 1 fois 0.50 + 1.05............. 1.55			
			1 fois 0.75 + 1.35............. 2.10			
			abouts 2 fois 0.40..................... 0.80			
			Linéaires................ 4.45			
	»	»	× 0.10 large, produit surface.............	0.45	3.34	1.50
	»	»	Façon, pose ; linéaires..................	4.45	0.57	2.54
	»	»	Angles...........................	6	0.15	0.90
	»	»	Solins plâtre, sur zinc.................	4.45	0.72	3.20
			Dessus de souche.			
			Glacis plâtre pur *idem*			
			1.08 × 0.46 produit............ 0.50			
			0.81 × 0.46 produit............ 0.37			
	»	»	Surface................ 0.87	0.87	1.25	1.09
	»	»	Papier goudronné, même surface.........	0.87	0.29	0.26
			Bandes d'agrafe, zinc, n° 12 pour fourniture			
			côtés 2 fois 1.26 réduit............. 2.52			
			2 fois 1.19 réduit............. 2.38			
			abouts 2 fois à 0.52................. 1.04			
			Linéaires................ 5.94			
	»	»	× 0.10 large, produit surface.............	0.59	3.34	1.87
	»	»	Façon, pose ; linéaires..................	5.94	0.25	1.48
			Bandes de recouvrements en zinc n° 12 pour fourniture			

N° 11.

COUVERTURE ET PLOMBERIE.

	NUMÉROS PAGES	SÉRIE					
N° 13.			1 fois (réduit).................. 1.30				
			1 fois (réduit).................. 1.22				
			Linéaires................ 2.52				
	»	»	× 0.58 largeur développée, produit, surface.	1.46	3.34	4.88	
	616	34	Façon, pose ; linéaires....................	2.52	1.65	4.16	
	»	»	Onglets.................................	6	0.15	0.90	
	618	74	Trous de mitrons, *idem*, sur zinc........	5	0.70	3.50	
			1 châssis, comme aux figures 157 et 158.				
			En raccord sur comble.				
	617	65	Goussets........................	4	0.28	1.12	
	»	64	Angles...........................	2	0.15	0.30	
			Derrière :				
			Pentes en sapin fournies, découpées: façon-				
	»	»	nées à revers, posées, clouée................	2	0.52	1.04	
	»	»	Plus-value de façon de contre-pentes sur zinc	2	0.60	1.20	
			1 besace zinc, forme fer de lance :				
			Fournie...........................	1	»	0.50	
	»	»	Posée, soudée......................	1	»	0.60	
	»	»	Gousset de tête, *idem*................	1	»	0.28	
			Armature de hausse en zinc, n° 12 pour				
			fourniture.				
			2 fois 0.66.............. 1.32				
			2 fois 0.86.............. 1.72				
			Linéaires................ 3.04				
	»	»	× 0.16 largeur réduite, produit surface.....	0.49	3.34	1.64	
	616	22	Façon, pose; linéaires....................	3.04	1.25	3.80	
	»	51-52	Plus-value de pistonnage serré............	3.04	0.34	1.03	
	»	»	Angles............................. 4				
	»	»	Onglets............................ 4				
	»	»	Ensemble.......... 8	8	0.15	1.20	
	620	132	Pattes d'agrafe en cuivre, *idem*. Ensemble.	10	0.20	2.00	
D			Le châssis en fer à tabatière de 0.60 × 0.80				
			de jour, produit linéaires 2.80................				
	608	160	Fourni..................... 5.00				
	»	»	Peint à l'huile 2 couches........ 0.34				
	608	164	Posé....................... 0.30				
			Plus-value de dormant en tôle				
	»	161	laminée de 0.0025 d'épaisseur........ 0.20				
			Le mètre........... 5.84				
			Soit pour linéaires....................	2.80	5.84	16.35	
			Plus-value de fourniture de jeu de poulie,				
	»	162	monté sur chape à platine................	1	»	2.00	
			Deuxième souche isolée.				
			En raccords sur comble.				
N° 11.	»	»	Goussets........................	4	0.28	1.12	
	»	»	Angles...........................	2	0.15	0.30	
			Derrière :				
			Pentes en sapin fournies, façonnées à revers.				
			posées, clouées, *idem*.				
	»	»	2 fois 0.80.............	1.60	2.00	3.20	
			Plus-value de façon de contre-pentes sur zinc;				
	»	»	mêmes linéaires........................	1.60	1.50	2.40	

MÉTRÉ DE LA COUVERTURE.

	NUMÉROS				
	PAGES	SÉRIE				
			1 besace zinc, fer de lance :			
N° 11.	»	»	Fournie..................................	1	»	0.50
	»	»	Posée soudée............................	1	»	0.60
	»	»	Gousset de tête, *idem*..................	1	»	0.28
			Bandes de solins en zinc n° 12 pour fourniture :			
			2 fois 1.90............ 3.80			
			2 fois 0.40............ 0.80			
			Linéaires............ 4.60			
	»	»	× 1.10 largeur, produit surface............	0.46	3.34	1.54
	»	»	Façon, pose ; linéaires...................	4.60	0.57	2.62
	»	»	Angles..................................	4	0.15	0.60
	»	»	Solins plâtre sur zinc....................	4.60	0.72	3.31
			Dessus de souche :			
			Glacis plâtre pur *idem*.			
	619	103	2.02 × 0.47 produit surface............	0.95	1.25	1.19
	620	130	Papier goudronné, *idem*.................	0.95	0.29	0.27
			Bandes d'agrafe en zinc n° 12 pour fourniture			
			2 fois 2.08............ 4.16			
			2 fois 0.53............ 1.06			
			Linéaires............ 5.22			
	»	»	× 0.10 large, produit surface.............	0.52	3.34	1.74
	616	25	Façon, pose ; linéaires...................	5.22	0.25	1.30
			Recouvrement en zinc, *idem* pour fourniture			
			Linéaires............ 2.14			
	»	»	× 0.59 largeur développée, produit surface...	1.26	3.34	4.21
	»	34	Façon, pose ; linéaires...................	2.14	1.65	3.53
	»	»	Onglets.................................	4	0.15	0.60
	618	74	Trous de mitrons, sur zinc...............	6	0.70	4.20
			Versant de gauche, souches et châssis semblables ; à reprendre l'accolade n° 11.			
	»	»	1 fois..................................	1	»	100.94
			En plus : à la première souche.			
	»	»	1 brisure sur bande de solin.............	1	»	0.15
	»	»	1 onglet sur recouvrement zinc..........	1	»	0.15
	»	»	1 trou de mitron, *idem*, sur zinc........	1	»	0.70
			Sur cour			
			Versant de droite.			
			Première souche adossée au mur du fond.			
			En raccords sur comble.			
N° 14.	»	»	Goussets................................	2	0.28	0.56
	»	»	Angles..................................	3	0.15	0.45
			Derrière la souche :			
	»	»	1 pente plâtre à revers, *idem*...........	1	»	0.52
	»	»	Plus-value de façon de contre-pente sur zinc.	1	»	0.60
	»	»	1 brisure façonnée soudée...............	1	»	0.15
			Bandes de solins, sur souche et mur, en			

NUMÉROS PAGES	SÉRIE				
		zinc, *idem* pour fourniture (*du membron au milieu du faitage*).			
		1 fois 0.30............ 0.30			
		Plus-value 1/5 circulaire.. 0.06 } 0.36			
		Verticale.................... 0.08			
		Rampante.................... 1.60			
		Décrochement................ 0.35			
		Au-dessus de contre-pente..... 0.15			
		Rampante.................... 2.15			
		Verticale.................... 0.08			
		Au-dessus du faîte............ 0.05			
		Linéaires............ 4.82			
»	»	× 0.10 large, produit surface..............	0.48	3.34	1.60
»	»	Façon, pose ; linéaires....................	4.82	0.57	2.75
»	»	Angles....................................	7	0.15	1.05
»	»	Solins plâtre sur zinc....................	4.82	0.72	3.47
»	»	Le dessus de souche semblable à celui accoladé n° 12 — 1 fois.................	1	»	14.49
		A la suite :			
»	»	1 châssis de 0.60 × 0.80 semblable à celui accoladé n° 13 1 fois...........................	1	»	33.06
		2ᵐᵉ souche isolée			
		En raccords sur comble :			
»	»	Goussets...............................	4	0.28	1.12
»	»	Angles.................................	4	0.15	0.60
		Derrière :			
»	»	Pentes plâtre à revers, *idem*..............	2	0.52	1.04
»	»	Plus-value de façon de contrepentes sur zinc....................................	2	0.60	1.20
		1 besace zinc, fer de lance :			
»	»	Fournie.................................	1	»	0.50
»	»	Posée soudée...........................	1	»	0.60
»	»	1 gousset de tête, *idem*..................	1	»	0.28
		Bandes de solins en zinc n° 12 pour fourniture.			
		Sur côtés :			
		2 fois 0.30............ 0.60			
		Plus-value de 1/5 circulaire. 0.12 } 0.72			
		2 fois 0.08.................... 0.16			
		2 fois 1.60.................... 3.20			
		Derrière : 2 fois 0.25........... 0.50			
		Linéaires............... 4.58			
»	»	× 0.10 large, produit surface............	0.46	3.34	1.54
»	»	Façon pose ; linéaires...................	4.58	0.57	2.61
»	»	Angles......................... 4			
»	»	Brisure......................... 1			
»	»	Ensemble............... 5	5	0.15	0.75
»	»	Solins plâtre sur zinc...................	4.58	0.72	3.30
		Dessus de souche :			
		Glacis en plâtre pur, *idem*.			
»	»	2.31 × 0.46 produit surface..............	1.06	1.25	1.33
»	»	Papier goudronné, *idem*.................	1.06	0.29	0.31

N° 14.

MÉTRÉ DE LA COUVERTURE.

	NUMÉROS					
	PAGES	SERIE				
N° 14			Bandes d'agrafe en zinc *idem*, pour fourniture.			
			2 fois 2.37............ 4.74			
			2 fois 0.52............ 1.04			
	»	»	Linéaires............ 5.78			
	»	»	× 0.10 large, produit surface............	0.58	3.34	1.94
	»	»	Façon pose; linéaires............	5.78	0.25	1.45
			Recouvrement en zinc *idem*, pour fourniture.			
			Linéaires............ 2.43			
	»	»	× 0.58 largeur développée, produit surface.	1.41	3.34	4.71
	616	34	Façon pose; linéaires............	2.43	1.65	4.01
	»	»	Onglets............	4	0.15	0.60
	618	74	Trous de mitrons *idem*, sur zinc........	7	0.70	4.90
			A la suite :			
			1 châssis à tabatière de 0.60 × 0.80 semblable à celui accolade n° 13.			
	»	»	1 fois............	1	»	33.00
			Versant de face :			
			1er châssis à tabatière de 0.65 × 0.40 produit linéaires............ 2.10			
			Fourni posé suivant détail accolade D.			
	»	»	Soit linéaires............	2.10	5.84	12.26
	608	162	Plus-value de jeu de poulie *idem*........	1	»	2.00
			En raccords sur comble :			
	»	»	Goussets............	4	0.28	1.12
	»	»	Angles............	2	0.15	0.30
			Derrière :			
	»	»	Pentes en sapin *idem*............	2	0.52	1.04
	»	»	Plus-value de contrepentes sur zinc........	2	0.60	1.20
			1 besace zinc, forme fer de lance :			
	»	»	Fournie............	1	»	0.50
	»	»	Posée soudée............	1	»	0.60
	»	»	Gousset de tête, *idem*............	1	»	0.28
			Armature de hausse, en zinc n° 12 pour fourniture ; 2 fois 0.71....... 1.42			
			2 fois 0.46....... 0.92			
			Linéaires............ 2.34			
	»	»	× 0.16 largeur réduite, produit surface....	0.37	3.34	1.24
	616	32	Façon pose; linéaires............	2.34	1.25	2.93
	»	51-52	Plus-value de clouage serré à piston, *idem*.	2.34	0.34	0.80
	»	»	Angles............	4		
	»	»	Onglets............	4		
	»	»	Ensemble............ 8	8	0.15	1.20
	»	»	Pattes cuivre, *idem*............	8	0.20	1.60
			2me châssis à tabatière de 0.60 × 0.50 de jour, produits linéaires............ 2.20			
			Fourni posé suivant détail accolade D.			
	»	»	Soit linéaires............	2.20	5.84	12.85
	»	»	Plus-value de jeu de poulie, *idem*........	1	»	2.00

Sciences générales.   COUVERTURE ET PLOMBERIE. — TOME II. — 13.

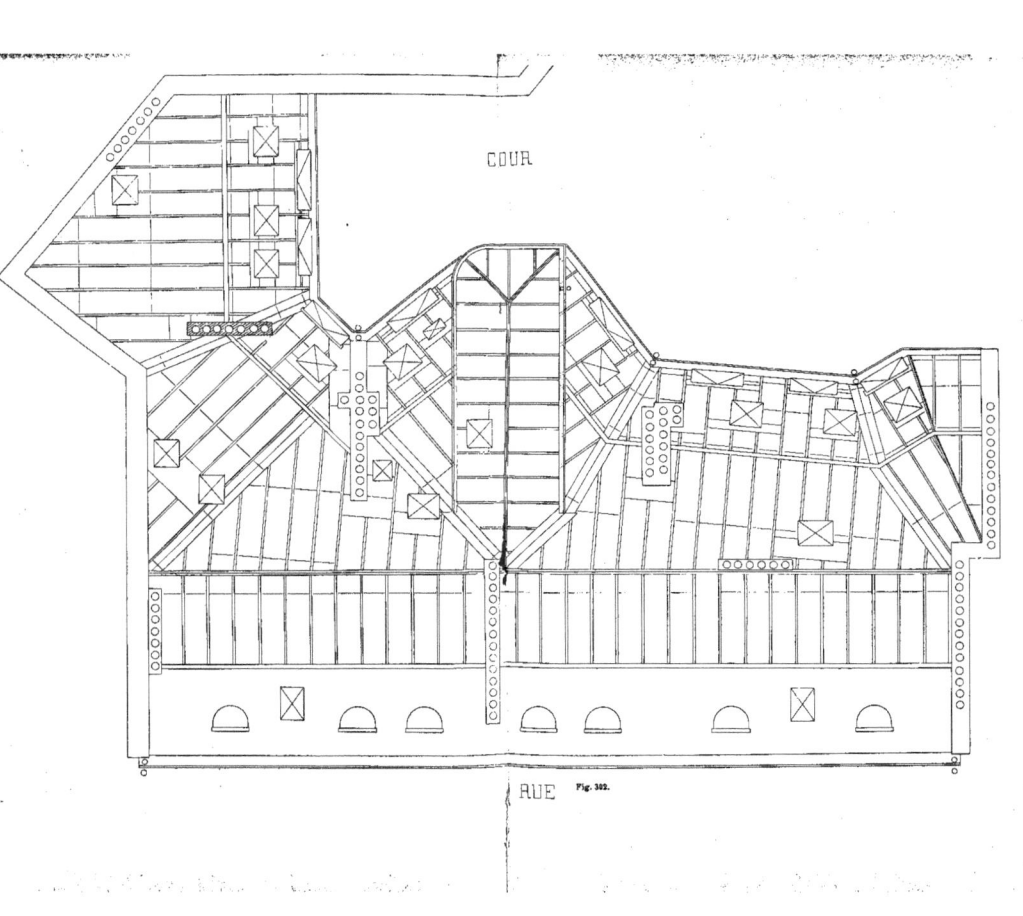

COUVERTURE ET PLOMBERIE.

NUMÉROS PAGES	SÉRIE				
		En raccords sur comble :			
»	»	Goussets................................	4	0.28	1.12
»	»	Angles..................................	2	0.15	0.30
		Derrière :			
»	»	Pentes sapin *idem*......................	2	0.52	1.04
»	»	Plus-value de contrepentes sur zinc.......	2	0.60	1.20
		1 besace zinc, forme fer de lance :			
»	»	Fournie.................................	1	»	0.50
»	»	Posée soudée...........................	1	»	0.60
»	»	1 gousset de tête, *idem*................	1	»	0.28
		Armature de hausse en zinc *idem*, pour fourniture.			
		2 fois 0.66.................... 1.32			
		2 fois 0.56.................... 1.12			
		Linéaires............ 2.44			
»	»	×0.16 développé réduit, produit surface...	0.39	3.34	1.30
616	32	Façon, pose ; linéaires..................	2.44	1.25	3.05
»	»	Plus-value de pistonnage serré...........	2.44	0.34	0.83
»	»	Angles................................ 4			
»	»	Onglets............................... 4			
»	»	Ensemble............ 8	8	0.15	1.20
»	»	Pattes *cuivre, idem*....................	8	0.20	1.60
		3ᵐᵉ **châssis** à tabatière de 0.50 × 0.70 de jour, produit linéaires............... 2.40			
		(*Même observation que n° 4.*)			
		Fourni posé suivant détail accoladé D.			
»	»	Soit linéaires	2.40	5.84	14.02
		En raccords sur comble :			
»	»	Goussets...............................	4	0.28	1.12
»	»	Angles.................................	2	0.15	0.30
		Derrière :			
»	»	Pentes en sapin, *idem*.................	2	0.52	1.04
»	»	Plus-value de contrepentes sur zinc......	2	0.60	1.20
		1 besace zinc, forme fer de lance ;			
»	»	Fournie................................	1	»	0.50
»	»	Posée soudée..........................	1	»	0.60
»	»	Gousset de tête, *idem*................	1	»	0.28
		Armature de hausse, en zinc n° 12 pour fourniture............................			
		2 fois 0.56.................... 1.12			
		2 fois 0.76.................... 1.52			
		Linéaires............ 2.64			
»	»	× 0.16 développé réduit, produit surface...	0.42	3.34	1.40
616	32	Façon pose ; linéaires...................	2.64	1.25	3.30
»	51-52	Pistonnage serré, en plus-value..........	2.64	0.34	0.90
»	»	Angles................................ 4			
		Onglets............................... 4			
»	»	Ensemble............ 8	8	0.15	1.20
»	»	Pattes cuivre, *idem*...................	8	0.20	1.60

NUMÉROS					
PAGES	SÉRIE				
»	»	Versant de gauche : Souches et châssis comme sur celui de droite accoladé n° 14. 1 fois...........................	1	»	124.52
		Chattières en zinc estampé à grille de 0.23 de diamètre. Fournies : Versant sur rue .... 4 — — place................ 2 — — avenue.............. 4 Sur courette : — de droite............ 1 — — gauche............ 1 — du fond............. 1 Sur cour : — de droite............ 2 — — face.............. 2 — — gauche........... 2			
616	46	Ensemble.............. 19	19	1.65	31.35
»	49	Pose soudure, desdites.................	19	0.90	17.10
»	50	Percements sur bois et zinc.............	19	0.45	8.55
		Total...........	»	»	9815.25

Métré n° 12.

5. Comble comprenant :

Face rue ; 1 étage de brisis circulaire recouvert en ardoise cartelette n° 1 taillée en écaille sur volige peuplier.

Chéneau en zinc n° 16 à l'anglaise sur supports fer achevalant la planche de socle, entablement recouvert en zinc n° 14, armature de sablière et face de socle à coulisseaux ; couronnements à bagues saillantes.

Œils-de-bœuf en zinc estampé.

Châssis à crémaillère brisée et derrières plomb.

Bavettes zinc et noquets aux châssis et souches.

Membron couronnant le brisis en sapin recouvert en zinc *idem* mouluré, à bagues saillantes et gaines de garantie avec bavettes zinc et plomb au-dessous.

Les brisis circulaires de 2 étages sur cour, et le terrasson du comble recouverts en zinc n° 14 par feuilles de 0^m,65 large, sur voligeage sapin de 0^m,018 épaisseur par frises de 0^m,11 de large, tasseaux sapin de 0^m,035 arêtiers et faîtages de 0^m,080, couvre-joints en même zinc.

Chéneaux sur cour, en zinc n° 16 reposant sur fond bois et planche de socle maintenue par des équerres en fer scellées dans l'entablement, face de socle et couronnement *idem* (*sans bagues*).

Les lucarnes armées et couvertes en zinc *idem*.

Les châssis des brisis, sur encadrements sapin, surmontés de derrières zinc mobiles formant capotes ; ceux du comble supérieur sur costières armées en zinc. Membrons zinc à moulure simple, à gaines.

Gouttière pendante, en zinc *idem*, à crochets renforcés, sur comble de la cage d'escalier.

Bande de solins zinc, pattes cuivre et solins plâtre.

(*Plan, façade, et coupe figures n*^{os} *302 à 304*).

Fig. 303.

Fig. 304.

NUMÉROS PAGES	SÉRIE				
		Brisis sur rue (circulaire)			
		Couverture en ardoise neuve Cartelette n° 1 (*taillée en écaille ovale*), fournie, posée, clouée sur voligeage peuplier cloué jointif. 20.00 × 2.96 hauteur (37 *pureaux*) produit............ 59.20			
		Moins :			
		7 œils-de-bœuf de chaque 0.80 × 1.00 hauteur réduite produit 0.80			
		Ensemble............ 5.60 »			
		2 châssis de chaque 0.60 × 0.95 produit 0.57			
		Ensemble............ 1.14 »			
		1 souche milieu de 0.40 × 2.50 hauteur, produit................ 1.00 »			
		1 souche adossée, à gauche de 0.33 × 0.15 hauteur, produit 0.05 »			
		Ensemble à déduire ... 7.79 = 7.79			
Com	posé	Reste surface............ 51.41	51.41	9.91	509.47
		Plus-value pour ardoises taillées en écaille ovale			
		Surface..................... 51.41			
		à raison de 80 ardoises par mètre produit.................................	4113	$\dfrac{20.00}{1000}$	82.26
		Chéneau.			
		(*Voir figures n°s 250 à 253.*)			
		Sur entablement			
		Glacis en pente, en plâtre pur de 0.015 d'épaisseur 20.50 × 0.50 largeur, produit....... 10.25			
		Moins :			
		2 frontons de chaque 2.45 = 4.90 × 0.14 largeur, produit............ 0.68			
619	103	Reste surface............ 9.57	9.57	1.25	11.96
620	130	Papier goudronné même surface..........	9.57	0.29	2.78
		Bandes d'agrafe en zinc N° 14 pour fourniture.			
		Linéaires.................. 20.00			
		Moins :			
		2 frontons de chaque 2.45 .... 4.90			
		Reste linéaire (A).......... 15.10			
615	23	× 0.12 large, produit surface..............	1.81	4.15	**2.62**
616	25	Façon, pose; linéaires.....................	15.10	0.25	**3.78**
642	206	Trous tamponnés dans la pierre dure (*tous les* 0m.10) ; Ensemble..................	152	0.16	**24.32**

MÉTRÉ DE LA COUVERTURE.

NUMÉROS PAGES	SÉRIE				
		Recouvrement d'entablement en zinc n° 14 pour fourniture ;			
		Mêmes linéaires que (A).......... 15.10			
		Coulisseaux (*tous les 1 mètre*) 13 »			
		× 0.20 courant, produit 2.60			
		Têtes .... 2 »			
		× 0.15 courant, produit........... 0.30			
615	23	Linéaires............... 18.00 × 0.65 largeur développée, produit surface.. Façon, pose ; linéaires......... 18.00 Plus-value de 1/10 × 15.10 pour façon par bouts de 1 mètre......... 1.51	11.70	4.15	48.55
616	34	Ensemble 19.51	19.51	1.65	32.19
»	»	Brisures façonnées, soudées aux coulisseaux	13	0.15	1.95
		Derrière les frontons :			
		Faux chéneaux ;			
623	24	Pentes en plâtre pur de 0,40 largeur compris gorges. 2 fois 2.45 longueur, produit....	4.90	1.65	8.08
620	130	Papier goudronné, *idem*........... 4.90 × 0.40 largeur, produit surface...........	1.96	0.29	0.57
		Chéneaux en zinc n° 14 pour fourniture 2 fois 2.50 longueur........... 5.00			
»	»	× 0.56 largeur, produit surface.........	2.80	4.15	11.62
619	107	Façon, pose ; linéaires	5.00	1.95	9.75
»	»	Main-d'arrêt, zinc *idem*, fournies, clouées sur les côtés, 2 fois 8...............	16	0.12	1.92
		Aux besaces :			
617	65	Goussets zinc, rapportés, soudés, 2 fois 2	4	0.28	1.12
620	141	Soudures obligées sur zinc neuf, 2 fois 0.40	0.80	0.66	0.53
		Aux abouts :			
»	»	Goussets, zinc, *idem* ; 2 fois 2.............	4	0.28	1.12
617	64	Angles, 2 fois 2.........................	4	0.15	0.60
		Sur sablière :			
		Armature zinc, n° 14 pour fourniture			
		Linéaires................... 20.00			
		Coulisseaux .... 19 »			
		× 0.20 courant, produit........... 3.80			
		Têtes.................. 2 »			
		× 0.15 courant................. 0.30			
»	»	Linéaires ensemble......... 24.10 × 0.39 largeur développée, produit surface.. Façon, pose ; linéaires........... 24.10 Plus-value de 1/10 × 20.00 pour façon comme *idem* 2.00	9.40	4.15	39.01
616	23	Ensemble	26.10	1.48	38.63
620	132	Pattes d'agrafe en cuivre rouge étamé, fournies, posées (*par le bas*) ; Ensemble........	60	0.20	12.00

Sciences générales.   COUVERTURE ET PLOMBERIE. — TOME II. — 13**.

NUMÉROS					
PAGES	SÉRIE				
		Pour encaissement du chéneau :			
		Planche de socle en sapin de 0.041 épaisseur $\times$ 0.32 hauteur, fournie, rainée, posée :			
		Linéaires idem (A)........ 15.10			
		2 fois 0.30............... 0.60			
		2 onglets $\times$ 0.12 courant... 0.24			
		Linéaires ensemble....... 15.94	15.94	2.03	32.36
		Plate-bandes d'écartement en fer de 35/7 fournies de 0.40 longueur, entaillées et fixées avec vis fournies.			
Serru	rerie	2 fois 2	4	1.38	5.52
		Equerres fer idem, coudées sur plat fournies			
»	»	posées dans les angles, 2 fois 2	4	2.44	9.76
		Pattes de fer à scellement fournies posées			
»	»	idem; 2 fois 2....................	4	0.60	2.40
		4 trous en murs en pierre et scellements des pattes d'abouts $\times$ 0.10 profondeur, pour chaque 0.24 légers......................	0.96	4.00	3.84
		Peinture à l'huile minium 2 couches, de plate-bandes, équerres et pattes ;			
		Ensemble	12	0.12	1.44
		Les supports en fer forgé de 0.035 large $\times$ 0.007 épaisseur, fournis de 1.08 longueur développée, façonnés achevalant la planche, portant pied sur entablement, à talon sortant et paillette en cuivre rouge, étamé, rivée (espacés de $0^m,40$), posés et fixés avec vis fournies ;			
		Ensemble	51	4.39	223.89
		A chaque :			
		1 Paillette en cuivre rouge idem; fournie, rivée................	51	0.30	15.30
		1 Percement sur fer....................	51	0.08	4.08
		1 Gaine en cuivre idem ; fournie ajustée sur le talon et soudée sur entablement zinc....			
		Ensemble....................	51	0.45	22.95
Menuise	rie 1897	Entailles sur sapin, à bois de travers :			
730	683	1 non arrêtée (sur le dessus) ; Ensemble...	51	0.13	6.63
»	683-686	1 non arrêtée (sur la face) $\times$ 0.32 hauteur.	51	0.25	12.75
»	684	1 arrêtée d'un bout (intérieur); Ensemble.	51	0.30	15.30
Serru	rerie	2 percements sur fer de 0.007, sur la face du			
436	1075	pied de support pour passage de vis	102	0.08	8.16
»	1081	2 fraisures idem........................	102	0.04	4.08
455	1825	2 vis fer de 0.040....................	102	0.055	5.61
		Chéneau en zinc n° 16 pour fourniture.			
		Linéaires................ 20.00			
		Croisures 10			
		$\times$ 0.05 courant produit 0.50			
		Têtes................ 4			
		$\times$ 0.15 courant, produit............ 0.60			
		Ensemble.............. 21.10			
		$\times$ 0.65 largeur développée réduite, produit			
»	»	surface....................	13.71	5.46	74.86
619	107	Façon, pose; linéaires	21.10	1.95	41.14

MÉTRÉ DE LA COUVERTURE.

NUMÉROS PAGES	SÉRIE				
		Mains d'arrêt zinc *idem*, sur les côtés ; 2 fois 61	122	0.12	14.62
		En haute pente ; 1 besace :			
		Planche sapin *idem*, fournie, découpée, ajustée, posée, clouée	1	»	1.25
		Couvrejoint en zinc n° 16 pour fourniture. Linéaire 0.33			
»	»	× 0.10 développé, produit surface	0.03	5.46	0.16
»	»	Façon, pose ; Linéaire	0.33	0.20	0.06
618	76	Têtes zinc, rapportées, soudées	2	0.20	0.40
620	132	Pattes cuivre *idem* ; en plus-value	2	0.20	0.40
		Socle :			
		Armature en zinc n° 14 pour fourniture ;			
		Mêmes linéaires que planche 15.70			
		Equerres 2			
		× 0.20 courant 0.40			
		Coulisseaux 13			
		× 0.20 courant, produit 2.60			
		Têtes 6			
		× 0.15 courant, produit 0.90			
		Linéaires 19.60			
		× 0.40 largeur développé, produit surface ...	7.84	4.15	32.54
		Façon pose de bande de recouvrement zinc de 0.40 développée ; Linéaires 19.60			
		Plus-value de 1/10 × 15.70 longueur pour façon par bouts de 1 mètre 1.57			
616	33	Ensemble 21.17	21.17	1.48	31.33
		Plus-value de façon de moulures sur zinc :			
»	38	1 *moulure courbe* .... 0.15 ⎱			
»	35	2 *arêtes comme relief* à 0.04 0.08 ⎰ 0.23			
		Linéaires	21.17	0.23	4.87
		Brisures façonnées soudées aux coulisseaux.			
»	»	13 fois 2	26	0.15	3.90
620	131	Pattes d'agrafe en cuivre rouge *idem* fournies, soudées sur entablement zinc	59	0.20	11.80
		Couronnement de socle :			
		En zinc n° 14 pour fourniture :			
		Mêmes linéaires que planche 15.70			
		Équerres 2			
		× 0.20 courant 0.40			
		Têtes 2			
		× 0.15 courant 0.30			
		Ensemble 16.40			
»	»	× 0.34 développé, produit surface	5.57	4.15	23.11
616	33	Façon, pose ; linéaires	16.40	1.48	24.27
»	»	Plus-value de moulures (*2 courbes, 2 arêtes*)			
		Linéaires	16.40	0.38	6.23
		Plus-value de façon par bouts de 1 mètre			
»	»	1/10 × 15.70 linéaires	1.57	1.86	2.92
		(Soit : façon 1.48			
		Plus-value de moulures 0.38			
		Ensemble 1ᶠ,86			

NUMÉROS PAGES	SÉRIE				
		Bagues saillantes en zinc *idem*, façonnées suivant profil mouluré, à jouées découpées, rapportées soudées :			
		Fournies............................	13	2.04	26.52
		Posées, soudées....................	13	0.60	7.80
		Gaines en zinc *idem*, fournies façonnées, soudées, clouées.........................	13	0.30	3.90
		Pattes d'agrafe en cuivre rouge étamé fournies, posées, soudées :			
		Sur la face..................... 47			
		Dans le chéneau................. 47			
		Ensemble............. 94	·94	0.20	18.80
		Au-dessus du chéneau.			
		Par le bas du brisis :			
621	171	Voligeage neuf en sapin de 0.018 fourni, posé par frises de 0.11, cloué jointif ; 20.00 × 0.22 produit surface.............	4.40	2.38	10.47
		Bande de batellement en zinc n° 14 pour fourniture........................ 20.00			
		Têtes..................... 2			
		× 0.15 courant................... 0.30			
		Coulisseaux................. 19			
		× 0.20 courant.................. 3.80			
		Linéaires......... 24.10			
››	››	× 0.33 largeur développée, produit surface.. Façon, pose ; linéaires............ 24.10 Plus-value de 1/10 façon *idem*.... 2.00	7.95	4.15	32.99
616	33	Ensemble......... 26.10	26.10	1.48	38.63
››	››	Pattes d'agrafe cuivre *idem*, au larmier......	58	0.20	11.60
		Doublis de 2 ardoises neuves d'Angers.....			
609	179-188	Linéaires...................	20.00	1.28	25.60
610	227	Parements plâtre *idem*.................	20.00	0.40	8.00
		7 Œils-de-bœuf. — (*Figure n° 305*).			
		Détail de :			
		1 œil-de-bœuf en zinc estampé modèle n° 1852 de l'album Coutelier, fourni.........	1	››	60.00
Eva	lué	Plus-value pour fourniture de carapace en zinc n° 16 façonnée suivant rampant du comble circulaire, à alaises rapportées, façonnées à pince relevée, et soudées (*facture du fabricant*)............................	1	››	30.00
		Pour présentation, ajustement et pose de cet œil-de-bœuf.			
615	17, 18	Employé 3 heures de compagnon zingueur et aide............................	3	1.90	5.70
610	210	Filet plâtre sur ardoise neuve ; au devant :	1.00	››	0.90
		Tranchis sur ardoise *idem* :			
611	238	Droits, 2 fois 0.66................	1.32	0.43	0.57
››	››	Circulaires......................	2.00	1.40	2.80
››	››	Parements plâtre, *idem*..................	3.32	0.40	1.33

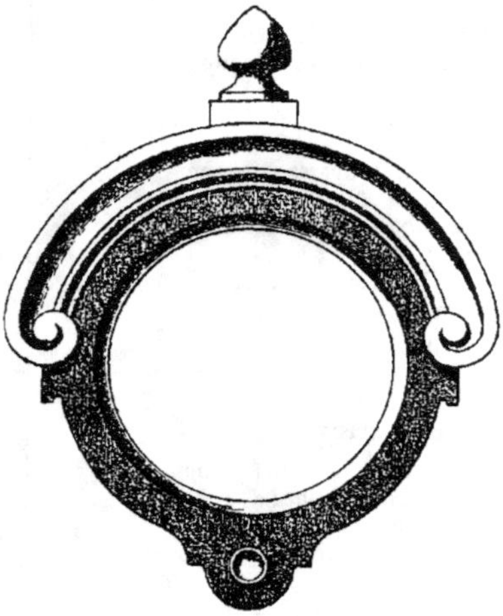

MÉTRÉ DE LA COUVERTURE.

Fig. 305.

NUMÉROS PAGES	SÉRIE				
»	»	6 autres œils-de-bœuf, semblables à celui accoladé n° 1....................................	6	101.30	607.80
		2 châssis.			
		Détail d'un :			
		1 châssis en fer de 0.60 × 0.75 de jour produit linéaires .... 2.70 à tabatière et crémaillère.			
608	160	Fourni...	»	5.00	
»	»	Peint à l'huile minium, 2 couches............	»	0.24	
608	164	Posé..	»	0.30	
»	161	Plus-value de dormant en tôle laminée de 0.0025 épaisseur...............................	»	0.20	
»	»	Soit linéaires...............	2.70	5.74	15.50
		Encadrement en sapin de 0.080 (*faîtage*).			
		Linéaires........... 2.70			
		4 onglets × 0.12................. 0.48			
621	151	Ensemble.......... 3.18	3.18	0.99	3.15
		Plus-value de fourniture de crémaillère, dite brisée	1	»	3.50
		Au devant :			
610	210	Filet plâtre sur ardoise neuve...............	0.80	0.90	0.72
		Bavette en zinc n° 14 pour fourniture. Linéaire................. 1.00			
»	»	× 0.20 large produit surface................	0.20	4.15	0.83
616	32	Façon pose; linéaire	1.00	»	1.25
»	»	Goussets zinc, rapportés, soudés	2	0.28	0.56
»	»	Angles façonnés, soudés.....................	2	0.15	0.30
»	»	Pattes cuivre *idem* en plus-value..........	3	0.20	0.60

N° 2.

COUVERTURE ET PLOMBERIE.

NUMÉROS PAGES	SÉRIE				
		Sur les côtés :			
»	»	Tranchis droits sur ardoise neuve. 2 fois 1.10.........	2.20	0.43	0.95
»	»	Dévirures idem...............	2.20	0.38	0.84
		Noquets droits en zinc n° 14 pour fourniture 2 fois 5......... 10			
»	»	de chaque 0.22 × 0.15 produit 0.033, ensemble	0.33	4.15	1.37
620	127	Façon, pose desdits..............	10	0.15	1.50
		Derrière :			
		Voligeage neuf en sapin de 0.018 jointif.			
»	»	1.00 × 0.30 hauteur, produit........	0.30	2.38	0.71
»	»	Pente en plâtre pur, de 0.05 épaisseur réduite ; même surface...............	0.30	2.00	0.60
		Recouvrement en plomb neuf de 0.0025 épaisseur, pour fourniture. Linéaire.............. 1.00 × 0.40 large, produit surface. 0.40			
622	1	× 22^{kg},70 le mètre ; pesant..............	9^k,080	0.43	3.90
»	9	Façon, pose de plomb, comme bavette Pesant....................	9^k,080	0.15	1.36
»	17	Bandelette de clouage en zinc neuf, fournie, posée........................	1.00	»	0.33
616	52	Clouage espacé..................	1.00	»	0.34
609	188	Doublis de 1 ardoise neuve d'Angers.....	0.80	0.64	0.51
		Tranchis biais sur ardoise cartelette.			
»	»	2 fois 0.15............	0.30	0.70	0.21
»	»	Parements plâtre, idem............	1.10	0.40	0.44
»	»	1 autre châssis semblable à celui accoladé n° 2............................	1	»	39.47
		Rive à droite.			
»	»	Tranchis droits sur ardoise neuve idem....	2.96	0.43	1.27
»	»	Dévirures plâtre idem..............	2.96	0.38	1.12
»	»	Noquets droits en zinc n° 14 pour fourniture 18 × 0.033 superficiel, produit........	0.59	4.15	2.45
»	»	Façon, pose desdits................	18	0.15	2.70
		Bandes de solins en zinc n° 14 pour fourniture.			
		Au-dessus du chéneau : 0.20, 0.50............. 0.70 Rampant................. 3.10 Linéaires............. 3.80			
		× 0.12 large, produit surface....	0.46	4.15	1.91
616	28	Façon, pose ; linéaires..................	3.80	0.57	2.17
»	»	Angles façonnés, soudés.............	2	0.15	0.30
620	140	Solins plâtre sur zinc	3.80	0.72	2.74
		Souche isolée (milieu).			
		Au-devant :			
610	210	Filets plâtre sur ardoise idem............	0.60	0.90	0.54
		Bavette zinc n° 14 pour fourniture .. 0.63			

N° 2.

MÉTRÉ DE LA COUVERTURE.

NUMÉROS PAGES	SÉRIE				
»	»	× 0.20 large, produit surface...............	0.13	4.15	0.54
»	»	Façon, pose ; linéaires..................	0.63	1.25	0.79
»	»	Goussets, *idem*.......................	2	0.28	0.56
»	»	Angles, *idem*........................	2	0.15	0.30
»	»	Pattes cuivre, *idem*....................	3	0.20	0.60
		Sur les côtés :			
		Tranchis droits sur ardoise, *idem*.........			
»	»	2 fois 2.50.....................	5.00	0.43	2.15
»	»	Dévirures, *idem*.......................	5.00	0.38	1.90
		Noquets droits zinc, n° 14 pour fourniture			
		2 fois 15................ 30			
»	»	× chaque 0.033 superficiel, produit.........	0.99	4.15	4.11
»	»	Façon, pose desdits.....................	30	0.15	4.50
		Bandes de solins en zinc n° 14 pour fourniture.			
		Devant...................... 0.35			
		Côtés ; 2 fois 2.60 réduit........ 5.20			
		Linéaires............... 5.65			
»	»	× 0.12 large, produit surface...............	0.68	4.15	2.82
»	»	Façon, pose desdites ; linéaires............	5.65	0.57	3.23
»	»	Angles, *idem*.........................	2	0.15	0.30
»	»	Pattes cuivre *idem*.....................	16	0.20	3.20
»	»	Solins plâtre sur zinc...................	5.65	0.72	4.07
		Rive à gauche.			
»	»	Tranchis droits sur ardoise *idem*..........	2.96	0.43	1.27
»	»	Dévirures *idem*........................	2.96	0.38	1.13
		Noquets droit zinc n° 14 pour fourniture			
»	»	18 × 0.033 superficiel, produit........	0.59	4.15	2.45
»	»	Façon, pose desdits...................	18	0.15	2.70
		Devant la souche :			
		Bavette en zinc n° 14 pour fourniture 0.60			
»	»	× 0.20 large, produit surface...............	0.12	4.15	0.50
»	»	Façon, pose ; linéaires..................	0.60	1.25	0.75
»	»	Gousset, *idem*........................	1	»	0.28
»	»	Angles, *idem*.........................	2	0.15	0.30
»	»	Pattes cuivre, *idem*....................	3	0.20	0.60
		Bandes de solins en zinc n° 14 pour fourniture :			
		0.20, 0.50, 310.............. 3.80			
		Plus, décrochement devant la souche 0.45			
		Linéaires............... 4.25			
»	»	× 0.12 large, produit surface...............	0.51	4.15	2.12
»	»	Façon, pose ; linéaires..................	4.25	0.57	2.42
»	»	Angles, *idem*.........................	4	0.15	0.60
»	»	Pattes cuivre, *idem*....................	14	0.20	2.80
»	»	Solins plâtre sur zinc..................	4.25	0.72	3.06

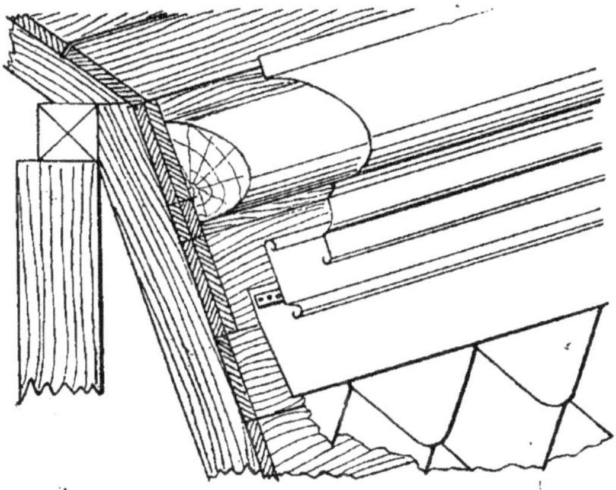

Fig. 306.

NUMÉROS PAGES	NUMÉROS SÉRIE				
		Membron de brisis. — (*Figure n° 306*).			
		Voligeage neuf en sapin de 0.018 jointif :			
		A droite.... 11.15			
		A gauche... 8.05			
		Ensemble.... 19.20 × 0.33 hauteur			
		produit surface.................... 6.34			
		Pour double épaisseur :			
		même surface...................... 6.34			
»	»	Ensemble........... 12.68	12.68	2.38	30.18
		Membrons en sapin de 0.14/0.12 à arrondi de 0.15 développé, fournis, posés cloués (non assemblés) :			
		Mêmes linéaires............ 19.20			
		Plus :			
		Amortissements....... 4 »			
		× 0.05 courant.................... 0.20			
com	posé	Ensemble.......... 19.40	19.40	4.05	78.57
		Recouvrements de membrons en zinc, n° 14 pour fourniture :			
		A droite.................. 11.15			
		A gauche.................. 8.05			
		Têtes...................... 4 »			
		× 0.15 courant.................. 0.60			
		Linéaires.......... 19.80			

MÉTRÉ DE LA COUVERTURE.

NUMÉROS PAGES	SÉRIE				
»	»	× 0.47 développé, produit surface..........		9.30	4.15	38.59
»	»	Façon, pose; linéaires............ 19.80				
»	»	Plus-value de 1/10 par bouts de 1 mètre...................... 1.92				
616	33	Ensemble......... 21.72	21.72	1.48	32.15
		Plus-value de moulures sur zinc.				
»	»	Linéaires	21.72	0.57	12.38
»	»	Détail : Courbes 3 à 0.15...... 0.45				
»	»	Arêtes 3 à 0.04 .... 0.12				
		Ensemble........ 0f,57				
		Bagues saillantes en zinc estampé, suivant moulures, à jouées rapportées, idem :				
»	»	Fournies.................	17	2.82	47.94
»	»	Posées, soudées...............	17	1.00	17.00
		Sous les bagues :				
		Gaines de garantie en zinc idem pour fourniture :				
		17 fois 0.20 longueur....... 3.40				
»	»	× 0.40 développé, produit surface	1.36	4.15	5.64
		Façon pose desdites comme bandes de recouvrement.................. 3.40				
		Plus-value de 1/10 pour petites parties........................ 0.34				
		Ensemble......... 3.74	3.74	1.48	5.53
620	132	Pattes cuivre idem, aux membrons........	60	0.20	12.00
		Bavettes de filets en zinc n° 14 pour fourniture.................... 19.20				
		Têtes................... 4				
		× 0.15 courant................. 0.60				
		Coulisseaux............ 17				
		× 0.20 courant................. 3.40				
		Linéaires......... 23.20				
»	»	× 0.16 largeur, produit surface..........	3.71	4.15	15.40
		Façon, pose desdites comme bandes de recouvrement.. 23.20				
616	32		25.12	1.25	31.40
»	»	Plus-value de 1/10, façon idem... 1.92				
»	»	Pattes cuivre idem.....................	60	0.20	12.00
		Au-dessous :				
		Filets en plâtre sur ardoise neuve ;				
610	210	Linéaires...............	19.20	0.90	17.28
		Bavette de filet, en plomb neuf en table de 0.002 épaisseur, pour fourniture :				
		A droite................. 11.15				
		A gauche.............. 8.05				
		Têtes................... 4				
		× 0.15 courant................. 0.60				
		Croisures................. 3				
		× 0.10 courant................. 0.30				
		Linéaires......... 20.10				
		× 0.14 largeur, produit surface..... 2.81				
622	1	× 22 kil. 70 pesant.....................	63k787	0.43	27.43

Sciences générales.   COUVERTURE ET PLOMBERIE. — TOME II. — 14.

NUMÉROS					
PAGES	SÉRIE				
»	9	Façon, pose de plomb en bavette ; Pesant...............	63^k787	0.15	9.57
»	16	Angles emboutis sur plomb..............	4	0.50	2.00
		Bandelettes de clouage en zinc neuf fournies, façonnées, posées ;			
»	17	Linéaires...............	19.20	0.33	6.33
616	52	Clouage à piston × 0.05.................	19.20	0.34	6.53
		Voligeage (*Brisis sur cour et terrasson de comble*).			
		Voligeage neuf sapin de 0.018, fourni, posé, par feuillets de 0.11 de large, cloués jointifs.			
		Brisis sur cour.			
		A gauche :			
		(*Partant du fond.*)			
		$\dfrac{5.40 \text{ et } 6.15}{2} = \ldots\ldots\ldots\ 5.77$			
		× 6.25 hauteur = Produit......... 36.06			
		A la suite :			
		$\dfrac{1.65 \text{ et } 4.50}{2} = \ldots\ldots\ldots\ 3.07$			
		× 6.25 hauteur = Produit......... 19.18			
		A la suite :			
		3.20 × 6.25 = Produit.......... 20.00			
		A droite de la cage d'escalier :			
		$\dfrac{3.75 \text{ et } 2.00}{2} = \ldots\ldots\ldots\ 2.87$			
		× 6.25 hauteur = Produit......... 17.93			
		Versant, de face, à la suite :			
		$\dfrac{5.20 \text{ et } 6.85}{2} = \ldots\ldots\ldots\ 6.02$			
		× 6.25 hauteur = Produit......... 37.62			
		A la suite :			
		$\dfrac{1.50 \text{ et } 1.65}{2} = \ldots\ldots\ldots\ 1.57$			
		× 6.25 hauteur = Produit......... 9.81			
		A droite :			
		$\dfrac{1.80 \text{ et } 1.20}{2} = \ldots\ldots\ldots\ 1.50$			
		× 6.25 hauteur = Produit......... 9.37			
		Terrasson de comble.			
		Versant sur cour :			
		(*Partant à droite.*)			
		$\dfrac{1.20 \times 3.00}{2}$ = Produit.......... 1.80			
		En retour, à la suite :			
		$\dfrac{1.65 \text{ et } 1.05}{2} = \ldots\ldots\ldots\ 1.35$			
		× 3.00 hauteur = Produit......... 4.05			

NUMÉROS					
PAGES	SÉRIE				

Versant de face :

$$\frac{6.85 \text{ et } 9.85}{2} = \ldots\ldots\ldots\quad 8.35$$

$\times$ 2.20 hauteur réduite = Produit..   18.37

$$\frac{11.20 \times 1.60}{2} = \text{Produit}\ldots\ldots\ldots\quad 6.40$$

En retour, à la suite :

$$\frac{3.15 \times 1.25}{2} = \text{Produit}\ldots\ldots\ldots\quad 2.20$$

Cage d'escalier.
Versant de droite :

7.00 $\times$ 1.50 = Produit............   10.50

Croupe :

$$\frac{2.50 \times 1.40}{2} = \text{Produit}\ldots\ldots\ldots\quad 1.95$$

Versant de gauche :

$$\frac{6.50 \text{ et } 7.00}{2} = \ldots\ldots\ldots\quad 6.75$$

$\times$ 1.50 hauteur = Produit.........   10.12

(Terrasson de comble)
A la suite, à gauche de cage d'escalier :

$$\frac{2.50 \times 2.25}{2} = \text{Produit}\ldots\ldots\ldots\quad 2.81$$

Versant de face :

$$\frac{0.75 \text{ et } 4.00}{2} \ldots\ldots\ldots\quad 2.37$$

$\times$ 3.75 hauteur = Produit.........   8.88

$$\frac{2.00 \times 0.90}{2} = \text{Produit}\ldots\ldots\ldots\quad 0.90$$

$$\frac{2.00 \text{ et } 5.00}{2} \ldots\ldots\ldots\quad 3.50$$

$\times$ 3.25 hauteur réduite = Produit..   11.37

Versant en retour à gauche :

$$\frac{3.00 \text{ et } 3.80}{2} \ldots\ldots\ldots\quad 3.40$$

$\times$ 2.05 hauteur = Produit.........   6.97

$$\frac{3.80 \times 3.70}{2} = \text{Produit}\ldots\ldots\ldots\quad 3.75$$

Versant en aile, à gauche :

$$\frac{6.15 \text{ et } 7.10}{2} \ldots\ldots\ldots\quad 6.62$$

$\times$ 1.65 hauteur réduite = Produit..   10.92

$$\frac{7.10 \times 3.45}{2} \text{ hauteur} = \text{Produit ..}\quad 12.24$$

Versant sur rue :

20.25 $\times$ 2.45 hauteur = Produit..   49.61

Surface........   312.81

NUMÉROS						
PAGES	SERIE					

Moins :
Versant sur rue.
1 souche adossée à gauche :
0.33 × 2.10 = Produit..... 0.69 »
Souche milieu :
0.40 × 2.90 = Produit..... 1.19 »
Sur cour.
Versant de face, à droite.
1 châssis de :
0.85 × 0.65 = Produit..... 0.55 »
1 souche sous faîtage de :
1.90 × 0.33 = Produit..... 0.62 »
1 grande souche de :
0.70 × 1.10 = Produit..... 0.77 »
Cage d'escalier.
1 châssis de :
0.70 × 0.70 = Produit..... 0.49 »
A gauche.
Versant de face.
1 châssis de :
0.50 × 0.60 = Produit..... 0.30 »
1 châssis de :
0.80 × 0.65 = Produit..... 0.52 »
1 souche de :
0.40 × 1.20 = Produit..... 0.48 »
En retour, à gauche.
1 châssis de :
0.75 × 0.65 = Produit..... 0.48 »
1 châssis de :
0.75 × 0.65 = Produit..... 0.48 »
Dans la noue.
1 souche de :
0.33 × 1.00 = Produit..... 0.33 »
En aile, à gauche.
1 châssis de :
0.75 × 0.65 = Produit..... 0.48 »
En brisis :
(*Partant, aile gauche*)
2 lucarnes de chaque :
1.30×2.50=Produit. 3.25 » »
Ensemble..... 6.50 »
3 châssis de chaque :
0.75×1.05=Produit. 0.78 » »
Ensemble..... 2.34 »
Dans la noue.
1 souche de :
0.33 × 1.30 = Produit..... 0.42 »

MÉTRÉ DE LA COUVERTURE.

NUMÉROS PAGES	SÉRIE					
		Pan coupé.				
		1 lucarne, *idem* précédente. Produit................	3.25	»		
		1 châssis, *idem* précédent. Produit.................	0.78	»		
		Dans la noue, une souche :				
		$0.40 \times 7.00 =$.... 2.80 $0.30 \times 0.70 =$.... 0.21 $0.33 \times 1.75 =$.... 0.57	3.58	»		
		A la suite.				
		1 lucarne, *idem* précédente. Produit................	3.25	»		
		1 châssis, *idem* précédent Produit................	0.78	»		
		1 châssis de 0.55×0.50. Produit.................	0.27	»		
		A droite de cage d'escalier :				
		1 lucarne, *idem* précédente. Produit................	3.25	»		
		1 châssis, *idem* précédent. Produit................	0.78	»		
		Brisis de face.				
		2 lucarnes, *id.* sur chaque 3.25 superficiels = Produit.....	6.50	»		
		2 châssis, *id.* sur chaque 0.78 superficiels = Produit.....	1.56	»		
		Près noue de gauche.				
		1 souche de :				
		$0.70 \times 1.65 =$.... 1.15 $0.70 \times 0.20 =$.... 0.14 $0.35 \times 0.85 =$.... 0.29	1.58	»		
		En retour à droite :				
		1 lucarne, *idem* précédente. Produit................	3.25	»		
		1 châssis, *idem* précédent. Produit................	0.78	»		
		Ensemble à déduire....	46.25	46.25		
621	171	Reste surface..........	266.56	266.56	2.38	634.41
		Brisis sur cour.				
		Tasseaux neufs en sapin de $0.055^{m/m}$ fournis, posés, cloués sur parties courbes.				
		(*Partant, à droite*)				
		1 fois $5.65 =$...............	5.65			
		1 fois $5.45 =$...............	5.45			
		1 arêtier sapin de $0.080^{m/m}$ fourni, posé, cloué, *idem*..........	5.75			
621	151	Plus-value de 1/5 pour circulaire au moyen de traits de scie.	1.15	»	6.90	0.99	6.83

NUMÉROS						
PAGES	SÉRIE					
		Tasseaux.				
		Pan coupé.				
		$0.90 + 0.75 =$	1.65			
		1 fois $3.10 =$	3.10			
		Versant de face.				
		1 fois $1.50 =$	1.50			
		$0.75 + 0.75 =$	1.50			
		1 fois $3.00 =$	3.00			
		1 fois $5.65 =$	5.65			
		$3.25 + 0.75 =$	4.00			
		$0.75 + 0.75 =$	1.50			
		1 fois $3.00 =$	3.00			
		$3.55 + 0.50 =$	4.05			
		1 fois $3.65 =$	3.65			
		1 fois $0.90 =$	0.90			
		En retour, à gauche.				
		1 fois $2.20 =$	2.20			
		$3.25 + 0.75 =$	4.00			
		1 fois $3.00 =$	3.00			
		1 fois $2.40 =$	2.40			
		2 fois 3.50 réduit $=$	7.00			
		A gauche de cage d'escalier.				
		1 fois $3.65 =$	3.65			
		$0.75 + 0.85 =$	1.60			
		1 fois $3.00 =$	3.00			
		$3.40 + 0.75 =$	4.15			
		1 fois $1.55 =$	1.55			
		Pan coupé.				
		1 fois $1.55 =$	1.55			
		$0.30 + 0.75 =$	1.05			
		1 fois $3.05 =$	3.05			
		$1.10 + 0.75 =$	1.85			
		Aile gauche.				
		1 fois $1.20 =$	1.20			
		1 fois $5.65 =$	5.65			
		$0.75 + 0.75 =$	1.50			
		1 fois $3.05 =$	3.05			
		$3.40 + 0.75 =$	4.15			
		2 fois $3.00 =$	6.00			
		$3.40 + 0.75 =$	4.15			
		1 fois $5.65 =$	5.65			
Menui	serie	Linéaires	104.90			
18	97	Plus-value 1/5 pour circulaire au				
721	464	moyen de traits de scie	20.98			
621	150	Ensemble	125.88	125.88	0.38	48.83

Couverture.

de brisis circulaire en zinc n° 14, pour fourniture.

Aile gauche.
(Partant du fond).
En rive :
0.65×6.34 hauteur $=$ 4.12

MÉTRÉ DE LA COUVERTURE.

NUMÉROS PAGES	SÉRIE		
		Devant premier châssis :	
		0.65×3.71 hauteur $=$............	2.41
		A droite de première lucarne :	
		0.34×2.37 hauteur $=$............	0.80
		A gauche de première lucarne :	
		0.24×2.37 hauteur $=$............	0.56
		Derrière :	
		1.90×0.50 hauteur $=$............	0.95
		Deuxième lucarne à droite :	
		0.20×2.37 hauteur $=$............	0.47
		A gauche :	
		0.44×2.37 hauteur $=$............	1.04
		Derrière :	
		1.90×0.50 hauteur $=$............	0.95
		Premier châssis.	
		Au devant :	
		0.65×1.04 hauteur $=$............	0.67
		A droite — 0.33 $\}$ = 0.61×1.21	
		A gauche — 0.28 $\}$ hauteur $=$....	0.73
		Derrière :	
		1.28×0.52 hauteur $=$	0.66
		Au-dessus :	
		2 fois 0.65×1.16 hauteur $=$......	1.50
		Entre châssis.	
		0.65×3.66 hauteur $=$............	2.37
		Deuxième châssis.	
		Au-devant 2 fois $0.65 \times 1.04 =$	1.35
		A droite............. 0.45 $\}$ 0.63	»
		A gauche............ 0.18 $\}$	
		$\times 1.21$ hauteur $=$..............	0.76
		Derrière :	
		1.28×0.52 hauteur $=$............	0.66
		Au-dessus :	
		2 fois 0.65×1.16 hauteur $=$.......	1.50
		Troisième châssis.	
		Au-devant, 2 fois 0.65×1.04 ; produit $=$	1.35
		à droite..... 0.30 $\}$ = 0.60×1.21	
		à gauche.... 0.30 $\}$ hauteur $=$	0.72
		Derrière :	
		1.28×0.52 hauteur ; produit	0.66
		Au-dessus :	
		2 fois 0.65×1.16 hauteur ; produit $=$	1.60
		A la suite, à gauche :	
		$\dfrac{0.18 \text{ et } 0.65}{2} = 0.41 \times 4.74$ hauteur ; produit $=$......................	1.94

0.65 × 1.60 hauteur; produit =.... 1.04
0.31 × 0.97 hauteur réduite; produit =......................... 0.30

1 Noue de :

0.65 × 5.19 hauteur réduite; produit =........................... 3.37

Grande souche.

1 Noue à droite :

0.65 × 8.34 hauteur; produit =.................. 5.42

Moins :

Lucarne de :
0.38 × 2.00 réduit; produit 0.76 ⎫
Souche de : ⎬ »
0.30 × 0.50 net; produit 0.15 ⎭ 0.91

Reste.. = 4.51   4.51

Lucarne. Derrière :

1.50 × 0.50; produit = ... 0.75

Au-dessus :

0.65 × 3.66; produit =............ 2.38

A droite, en écoinçon :

$\frac{0.61 \times 2.06}{2}$ hauteur; produit = 0.63

Moins :

souche de $\frac{0.11 \times 0.46}{2}$; produit =.................... 0.25   »

Reste..... 0.38 = 0.38

Plus :

1 écoinçon de noue :

0.33 × 0.34 réduit; produit =..... 0.11

Châssis.

Au devant :

$\frac{0.48 \text{ et } 0.65 + 0.18}{2}$ × 1.04 hauteur;

Produit = ... 0.68

A droite :

0.30 × 1.21; produit =............ 0.36

A gauche :

0.28 × 0.32 hauteur réduite; produit =........................... 0.09

Derrière :

1.28 × 0.52; produit =........... 0.66

MÉTRÉ DE LA COUVERTURE.

NUMÉROS			
PAGES	SERIE		

Au dessus :
2 fois 0.65 × 1.16 ; produit : 1.51
1 écoinçon, à gauche de :
$\dfrac{0.83 \times 1.36 \text{ hauteur}}{2}$; produit = ... 0.56

Versant à la suite :
1 noue :
0.65 × 7.00 hauteur réduite,
produit 4.55

Moins :
1 souche de :
0.33 × 1.45, produit 0.47
Reste 4.08   4.08

1 lucarne.
A droite 0.49 ⎫
A gauche 0.26 ⎬ = 0.75
× 2.37 hauteur, produit 1.77

Derrière :
1.96 × 0.50 = ... 0.98

Premier châssis à droite.
Au devant :
0.65 × 1.04, produit 0.67
$\dfrac{0.28 \times 0.58}{2}$, produit 0.08

A droite :
$\dfrac{0.38 \times 0.88}{2}$, produit 0.16

Derrière :
1.28 × 0.52, produit 0.66

Au dessus :
2 fois 0.65 × 1.16, produit 1.51
1 écoinçon à droite de :
$\dfrac{0.65 \times 1.51}{2}$, produit 0.49

Petit châssis à la suite.
Au devant :
2 fois 0.65 × 1.04, produit 1.35
A droite 0.33 ⎫
A gauche 0.48 ⎬ = 0.81
× 0.44 hauteur, produit 0.35

Derrière :
1.26 réduit × 0.60, produit 0.65

Au dessus :
(Bas.)
$0.65 + 0.54 = \dfrac{1.19 \text{ et } 0.49}{2} = 0.84$
× 1.81 hauteur, produit 1.52

NUMÉROS			
PAGES	SÉRIE		

A droite de cage d'escalier.
Versant en retour à gauche,
à droite de ce versant : 1 écoinçon :
$0.74 + 0.65 = \dfrac{1.39 \times 4.39}{2}$ hauteur

produit 3.05

Une lucarne :

A droite 0.36 ⎱ $= 0.65 \times 2.37$
A gauche 0.29 ⎰ hauteur, produit.. 1.54

Derrière :

1.90×0.50; produit 0.95

Au dessus :

2 fois $0.65 = 1.30 \times 2.66$ hauteur
réduite ; produit 3.45

Un châssis.

Au-devant, et au-dessus de lucarne :

0.65×1.04 hauteur, produit 0.67

Entre lucarne et noue :

$\dfrac{0.43 \text{ et } 0.65}{2} \times 3.60$ hauteur,

produit 0.62

A gauche de châssis :

0.48×1.18 hauteur, produit 0.56

Derrière :

1.28×0.52 hauteur, produit : 0.66

Au desssus :

2 fois 0.65×1.16 hauteur, produit.. 1.50

Un écoinçon. En tête à gauche :

$\dfrac{0.63 \times 2.21}{2}$ hauteur, produit..... 0.69

Une noue de :

0.65×6.49 réduit, produit........ 4.45

Versant de face.

Entre noue et lucarne au-devant
de souche :

$0.08 + 0.65 = 0.73$,
$0.48 + 0.65 = 1.13$,

Soit : $\dfrac{0.73 \text{ et } 1.13}{2} \times 4.24$ hauteur

réduite, produit 3.94

Au-devant de souche.

1 excédent de :

0.45×0.35, produit............... 0.15

1 écoinçon à droite :

$0.33 + 0.49 = \dfrac{0.82 \times 1.96}{2}$ hauteur,

produit 0.80

MÉTRÉ DE LA COUVERTURE. 219

NUMÉROS PAGES	SÉRIE		
		{Deuxième lucarne.	
		A droite 0.26 } = 0.85 × 2.37 A gauche 0.59 } hauteur, produit..	2.01
		Derrière :	
		1.90 × 0.50, produit	0.95
		Au dessus :	
		0.65 × 2.27, produit..............	1.47
		Derrière souche :	
		1.04 × 0.52, produit	0.54
		Au dessus :	
		0.34 réduit + 0.65 = 0.99 × 0.96 hauteur, produit	0.95
		Deuxième châssis.	
		Au devant :	
		2 fois 0.65 × 1.04, produit.........	1.35
		A droite :	
		0.63 × 1.09, produit	0.68
		A gauche :	
		0.65 × 3.45, produit.	2.24
		0.58 × 1.21, produit..............	0.70
		Derrière :	
		1.90 × 0.52, produit..............	0.98
		Au dessus :	
		3 fois 0.65 × 1.16, produit........	2.26
		Troisième lucarne.	
		A droite 0.19 } = 0.63 × 2.37 A gauche 0.44 réduit } haut*, produit.	1.49
		Derrière :	
		1.70 réduit × 0.50, produit........	0.85
		Au-dessus :	
		0.65 × 3.58 ; produit = ...	2.32
		Troisième châssis.	
		Au-devant :	
		0.65 + 0.48 = 1.13 × 1.04 hauteur ; produit = ...	1.17
		A droite :	
		0.43 × 1.08 ; produit = ...	0.46
		A gauche :	
		0.20 × 0.77 hauteur réduite ; produit = ...	0.15
		Derrière :	
		1.28 × 0.52 ; produit = ...	0.66
		Au-dessus :	
		2 fois 0.65 × 1.16 ; produit	1.50
		Un écoinçon, à gauche :	
		$\frac{0.38 \times 1.51}{2}$ hauteur ; produit = ...	0.28

NUMÉROS						
PAGES	SÉRIE					
		Une noue de :				
		0.65 × 6.49 réduit ; produit = ...	4.21			
		Pan coupé, en retour, à la suite :				
		Quatrième lucarne				
		A gauche :				
		0.26 réduit × 2.37 hauteur, produit =	0.61			
		Derrière :				
		1.43 × 0.50 ; produit = ...	0.72			
		Au-dessus :				
		$\frac{0.18 \text{ et } 0.68}{2} = 0.43 \times 3.70$ hauteur ; produit = ...	1.59			
		Quatrième châssis.				
		Au-devant :				
		0.65 + 0.55 réduit = 1.20 × 1.04 hauteur ; produit = ...	1.24			
		A droite 0.15 A gauche 0.25 réduit } = 0.40 × 1.08 hauteur ; produit = ...	0.43			
		Derrière :				
		1.00 réduit × 0.52 ; produit........	0.52			
		Au-dessus :				
		0.65 + 0.25 = 0.90 × 1.16 hauteur ; produit = ...	1.04			
		Versant à la suite :				
		$\frac{0.62 \times 5.56}{2}$ hauteur, produit = ...	3.09			
		2 fois 0.65 × 6.34 hauteur ; produit =	8.19			
		Couvre-joints zinc, par bouts de 1 mètre, *idem* tasseaux = .. 125.88				
		Plus : croisures, ensemble 148 » × 0.05 courant 7.40				
		Linéaires.... 133.28				
		× 0.10 développé, produit.........	13.33			
		Arêtier zinc, *idem* bois 6.90				
		Plus croisures .... 6 × 0.05 courant........... 0.30				
		Linéaires.... 7.20				
		× 0.16 développé, produit..........	1.15			
615	23	Surface, ensemble....	140.90	140.90	4.15	577.74
617	54	Façon de couverture en zinc, de comble circulaire, par feuilles de 0.65 large (*type d*).		140.90	2.80	394.52
		Plus-value de façon, pour plus de 1/5 de feuilles débitées :				
		Même surface...... 140.90				
		Moins ; feuilles entières = 39, × chaque 1.30 superficiel produit =	50.70			
617	60	Reste surface........	90.28	90.28	0.45	40.63

MÉTRÉ DE LA COUVERTURE.

NUMÉROS PAGES	SÉRIE				
		Raccords :			
		Contre-talons en zinc *idem* rapportés, soudés :			
618	78	Aux couvre-joints; 51 fois 2........	102	0.15	15.30
»	79	A l'arêtier.....................	2	0.20	0.40
		Talons zinc *idem;* aux couvre-joints.. 51			
		Têtes zinc *idem;* » ... 51			
»	76	Ensemble............... 102	102	0.20	20.40
»	77	Talon et tête d'arêtier...............	2	0.25	0.50
617	64	1 embranchement façonné, soudé sur arêtier zinc ; en angles....................	3	0.15	0.45
»	»	Plus-value de têtes et talons biais.........	17	0.15	2.55
		Pattes d'agrafe en cuivre aux croisures ;			
		De couvre-joints............ 148			
620	132	D'arêtier.................. 6			
		Ensemble............... 154	154	0.20	30.80
		Pour brisis circulaires :			
		Échafaudages volants, dits de couvreur, composés d'échelles, planches et cordages, pour location, montage, pose, dépose et double transport ;			
		Sur rue................. 20.00			
		Sur cour :			
		A gauche 5.50 + 1.75 + 3.30 = .. 10.55			
		A droite 3.85 + 5.30 + 1.60 + 1.90 = 12.65			
		Plus-value pour retours doubles ;			
		5 × 1.00 courant......... 5.00			
609	185	Ensemble............... 48.20	48.20	2.00	96.40
		Échafaudages supplémentaires *idem*, pour les parties supérieures, comprenant location, remontage par coups successifs, démarrage et amarrage ;			
		Sur rue 1 fois............. 20.00			
		Sur cour :			
		A gauche 5.55 réduit »			
		2.75 réduit »			
		2.75 réduit »			
		A droite 3.10 réduit »			
		5.90 réduit »			
		1.55 réduit »			
		1.50 réduit »			
		Ensemble 23.10 »			
		Soit pour 3 coups ; 3 fois 23.10 réduit = 69.30			
		Plus-value de retours doubles :			
		5 × 1.00 courant........... 5.00			
»	»	Ensemble............... 94.30	94.30	1.00	94.30
		(1) *Ces derniers échafaudages ne comportant pas montage, descente, ni double transport, il y a lieu d'appliquer un prix inférieur à celui des premiers ; comme pour la corde à nœuds (numéros 143, 144 et 145 de la série Centrale, édition de l'année 1895).*			

COUVERTURE ET PLOMBERIE.

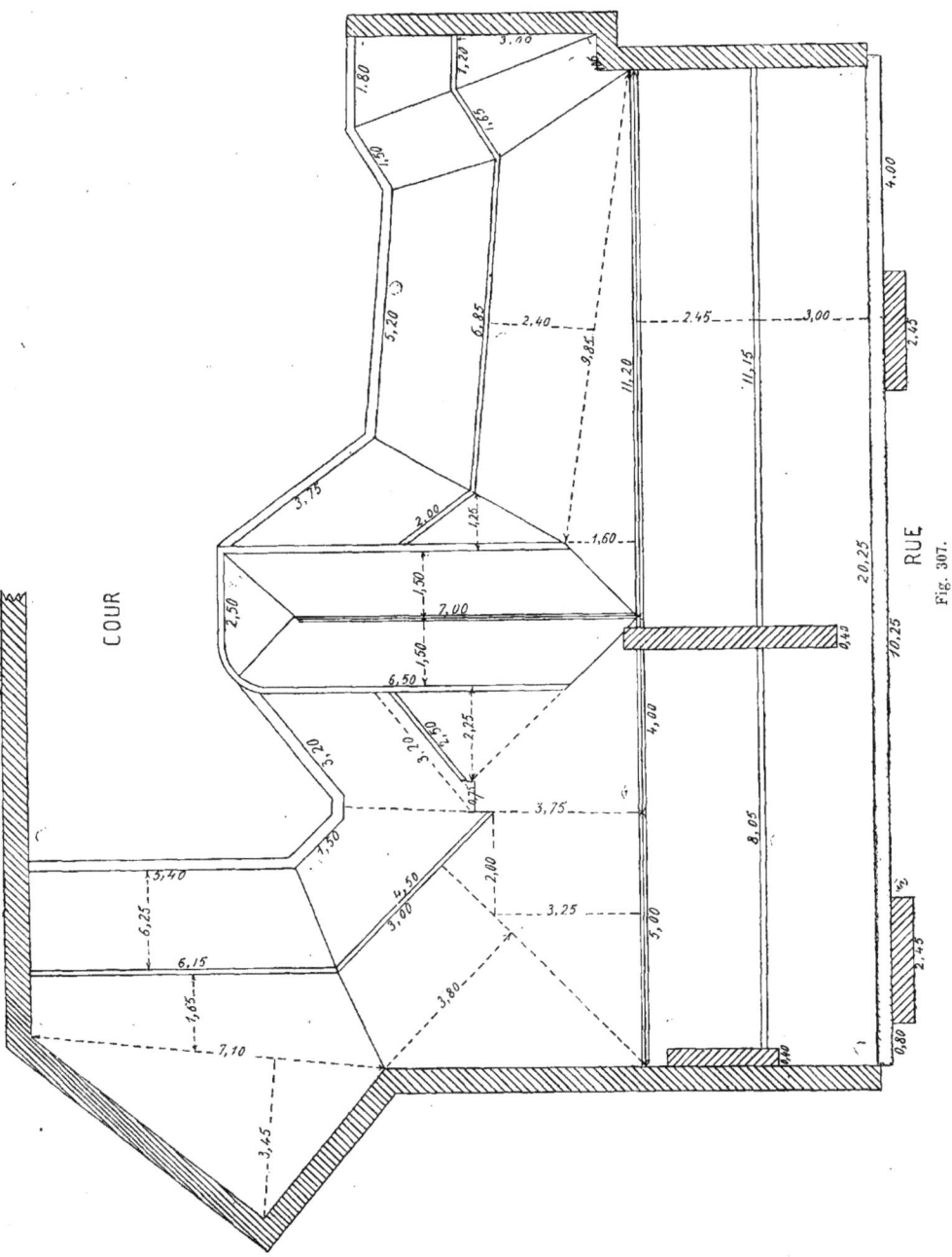

Fig. 307.

NUMEROS						
PAGES	SÉRIE					
		Chéneaux sur cour. — (Voir figures numéros 254 et 255)				
		Pour encaissement :				
		Planches en sapin de 0.041 épaisseur × 0.34 hauteur, rainées ; fournies posées				
		A droite : 1 fois........ 2.00 ⎫ »				
		1 fois........ 1.40 ⎪ »				
		1 fois........ 5.10 ⎬ »				
		1 fois........ 3.65 ⎭ 12.15				
		A gauche : 1 fois........ 3.25 ⎫ »				
		1 fois........ 0.35 ⎪ »				
		1 fois........ 1.25 ⎬ »				
		1 fois........ 5.30 ⎭ 10.15				
		6 assemblages d'onglets × 0.12 courant........................ 0.72				
Menuis.	102	Linéaires 23.02	23.02	2.16	49.72	
		Plates-bandes d'écartement, en fer de 0.035 sur 0.007 fournies de 0.40 longueur, entaillées et fixées avec vis fournies.				
Serru	rerie	2 fois 2.....................	4	1.38	5.52	
		Équerres d'angles, en même fer, fournies posées *idem*				
»	»	6 fois 2.....................	12	2.44	29.28	
		Plus-value pour équerres façonnées d'angles				
»	»	précis	12	0.60	7.20	
		Pattes d'abouts, en même fer, fournies à scellement, entaillées et fixées avec vis.				
»	»	4 fois 2.....................	8	0.60	4.80	
		8 trous en pierre × 0.10 profondeur compris scellements au plâtre × chaque 0.24 de légers ;				
»	»	produit.......................	1.92	4.00	7.68	
		Peinture de ces fers à l'huile de minium				
»	»	2 couches ; ensemble..............	24	0.12	2.88	
		Pour maintenir la planche dans sa position verticale ; équerres en fer forgé de 0.035 en 0.007 × 0.72 longueur développée, coudées et contrecoudées à pattes de scellement en queue de carpe, fournies, entaillées et fixées				
Serru	rerie	avec vis (*espacées de 0.80*) ; ensemble......	28	3.96	110.88	
		28 trous et scellements *idem* dans l'entablement en pierre, × chaque 0.24 de légers ;				
»	»	produit.......................	6.72	4.00	26.88	
»	»	Peinture *idem* de ces équerres...........	28	0.12	3.36	
		Coyaux en sapin de 0,080 épaisseur coupés de chaque 0.36 longueur, chanfreinés réglés de pente :				
»	»	fournis.......................	76	0.61	46.36	
608	167	posés cloués...................	76	0.33	25.08	
		Fond de chéneau en sapin de 0.025 épaisseur, fourni posé cloué jointif				
		A droite : 1 fois réduit... 1.85 ⎫ »				
		1 fois réduit... 1.40 ⎭ »				

NUMÉROS PAGES	SÉRIE				
		A gauche : 1 fois réduit... 5.10 ⎫ » 1 fois réduit... 3.65 ⎬ 12.00 1 fois réduit... 3.10 ⎭ » 1 fois réduit... 0.35 ⎫ » 1 fois réduit... 1.25 ⎬ » 1 fois réduit... 5.30 ⎭ 10.00			
		Linéaires (B).................. 22.00			
621	172	× 0.37 largeur, produit surface..........	8.14	2.94	23.93
		Sur le côté de la face :			
		Chanlattes en sapin de 0.080 fournies, posées, clouées			
Menuis.	283	Linéaires	23.02	0.91	20.95
		(2) *Le voligeage côté du brisis a été compté avec celui du comble.*			
		Chéneau en zinc n° 16 pour fourniture; mêmes linéaires que dessus (B)....... 22.00			
		Plus :			
		Croisures.................. 6 » × 0.05 courant................... 0.30 Têtes...................... 4 » × 0.15 courant................... 0.60 Équerres................... 6 » × 0.20 courant................... 1.20			
		Linéaires................. 24.10			
615	24	× 0.75 développé réduit ; produit surface....	17.08	5.46	93.25
619	107	Façon pose ; linéaires....................	24.10	1.95	47.00
		Sur les côtés :			
		Mains d'arrêt en zinc n° 16 fournies, posées et clouées ; 2 fois 66..................	132	0.12	15.84
»	»	Socle :			
		Sur la face ; bandes d'agrafe en zinc n° 14 pour fourniture :			
		Mêmes linéaires que planche (C).... 22.30			
		Plus ; aux équerres			
		6 fois 0.22 .... 1.32			
		Linéaires 23.62			
»	»	× 0.16 largeur ; produit surface............	3.78	4.15	15.69
616	25	Façon pose ; linéaires....................	23.62	0.25	5.90
»	»	Plus-value de façon de bande coudée......	23.62	0.04	0.94
		Trous tamponnés dans la pierre, *espacés de*			
642	206	*0.16 et chevauchés ;* 2 fois 147............	294	0.16	47.04
		Bandes de recouvrement en zinc n° 14 pour fourniture :			
		Mêmes linéaires que planche (C).... 22.30			
		Plus :			
		Coulisseaux (*par bouts de 1.00*)			

MÉTRÉ DE LA COUVERTURE.

NUMÉROS PAGES	SÉRIE					
»	»	A droite 1 + 1 + 5 + 3............ 10 » A gauche 3 + 1 + 1 + 5............ 10 » Ensemble............ 20 » × 0.20 courant............ 4.00 Équerres............ 6 » × 0.20 courant............ 1.20 Têtes............ 4 » × 0.15 courant............ 0.60 Linéaires............ 28.10 × 0.55 largeur développée; produit surface. Façon, pose; linéaires............ 28.10 Plus-value de 1.10 × 22.30...... 2.23		15.45	4.15	64.12
616	34	Ensemble............ 30.33		30.33	1.65	50.04
		Couronnement de socle : Recouvrements en zinc n° 14 pour fourniture; mêmes linéaires que planche (C). 22.30 Plus : Croisures (*par bouts de 2.00*).. 6 » × 0.05 courant............ 0.30 Equerres............ 6 » × 0.20 courant............ 1.20 Têtes............ 4 » × 0.15 courant............ 0.60 Linéaires............ 24.40				
»	»	× 0.30 largeur développée; produit surface.		7.32	4.15	30.38
616	33	Façon, pose; linéaires............		24.40	1.48	36.11
»	»	Gaines zinc *idem* fournies, façonnées, soudées ; ensemble............		6	0.20	1.20
		Au-dessus du chéneau : (*Côté comble*) Bandes de batellement en zinc n° 14 pour fourniture (*partant à droite*) 1 fois............ 1.80 1 fois............ 0.15 1ᵉʳ entre-deux............ 0.65 2ᵉ entre-deux............ 1.20 3ᵉ entre-deux, 1.10 + 0.75...... 1.85 Entre 4ᵉ lucarne et mur............ 1.45 A gauche : Entre mur et 5ᵉ lucarne............ 0.85 4ᵉ Entre-deux 1 fois.... 0.65 » Devant souche .... 0.43 » 1 fois............ 0.10 » Ensemble... 1.18 1.18 5ᵉ entre-deux 0.10 + 0.60........ | 0.70 6ᵉ entre-deux............ 0.25 Entre 8ᵉ lucarne et mur du fond... 1.40 Linéaires............ 11.48				

Sciences générales.   COUVERTURE ET PLOMBERIE. — TOME II. — 15.

NUMÉROS PAGES	SÉRIE				
		Report............ 11.48			
		Plus :			
		Equerres................ 6 »			
		×0.20 courant.................... 1.20			
		Têtes..................... 20 »			
		×0.15 courant................... 3.00			
		Ensemble............ 15.68			
»	»	×0.20 largeur ; produit surface............	3.14	4.15	13.03
616	28	Façon pose ; linéaires....................	15.68	0.57	8.94
		Pattes d'agrafe en zinc *idem* pour fourniture ;			
»	»	Ensemble...................	38	0.03	1.14
		8 lucarnes (*fig.* 308 à 310)			
		Détail d'une :			
		Dans le chéneau ; en raccordement de la pièce d'appui :			
		2 jouées en zinc n° 16 pour fourniture de chaque 0.35 × 0.04 réduit large ; produit			
»	»	surface..................................	0.03	5.46	0.16
»	»	Façon découpage desdites *suivant profil* (*a*) et pose	2	0.60	1.20
		Soudures sur zinc neuf 4 fois 0.35. 1.40			
		Plus-value de 1/5 circulaire........ 0.28			
620	141	Linéaires............ 1.68	1.68	0.66	1.11
		Sur appui ; bande de recouvrement en zinc			
		n° 14 pour fourniture.............. 1.35			
»	»	×0.27 largeur développée ; produit surface..	0.36	4.15	1.49
		Façon, pose................ 1.35			
		Plus-value de 1/10 pour façon de			
		longueur précise................... 0.14			
616	33	Linéaires............ 1.49	1.49	1.48	2.21
		Plus-value de moulures comprenant :			
616	35-38	1 relief et 1 arrondi.................	1.10	0.19	0.21
620	132	Pattes d'agrafe en cuivre rouge, fournies, posées au larmier ; en plus-value.....	5	0.20	1.00
617	65	2 amortissements (*h*) en zinc *idem* rapportés soudés pour chaque 2 goussets............	4	0.28	1.12
		Les faces (*g*) *sont prises sur le développement de la bavette d'appui).*			
»	»	Têtes zinc *idem* rapportées soudées (*i*).....	2	0.50	1.00
621	167	1 tube de buée fourni, façonné, posé, soudé.	1	»	1.00
		(3) *La bande d'encadrement sur appui sera comptée avec celles des poteaux et des jouées extérieures*			
		Faces de poteaux (*b*), en zinc n° 14 fourni			
		2 fois 0.46 = 0.92 × 0.10 largeur : produit			
»	»	surface...................................	0.09	4.15	0.37
		Façon, pose desdites 0.92			
		Plus-value de 1/10................ 0.09			
616	31	Ensemble................... 1.01	1.01	1.10	1.11

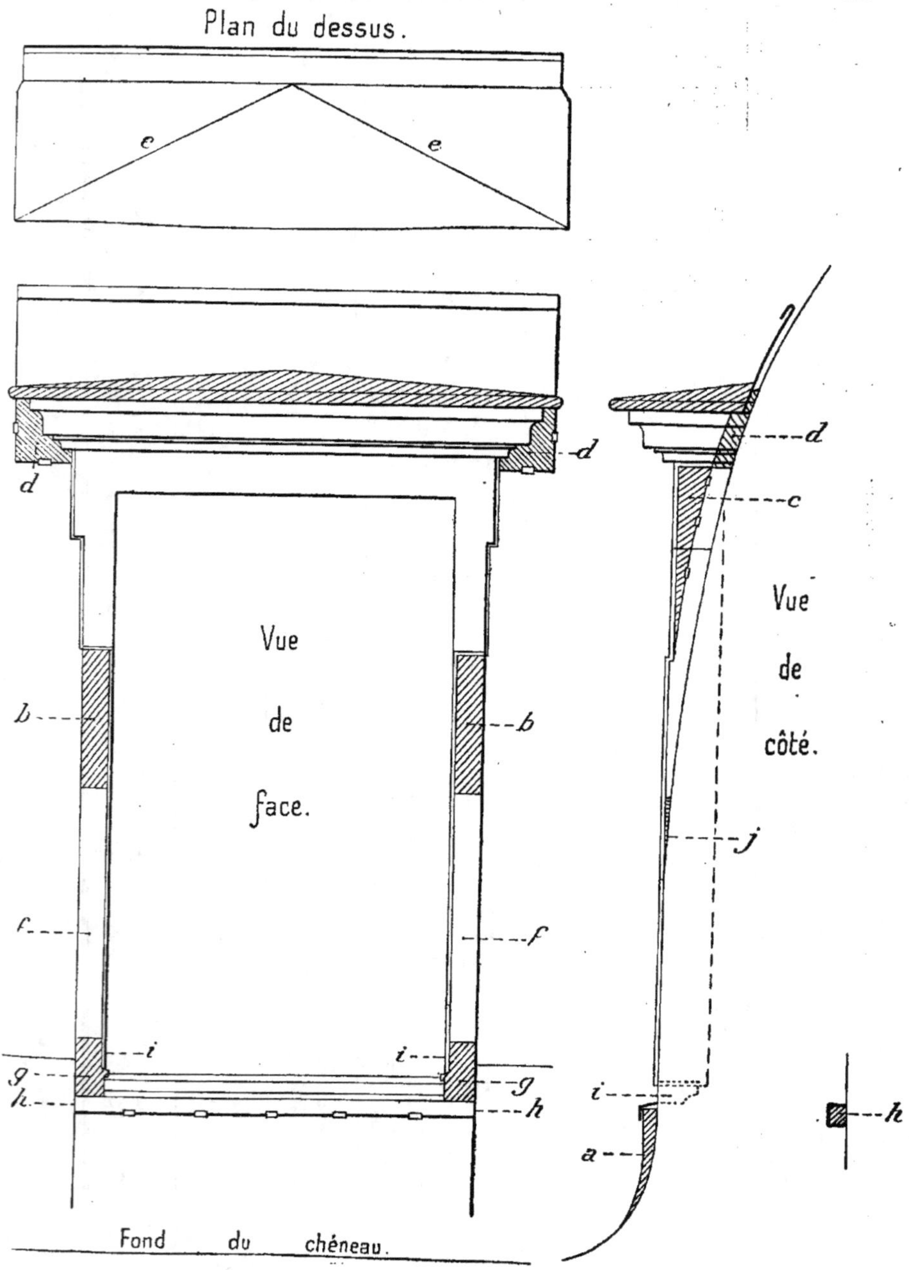

MÉTRÉ DE LA COUVERTURE. 227

Plan du dessus.

Vue de face.

Vue de côté.

Fond du chéneau.

Fig. 308 à 310.

COUVERTURE ET PLOMBERIE.

NUMÉROS PAGES	SÉRIE				
617	64	2 angles façonnés soudés, de 0.46 hauteur pour chaque 2	4	0.15	0.60
		Les faces (f) étant formées par le relief de 0.10 de la couverture ne sont pas comptées à part; toutefois, il y a lieu de demander pour raccords en (j) :			
617	65	Goussets..............................	2	0.28	0.56
»	64	Angles	2	0.15	0.30
		2 jouées extérieures, en zinc n° 14 fourni.			
		2 fois 0.56 .... 1.12			
		× 0.08 réduit, produit surface............	0.09	4.15	0.37
		Façon, pose comme bandes de recouvrement			
		Linéaires 1.12			
		Plus-value de 1/10................. 0.11			
616	31	Ensemble................ 1.23	1.23	1.10	1.35
»	»	Pattes cuivre en plus-value *idem*.			
		2 fois 3	6	0.20	1.20
		Les bandes d'encadrement en zinc n° 14 fourni à une jouée			
		0.14 + 0.30 + 0.04 + 0.36.. 0.84 »			
		Face de poteau			
		0.02 + 0.10 + 1.40 .... 1.52 »			
		Par le bas............. 0.14 »			
		2 fois................. 2.50 5.00			
		Sur jet d'eau............... 1.10			
		Linéaires 6.10			
»	»	× 0.05 largeur, produit surface............	0.31	4.15	1.29
»	28	Façon, pose; linéaires...................	6.10	0.57	3.48
»	52	Clouage espacé de 0.05..................	6.10	0.34	2.07
»	»	Angles 2 fois 7 = ...	14	0.15	2.10
		En raccords de capucines :			
		2 noquets, en zinc n° 14 fourni:			
		Noquets			
		2 fois 0.24 × 0.12 réduit, produit... 0.06			
		Alaises (ou *reliefs*)			
		2 fois 0.18 × 0.10 hauteur, produit. 0.04			
		Surface................ 0.10	0.10	4.15	0.42
»	»	Façon de noquets en zinc (d) découpé à			
»	»	alaise moulurée, rapportée, soudée.........	2	1.50	3.00
»	»	Pattes cuivre *idem* ; 2 fois 2............	4	0.20	0.80
616	51	Pistonnage serré 2 fois 0.18..............	0.36	0.70	0.25
		Dessus :			
		Voligeage neuf en sapin de 0.018 jointif.			
		1 fois $\frac{1.66 \times 0.40}{2}$ hauteur produit.. 0.33			
		2 fois $\frac{0.40 \times 0.84}{2}$ » » .. 0.33			
621	171	Surface............... 0.66	0.66	2.38	1.57

MÉTRÉ DE LA COUVERTURE.

NUMÉROS PAGES	SÉRIE				
		Bandes d'agrafe, en zinc n° 14 fourni ;			
		1 fois....................... 1.86			
		2 fois 0.46............. .... 0.92			
		Linéaires 2.78			
»	»	× 0.10 largeur, produit surface..............	0.28	4.15	1.16
»	»	Façon, pose ; linéaires...................	2.78	0.25	0.69
		Recouvrement, en zinc *idem* fourni ;			
		1 fois....................... 1.80 »			
		× 0.26 réduit, produit............... 0.47			
		2 fois 0.46............ 0.92 »			
		× 0.47 réduit, produit............... 0.43			
		Équerres (*e*) comme recouvrements 2 »			
		× 0.20 courant........... 0.40 » »			
		× 0.73 développé produit............. 0.29			
		Une alaise sur rampant de.... 1.80 »			
		× 0.32 réduit, produit............... 0.58			
		Surface................ 1.77	1.77	4.15	7.35
		Façon, pose de bandes de recouvrements			
		de 0.26 à 0.50 :			
		1.80 + 0.92 + 1.80 = ... 4.52			
		Plus-value de 1/10 .... 0.45			
616	33	Ensemble.............. 4.97	4.97	1.48	7.36
»	34	Au-dessus de 0.51..................	0.40	1.65	0.66
		Soudures obligées sur zinc neuf, en raccordement de dessus et alaise :			
620	141	2 fois 0.90	1.80	0.66	1.19
		7 autres lucarnes semblables à celle accoladée n° 3................................	7	49.94	349.58
		En rive à droite :			
»	»	1 angle, en tête :.....................	1	»	0.15
		Bandes de solins, en zinc n° 14 fourni.			
		Au droit du chéneau :			
		0.45 + 0.68 .... 1.13			
		Rampant (*compris croisures*)..... 6.34			
		Linéaires 7.47			
»	»	× 0.10 largeur, produit surface............	0.75	4.15	3.11
		Façon, pose des bandes de solins en zinc			
		Linéaires 7.47			
		Plus-value de façon de bandes zinc			
616	28	estampées circulaires (sur rampant) pour......................... 6.34			
		Ensemble.............. 13.81	13.81	0.57	7.87
		(4) *Quoiqu'il ne soit rien prévu en série pour les bandes circulaires, il y a lieu de prendre comme base les prix de façon de couvertures en zinc numéro 54 types b et d qui donnent pour cette dernière une plus-value de 100 0/0, soit le double de la couverture ordinaire.*	Obser	vation	
»	»	Angles	2	0.15	0.30
»	»	Pattes cuivre en plus-value..............	22	0.20	4.40
620	140	Solins plâtre sur zinc	7.32	0.72	5.27

N° 3.

NUMÉROS PAGES	SÉRIE					
		Pan coupé à la suite.				
		1 châssis (voir figure n° 159) de 0.75 × 1.05 de baie, produit:				
		Linéaires 3.60				
608	160	Fourni	»		5.00	
»	»	Peint huile 2 couches	»		0.24	
»	161	Plus-value de dormant en tôle laminée de 0.0025	»		0.20	
»	164	Posé	»		0.30	
		Soit linéaires	3.60		5.74	20.66
		Plus-value de fourniture de crémaillère brisée................................	1		»	3.50
		Encadrement en sapin de 0.080				
		Fourni, posé, cloué ; linéaires 3.60				
		4 assemblages d'onglets × 0.12.... 0.48				
621	151	Linéaires 4.08	4.08		0.99	4.04
»	»	Goussets.............................	4		0.28	1.12
»	»	Angles	2		0.15	0.30
		1 capote, en zinc n° 14 fourni				
		Linéaires .... 1.05 »				
		× 0.50 développé, produit 0.53				
		2 amortissements d'abouts de chaque				
		0.15 × 0.10 réduit, produit..... 0.03				
»	»	Surface................ 0.56	0.56		4.15	2.32
		Façon, pose de recouvrement zinc de 0.50				
		développé...................... 1.05				
		Plus-value de 1/10 façon........... 0.11				
616	33	Ensemble................ 1.16	1.16		1.48	1.72
»	»	Façon pose, soudure des amortissements...	2		0.90	1.80
»	»	Angles droits en plus-value..............	2		0.15	0.30
»	»	Angles circulaires *idem*..................	2		0.30	0.60
»	»	Onglets................................	2		0.20	0.40
»	»	Pattes cuivre *idem* ; 2 fois 2.............	4		0.20	0.80
		1 noue à la suite :				
»	»	Brisures façonnées, soudées.............	2		0.15	0.30
		Versant de face				
»	»	2 châssis semblables à celui accoladé n° 4..	2		37.56	75.12
		1 grande souche isolée :				
»	»	1 pente en plâtre façonnée à revers........	1		»	0.52
»	»	Plus-value de contrepente sur zinc........	1		»	0.60
617	65	Goussets.............................	4		0.28	1.12
»	64	Angles................................	5		0.15	0.75
»	»	Brisure...............................	1		»	0.15
		Bandes de solins, en zinc *idem* fourni :				
		droites :				
		Devant 0.70 + 0.35.............. 1.05				
		Derrière 0.35				
		Circulaires (*sur côtés*).				
		0.90 + 0.75.......... 1.65 »				
		1 fois.............. 1.60 »				
		Ensemble... 3.25 3.25				
		Linéaires............. = 4.65				
»	»	× 0.10 largeur ; produit surface............	0.47		4.15	1.95

MÉTRÉ DE LA COUVERTURE.

NUMÉROS PAGES	SÉRIE					
		Façon, pose....................	4.65			
		Plus-value de circulaires.........	3.25			
616	28	Ensemble............	7.90	7.90	0.57	4.50
»	»	Angles.................................		7	0.15	1.05
»	»	Pattes cuivre...........................		14	0.20	2.80
620	140	Solins plâtre sur zinc...................		4.65	0.72	3.35
		Noue à la suite.				
»	»	Brisures *idem*.........................		2	0.15	0.30
		Versant en retour :				
»	»	1 châssis *comme* celui accoladé n° 4......		1	»	37.56
		En raccord de cage d'escalier :				
		Bandes de solins, en zinc *idem* fourni.				
		droites :				
		Au-dessus du chéneau 0.45 + 0.68 =	1.13			
		Circulaires.....................	7.30			
		Linéaires............	8.43			
»	»	× 0.10 largeur, produit surface.............		0.84	4.15	3.49
		Façon, pose..................	8.43			
		Plus-value de circulaires.........	7.30			
»	»	Ensemble............	15.73	15.73	0.57	8.97
»	»	Angles *idem*........................		2	0.15	0.30
620	132	Pattes cuivre........................		26	0.20	5.20
»	»	Solins plâtre sur zinc...................		8.30	0.72	5.98
		A gauche de cage d'escalier :				
		En raccord de cette dernière :				
»	»	1 angle, en tête.......................		1	»	0.15
		Bandes de solins, en zinc *idem* fourni				
		Droites 0.45 + 0.68.............	1.13			
		Circulaires.....................	6.84			
		Ensemble............	7.97			
»	»	× 0.10 largeur, produit surface............		0.80	4.15	3.32
		Façon, pose..................	7.97			
		Plus-value de circulaires.........	6.84			
»	»	Linéaires............	14.81	14.81	0.57	8.44
»	»	Angles.................................		2	0.15	0.30
»	»	Pattes cuivre...........................		24	0.20	4.80
»	»	Solins plâtre sur zinc...................		7.82	0.72	5.63
		1 châssis fer à tabattière et crémaillère de 0.55 × 0.50 produit............	2.10			
»	»	Fourni.............................		»	5.00	
»	»	Peint *idem*.....................		»	0.24	
»	»	Posé...............................		»	0.30	
»	»	Plus-value de dormant laminé de 0.0025...		»	0.20	
		Soit linéaires.................		2.10	5.74	12.05
		Plus-value de fourniture de crémaillère brisée.		1	»	3.50
		Encadrement en sapin de 0.080, fourni, posé,				
		cloué. Linéaires.............	2.10			
		4 assemblages d'onglets × 0.12...	0.48			
621	151	Ensemble............	2.58	2.58	0.99	2.55

COUVERTURE ET PLOMBERIE.

NUMÉROS PAGES	SÉRIE					
617	65	Goussets...................		4	0.28	1.12
»	64	Angles		2	0.15	0.30
		1 capote, en zinc, n° 14, fourni 0.85 × 0.50 développé, produit......	0.43			
		2 amortissements d'abouts de chaque 0.13 × 0.10 réduit, produit..	0.03			
»	»	Surface...............	0.46	0.46	4.15	1.91
		Façon, pose de capote comme recouvrement de 0.50 développé...........	0.85			
		Plus-value de 1/10...............	0.09			
616	33	Ensemble............	0.94	0.94	1.48	1.39
»	»	Façon, pose soudure des amortissements...		2	0.90	1.80
»	»	Angles droits................		2	0.15	0.30
»	»	Angles circulaires		2	0.30	0.60
»	»	Onglets...................		2	0.20	0.40
»	»	Pattes cuivre *idem*; 2 fois 2...............		4	0.20	0.80
»	»	1 autre châssis de 0.75 × 1.05 de jour comme celui accoladé n° 4...............		1	»	37.56
		1 grande souche isolée.				
»	»	1 pente plâtre à revers *idem*............		1	»	0.52
»	»	Plus-value de contre-pente sur zinc.......		1	»	0.60
»	»	Goussets....................		5	0.28	1.40
»	»	Angles...................		8	0.15	1.20
»	»	Brisure.......................		1	»	0.15
		Bandes de solins, en zinc, n° 14 fourni				
		droites :				
		Devant grande souche...........	0.40			
		Devant souches adossées, 2 fois 0.30.	0.60			
		Derrière — — 1 fois.....	0.30			
		Circulaires :				
		Sur côtés 5.50 + 1.40....	6.90			
		5.50 + 0.70 + 1.40......	7.60			
		Ensemble....... 14.50	14.50			
		Linéaires...............	15.80			
»	»	× 0.10 largeur, produit surface.............		1.58	4.15	6.56
		Façon, pose..................	15.80			
		Plus-value de circulaires.........	14.50			
616	28	Ensemble............	30.30	30.30	0.57	17.27
617	64	Angles...................		9	0.15	1.35
620	132	Pattes cuivre................		48	0.20	9.60
»	140	Solins plâtre *idem*................		15.20	0.72	10.94
		Pan coupé :				
»	»	1 châssis semblable à celui accoladé n° 4...		1	»	37.56
		1 noue à la suite :				
»	»	Brisures *idem*...............		2	0.15	0.30
		1 souche isolée :				
617	65	Goussets...................		2	0.28	0.56
»	64	Angle....................		2	0.15	0.30

MÉTRÉ DE LA COUVERTURE.

NUMÉROS PAGES	SÉRIE					
		Bandes de solins, en zinc *idem* fourni :				
		Droite ; au-devant............ 0.35				
		Circulaires : sur côtés 2 fois 1.70 = 3.40				
		Linéaires............. 3.75				
»	»	× 0.10 largeur, produit surface...........	0.38	4.15	1.58	
		Façon, pose............... 3.75				
		Plus-value de circulaires......... 3.40				
»	»	Ensemble........... 7.15	7.15	0.57	4.08	
»	»	Angles............................	2	0.15	0.30	
»	»	Pattes cuivre.....................	12	0.20	2.40	
»	»	Solins plâtre, *idem*...................	3.75	0.72	2.70	
		En aile à gauche :				
»	»	3 châssis semblables à celui accolé n° 4..	3	37.56	112.68	
		1 rive au fond :				
»	»	Angle, en tête...................	1	»	0.15	
		Bandes de solins, en zinc *idem* fourni :				
		Droites 0.45 + 0.68............ 1.13				
		Circulaires.................. 6.34				
		Ensemble........... 7.47				
»	»	× 0.10 largeur, produit surface...........	0.75	4.15	3.21	
»	»	Façon, pose............... 7.47				
»	»	Plus-value de circulaires......... 6.34				
»	»	Ensemble........... 13.81	13.81	0.57	7.87	
»	»	Angles............................	2	0.15	0.30	
»	»	Pattes cuivre.....................	22	0.20	4.40	
»	»	Solins plâtre *idem*..................	7.32	0.72	5.27	
		Membrons couronnant les brisis. —				
		(*Voir figure 155*)				
		Voligeage neuf en sapin de 0.018 épaisseur fourni, posé, cloué jointif.				
		A gauche (*partant du fond*) :				
		5.85 + 4.25 + 2.50............ 12.60				
		A droite :				
		2.00 + 0.90................. 2.90				
		5.20 + 1.60 + 1.15............ 7.95				
		Linéaires (D)............ 23.45				
621	171	× 0.14 hauteur, produit surface...........	3.28	2.38	7.81	
		Membrons en sapin de 0.14 × 0.08 bois refaits à 4 sciages et arrondi de 0.10 développé, fournis, posés, cloués.				
		Mêmes linéaires que (D)......... 23.45				
		Plus :				
		3 équerres de chaque 2 onglets. 6 »				
		7 amortissements biais comme onglets...................... 7 »				
		Ensemble.......... 13 »				
		× 0.06 courant.................. 0.78				
		3 amortissements droits × 0.05 courant........................ 0.45				
Char	pente	Linéaires............... 24.38	24.38	2.70	65.38	

NUMÉROS					
PAGES	SÉRIE				
»	»	Recouvrements, en zinc n° 14 fourni : Mêmes linéaires que (D)........ 23.45 Plus : Croisures (*par 2.00*)........... 7 » × 0.05 courant................... 0.35 Équerres.................... 3 » × 0.20 courant................... 0.60 Têtes....................... 10 » × 0.15 courant................... 1.50 Ensemble............. 25.90 × 0.38 développé, produit surface..........	9.84	4.15	40.84
616	33	Façon pose ; linéaires...................	25.90	1.48	38.33
»	»	Plus-value de moulures comprenant une courbe et un relief ; linéaires...............	24.40	0.19	4.64
»	»	Plus-value de façon de têtes biaises........	7	0.80	5.60
620	132	Pattes d'agrafe en cuivre rouge étamé fournies, posées sur les tasseaux du brisis. Ensemble.....................	32	0.20	6.40
»	»	Pattes à gaines en zinc fournies, façonnées, soudées aux croisures ; ensemble...........	7	0.20	1.40
		Terrasson de comble.			
		Cage d'escalier.			
		Gouttière en zinc n° 14 pour fourniture			
		(*partant à droite*)			
		7.80 + 2.00.................... 9.80 Circulaire .... 1.50 A gauche.................. 5.85 Plus : Croisures................... 7 » × 0.05 courant................... 0.35 1 équerre..................... 0.20 Talons...................... 2 » × 0.15 courant................... 0.30 Linéaires.............. 18.00			
615	23	× 0.25 développé, produit surface..........	4.50	4.15	18.68
619, 618	109, 91 93	Façon pose de gouttière, *sans crochets*...................... 18.00 Plus-value de circulaire (au double) 1.50			
		Ensemble............. 19.50	19.50	0.91	16.75
»	»	Plus-value de façon de talons biais en amortissements sur rampants de comble.....	2	0.80	1.60
618	91	Crochets en fer pour gouttière de 0.25 (*espacés de 0,40*), fournis.................	44	0.17	7.48
»	93	Posés........................	44	0.15	6.60
»	»	Plus-value de crochets en fer renforcé.....	44	0.20	8.80
»	»	Paillettes en cuivre rouge étamé, fournies, rivées, 44 fois 2	88	0.30	26.40
»	»	Percements sur fer en plus-value de ceux dûs ; ensemble........................	44	0.08	3.52

NUMÉROS PAGES	SÉRIE					
»	»	Bandes de larmiers, en zinc n° 14 fourni; Linéaires............ 12.00 Plus: 5 croisures × 0.05........ 0.25 Ensemble............ 12.25 × 0 12 largeur réduite, produit surface..... Façon, pose................ 12.25 Plus-value de 1/5° circulaire (à plat) × 1.50.................... 0.30		1.47	4.15	6.10
616	28	Ensemble........... 12.55	12.55	0.57	7.15
617	64	Angle................................	1	»	0.15
»	»	Brisures en raccordement de partie cintrée.	2	0.15	0.30
		Tasseaux neufs en sapin de 0.055, fournis, posés, cloués. Sur rue: 29 fois 2.40.............. 69.60 Sur cour: (*partant à droite*) 1 fois................... 1.55				
621	151	Arêtier sapin de 0.080 fourni, posé et cloué (E)...................	»	3.10	0.99	3.07

		Tasseaux *idem*;
		 Pan coupé:
		 1 fois.................... 0.85
		 2 fois 2.85................. 5.70
		 Versant de face:
		 3 fois 1.50 réduit........... 4.50
		 1 fois.................... 2.85
		 Devant châssis; 2 fois 1.60 réduit 3.20
		 Au dessus; 2 fois 0.55 réduit 1.10
		 A la suite; 3 fois 2.70 réduit..... 8.10
		         2 fois 3.15 réduit..... 6.30
		 Au-dessus de souche; 1 fois..... 1.95
		 A la suite; 1 fois............. 3.30
		       1 fois............. 2.75
		       2 fois 1.05 réduit..... 2.10
		 Versant à droite d'escalier:
		 1 fois................... 0.60
		 3 fois 0.90 réduit........... 2.70
		 Cage d'escalier.
		 Versant de droite:
		 2 fois 0.55 réduit........... 1.10
		 9 fois 1.45................. 13.05
		 2 fois 0.50 réduit........... 1.00
		 Croupe:
		 2 fois 0.70................. 1.40
		 1 fois.................... 1.35
		 Versant de gauche:
		 1 fois.................... 0.80
		 5 fois 1.45................. 7.25
		 1 fois.................... 0.30				

NUMÉROS						
PAGES	SÉRIE					
		3 fois 1.45........................ 4.35				
		2 fois 0.55 réduit................ 1.10				
		Arêtiers sapin de 0.080 *idem*				
		1 fois.................... 2.00				
		1 fois.................... 1.60				
		Faîtage *idem*, 1 fois....... 7.00				
621	151	Ensemble (F)..... 10.60	»	10.60	0.99	10.49
		Tasseaux *idem*.				
		Versant à gauche d'escalier :				
		4 fois 1.60 réduit................ 6.40				
		Versant de face :				
		2 fois 1.20 réduit 2.40				
		Châssis :				
		Devant; 1 fois 0.20				
		Au dessus; 1 fois............... 1.10				
		Entre châssis; 1 fois 2.90				
		Au-dessus de souche; 1 fois..... 1.55				
		A la suite; 2 fois 3.45 réduit..... 6.90				
		5 fois 2.15 réduit..... 10.75				
		Pan coupé :				
		En rive de noue; 2.95 + 2.30.... 5.25				
		Devant les châssis; 3 fois 2.90... 8.70				
		1 fois....... 2.65				
		Au dessus; 2 fois 1.25 réduit.... 2.50				
		Versant de gauche :				
		1 fois......................... 2.15				
		2 fois 4.10 réduit 8.20				
		3 fois 4.35 réduit................ 13.05				
		Devant châssis; 1 fois........... 2.20				
		A la suite; 3 fois 2.35 réduit..... 7.05				
621	150	Linéaires.............. 232.80	232.80	232.80	0.38	88.46
		Faîtage de comble en sapin de 0.080, évidé, fourni, posé, cloué.				
		A gauche....................... 8.40				
		A droite........................ 11.40				
»	»	Ensemble (G).......... 19.80	19.80	19.80	0.99	19.60
		Couverture en zinc n° 14 pour fourniture.				
		Versant sur rue :				
		(*partant à gauche*)				
		1 fois 0.65 × 2.17 hauteur, produit 1.41				
		Au dessus :				
		1 fois 0.99 × 0.46 hauteur, produit 0.45				
		A la suite :				
		12 fois 0.65 = 7.80 × 2.63 hauteur produit........................ 20.51				
		Entre souche isolée et mur de droite :				
		18 fois 0.65 = 11.70 × 2.63 hauteur, produit........................ 30.77				

MÉTRÉ DE LA COUVERTURE.

NUMÉROS PAGES	SÉRIE				
		Sur cour : *(partant à droite)* 2 fois 0.65 = $\frac{1.30 \times 2.93}{2}$ hauteur, produit..........................	1.90		
		Pan coupé : *Bas 0.20 + 0.65 + 0.65 = 1.50* *Haut 0.50 + 0.48 = 0.98* Soit : $\frac{1.50 \text{ et } 0.98}{2}$ = 1.24 × 2.92 hauteur produit....................	3.62		
		Ecoinçons en tête : 1 de $\frac{0.89 \times 0.45}{2}$, produit........	0.20		
		1 de $\frac{0.24 \times 0.26}{2}$, produit........	0.03		
		1 noue de : 0.65 × 3.54 hauteur réduite, produit	2.30		
		Versant de face : *au droit de la noue* Bas................... 0.43 Haut 0.48 + *4 fois 0.65.* = 2.38 Soit : $\frac{0.43 \text{ et } 2.38}{2}$ = 1.41 × 3.00 hauteur, produit...................	4.23		
		Châssis : Au devant : 3 fois 0.65 = 1.95 × 1.75 hauteur réduite, produit :................	3.41		
		A gauche.. 0.54 A droite... 0.70 Ensemble.. 1.24 × 0.60 hauteur, produit........................	0.74		
		Derrière : 1.93 × 0.65 hauteur, produit.....	1.25		
		Au-dessus : 2 fois 0.65 = 1.30 1 fois réduit = 0.26 Ensemble.. 1.56 × 0.35 hauteur réduite, produit	0.55		
		Devant la souche : 0.54 × 0.24 hauteur réduite, produit	0.13		
		A la suite : 2 fois 0.65 = 1.30 × 3.00 hauteur réduite, produit...................	3.90		
		2 fois 0.65 = 1.30 × 3.36 hauteur réduite, produit...................	4.37		

NUMÉROS PAGES	SÉRIE			

Grande souche isolée :

A gauche; Bas. 0.34
Haut. 0.24

Ensemble....... $\dfrac{0.58}{2} = 0.29$

A droite; Bas .. 0.44
Haut . 0.55

Ensemble....... $\dfrac{0.98}{2} = 0.49$

Soit : 0.29 réduit
0.40 réduit

Ensemble $\overline{0.78} \times 1.00$ hauteur,
produit.......................... 0.78

Derrière :
1.30×0.65 hauteur, produit...... 0.85

Au-dessus :
2 fois $0.65 = 1.30 \times 2.05$ hauteur
réduite, produit................... 2.67

A la suite :
Bas............... 0.43
Haut $0.65 + 0.58 =$ 1.23

Ensemble ...... $\dfrac{1.66}{2} = 0.83$

$\times 2.00$ hauteur, produit............ 1.66

Au-dessus :
2 fois $0.65 = 1.30 \times 1.67$ hauteur
réduite, produit................... 2.17

1 écoinçon :
2 fois $0.65 = \dfrac{1.30 \times 1.37}{2}$ hauteur,

produit.......................... 0.89

Noue du bas :
0.65×2.40 hauteur, produit..... 1.56

Versant à la suite :
2 fois $0.65 = 1.30$
1 fois...... 0.54

Ensemble $\dfrac{1.84 \times 1.52}{2}$ hauteur,

produit.......................... 1.40

1 fois...... 0.65
1 fois...... 0.20

Ensemble.. $\dfrac{0.85 \times 1.34}{2}$ hauteur,

produit.......................... 0.57

Cage d'escalier :
Noue de droite :
0.65×2.60 hauteur, produit...... 1.69

NUMÉROS PAGES	SÉRIE						
		Versant de droite :					
		1 fois....... 0.18					
		10 fois 0.65 = 6.50					
		1 fois....... 0.20					
		Ensemble... 6.88 × 1.56 hauteur produit........................	10.73				
		Croupe :					
		1 fois....... 0.63					
		2 fois 0.65 = 1.30					
		1 fois....... 0.61					
		Ensemble... $\dfrac{2.54 \times 1.46}{2}$ hauteur, produit........................	1.86				
		Versant de gauche :					
		Bas; 1 fois........ 0.50					
		5 fois 0.65. = 3.25					
		Ensemble.... 3.75					
		Haut; 1 fois........ 0.15					
		4 fois 0.65. = 2.60					
		Ensemble... 2.75					
		Soit : $\dfrac{3.75 \text{ et } 2.75}{2} = 3.25 \times 1.56$ hauteur, produit..................	5.07				
		Châssis :					
		Devant 2 fois 0.65 = 1.30 × 0.45 hauteur, produit...................	0.59				
		A gauche... 0.50					
		A droite.... 0.29					
		Ensemble... 0.79 × 0.59 hauteur, produit.......................	0.46				
		Derrière, 1.30 × 0.65 hauteur, produit............................	0.85				
		A la suite :					
		Bas; 2 fois 0.65.= 1.30					
		1 fois....... 0.14					
		Ensemble.. 1.44					
		Haut; 4 fois 0.65 = 2.60					
		1 fois....... 0.18					
		Ensemble. 2.78					
		Soit : $\dfrac{1.44 \text{ et } 2.78}{2} = 2.11 \times 1.56$ hauteur, produit..................	3.29				
		1 Noue :					
		0.65 × 2.35 hauteur, produit 1.53					
		Moins; 1 souche de (net)					
		$\dfrac{0.30 \times 0.15}{2}$ produit........ 0.02					
		Reste.............. 1.51	1.51				

NUMÉROS				
PAGES	SÉRIE			

Versant à gauche d'escalier :

1 fois....... 0.39
3 fois 0.65 = 1.95
Ensemble... $\frac{2.34 \times 2.94}{2}$ hauteur,

produit......................... 3.44

1 Noue :

0.65 × 3.02 hauteur, produit 1.96
Moins ; 1 châssis de (*net*)
$\frac{0.30 \times 0.30}{2}$ produit........ 0.04

Reste.......... 1.92 1.92

Versant de face :

1 écoinçon (*près escalier*) :

Haut ; 0.64 + 0.65 = 1.29 × 1.00
hauteur réduite, produit.......... 1.29

3ᵐᵉ châssis :

Devant ; 0.18 + 0.65 = $\frac{0.83 \times 0.89}{2}$

hauteur, produit................... 0.37
A droite ; 0.44 réduit × 0.48 hauteur,
produit............................ 0.21
Derrière ; 1.30 × 0.65 hauteur,
produit............................ 0.85
Au dessus ; 2 fois 0.65 = 1.30 × 1.05
hauteur réduite, produit........... 1.37

4ᵐᵉ châssis :

Devant ; $\frac{0.29 \text{ et } 0.89}{2}$ × 0.90 hau-
teur, produit...................... 0.47
A gauche ; 0.24 réduit
A droite ;   0.35 réduit
Ensemble : 0.59 × 0.38 hauteur,
produit............................ 0.22
Derrière ; 0.84 réduite × 0.65 hau-
teur, produit...................... 0.55

A droite de souche :

0.29 réduit × 1.25 hauteur, produit 0.36
Derrière ; 1.30 × 0.65 hauteur, produit............................... 0.85
Au dessus ; 2 fois 0.65 = 1.30 × 1.56
hauteur réduite, produit 2.03

A la suite :

Hauteur $\frac{3.60 \text{ et } 4.40}{2}$ = *4.00 réduit*

Largeur 0.65 + 0.24 = *0.89.*
Soit : 0.89 × 4.00 hauteur réduite,
produit............................ 3.56

MÉTRÉ DE LA COUVERTURE.

NUMÉROS					
PAGES	SÉRIE				

Ecoinçon :
1 fois....... 0.41
4 fois 0.65 = 2.60
1 fois....... 0.53

Ensemble... $\dfrac{3.54 \times 4.40}{2}$ hauteur,

produit........................ 7.79

1 Noue :

0.65×6.34 hauteur réduite,
produit.................... 4.12

Devant les 5ᵐᵉ et 6ᵐᵉ châssis

Bas ; 3 fois $0.65 + 0.64$
= 2.59

Haut ; 4 fois $0.65 + 0.73$
= 3.33

Soit : $\dfrac{2.59 \text{ et } 3.33}{2}$ = 2.96

$\times$ 2.52 hauteur, produit.... 7.46

Au-dessus...... 3.33
4 fois 0.65...... 2.60

Soit : $\dfrac{3.33 \text{ et } 2.60}{2}$ = 2.97

$\times$ 0.88 hauteur, produit..... 2.61

Derrière ; 2.24 réduit $\times$ 0.92
hauteur, produit............ 2.06

Ensemble........ 16.25

Moins ; 2 châssis de chaque
0.45×0.55 produit 0.25 ;

Ensemble.......... 0.50

Reste............ 15.75   15.75

Au-dessus des châssis :

2 fois $0.65 + 0.44 = \dfrac{1.74 \times 1.87}{2}$

hauteur, produit................... 1.63

Versant en aile à gauche :

1 Noue :

0.65×2.70 hauteur réduite, produit.............................. 1.76

En écoinçon :

$\dfrac{0.69 \times 2.00}{2}$ hauteur, produit...... 0.69

Souche :

A gauche : $0,24 \times 0.42$ hauteur
réduite, produit................... 0.10

A droite ; 0.30×1.03 hauteur, produit............................ 0.31

Derrière ; 0.65×0.65 hauteur, produit............................. 0.42

Au dessus : 0.65×2.24 hauteur
réduite, produit................... 1.46

Sciences générales.   COUVERTURE ET PLOMBERIE. — TOME II. — 16.

NUMÉROS PAGES	SÉRIE					
		A la suite :				
		0.65 + 0.46 = 1.11 ×4.94 hauteur réduite, produit................	5.48			
		0.19 + 2 fois 0.65 = 1.49 × 4.95 hauteur réduite, produit..........	7.38			
		7ᵉ Châssis.				
		Devant; 2 fois 0.65 = 1.30 × 0.49 hauteur, produit.................	0.64			
		A gauche....... 0.44				
		A droite........ 0.30				
		Ensemble....... 0.74 × 0.53 hauteur, produit................	0.39			
		Derrière 1.14 réduit × 0.65 hauteur produit..........................	0.74			
		Au dessus $\frac{0.79 \times 0.69}{2}$ hauteur, produit.........................	0.28			
		A la suite :				
		Hauteurs ; 3.04 + 1.30 = $\frac{4.34}{2}$				
		= 2.17.................. 2.17				
		Largeur ; 3 fois 0.65 = 1.95				
		Soit : 1.95 × 2.17 hauteur réduite, produit..........................	4.23			
		Les couvre joints en zinc, *idem* :				
		Mêmes linéaires que tasseaux.....	232.80			
		Plus croisures..................	238			
		× 0.05 courant..................	11.90			
		Ensemble.......................	244.70			
		× 0.10 développé produit........	24.47			
		Faîtages et arêtiers zinc :				
		Mêmes linéaires que bois (E) 3.10 + (F) 10.60 + (G) 19.80 =	33.50			
		Plus croisures..................	35			
		× 0.05 Courant.................	1.75			
		Ensemble.......................	35.25			
		× 0.16 développé, produit........	5.64			
		Surface........................	215.02	215.02	4.15	892.33
		Façon, pose de couvertures en zinc par feuilles :				
617	54	De 0.65, type *b* : surface.................		215.02	1.40	301.03
		Plus-value de façon de feuilles débitées.				
		Surface........................	215.02			
		Moins feuilles entières........57				
		×1.30 superficiel, produit........	74.10			
»	60	Reste surface..................	140.92	140.92	0.45	63.11
		Aux couvre-joints :				
		Talons, zinc rapportés soudés.....	118			
		Têtes, *idem*.....................	119			
618	76	Ensemble........	237	237	0.20	47.40

MÉTRÉ DE LA COUVERTURE.

NUMÉROS PAGES	SÉRIE				
		Plus-value de biais, talons........ 25			
		Têtes 62			
»	»	Ensemble.............. 87	87	0.15	13.05
618	78	Contre-talons zinc rapportés, soudés......	235	0.15	35.25
		Aux arêtiers et faîtages :			
		Talons *idem*................. 3			
		Têtes....................... 5			
»	77	Ensemble.............. 8	8	0.25	2.00
»	79	Contre-talons *idem*..................	6	0.20	1.20
»	»	Embranchements façonnés soudés = 3 pour chaque 3 angles..................	9	0.15	1.35
»	»	Entailles sur zinc pour pénétration des couvre-joints. Ensemble..................	83	0.15	12.45
		Pattes cuivre *idem*, aux croisures........	273	0.20	54.60
		Raccords.			
		Versant sur rue :			
		Souche adossée à gauche :			
617	65	Par le bas ; Gousset......................	1	»	0.28
»	64	Angle	1	»	0.15
»	»	Derrière ; pente en plâtre fournie façonnée à revers................	1	»	0.52
»	»	Plus-value de façon de contre-pente sur zinc.	1	»	0.60
»	»	Gousset......................	1	»	0.28
»	»	Angles......................	2	0.15	0.30
»	»	Brisure façonnée soudée..............	1	»	0.15
»	»	Angle au faîtage......................	1	»	0.15
		Souche isolée, milieu.			
»	»	Goussets..................	2	0.28	0.56
»	»	Angles....................	2	0.15	0.30
»	»	Angles au faîtage......................	2	0.15	0.30
		Mur de droite.			
»	»	Par le bas : Gousset....................	1	»	0.28
»	»	Angle	1	»	0 15
		Sur cour.			
		Mur de droite :			
»	»	Par le bas : Gousset....................	1	»	0.28
»	»	Angle	1	»	0.15
»	»	Au décrochement.			
»	»	1 brisure façonnée soudée sur tête d'arêtier.	1	»	0.15
»	»	Un gousset d'angle rapporté soudé........	1	»	0.28
		Les bandes de solins en zinc n° 14 pour fourniture (*partant sur rue*).			
		2.45 + 0.08 + 0.12 + 0.08 + 0.75 + 0.80 + 2.90 = 7.18			
		Circulaires au droit des membrons.			
		2 fois 0.40.................. 0.80			
		Linéaires 7.98			
»	»	× 0.12 développé produit, surface........	0.96	4.15	3.98

NUMÉROS PAGES	SÉRIE				
		Façon pose.................... 7.98			
		Plus-value de circulaires........ 0.80			
616	28	Ensemble.................... 8.78	8.78	0.57	5.01
»	»	Angles...........................	10	0.15	1.50
620	131	Pattes cuivre *idem*.................	24	0.20	4.80
620	140	Solins plâtre sur zinc...............	7.98	0.72	5.75
		1 noue :			
»	»	Goussets........................	2	0.28	0.56
		1ᵉʳ châssis :			
		(*Comme aux figures* 157 *et* 158)			
		En raccords sur combles ;			
617	65	Goussets........................	4	0.28	1.12
»	64	Angles...........................	2	0.15	0.30
		Derrière :			
»	»	Pentes en sapin, fournies découpées, façonnées à revers, posées, clouées............	2	0.52	1.04
»	»	Plus-value de façon de contrepentes sur zinc.	2	0.60	1.20
		1 besace zinc, forme fer de lance ;			
»	»	fournie..................	1	»	0.50
»	»	Posée soudée...............	1	»	0.60
»	»	Gousset de tête, *idem*................	1	»	0.28
		Armature de hausse, en zinc n° 14 pour fourniture.........................			
		2 fois 0.91 = ... 1.82			
		2 fois 0.71 = ... 1.42			
		Linéaires.................... 3.24			
		× 0.16 developpé réduit, produit surface...	0.52	4.15	2.16
616	22	Façon, pose, linéaires.................	3.24	1.25	4.05
»	51-52	Plus-value de pistonnage serré............	2.24	0.34	1.10
»	»	Angles...........................	4	0.15	0.60
»	»	Onglets..........................	4	0.20	0.80
620	132	Pattes d'agrafes, en cuivre rouge étamées, fournies posées, en plus-value.............	12	0.20	2.40
		Le châssis en fer à tabatière de 0.85 × 0.65 produit, linéaires = 3.00.			
608	160	Fourni.................... 5ᶠ,00			
»	»	Peint à l'huile 2 couches......... 0,24			
»	164	Posé..................... 0.30			
»	161	Plus-value de dormant en tôle laminée de 0.0025 épaisseur............. 0.20			
		Le mètre.................... 5.74			
		Soit pour 3.00 linéaires................	3.00	5.74	17.22
»	162	Plus-value de jeu de poulie monté sur platine..........................	1	»	2.00
		Souche sous faîtage :			
617	65	Goussets........................	2	0.28	0.56
»	64	Angles...........................	2	0.15	0.30
		Bandes de solins en zinc n° 14, fourni :			
		2 fois 1.95 .... 3.90			

H

MÉTRÉ DE LA COUVERTURE.

NUMÉROS PAGES	SÉRIE					
		Sur côtés:				
		2 fois 0.30.....................	0.60			
		2 fois 0.15.....................	0.30			
		2 fois 0.10	0.20			
		Linéaires.............	5.00			
615	23	× 0.10 large, produit surface...........		0.50	4.15	2.08
616	28	Façon, pose.....................		5.00	0.57	2.84
»	»	Angles *idem*................		8	0.15	1.20
		Pattes cuivre *idem* :				
		2 fois 6.................	12			
		2 fois 4.................	8			
620	131	Ensemble.......	20	20	0.20	4.00
620	140	Solins en plâtre sur zinc..............		5.00	0.72	3.60
		En plus, au faîtage zinc, du comble :				
»	»	Goussets........................		2	0.28	0.56
»	»	Angles........................		2	0.15	0.30
		2º grande souche isolée.				
		Goussets :				
		Par le bas..................	2			
		Derrière...................	2			
»	»	Ensemble............	4	4	0.28	1.12
»	»	Angles.....................		4	0.15	0.60
		Derrière :				
»	»	Pentes en plâtre façonnées à revers........		2	0.52	1.04
»	»	Plus-value de façon de contre-pentes sur zinc.		2	0.60	1.20
		1 besace zinc, en forme de fer de lance;				
»	»	Fournie.................		1	»	0.50
»	»	Posée, soudée............		1	»	0.60
»	»	Gousset de tête en zinc, rapporté et soudé..		1	»	0.28
		Bandes de solins, en zinc nº 14 fourni, droites ;				
		2 fois 1.15 réduit..............	2.30			
		1 fois.....................	0.42			
		Circulaires :				
		2 fois 0.40..................	0.80			
		Linéaires...........	3.52			
»	»	× 0.10 large, produit surface............		3.52	4.15	1.45
		Façon, pose...................	3.52			
		Plus-value de circulaires.........	0.80			
»	»	Ensemble............	4.32	4.32	0.57	2.46
		Angles ; 2 fois 3..............	6			
		Brisure.....................	1			
»	»	Ensemble.......	7	7	0.15	1.05
		Pattes cuivre *idem* :				
		Côtés ; 2 fois 5..............	10			
		Derrière....................	4			
»	»	Ensemble.........	14	14	0.20	2.80
»	»	Solins en plâtre, sur zinc.............		3.52	0.72	2.53

NUMÉROS PAGES	SÉRIE				
		Noue du bas à la suite :			
»	»	Gousset...............................	1	»	0.28
»	»	Brisure...............................	1	»	0.15
		En raccord de cage d'escalier.			
»	»	Gousset...............................	1	»	0.28
»	»	Angle.................................	1	»	0.15
		Bandes de solins, zinc *idem* fourni ;			
		Circulaire *idem*.............. 0.40			
		Droite...................... 3.35			
		Linéaires............... 3.75			
»	»	× 0.10 large, produit surface............	0.38	4.15	1.58
		Façon, pose.................. 3.75			
		Plus-value de circulaire.......... 0.40			
»	»	Ensemble............... 4.15	4.15	0.57	2.37
»	»	Angles................................	2	0.15	0.30
»	»	Pattes cuivre *idem*....................	12	0.20	2.40
»	»	Solins plâtre, sur zinc.................	3.75	0.72	2.70
		Cage d'escalier :			
		2 écoulements des eaux de la gouttière ;			
		Tuyaux de 0.08 diamètre, en zinc n° 14 fourni,			
		2 fois 0.15.................... 0.30			
		2 moignons × 0.40 courant........ 0.80			
		Linéaires............ 1.10			
»	»	× 0.26 développé, produit surface..........	0.29	4.15	1.20
621	154	Façon, pose...........................	1.10	1.22	1.34
»	»	*Il n'est compté ici que des amorces de tuyaux déversant dans les noues.*	»	»	»
		Dans les noues :			
»	»	Goussets ; 2 fois 2....................	4	0.28	1.12
»	»	Le 2ᵉ châssis semblable au premier.......	1	»	35.37
		Au droit de l'arêtier de gauche ;			
		Coupes circulaires sur zinc			
618	70	0.55 + 0.65.....................	1.20	0.30	0.36
		Larmiers, zinc n° 14 fourni....... 1.20			
»	»	× 0.05 développé, produit surface..........	0.06	4.15	0.25
		Façon, pose.................. 1.20			
		Plus-value de 1/5 circulaire sur plat. 0.24			
616	28	Ensemble............... 1.44	1.44	0.57	0.82
620	141	Soudure *obligée* sur zinc neuf, compris plus-value de circulaire..................	1.44	0.66	0.95
		(5) *Les soudures n'étant jamais payées en travaux neufs, à moins que la faible pente d'un comble oblige à souder les feuilles au lieu de les agrafer ; il y a lieu de dire : obligées, pour celles ordonnées par la nature du travail.*	Observation		

MÉTRÉ DE LA COUVERTURE.   247

NUMÉROS PAGES	SÉRIE					
		Souche sur faîtage :				
»	»	Goussets............................		2	0.28	0.56
»	»	Angles..............................		2	0.15	0.30
		Bandes de solins, zinc n° 14 fourni ;				
		Faces : 2 fois 0.40.............	0.80			
		Côtés : 2 fois 0.30.............	0.60			
		2 fois 2.40.............	4.80			
		Circulaires 2 fois 0.40.............	0.80			
		Au faîte 4 fois 0.08.............	0.32			
		2 fois 0.12.............	0.24			
		Linéaires.............	7.56			
»	»	$\times$ 0.10 produit surface.................		0.76	4.15	3.15
»	»	Façon, pose.................	7.56			
		Plus-value de circulaires............	0.80			
		Ensemble.................	8.36	8.36	0.57	6.27
»	»	Angles................................		14	0.15	2.10
»	»	Pattes cuivre........................		21	0.20	4.20
»	»	Solins plâtre sur zinc		6.76	0.72	4.87
		Versant en retour, à gauche de l'escalier.				
»	»	Gousset.............................		1	»	0.28
»	»	Angle		1	»	0.15
		Bandes de solins, zinc n° 14 fourni........				
		Circulaire........................	0.40			
		Droite............................	3.70			
		Linéaires.................	4.10			
»	»	$\times$ 0.10 large, produit surface		0.41	4.15	1.70
		Façon, pose.................	4.10			
		Plus-value de circulaire	0.40			
		Ensemble................	4.50	4.50	0.57	2.57
»	»	Angles.............................		2	0.15	0.30
»	»	Pattes cuivre........................		12	0.20	2.40
»	»	Solins plâtre sur zinc		4.10	0.72	2.95
		Dans la noue :				
»	»	Gousset.............................		1	»	0.28
»	»	Brisure.............................		1	»	0.15
		Versant de face (à gauche).				
»	»	Le 3° châssis semblable au 1er...........		1	»	35.37
		Le 4° châssis de 0.50 $\times$ 0.60 produit ; linéaires...........................	2.20			
»	»	Fourni, peint, posé ; comme à l'accolade H.		2.20	5.74	12.63
608	162	Plus-value de jeu de poulie monté sur chape.		1	»	2.00
		En raccords :				
»	»	Goussets............................		4	0.28	1.12
»	»	Angles		2	0.15	0.30
		Derrière :				
»	»	Pentes en sapin *idem*..................		2	0.52	1.04
»	»	Plus-value de contre-pentes sur zinc.......		2	0.60	1.20
		1 besace zinc de forme fer de lance :				
»	»	Fournie.........................		1	»	0.50
»	»	Posée soudée.................		1	»	0.60
»	»	Gousset de tête, rapporté, soudé..........		1	»	0.28

NUMÉROS PAGES	SÉRIE				
		Armature de hausse, en zinc n° 14 fourni.			
		2 fois 0.56...................... 1.12			
		2 fois 0.66...................... 1.32			
»	»	Linéaires............... 2.44			
»	»	× 0.16 réduit, produit surface.............	0.39	4.15	1.62
616	32	Façon, pose......................	2.44	1.25	3.05
616	52	Plus-value de clouage serré, à piston......	2.44	0.34	0.83
»	»	Angles...............................	4	0.15	0.60
»	»	Onglets..............................	4	0.20	0.80
»	»	Pattes cuivre *idem*.....................	10	0.20	2.00
		Souche isolée.			
»	»	Goussets.............................	4	0.28	1.12
»	»	Angles...............................	4	0.15	0.60
»	»	Pentes en plâtre, à revers *idem*..........	3	0.52	1.56
»	»	Plus-value de contre-pentes sur zinc......	3	0.60	1.80
		Angle.......................... 1			
		Brisure........................ 1			
»	»	Ensemble................. 2	2	0.15	0.30
		1 besace zinc, forme fer de lance;			
»	»	Fournie.......................	1	»	0.50
»	»	Posée, soudée.................	1	»	0.60
»	»	Gousset de tête *idem*...................	1	»	0.28
		Bandes de solins, en zinc n° 14 fourni.			
		Circulaires; 2 fois 0.40............ 0.80			
		Droites; sur côtés			
		0.10, 0.35, 0.10, 1.65 = ... 2.20			
		1 fois......................... 1.25			
		Derrière....................... 0.40			
»	»	Linéaires............... 4.65			
		× 0.10 large, produit surface.............	0.47	4.15	1.95
		Façon, pose..................... 4.65			
		Plus-value de circulaires.......... 0.80			
»	»	Ensemble................. 5.45	5.45	0.57	3.11
»	»	Angles...............................	10	0.15	1.50
»	»	Pattes cuivre.........................	14	0.20	2.80
»	»	Solins plâtre sur zinc....................	4.65	0.72	3.35
		Grande noue de gauche:			
»	»	Goussets.............................	2	0.28	0.56
		Le 5° châssis semblable au 1er.			
		Soit.................... 35.37			
		Moins:			
		Pentes derrière, contre-pentes et besace.......................... 3.72			
»	»	Reste............... 31.65	»	»	31.65
»	»	Le 6° châssis semblable au 5°.............	1	»	31.65
		Noue à la suite:			
»	»	Gousset.............................	1	»	0.28
		Souche isolée:			
»	»	Goussets.............................	4	0.28	1.12
»	»	Angles...............................	4	0.15	0.60

MÉTRÉ DE LA COUVERTURE.

NUMÉROS PAGES	SÉRIE					
		Derrière :				
»	»	Pentes plâtre, à revers *idem*.............		2	0.52	1.04
»	»	Plus-value de contre-pentes sur zinc......		2	0.60	1.20
»	»	1 besace zinc *idem;* fournie............		1	»	0.50
»	»	» » posée, soudée.......		1	»	0.60
»	»	Gousset de tête, *idem*.................		1	»	0.28
		Bandes de solins, en zinc n° 14 fourni :				
		Circulaires ; 2 fois 0.40............	0.80			
		Droites ; 2 fois 1.10............	2.20			
		1 fois................	0.35			
		Linéaires............	3.35			
»	»	× 0.10 de large, produit surface.............		0.34	4.15	1.41
»	»	Façon, pose.....................	3.35			
		Plus-value de circulaires..........	0.80			
		Ensemble..............	4.15	4.15	0.57	2.37
»	»	Angles.................................		4	0.15	0.60
»	»	Pattes cuivre............................		10	0.20	2.00
»	»	Solins plâtre sur zinc...................		3.35	0.72	2.41
»	»	Le 7ᵉ châssis, semblable au premier.......		1	»	35.37
		En raccord de mur :				
»	»	A gauche ; angle........................		1	»	0.15
»	»	Au fond ; gousset.....................		1	»	0.28
»	»	Angles......................		2	0.15	0.30
		Mur mitoyen de gauche.				
		Bandes de solins, en zinc n° 14 fourni.				
		(*partant du fond*) :				
		Circulaire................	0.40	»		
		Droites ; 1 fois............	»	1.35		
		1 fois............	»	6.15		
		1 fois............	»	4.10		
		1 fois............	»	5.50		
		Au faîte ; 2 fois 0.08........	»	0.16		
		1 fois............	»	0.12		
		Côté rue ; 1 fois............	»	0.40		
		1 fois............	»	0.35		
		1 fois............	»	2.00		
		Circulaire..................	0.40	»		
		Ensemble.........	0.80	0.80		
		Linéaires..............		20.93		
»	»	× 0.10 large, produit surface.............		2.09	4.15	8.67
		Façon, pose.....................		20.93		
		Plus-value de circulaires..........		0.80		
»	»	Ensemble..............	21.73	21.73	0.57	12.39
»	»	Angles.................................		14	0.15	2.10
»	»	Pattes cuivre............................		64	0.20	12.80
»	»	Solins plâtre sur zinc...................		20.93	0.72	15.06
»	»	Total.		»	»	8957ᶠ,66

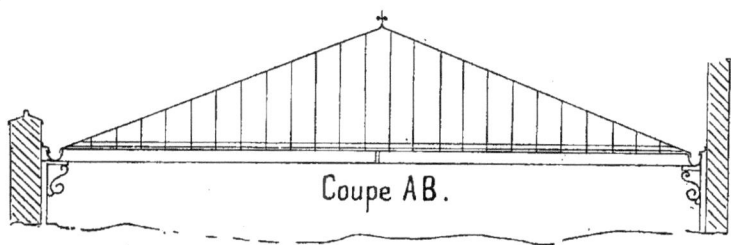

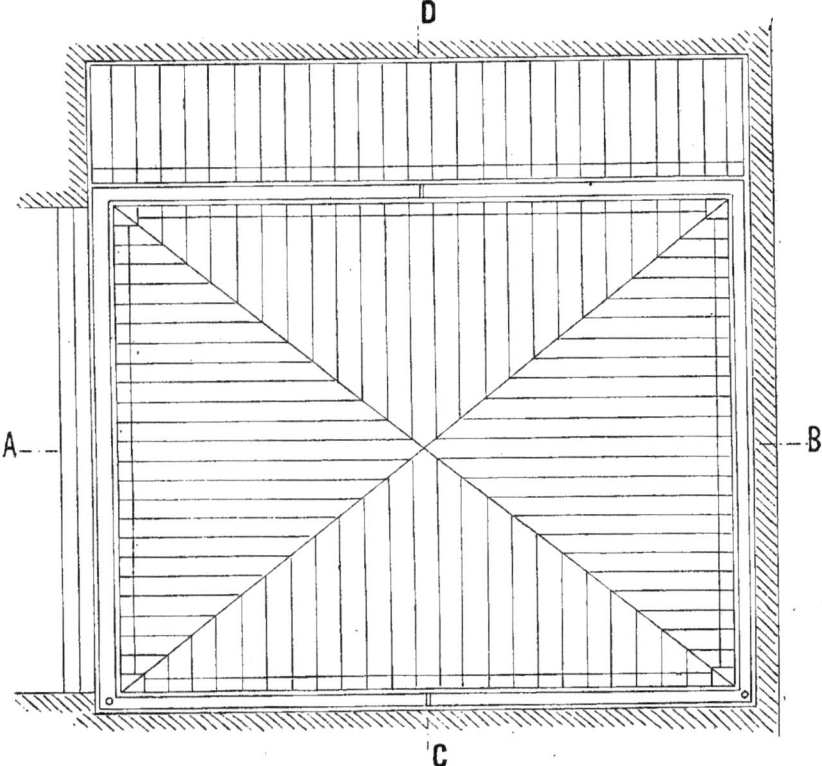

Fig. 311 et 312.

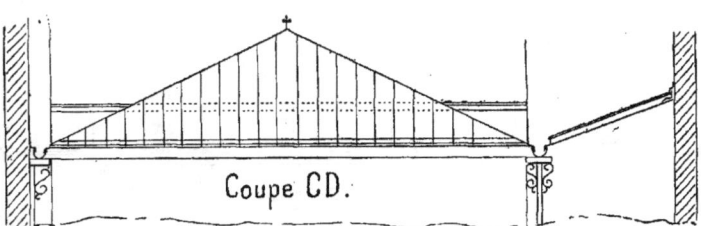

Fig. 313.

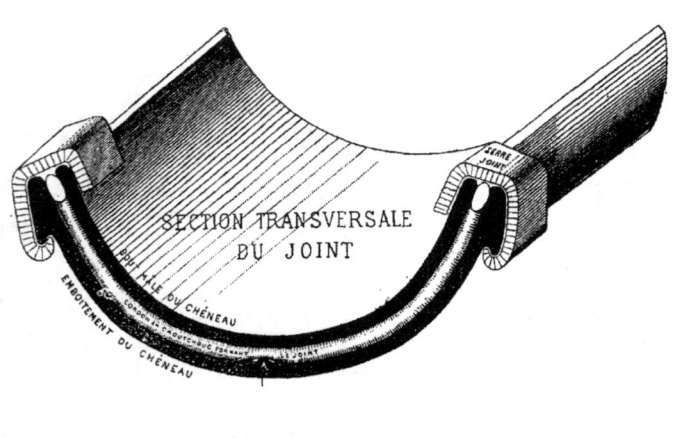

Fig. 314 et 315. — *Perfectionnement au système joint de chéneau.* — Dans le premier joint, une rainure faite dans l'emboîtement du chéneau indiquait la place où devait être le boudin en caoutchouc destiné à faire le joint ; mais les difficultés de la fonderie ne permettant pas d'obtenir toujours des rainures parfaitement visibles, on pouvait se tromper sur la place que devait occuper le caoutchouc. Cette difficulté n'était pas la seule. Il y en avait une autre provenant des bosses que la fonte occasionne parfois dans les rainures et qui empêchaient le caoutchouc d'adhérer intégralement (*fig.* 314). Pour remédier à ces deux inconvénients, on fait venir de fonte deux cordons dans l'emboîtement du chéneau, un de chaque côté de la rainure (*fig.* 315). Le boudin en caoutchouc doit être posé entre les deux cordons en fonte et toute fuite est rendue impossible par suite de la compression du caoutchouc aux points A et B.

Métré n° 13.

Comble vitré comprenant :
Chéneaux en fonte Bigot-Renaux à joints en caoutchouc avec : banquettes et bas de carreaux en zinc (*côtés vitrés*), banquettes et bandes de solins en zinc (*côtés murs*), armature d'acrotère et couverture en zinc du dessus (*mur mitoyen de gauche*), bavettes en plomb sur appentis vitré avec bandes de solins en zinc au-dessus (*fig.* 311 à 313).

COUVERTURE ET PLOMBERIE.

NUMÉROS PAGES	SERIE	Métré.				

Métré.

Chéneaux en fonte Bigot-Renaux, modèle n° 28 de l'album (*fig.* 316).

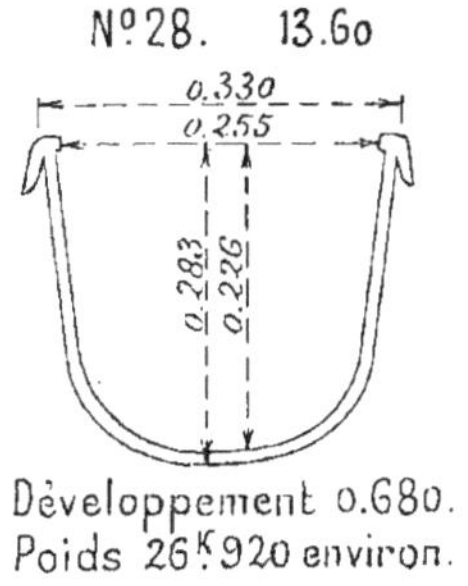

N° 28.   13.60

Développement 0.680.
Poids 26ᵏ,920 environ.
Fig. 316.

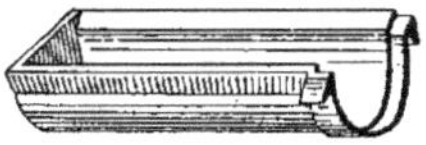

Fig. 317. 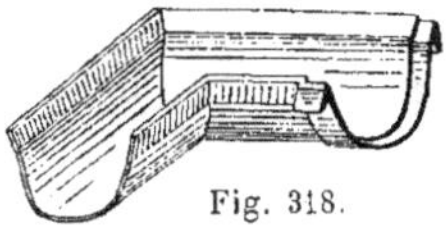   Fig. 318. 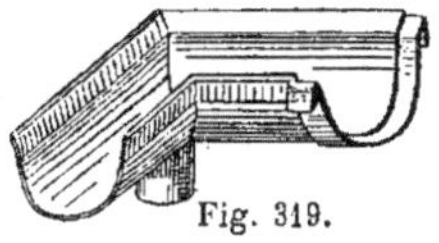   Fig. 319.

		Fournis :				
		2 fois 10.40	20.80			
		2 fois 8.40	16.80			
		Pièces d'abouts (*fig.* 317) ... 4	»			
		Pièces d'angles (*fig.* 318) ... 2	»			
		Pièces d'angles à tubulure (*fig.* 319) ... 2	»			
		Ensemble ... 8	»			
		× 0.50 courant	4.00			
		Linéaires (A)	41.60	41.60	14.96	622.34

(1) Les *prix de base*, au mètre courant, compris le joint sont de :
0ᶠ,20 par centimètre de développement pris à l'usine.
0ᶠ,22 par centimètre de développement pour Paris, livraison à domicile.
Toutefois ces prix varient suivant le cours de la fonte et du caoutchouc.
Le prix d'unité appliqué ci-dessus est celui du chéneau livré au chantier, dans Paris.
Aussi pour des travaux en campagne, il y aurait lieu de demander le prix de 13ᶠ,60 par mètre courant, porté au tarif pour chéneaux pris à l'usine, plus les frais divers de transport, octroi et camionnage.

Observation

Ajustement pose de ces chéneaux, compris façon des joints.

		Linéaires *idem* (A)	41.60			
»	»	× 26ᵏ,920 le mètre; Pesant		1119ᵏ,870	0.10	111.99

MÉTRÉ DE LA COUVERTURE.

NUMÉROS PAGES	SÉRIE				
		Dessous :			
		Coyaux en sapin de 8/6 coupés de longueur chanfreinés, réglés de pente :			
»	»	Fournis..............................	120	0.55	66.00
»	»	Posés................................	120	0.33	39.60
		Planches en sapin de 0.027 épaisseur × 0.22 largeur, fournies, posées, clouées sur les coyaux.			
		2 fois 10.20.............. 20.40			
Menuiserie 1897		2 fois 8.60.............. 17.20			
714	279	Linéaires........... 37.60	37.60	0.89	33.46

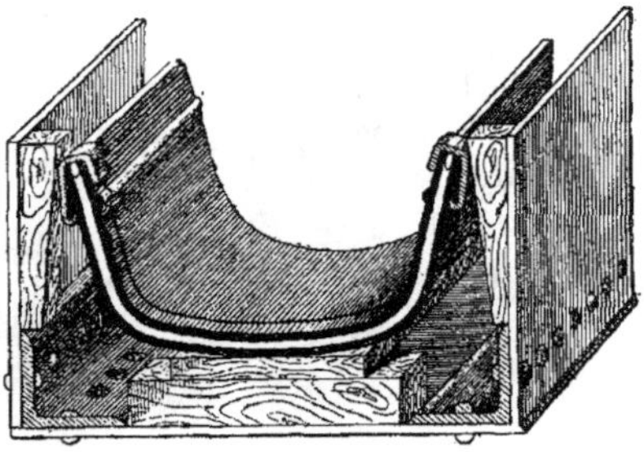

Fig. 320.

		Sur les côtés (fig. 320).			
		Tasseaux d'accottements en sapin 0.054 découpés en forme de coin :			
»	»	Fournis 2 fois 120.......................	240	0.38	91.20
»	»	Posés..................................	240	0.16	38.40
		En raccordement des pièces d'abouts formant besaces.			
		2 recouvrements en plomb neuf de 0.0025 épaisseur pour fourniture, de chaque 0.40 × 0.15 développé, produit surface...... 0.12			
		× 28^k,400 le mètre superficiel.			
622	1	Pesant........................	3^{k}400	0.43	1.46
		Façon, pose de plomb, en besaces, comprenant têtes, goussets et angles, par analogie comme sur moulures unies :			
»	12	Pesant........................	3^{k}400	1.00	3.40
		Sur les côtés des chéneaux :			
		Bandes de larmier en zinc n° 14 pour fourniture.			
		4 fois 10.40 réduit.............. 41.60			
		4 fois 8.40 réduit.............. 33.60			
		Plus :			
		Croisures............... 36 »			
		× 0.05 courant................. 1.80			
		Linéaires.............. 77.00			
		× 0.16 largeur réduite, produit surface......	12.32	4.15	51.13

NUMÉROS					
PAGES	SÉRIE				
		Façon pose............................	77.00	0.57	43.89
		Angles................................	8	0.15	1.20
		Pattes cuivre *idem ;* Ensemble	2.30	0.20	46.00
		Côté murs (*de face et à droite, fig.* 321).			

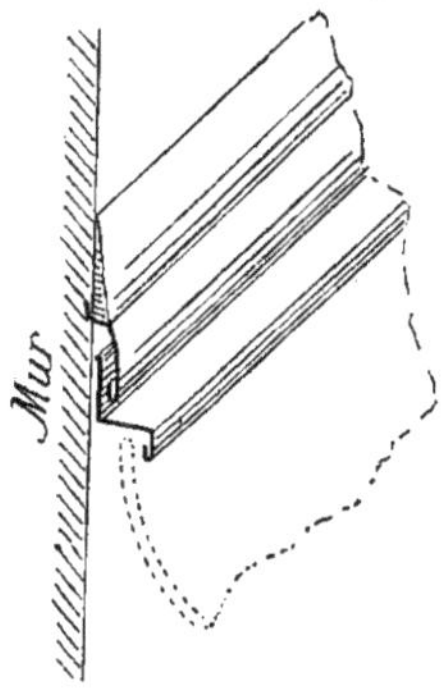

Fig. 321.

		Bandes de recouvrement en zinc n° 14 pour fourniture			
		De face................... 10.70			
		A droite................... 8.80			
		Equerre............... 1 »			
		× 0.20 courant.................... 0.20			
		Coulisseaux............ 18 »			
		× 0.20 courant.................... 3.60			
		Linéaires.............. 23.30			
615	23	× 0.26 largeur développée produit surface...	6.06	4.15	25.15
		Façon, pose, linéaires........... 23.30			
		Plus-value de 1/10 pour façon par bouts de 1 mètre × 19.50.......... 1.95			
616	33	Ensemble............ 24.25	24.25	1.48	35.89
620	131	Pattes en cuivre rouge étamé, fournies, posées, clouées sur les tasseaux d'accottement ; Ensemble..................................	60	0.20	12.00
617	64	Brisures façonnées, soudées aux coulisseaux, comme angles............................	18	0.15	2.70
		Les bandes de solins en zinc n° 14 pour fourniture.			
		De face.................... 10.80			
		A droite..................... 8.80			
		Ensemble (B)............ 19.60			
		Plus croisures.............. 9 »			
		× 0.05 courant.................... 0.45			
		Linéaires (C)........... 20.05			
»	»	× 0.10 large, produit surface..............	2.01	4.15	8.34

MÉTRÉ DE LA COUVERTURE.

NUMÉROS PAGES	SÉRIE				
616	28	Façon, pose; linéaires *idem* (C)..........		20.05	0.57	11.43
617	64	Angle façonné, soudé.................		1	»	0.15
»	»	Pattes cuivre *idem*		60	0.20	12.00
620	140	Solins en plâtre sur zinc, mêmes linéaires que (B)........................		19.60	0.72	14.11
		A la suite; appentis vitré :				
		Bavettes en plomb neuf, de 0.0015 épaisseur pour fourniture.				
		Sur côtés; 2 fois 2.40	4.80			
		En tête......................	10.80			
		Linéaires (D)..........	15.60			
		Plus croisures.............. 2	»			
		× 0.10 courant...................	0.20			
		Aux équerres.............. 2	»			
		× 0.10 courant...................	0.20			
		Ensemble.............	16.00			
622	1	× 0.16 large, produit surface 2.56 × 17^k,00, le mètre superficiel; pesant.............		43^{k}520	0.43	18.71
»	9	Façon, pose de plomb, en bavettes; pesant.		43^{k}520	0.15	6.53
»	16	Angles emboutis sur plomb............		2	0.50	1.00
»	17	Bandes de clouage en zinc neuf: fournies, posées; mêmes linéaires que (D)...........		15.60	0.33	5.15
616	32	Clouage à piston espacé de 0.05 *idem*.....		15.60	0.34	5.30
		Bandes de solins en zinc n° 14 pour fourniture.				
		Côtés; 2 fois 2.50................	5.00			
		En tête......................	10.80			
		Linéaires (E)..........	15.80			
		Plus: croisures.............. 7	»			
		× 0.05 courant...................	0.35			
		Ensemble (F)............	16.15			
»	»	× 0.10 large, produit surface.............		1.62	4.15	6.72
»	»	Façon, pose; mêmes linéaires que (F)......		16.15	0.57	9.21
»	»	Angles façonnés, soudés...............		4	0.15	0.60
»	»	Pattes cuivre *idem*....................		48	0.20	9.60
»	»	Solins en plâtre sur zinc; mêmes linéaires que (E).....................		15.80	0.72	11.38
		Mur mitoyen de gauche (*fig.* 322)				
		Banquette:				
		Bandes de recouvrement en zinc n° 14 pour fourniture : 1 fois..................	8.80			
		Coulisseaux............... 8	»			
		× 0.20 courant...................	1.60			
		Equerres............... 2	»			
		× 0.20 courant...................	0.40			
		Linéaires...........	10.80			
»	»	× 0.26 développé, produit surface........		2.81	4.15	11.66
		Façon, pose; linéaires	10.80			
		Plus-value de 1/10 pour façon par bouts de 1 mètre × 8.80	0.88			
616	33	Ensemble.........	11.68	11.68	1.48	17.29

COUVERTURE ET PLOMBERIE.

NUMÉROS. PAGES	SÉRIE				
		Brisures façonnées, soudées aux coulisseaux.	8	0.15	1.20
		Pattes cuivre *idem*	26	0.20	5.20

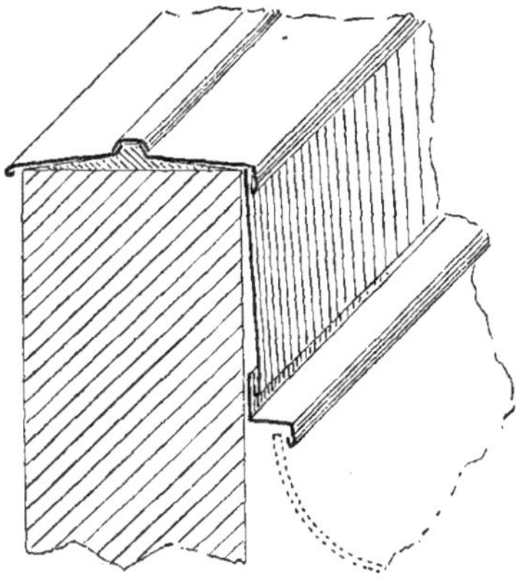

Fig. 322.

		Armature verticale, en zinc n° 14 pour fourniture........................ 8.20			
		Coulisseaux............... 8 »			
		× 0.20 courant................. 1.60			
		Linéaires............. 9.80			
»	»	× 0.55 largeur développée, produit surface..	5.39	4.15	22.37
		Façon, pose; linéaires........... 9.80			
		Plus-value de 1/10 façon *idem* × 8.20 = 0.82			
616	34	Ensemble............ 10.62	10.6 2	1.65	17.52
		Pattes cuivre *idem*....................	30	0.20	6.00
		Papier goudronné............. 8.20			
620	130	× 0.60 hauteur, produit surface............	4.92	0.29	1.43
		En raccords aux abouts:			
		Au-dessus de banquette; bandes de solins en zinc n° 14 pour fourniture:			
		Côté de face............... 0.40			
		Côté du fond 0.40 + 0.15......... 0.55			
		Linéaires............ 0.95			
»	»	× 0.10 large produit surface	0.10	4.15	0.42
»	»	Façon, pose; linéaires....................	0.95	0.57	0.54
»	»	Angles *idem*........................	3	0.15	0.45
Évalué	»	Amortissements d'abouts façonnés en talons et soudés....................	2	0.30	0.60
»	»	Pattes cuivre *idem*....................	4	0.20	0.80
»	»	Solins plâtre sur zinc	0.95	0.72	0.68

MÉTRÉ DE LA COUVERTURE.

NUMÉROS PAGES	SERIE				
		Aux armatures :			
		Bandes d'encadrement (*ou à rabattre*), en zinc n° 14 pour fourniture.			
		2 fois 0.50 .... 1.00			
616	28	× 0.07 large, produit surface.............	0.07	4.15	0.29
		Façon, pose......................	1.00	0.57	0.57
616	52	Clouage à piston espacé de 0.02, en plus-value.....................	1.00	»	0.34
		Dessus de mur.			
		Glacis en pente en plâtre pur.			
		Linéaires 8.00			
619	103	× 0.50 large, produit surface.............	4.00	1.25	5.00
620	130	Papier goudronné, *idem*...............	4.00	0.29	1.16
621	149	Tasseau neuf en sapin de 0 040 fourni, posé, cloué......................	8.00	0.33	2.64
»	»	Côté voisin, bande d'agrafe en zinc n° 14 pour fourniture............... 8.00			
616	25	× 0.10 large, produit surface.............	0.80	4.15	3.32
		Façon, pose.....................	8.00	0.25	2.00
		Bandes de recouvrement en zinc n° 14 pour fourniture.			
		Versant de droite......... 8.00 »			
		Coulisseaux........... 8 » »			
		× 0.20 courant............. 1.60 »			
		Têtes............... 2 » »			
		× 0.15 courant........,..... 0.30 »			
		Linéaires (G)........ 9.90 »			
		× 0.34 développé, produit surface.... 3.37			
		Versant de gauche (*sur voisin*); mêmes linéaires que (G)...... 9.90 »			
		× 0.33 développé, produit surface.... 3.27			
»	»	Ensemble............... 6.64	6.64	4.15	27.56
		Façon, pose de bandes de recouvrement en zinc, de 0.26 à 0.50 large			
		2 fois (G) 9.90, produit linéaires.... 19.80			
		Plus-value de 1/10 façon *idem*			
		× 16.00 .... 1.60			
616	33	Ensemble............... 21.40	21.40	1.48	31.67
		Sur première bande :			
		Pattes d'agrafe en cuivre rouge, au larmier;			
»	»	Ensemble......................	24	0.20	4.80
		Brisures façonnées, soudées aux coulisseaux,			
»	»	*idem*....................................	8	0.15	1.20
617	65	Goussets zinc, rapportés soudés...........	2	0.28	0.56
»	64	Angles...........................	2	0.15	0.30
		Revers d'eau en zinc neuf :			
»	»	Fournis........................	4	0.25	1.00
»	»	Posés, soudés	4	0.35	1.40

COUVERTURE ET PLOMBERIE.

NUMÉROS PAGES	SÉRIE				
		Couvre-joint en zinc n° 14 pour fourniture,			
		idem tasseau...................... 8.00			
		Plus: croisures............... 4 »			
		× 0.05 courant.................... 0.20			
		Linéaires............... 8.20			
»	»	× 0.10 large, produit surface..............	0.82	4.15	3.40
616	44	Façon, pose de couvre-joint; linéaires.....	8.20	0.20	1.64
618	76	Têtes zinc rapportées, soudées...........	2	0.20	0.40
»	»	Pattes cuivre, aux croisures.............	4	0.20	0.80
		Aux abouts:			
		Bandes de solins en zinc n° 14 pour fourniture.			
		2 fois 0.03...................... 0.16			
		2 fois 0.10...................... 0.20			
		4 fois 0.25...................... 1.00			
		Au faîte:			
		4 fois 0.05 .... 0.20			
		2 fois 0.08...................... 0.16			
		Linéaires............... 1.72			
»	»	× 0.10 large, produit surface	0.17	4.15	0.70
»	»	Façon, pose.....................	1.72	0.57	0.98
»	»	Angles; 2 fois 6 = ...	12	0.15	1.80
»	»	Pattes cuivre; 2 fois 6 = ...	12	0.20	2.40
»	»	Solins plâtre sur zinc	1.72	0.72	1.24

Comble principal et appentis.

En raccord de vitrage (*fig.* 323).

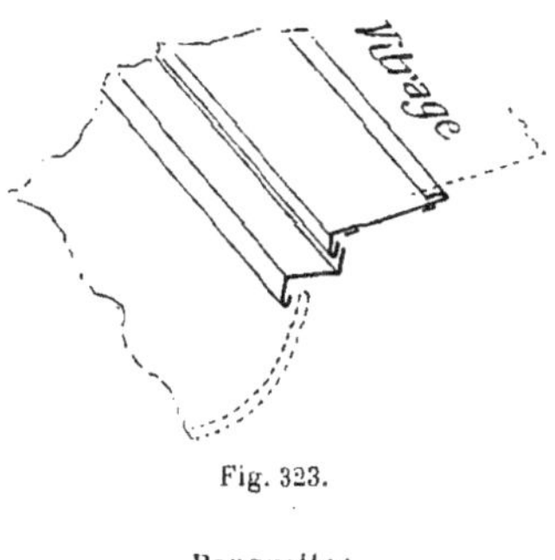

Fig. 323.

Banquette:

Bandes de recouvrement en zinc n° 14 pour fourniture.

Comble principal.

2 fois 10.10 réduit 20.20
2 fois 8.10 réduit................ 16.20
Au fond ; appentis............... 10.70

Linéaires (B).......... 47.10

NUMEROS					
PAGES	SÉRIE				
		Plus :			
		Equerres...................... 6	»		
		× 0.20 courant.................	1.20		
		Coulisseaux ; 2 fois 10........ 20	»		
		2 fois 8......... 16	»		
		1 fois.......... 10	»		
		Ensemble............ 46	»		
		× 0.20 courant	9.20		
»	»	Linéaires ensemble........ 57.50	14.95	4.15	62.04
		× 0.26 largeur développée, produit surface..			
		Façon, pose.................. 57.50			
		Plus-value de 1/10 pour façon × (H)			
		47.10...........................	4.71		
616	33	Ensemble............ 62.21	62.21	1.48	92.07
		Pattes cuivre *idem* ; 2 fois 31 62			
		2 fois 25...... 50			
		1 fois......... 31			
		Ensemble............... 143	143	0.20	28.60

Bas de carreaux (*fig.* 324 à 326).

Coupe.

Vue en dessus.

Vue en dessous.

Fig. 324 à 326.

Bas de carreaux droits (*de 0.40*).

Sur appentis.................... 27

Sur comble principal :

2 fois 23.................... 46   »
Bas de carreaux d'angles   4
pour chaque 1 1/2 = ... 6   »
Ensemble............ 52   52

Soit................. 79

COUVERTURE ET PLOMBERIE.

	NUMÉROS PAGES	SÉRIE					
N° 1.			bas de carreaux de 0.40 :				
			Détail d'un :				
			Recouvrement en zinc n° 16 pour fourniture 1 fois............................	0.40			
			Reliefs d'abouts comme têtes.... 2 ✕ 0.15 courant...................	0.30			
			Linéaires................	0.70	0.21	5.46	1.15
			✕ 0.30 largeur développée, produit surface... Façon, pose ; linéaires...........	0.70			
			Plus-value de 1/10 pour façon de longueur précise........................	0.07			
			Ensemble.............	0.77	0.77	1.48	1.14
N° 2.			Dessus :				
			Revers d'eau en zinc *idem* fournis, façonnés soudés ; comme goussets.................		2	0.28	0.56
	»	»	(2) *Ces revers sont généralement recouverts de mastic*.....................		Obser	vation	
			Dessous :				
	»	»	Plate-bandes de renfort en fer (*feuillar.*) étamé, coupées chaque de 0.40 longueur, fournies, posées.....................		2	0.50	1.00
	620 Vitreri 1027	141 e 1897 75,76,78	Soudure desdites sur zinc neuf 4 fois 0.40....................		1.60	0.66	1.06
			Masticage et contre-masticage 2 fois 0.18.........................		0.36	0.32	0.12
			78 autres bas de carreaux de 0.40 longueur, semblables à celui accolé n° 1............		78	5.43	423.54
			Bas de carreaux droits de 0.30 longueur				
			2 fois 23.......................	46			
			D'angles..................... 4 pour chaque 1 1/2................	6			
			Ensemble..............	52			
N° 3.			Détail d'un :				
			Recouvrement en zinc n° 16 pour fourniture 1 fois............................	0.30			
			Têtes..................... 2 ✕ 0.15 courant...................	0.30			
			Linéaires................	0.60	0.18	5.46	0.98
	»	»	✕ 0.30 largeur développée, produit surface... Façon, pose	0.60			
			Plus-value de 1/10 façon.........	0.06			
	»	»	Ensemble.............	0.66	0.66	1.48	0.98
	»	»	Plus ; accolade n° 2..................		1	»	2.74
			51 autres bas de carreaux de 0.30 ; comme à l'accolade n° 3.......................		51	4.70	239.70
			TOTAL..................		»	»	1651.12

MÉTRÉ DE LA COUVERTURE. 261

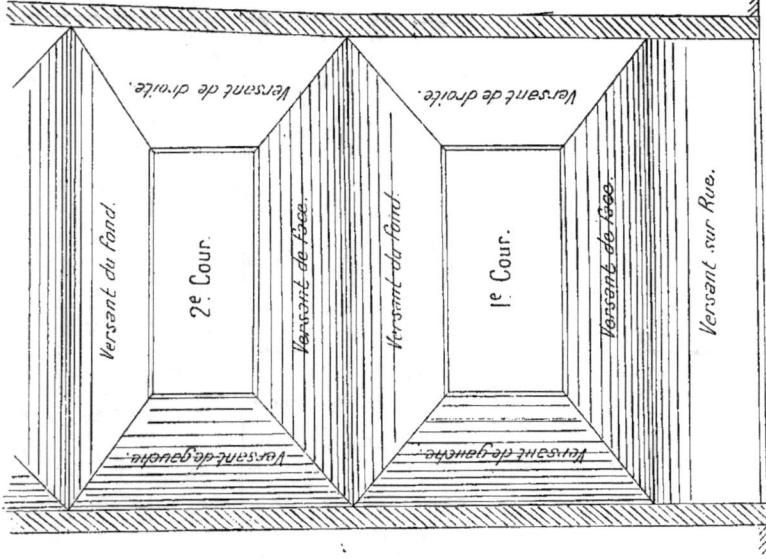

Fig. 327 et 328.

Orientation (2).

En outre des désignations générales indiquées pour les combles simples avec les figures 109 à 111, nous ajoutons celles appliquées spécialement par l'auteur en vue d'abréger ces appellations de versants dont les métreurs d'antan, soit dit sans vouloir diminuer leur talent, étaient si prodigues (*fig.* 327), cela venait de ce qu'ils procédaient par groupes de bâtiments, alors que nous procédons, nous, plutôt par groupes de versants (*fig* 328).

Et aussi, pour le détail des raccords, nous nous plaçons (en cela comme par le passé), face à la chose (lucarne, souche ou châssis etc.), tournant le dos au vide, ou regardant la partie supérieure du versant, de

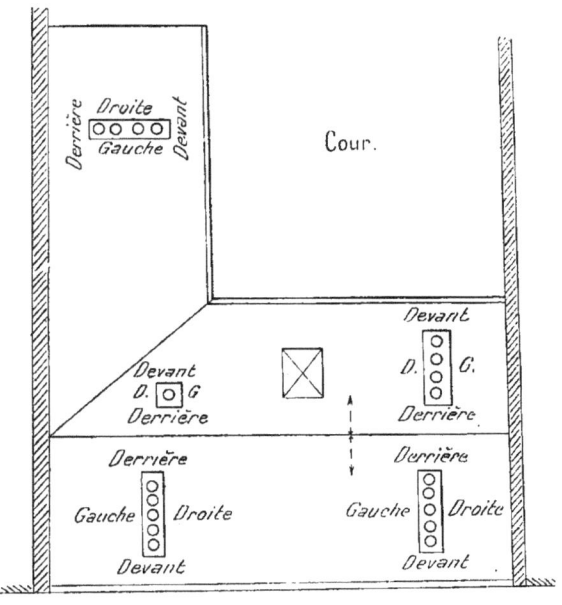

Fig. 329.

sorte que, par inversion, surtout pour les versants parallèles à celui sur rue, la gauche par rapport à la désignation générale devient la droite dans le détail (*fig.* 329).

Métré n° 14.

Comble à ressauts recouvert en zinc n° 14 par feuilles de $0^m,50$ large sur voligeage sapin de $0^m,018$ épaisseur, tasseaux de $0^m,055$, couvre-joints zinc *idem* par bouts de 1 mètre maintenus par des vis en fer étamé et rondelles en plomb.

Arêtiers et faîtages de $0^m,16$ développé.

Chéneaux en fonte Bigot-Renaux sur entablements recouverts en zinc. Noues encaissées en zinc *idem*. Châssis fer à tabatière et poulie montés sur costières

MÉTRÉ DE LA COUVERTURE. 263

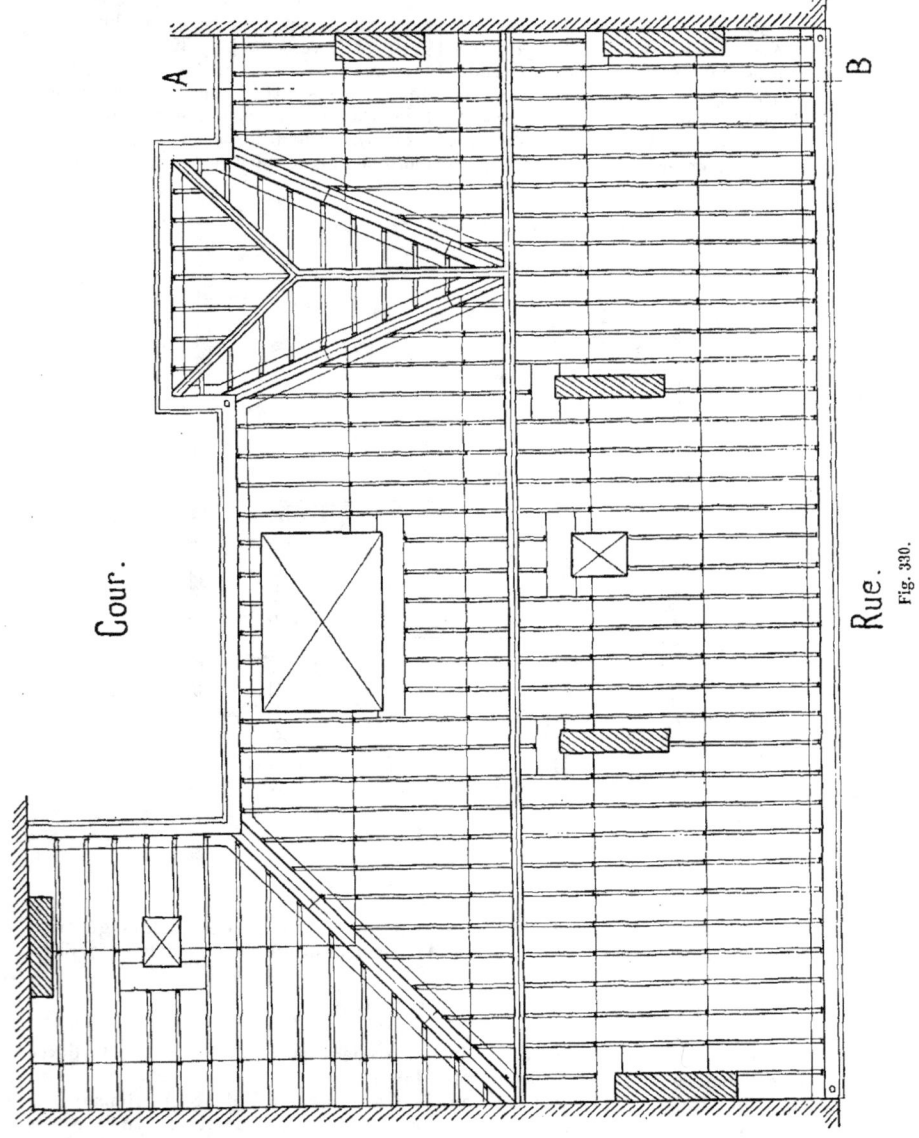

Fig. 330.

COUVERTURE ET PLOMBERIE.

armées en zinc. Vitrage fixe monté sur costière armée en zinc et bavettes en plomb au pourtour. Bandes de solins en zinc aux murs et souches (*fig.* 330 et 331),

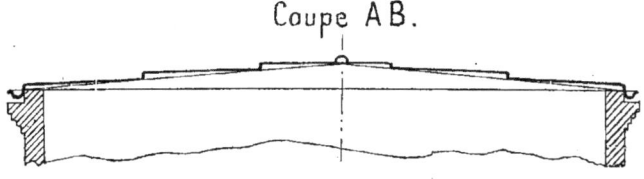

Fig. 331.

NUMÉROS PAGES	SERIE	Métré.			
		Entablements (*fig.* 332) :			
		Glacis en plâtre pur en pente × 0.015 épaisseur réduite.			
		Sur rue.................... 18.00			
		Sur cour :			
		(*Partant à droite*)			
		1 fois (réduit)................ 1.90			
		2 fois 1.00 = ... 2.00			
		1 fois (réduit)................ 4.33			
		1 fois (réduit)................ 7.10			
		1 fois (réduit)................ 3.38			
		Linéaires (A)........ 36.71			
619	103	× 0.25 large, produit surface............	9.18	1.25	11.48

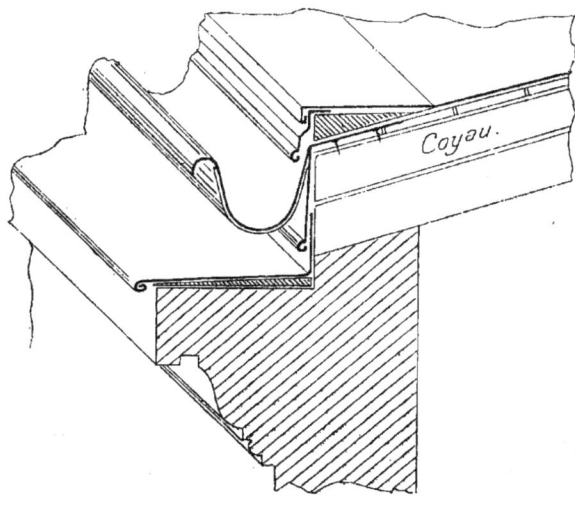

Fig. 332.

MÉTRÉ DE LA COUVERTURE.

NUMÉROS PAGES	SÉRIE				
620	130	Papier goudronné, même surface..........	9.18	0.29	2.66
		Bandes d'agrafe en zinc n° 14 pour fourniture :			
		Sur rue................... 18.00			
		Sur cour :			
		1 fois...................... 1.70			
		2 fois 1.00 = ... 2.00			
		1 fois...................... 4.65			
		1 fois...................... 6.80			
		1 fois...................... 3.25			
		Linéaires........... 36.40			
615	23	× 0.10 large, produit surface.............	3.64	4.15	15.11
616	25	Façon pose ; linéaires..................	36.40	0.25	9.10
		Bandes de recouvrement en zinc n° 14 pour fourniture :			
		Mêmes linéaires que (A) = ... 36.71			
		Coulisseaux :			
		Sur rue................. 17 »			
		Sur cour................. 15 »			
		Ensemble........ 32 »			
		× 0.20 courant = ... 6.40			
		Equerres................. 5 »			
		× 0.20 courant = ... 1.00			
		Têtes.................... 4 »			
		× 0.15 courant = ... 0.60			
		Linéaires........... 44.71			
		× 0.40 largeur développée produit surface.....	17.88	4.15	74.20
		Façon pose...................... 44.71			
		Plus-value pour façon par bouts d'un mètre.			
		1/10 × 36.71 = ... 3.67			
616	33	Linéaires........... 48.38	40.38	1.48	71.60
		Brisures façonnées, soudées aux coulisseaux ; Ensemble...........................	32	0.15	4.80
		Sur sablière :			
		Armature en zinc pour fourniture :			
		Sur rue................... 18.00			
		Sur cour :			
		1 fois...................... 2.10			
		2 fois 1.00 = ... 2.00			
		1 fois...................... 4.00			
		1 fois...................... 7.40			
		1 fois...................... 3.50			
		Equerres................. 5 »			
		× 0.20 courant..................... 1.00			
		Croisures (par 2 mètres)........ 14 »			
		× 0.12 courant..................... 1.68			
		Têtes.................... 4 »			
		× 0.15 courant..................... 0.60			
		Linéaires........... 40.28			
»	»	× 0.20 largeur, produit surface.............	8.06	4.15	33.45

COUVERTURE ET PLOMBERIE.

NUMÉROS PAGES	SÉRIE				
616	32	Façon pose ; linéaires	40.28	1.25	50.35
621	171	Voligeage neuf sapin de 0 018 jointif ; 37.00 × 0.17 produit surface...............	6.29	2.38	14.97
		Chéneaux en fonte Bigot-Renaux, n° 83 de l'album.			
		Fournis dans Paris, compris plus-value de 10 0/0.			
		Mêmes linéaires que (A) = ... 36.71			
		Plus :			
		Pièces d'abouts............ 4 »			
		Pièces d'angles .... 5 »			
		Ensemble .... 9 »			
		× 0.50 courant..................... 4.50			
»	»	Linéaires........... 41.21	41.21	8.58	353.58
		Ajustement pose de ces chéneaux, compris façon et serrage des joints.			
»	»	Linéaires 41.21 × 16^k,120, pesant.........	664^{k}300	0.10	66.43
		Crochets en fer spéciaux pour gouttière en			
»	»	fonte ; fournis.............................	43	0.44	1.89
»	»	posés.............................	43	0.15	6.45
»	»	Vis fer fournies ; 43 fois 2...............	86	0.055	4.73
		Au-dessus des gouttières :			
		Bandes de larmier en zinc n° 14 pour fourniture ; Sur rue........... 18.00			
		Sur cour :			
		1 fois........................ 2.10			
		2 fois 1.00 = ... 2.00			
		1 fois........................ 4.00			
		1 fois........................ 7.40			
		1 fois........................ 3.50			
		Plus :			
		Croisures 14			
		× 0.12 = ... 1.68			
		Têtes....................... 4			
		× 0.15 = ... 0.60			
		Linéaires 39.20			
»	»	× 0.16 largeur réduite, produit surface......	6.27	4.15	26.02
616	28	Façon, pose ; linéaires.....................	39.20	0.57	22.34
620	131	Pattes cuivre............................	110	0.20	22.00
617	64	Angles...................................	5	0.15	0.75
		Par le bas des versants :			
		Chanlattes en sapin de 0.041 × 0.16 fournies posées, clouées ;			
		Sur rue................. 18.00			
		Sur cour :			
		1 fois........................ 1.85			
		2 fois 0.65 = ... 1.30			
		1 fois........................ 3.75			
		1 fois........................ 7.10			
		1 fois........................ 3.20			
		A reporter............... 35.20			

MÉTRÉ DE LA COUVERTURE.

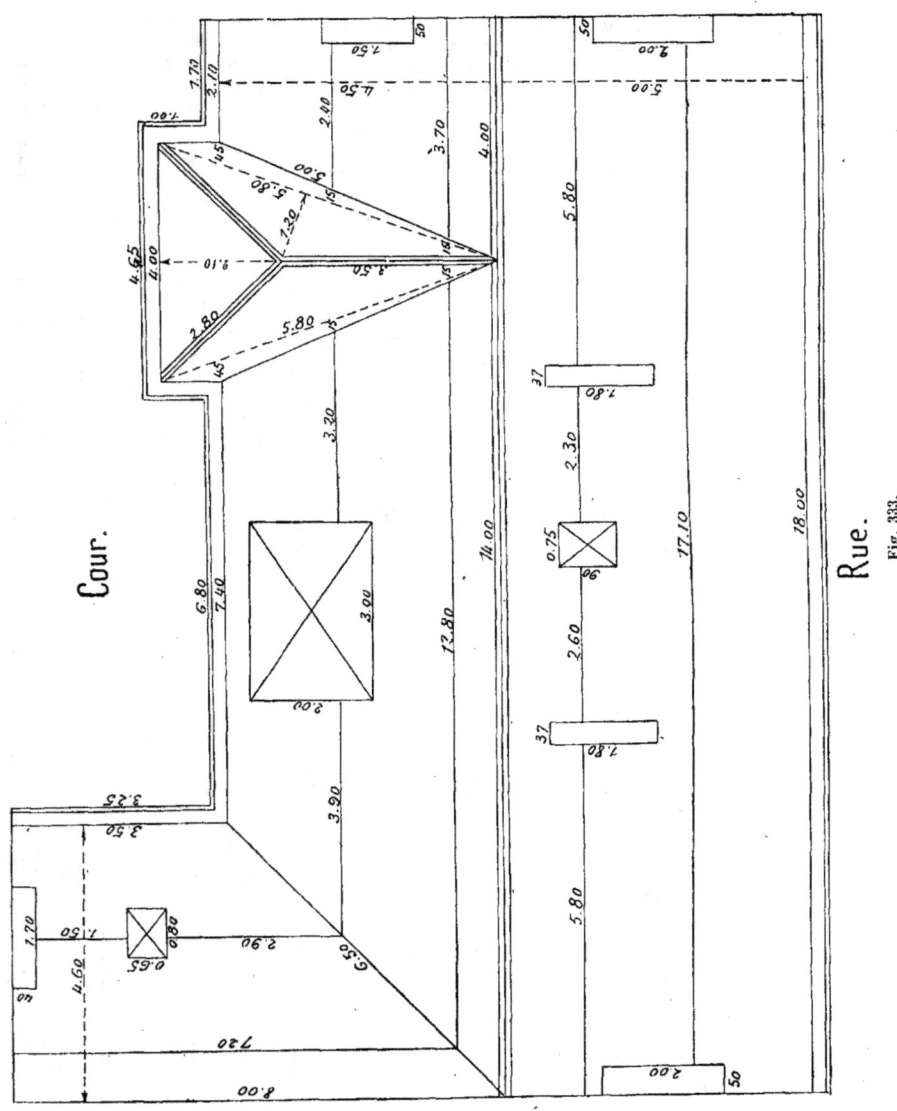

Fig. 333.

NUMÉROS					
PAGES	SÉRIE				
		Report............. 35.20			
		Plus :			
		Amortissements............ 11			
		× 0.05 courant = ... 0.55			
		Coupes et assemblages d'onglets. 2			
		× 0.12 courant = ... 0.24			
Menuiserie	281	Linéaires............. 35.99	35.99	0.99	35.66

Comble

Voligeage neuf en sapin de 0.018 fourni, posé, cloué jointif (*fig.* 333).

Sur rue :

18.00 × 5.00 hauteur produit..... 90.00

Sur cour :

(*Partant à droite*) :

$$\frac{2.10 \text{ et } 4.00}{2} = 3.05 \times 4.50$$

hauteur produit................... 13.72

Escalier :

Versant de droite :

$$\frac{5.80 \times 1.20}{2}$$ produit........ 3.48

$$\frac{5.80 \times 0.45}{2}$$ produit........ 1.31

Ensemble (B)....... 4.79   4.79

Coupe :

$$\frac{4.00 \times 2.10}{2}$$ produit............. 3.05

Versant de gauche :

Idem (B)....................... 4.79

A la suite :

Versant de face

$$\frac{7.40 \text{ et } 14.00}{2} = 10.70 \times 4.50 \text{ hauteur};$$

produit......................... 48.15

Versant (*en retour*) à gauche :

$$\frac{3.50 \text{ et } 8.00}{2} = 5.75 \times 4.60 \text{ hauteur};$$

produit......................... 26.45

Surface...................... 190.95

Moins à déduire :

Sur rue :

2 souches de chaque

0,50 × 2.00 produit.... 1.00

MÉTRÉ DE LA COUVERTURE.

NUMÉROS PAGES	SÉRIE						
		Ensemble.........	2.00	»			
		2 souches de chaque 0.37×1.80 produit.. 0.67					
		Ensemble.........	1.34				
		1 châssis de 0.75×0.90 produit....................	0.68	»			
		Sur cour :					
		1 souche à droite de 0.50×1.50 produit........	0.75	»			
		Grand versant de face :					
		1 vitrage de 3.00×2.00 produit....................	6.00				
		Versant de gauche :					
		1 châssis de 0.65×0.80 produit....................	0.52				
		1 souche de 0.40×1.70 produit....................	0.68				
		A déduire..........	11.97	11.97			
		Reste.............		178.98			
		Plus, aux ressauts (*en about des chevrons*)					
		Sur rue :					
		1 fois.....................	17.10	»			
		1 fois $5.80 + 2.60 + 2.30 + 5.80 =$	16.50	»			
		Sur cour :					
		Versant de face					
		1 fois $2.55 + 3.35 + 3.90 =$	9.80	»			
		1 fois $3.85 + 12.95 = ...$	16.80	»			
		Versant de gauche :					
		1 fois $2.90 + 1.50 = ...$	4.40	»			
		1 fois.....................	7.20	»			
		Linéaires........	71.80				
		$\times 0.08$ hauteur, produit............		5.74			
621	171	Surface, ensemble..........		184.72	184.72	2.38	439.63
		Tasseaux neufs en sapin de 0.055 fournis, posés, cloués.					
		Sur rue :					
		(*Partant à gauche*)					
		1 fois $1.40 + 1.10 =$		2.50			
		10 fois $4.95 =$		49.50			
		1 fois $2.50 + 0.30 =$		2.80			
		5 fois $4.95 =$		24.75			
		2 fois $3.15 =$		6.30			
		2 fois $0.50 =$		1.00			
		4 fois $4.95 =$		19.80			
		1 fois $2.50 + 0.30 =$		2.80			
		11 fois $4.95 =$		54.45			
		1 fois $1.40 + 1.10 =$		2.50			
		A reporter............		166.40			

NUMÉROS						
PAGES	SÉRIE					
		Report.............. 166.40				
		Sur cour :				
		(Partant à droite)				
		1 fois 1.70 + 0.70 = ... 2.40				
		3 fois 4.45 = ... 13.35				
		4 fois 2.20 réduit = ... 8.80				
		Escalier :				
		2 versants :				
		5 fois 0.75 réduit = ... 3.75 »				
		3 fois 1.10 réduit = ... 3.30 »				
		1 fois.................... 0.40 »				
		2 fois............. 7.45=14.90				
		Croupe :				
		6 fois 1.10 réduit = ... 6.60				
		1 fois........................ 2.05				
		Grand versant de face, à la suite ;				
		4 fois 2.50 réduit = ... 10.00				
		4 fois 4.45 = ... 17.80				
		6 fois 0.40 = ... 2.40				
		6 fois 1.75 = ... 10.50				
		4 fois 4.45 = ... 17.80				
		9 fois 2.20 réduit = ... 19.80				
		Versant de gauche :				
		9 fois 2.35 réduit = ... 21.15				
		1 fois...................... 4.60				
		2 fois 1.40 = ... 2.80				
		2 fois 2.00 = ... 4.00				
		3 fois 4.60 = ... 13.80				
621	150	Linéaires................ 339.15	339.15	0.38	128.87	
		Faîtages sapin de 0 080 fournis posés cloués ; comble................... 18.00				
		Escalier 3.50				
		Arêtiers ; 2 fois 2.80 = ... 5.60				
»	151	Linéaires............. 27.10	27.10	0.99	26.83	
		Noues encaissées.				
		(Comme à la figure 123)				
		Sur cour :				
		Noue de gauche :				
		Sur les côtés :				
		Chanlattes en sapin de 0.041 × 0.16 fournies, posées, clouées ; 2 fois 6.50 = 13.00				
		4 amortissements × 0.05 courant = 0.20				
»	»	Linéaires 13.20	13.20	0.99	13.07	

MÉTRÉ DE LA COUVERTURE. 271

NUMÉROS PAGES	SÉRIE				
		Noue en zinc n° 14 pour fourniture :			
		1 fois........................ 2.90			
		1 fois........................ 2.90			
		1 fois........................ 1.20			
		Plus :			
		Croisures 2			
		× 0.05 = ... 0.10			
		Têtes................ 3			
		× 0.15 courant = ... 0.45			
		Larmiers............. 3			
		× 0.05 = ... 0.15			
		Linéaires............ 7.70			
»	»	× 0.40 largeur développée ; produit Surface.	3.08	4.15	12.78
		Façon, pose ; comme bandes de recouvrement ;			
616	33	Linéaires..............	7.70	1.48	11.40
617	65	Goussets	9	0.28	2.52
»	64	(*fig.* 334) Angles.................	12	0.15	1.80
»	»	Brisures................	3	0.15	0.45
620	141	Soudure obligée sur zinc neuf ; 2 fois 0.40 =	0.80	0.66	0.53

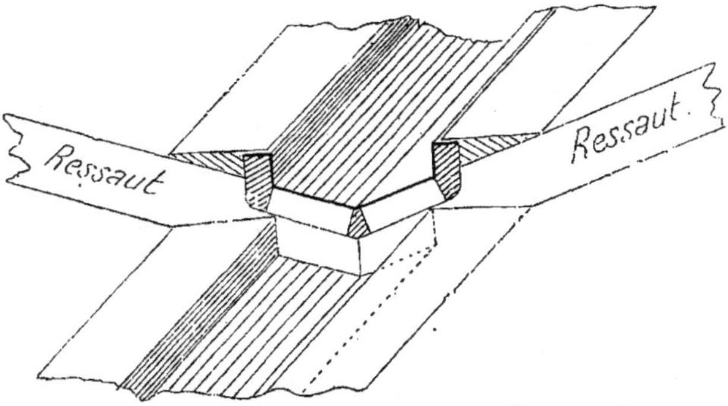

Fig. 334.

Escalier :

2 Noues :

Détail d'une :

N° 1.	»	»	Chantlattes en sapin fournies, posées *idem* ; 2 fois 4.65 = ... 9.30			
			8 amortissements × 0.05 = ... 0.40			
			Linéaires 9.70	9.70	0.99	9.60
			Noue en zinc n° 14 pour fourniture :			
			1 fois........................ 2.30			
			1 fois........................ 2.30			
			1 fois........................ 0.75			
			A *reporter*............ 5.35			

COUVERTURE ET PLOMBERIE.

PAGES	SÉRIE					
N° 1.						
		Report............ 5.35				
		Plus :				
		Croisures................. 2				
		× 0.05 = ...	0.10			
		Têtes.................... 3				
		× 0.15 courant = ...	0.45			
		Larmiers................. 3				
		× 0.05 = ...	0.15			
		Linéaires...............	6.05			
616	33	× 0.40 largeur développée, produit surface...		2.42	4.15	10.04
»	»	Façon pose : Linéaires............		6.05	1.48	8.95
»	»	Goussets.....................		9	0.28	2.52
»	»	Angles......................		12	0.15	1.80
»	»	Brisures.....................		3	0.15	0.45
		Jonctions soudées sur zinc neuf :				
		2 fois 0.40......................		0.80	0.66	0.53
		L'autre noue semblable à celle accoladée n° 1.		1	»	32.99

Couverture.

La couverture en zinc n° 14 pour fourniture :
Versant sur rue :
(*Partant à gauche*)
Devant la souche :
0.50 × 1.55 hauteur, produit..... 0.78
A droite :
0.50 × 1.99 hauteur, produit....... 1.00
Derrière :
1.05 × 0.50 hauteur, produit....... 0.53
Au dessus :
2 fois 0.50 × 1.32 hauteur, produit
= 1.00...................... 1.32
A la suite :
9 fois 0.50 = 4.50 × 5.32 hauteur
produit........................ 23.94
1re souche isolée.
Au devant :
2 fois 0.50 = 1.00 × 2.70 hauteur,
produit........................ 2.70
A gauche... 0.47
A droite.... 0.35
Ensemble... 0.82 × 1.78 hauteur,
produit........................ 1.46
Derrière :
1.05 × 0.50 hauteur produit....... 0.53
Au dessus :
2 fois 0.50 = 1.00 × 0.35 hauteur,
produit........................ 0.35
A la suite :
4 fois 0.50 = 2.00 × 5.32 hauteur,
produit........................ 10.64
A reporter 43.25

MÉTRÉ DE LA COUVERTURE.

NUMÉROS PAGES	SÉRIE						
		Report............		43.25			

     1ᵉʳ châssis :
     Au devant :

3 fois 0.50 = 1.50 × 3.35 hauteur, produit......................... 5.02
  A gauche............... 0.47 »
  A droite............... 0.51 »
    Ensemble...... 0.98 »
× 0.88 hauteur, produit............ 0.86
    Derrière :
1.50 × 0.50 hauteur, produit...... 0.75
    Au dessus :
3 fois 0.50 = 1.50 × 0.52 hauteur, produit........................ 0.78
    A la suite :
3 fois 0.50 = 1.50 × 5.32 hauteur, produit........................ 7.98

    2ᵉ souche isolée :
    Au devant :
2 fois 0.50 = 1.00 × 2.70 hauteur, produit........................ 2.70
  A gauche............... 0.50 »
  A droite............... 0.30 »
    Ensemble...... 0.80 »
× 1.78 hauteur, produit............ 1.42
    Derrière :
1.03 × 0.50 hauteur, produit...... 0.53
    Au dessus :
2 fois 0.50 = 1.00 × 0.35 hauteur, produit........................ 0.35
    A la suite :
10 fois 0.50 = 5.00 × 5.32 hauteur, produit........................ 26.60

    A droite :
   Au-devant de la souche.
  1 fois................. 0.50 »
  1 fois................. 0.30 »
    Ensemble (C)... 0.80 »
× 1.55 hauteur, produit............ 1.24
    A gauche :
0.30 × 1.99 hauteur, produit...... 0.60
    Derrière :
0.70 × 0.50 hauteur, produit...... 0.35
    Au dessus :
Largeur *idem* (C)........... 0.80
× 1.32 hauteur, produit............ 1.06

    A reporter............ 93.49

Sciences générales. COUVERTURE ET PLOMBERIE. — TOME II. — 18.

NUMÉROS	
PAGES	SÉRIE

Report.................. 93.49

Sur cour :
Versant de face.
A droite :
Au-devant de la souche.
Largeur *idem* (C)........... 0.80
× 1.80 hauteur, produit............ 1.44
A droite :
0.30 × 1.48 hauteur, produit...... 0.44
Derrière :
0.70 × 0.65 hauteur, produit...... 0.46
Au dessus :
Largeur *idem* (C)........... 0.80
× 0.82 hauteur, produit............ 0.66
A la suite :
Par le bas : 2 fois 0.50 = 1.00 »
1 fois........ 0.30 »
Ensemble... 1.30 »
Haut :   6 fois 0.50 = 3.00 »
1 fois........ 0.30 »
Ensemble... 3.30 »

Soit : $\frac{1.30\ \text{et}\ 3.30}{2} = 2.30 \times 4.82$
hauteur, produit.................... 11.09

Escalier :
Versant de droite :
1 fois....... 0.44
4 fois 0.50 = 2.00
1 fois....... 0.42
Ensemble. $\frac{2.86 \times 1.47}{2}$ hauteur,
produit........................... 2.10
2 fois 0.50 = 1.00 × 1.12 hauteur
réduite, produit.................... 1.12
Ecoinçon bas :
$\frac{0.50 + 0.30 = 0.80 \times 0.82}{2}$ hauteur,
produit........................... 0.33
Versant de gauche :
Idem que ci-dessus = ... 3.55
Croupe :
1 fois.................. 0.52 »
6 fois 0.50 = ... 3.00 »
1 fois.................. 0.52 »
Ensemble...... 4.04 »
$\times \frac{2.12\ \text{hauteur}}{2}$, produit............ 4.28

A *reporter*............. 118.96

NUMÉROS						
PAGES	SÉRIE					
		Report..................		118.96		

Report.................. 118.96

Grand versant de face :

Bas : 1 fois.............. 0.48   »
       3 fois 0.50 = ... 1.50   »

       Ensemble....... 1.98   »

Haut : 1 fois.............. 0.40   »
       7 fois 0.50 = ... 3.50   »

       Ensemble....... 3.90   »

Soit :

$\dfrac{1.98 \text{ et } 3.90}{2} = 2.94 \times 4.82$ hauteur,

produit......................... 14.17

Vitrage :

Au devant :

7 fois 0.50 = 3.50 × 0.55 hauteur,
produit......................... 1.93

A gauche................. 0.45   »
A droite................. 0.27   »

       Ensemble...... 0.72   »
× 1.98 hauteur, produit............ 1.43

Derrière :

3.55 × 0.50 hauteur, produit...... 1.78

Au dessus :

7 fois 0.50 = 3.50 × 1.95 hauteur,
produit......................... 6.83

A la suite :

Bas : 3 fois 0.50........ 1.50   »
      1 fois............ 0.30   »

      Ensemble...... 1.80   »

Haut : 12 fois 0.50 ...... 6.00   »
       1 fois .... 0.25   »

       Ensemble...... 6.25   »

Soit :

$\dfrac{1.80 \text{ et } 6.25}{2} = 4.03 \times 4.82$ hauteur,

produit......................... 19.42

Versant de gauche :

Bas : 1 fois.............. 0.45   »

Haut : 9 fois 0.50 .... 4.50   »
       1 fois............ 0.35   »

       Ensemble...... 4.85   »

Soit :

$\dfrac{0.45 \text{ et } 4.85}{2} = 2.65 \times 4.92$ hauteur,

produit......................... 13.04

A reporter.......... 177.56

NUMÉROS						
PAGES	SÉRIE					
		Report.............. 177.56				
		2ᵐᵉ châssis :				
		Au devant :				
		3 fois 0.50 = 1.50 × 1.55 hauteur, produit............................	2.13			
		A gauche................ 0.50	»			
		A droite................ 0.50	»			
		Ensemble....... 1.00	»			
		× 0.78 hauteur, produit............	0.78			
		Derrière :				
		1.50 × 0.50 hauteur, produit......	0.75			
		Au dessus :				
		3 fois 0.50 = 1.50 × 2.24 hauteur, produit............................	3.36			
		A la suite :				
		2 fois 0.50 = 1.00 × 4.92 hauteur, produit............................	4.92			
		Souche du fond ;				
		Au devant :				
		0.50 × 1.15 hauteur, produit......	0.58			
		A gauche :				
		0.25 × 1.68 hauteur, produit......	0.42			
		Au dessus :				
		0.50 × 2.18 hauteur, produit......	1.09			
		Les couvrejoints en zinc, *idem* par bouts de 1 mètre ;				
		Comme tasseaux.......... 356.95	»			
		Plus, croisures........ 453 »	»			
		× 0.05 courant = ... 22.65	»			
		Linéaires.......... 379.60	»			
		× 0.10 large, produit..............	37.96			
		Faîtages et arêtiers zinc, *idem* bois...................... 27.10	»			
		Plus, croisures ...... 22 »	»			
		× 0.05 courant = ... 1.10	»			
		Linéaires.......... 28.20	»			
		× 0.16 large, produit..............	4.51			
		Surface..............	234.06	234.06	4.15	971.35
617	55	Façon pose de couverture zinc, à ressauts, *type e*, par feuilles de 0.50 large ; surface....		234.06	2.05	479.82
		Plus-value de façon pour plus de 1/5 de feuilles débitées :				
		Même surface..................... 234.06				
		Moins :				
		Feuilles entières.............. 92	»			
		× 1.00 superficiel, produit.........	92.00			
»	60	Reste surface........	142.06	142.06	0.45	63.93

MÉTRÉ DE LA COUVERTURE.

NUMÉROS PAGES	SÉRIE				
618	78	Contretalons zinc, rapportés soudés ; Aux couvrejoints................	538	0.15	80.70
»	79	Aux arêtiers.....................	4	0.20	0.80
		Talons zinc neuf *idem*, aux couvrejoints, ensemble.................. 269			
		Têtes zinc *idem*............... 16			
»	76	Ensemble........... 285	285	0.20	57.00
»	»	Plus-value de biais, ensemble............	42	0.15	6.30
		Aux arêtiers et faîtages :			
		Talons zinc................... 2			
		Têtes *idem*.................. 2			
»	77	Ensemble........... 4	4	0.25	1.00
		3 embranchements façonnés, soudés, pour chaque 3 angles = ...	9	0.15	1.35
»	»	Embranchements *idem* de couvrejoints façonnés, soudés sur faîtages et arêtiers ; ensemble................ 96 pour chaque 3 angles = ...	288	0.15	43.20
		Brisures façonnées, soudées aux feuilles au droit des noues et banquettes :			
		Sur rue.............. 74			
		Sur cour............ 166			
»	»	Ensemble........... 240	240	0.15	36.00
		2 angles façonnés soudés à chaque feuille et en tête de ressaut :			
		Sur rue.............. 218			
		Sur cour............. 316			
»	»	Ensemble........... 534	534	0.15	80.10
		Equerres façonnées soudées aux couvrejoints au droit des noues et banquettes :			
		Sur rue.............. 36			
		Sur cour............ 72			
		Ensemble........... 108			
»	»	pour chaque 3 angles = ...	324	0.15	48.60
618	80	Vis fer étamé, avec rondelles en plomb, fournies posées ; ensemble...............	553	0.18	99.54
		Raccords.			
		Sur rue :			
		Souche adossée à gauche :			
617	65	Goussets.................................	3	0.28	0.84
»	64	Angles.................................	4	0.15	0.60
620	141	En raccordement (*Les feuilles ne pouvant être agrafées*) soudure obligée sur zinc neuf.	0.50	0.66	0.33
		Derrière :			
»	»	Pente plâtre, façonnée à revers............	1	»	0.52
»	»	Plus-value de façon de contrepente sur zinc.	1	»	0.60
»	»	Brisure façonnée, soudée.................	1	»	0.15

NUMÉROS PAGES	SÉRIE				
		Sur mur et souche:			
		Bandes de solins en zinc n° 14 pour fourniture (*fig.* 335).			

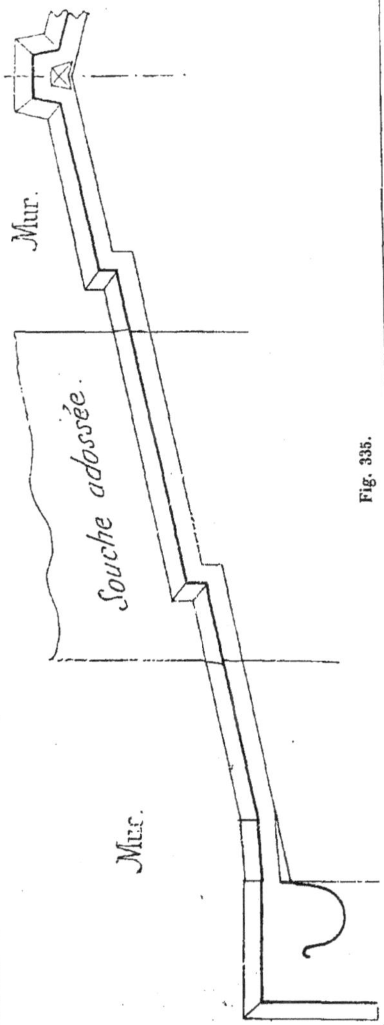

Fig. 335.

MÉTRÉ DE LA COUVERTURE.

NUMÉROS PAGES	SÉRIE					
		Au droit du chéneau :				
		$0.30 + 0.35 =$	0.65			
		Rampant :				
		$0.20 + 1.25 + 0.50 + 0.40 =$	2.35			
		$1.60 + 0.50 + 0.35 =$	2.45			
		1 fois..........................	1.20			
		Aux ressauts :				
		2 fois 0.12 = ...	0.24			
		Au faîtage :				
		2 fois 0.08 = ...	0.16			
		1 fois..........................	0.12			
		A la suite :				
		1 fois..........................	8.00			
		Croisures $3 \times 0.05 =$	0.15			
		Au fond :				
		$0.80 + 1.10 =$	1.90			
		$0.40 + 0.80 =$	1.20			
		$0.90 + 0.40 + 0.85 + 0.20 =$	2.35			
		Au ressauts :				
		2 fois 0.12 = ...	0.24			
		Au dessous du chéneau :				
		$0.35 + 0.30 =$	0.65			
		Linéaires.................	21.66			
»	»	$\times 0.10$ largeur développée produit, surface.		2.17	4.15	9.01
616	28	Façon pose : linéaires................		21.66	0.57	12.35
»	»	Angles façonnés soudés ; ensemble........		27	0.15	4.05
»	»	Brisures *idem*................		2	0.15	0.30
920	131	Pattes cuivre rouge étamé en plus-value....		66	0.20	13.20
»	140	Solins en plâtre sur zinc................		21.51	0.72	15.48
		1ʳᵉ souche isolée.				
		Pentes plâtre à revers *idem*............		2	0.52	1.04
		Plus-value de contrepentes sur zinc........		2	0.60	1.20
»	»	Goussets.....................		6	0.28	1.68
»	»	Angles......................		6	0.15	0.90
		Besace zinc, façonnée en forme de fer de				
»	»	lance, Fournie..................		1	»	0.50
»	»	Posée, soudée................		1	»	0.60
»	»	Gousset de tête, rapporté soudé..........		1	»	0.28
		Soudures obligées *idem*, sur zinc neuf :				
»	»	Côtés $0.50 + 0.30 =$	0.80			
		Au-dessus.....................	1.05			
		Ensemble.............	1.85	1.85	0.66	1.22

280 COUVERTURE ET PLOMBERIE.

NUMÉROS PAGES	SÉRIE				
		Bandes de solins en zinc n° 14 pour fourniture :			
		Devant 0.40			
		Côtés :			
		2 fois 1.20 = ... 2.40			
		2 fois 0.55 = ... 1.10			
		2 fois 0.12 = ... 0.24			
		Derrière :			
		2 fois 0.22 = ... 0.44			
		Linéaires.................. 4.58			
»	»	× 0.10 largeur, produit surface............	0.46	4.15	1.91
»	»	Façon pose; linéaires..................	4.58	0.57	2.61
»	»	Angles idem...........................	9	0.15	1.35
»	»	Pattes cuivre..........................	14	0.20	2.80
»	»	Solins plâtre sur zinc..................	4.58	0.72	3.30

N° 2.

1 châssis (*fig.* 336):

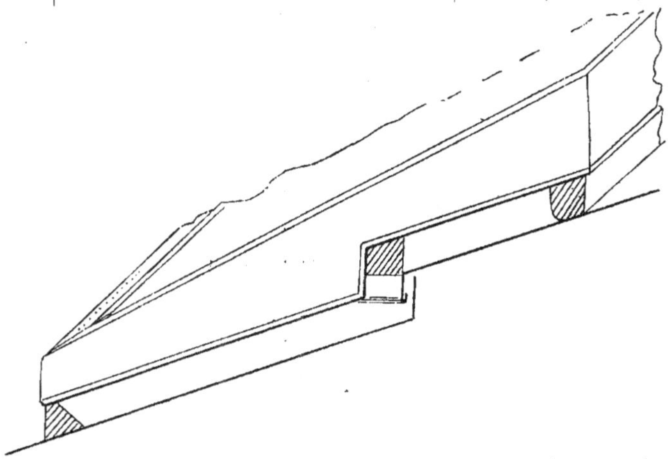

Fig. 336.

		de 0.75 × 0.90 produit; linéaires 3.30			
		Fourni peint posé; comme précédents,			
»	»	Soit..................................	3.30	5.84	19.27
608	162	Plus-value de jeu de poulie monté sur chape.	1	»	2.00
»	»	Goussets..............................	6	0.28	1.68
»	»	Angles................................	8	0.15	1 20
»	»	Pentes bois fournies façonnées à revers posées clouées..............................	2	0.52	1.04
»	»	Plus-value de façon de contrepentes sur zinc.	2	0.60	1.20
»	»	Besace zinc *idem*; fournie..............	1	»	0.50
»	»	Posée soudée....................	1	»	0.60
»	»	Gousset de tête, rapporté soudé..........	1	»	0.28

NUMÉROS					
PAGES	SÉRIE				
		Armatures de hausse en zinc n° 14 pour fourniture ; 2 fois 0.81 = ... 1.62			
		2 fois 0.96 = ... 1.92			
		Linéaires 3.54			
»	»	× 0.20 largeur réduite, produit surface.....	0.71	4.15	2.94
616	32	Façon pose ; linéaires.....................	3.54	1.25	4.42
		Entailles façonnées sur zinc avec pinces au			
»	»	droit des ressauts........................	2	0.35	0.70
»	»	Angles...................................	4	0.15	0.60
»	»	Brisure...................................	1	»	0.15
		Pattes cuivre *idem*......................	14	0.20	2.80
		Plus-value de clouage serré à piston ;			
616	52	linéaires.................................	3.54	0.34	1.20
»	»	Soudure obligée sur zinc neuf ;			
		côtés ; 0.47 + 0.48 = 0.95			
		au dessus.......... 1.50			
		Linéaires........... 2.45	2.45	0.66	1.62
		2ᵉ souche isolée :			
»	»	Comme celle accoladée n° 2..............	1	»	19.39
		2 souches adossées à droite, comme celle			
»	»	accoladée n° 3...........................	2	3.04	6.08
		Bandes de solins et solins sur souche et mur.			
		Versant sur rue :			
		Mêmes linéaires que acco-			
		lade (D)................ 7.17			
		Versant sur cour :			
		0.70 + 0.55 + 0.50 + 1.30, = ... 3.05			
		0.20 + 0.50, = ... 0.70			
		1.45 + 0.20, = ... 1.65			
		Aux ressauts ; 2 fois 0.12 = ... 0.24			
		Linéaires.......... 12.81			
»	»	× 0.10 largeur, produit surface...........	1.28	4.15	5.31
»	»	Façon pose ; linéaires....................	12.81	0.57	7.30
»	»	Angles...................................	28	0.15	4.20
»	»	Pattes cuivre.	40	0.20	8.00
»	»	Solins plâtre sur zinc	12.80	0.72	9.21
		Sur cour :			
		Grand versant de face.			
		1 vitrage (*fig.* 337).			
		Derrière :			
»	»	Pentes en sapin, *idem* 2 fois 1.50 = ...	3.00	2.00	6.00
»	»	Plus-value de contrepentes sur zinc........	3.00	1.50	4.50
»	»	Goussets.................................	6	0.28	1.68
»	»	Angles...................................	6	0.15	0.90
»	»	1 besace zinc ; fournie...................	1	»	0.50
»	»	posée, soudée............	1	»	0.60
»	»	Gousset de tête, *idem*...................	1	»	0.28

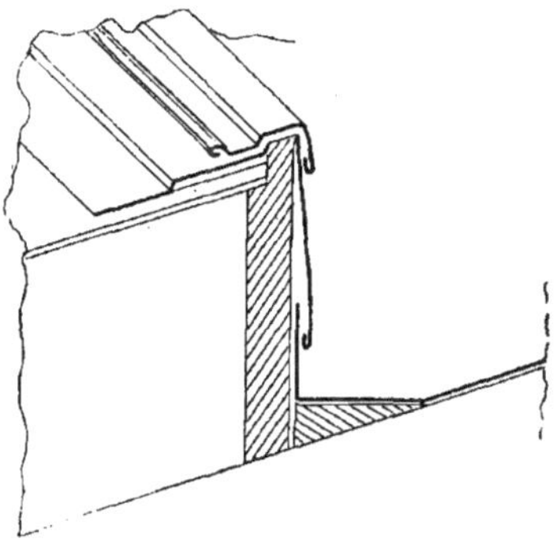

Fig. 337.

NUMÉROS PAGES	NUMÉROS SÉRIE				
		Armatures de hausse, en zinc n° 14 pour fourniture.			
		2 fois 2.11 = ... 4.22			
		2 fois 3.11 = ... 6.22			
		Linéaires............. 10.44			
»	»	× 0.20 largeur réduite, produit surface......	2.09	4.15	8.67
»	»	Façon pose; linéaires....................	10.44	1.25	13.05
»	»	Entailles, *idem*, pour ressauts............	2	0.35	0.70
»	»	Angles..................................	4	0.15	0.60
»	»	Brisure.................................	1	»	0.15
»	»	Pattes cuivre...........................	30	0.20	6.00
		Sur vitrage :			
		Recouvrements en plomb neuf en table, de 0.002 d'épaisseur pour fourniture.			
		Côtés; 2 fois 2.00 = ... 4.00			
		En tête; 1 fois 3.00			
		Equerres.......... 2 »			
		× 0.20 courant = ... 0.40			
		Linéaires............. 7.40			
		× 0.12 largeur, produit surface 0.89			
622	1	× 22k,70 le mètre; pesant..................	20k200	0.42	8.48
»	9	Façon pose; pesant......................	20k200	0.15	3.03
»	16	En tête; emboutissage du plomb sur les petits bois, en angles......................	8	0.50	4.00
		Bandelettes de clouage en zinc neuf, fournies posées.			
		2 fois 2.00 = ... 4.00			
		1 fois.......................... 3.00			
»	17	Linéaires............. 7.00	7.00	0.33	2.31
»	»	Clouage à piston espacé de 0.05..........	7.00	0.34	2.38

MÉTRÉ DE LA COUVERTURE.

NUMÉROS PAGES	SÉRIE				
		Bandes de recouvrement en zinc n° 14 pour fourniture (par bouts de 1.00).			
		2 fois 2.00 = ... 4.00			
		1 fois........................ 3.00			
		Equerres.......... 2 »			
		× 0.20 courant = ... 0.40			
		Croisures................. 4 »			
		× 0.05 courant = ... 0.20			
		Linéaires............ 7.60			
»	»	× 0.20 largeur développée, produit surface...	1.52	4.15	6.31
616	32	Façon pose ; linéaires.....................	7.60	1.25	9.50
		Amortissements d'abouts en zinc, *idem*,			
»	»	fournis, découpés, ajustés et soudés	2	1.00	2.00
618	80	Vis fer et rondelles plomb, *idem*..........	10	0.18	1.80
		Sur comble :			
		Soudure obligée sur zinc neuf.			
		A gauche................... 0.45			
		A droite................... 0.25			
		Au-dessus................. 3.50			
620	141	Linéaires............ 4.20	4.20	0.66	2.77
		Versant de gauche :			
		1 châssis en fer, à tabatière, fourni, peint, posé comme précédent, de 0.65 × 0.80, produit ; linéaires........................	2.90	5.84	16.94
»	»	Plus-value de jeu de poulie, *idem*........	1	»	2.00
»	»	Pentes à revers, fournies posées..........	2	0.52	1.04
»	»	Plus-value de contrepentes sur zinc.......	2	0.60	1.20
»	»	Besace zinc, *idem*, fournie..............	1	»	0.50
»	»	posée soudée...........	1	»	0.60
»	»	Gousset de tête, *idem*...................	1	»	0.28
»	»	Goussets................................	6	0.28	1.68
»	»	Angles.....................	6	0.15	0.90
		Soudure obligée sur zinc neuf :			
		Sur côtés 0.50 + 0.50 = ... 1.00			
		Au-dessus................... 1.50			
»	»	Ensemble............ 2.50	2.50	0.66	1.65
		Armature de hausse en zinc n° 14 pour fourniture.			
		2 fois 0.71 = ... 1.42			
		2 fois 0.86 = ... 1.72			
		Linéaires............ 3.14			
»	»	× 0.20 largeur réduite, produit surface......	0.63	4.15	2.61
»	»	Façon pose; linéaires.....................	3.14	1.25	3.92
»	»	Angles.................................	4	0.15	0.60
»	»	Brisure..................	1	»	0.15
»	»	Pattes cuivre.........................	10	0.20	2.00
»	»	Plus-value de clouage serré	3.14	0.34	1.07

NUMÉROS					
PAGES	SÉRIE				
»	»	Souche adossée, au fond.			
»	»	Pente plâtre, à revers, *idem*	1	»	0.52
»	»	Plus-value de contrepente sur zinc.........	1	»	0.60
»	»	Goussets...............................	3	0.28	0.84
»	»	Angles.................................	4	0.15	0.60
»	»	Brisure................................	1	»	0.15
»	»	Soudure obligée sur zinc neuf............	0.25	0.66	0.17
		(*Les bandes de solins comptées avec celles du mur de gauche*).			
		Total...................	»	»	3796f,66

Métré n° 15.

Couverture des terrassons en zinc par feuilles de 0^m,65, large, à tasseaux retournés et couvrejoints spéciaux formant coulisseaux. Faîtages et arêtiers en sapin de 0^m,080.

Les brisis sur rue et sur cour recouverts en ardoises d'Angers, fixées avec clous en cuivre rouge.

Les œils-de-bœuf en zinc estampé.

Les châssis de brisis raccordés avec bavettes en plomb au devant et derrières *idem*.

Les dessus des lucarnes en pierre recouverts en zinc.

Membrons, bois et zinc en tête de brisis, bagues saillantes et bavettes de filet en plomb et en zinc.

Sur rues : chéneaux zinc, au bas du premier brisis, avec auvents en ardoise au-devant, avec banquette zinc en égout. En tête de ce brisis, chéneau zinc, avec membron au-devant comme *idem*.

Sur cour : chéneaux en zinc avec encaissement en bois reposant sur fond bois et supports spéciaux, sur entablements recouverts en zinc à coulisseaux carrés, ces derniers recevant les pieds des supports ; face de socle en zinc et membron de couronnement à bagues saillantes ; au-dessus du chéneau et par le bas du brisis, banquette zinc à coulisseaux plats.

Les arêtiers comprenant tasseau évidé de 0^m,070 sur double voligeage avec bavettes zinc et plomb sur les côtés et arêtier zinc (*les bavettes plomb et zinc se raccordant avec celles du membron*).

Les noues en zinc reposant sur voligeage sapin avec, sur les côtés, tasseaux sapin de 0^m,055 formant encaissement, et bavettes zinc et plomb comme aux arêtiers.

Les châssis sur terrassons, sur costières armées en zinc. Aux souches ; bandes de solins en zinc à décrochements (*dites à crémaillère*), les dessus recouverts en zinc comprenant bavettes en auvent au pourtour et dessus mobiles, avec pattes en cuivre et collerettes en zinc pour recevoir les mitrons.

La rotonde recouverte en ardoise *idem* avec, par le bas, chéneaux à auvents faisant suite à ceux du premier brisis, œils-de-bœuf *idem*, arêtiers en zinc estampé à bavettes zinc et plomb sur les côtés et couronnement en zinc estampé.

L'écoulement des eaux des chéneaux obtenu au moyen de descentes spéciales déversant dans un caniveau sur le balcon du cinquième étage.

Ce dernier balcon recouvert en plomb avec caniveau côté du mur.

Le balcon du quatrième étage recouvert en plomb mais sans caniveau.

Sur cour, les bandeaux, bavettes de croisées et attiques recouverts en zinc.

Les murs mitoyens recouverts comme les souches de cheminées (*fig*. 338 à 340)..

Métré.

Couverture, en ardoises neuves d'Angers, fournie, posée, clouée sur volige neuve.

MÉTRÉ DE LA COUVERTURE.

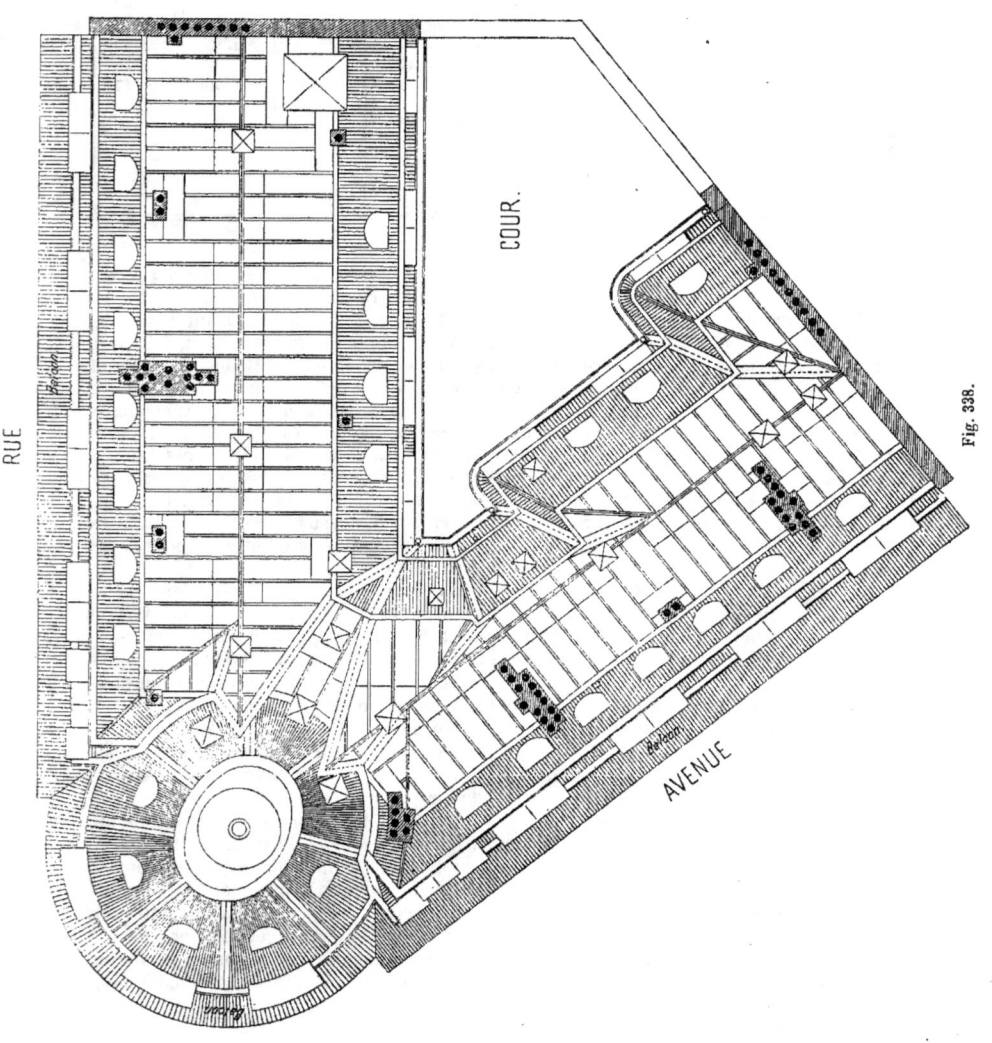

Fig. 338.

Fig. 339.

Fig. 340.

NUMÉROS PAGES	SERIE					

Sur avenue :

1ᵉʳ brisis :

Partant à droite..............	1.20	»	
1ᵉʳ entredeux................	1.95	»	
2ᵉ entredeux................	2.15	»	
3ᵉ entredeux................	2.15	»	
4ᵉ entredeux................	0.90	»	
Linéaires............	8.35	»	

× 1.32 hauteur (11 pureaux de 0.11), produit.......................... 11.02

En retour à gauche :

$\frac{0.25 \text{ et } 0.90}{2} = 0.58 \times 1.32$ hauteur,

produit........................... 0.77

2ᵉ brisis :

$\frac{18.20 \text{ et } 16.70}{2} = \ldots\ldots$ 17.45   »   »

En retour à gauche.... 1.25   »   »

Linéaires..... 18.70   »   »

× 2.42 hauteur (22 pureaux), produit.................... 46.25   »

Moins :

7 lucarnes de chaque 1.00× 1.30 réduit = 1.30			
Ensemble....	9.10	»	»
1 souche à droite de 0.40 × 1.00 produit......	0.40		
0.30 × 0.15 produit......	0.04		
Ensemble	0.44 = 0.44	»	»
1 souche milieu de 0.35 × 0.80 produit......	0.28		
0.26 × 0.60 produit......	0.16		
Ensemble	0.44 = 0.44	»	»
1 souche à gauche de 0.15 × 1.00 produit......	0.15		
0.50 × 1.60 produit......	0.80		
Ensemble	0.95 = 0.95	»	»
A déduire, ensemble...	10.93 = 10.93	»	
Reste surface..........	35.32 = 35.32		

MÉTRÉ DE LA COUVERTURE.

NUMÉROS PAGES	SÉRIE						

Sur rue :

1er brisis :

En retour à droite :

$\dfrac{0.25 \text{ et } 0.90}{2} =$ .... 0.58 »

1er entredeux.............	0.55	»
2e entredeux.............	2.40	»
3e entredeux.............	2.50	»
4e entredeux.............	2.50	»
A gauche............	1.75	»
Linéaires............	10.28	»

× 1.32 hauteur, produit.......... 13.57

2e brisis :

$\dfrac{19.15 \text{ et } 18.40}{2} =$ ... 18.78

à droite $\dfrac{1.05 \text{ et } 1.15}{2} =$ 1.10

Linéaires..... 19.88

× 2.42 hauteur (22 pureaux) produit.................... 48.11 »

Moins :

8 lucarnes *idem*
× 1.30 superficiel = . 10.40
1 souche milieu de
0.40 × 0.90 produit 0.36
0.95 × 0.10 = . 0.10

Ensemble.. 0.46 = 0.46 » »

A droite :

1 souche de
0.45 × 0.40 produit... 0.18 » »

A déduire.... 11.04 = 11.04

Reste............. 37.07 = 37.07

La rotonde comptée à part.

Sur cour :

1er brisis :

Partant à droite côté de face...................... 1.10
Entre lucarne et arêtier.... 0.70

(1) *Cette partie à simple courbure comptée pour sa longueur de base, la plus-value de circulaire sera demandée à l'article « raccords »*.................... » » Observation

NUMÉROS PAGES	SÉRIE						
		Entre arêtier et noue, en retour, *idem*................	0.40				
		Écoinçon entre noue et 2ᵉ lucarne $\frac{0.15\ \text{et}\ 0.35}{2} =$	0.25				
		Entre 2ᵉ et 3ᵉ lucarnes.....	2.20				
		Circulaires:					
		Entre 3ᵉ lucarne et arêtier..	0.40				
		En retour, entre arêtier et noue......................	0.30				
		A la suite :					
		Entre 2ᵉ et 3ᵉ noues $\frac{1.20\ \text{et}\ 1.70}{2} =$	1.45				
		Entre 3ᵉ et 4ᵉ noues $\frac{0.65\ \text{et}\ 1.05}{2} =$	0.85				
		A gauche:					
		Entre 4ᵉ noue et 4ᵉ lucarne, 1 écoinçon de $\frac{0.20 \times 2.75}{2}$ hauteur (25 pureaux), produit.	»	0.55			
		Entre 4ᵉ et 5ᵉ lucarnes......	1.15				
		Entre 5ᵉ et 6ᵉ lucarnes......	2.25				
		Entre 6ᵉ et 7ᵉ lucarnes......	2.35				
		Entre 7ᵉ lucarne et mur.....	0.35				
		Linéaires............	6.10				
		× 2.75 hauteur (25 pureaux), produit....................		16.78			
		2ᵉ brisis :					
		Grand versant de gauche :					
		$\frac{14.35\ \text{et}\ 15.35}{2} =$ .. 14.85					
		×. 2.86 hauteur (26 pureaux), produit....................	42.47	»			
		Moins :					
		Partant du fond :					
		1 vitrage de 1.55 × 0.50 produit	0.78	»	»		
		1 souche de 0.45 × 0.50 produit	0.23	»	»		
		4 œils-de-bœuf de chaque 1.00 × 1.00 réduit, produit, 1.00 Ensemble	4.00	»	»		
		1 souche de 0.40 × 0.60 produit	0.24	»	»		
		1 châssis de 0.60 × 0.80 produit	0.48	»	»		
		A déduire....	5.73 = 5.73	»			
		Reste surface.........	36.74 = 36.74				

NUMÉROS				
PAGES	SÉRIE			

Pan coupé :

$\dfrac{0.75 \times 2.64}{2}$ hauteur (24 pureaux),

produit 0.99

A la suite :

Entre 3e et 4e noues :

$\dfrac{1.55 \text{ et } 2.50}{2} = 2.03 \times 2.86$

hauteur (26 pureaux), produit.. 5.81

Moins :

1 châssis de 0.50 × 0.80
produit 0.40

Reste surface........ 5.41 = 5.41

A la suite :

Entre 2e et 3e noues :

$\dfrac{1.82 \text{ et } 3.10}{2} = 2.46 \times 2.86$

hauteur (26 pureaux), produit.. 7.04

Moins :

2 châssis de chaque
0.50 × 0.80, produit.. 0.40
Ensemble 0.80

Reste surface........ 6.24 = 6.24

En retour :

Entre noue et arêtier :

0.80 × 2.42 hauteur (22 pureaux),
produit 1.94

Grand versant,

entre 2e arêtier et 1re noue :

6.05 × 2.86 hauteur (26 pureaux), produit.............. 17.30

Moins :

1 châssis *idem* ×. 0.40
2 œils-de-bœuf
idem × chaque 1.00 = 2.00

A déduire........ 2.40 = 2.40

Reste surface....... 14.90 = 14.90

En retour :

Entre noue et arêtier 1.43 × 2.53
hauteur (23 pureaux), produit...... 3.62

A droite :

$\dfrac{3.05 \text{ et } 2.30}{2} = 2.68 \times 2.86$ hauteur (26 pureaux), produit... 7.66

A *reporter*... 7.66

COUVERTURE ET PLOMBERIE.

NUMÉROS PAGES	SÉRIE				
		Report...... 7.66			
		Moins :			
		1 œil-de-bœuf			
		idem ×.......... 1.00			
		1 souche de			
		0.30 × 0.50 produit. 0.15			
		A déduire........ 1.15= 1.15			
		Reste surface..... 6.51= 6.51			
604	72	Ensemble surface............ 191.43	191.43	5.09	974.38
		Plus-value d'ardoise d'Angers fixée avec clous en cuivre rouge :			
605	85	Même surface.........................	191.43	0.22	42.11
		Chéneaux sur Cour			
		Comme aux figures 258 et 259.			
		Entablement :			
		Voligeage neuf en sapin de 0.018/0.22, fourni, posé, cloué, jointif.			
		Partant à droite............. 2.80			
		Circulaire en angle.......... 1.25 »			
		En retour............. » 1.03			
		A la suite............. » 5.60			
		Circulaire en angle.......... 0.88 »			
		En retour............. » 0.60			
		A la suite............. » 1.43			
		Pan coupé............. » 0.85			
		A gauche............. » 14.00			
		Circulaires, ensemble (A).... 2.13= 2.13			
		Plus-value de coupes circulaires à la			
Menuiserie 1897		scie à main.			
729	659-654	2 fois 2.13 réduit................ »	4.26	0.70	2.98
		Linéaires ; Ensemble (B)........ 28.48			
621	171	× 0.52 largeur produit surface.............	14.81	2.38	35.25
		Trous tamponnés dans l'entablement pour recevoir le clouage chevauché,			
		16 par mètre linéaire ; soit : 28.48 × 16			
642	206	Produit...............	455	0.16	72.80
		Bandes d'agrafe en zinc n° 14 pour fourniture (*partant à gauche*).			
		18.90 + 0.70 + 1.25 + 0.50 = 21.35			
		En angle (*circulaire*). 1.00 »			
		A la suite :			
		5.50 + 0.95 = ... » 6.45			
		En angle (*circulaire*). 1.35			
		A la suite.. » 2.80			
		Circulaires.. 2.35= 2.35			
		Ensemble....... 32.95			
615	23	× 0.10 largeur, produit surface.............	3.30	4.15	13.70

MÉTRÉ DE LA COUVERTURE.

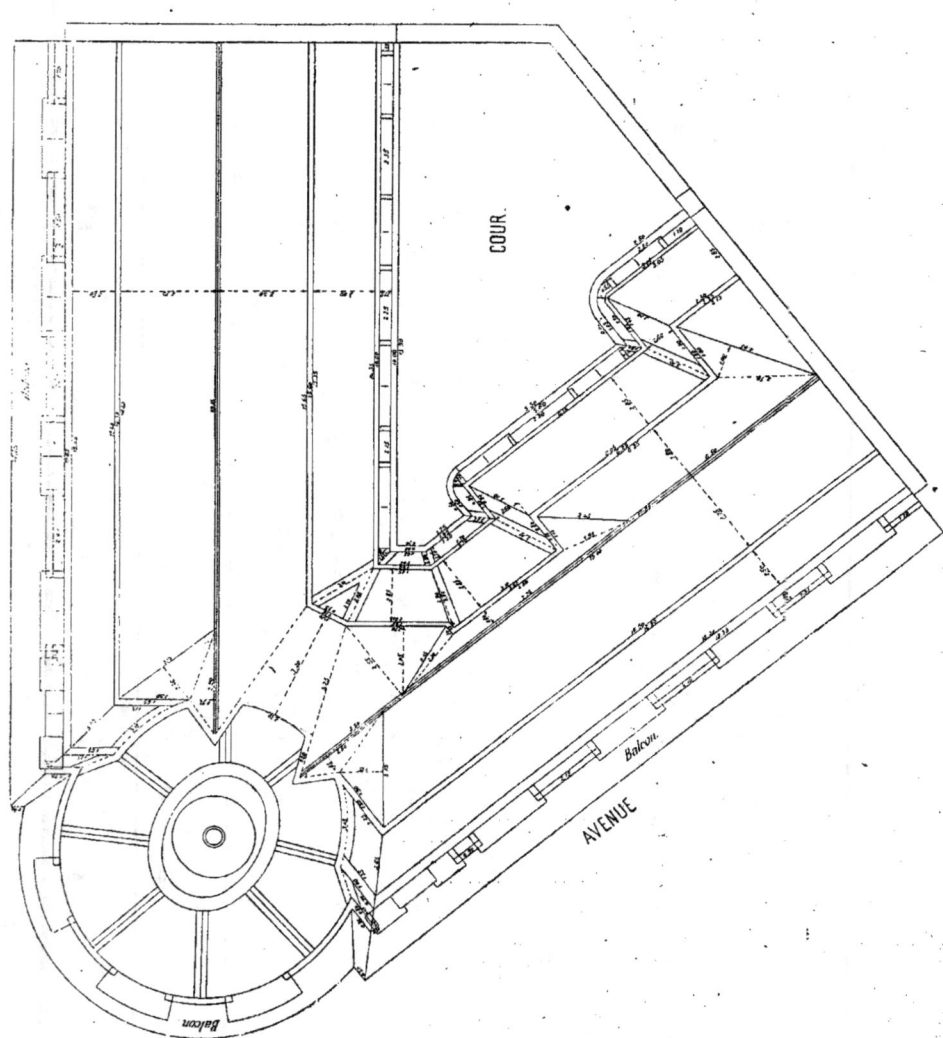

Fig. 341.

COUVERTURE ET PLOMBERIE.

NUMÉROS PAGES	SÉRIE				
		Façon, pose; linéaires............ 32.95			
		Plus-value de circulaires (*en plan*), au double..................... 2.35			
616	25	Ensemble............ 35.30	35.30	0.25	8.82
»	35	Plus-value de pliure comme relief........	35.30	0.04	1.41
		Bandes de recouvrement en zinc n° 14 pour fourniture ;			
		Linéaires *idem* (B).			
		Droites............... 26.35			
		Circulaires............. 2.13			
		Coulisseaux carrés (*par bouts de 1 mètre*).................. 32 »			
		× 0.50 courant, produit............ 16.00			
		Équerres.................. 4 »			
		× 0.20 courant, produit............ 0.80			
		Têtes................... 2 »			
		× 0.15 courant, produit............ 0.30			
		Linéaires................. 45.58			
		× 1.00 largeur développée, produit surface..	45.58	4.15	189.16
		Façon, pose; linéaires............ 45.58			
		Plus-value de circulaires *idem*..... 2.13			
»	34	Plus-value de façon 1/10 × 28.48 = 2.85			
		Ensemble............ 50.56	50.56	1.65	83.42
		Chéneau :			
		Supports spéciaux en fer forgé de 0.035 × 0.007 façonnés de 1.55 développé, à pied portant sur les coulisseaux carrés de l'entablement ; fournis et posés avec vis fournies compris entailles pour pénétration dans la banquette ;			
Serrurerie 1897 424	642-643	Ensemble............	32	7.49	239.68
		Fond en sapin de 0.027 épaisseur fourni posé (*sur coyaux*) rainé :			
Menuiserie 1897 705	100	Linéaires *idem* (B)....... 28.48			
		× 0.38 largeur, produit surface............	10.82	4.15	44.90
»	»	Coupes circulaires *idem*...............	4.26	0.70	2.98
		Coyaux en sapin de 0.034 coupés de longueur, chanfreinés, réglés de pente :			
»	»	Fournis...............	32	0.50	16.00
608	167	Posés fixés sur les supports............	32	0.33	10.56
Serrurerie 1897 455	1825	Vis à bois fournies de 0.040, 32 fois 2 = ...	64	0.055	3.52
436	1075	Percements sur fer pour passage des vis...	64	0.08	5.12
		Pattes en cuivre rouge étamé fournies, posées, soudées sur coulisseaux carrés, agrafant le pied			
»	»	du support : Ensemble...............	32	0.30	9.60
		Planches de socle en sapin de 0.034 épaisseur × 0.28 large fournies, posées au-devant des supports : Linéaires............ 28.48			
		Circulaires ployées au moyen de traits de scie 1/5 × 2.13............ 0.43			-
		Ensemble................. 28.91			
Menuiserie 705	101	× 0.28 large, produit. Surface....................	8.09	5.30	42.88

MÉTRÉ DE LA COUVERTURE.

NUMÉROS PAGES	SÉRIE					
Serrurerie idem 436	1077	Percements de 0.014 sur fer (*double épaisseur*) 32 fois 2..........................		64	0.12	7.68
455	1826	Vis à bois de 0.045, fournies............		64	0.063	4.03
Menuiserie idem 730	683-686	Entailles de 0.28 à bois de travers non arrêtées, pour pénétration des supports........		32	0.21	6.72
		Sur les côtés du chéneau :				
		Chanlattes en sapin de 0.054 fournies, posées, clouées.				
		2 fois 28.48 réduit................	56.96			
		Coupes et assemblages d'onglets :				
		2 fois 4.......................	8			
		✕ 0.12 courant...................	0.96			
»	»	Linéaires	57.92	57.92	0.62	35.91
		Chéneau en zinc n° 16 pour fourniture :				
		Mêmes linéaires que (B)..........	28.48			
		Plus :				
		Croisures	10			
		✕ 0.05 courant..................	0.50			
		Equerres.....................	4			
		✕ 0.20 courant..................	0.80			
		Têtes.......................	2			
		✕ 0.15 courant..................	0.30			
		Linéaires	30.08			
»	»	✕ 0.80 largeur développée, produit, surface.		24.06	5.46	131.37
		Façon, pose ; linéaires............	30.08			
		Plus-value de circulaires.........	2.13			
619	107	Ensemble...................	32.21	32.21	1.95	62.81
		Sur les côtés :				
		Mains d'arrêt en zinc *idem* fournies, posées, clouées.				
»	»	2 fois 75.....................		150	0.15	22.50
		Socle :				
		Sur la face ; bandes de recouvrements en zinc n° 14 pour fourniture ;				
		Mêmes linéaires que (B)..........	28.48			
		Plus :				
		Coulisseaux plats.............	32			
		✕ 0.20 courant = ...	6.40			
		Equerres.....................	4 »			
		✕ 0.20 courant..................	0.80			
		Têtes.......................	2 »			
		✕ 0.15 courant..................	0.30			
		Linéaires............	35.98			
»	»	✕ 0.33 largeur développée, produit. Surface...................		11.87	4.15	49.16
		Façon pose ; linéaires............	35.98			
		Plus-value de circulaires..........	2.13			
		Plus-value de façon *idem*.				
		1/10 ✕ 28.48 = ...	2.85			
616	33	Linéaires............	40.96	40.96	1.48	60.62

NUMÉROS PAGES	SÉRIE				
620	132	Pattes d'agrafe en cuivre rouge *idem* fournies, posées, soudées sur coulisseaux carrés. Ensemble		32	0.20	6.40
		(*Les pattes en zinc agrafant la partie supérieure sont dûes*).			
		Couronnement :			
		Membron de socle en sapin de 0.05/0.041, fourni, posé, cloué.			
		Linéaires *idem* (B).... 28.48			
		Plus-value pour circulaire au moyen de traits de scie.			
		1/5 × 2.13 = ... 0.43			
620	123	Ensemble............ 28.91	28.91	0.80	23.13
		Couronnement en zinc n° 14 pour fourniture.			
		Linéaires *idem* (B).... 28.48			
		Equerres................. 4 »			
		× 0.20 courant = ... 0.80			
		Têtes................. 2 »			
		× 0.15 courant = ... 0.30			
		Linéaires (C)......... 29.58			
»	»	× 0.33 largeur développée, produit.			
		Surface...................	9.76	4.15	40.50
		Façon, pose ; linéaires *idem* que (C) = ... 29.58			
		Plus-value de circulaires......... 2.13			
		Plus-value de façon par bouts de 1 mètre ; 1/10 × 28.48......... 2.85			
»	»	Ensemble............ 34.56	34.56	1.48	51.14
		Plus-value de moulures :			
616	38	1 courbe................. 0.15			
	37	1 pince 0.06			
		Ensemble............ 0.21			
		Linéaires.................	34.56	0.21	7.26
		Bagues saillantes en zinc estampé, à jouées, découpées suivant profil, rapportées et soudées.			
»	»	Fournies.......................	32	1.98	63.36
»	»	Posées, soudées.................	32	0.60	19.20
		Pattes d'agrafe en cuivre rouge *idem*.			
		2 fois 75 = ...	150	0.20	30.00
		Banquette par le bas du Brisis.			
		Chanlattes en sapin neuf refait assemblé à entailles avec montage à 20 mètres de 0.90 épaisseur × 0.130 largeur ;			
		Fournies, posées, clouées.			
		(*Partant à droite*)............... 2.80			
		Circulaire, en angle, 2 fois 0.60 =...................... 1.20 »			
		En retour................. » 1.15			
		A la suite................. » 5.70			
		Circulaire en angle.......... 0.75 »			

MÉTRÉ DE LA COUVERTURE.

NUMÉROS PAGES	SÉRIE					
		En retour................ » 0.70				
		A la suite................ » 1.65				
		Pan coupé................ » 1.05				
		A gauche................ » 14.10				
		Circulaires...... 1.95 = 27.15				
		Ensemble (D)..... 29.10				
		Soit :				
		Parties droites ;				
		2.715 × 0.09 × 0.13 produit cube (*a*). 0.318				
		Parties circulaires, en angles				
Char 309	pente 129-115	1.95 × 0.09 × 0.25 (*dont* 0.13 *de base et* 0.12 *de flèche*) produit cube (*b*).... 0.044				
314	252-253	Ensemble.................. 0.362	0.362	173.68	62.87	
309	131	Plus-value de sapin refait de faible équarrissage (*a*)................................	0.318	10.56	3.36	
		Sciages faces sur sapin pour débillardement (*b*)........................... 0.044				
314	160	0/0 0/0 pours circulaire........... 0.044				
		Ensemble.................. 0.088	0.088	13.50	1.19	
		Bande de recouvrement en zinc nº 14 pour fourniture.				
		Linéaires *idem* que (D)........ 29.10				
		Équerres.................. 4 »				
		× 0.20 courant = ... 0.80				
		Têtes..................... 2				
		× 0.15 courant = ... 0.30				
		Coulisseaux............... 32				
		× 0.20 courant = ... 6.40				
		Ensemble.................. 36.60				
		× 0.40 largeur développée, produit surface..	14.64	4.15	60.83	
		Façon, pose ; linéaires............ 36.60				
		Plus-value de circulaires.......... 1.95				
		Plus-value de façon par bouts de 1 mètre ; 1/10 × 29.05 = ... 2.90				
616	33	Ensemble.................. 41.45	41.45	1.48	61.45	
»	»	Aux coulisseaux ; 1 brisure façonnée soudée ; ensemble.................................	32	0.15	4.80	
»	»	Pattes d'agrafe en cuivre *idem*............	70	0.20	14.00	
		Doublis d'une ardoise neuve *idem*, fournie, posée avec clous en cuivre rouge.				
		(*Partant à droite*)............... 1.10				
		Circulaire, en angle				
		0.60 + 0.50 = ... 1.10 »				
		En retour................. » 0.90				
		Entre 1ʳᵉ noue et 2ᵉ lucarne... » 0.15				
		Entre 2ᵉ et 3ᵉ lucarnes....... » 2.20				
		Circulaire, en angle.......... 0.75 »				
		En retour................. » 0.55				
		A la suite :				
		Entre 2ᵉ et 3ᵉ noues.......... » 1.20				
		Entre 3ᵉ et 4ᵉ noues.......... » 0.65				
		A reporter...... 185 7.80				

NUMÉROS					
PAGES	SÉRIE				
		Report............... 1.85 7.80			
		A gauche :			
		Entre 4ᵉ noue et 4ᵉ lucarne... » 0.10			
		Entre 4ᵉ et 5ᵉ lucarnes....... » 1.15			
		Entre 5ᵉ et 6ᵉ lucarnes....... » 2.25			
		Entre 6ᵉ et 7ᵉ lucarnes....... » 2.35			
		Entre 7ᵉ lucarne et mur...... » 0.35			
		Circulaires.... 1.85=1.85			
com	posé	Ensemble..... 9.90	9.90	0.67	6.63
		Plus-value de doublis circulaires, 1 pièce (comprenant 2 *tranchis biais sur côtés d'ardoise*.			
idem		Linéaires................	1.85	1.05	1.94
		Tranchis circulaires pour la 2ᵉ pièce du doublis (*comptée dans la surface d'ardoise*).			
idem		Linéaires................	1.85	1.40	2.59
610	227	Parements plâtre *idem*................	9.90	0.40	3.96
		1 rive à droite :			
611	238	Tranchis droits sur ardoise neuve.........	2.75	0.43	1.18
609	176	Dévirures *idem*.....................	2.75	0.38	1.05
		12 noquets droits en zinc n° 14, pour fourniture; de chaque 0.30 × 0.25, produit. 0.075			
»	»	Ensemble................	0.90	4.15	3.74
620	127	Façon, pose desdits..................	12	0.15	1.80
		Bandes de solins en zinc n° 14, pour fourniture.			
		Au droit de chéneau et banquette ; 0.50+0.45+ 0.05 + 0.25 =......... 1.25			
		Rampant........................ 2.75			
		Linéaires........... 4.00			
»	»	× 1.10 largeur, produit surface............	0.40	4.15	1.66
616	28	Façon, pose..................	4.00	0.57	2.28
617	64	Angles.....................	4	0.15	0.60
»	»	Pattes cuivre en plus-value *idem*........	15	0.20	3.00
»	»	1 amortissement d'about comme gousset...	1	»	0.28
620	140	Solins plâtre sur zinc, *idem*.............	4.00	0.72	2.88
		1ʳᵉ lucarne :			
		En raccord de banquette :			
617	65	Goussets.........................	2	0.28	0.56
»	64	Angles............................	2	0.15	0.30
		Appui (*fig*. 342 et 343) :			

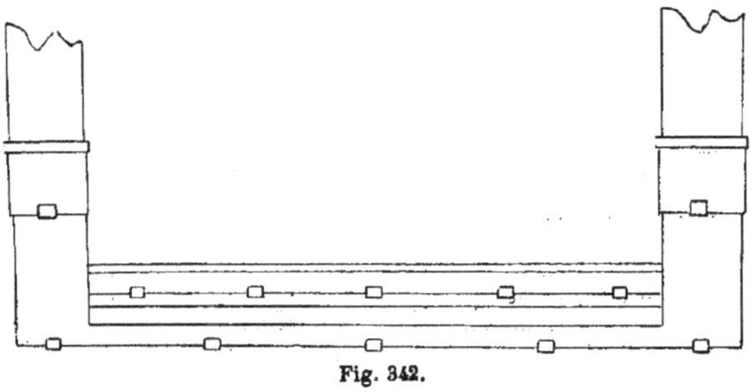

N° 7.

N° 1.

Fig. 342.

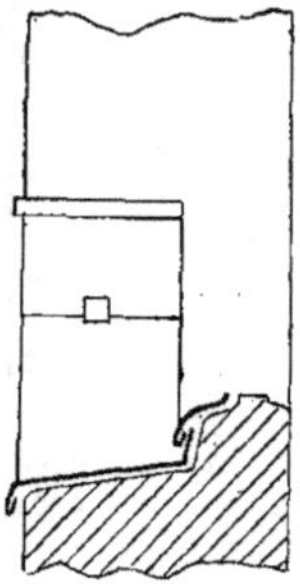

MÉTRÉ DE LA COUVERTURE. 299

Fig. 343.

NUMÉROS PAGES	SÉRIE				
N° 1.					
»	»	Recouvrement en zinc n° 14, pour fourniture.			
		Linéaires.......... 1.65			
		Têtes............... 2 »			
		× 0.15 courant......... 0.30			
		Ensemble........... 1.95			
		× 0.25 largeur développée, produit surface..	0.49	4.15	2.05
		Façon, pose........ 1.95			
		Plus-value de 1/10 pour longueur précise........ 0.20			
616	32	Ensemble........... 2.15	2.15	1.25	2.69
»	»	Pattes cuivre au larmier..........	5	0.20	1.00
»	»	Angles....................	4	0.15	0.60
		Sur jet d'eau :			
		Recouvrement en zinc idem pour fourniture;			
		Linéaires....... 1.25			
»	»	× 0.07 largeur, produit surface...........	0.09	4.15	0.37
		Façon-pose.......... 1.25			
		Plus-value de 1/10 idem......... 0.13			
616	31	Ensemble........... 1.38	1.38	1.10	1.52
»	»	Collets dégorgés, circulaires sur zinc.......	2	0.40	0.80
»	»	Pattes cuivre idem.................	5	0.20	1.00
616	52	Plus-value de clouage serré, à piston......	1.25	0.34	0.43
621	167	Tube de buée fourni façonné, ajusté, soudé.	1	»	1.00
		Aux poteaux :			
		Manchettes en zinc idem pour fourniture ; 2 fois 0.30............ 0.60			
»	»	× 0.16 largeur, produit surface...........	0.10	4.15	0.42
		Façon pose idem............ 0.60			
		Plus-value de 1/10............ 0.06			
616	32	Ensemble........... 0.66	0.66	1.25	0.83
»	»	Pattes cuivre ; 2 fois 3 = ...	6	0.20	1.20
		Bandes d'encadrement en zinc idem pour fourniture; 2 fois 0.30 = 0.60 × 0.06 large			
»	»	produit surface.........................	0.04	4.15	0.17

COUVERTURE ET PLOMBERIE.

NUMÉROS PAGES	SÉRIE				
»	»	Façon pose...............	0.60	0.57	0.34
»	»	Clouage espacé...........	0.60	0.34	0.20
»	»	Angles...................	2	0.15	0.30
		Sur côtés :			
611	238	Tranchis droits sur ardoise ; 2 fois 2.35 =	4.70	0.43	2.02
609	176	Devirures *idem*...........	4.70	0.38	1.79
		Noquets droits en zinc *idem* pour fourniture ; 2 fois 10........... 20			
»	»	× chaque 0.075 superficiel, produit........	1.50	4.15	6.22
»	»	Façon pose...............	20	0.15	3.00
		En raccords de capucines :			
		Zinc n° 14 pour fourniture ;			
		2 noquets de chaque			
		0.24 × 0.12 produit............... 0.06			
		2 alaises de chaque			
		0.18 × 0.10 produit............... 0.04			
»	»	Surface............ 0.10	0.10	4.15	0.42
		Façon pose de noquets en zinc découpés à			
»	»	alaises rapportées soudées.................	2	1.50	3.00
»	»	Pattes cuivre ; 2 fois 2 = ...	4	0.20	0.80
616	51	Pistonnage serré ; 2 fois 0.18 = ...	0.36	0.70	0.25
		Bandes de solins en zinc *idem* pour fourniture ; 2 fois 2.35 = ... 4.70			
»	»	× 0.08 large, produit surface............	0.38	4.15	1.58
»	28	Façon pose ; linéaires............	4.70	0.57	2.68
»	»	2 amortissements d'abouts ; en goussets....	2	0.28	0.56
»	»	Pattes cuivre *idem* ; 2 fois 8 = ...	16	0.20	3.20
		Bandes d'encadrement en zinc *idem* pour fourniture ;			
		Mêmes linéaires 4.70			
»	»	× 0.06 large, produit............	0.28	4.15	1.16
»	»	Façon pose...............	4.70	0.57	2.68
»	»	Angles...............	2	0.45	0.30
»	»	Clouage espacé *idem*............	4.70	0.34	1.60
		Dessus (*fig.* 344 et 345) :			

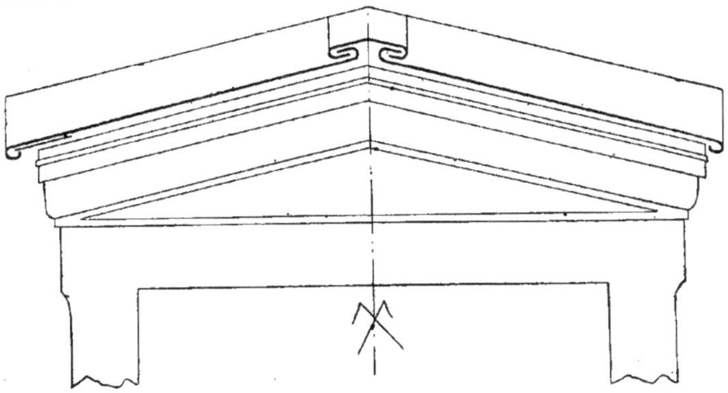

Fig. 344.

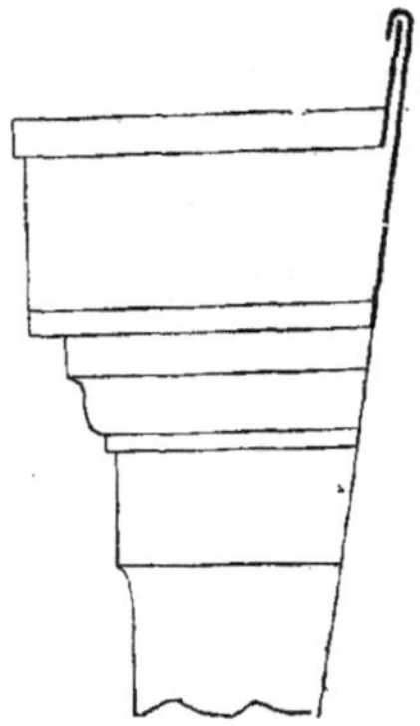

MÉTRÉ DE LA COUVERTURE.

Fig. 345.

N°	PAGES	SÉRIE					
N 1.	621	170	Voligeage neuf en sapin de 0.013 jointif, *idem*. 2 fois 1.00 × 0.50 produit........ 1.00 Sur brisis : 2 fois 0.25 réduit × 0.11 produit.. 0.06 Surface.................... 1.06	1.06	2.05	2.17
	»	»	Bandes d'agrafe en zinc *idem* pour fourniture. 2 fois 1.00 = ... 2.00 2 fois 0.50 = ... 1.00 Linéaires............ 3.00			
	»	»	× 0.10 large, produit surface............	0.30	4.15	1.25
	»	»	Façon, pose ; linéaires................	3.00	0.25	0.75
			Bandes de recouvrement en zinc *idem* pour fourniture. 2 fois 1.06 = ... 2.12 1 coulisseau de faîte × .... 0.20 Linéaires........... 2.32			
	»	»	× 0.70 large, produit surface............	1.62	4.15	6.72
			Façon pose ; linéaires............ 2.32 Plus-value de 1/10 *idem*........ 0.21			
	616	34	Ensemble.............. 2.53	2.53	1.65	4.17
	»	»	Onglets............................	3	0.20	0.60
	»	»	Brisure soudée au coulisseau............	1	»	0.15
			Tranchis biais sur ardoise *idem*.			
	611	238	2 fois 0.35.......................	0.70	0.70	0.49
			Tranchis moulurés sur ardoise *idem* au droit des capucines.			
	»	»	2 fois 0.50 développé............	1.00	»	2.80
	610	227	Parements *idem*....................	1.70	0.40	0.68

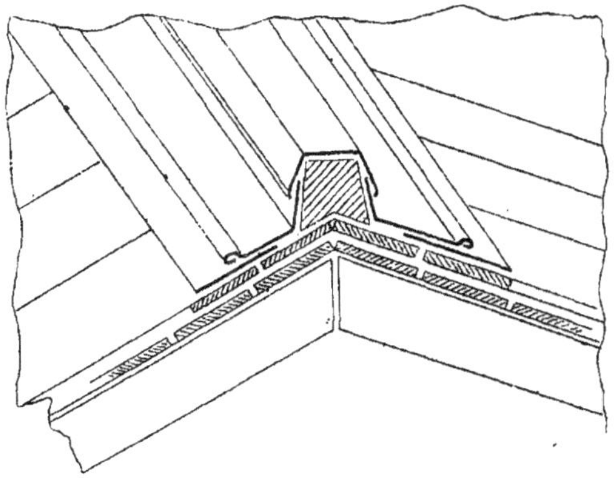

Fig. 346.

1ᵉʳ Arêtier (*fig.* 346) :

NUMÉROS PAGES	SÉRIE				
Composé		Plus value d'ardoise posée sur partie circulaire comprenant traits de scie sur voligeage avec pose sur diagonale et tranchis biais sur ardoise. Ensemble 1.15 × 2.75 produit surface.....		3.16	8.14	25.72
»	»	Arêtier en sapin de 0.070 fourni, posé, cloué.		3.00	0.75	2.25
		Voligeage dessous, sapin *idem*. 2.75 × 0.22 produit.............	0.61			
		Pour double épaisseur :				
		Même surface...................	0.61			
621	170	Ensemble...................	1.22	1.22	2.05	2.50
		Tranchis biais sur ardoise *idem*.				
»	»	2 fois 2.75....................		5.50	0.70	3.85
609	176	Dévirures *idem*.....................		5.50	0.38	2.09
		Alaises en plomb neuf de 0.0015 épaisseur, pour fourniture.				
		2 fois 2.75 = ...	5.50			
		× 0.15 large, produit surface........	0.83			
622	1	× 17ᵏ le mètre : Pesant............		14ᵏ.110	0.42	5.93
»	9	Façon, pose : Pesant...............		14ᵏ.110	0.15	2.12
»	17	Bandelettes de clouage en zinc fournies posées.............................		5.50	0.33	1.82
616	52	Clouage espacé *idem*		5.50	0.34	1.87
		Bavettes en zinc n° 14 pour fourniture. 2 fois 2.90 = ...	5.80			
»	»	× 0 16 large, produit surface............		0.93	4.15	3.86
616	32	Façon, pose ; lineaires................		5.80	1.25	7.25
»	»	Talons d'ourlets		2	0.20	0.40
618	79	Contre-talons d'arêtier, en zinc..........		2	0.20	0.40
»	»	Pattes cuivre *idem* ; 2 fois 10 = ...		20	0.20	4.00

N° 2.

MÉTRÉ DE LA COUVERTURE.

N° 2.

NUMÉROS PAGES	SÉRIE	Désignation			
»	»	Couvre-joint d'arêtier en zinc *idem* pour fourniture...... 3.00 Croisures............ 3 » × 0.05 =............ 0.15 Linéaires............ 3.15 × 0.14 large, produit surface............	0.44	4.15	1.83
»	»	Façon, pose ; linéaires............	3.15	0.28	0.88
618	77	Talon zinc............	1	»	0.25
»	»	Pattes cuivre aux croisures............	3	0.20	0.60
»	»	1 embranchement façonné, soudé sur membron en zinc ; en angles............	6	0.15	0.90

1re noue encaissée. (*fig.* 347).

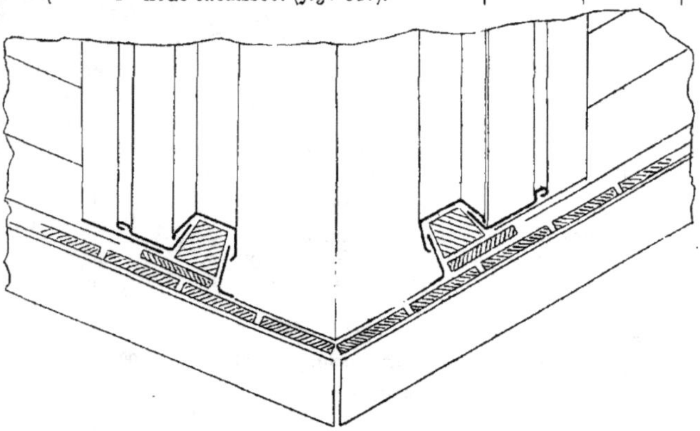

Fig. 347.

N° 3.

»	»	Voligeage neuf en sapin *idem*. 2 fois 2.75 = 5.50 × 0.33 large, produit surface............ 1.82 Sur côtés ; En double épaisseur 2 fois 2.75 = 5.50 × 0.11 produit. 0.61 Ensemble............ 2.43	2.43	2.05	4.98
621	150	Tasseaux neufs en sapin de 0.055 fournis posés *idem* : 2 fois 3.00 =............	6.00	0.38	2.28
»	»	Noue en zinc n° 14 pour fourniture ; Linéaires............ 3.00 Plus : 1 agrafure simple × .... 0.04 1 agrafure double × .... 0.12 1 relief en tête × .... 0.08 Ensemble............ 3.24 × 0.50 largeur, produit surface............	1.62	4.15	6.72
616	33	Façon, pose : comme bande de recouvrement : Linéaires............	3.24	1.48	4.80

NUMÉROS PAGES	SÉRIE				
		Par le bas :			
»	»	Gousset de brisure....................	1	»	0.28
»	»	Contre-talons, comme d'arêtiers..........	2	0.20	0.40
		En tête :			
»	»	Angles................................	2	0.15	0.30
»	»	Brisure...............................	1	»	0.15
		Sur côtés :			
		Tranchis biais sur ardoises *idem*.			
611	238	2 fois 2.80 = ...	5.60	0.70	3.92
609	176	Dévirures *idem*......................	5.60	0.38	2.13
		Alaises en plomb neuf de 0.0015 épaisseur, pour fourniture.			
		2 fois 2.80 = ... 5.60			
		× 0.15 large, produit......... 0.84 ×			
622	1	17^k le mètre ; pesant......................	14^k.280	0.42	6.00
»	9	Façon pose : pesant..................	14^k.280	0.15	2.14
»	17	Bandelettes de clouage en zinc *idem*......	5.60	0.33	1.85
616	52	Clouage espacé.......................	5.60	0.34	1.91
		Bavettes en zinc *idem*, pour fourniture.			
		2 fois 2.95 = ... 5.90			
»	»	× 0.16 large, produit surface..............	0.94	4.15	3.90
»	32	Façon pose ; linéaires.................	5.90	1.25	7.38
»	»	Talons d'ourlets......................	2	0.20	0.40
»	»	Contre-talons, comme d'arêtiers..........	2	0.20	0.40
»	»	Pattes cuivre ; 2 fois 10 = ...	20	0.20	4.00
		Couvre-joint zinc n° 14, pour fourniture.			
		2 fois 3.00 = ... 6.00			
		Plus croisures............ 6 »			
		× 0.05 = ... 0.30			
		Ensemble.............. 6.30			
»	»	× 0.10 large, produit surface.............	0.63	4.15	2.61
»	»	Façon pose	6.30	0.20	1.26
618	76	Talons zinc, *idem*......................	2	0.20	0.40
»	»	2 embranchements façonnés, soudés sur membron, pour chaque 6 angles = ...	12	0.15	1.80
»	»	Pattes cuivre aux croisures.............	6	0.20	1.20
		Les 2e et 3e lucarnes ;			
»	»	Semblables à celle accoladée n° 1.......	2	66.82	133.64
		Le 2e arétier ;			
»	»	Semblable à celui accoladé n° 2........	1	»	42.80
		Plus-value d'ardoise sur partie circulaire *idem* ;			
Com	posé	0.75 × 2.75 produit surface...............	2.06	8.14	16.77
		Les 2e, 3e et 4e noues.			
»	»	Semblables à celle accoladée n°3..........	3	61.21	183.63

MÉTRÉ DE LA COUVERTURE. 305

2 ventilateurs.

Détail d'un (*fig.* 348) :

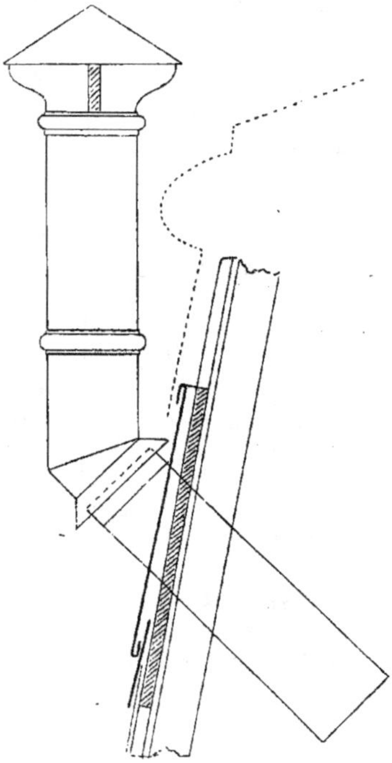

Fig. 348.

PAGES	SÉRIE				
		Recouvrement en zinc *idem* pour fourniture.................... 0.80			
»	»	× 0.50 large, produit surface...............	0.40	4.15	1.66
616	33	Façon, pose ; linéaires..................	0.80	1.48	1.18
»	»	Pattes cuivre......................	2	0.20	0.40
		Voligeage sapin *idem* dessous			
»	»	0.80 × 0.44 produit.................	0.35	2.05	0.71
		Percement circulaire de 0.26 de diamètre sur ledit................................	1	»	0.80
		Au devant :			
610	210	Filet sur ardoise neuve...............	0.75	0.90	0.68
		Bavette en plomb neuf de 0.0015 épaisseur, pour fourniture........... 0.75 × 0.15 large, produit surface 0.11 × 17ᵏ le			
622	1	mètre : pesant.....................	1ᵏ.870	0.42	0.79
»	9	Façon, pose : pesant.................	1ᵏ.870	0.15	0.28

Sciences générales.   COUVERTURE ET PLOMBERIE. — TOME II. — 20.

	NUMÉROS PAGES	SÉRIE					
	»	17	Bandelette de clouage zinc *idem*.........		0.75	0.33	0.25
	616	52	Clouage espacé *idem*....................		0.75	0.34	0.26
			Sur les côtés :				
			Tranchis droits sur ardoise *idem*.				
	611	238	2 fois 0.68 =.....................		1.36	0.43	0.58
	610	227	Parements *idem*.......................		1.36	0.40	0.54
			En tête :				
	»	»	Doublis de 1 ardoise *idem*...............		0.40	0.67	0.27
	»	»	Tranchis biais ; 2 fois 0.15 =............		0.30	0.70	0.21
	»	»	Parement *idem*........................		0.70	0.40	0.28
N° 4.			Tuyau ventilateur de 0.25 de diamètre, en zinc n° 16 pour fourniture.				
			Manchon......................	1.00			
			1 embranchement pour............	0.40			
			1 collerette de....................	0.08			
			Plus-value de ladite	0.50			
			Tuyau 1.00 + 0.17................	1.17			
			Plus-value de coude	0.15			
			Bagues..................... 2				
			De 0.10 développé =.............	0.20			
			Plus-value desdites........... 2				
			× 0.20 courant =...................	0.40			
			1 chapeau conique en zinc *idem* monté sur supports en zinc doublé ; pour.....	1.50			
			(2) (*Cette évaluation correspond exactement à la valeur du chapeau obtenue par les sous-détails*).......	»	Obser	vation	
			Linéaires...................	5.40			
	621	157	× 0.80 développé, produit surface.........		4.32	5.46	23.59
			Façon, pose ; linéaires...................		5.40	1.91	10.31
			Le 2° ventilateur :				
	»	»	Semblable à celui accolade n° 4...........		1	»	42.79
			4° lucarne à 2 baies :				
			En raccord de banquette.				
	617	65	Goussets.....................		2	0.28	0.56
	»	64	Angles.......................		2	0.15	0.30
N° 6.			2 appuis (*fig.* 349) :				
			Recouvrements en zinc n° 14 pour fourniture				
			2 fois 1.20 = ...	2.40			
			Têtes....................... 4	»			
			× 0.15 courant = ...	0.60			
			Linéaires.............	3.00			
	»	»	× 0.25 largeur, produit surface............		0.75	4.15	3.11
			Façon, pose....................	3.00			
			Plus-value de 1.10 *idem*..........	0.24			
	616	32	Ensemble............	3.24	3.24	1.25	4.05
	620	131	Pattes cuivre ; 2 fois 5 = ...		10	0.20	2.00
	»	»	Angles...........................		8	0.15	1.20

MÉTRÉ DE LA COUVERTURE.

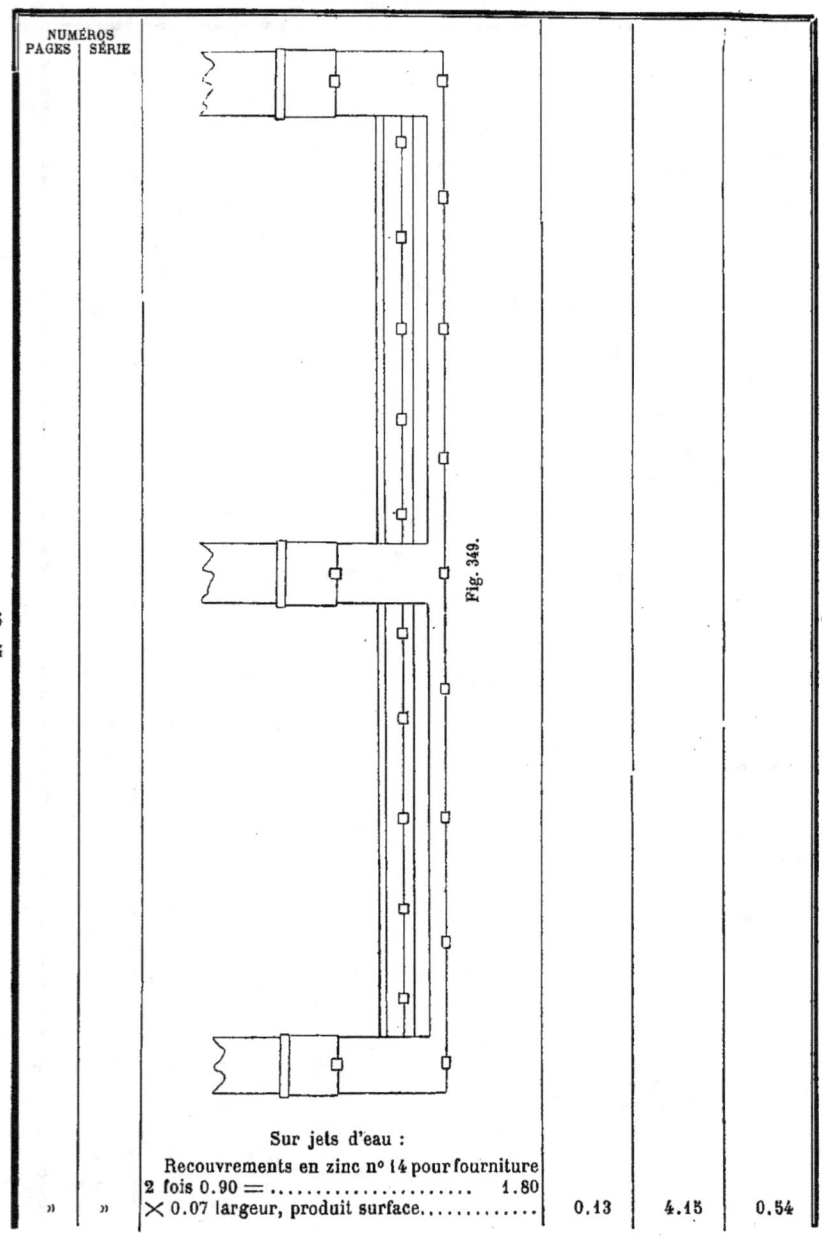

Fig. 349.

N°			Sur jets d'eau : Recouvrements en zinc n° 14 pour fourniture 2 fois 0.90 = ... 1.80 × 0.07 largeur, produit surface............	0.13	4.15	0.54
N° 6.	»	»				

COUVERTURE ET PLOMBERIE.

NUMÉROS PAGES	SÉRIE				
		Façon, pose...................... 1.80			
		Plus-value de 1/10 *idem*........... 0.18			
616	31	Ensemble............. 1.98	1.98	1.10	2.18
»	»	Collets circulaires dégorgés sur zinc.......	4	0.40	1.60
»	»	Pattes cuivre ; 2 fois 4 = ...	8	0.20	1.60
»	»	Plus-value de clouage serré................	1.80	0.34	0.61
»	»	Tube de buée *idem*......................	1	»	1.00
		Aux poteaux :			
		Manchettes en zinc *idem* pour fourniture			
		Côtés ; 2 fois 0.30 =.............. 0.60			
		Milieu ; 1 fois..................... 0.40			
		Linéaires............. 1.00			
»	»	× 0.16 largeur, produit surface............	0.16	4.15	0.66
		Façon, pose ; linéaires............. 1.00			
		Plus-value de 1/10 *idem*........... 0.10			
616	32	Ensemble............. 1.10	1.10	1.25	1.38
»	»	Pattes cuivre ; 3 fois 3 = ...	9	0.20	1.80
		Bandes d'encadrement en zinc *idem* pour fourniture.			
		2 fois 0.30 = ... 0.60			
		1 fois............................ 0.40			
		Ensemble............. 1.00			
»	»	× 0.06 large, produit......................	0.06	4.15	0.25
»	»	Façon, pose...............................	1.00	»	0.57
»	»	Clouage espacé	1.00	»	0.34
»	»	Angles....................................	4	0.15	0.60
		2 jouées comme celles accoladées n° 5.....	1	»	31.26
		Dessus :			
		Voligeage neuf en sapin de 0.013 × 0.11 fourni, posé, cloué, jointif :			
		2 fois 1.22 = ... 2.44			
		× 0.50 large, produit............... 1.22			
		Sur brisis :			
		2 fois 0.35 réduit = ... 0.70 »			
		× 0.11, produit.................... 0.08			
621	170	Surface.............. 1.30	1.30	2.05	2.67
		Bandes d'agrafe en zinc *idem* pour fourniture.			
		2 fois 1.27 = ... 2.54			
		2 fois 0.50 = ... 1.00			
		Linéaires.................. 3.54			
»	»	× 0.10, produit. Surface..................	0.35	4.15	1.45
616	25	Façon, pose.............................	3.54	0.25	0.89
		Bandes de recouvrement en zinc n° 14 pour fourniture.			
		2 fois 1.33 = ... 2.66			
		1 coulisseau..................... 0.20			
		Linéaires.................. 2.86			
»	»	× 0.70 largeur, produit. Surface...........	2.00	4.15	8.30

MÉTRÉ DE LA COUVERTURE.

	NUMÉROS						
	PAGES	SERIE					
N° 6.			Façon, pose................ 2.86 Plus-value de 1/10 façon idem × 2.66 = ... 0.27				
	616	34	Ensemble 3.13	3.13	1.65	5.16
	»	»	Onglets...........................	3	0.20	0.60
	»	»	1 brisure façonnée, soudée au coulisseau...	1	»	0.15
			Tranchis biais sur ardoise idem.			
	611	238	2 fois 0.70 = ...	1.40	0.70	0.98
			Tranchis moulurés sur ardoise, au droit des capucines.			
	»	»	2 fois 0.50 développé =..............	1.00	»	2.80
	610	227	Parements idem.....................	2.40	0.40	0.96
			La 5e lucarne semblable à celle accoladée n° 6	1	»	79.57
			Les 6e et 7e lucarnes semblables à celle accoladée n° 1..................	2	66.82	133.64
			La rive de mur au fond semblable à celle accoladée n° 7..................	1	»	18.47
			(3) (*Les noues encaissées, détaillées ci-dessus, sont d'une exécution peu courante et, pour plus de sécurité, sont munies d'une bande de garantie formant fausse noue sous le tranchis de l'ardoise, comme le montre la figure 350.*)..................		Observation	

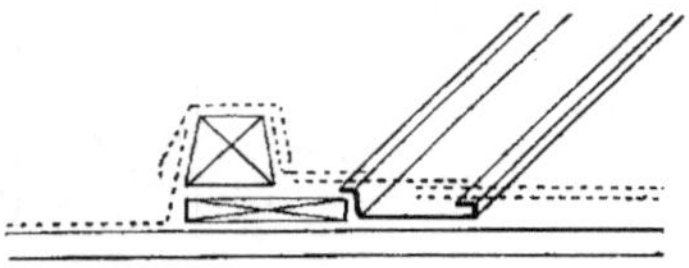

Fig. 350.

Membron couronnant le 1er brisis (*fig.* 351).

Membrons, en sapin refait, fournis assemblés et posés de 0.11 × 0.12 produit 0.0132.

			A gauche .... 14.60 Pan coupé .... 1.50 A la suite................... 2.10 En retour................... 1.20 A la suite................... 6.15 En retour................... 1.85 A la suite, à droite........... 3.15				
	Char	pente	Linéaires (E)............. 30.55				
	309	129, 115	× 0.0132 surface, produit cube	$0^3.403$	169.57	68.34
	314	252, 253	Plus-value de montage à 23 mètres de hauteur, soit 13 mètres en plus du montage prévu; cube.............................	$0^3.403$	5.31	2.14

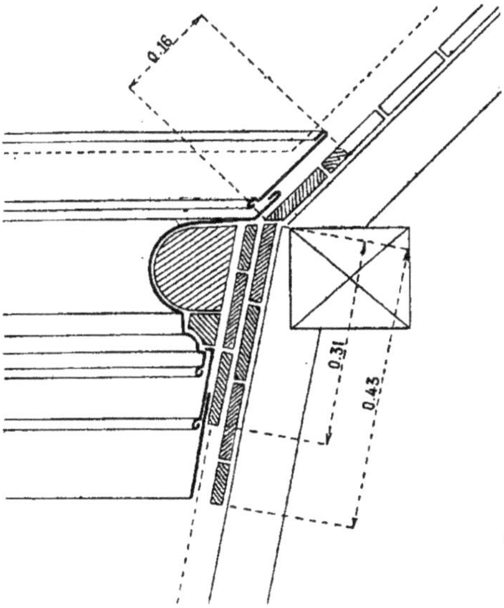

Fig. 351.

NUMÉROS PAGES	SÉRIE				
»	247, 249	Moulure sur sapin développant 0.14 ; Linéaires....................	30.55	1.34	40.94
Menui 732	serie 748, 750, 751	Sabot cintré en sapin débillardé, de 0.12 de rayon × 0.12 hauteur, fourni posé pour membron.............................	1	»	0.94
		(Cette pièce posée dans l'angle circulaire de droite en raccordement des parties droites du membron.)....................	Obser	vation	
		Dessous : Voligeage neuf en sapin de 0.013 jointif. En tête du 1ᵉʳ brisis × .... 0.43 large En bas du 2ᵉ brisis × .... 0.16 » Pour double épaisseur : En tête du 1ᵉʳ brisis × .... 0.31 » Ensemble............. 0.90 »			
621	170	× 30.55 linéaires; produit surface..........	27.50	2.05	56.38
		Au-devant du membron : Champs en sapin *idem* de 0.041, fournis, posés *idem* ; linéaires *idem* (E)...... 30.55 Plus : Coupes et assemblages d'onglets. 6 × 0.12 courant = ... 0.72			
Menui 714	serie 281	Ensemble............. 31.27	31.27	0.36	11.26

MÉTRÉ DE LA COUVERTURE. 311

NUMÉROS PAGES	SÉRIE				
730	687, 688	Gorge arrondie de 0.04 développé, mêmes linéaires.........................		31.27	0.095	2.97
732	748	Sabot cintré comme précédent........... 1		»	0.55
		Filets en plâtre sur ardoise neuve :			
		A droite ; 1.10 + 0.50 = ... 1.60			
		En retour.................... 1.50			
		A la suite :			
		0.40, 2.20, 0.20 = ... 2.80			
		En retour.................... 0.95			
		A la suite................ 1.70			
		Pan coupé.................. 1.05			
		A gauche :			
		0.20, 1.15, 2.25, 2.35, 0.35 = ... 6.30			
610	210	Linéaires (F)............ 15.90	15.90	0.90	14.31
		Bavettes de filets, en plomb neuf en table, de 0.002 épaisseur, pour fourniture :			
		Linéaires *idem* (F)............... 15.90			
		Plus :			
		Têtes...................... 14 »			
		× 0.15 courant × 2.10			
		Ensemble........... 18.00			
622	1	× 0.16 large, produit surface 2.88 × 22^k,70 le mètre ; pesant.....................	65^{k}380	0.42	27.46
»	9	Façon, pose ; pesant.....................	65^{k}380	0.15	9.81
»	16	Angles emboutis sur plomb au droit des murs, arêtiers et noues	14	0.50	7.00
»	»	Coupes biaises en amortissements sur lucarnes.........................	14	0.15	2.10
622	17	Bandelettes de clouage zinc *idem*, fournies posées.........................	18.00	0.33	5.94
616	52	Clouage à piston × 0.05............	18.00	0.34	6.12
		Au dessus :			
		Bavettes en zinc n° 14 pour fourniture ; mêmes linéaires que (F)............ 15.90			
		Plus :			
		En excédent aux lucarnes :			
		14 fois 0.10 = ... 1.40			
		Coulisseaux .... 12 »			
		× 0.20 courant = ... 2.40			
		Équerres.................... 12 »			
		× 0.20 courant = ... 2.40			
		Têtes...................... 2 »			
		× 0.15 courant = ... 0.30			
		Ensemble............ 22.40			
»	»	× 0.16 développé, produit surface..........	3.58	4.15	14.57
		Façon, pose ; linéaires............ 22.40			
		Plus-value de façon par bouts d'un mètre ; 1/10 × 15.90 = ... 1.59			
616	32	Ensemble............ 23.99	23.99	1.25	30.00

NUMÉROS PAGES	SÉRIE				
620	132	Pattes cuivre *idem*	50	0.20	10.00
»	»	Plus-value de coupes biaises en amortissements sur lucarnes	14	0.15	2.10
»	»	Talons d'ourlets en zinc, rapportés et soudés.	14	0.20	2.80
		Membrons en zinc n° 14 pour fourniture ;			
		Linéaires *idem* (E) = ... 30.55			
		Plus :			
		Têtes........................ 2 »			
		×0.15 courant = ... 0.30			
		Équerres..................... 6 »			
		×0.20 courant = ... 1.20			
		Ensemble.............. 32.05			
»	»	×0.50 largeur développée, produit surface..	16.03	4.15	66.52
		Façon, pose de bandes de recouvrement en zinc × 0.50 largeur = ... 32.05			
616	33	Plus de façon ; 1/10 × 30.55 = ... 3.06			
		Linéaires.............. 35.11	35.11	1.48	51.96
		Plus-value de moulures comprenant :			
»	38	2 *courbes à 0.15* = ... 0.30			
»	35	5 *reliefs à 0.04* = ... 0.20			
		Ensemble............. 0.50			
»	»	Linéaires.....................	35.11	0.50	17.56
		Bagues saillantes en zinc estampé, à jouées découpées suivant moulures rapportées et soudées ; Fournies................			
»	»		28	3.00	84.00
»	»	Posées, soudées	28	1.00	28.00
		Dessous : Gaines de garantie en zinc n° 14 pour fourniture.			
		28 fois 0.20 = ... 5.60			
»	»	×0.43 développé, produit surface..........	2.41	4.15	10.00
		Façon, pose ; linéaires............ 5.60			
		Plus-value de 1/10 *idem* 0.56			
616	33	Ensemble............. 6.16	6.16	1.48	8.72
620	132	Pattes cuivre *idem*	96	0.20	19.20
		Au-dessus du membron :			
		Bandes de batellement en zinc n° 14 pour fourniture.			
		Partant à gauche............... 14.60			
		Pan coupé 1.55			
		A la suite................... 2.25			
		En retour..................... 1.15			
		A la suite................... 6.20			
		En retour..................... 1.85			
		A droite................. 3.05			
		Linéaires.............. 30.65			
		Plus :			
		Têtes........................ 2 »			
		× 0.15 courant = ... 0.30			
		A *reporter*............. 30.95	–		

MÉTRÉ DE LA COUVERTURE.

NUMÉROS PAGES	SÉRIE					
		Report.................. 30.95				
		Équerres .... 6 »				
		× 0.20 courant = ... 1.20				
		Coulisseaux .... 28 »				
		× 0.20 courant = ... 5.60				
		Ensemble............... 37.75				
»	»	× 0.20 largeur, produit surface............	7.55	4.15	31.33	
		Façon pose; linéaires............ 37.75				
		Plus-value de façon 1/10 × 30.65 = 3.07				
616	32	Ensemble............... 40.82	40.82	1.25	51.03	
»	»	Pattes cuivre *idem*....................	96	0.20	19.20	
		Doublis d'une ardoise neuve *idem*.				
		A droite.................. 3.05				
		En retour................ 1.45				
		A la suite................ 6.00				
		En retour................ 0.80				
		A la suite................ 1.82				
		Pan coupé 1.40				
		A gauche................ 14.35				
Com po. é		Ensemble............... 28.87	28.87	0.67	19.34	
610	227	Parements plâtre *idem*..........	28.87	0.40	11.55	

2° Brisis.

1 rive à droite.

		Tranchis droits sur ardoise neuve.				
611	238	2.30, 0.55 =...............	2.85	0.43	1.23	
609	176	Dévirures *idem*	2.85	0.38	1.08	
		Noquets droits en zinc *idem* pour fourniture :				
		13 × chaque 0.075 surface, produit ensemble..................	0.98	4.15	4.08	
620	127	Façon, pose	13	0.15	1.95	
		Devant la souche :				
		Bavette en plomb neuf de 0.002 épaisseur pour fourniture.				
		0.56 × 0.16 large, produit surface 0.09				
622	1	× 22^k,70 ; pesant.......................	2^k	0.42	0.84	
»	9	Façon, pose ; pesant...................	2^k	0.15	0.30	
»	»	Gousset embouti sur plomb.............	1	»	0.80	
»	16	Angles emboutis sur plomb.............	2	0.50	1.00	
»	17	Bande de clouage en zinc *idem*...........	0.56	0.33	0.18	
616	52	Clouage espacé de 0.05.................	0.56	0.34	0.19	
		Bandes de solins en zinc n° 14 pour fourniture : Circulaire.................. 0.40				
		Droites :				
		2.30, 0.40, 0.55 = ... 3.25				
		Ensemble............... 3.65				
»	»	× 0.10 largeur, produit surface.........	0.37	4.15	1.54	
		Façon, pose ; linéaires 3.65				
		Plus-value de circulaire 0.40				
616	28	Ensemble............... 4.05	4.05	0.57	2.31	

NUMÉROS PAGES	SÉRIE				
617	64	Angles..................................	4	0.15	0.60
»	»	Pattes cuivre.........................	11	0.20	2.20
620	140	Solins plâtre sur zinc	3.65	0.72	2.63

1 Œil-de-bœuf (*fig.* 352).

»	»	Fourniture d'un œil-de-bœuf en zinc estampé, modèle n° 8 de l'album Coutelier.....	1	»	32.00

Fig. 352.

615	17, 18	Pour présentation à plusieurs reprises, et pose définitive de cet œil-de-bœuf : Employé 3 heures de compagnon zingueur et aide.................................	3	1.90	5.70
»	»	Plus-value pour fourniture de carapace en zinc n° 16 *idem*, façonnée suivant rampant du comble, et soudée	1	»	25.00

Au devant :

		Bavette en plomb neuf de 0.002 épaisseur pour fourniture.................... 1.00 × 0.16 large, produit surface 0.16			
622	1	× 22^k,70 le mètre ; pesant..................	3^{k}630	0.42	1.52
»	9	Façon, pose ; pesant.....................	3^{k}630	0.15	0.54
»	»	Bandelette de clouage zinc *idem*	1.00	»	0.33
»	»	Clouage espacé...........................	1.00	»	0.34
610	210	Filet plâtre sur ardoise *idem*	1.00	»	0.90

Sur les côtés :

»	»	Tranchis suivant moulures sur ardoises ; 2 fois 0.86 développé.................	1.72	2.80	4.82

Au dessus :

»	»	Tranchis circulaires *idem*................	1.20	1.40	1.68
»	227	Parements *idem*.........................	2.92	0.40	1.17

N° 8.

MÉTRÉ DE LA COUVERTURE.

	NUMÉROS PAGES	SÉRIE				
			A la suite : **1ᵉʳ Arêtier.**			
			(*Comme à la figure* 346)			
N° 9.	»	»	Arêtier en sapin de 0.070, fourni, posé et cloué...........................	3.10	0.75	2.33
			Voligeage sapin *idem* :			
			2.85 × 0.22 produit............ 0.63			
			Pour double épaisseur :			
			même surface................. 0.63			
	621	170	Ensemble................ 1.26	1.26	2.05	2.58
			Tranchis biais sur ardoise :			
	»	»	2 fois 2.85 = ...	5.70	0.70	3.99
	609	176	Dévirures *idem*	5.70	0.38	2.17
			Alaises en plomb neuf de 0.0015 épaisseur pour fourniture :			
			2 fois 2.85 = ... 5.70			
			× 0.15 large, produit surface......... 0.86			
	622	1	× 17ᵏ le mètre ; pesant..................	14ᵏ620	0.42	6.16
	622	9	Façon, pose ; pesant	14ᵏ620	0.15	2.19
			Bandelettes de clouage en zinc, fournies, posées...........................	5.70	0.33	1.88
	»	17				
	616	52	Clouage espacé...................	5.70	0.34	1.94
			Bavettes en zinc n° 14 pour fourniture			
			2 fois 3.00 = ... 6.00			
	»	»	× 0.16 large, produit surface............	0.96	4.15	3.98
	616	32	Façon, pose ; linéaires...................	6.00	1.25	7.50
			Talons d'ourlets	2	0.20	0.40
	618	79	Contre-talons d'arêtiers	2	0.20	0.40
	»	»	Pattes cuivre *idem* ; 2 fois 10 = ...	20	0.20	4.00
			Couvre-joint d'arêtier en zinc *idem* pour fourniture....................... 3.10			
			Plus :			
			Croisures .... 3 »			
			× 0.05 = ... 0.15			
			Linéaires................. 3.25			
	»	»	× 0.14 large, produit surface.........	0.47	4.15	1.93
	»	»	Façon, pose ; linéaires	3.25	0.28	0.91
	618	77	Talon zinc	1	»	0.25
	»	»	Pattes cuivre aux croisures............	3	0.20	0.60
			1 embranchement façonné, soudé sur membron ; en angles..................	6	0.15	0.90
			1ʳᵉ Noue (*fig.* 353).			
			Voligeage neuf en sapin *idem* ;			
			2 fois 2.85 = ... 5.70			
N° 10.	621	170	× 0.33 large, produit surface...........	1.88	2.05	3.85
			Tasseaux neufs sapin de 0.055 fournis, posés *idem* : 2 fois 3.10 = ...	6.20	0.38	2.36
	621	150	Noue en zinc n° 14 pour fourniture ;			
			Linéaires.................. 3.10			
			Plus :			
			1 agrafure simple × 0.04			
			1 agrafure double × 0.12			
			1 relief en tête × 0.08			
			Ensemble.............. 3.34			

COUVERTURE ET PLOMBERIE.

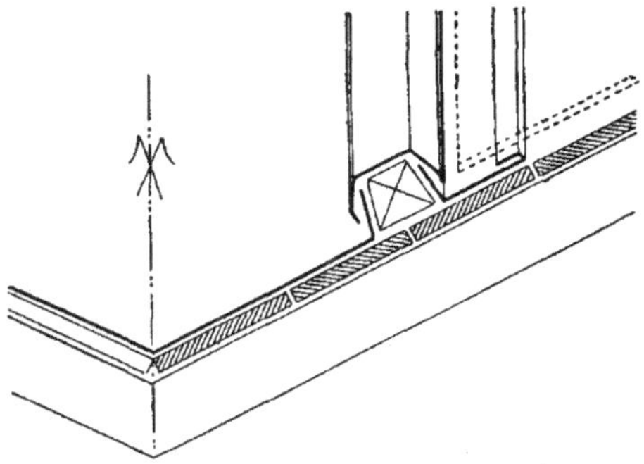

Fig. 353.

NUMÉROS PAGES	SÉRIE				
»	»	× 0.50 largeur, produit surface............	1.67	4.15	6.93
616	33	Façon, pose; *comme bande de recouvrement*			
		Linéaires.....................	3.34	1.48	4.94
		Par le bas :			
»	»	Gousset de brisure..................	1	»	0.28
»	»	Contre-talons; *comme d'arêtiers*.........	2	0.20	0.40
		En tête :			
»	»	Angles...........................	2	0.15	0.30
»	»	Brisure...........................	1	»	0.15
		Sur côtés :			
		Tranchis biais sur ardoise *idem;*			
611	238	2 fois 2.90 = ...	5.80	0.70	4.06
		Parements *idem*	5.80	0.38	2.20
		Bavettes de dévirures formant fausses noues			
		en zinc *idem*, pour fourniture			
		2 fois 3.05 = ... 6.10			
»	»	× 0.16 large, produit surface.............	0.98	4.15	4.07
»	32	Façon, pose; linéaires.................	6.10	1.25	7.63
»	»	Contre-talons, comme d'arêtiers..........	2	0.20	0.40
»	»	Mains d'arrêt cuivre; 2 fois 10 = ...	20	0.20	4.00
		Couvre-joints zinc *idem* pour fourniture			
		2 fois 3.10 = ... 6.20			
		Plus, croisures................ 6 »			
		× 0.05 = ... 0.30			
		Linéaires............... 6.50			
		× 0.10 large, produit surface.............	0.65	4.15	2.70
		Façon, pose........................	6.50	0.20	1.30
618	76	Talons zinc........................	2	0.20	0.40
»	»	Pattes cuivre, aux croisures............	6	0.20	1.20
»	»	2 embranchements façonnés, soudés sur membron, pour chaque 6 angles = ...	12	0.15	1.80
		A la suite :			
»	»	2 œils-de-bœuf, semblables à celui accolédé n° 8.................................	2	94.00	188.00

N° 10.

MÉTRÉ DE LA COUVERTURE. 317

NUMÉROS PAGES	SÉRIE				
		1er Châssis.			
»	»	1 châssis en fer à tabatière et crémaillère de 0.50 × 0.60 de jour, produit linéaires.. 2.20 à dormant en tôle laminée de 0.0025 d'épaisseur, pour fourniture, peinture et pose, comme à l'accolade 2 du métré n° 1...............	2.20	5.74	12.63
		Devant :			
610	210	Filet plâtre sur ardoise *idem*...........	0.60	0.60	0.84
»	»	Voligeage sapin *idem* fourni, posé, cloué ; 0.50 × 0.11 produit................	0.06	2.05	0.12
		Bavette en plomb neuf de 0.002 épaisseur, pour fourniture................. 0.72 × 0.16 large produit............... 0.12			
622	1	× 22k,70 le mètre ; pesant.............	2k720	0.42	1.14
»	9	Façon, pose ; pesant.................	2k720	0.15	0.41
»	17	Bandelette de clouage *idem*...........	0.72	0.33	0.24
616	52	Clouage espacé de 0.05.............	0.72	0.34	0.25
»	»	Goussets emboutis sur plomb..........	2	0.80	1.60
622	16	Angles emboutis sur plomb...........	2	0.50	1.00
		Sur les côtés :			
»	»	Noquets droits en zinc *idem* pour fourniture 2 fois 3 = ... 6 × chaque 0.075 surface................	0.45	4.15	1.87
620	127	Façon, pose.........................	0	0.15	0.00
		Tranchis droits sur ardoise *idem*.			
611	238	2 fois 0.70 = ...	1.40	0.43	0.60
609	176	Dévirures *idem*.....................	1.40	0.38	0.53
		Derrière :			
621	170	Voligeage neuf *idem* fourni, posé, cloué, jointif ; 0.50 × 0.22, produit........	0.11	2.05	0.22
620	133, 134	Pente en plâtre pur × 0.05 épaisseur réduite ; 0.50 × 0.30, produit...........	0.15	2.00	0.30
		Recouvrement en plomb neuf en table de 0.0025 épaisseur pour fourniture ; Linéaires .... 0.72 × 0.50 large, produit............ 0.36			
622	1	× 28k,40 le mètre ; pesant.............	10k224	0.42	4.20
		Façon, pose ; pesant.................	10k224	0.15	1.53
»	»	Bandelette de clouage *idem*...........	0.72	0.33	0.24
»	»	Clouage espacé *idem*...............	0.72	0.34	0.24
»	»	Doublis d'une ardoise *idem*...........	0.60	0.67	0.40
		Tranchis biais sur ardoise..............			
611	238	2 fois 0.15 = ...	0.30	0.70	0.21
610	227	Parements *idem*....................	0.90	0.40	0.36
		A la suite :			
»	»	Le 2e arêtier, semblable à celui accoladé n° 9.	1	»	44.13
»	»	La 2e noue, semblable à celle accoladée n° 10.	1	»	48.97
»	»	2 châssis semblables à celui accoladé n° 11.	2	29.62	59.24
»	»	La 3e noue semblable à celle accoladée n° 10.	1	»	48.97
		En plus :			
617	65	Gousset............................	1	»	0.28

N° 11.

NUMÉROS					
PAGES	SÉRIE				
»	64	Angle..	1	»	0.15
»	»	1 châssis semblable à celui accoladé n° 11..	1	»	29.62

Pan coupé :

2 noues accouplées par le bas.

(*Figure* 354).

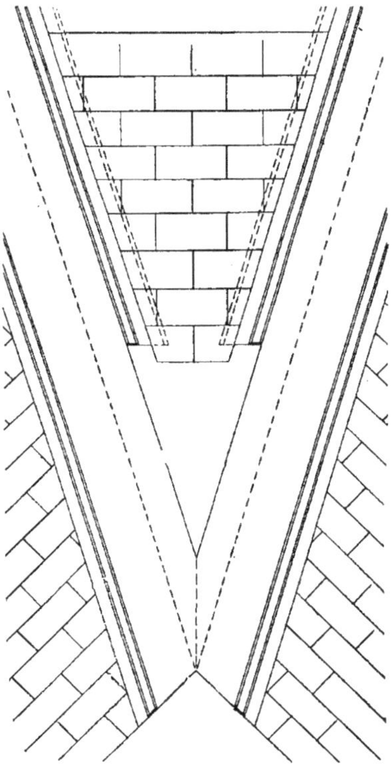

Fig. 354.

		Voligeage neuf en sapin de 0.013 jointif *idem*			
		2 fois 1.85 = ... 3.70 »			
		× 0.44 large produit................ 1.63			
		Par le bas :			
		$\frac{0.48 \text{ et } 1.10}{2}$ = ... 0.79 »			
		× 1.00 hauteur, produit............ 0.79			
		Ensemble surface............ 2.42	2.42	2.05	4.96
»	»				

MÉTRÉ DE LA COUVERTURE.

NUMÉROS PAGES	SÉRIE				
621	150	Tasseaux neufs en sapin de 0 055, fournis, posés, cloués ; 2 fois 3.10 = ... 6.20 2 fois 2.10 = ... 4.20 Linéaires.............. 10.40	10.40	0.38	3.95
» 616	» 33	Les noues en zinc n° 14 pour fourniture. 2 fois 2.34 réduit = ... 4.68 × 0.35 large, produit surface............... Façon, pose ; linéaires..................	1.64 4.68	4.15 1.48	6.81 6.93
		Par le bas :			
» 618	» 79	Gousset de brisure...................... Contre-talons zinc *idem*................	1 2	» 0.20	0.28 0.40
		En tête :			
» »	» »	Angles ; 2 fois 2 = ... Brisures...............................	4 2	0.15 0.15	0.60 0.30
617	55-60	En pointe par le bas ; 1 écoinçon en zinc n° 14 pour fourniture ; de $\frac{0.83 \times 0.50}{2}$ produit surface............. Façon, pose, surface	0.21 0.21	4.15 2.15	0.87 0.45
621 618	145 79	Soudures obligées sur zinc neuf. 2 fois 0.83 = ... Contre-talons zinc.....................	1.66 4	0.66 0.20	1.10 0.80
		Sur les côtés :			
» 616	» 32	Fausses noues *idem*, en zinc n° 14 pour fourniture ; 2 fois 3.05 = ... 6.10 2 fois 2.10 = ... 4.20 Linéaires.............. 10.30 × 0.16 large, produit surface............... Façon, pose ; linéaires..................	1.65 10.30	4.15 1.25	6.85 12.88
»	»	Mains d'arrêt en cuivre *idem* : 2 fois 10 = ... 20 2 fois 6 = ... 12 Ensemble............. 32	32	0.20	6.40
611 610 » »	238 227 » »	Tranchis biais sur ardoise *idem* : 2 fois 2 90 = ... 5.80 2 fois 2.00 = ... 4.00 Linéaires.............. 9.80 Parements *idem* .... Doublis d'une ardoise *idem*............... Parement *idem*	9.80 9.80 0.22 0.22	0.70 0.40 0.67 0.40	6.86 3.92 0.15 0.09
»	»	Couvre-joints en zinc *idem* pour fourniture. 2 fois 3.10 = ... 6.20 2 fois 2.10 = ... 4.20 Plus croisures : 2 fois 3 = ... 6 2 fois 2 = ... 4 Ensemble............. 10 × 0.05 = ... 0.50 Linéaires.............. 10.90 × 0.10 large, produit surface...............	1.09	4.15	4.52

NUMÉROS PAGES	SÉRIE				
»	»	Façon, pose ; linéaires..................	10.90	0.20	2.18
»	»	Pattes cuivre, aux croisures.............	10	0.20	2.00
»	»	Talons zinc *idem*........................	4	0.20	0.80
»	»	4 embranchements façonnés, soudés sur membrons, pour chaque 6 angles = ...	24	0.15	3.60
		A la suite :			
»	»	1 châssis en fer à tabatière et crémaillère de 0.60 × 0.80 produit linéaires .... 2.80 Fourni, peint, posé comme précédent......	2.80	5.74	16.07
		(4) (*Ce châssis porté achevalant le membron doit, en pratique, être déplacé, comme il a été dit précédemment pour ceux obstruant les noues ; nous le considérons donc comme s'il était dans le brisis*)......	Obser	vation	
		Devant :			
610	210	Filets plâtre sur ardoise *idem*............	0.70	0.90	0.63
»	»	Voligeage sapin *idem*. 0.60 × 0.11 produit...................	0.07	2.05	0.14
622	1	Bavette en plomb neuf de 0.002 épaisseur pour fourniture..................... 0.82 × 0.16 large, produit surface......... 0.13 × 22^k,70 ; pesant...................	2^{k}950	0.42	1.24
»	9	Façon, pose ; pesant	2^{k}950	0.15	0.44
»	»	Bandelette zinc *idem*	0.82	0.33	0.27
»	»	Clouage espacé de 0.05...................	0.82	0.34	0.28
»	»	Goussets emboutis sur plomb............	2	0.80	1.60
»	»	Angles emboutis sur plomb...............	2	0.50	1.00
		Sur côtés :			
»	»	Noquets droits en zinc *idem* pour fourniture ; 2 fois 5 = ... 10 × chaque 0.075 surface, produit............	0.75	4.15	3.11
»	»	Façon, pose............................	10	0.15	1.50
611	238	Tranchis droits sur ardoise *idem*. 2 fois 1.02 = ...	2.04	0.43	0.88
609	176	Dévirures *idem*	2.04	0.38	0.78
		Derrière :			
621	170	Voligeage neuf en sapin *idem* 0.60 × 0.22 produit...................	0.13	2.05	0.26
620	133, 134	Pente en plâtre de 0.05 épaisseur réduite ; 0.60 × 0.30 produit...................	0.18	2.00	0.36
»	»	Recouvrement en plomb neuf, en table de 0.0025 épaisseur, pour fourniture ..... 0.82 × 0.40 large, produit surface......... 0.33 × 28^k,40 ; pesant........................	9^{k}370	0.42	3.94
»	»	Façon, pose; pesant	9^{k}370	0.15	1.41
»	»	Bandelette de clouage en zinc *idem*	0.82	0.33	0.27
»	»	Clouage espacé *idem*	0.82	0.34	0.28
		(5) (*Nous n'avons là ni doublis ni tranchis, n'ayant pas d'ardoises au dessus*)...	Obser	vation	
»	»	4 œils-de-bœuf semblables à celui accolade n° 8...............................	4	94.00	376.00

MÉTRÉ DE LA COUVERTURE.

NUMÉROS PAGES	SÉRIE				
		1 Souche.			
		Devant :			
		Voligeage neuf en sapin *idem*.			
»	»	0.60 × 0.11 produit..................	0.07	2.05	0.14
»	»	Filet plâtre sur ardoise................	0.60	0.90	0.54
		Bavette en plomb neuf, en table, de 0.002 épaisseur pour fourniture............ 0.62			
		× 0.16 large, produit surface....... 0.10			
»	»	× 22^k,70 ; pesant...................	2^{k}270	0.42	0.95
»	»	Façon, pose ; pesant..................	2^{k}270	0.15	0.34
		Bandelette de clouage en zinc..........	0.62	0.33	0.20
»	»	Clouage espacé *idem*.................	0.62	0.34	0.21
»	»	Goussets emboutis sur plomb..........	2	0.80	1.60
»	»	Angles emboutis sur plomb............	2	0.50	1.00
		Sur côtés :			
		Noquets droits en zinc *idem* pour fourniture 2 fois 2 = ... 4			
»	»	× chaque 0.075 surface, produit........	0.30	4.15	1.25
»	»	Façon, pose...........................	4	0.15	0.60
		Tranchis droits sur ardoise.			
»	»	2 fois 0.55 = ...	1.10	0.43	0.47
»	»	Dévirures *idem*......................	1.10	0.38	0.42
		Derrière :			
		Voligeage neuf *idem* jointif.			
»	»	0.60 × 0.22 produit surface...........	0.13	2.05	0.26
		Pente plâtre pur de 0.05 *idem*.			
»	»	0.60 × 0.30 produit..................	0.18	2.00	0.36
		Recouvrement en plomb neuf, en table de 0.0025 épaisseur pour fourniture.			
		Linéaire................ 0.62			
		× 0.40 large, produit surface........ 0.25			
»	»	× 28^k,40 le mètre ; pesant............	7^{k}100	0.42	2.98
»	»	Façon, pose ; pesant..................	7^{k}100	0.15	1.13
»	»	Goussets emboutis.....................	2	0.80	1.60
»	»	Angles...............................	2	0.50	1.00
»	»	Bandelette de clouage *idem*...........	0.62	0.33	0.20
»	»	Clouage espacé *idem*.................	0.62	0.34	0.21
		Les bandes de solins en zinc n° 14 pour fourniture ; 2 fois 0.45 = ... 0.90			
		2 fois 0.55 = ... 1.10			
		Linéaires............ 2.00			
		× 0.10 large, produit surface..........	0.20	4.15	0.83
616	28	Façon, pose ; linéaires	2.00	0.57	1.14
»	»	Angles façonnés, soudés...............	4	0.15	0.60
»	»	Pattes cuivre *idem*...................	10	0.20	2.00
620	140	Solins plâtre sur zinc.................	2.00	0.72	1.44
		Dessus (*fig. 355 et 356*).			
		Pente en plâtre pur de 0.05 réduit.			
		0.46 × 0.46 produit surface..........	0.21	2.00	0.42
620	130	Papier goudronné *idem*...............	0.21	0.29	0.06
		Bandes d'agrafe en zinc n° 14 pour fourniture. 4 fois 0.43 = ... 1.72			
»	»	× 0.10 large, produit surface..........	0.17	4.15	0.71

N° 12.

Sciences générales.   COUVERTURE ET PLOMBERIE. — TOME II. — 21.

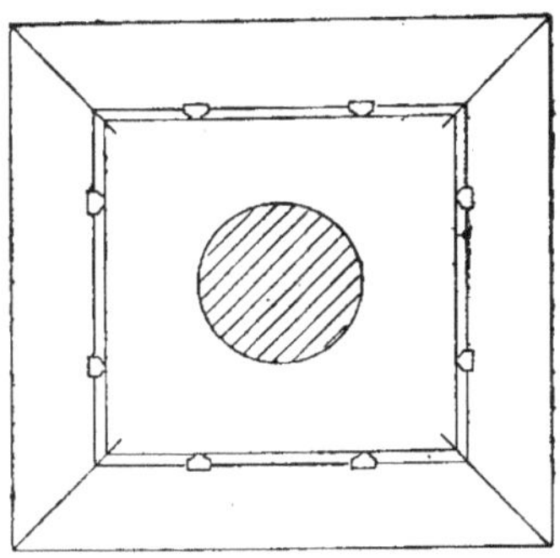

Fig. 355.

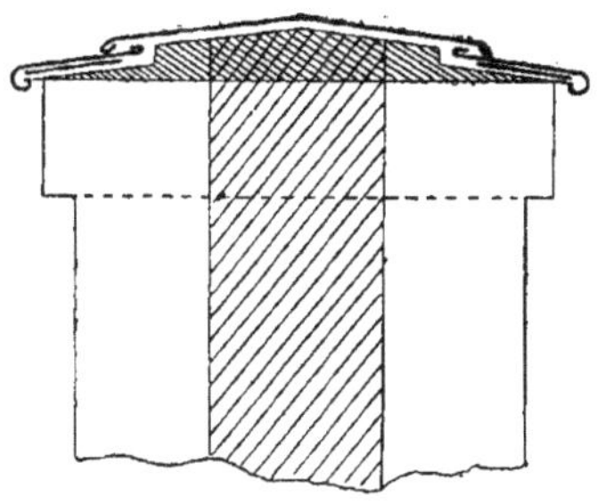

Fig. 356.

N° 12

NUMÉROS PAGES	SÉRIE				
616	25	Façon, pose; linéaires....................	1.72	0.25	0.43
»	»	Bandes de recouvrement (*en auvents*) en zinc *idem*, pour fourniture; 4 fois 0.44 réduit = ... 1.76 Équerres..................... 4 » × 0.20 courant = ... 0.80 Linéaires................ 2.56 × 0.17 largeur développée, produit surface.. Façon, pose; linéaires............ 2.56 Plus-value de façon pour longueurs précises; 1/10 × 1.76 = ... 0.18	0.44	4.15	1.83
		Ensemble................ 2.74	2.74	1.25	3.43
		Dessus : Recouvrement en zinc *idem* pour fourniture ; Linéaire................. 0.38 × 0.38, produit surface .... Façon, pose..................... 0.38 Plus-value de 1/10 *idem* 0.04	0.14	4.15	0.58
		Ensemble............. 0.42	0.42	1.48	0.62

MÉTRÉ DE LA COUVERTURE. 323

NUMÉROS PAGES	SERIE				
N° 12 / 618	73	Brisures façonnées, soudées, aux pinces....	4	0.15	0.60
		Pattes cuivre *idem*....................	8	0.20	1.60
		Percement circulaire de trou de mitron de 0.160 diamètre sur zinc et collet dégorgé.....	1	»	0.65
		(6) (*La pose des mitrons sera donnée avec les travaux de réparations, car en travaux neufs elle est rarement faite par le couvreur.*)....................	Observation		
		A la suite :			
		1 autre souche, semblable à celle accoladée n° 12....................	1	»	32.40
		(*Même observation que n° 3 pour le châssis.*)			
		(7) *Pour la 1re souche raccordée dans ce 2e brisis, la couverture du dessus sera comptée avec celle du mur de droite......*	Observation		
		1 Vitrage.			
		Devant :			
		Voligeage neuf en sapin *idem*.			
		1.60 × 0.11 produit....................	0.18	2.05	0.36
		Filet plâtre sur ardoise *idem*............	1.60	0.90	1.44
		Bavette en plomb neuf, en table, de 0.002 épaisseur pour fourniture.			
		Linéaire................ 1.82			
		× 0.16 large, produit surface........ 0.29			
		× 22k,70 ; Pesant....................	6k580	0.42	2.76
		Façon, pose ; pesant....................	6.580	0.15	0.99
		Bandelette de clouage en zinc *idem*......	1.82	0.33	0.60
		Clouage espacé *idem*....................	1.82	0.34	0.62
		Goussets emboutis sur plomb............	2	0.80	1.60
		Angles emboutis sur plomb..............	2	0.50	1.00
		Sur côtés :			
		Noquets droits en zinc *idem* pour fourniture ;			
		2 fois 2 = ... 4			
		× chaque 0.075 surface, produit............	0.30	4.15	1.25
		Façon, pose....................	4	0.15	0.60
		Tranchis droits sur ardoise *idem*.			
		2 fois 0.55 = ...	1.10	0.43	0.47
		Dévirures *idem*	1.10	0.38	0.42
		(8) (*Les armatures en zinc du vitrage seront comptées avec les raccords à la suite de la couverture en zinc.*).........	Observation		
		Membron couronnant le 2e Brisis (*fig.* 357). Membrons, en sapin refait, fournis de 0.17 × 0.11 = 0.0187 et posés.			
		A gauche 0.45 + 13.45 = ... 13.90			
		Patte d'oie.................... 1.15			
		Pan coupé.................... 2.65			
		A *reporter*............ 17.70			

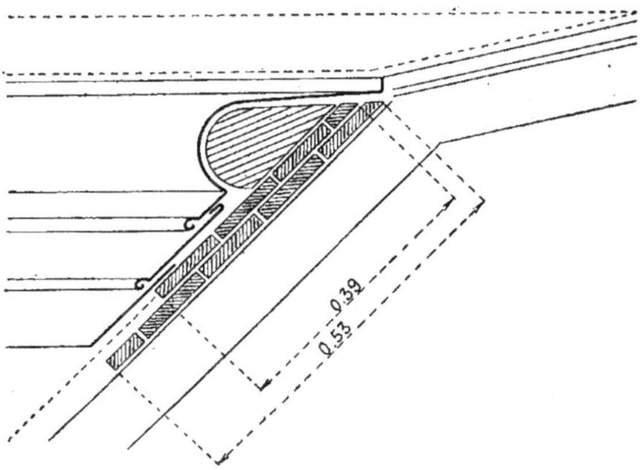

Fig. 357.

NUMÉROS						
PAGES	SÉRIE					
		Report............ 17.70				
		En retour............ 0.23				
		A la suite........... 3.65				
		En retour............ 1.15				
		A la suite........... 6.25				
		En retour............ 1.80				
		A la suite, à droite...... 3.15				
Char	pente	Linéaires (G)............ 33.93				
309	129, 115	× 0.0187 surface, produit cube............	$0^3.635$	169.57	107.68
		Plus-value de montage à 26 mètres de hauteur, soit 16 en plus du montage prévu ;				
314	252, 253	cube............	$0^3.635$	6.51	4.13
		Moulure sur sapin développant 0.14 ;				
»	247, 249	Linéaires............	33.93	1.34	45.47
		Dessous :				
		Voligeage neuf en sapin de 0.013 jointif ;				
		Linéaires *idem* (G)...... 33.93				
		× 0.53 largeur, produit............ 17.98				
		Pour double épaisseur :				
		Mêmes linéaires......... 33.93				
		× 0.39 largeur, produit............ 13.23				
621	170	Ensemble, surface............	31.21	2.05	63.98
		Au devant :				
		Filets en plâtre sur ardoise *idem* ;				
		A droite............ 2.30				
		En retour............ 1.40				
		A la suite........... 6.05				
		En retour............ 0.80				
		A la suite........... 3.10				
		En pan............ 2.50				
		Patte d'oie............ 0.75				
		A gauche 0.45 + 13.25 =...... 13.70				
610	210	Ensemble, linéaires (H).... 30.60	30.60	0.90	27.54

MÉTRÉ DE LA COUVERTURE.

NUMÉROS PAGES	SÉRIE				
		Bavettes de filets en plomb neuf, en table, de 0.002 épaisseur pour fourniture.			
		Linéaires *idem* (H)............ 30.60			
		Plus :			
		Têtes.................... 4			
		× 0.15 courant = ... 0.60			
		Ensemble............ 31.20			
		× 0.16 large, produit surface...... 4.99			
622	1	× 22^k,70; pesant....................	113^{k}270	0.42	47.57
»	9	Façon, pose ; pesant	113^{k}270	0.15	16.99
»	16	Angles emboutis sur plomb au droit des murs et arêtiers.....................	9	0.50	4.50
»	»	Coupes biaises en amortissements sur noues............................	8	0.15	1.20
»	17	Bandelettes de clouage en zinc *idem*	30.60	0.33	10.10
616	52	Clouage espacé *idem*..................	30.60	0.34	10.41
		Au-dessus :			
		Bavettes en zinc n° 14 pour fourniture ;			
		Linéaires *idem* (H)............ 30.60			
		Plus :			
		En excédent aux noues 8 fois 0.10 = 0.80			
		Têtes.................... 4 »			
		× 0.15 courant = ... 0.60			
		Coulisseaux .... 20 »			
		× 0.20 courant = ... 4.00			
		Equerres................. 14 »			
		× 0.20 courant = ... 2.80			
		Linéaires............. 38.80			
»	»	× 0.20 large, produit surface............	7.76	4.15	32.20
		Façon, pose........... 38.80			
		Plus-value de façon *idem*,			
		1/10 × 30.60 = ... 3.06			
616	32	Ensemble............ 41.86	41.86	1.25	52.32
620	131	Pattes cuivre	92	0.20	18.40
		Membrons en zinc n° 14 pour fourniture ;			
		Linéaires *idem* (G)............ 33.93			
		Plus :			
		Equerres................. 8 »			
		× 0.20 courant = ... 1.60			
		Têtes.................... 4 »			
		× 0.15 courant = ... 0.60			
		Ensemble............ 36.13			
»	»	× 0.50 largeur développée, produit surface...	18.07	4.15	74.99
		Façon, pose, comme bandes de recouvrement de 0.50 largeur ;			
		Linéaires............. 36.13			
		Plus-value de façon par bouts d'un mètre ; 1/10 × 33.93 = ... 3.39			
616	33	Ensemble............ 39.52	39.52	1.48	58.49

NUMÉROS PAGES	SÉRIE				
		Plus-value de moulures façonnées en sus de celles dûes :			
»	38	2 *courbes à 0.15*............ 0ᶠ 30			
»	35	2 *reliefs à 0.04*............ 0.08			
		Ensemble............ 0.38			
»	»	Soit : Linéaires.......................	39.52	0.38	15.02
		Bagues saillantes en zinc estampé à jouées découpées suivant moulures ajustées soudées ;			
»	»	Fournies.......................	20	3.00	60.00
»	»	Posées soudées................	20	1.00	20.00
		Dessous : Gaines de garantie en zinc *idem* pour fourniture.			
		20 fois 0.30 =............ 6.00			
»	»	× 0.40 largeur développée, produit surface..	2.40	4.15	9.96
		Façon, pose; linéaires............ 6.00			
		Plus-value de 1/10............ 0.60			
»	33	Ensemble............ 6.60	6.60	1.48	9.77
»	»	Pattes cuivre *idem*....................	102	0.20	20.40

Sur avenue.

1ᵉʳ Brisis.

Chéneau (*fig.* 358).

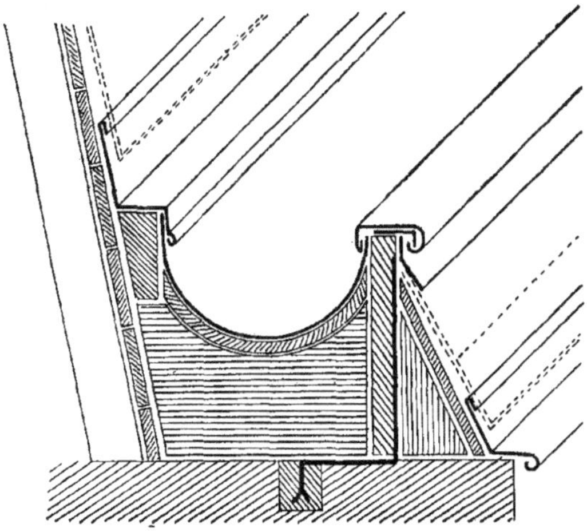

Fig. 358.

Planche de socle en sapin de 0.041 épaisseur fournie, rainée de 0.32 largeur et posée.

(*Partant à droite.*)

MÉTRÉ DE LA COUVERTURE.

NUMÉROS PAGES	SÉRIE					
		Entre mur et 1ʳᵉ lucarne.........	1.20			
		— 1ʳᵉ et 2ᵉ lucarne...........	1.95			
		— 2ᵉ et 3ᵉ —	2.15			
		—. 3ᵉ et 4ᵉ —	2.15			
		— 4ᵉ et 5ᵉ —	0.90			
		A gauche.....................	0.23			
		En retour....................	0.80			
		Linéaires (I)..........	9.38			
		Plus :				
		1 entaille et assemblage d'onglet ×	0.12			
		Amortissements d'abouts.... 11				
		× 0.05 courant = ...	0.55			
		Ensemble............	10.05	10.05	2.16	21.71
		Equerres en fer forgé de 0.035 × 0.007, fournies façonnées, coudées 1 fois et contre-coudées 1 fois à scellement en queue de carpe, entaillées et fixées avec vis ; de chaque 0.47				
Serru	rerie	développé. Ensemble.....................		13	2.90	37.70
»	»	Peinture desdites au minimum, 2 couches..		13	0.12	1.56
		Trous de 0.06 profondeur dans l'entablement et scellements au plâtre.				
		Ensemble............	13			
Maçon	nerie	× chaque 0.144 de légers = ...		1.87	4.00	7.48
		Pattes d'abouts en même fer, fournies posées, entaillées et fixées avec vis *idem* ; ensemble..		12	0.75	9.00
»	»	Peinture desdites, *idem*....................		12	0.12	1.44
»	»	Trous et scellements de chaque 0.05 profondeur............	12			
»	»	× chaque 0.12 de légers = ...		1.44	4.00	5.76
		Fond en sapin de 0.018 épaisseur, fourni posé, cloué, jointif.				
		Linéaires idem (I).................	9.38			
621	171	× 0.35 largeur développée, produit ; surface.		3.28	2.38	7.81
		Plus-value de sapin par frises de 0.034 large pour circulaire 1/10. Même surface..........		3.28	2.38 / 10	0.78
		Dessous :				
		Coyaux en sapin de 0.034 épaisseur, débillardés, chanfreinés suivant la pente et coupés de biais d'un côté suivant le rampant du brisis ;				
Com	posé	Fournis.....................		36	1.00	36.00
608	167	Posés.....................		36	0.33	11.88
		Tasseaux d'accotement en sapin de 0.027 fournis, coupés de longueur, posés et cloués.				
		72 fois 0.30 = ...		21.60	0.25	5.40
		Les chéneaux en zinc n° 16 pour fourniture :				
		Mêmes linéaires que (I)	9.38			
		Plus :				
		Croisures..................... 2	»			
		× 0.05 courant = ...	0.10			
		Equerre................. 1	»			
		× 0.20 courant = ...	0.20			
		Têtes................. 11	»			
		× 0.15 courant = ...	1.65			
		Ensemble............	11.33			

NUMÉROS PAGES	SÉRIE				
»	»	× 0.50 largeur développée réduite, produit; Surface....................		5.67	5.46	30.95
619	106	Façon, pose; linéaires.....................		11.33	1.75	19.83
		Sur les côtés :				
		Mains d'arrêt en cuivre rouge fournies posées, en valeur entière.				
620	131	2 fois 28 = ...		56	0.30	16.80
		Au devant :				
		Ardoise neuve d'Angers fournie posée, clouée sur volige neuve :				
		Mêmes linéaires que (I)............	9.38			
604	72	× 0.22 hauteur (2 pureaux), produit; surface.		2.06	5.09	10.49
605	85	Plus-value d'ardoise fixée avec clous en cuivre; surface..........................		2.06	0.22	0.45
		Dessous :				
		Coyaux en sapin de 0.054 découpés dans la planche de 0.09 large.				
»	»	Fournis....................		36	0.50	18.00
»	»	Posés, cloués...............		36	0.33	11.88
		Par le bas :				
»	»	Voligeage sapin de 0.013 jointif; 9.38×0.08 produit...................		0.75	2.05	1.54
		Bandes d'agrafe en zinc n° 14 pour fourniture.				
		A droite, $1.20, 0.10 =$	1.30			
		1er Entredeux, $0.10, 1.95, 0.10 =$	2.15			
		2e Entredeux, $0.10, 2.15, 0.10 =$	2.35			
		3e Entredeux, $0.10, 2.15, 0.10 =$	2.35			
		4e Entredeux, $0.10, 0.90, 0.10 =$	1.10			
		A gauche, $0.10, 0.30 =$	0.40			
		En retour	0.80			
		Linéaires............	10.45			
»	»	× 0.10 large, produit; surface		1.05	4.15	4.36
616	25	Façon, pose; linéaires....................		10.45	0.25	2.61
		Bandes de recouvrement en zinc n° 14 pour fourniture ;				
		Linéaires *idem* (I)	9.38			
		Plus aux abouts,				
		10 fois 0.07, *saillie et ourlet*	0.70			
		Coulisseaux 9	»			
		× 0.20 courant = ...	1.80			
		Equerre..................... 1	»			
		× 0.20 courant = ...	0.20			
		Tête..................... 1	»			
		× 0.15 courant = ...	0.15			
		Ensemble	12.23			
»	»	× 0.20 développé, produit; surface		2.45	4.15	10.17
		Façon, pose; linéaires............	12.23			
		Plus-value de 1/10 façon × 10.08..	1.01			
616	32	Ensemble	13.24	13.24	1.25	16.55

MÉTRÉ DE LA COUVERTURE.

NUMÉROS PAGES	SERIE				
»	»	Brisures d'onglets façonnées, soudées au droit des lucarnes. Ensemble................	10	0.20	2.00
»	»	Brisures façonnées, soudées aux coulisseaux.	9	0.15	1.35
		Doublis d'une ardoise neuve *idem* :			
»	»	Linéaires....................	9.38	0.67	6.28
		Parements plâtre *idem*...................	9.38	0.40	3.75
		En tête de l'auvent :			
		Filets en plâtre sur ardoise neuve.			
610	210	Linéaires....................	9.38	0.90	8.44
		Bavettes en plomb neuf de 0.002 épaisseur pour fourniture ;			
		Linéaires............. 9.38			
		Plus :			
		Têtes.................. 11			
		× 0.15 courant = ... 1.65			
		Ensemble............ 11.03			
		× 0.08 largeur, produit surface........ 0.88			
622	1	× 22ᵏ,70, le mètre ; pesant.................	19ᵏ980	0.42	8.39
»	9	Façon, pose ; pesant	19ᵏ980	0.15	3.00
		Bandelettes de clouage en zinc *idem* fournies et posées.			
»	17	Linéaires...................	9.38	0.33	3.10
616	52	Clouage espacé *idem*...................	9.38	0.34	3.19
		Dessous :			
		Voligeage neuf en sapin *idem* 9.38			
		× 0.05 large. produit surface...... 0.47			
		Double épaisseur................ 0.47			
»	»	Ensemble............. 0.94	0.94	2.05	1.93
		Le couronnement de socle en zinc nᵒ 14 pour fourniture ;			
		Mêmes linéaires que planche *idem* (I) 9.38			
		Plus :			
		Equerre.................. 1			
		× 0.20 courant = ... 0.20			
		Têtes.................. 11			
		× 0.15 courant = ... 1.65			
		Ensemble............. 11.23			
»	»	× 0.20 largeur développée, produit surface.	2.25	4.15	9.34
		Façon, pose ; linéaires........... 11.23			
		Plus-value de façon ; 1/10 × 9.38 = 0.94			
»	32	Ensemble............. 12.17	12.17	1.25	15.21
		Bandes d'agrafe zinc *idem* pour fourniture			
»	»	9.38 × 0.07 large, produit surface..........	0.66	4.15	2.74
		Façon, pose; linéaires..................	9.38	0.25	2.35
»	»	Plus-value de façon de bandes coudées comme relief......................	9.38	0.04	0.38
		Les bagues saillantes en zinc estampé à jouées découpées suivant moulures rapportées et soudées ;			
		Fournies......................	9	1.20	10.80
		Ajustées, posées, soudées	9	0.60	5.40

COUVERTURE ET PLOMBERIE.

NUMÉROS PAGES	SÉRIE				
»	»	Dessous : Gaines de garantie en zinc n° 14 pour fourniture : 9 fois 0.30 = ... 2.70 × 0.15 large, produit surface............ Façon, pose ; linéaires .... 2.70 Plus-value de 1/10 idem 0.27	0.41	4.15	1.70
616	31	Ensemble............ 2.97	2.97	1.10	3.27
»	»	Pattes cuivre fournies, posées.............	29	0.20	5.80
		Au-dessus du chéneau : Banquette. Chanlatte en sapin de 0.045 réduit × 0.120 fournie, posée, clouée. A droite .... 1.20 1ᵉʳ entredeux........... 1.95 2ᵉ — .... 2.15 3ᵉ — .... 2.15 4ᵉ — .... 0.90 A gauche .... 0.15 En retour .... 0.65 Linéaires (J)........ 9.15 Plus : 1 entaille et assemblage d'onglet × courant .... 0.12 Amortissement aux lucarnes 10 × 0.05 courant = ... 0.50			
Menui	serie	Ensemble 9.77	9.77	1.06	10.36
		Bandes de recouvrement en zinc n° 14 pour fourniture : Linéaires idem (J).... 9.15 Plus : Coulisseaux .... 9 × 0.20 courant = ... 1.80 Equerre.................... 1 × 0.20 courant = ... 0.20 Têtes..................... 11 × 0.15 courant............ 1.65 Ensemble........... 12.80			
»	»	× 0.28 largeur développée, produit surface.. Façon, pose ; linéaires .... 12.80 Plus-value de façon 1/10 × 9.15 = 0.92	3.28	4.15	13.61
616	33	Ensemble............ 13.72	13.72	1.48	20.31
»	»	Plus-value de façon de moulures ; 3 arêtes comme reliefs à 0.04 = ... 0.12			
»	»	Soit ; linéaires.................	13.72	0.12	1.65
»	»	Brisures façonnées soudées aux coulisseaux.	9	0.15	1.35
»	»	Pattes cuivre idem en plus-value	27	0.20	5.40

MÉTRÉ DE LA COUVERTURE.

NUMÉROS PAGES	SÉRIE				
		Doublis d'une ardoise neuve *idem*.			
»	»	Linéaires....................	9.15	0.67	6.13
610	227	Parements *idem*............	9.15	0.40	3.67
		Dessous :			
		Voligeage neuf en sapin de 0.013 jointif ; Linéaires.................... 9.15			
»	»	× 0.50 hauteur, produit ; surface..........	4.58	2.05	9.39
		En **Rive à droite** (*fig. 359*).			
		Au droit du chéneau :			
611	238	Tranchis droit sur ardoise neuve.........	0.22	0.43	0.09
609	176	Dévi·ure *idem*....................	0.22	0.38	0.08
»	»	1 noquet droit en zinc n° 14 pour fourniture de 0.30 × 0.25 produit ; surface............	0.075	4.15	0.31
620	127	Façon dudit....................	1	»	0.15
		Pattes cuivre *idem* aux têtes :			
		1° de couronnement de socle......... 2			
		2° de banquette.................... 1			
620	132	Ensemble.............. 3	3	0.20	0.60
		Bandes de solins en zinc n° 14 pour fourniture ;			
		Verticale.................... 0.15			
		En décrochement.............. 0.09			
		Rampante.................... 0.22			
		Verticale.................... 0.18			
		Au-dessus du chéneau.......... 0.38			
		En décrochement.............. 0.04			
		Au-dessus de banquette........ 0.08			
		Ensemble............. 1.14			
»	»	× 0.10 large, produit ; surface..........	0.11	4.15	0.46
616	28	Façon, pose ; linéaires....................	1.14	0.57	0.65
617	64	Angles....................	6	0.15	0.90
»	»	Pattes cuivre *idem*....................	7	0.20	1.40
620	140	Solins plâtre sur zinc....................	1.14	0.72	0.82
		Au droit du 1ᵉʳ brisis :			
»	»	Tranchis droits sur ardoise *idem*.........	1.32	0.43	0.57
»	»	Dévirures *idem*....................	1.32	0.38	0.50
		Noquets droits en zinc *idem* pour fourniture.			
»	»	6 × chaque 0.075 surface, produit..........	0.45	4.15	1.87
»	»	Façon, pose desdits....................	6	0.15	0.90
		Bande de solin en zinc *idem* pour fourniture ; linéaire.................... 1.60			
		Plus 1 croisure × 0.05			
		Ensemble.............. 1.65			
»	»	× 0.10 large, produit ; surface..........	0.17	4.15	0.71
»	»	Façon, pose....................	1.65	0.57	0.94
»	»	Angle....................	1	»	0.15
»	»	Pattes cuivre *idem*....................	5	0.20	1.00
»	»	Solins en plâtre sur zinc....................	1.60	0.72	1.15

332   COUVERTURE ET PLOMBERIE.

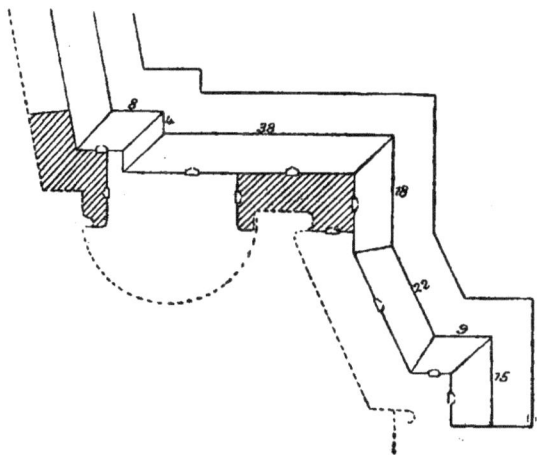

Fig. 359.

Fig. 360.

MÉTRÉ DE LA COUVERTURE.

NUMÉROS PAGES	SÉRIE				
		1ʳᵉ Lucarne de droite (*fig.* 360).			
		1 côté :			
		En raccord de banquette d'entablement.			
»	»	1 onglet..................................	1	»	0.20
»	»	Gousset...................................	1	»	0.28
»	»	Angle.....................................	1	»	0.15
»	»	Tranchis droit sur ardoise neuve	0.22	0.43	0.09
»	»	Dévirure *idem*...........................	0.22	0.38	0.08
		1 noquet droit en zinc *idem* pour fourniture ;			
»	»	produit	0.075	4.15	0.31
»	»	Façon, pose dudit.........................	1	»	0.15
		A la tête du couronnement de socle :			
»	»	Pattes cuivre *idem*......................	2	0.20	0.40
		Bande d'encadrement en zinc *idem* pour fourniture.			
		0.03 + 0.32 = ... 0.35			
»	»	× 0.07 large, produit ; surface............	0.02	4.15	0.08
»	»	Façon, pose	0.35	0.57	0.20
»	»	Angle soudé...............................	1	»	0.15
»	»	Clouage espacé de 0.05....................	0.35	0.34	0.12
642	206	Trous tamponnés dans la pierre	9	0.16	1.44
		A la tête de banquette au-dessus du chéneau :			
»	»	Patte cuivre *idem*.......................	1	»	0.20
		Rampant du 1ᵉʳ brisis :			
»	»	Tranchis droits sur ardoise *idem*	0.68	0.43	0.29
»	»	Dévirure *idem*...........................	0.68	0.38	0.26
		3 noquets droits en zinc *idem* pour fourni-			
»	»	ture ; surface.............................	0.225	4.15	0.93
»	»	Façon, pose	3	0.15	0.45
		En raccord de corniche :			
		1 noquet en zinc *idem* pour fourniture de			
		0.10 réduit × 0.30 produit.......... 0.03			
		1 alaise de 0.60 × 0.10 produit 0.06			
»	»	Ensemble 0.09	0.09	4.15	0.37
		Façon de noquet zinc découpé suivant profil			
Eva	lué	et posé...................................	1	»	0.90
		1 alaise moulurée *idem* façonnée, rapportée			
Eva	lué	et soudée	1	»	2.50
		Sur ce noquet :			
		Bande d'encadrement en plomb neuf en			
		table de 0.002 épaisseur pour fourniture 0.60			
		× 0.07 large, produit surface...... 0.04			
622	1	× 22ᵏ.70 le mètre ; pesant..................	0ᵏ900	0.42	0.38
»	12	Façon, pose de plomb sur moulures ; pesant.	0ᵏ900	1.00	0.90
616	52	Clouage espacé *idem*.....................	0.30	0.34	0.10
»	»	Trous tamponnés	7	0.16	1.12
		Sur la jouée (*fig.* 361) :			
		Bandes de solins en zinc *idem* pour fourni-			
		ture :			
		Au-dessus du chéneau......... 0.37			
		En décrochement............. 0.04			
		Au dessus de banquette........ 0.08			
		Rampante................... 0.72			
		Linéaires............ 1.21			

334 COUVERTURE ET PLOMBERIE.

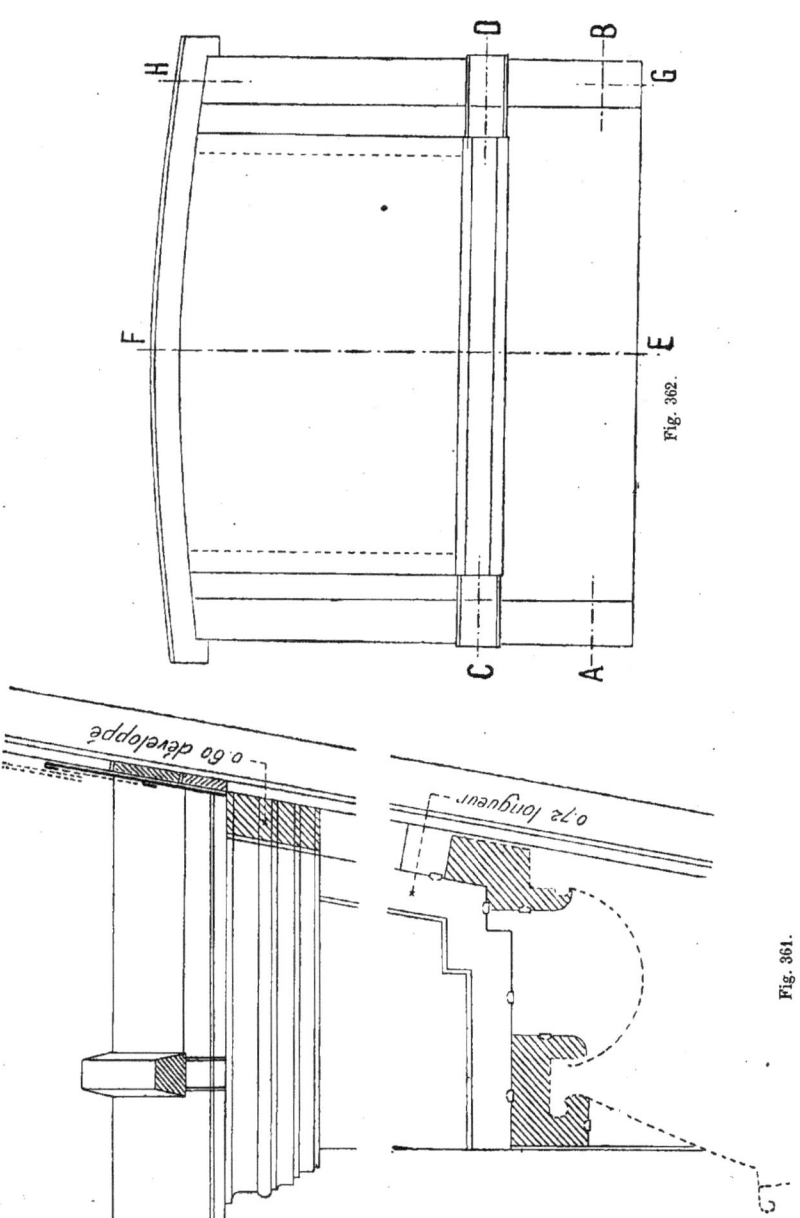

Fig. 362.

Fig. 361.

MÉTRÉ DE LA COUVERTURE.

	NUMÉROS					
	PAGES	SÉRIE				
	»	»	× 0.10 large, produit surface...............	0.12	4.15	0.50
	616	28	Façon, pose...........................	1.21	0.57	0.69
	»	»	Angles................................	3	0.15	0.45
	»	»	Pattes cuivre..........................	8	0.20	1.60
N° 13.	»	»	Amortissement d'about................	1	»	0.28
			Bandes d'encadrement en zinc *idem* pour fourniture :			
			0.30, 0.04, 0.08, 0.66 = ... 1.08			
	»	»	× 0.07 large, produit surface...............	0.08	4.15	0.33
	»	»	Façon, pose...........................	1.08	0.57	0.62
	»	»	Angles................................	3	0.15	0.45
	»	»	Clouage espacé de 0.05................	0.58	0.34	0.20
	»	»	Trous tamponnés......................	22	0.16	3.52
			L'autre côté semblable à celui accoladé n° 13.	1	»	20.69
			Dessus (*fig.* 362) :			
			Bandes d'agrafe en zinc n° 14 pour fourniture			
			Droites ; 2 fois 0.82 = ... 1.64			
			2 fois 0.10 = ... 0.20			
			Courbe ; 1 fois..................... 2.44			
			Linéaires............... 4.28			
	»	»	× 0.10 large, produit surface...............	0.43	4.15	1.78
			Façon, pose........................... 4.28			
			Plus-value de courbe.			
			1/5 × 2.44 = ... 0.49			
	616	25	Ensemble............... 4.77	4.77	0.25	1.19
			Trous tamponnés ; ensemble.............	88	0.16	14.08
N° 14.			Auvent en fronton :			
			Recouvrement en zinc n° 14 pour fourniture............................. 2.78			
	»	»	× 0.30 largeur développée, produit surface..	0.83	4.15	3.44
			Façon pose...................... 2.78			
			Plus value de courbe.			
			1/5 × 2.44 = ... 0.49			
	616	34	Linéaires 3.27	3.27	1.65	5.40
	618	72	Ourlet zinc, fourni façonné, circulaire et soudé................................	2.44	0.80	1.95
			Relief circulaire dégorgé au marteau ;			
	Com	posé	Linéaires.............................	2.44	1.00	2.44
	»	»	Onglets...............................	4	0.20	0.80
	618	78	Contretalons de couvrejoints	2	0.15	0.30
			Auvents sur côtés :			
			Recouvrements en zinc n° 14 pour fourniture.			
			2 fois 0.69 = ... 1.38			
			Coulisseaux................... 2 »			
			× 0.20 courant = ... 0.40			
			Têtes...................... 2			
			× 0.15 courant = ... 0.30			
			Linéaires............... 2.08			
	»	»	× 0.33 largeur, produit surface............	0.69	4.15	2.86

336 COUVERTURE ET PLOMBERIE

	NUMÉROS. PAGES	SÉRIE					
N° 14.	»	»	Façon, pose....................	2.08			
			Plus-value de façon 1/10 × 1.38 = ...	0.14			
	»	»	Ensemble............	2.22	2.22	1.48	3.29
			Brisures façonnées, soudées aux coulisseaux. Dessus (*fig.* 363 à 365).		2	0.15	0.30
			Tasseau neuf sapin de 0.040, fourni, posé, cloué.......................	2.20			
			Plus-value de 1/5 pour circulaire *idem*.....................	0.44			
	621	149	Ensemble............	2.64	2.64	0.33	0.87

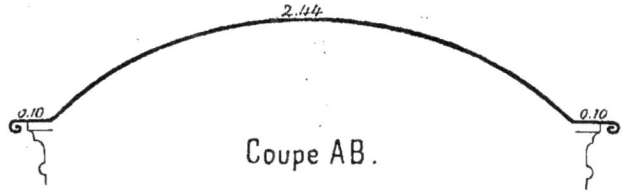

Coupe AB.

Fig. 363.

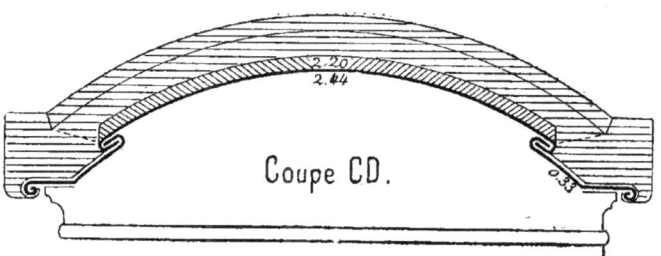

Coupe CD.

Fig. 364.

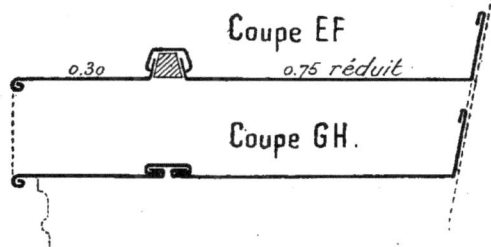

Coupe EF

Coupe GH.

Fig. 365.

MÉTRÉ DE LA COUVERTURE.

NUMÉROS PAGES	SÉRIE				
»	»	Trous tamponnés idem................	5	0.16	0.80
		Recouvrement en zinc n° 14 pour fourniture...................... 2.24			
		× 0.75 largeur réduite, produit surface.....	1.68	4.15	6.97
		Façon, pose; linéaires............ 2.24			
		Plus-value de 1/5 pour courbure... 0.45			
616	34	Ensemble............ 2.69	2.69	1.65	4.44
»	»	Plus-value de relief circulaire dégorgé.....	2.20	1.00	2.20
		1 alaise zinc *idem*, rapportée sur rampant du comble, pour fourniture.			
		Linéaires............ 2.20			
»	»	× 0.15 largeur développée, produit surface..	0.33	4.15	1.37
		Façon, découpage circulaire à pince par le			
Com	posé	haut et pose............	2.20	1.57	3.45
620	141	Soudure obligée sur zinc neuf.............	2.20	0.66	1.45
»	»	Angles soudés, sur pince (*têtes d'auvents*)..	2	0.15	0.30
»	»	Contre-talons zinc *idem*...............	2	0.15	0.30
		Couvrejoint zinc n° 14 pour fourniture.			
		Linéaire............ 2.30			
»	»	× 0.10 large, produit surface.............	0.23	4.15	0.95
		Façon, pose; linéaires............ 2.30			
		Plus-value de circulaire........... 2.30			
		Ensemble............ 4.60	4.60	0.20	0.92
618	76	Talons zinc.....................	2	0.20	0.40
»	»	Pattes cuivre...................	2	0.20	0.40
»	»	Tranchis circulaires sur ardoise *idem* au dessus............	2.50	1.40	3.50
		Tranchis moulurés sur ardoise; sur côtés;			
»	»	2 fois 0.60 développé = ...	1.20	2.80	3.36
610	227	Parements *idem*...................	3.70	0.40	1.48
		Les 2e, 3e et 4e lucarnes semblables à celle accolade nos 13 et 14 ;			
		3 fois = ...	3	112.37	337.11
		Fronton de gauche.			
		(*Fig.* 366 à 368.)			
		1 Côté :			
		En raccord de banquette d'entablement :			
»	»	Onglet...................	1	»	0.20
617	65	Gousset...................	1	»	0.28
617	64	Angle...................	1	»	0.15
611	238	Tranchis droit sur ardoise neuve.........	0.22	0.43	0.09
609	176	Dévirure *idem*...................	0.22	0.38	0.08
		1 noquet droit en zinc *idem* pour fourniture; produit............	0.075	4.15	0.31
620	127	Façon, pose...................	1	»	0.15
		Plus-value pour noquet et alaise moulurés,			
»	»	découpés, rapportés, soudés.............	1	»	3.40
		Bandes d'encadrement en plomb neuf, en table de 0.002 épaisseur, pour fourniture ;			
		0.27, 0.22 = ... 0.49			
		× 0.07 large, produit............ 0.03			
622	1	× 22k,700 le mètre; pesant.............	0k,680	0.42	0.29

N° 14.

N° 15.

Sciences générales.   Couverture et Plomberie. — Tome II. — 22.

Fig. 366.

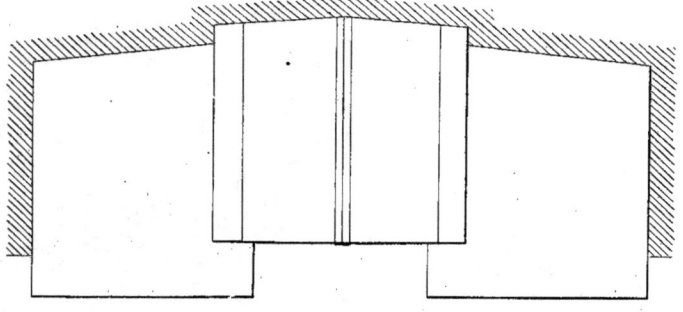

Fig. 387.

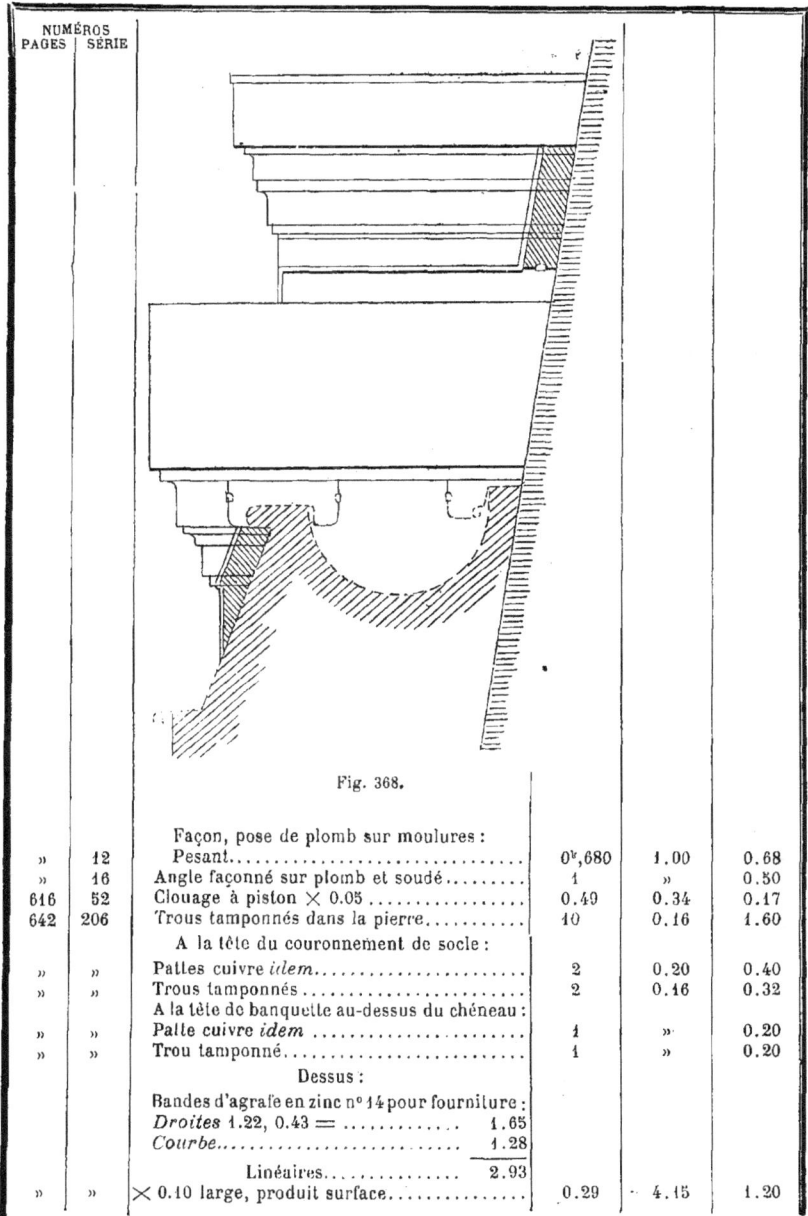

Fig. 368.

PAGES	SÉRIE				
		Façon, pose de plomb sur moulures : Pesant............................	0ᵏ,680	1.00	0.68
»	12				
»	16	Angle façonné sur plomb et soudé........	1	»	0.50
616	52	Clouage à piston × 0.05	0.49	0.34	0.17
642	206	Trous tamponnés dans la pierre..........	10	0.16	1.60
		A la tête du couronnement de socle :			
»	»	Pattes cuivre *idem*.....................	2	0.20	0.40
»	»	Trous tamponnés......................	2	0.16	0.32
		A la tête de banquette au-dessus du chéneau :			
»	»	Patte cuivre *idem*	1	»	0.20
»	»	Trou tamponné.......................	1	»	0.20
		Dessus :			
		Bandes d'agrafe en zinc n° 14 pour fourniture :			
		Droites 1.22, 0.43 = ... 1.65			
		Courbe................ 1.28			
		Linéaires............. 2.93			
»	»	× 0.10 large, produit surface............	0.29	4.15	1.20

N° 15.

MÉTRÉ DE LA COUVERTURE.

NUMÉROS PAGES	SÉRIE				
		Façon, pose; linéaires............ 2.93			
		Plus-value de courbe:			
		1/5 × 1.28 = ... 0.25			
616	25	Ensemble............ 3.18	3.18	0.25	0.80
»	»	Trous tamponnés; ensemble............	30	0.16	4.80
		Recouvrement en zinc n° 14 pour fourniture			
		Longueur réduite............... 1.28			
»	»	× 1.42 largeur développée, produit surface..	1.82	4.15	7.55
		Façon pose ; linéaires............. 1.28			
		Plus-value de courbe :			
		1/5 × 1.28 = ... 0.25			
616	34	Plus-value de 1/10 pour longueur			
		précise...................... 0.13			
		Ensemble............. 1.66	1.66	1.65	2.74
620	141	Soudure obligée sur zinc neuf...........	1.42	0.66	0.94
		Ourlet zinc fourni, façonné, circulaire, posé			
618	72	et soudé....................	1.28	0.80	1.02
		Plus-value de relief circulaire, dégorgé au			
»	»	marteau ; linéaires.................	1.28	1.00	1.28
		Alaise zinc *idem* (*sur rampant*) pour four-			
		niture ; linéaires............... 1.35			
»	»	× 0.15 hauteur produit surface	0.20	4.15	0.83
		Découpage circulaire et façon avec pince par			
Com	posé	le haut, compris pose	1.35	1.57	2.12
»	»	Soudure obligée sur zinc neuf...........	1.28	0.66	0.84
»	»	Angle soudé sur pince...................	1	»	0.15
»	»	Onglets........................	2	0.20	0.40
»	»	Goussets.......................	2	0.28	0.56
»	»	Angles.........................	2	0.15	0.30
		Au relief de tête :			
		Bandes d'encadrement en zinc *idem* pour			
		fourniture :			
		0.10, 0.04, 0.92 = ... 1.06			
»	»	× 0.07 large, produit surface...............	0.07	4.15	0.29
616	28	Façon, pose.....................	1.06	0.57	0.60
»	»	Angles.......................	2	0.15	0.30
»	»	Clouage à piston × 0.03...............	1.06	0.34	0.36
»	»	Trous tamponnés..................	22	0.16	3.52
		En raccord de brisis :			
		Tranchis circulaires sur ardoise neuve ;			
»	»	Linéaires..................	1.30	1.40	1.82
»	»	Parements *idem*................	1.30	0.40	0.52
		Au droit de la partie centrale.			
		Faux noquets en zinc *idem* pour fourniture :			
		Alaises.			
		2 fois 0.20 = 0.40 × 0.15 produit .. 0.06			
		Noquets.			
		2 fois 0.30 = 0.60 × 0.10 produit.. 0.06			
»	»	Surface............... 0.12	0.12	4.15	0.50
		Façon, pose de :			
»	»	Noquets découpés suivant moulures........	2	0.90	1.80

COUVERTURE ET PLOMBERIE.

N° 15.

NUMÉROS PAGES	SÉRIE				
»	»	Alaises moulurées, façonnées, posées et soudées...............................	2	2.50	5.00
		Bandes d'encadrement en plomb neuf, en table de 0.002 épaisseur pour fourniture ;			
		Linéaires.............. 0.60			
		$\times$ 0.07 large, produit surface....... 0.04			
622	1	$\times$ 22^k,70 le mètre ; pesant.............	0^k,908	0.42	0.38
622	12	Façon, pose de plomb sur moulures ; pesant.	0^k,908	1.00	0.91
»	»	Clouage espacé de 0.05	0.60	0.34	0.20
»	»	Trous tamponnés	12	0.16	1.92
»	»	Tranchis moulurés sur ardoise *idem*......	0.60	2.80	1.68
»	»	Parements *idem*........................	0.60	0.40	0.24
»	»	L'autre côté semblable à celui accoladé n° 15.	1	»	52.59
		Partie centrale.			
		Dessus :			
		Bandes d'agrafe en zinc *idem* pour fourniture :			
		Côtés : 2 fois 1.13 = ... 2.26			
		Face : 2 fois 0.14 = ... 0.28			
		2 fois 0.55 = ... 1.10			
		Linéaires............ 3.64			
»	»	$\times$ 0.10 large, produit surface..............	0.36	4.15	1.49
»	»	Façon, pose.............................	3.64	0.25	0.91
»	»	Trous tamponnés	36	0.16	5.76
		Recouvrements en zinc n° 14 pour fourniture			
		2 fois 1.34 réduit = ... 2.68			
»	»	$\times$ 0.73 largeur développée, produit surface...	1.96	4.15	8.13
		Façon, pose ; linéaires............. 2.68			
		Plus-value de 1/10 *idem* 0.27			
616	34	Ensemble.......... 2.95	2.95	1.65	4.87
		1 coulisseau de faîtage en zinc *idem* pour fourniture...................... 1.35			
		$\times$ 0.10 large, produit surface..............	0.14	4.15	0.58
		Façon pose comme recouvrement ;			
		Linéaires.....................	1.35	1.10	1.49
»	»	Onglets................................	5	0.20	1.00
»	»	Goussets...............................	3	0.28	0.84
»	»	Brisures sur reliefs	2	0.20	0.40
		Tranchis sur ardoise *idem* :			
		Droits :			
		2 fois 0.11 = ... 0.22			
		2 fois 0.15 = ... 0.30			
611	238	Ensemble.......... 0.52	0.52	0.43	0.22
		Biais :			
»	»	2 fois 0.55 = ...	1.10	0.70	0.77
610	227	Parements en plâtre *idem* 0.52, 1.10 = ...	1.62	0.40	0.65

MÉTRÉ DE LA COUVERTURE. 343

NUMÉROS PAGES	SÉRIE					
		Arêtier à gauche.				
		(*Comme fig.* 346.)				
»	»	Arêtier sapin de 0.070 fourni, posé, cloué...		1.25	0.75	0.94
		Dessous :				
		Voligeage sapin de 0.013 jointif				
		1.15 réduit × 0.22 produit.......	0.25			
		Pour double épaisseur :				
		Même surface....................	0.25			
621	170	Ensemble...........	0.50	0.50	2.05	1.03
		Tranchis biais sur ardoise *idem:*				
»	»	2 fois 1.15 réduit = ...		2.30	0.70	1.61
»	»	Dévirures *idem*.................		2.30	0.38	0.87
		Alaises en plomb neuf, en table de 0.0015 épaisseur pour fourniture				
		2 fois 1.15 réduit	2.30			
		× 0.15 large, produit surface.......	0.35			
622	1	× 17k,00 le mètre; pesant.................		5k,950	0.42	2.50
»	9	Façon, pose; pesant.....................		5k,950	0.15	0.89
		Bandelettes de clouage en zinc *idem;*				
»	17	Linéaires		2.30	0.33	0.76
616	52	Clouage espacé, *idem*..............		2.30	0.34	0.78
		Bavettes en zinc n° 14 pour fourniture				
		2 fois 1.30 réduit = ...	2.60			
		× 0.16 large, produit surface.............		0.42	4.15	1.74
616	32	Façon pose.......................		2.60	1.25	3.25
»	»	Talons d'ourlets.................		2	0.20	0.40
618	79	Contre-talons d'arêtier, en zinc............		2	0.20	0.40
»	»	Pattes cuivre *idem*, 2 fois 4 = ...		8	0.20	1.60
		Couvre-joint d'arêtier, en zinc, n° 14 pour fourniture.....................	1.30			
		1 croisure......................	0.05			
		Ensemble...........	1.35			
»	»	× 0.14 large, produit surface.............		0.19	4.15	0.79
»	»	Façon, pose; linéaires		1.35	0.28	0.38
618	77	Talon zinc........................		1	»	0.25
»	»	Patte cuivre.....................		1	»	0.20
		1 embranchement façonné soudé sur membron zinc; en angles.....................				
»	»			3	0.15	0.45
		Chéneau-Membron entre 1er et 2e brisis.				
		(*fig.* 369.)				
		Membron :				
		Voligeage neuf en sapin de 0.013 jointif				
		Face avenue..........	18.40			
		En retour............	1.50			
		Linéaires (J). Ensemble....	19.90			
		0.48 hauteur produit surface.........	9.55			
		Pour double épaisseur :				
		Linéaires *idem* (J).........	19.90			
		× 0.31 hauteur, produit.............	6.17			
621	170	Ensemble...........	15.72	15.72	2.05	32.23

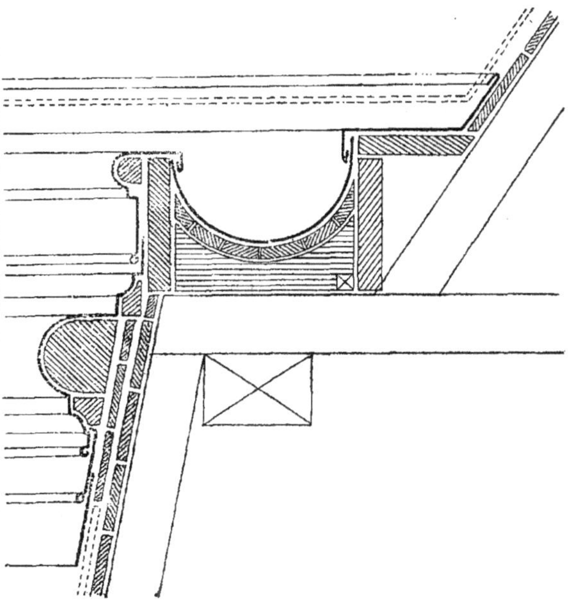

Fig. 369.

NUMÉROS					
PAGES	SERIE				
		Filets en plâtre sur ardoise neuve			
		De face 18.40			
		En retour 1.50			
610	210	Ensemble (K)........ 19.90	19.90	0.90	17.91
		Bavette de filet en plomb neuf en table de 0.002 épaisseur pour fourniture ;			
		Linéaires idem (K)............... 19.90			
		Plus :			
		Recouvrements............. 4			
		$\times 0.10 =$ 0.40			
		Têtes 2			
		$\times 0.15$ courant = ... 0.30			
		Amortissement............. 1			
		$\times 0.15$ en excédent................ 0.15			
		Linéaires............ 20.75			
		$\times 0.16$ large produit surface......... 3.32			
622	1	$\times 22^k,70$ le mètre ; pesant.................	$73^k,360$	0.42	31.65
»	9	Façon, pose ; pesant	$75^k,360$	0.15	11.30
»	17	Bandelettes de clouage zinc idem........	19.90	0.33	6.57
»	»	Clouage espacé idem.....................	19.90	0.34	6.77

MÉTRÉ DE LA COUVERTURE.

NUMÉROS PAGES	SÉRIE				
		Bavettes en zinc n° 14 pour fourniture			
		18.50, 1.60 = ... 20.10			
		Coulisseaux.................. 20			
		× 0.20 courant = ... 4.00			
		Têtes..................... 2 »			
		× 0.15 courant = ... 0.30			
		Linéaires............. 24.40			
»	»	× 0.16 large, produit surface.............	3.90	4.15	16.19
		Façon, pose.................... 24.40			
		Plus de façon ; 1/10 × 20.10 = ... 2.01			
616	32	Ensemble............. 26.41	26.41	1.25	33.01
		Plus-value de coupes biaises en amortissements sur lucarnes.....................	10	0.15	1.50
»	»	Pattes cuivre *idem*.....................	10	0.20	2.00
»	»	Talons d'ourlets.....................			
		Membrons en sapin refait, fournis, assemblés et posés de 0.12 × 0.12 produit 0.0144 *de section*.			
		Face avenue..................... 18.40			
		En retour..................... 1.50			
		Ensemble........... 19.90			
»	»	× 0.0144 surface, produit cube	0.279	169.57	47.21
		Plus-value de montage à 23 mètres, soit			
»	»	13 mètres en plus du montage prévu ; cube...	0.279	5.31	1.48
		Moulure sapin développant 0.14 ;			
»	»	Linéaires.....................	19.90	1.34	26.67
		Au-devant du membron :			
		Champs en sapin *idem* de 0.041 fournis, posés ; linéaires 19.90			
		1 coupe et assemblage d'onglet × . 0.12			
»	»	Ensemble............. 20.02	20.02	0.36	7.21
		Gorge arrondie de 0.04 développé ;			
»	»	Linéaires.....................	20.02	0.095	1.90
		Membrons en zinc n° 14 pour fourniture ;			
		Linéaires............. 19.90			
		Plus :			
		1 tête × 0.15			
		1 équerre × 0.20			
		1 talon × 0.15			
		Ensemble............. 20.40			
»	»	× 0.50 développé, produit surface..........	10.20	4.15	42.33
		Façon, pose ; linéaires............. 20.40			
		Plus-value de 1/10 × 19.90 = ... 1.99			
616	33	Ensemble............. 22.39	22.39	1.48	33.14
		Plus-value de moulures comprenant :			
»	»	3 courbes à 0.15 = ... 0 45			
»	»	8 reliefs à 0.04 = ... 0.32			
		Ensemble........... 0^f,77			
»	»	Linéaires.....................	22.39	0.77	17.24

COUVERTURE ET PLOMBERIE.

NUMÉROS PAGES	SÉRIE				
»	»	Bagues saillantes en zinc estampé *idem* ; Fournies............................		20	3.00	60.00
»	»	Posées, soudées		20	1.00	20.00
		Dessous ; gaines de garantie en zinc *idem* pour fourniture ;				
		20 fois 0.20 = ...	4.00			
		× 0.40 développé, produit surface.........		1.60	4.15	6.64
		Façon, pose ; linéaires	4.00			
		Plus-value de 1/10 *idem*	0.40			
616	33	Ensemble............	4.40	4.40	1.48	6.51
»	»	Pattes cuivre *idem* ; ensemble		60	0.20	12.00
		Au-dessus du membron :				
		Champs en sapin de 0.041/0.054, fournis, posés ; linéaires	19.90			
		1 coupe et assemblage d'onglet × .	0.12			
»	»	Ensemble............	20.02	20.02	0.75	15.02
		Gorge arrondie de 0.05 développé ;				
»	»	Linéaires....................		20.02	0.11	2.20

Chéneau.

Pour encaissement :

		Planches en sapin de 0.041 × 0.22 hauteur fournies, posées ;				
		2 fois 18.15 réduit = ...	36.30			
		2 fois 1.25 réduit = ...	2.50			
		Ensemble............	38.80			
		Entailles et assemblages d'onglets 2 » × 0.12 courant = ...	0.24			
		Amortissements d'abouts .... 2 » × 0.05 courant = ...	0.10			
Menui 714	serie 281	Linéaires (L)...............	39.14	39.14	1.41	55.19

Pour planche de socle :

»	»	Équerres en fer de 0.035/0.007, fournies de 0.40 développé, coudées sur plat, entaillées et fixées avec vis ; ensemble.................		18	2.60	46.80
»	»	Équerres d'angle en même fer × 0.40 développé, fournies, posées *idem*		2	2.60	5.20
»	»	Peinture desdites au minium, 2 couches ; Ensemble.................		20	0.12	2.40
		Fond en sapin de 0.018 épaisseur, fourni, posé, cloué, jointif ;				
		Linéaires *idem* (L) = $\frac{38.80}{2}$ = .	19.40			
621	171	× 0.30 largeur développée, produit surface ..		5.82	2.38	13.85
		Plus-value de sapin par frises de 0.054 pour circulaire ; 1/10 × 5.82 surface = ...		0.58	2.38	1.38
»	»	Dessous :				
		Coyaux en sapin de 0.054 épaisseur, débillardés, chanfreinés suivant la pente ;				
»	»	Fournis..........................		58	0.85	49.30
608	167	Posés...........................		58	0.33	19.14

MÉTRÉ DE LA COUVERTURE.

NUMÉROS PAGES	SÉRIE				
»	»	Tasseaux d'accotement en sapin de 0.027, fournis, coupés de longueur, posés et cloués; 116 fois 0.29 = ...		33.64	0.25	8.41
		Chéneau en zinc n° 16 pour fourniture; Linéaires *idem* (L) $\frac{38.80}{2} =$ 19.40				
		Plus :				
		Croisures .... 9 »				
		× 0.05 courant = ...	0.45			
		Equerre .... 1 »				
		× 0.20 courant = ...	0.20			
		Têtes.................... 2 »				
		× 0.15 courant = ...	0.30			
		Ensemble............	20.35			
»	»	× 0.55 largeur développée réduite, produit Surface.......................		11.19	5.46	61.10
619	107	Façon, pose ; linéaires................		20.35	1.95	39.68
		Sur les côtés :				
»	»	Mains d'arrêt en cuivre rouge fournies posées, en valeur entière ; 2 fois 59 = ...		118	0.30	35.40
		Socle :				
		Membron en sapin de 0.05/0.041 fourni, posé				
		18.40 + 1.50 = ...	19.90			
		1 coupe et assemblage d'onglet × ...	0.12			
		Amortissements .... 2 »				
		× 0.05 courant = ...	0.10			
620	123	Ensemble............	20.22	20.22	0.80	16.18
		Recouvrement en zinc n° 14 pour fourniture				
		Linéaires............	19.90			
		Équerre .... 1 »				
		× 0.20 courant = ...	0.20			
		Têtes.................... 2 »				
		× 0.15 courant = ...	0.30			
		Ensemble............	20.40			
»	»	× 0.38 développé, produit surface.........		7.75	4.15	32.16
		Façon, pose................	20.40			
		Plus-value de façon :				
		1/10 × 19.90 = ...	1.99			
616	33	Ensemble............	22.39	22.39	1.48	33.14
		Plus-value de moulures comprenant :				
		1 *courbe* à..................	0.15			
		4 *reliefs* à 0.04 = ...	0.16			
		Ensemble............	0ᶜ,31			
»	»	Linéaires..................		22.39	0.31	6.94
		Bagues saillantes en zinc estampé, à jouées, découpées, rapportées, soudées :				
»	»	Fournies..................		20	2.28	45.60
»	»	Posées, soudées..............		20	1.00	20.00

COUVERTURE ET PLOMBERIE.

NUMÉROS PAGES	SÉRIE					
»	»	Dessous : gaines de garantie en zinc, n° 14, pour fourniture 20 fois 0.20 = ... 4.00 × 0.30 développé, produit surface..........		1.20	4.15	4.98
		Façon, pose...................... 0.40 Plus-value de 1/10............... 0.40				
»	»	Ensemble............	4.40	4.40	1.48	6.29
		Pattes cuivre en plus-value :				
		Par le bas.................	60			
		Dans le chéneau............	58			
»	»	Ensemble............	118	118	0.20	23.60
		Banquette au-dessus du chéneau.				
		Dessus :				
		Planche en sapin de 0.027 épaisseur × 0.22 largeur, fournie posée ; 18.20, 1.25 = ...	19.45			
		Amortissement.............. 2				
		× 0.05 courant = ...	0.10			
Menui 714	série 279	Linéaires.............	19.55	19.55	0.89	17.40
729	649	Coupe biaise sur sapin de 0.027 épaisseur ; Linéaires		19.55	0.08	1.56
		Recouvrements en zinc n° 14 pour fourniture ; Mêmes linéaires........	19.45			
		Têtes...................... 2				
		× 0.15 courant = ...	0.30			
		Équerre........ 1				
		× 0.20 courant = ...	0.20			
		Coulisseaux................ 20				
		× 0.20 courant = ...	4.00			
		Linéaires.............	23.95			
»	»	× 0.40 largeur, produit surface...........		9.58	4.15	39.76
		Façon, pose...................	23.95			
		Plus-value de façon :				
		1/10 × 19.45 = ...	1.95			
616	33	Ensemble............	25.90	25.90	1.48	38.33
		Brisures façonnées soudées aux coulisseaux.				
»	»	Ensemble.................		20	0.15	3.00
»	»	Pattes cuivre en plus-value............		58	0.20	11.60
		Brisis :				
		Voligeage neuf en sapin de 0.013 jointif 18.20, 1.25 = ...	19.45			
»	»	× 0.11 hauteur, produit surface...........		2.14	2.05	4.39
»	»	Doublis d'une ardoise neuve *idem* ; Linéaires...................		19.45	0.67	13.03
610	227	Parements *idem*......................		19.45	0.40	7.78

NUMÉROS					
PAGES	SERIE				
		Rive à droite.			
		(*fig.* 370.)			
		Pattes cuivre *idem* ; en plus-value :			
		A la tête du membron............ 1			
		Tête de couronnement de socle....... 2			
620	132	Tête de banquette................ 1			
		Ensemble........... 4	4	0.20	0.80

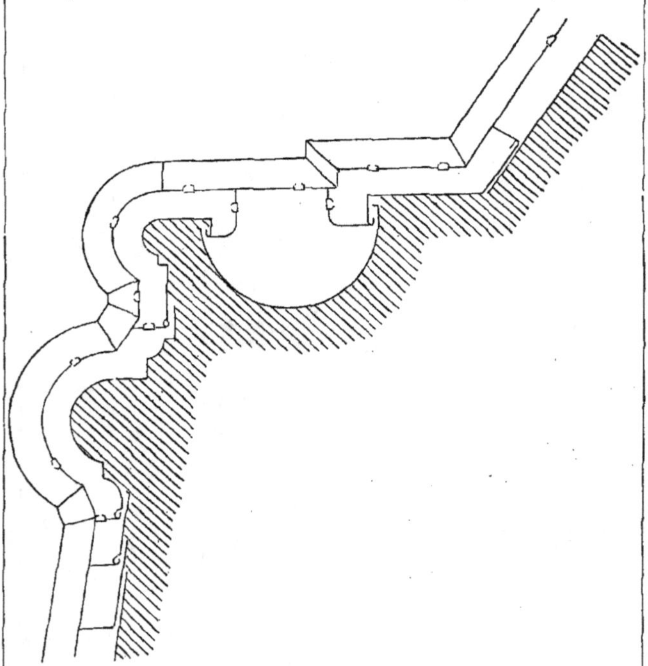

Fig. 370.

611	238	Tranchis droits sur ardoise neuve (2° *brisis*)	2.42	0.43	1.04
609	176	Dévirures *idem*........................	2.42	0.38	0.92
		Noquets droits en zinc *idem* pour fourniture................ 11			
»	»	× chaque 0.075 superficiel, produit........	0.83	4.15	3.44
»	»	Façon, pose................	11	0.15	1.65
		Les bandes de solins en zinc n° 14 pour fourniture :			

COUVERTURE ET PLOMBERIE.

NUMÉROS PAGES	SÉRIE					
		Droite (sous membron).......... 0.06				
		Circulaire............... 0.40 »				
		Droites : 0.07, 0.06..... = » 0.13				
		Circulaire............... 0.32 »				
		Horizontale au-dessus du chéneau............... » 0.28				
		Décrochement............ » 0.03				
		Au-dessus de banquette.... » 0.23				
		Rampante (2ᵉ brisis)....... » 2.60				
		0.72 3.33				
»	»	Ensemble........ 4.05				
		× 0.10 largeur, produit surface............	0.41	4.15	1.70
		Façon, pose................ 4.05				
		Plus-value de circulaires......... 0.72				
616	28	Linéaires............... 4.77	4.77	0.57	2.72
»	»	Angles................................	8	0.15	1.20
»	»	Pattes cuivre.........................	16	0.20	3.20
»	»	Brisure...............................	1	»	0.15
620	140	Solins en plâtre sur zinc................	4.05	0.90	3.64

2° Brisis.
1ʳᵉ **Lucarne**, à droite.
(*fig.* 371 et 372.)

»	»	Fourniture d'une lucarne en zinc estampé n° 1849 de l'album Coutelier...............	1	»	68.00
»	»	(9) *Pour rester dans les indications des plans, nous supposons prendre la lucarne n° 1851 figure 372 avec addition de clé et soubassement de celle n° 1849 figure 371. Aussi, par analogie, nous appliquons le prix de cette dernière*..................	Obser	vation	»

Fig. 371.

MÉTRÉ DE LA COUVERTURE.

NUMÉROS PAGES	SÉRIE				
»	»	Plus-value pour fourniture de carapace en zinc n° 16, façonnée suivant rampant de comble et soudée....................	1	»	32.00
615	17, 18	Pour présentation et pose de cette lucarne ; employé 4 heures de compagnon zingueur et aide..............................	4	1.90	7.60
		Au devant :			
		Bavette en plomb neuf en table de 0.002 épaisseur, pour fourniture.......... 1.30 × 0.16 large, produit, surface........ 0.21			
622	1	× 22ᵏ,70 ; pesant.....................	4ᵏ,770	0.42	2.00
»	9	Façon, pose ; pesant.................	4ᵏ,770	0.15	0.72
»	17	Bandelette de clouage, zinc, fournie, posée.	1.30	0.33	0.43
616	52	Clouage espacé de 0.05 *idem*.........	1.30	0.34	0.44
610	210	Filet plâtre sur ardoise neuve.........	1.30	0.90	1.17
		Sur les côtés :			
»	»	Tranchis, suivant moulures, sur ardoise ; 2 fois 1.30 = ...	2.60	2.80	7.28
		Au dessus :			
»	»	Tranchis circulaires *idem*............	1.50	1.40	2.10
610	227	Parements en plâtre..................	4.10	0.40	1.64
»	»	6 autres lucarnes semblables à celle accoladée n° 16 : (6 fois).......................	6	123.38	740.28
		2 pénétrations de **souches**.			
		1° *Celle de droite* (*fig.* 373).			
		Devant :			
»	»	Filets plâtre sur ardoise *idem*. 0,30, 0,35 = ...	0.65	0.90	0.59

N° 18.

Fig. 372.

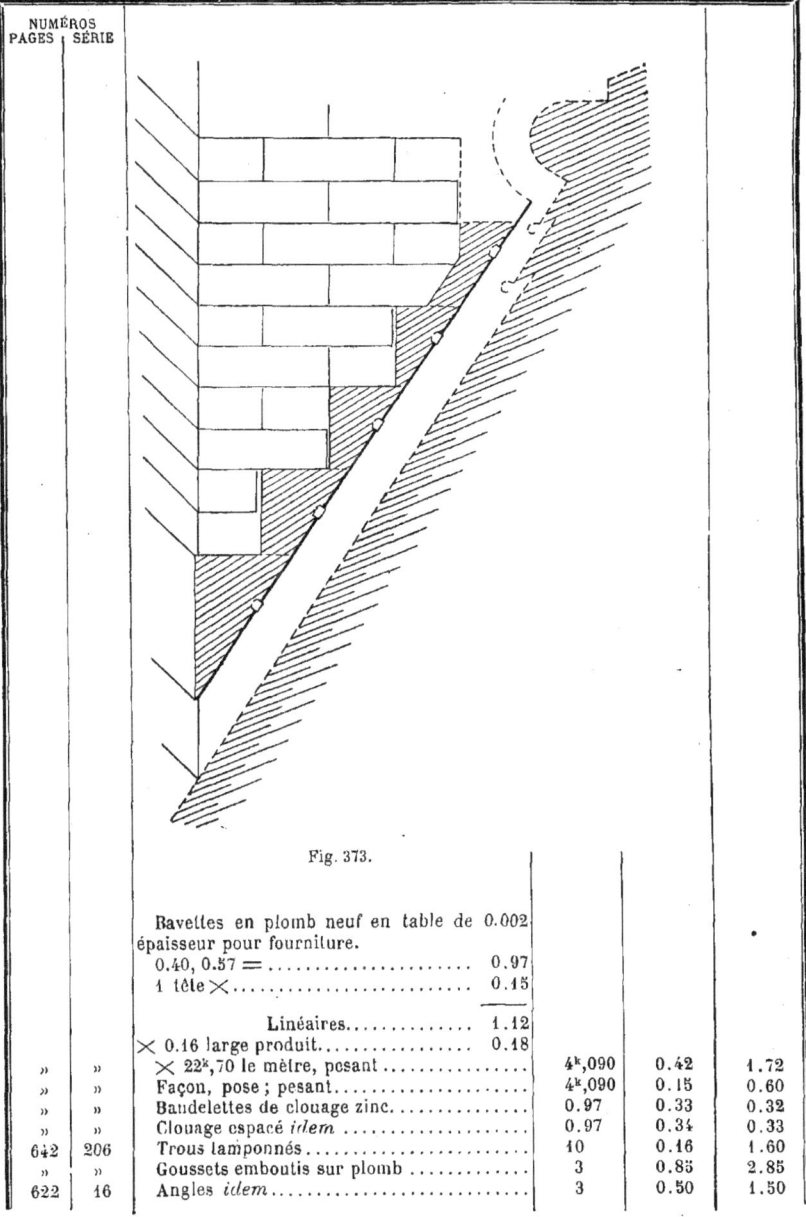

Fig. 373.

PAGES	SÉRIE				
		Bavettes en plomb neuf en table de 0.002 épaisseur pour fourniture.			
		0.40, 0.57 = ... 0.97			
		1 tête × 0.15			
		Linéaires............. 1.12			
		× 0.16 large produit............ 0.18			
»	»	× 22^k,70 le mètre, pesant	4^k,090	0.42	1.72
»	»	Façon, pose ; pesant....................	4^k,090	0.15	0.60
»	»	Baudelettes de clouage zinc...........	0.97	0.33	0.32
»	»	Clouage espacé *idem*	0.97	0.34	0.33
642	206	Trous tamponnés........................	10	0.16	1.60
»	»	Goussets emboutis sur plomb	3	0.85	2.85
622	16	Angles *idem*...........................	3	0.50	1.50

MÉTRÉ DE LA COUVERTURE.

NUMÉROS PAGES	SÉRIE				
		Sur côtés :			
		Tranchis droits sur ardoise *idem;*			
»	»	2 fois 1.00 = ...	2.00	0.43	0.86
»	»	Dévirures *idem*	2.00	0.38	0.76
		Noquets droits en zinc *idem* pour fourniture ;			
		2 fois 5 = ... 10			
»	»	× chaque 0.075 superficiel, produit	0.75	4.15	3.11
»	»	Façon, pose 10	10	0.15	1.50
		Bandes à crémaillère, en zinc *idem* pour fourniture.			
		Devant : 0.35, 0.40 = .. 0.75 »			
		× 0.26 large, produit................ 0.20			
		Côtés :			
		2 fois 1.00 = ... 2.00 »			
		× 0.15 largeur réduite, produit....... 0.30			
»	»	Surface............. 0.50	0.50	4.15	2.08
		Façon, pose, comme bandes de recouvrement :			
616	33	Devant × 0.26.............	0.75	1.48	1.11
»	31	Côtés × 0.15	2.00	1.10	2.20
»	»	Plus-value de 1/10 *idem* × 0.26	0.08	1.48	0.12
»	»	*Idem* × 0.15................	0.20	1.10	0.22
		Plus-value de sciottage et joints en ciments ;			
		Linéaires............. 2.75			
		Plus-value aux décrochements ;			
		2 fois 0.56 = ... 1.12			
Com	posé	Ensemble............. 3.87	3.87	1.00	3.87
»	»	Angles	4	0.15	0.60
»	»	Pattes cuivre.....................	14	0.20	2.80
		Brisures façonnées soudées dans les décrochements :			
»	»	2 fois 9 = ...	18	0.15	2.70
		2° *Celle de gauche.*			
		Devant :			
»	»	Filets plâtre sur ardoise *idem ;* 0.30, 0.35 =	0.65	0.90	0.59
		Bavettes en plomb neuf de 0.002 épaisseur pour fourniture ;			
		0.40, 0.57 = ... 0.97			
		1 tête × 0.15			
		Linéaires......... 1.12			
		× 0.16 large, produit surface....... 0.18			
»	»	× 22ᵏ,70 le mètre ; pesant.................	4ᵏ,090	0.42	1.72
»	»	Façon, pose ; pesant....................	4ᵏ,090	0.15	0.60
»	»	Bandelettes de clouage en zinc............	0.97	0.33	0.32
»	»	Clouage espacé *idem*.....................	0.97	0.34	0.33
»	»	Trous tamponnés.......................	10	0.16	1.60
»	»	Goussets emboutis sur plomb.............	3	0.85	2.55
»	»	Angles —	3	0.50	1.50
		Sur côtés :			
		Tranchis droits sur ardoise neuve ;			
»	»	2 fois 0.75 = ...	1.50	0.43	0.65
»	»	Dévirures *idem*..........................	1.50	0.38	0.57

Sciences générales.   COUVERTURE ET PLOMBERIE. — TOME II. — 23.

NUMÉROS PAGES	SÉRIE					
»	»	Noquets droits en zinc *idem* pour fourniture ; 2 fois 4 = ... 8				
»	»	× chaque 0.075 superficiel, produit.........		0.60	4.15	2.49
»	»	Façon, pose...................	8	8	0.15	1.20
		Bandes de solins à crémaillère, en zinc *idem*, pour fourniture.				
		Devant :				
		0.35, 0.40 = ... 0.75				
		× 0.20 large, produit............. 0.15				
		Côtés :				
		2 fois 0.75 = ... 1.50				
		× 0.15 large, produit............ 0.23				
»	»	Surface.......... 0.38		0.38	4.15	1.58
		Façon, pose comme bandes de recouvrement ;				
616	32	× 0.20 large ; *devant*		0.75	1.25	0.94
»	31	× 0.15 — *côtés*..............		1.50	1.10	1.65
»	»	Plus-value de 1/10 *idem* × 0.20.........		0.08	1.25	0.10
»	»	— × 0.15.................		0.15	1.10	0.17
		Sciottages dans la brique et joints au ciment ; linéaires.................. 2.25				
		Plus, aux décrochements :				
»	»	2 fois 0.42 = ... 0.84				
		Ensemble.......... 3.09		3.09	1.00	3.09
»	»	Angles.............................		4	0.15	0.60
»	»	Brisures *idem*.......................		16	0.15	2.40
»	»	Pattes cuivre........................		12	0.20	2.40
		1 Arêtier à gauche.				
»	»	Arêtier en sapin de 0.070, fourni, posé, cloué.......................................		2.65	0.75	1.99
		Dessous :				
		Voligeage sapin de 0.013 jointif.				
		2.65 × 0.22 produit............ 0.58				
		Pour double épaisseur ;				
		Même surface................. 0.58				
521	170	Ensemble............ 1.16		1.16	2.05	2.38
		Tranchis biais sur ardoise neuve ;				
611	238	2 fois 2.40.................. =		4.80	0.70	3.36
609	176	Dévirures *idem*....................		4.80	0.38	1.82
		Alaises en plomb neuf en table de 0.0015 épaisseur, pour fourniture................				
		2 fois 2.40................. = 4.80				
		× 0.15 large, produit surface..... 0.72				
622	1	× 17^k,00 le mètre ; pesant..................		12^k,240	0.42	5.14
»	9	Façon, pose ; pesant....................		12^k,240	0.15	1.84
»	17	Bandelettes de clouage zinc *idem*.........		4.80	0.33	1.58
616	52	Clouage espacé *idem*...................		4.80	0.34	1.63

MÉTRÉ DE LA COUVERTURE.

NUMÉROS PAGES	SÉRIE				
»	»	Bavettes en zinc n° 14 pour fourniture 2 fois 2.55............ = 5.10			
»	»	× 0.16 large, produit surface............	0.82	4.15	3.40
616	32	Façon, pose; linéaires............	5.10	1.25	6.38
»	»	Talons d'ourlets............	2	0.20	0.40
618	79	Contre-talons d'arêtier............	2	0.20	0.40
620	132	Pattes cuivre *idem*; 2 fois 8............ =	16	0.20	3.20
»	»	Couvre-joint d'arêtier en zinc *idem* pour fourniture............ 2.65 2 croisures × 0.05............ 0.10			
		Ensemble........ 2.75			
»	»	× 0.14 large, produit surface............	0.39	4.15	1.62
»	»	Façon, pose; linéaires............	2.75	0.28	0.77
618	77	Talon zinc............	1	»	0.25
»	»	Pattes cuivre............	2	0.20	0.40
»	»	1 embranchement façonné, soudé au membron; en angles............	3	0.15	0.45

3ᵉ **Souche** en retour à gauche.

»	»	(10) *Cette souche portée au plan, à cheval sur l'arêtier, serait en pratique dévoyée sur le brisis en retour*............	Obser	vation	»
		Devant :			
610	210	Filet plâtre sur ardoise neuve............	0.97	0.90	0.87
		Bavette en plomb neuf de 0.002 épaisseur pour fourniture............ 1.00 × 0.16 large, produit............ 0.16			
622	1	× 22ᵏ,70; pesant............	3ᵏ,630	0.42	1.52
»	9	Façon, pose; pesant............	3ᵏ,630	0.15	0.54
»	»	Goussets emboutis............	2	0.80	1.60
»	16	Angles emboutis............	2	0.50	1.00
»	17	Bandelette de clouage zinc *idem*............	1.00	»	0.33
616	52	Clouage espacé............	1.00	»	0.34
642	206	Trous tamponnés............	20	0.16	3.20
		Sur côtés :			
		Tranchis biais sur ardoise *idem*.			
611	238	2 fois 1.32 réduit =............	2.64	0.70	1.85
609	176	Dévirures *idem*............	2.64	0.38	1.00
		Noquets biais en zinc *idem* pour fourniture; 2 fois 6 =............ 12			
»	»	× chaque 0.075 superficiel produit............	0.90	4.15	3.74
620	128	Façon, pose............	12	0.35	4.20
		Bandes à crémaillère, en zinc *idem* pour fourniture; Devant............ 0.80 » × 0.25 large, produit............ 0.20			
		Côtés : 2 fois 1.45 réduit =........ 2.90 » × 0.16 largeur, produit............ 0.46			
»	»	Surface............ 0.66	0.66	4.15	2.74

NUMÉROS PAGES	SÉRIE				
		Façon, pose de bandes de recouvrement en zinc :			
		× 0.25 large...................... 0.80			
		× 0.16 large...................... 2.90			
		Plus-value 1/10 *idem*............ 0.37			
616	32	Ensemble.............. 4.07	4.07	1.25	5.09
»	»	Angles................................	2	0.15	0.30
»	»	Brisures *idem* ; 2 fois 13 = ...	26	0.15	3.90
»	»	Pattes cuivre *idem*..................	17	0.20	3.40
»	»	Trous tamponnés......................	17	0.16	2.72
		Tranchées dans la brique et joints en ciment ;			
		Devant........................ 0.75			
		Côtés ; 2 fois 0.80 = ... 1.60			
		2 fois 1.20 = ... 2.40			
»	»	Ensemble............ 4.75	4.75	1.00	4.75

Membron couronnant le 2ᵉ brisis.

(*Fig. 374.*)

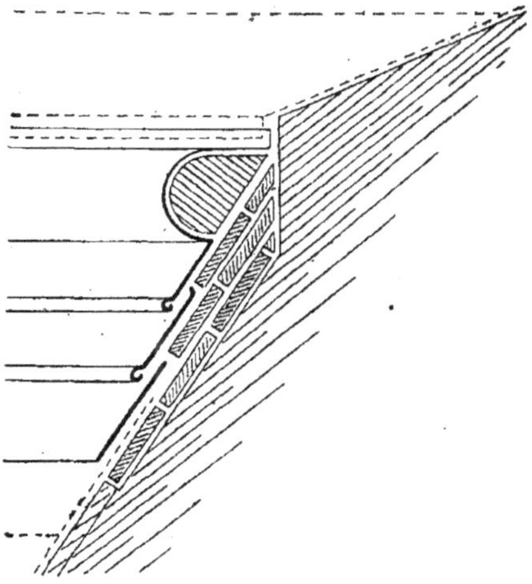

Fig. 374.

		Membron, en sapin refait, fourni, posé de 0.14 × 0.12 de section *produit 0.0168:*			
		A droite..................... 3.15			
		Entre 2 souches................ 7.85			
		Entre souches de gauche 4.30			
		En retour.................... 1.00			
Charpente 309	129, 115	Linéaires (M).......... 16.30 × 0.0168 de surface, produit cube............	0.274	169.57	46.46

MÉTRÉ DE LA COUVERTURE.

NUMÉROS PAGES	SÉRIE				
314	252, 253	Plus-value de montage à 26 mètres de hauteur, soit 16 en plus du montage prévu; cube 0.18	0.274	6.51	1.78
»	247, 249	Moulure sur sapin développant..... 0.18 Linéaires...................	16.30	1.73	28.20
		Dessous:			
		Voligeage neuf en sapin de 0.013 jointif; Linéaires *idem* (M)........ 16.30 » × 0.37 hauteur, produit............ 6.03 Pour double épaisseur; Mêmes linéaires........... 16.30 » × 0.24 hauteur, produit............ 3.91 Triple épaisseur.......... 16.30 » × 0.17 hauteur, produit............ 2.77			
621	170	Surface............. 12.71	12.71	2.05	26.06
		Au devant:			
		Filets en plâtre sur ardoise *idem* : A droite................. 3.15 Entre 2 souches .... 7.85 Entre souches de gauche......... 4.30 En retour................. 0.50			
610	210	Ensemble (N)............ 15.80	15.80	0.90	14.22
		Bavettes, en plomb neuf en table de 0.002 épaisseur pour fourniture. Linéaires *idem* (N)............... 15.80			
		Plus :			
		Têtes................. 7 » × 0.15 courant = ... 1.05 1 Excédent sur noue × 0,10 = ... 0.10 Croisures .... 2 » × 0.10 = ... 0.20			
		Ensemble .... 17.15 × 0.16 large, produit surface........2.74 ×			
612	1	22^k,70, le mètre; pesant.................	62^k,200	0.42	26.12
»	9	Façon, pose; pesant................	62^k,200	0.15	9.33
»	16	Angles emboutis................	9	0.50	4.50
»	»	Coupe biaise en amortissement sur noue	1	»	0.15
»	17	Bandelettes de clouage zinc *idem*........	17.15	0.33	5.66
616	52	Clouage espacé *idem*....................	17.15	0.34	5.83
		Au dessus :			
		Bavettes en zinc n° 14 pour fourniture. Linéaires *idem* (N).............. 15.80			

358 COUVERTURE ET PLOMBERIE.

NUMÉROS PAGES	SÉRIE					
		Plus :				
		1 excédent de noue...............	0.10			
		Têtes................ 7				
		× 0.15 courant =...............	1.05			
		Coulisseaux............... 14				
		× 0.20 courant =...............	2.80			
		Linéaires..........	19.75			
»	»	× 0.20 large, produit surface............		3.95	4.15	16.39
		Façon, pose...................	19.75			
616	33	Plus-value de 1/10 × 15.80 =....	1.58			
		Ensemble.........	21.33	21.33	1.25	26.66
620	132	Pattes cuivre *idem*.....................		50	0.20	10.00
		Membrons en zinc n° 14 pour fourniture.				
		Linéaires *idem* (M)..............	16.30			
		Plus :				
		Têtes................ 8				
		× 0.15 courant =...............	1.20			
		Linéaires..........	17.50			
»	»	× 0.43 largeur développée, produit surface..		7.53	4.15	31.25
		Façon pose, comme bandes de recouvrement de 0.26 à 0.50 de largeur ;				
		Linéaires..........	17.50			
		Plus-value de façon par bouts de 1 mètre ; 1/10 × 16.30 =......	1.63			
616	33	Ensemble..........	19.13	19.13	1.48	28.31
		Plus-value de moulures façonnées en sus de celles dûes ;				
		1 *courbe*.....................	0.15			
		1 *relief*.....................	0.04			
		Ensemble	*0.19*			
»	»	*Soit :* Linéaires...............		19.13	0.19	3.63
		Bagues saillantes en zinc estampé à jouées découpées suivant moulures, rapportées et soudées :				
»	»	Fournies............................		14	2.58	36.12
»	»	Posées, soudées.....................		14	1.00	14.00
		Dessous :				
		Gaines de garantie en zinc *idem* pour fourniture.				
		14 fois 0.30 =...................	4.20			
		× 0.40 largeur développée, produit.				
»	»	Surface..................		1.68	4.15	6.97
		Façon, pose...................	4.20			
616	33	Plus-value de 1/10..............	0.42			
		Ensemble	4.62	4.62	1.43	6.61
		Pattes cuivre *idem ;* ensemble...........		50	0.20	10.00

MÉTRÉ DE LA COUVERTURE.

NUMÉROS PAGES	SÉRIE					
		Sur **Rue.**				
		1ᵉʳ Brisis				
		Les chéneaux par le bas semblables à ceux sur avenue :				
		A gauche................	1.75			
		1ᵉʳ entre-deux............	2.50			
		2ᵉ dᵒ	2.50			
		3ᵒ dᵒ	2.40			
		4ᵉ dᵒ	0.55			
		En retour à droite........	0.70			
		Ensemble.........	10.40			
»	»	Dont, comme sur avenue.........	9.38	Montant		457.22
»	»	Reste en excédent..	1.02	1.02	48.75	49.73
»	»	1 Rive *idem*............		1	»	13 25
»	»	4 Lucarnes *idem*............		4	113.29	453.16
»	»	1 Fronton *idem*............		1	»	132.29
»	»	1 Arêtier *idem*............		1	»	18.84
		Chéneaux-membrons *idem* 19.65, 1.25 = ...	20.90			
»	»	Dont, comme sur avenue.........	19.40	Montant		1123.27
»	»	Reste en excédent..	1.50	1.50	63.05	94.58
		2ᵉ Brisis :				
»	»	1 Rive à gauche *idem*............		1	»	20.46
»	»	8 Lucarnes en zinc *idem*.........		8	123.38	987.04
»	»	1 Arêtier *idem*............		1	»	37.01
		Grande **souche** milieu.				
		Devant :				
		Filets sur ardoise *idem*.				
		1 fois............	0.40			
		2 fois 0.28 réduit = ...	0.56			
610	210	Ensemble.........	0.96	0.96	0.90	0.86
		Bavettes en plomb neuf en table de 0.002 épaisseur pour fourniture.				
		1 fois............	0.62			
		2 fois 0.40 = ...	0.80			
		Linéaires.........	1.42			
		Plus :				
		Têtes............ 2				
		× 0.15 courant =............	0.30			
		Ensemble.........	1.72			
		× 0.16 large produit surface 0.28				
»	»	× 22ᵏ,70 le mètre ; pesant........		6ᵏ,350	0.42	2.67

NUMÉROS PAGES	SÉRIE				
»	»	Façon, pose; pesant.....................	$6^k,350$	0.15	0.95
»	»	Goussets emboutis.....................	2	0.80	1.60
»	»	Angles d°	4	0.50	2.00
»	»	Bandelettes de clouage zinc *idem*	1.72	0.33	0.57
»	»	Clouage $\times$ 0.05.....................	1.72	0.34	0.59
»	»	Trous tamponnés dans la brique..........	34	0.16	5.44
		Sur côtés :			
		Tranchis droits sur ardoise *idem*;			
611	238	2 fois 0.88 = ...	1.76	0.43	0.76
609	176	Dévirures *idem*	1.76	0.38	0.67
		Noquets droits en zinc *idem* pour fourniture; 2 fois 4 = ... 8			
»	»	$\times$ chaque 0.075 superficiel, produit.........	0.60	4.15	2.49
»	»	Façon, pose..................... 8		0.15	1.20
		Bandes à crémaillère en zinc *idem* pour fourniture;			
		Devant 1.00			
		$\times$ 0.26 large, produit........ 0.26			
		Côtés; 2 fois 1.00 = ... 2.00			
		$\times$ 0.16 large, produit........... 0.32			
»	»	Surface............ 0.58	0.58	4.15	2.41
		Façon, pose; comme bandes de recouvrement.			
		Devant $\times$ 0.26 large 1.00			
		Plus-value 1/10................. .. 0.10			
616	33	Ensemble............ 1.10	1.10	1.48	1.63
		Côtés $\times$ 0.16 .... 2.00			
		Plus-value 1/10 = ... 0.20			
»	32	Ensemble............ 2.20	2.20	1.25	2.75
»	»	Angles.................................	4	0.15	0.60
		Brisures façonnées soudées aux décrochements; 2 fois 9 = ...			
»	»		18	0.15	2.70
»	»	Pattes cuivre.....................	16	0.20	3.20
»	»	Trous tamponnés *idem*..................	16	0.16	2.56
		Tranchées dans la brique et joints en ciment; Devant..................... 0.96			
		Côtés; 2 fois 0.55 = ... 1.10			
		2 fois 0.57 = ... 1.14			
»	»	Ensemble............ 3.20	3.20	1.00	3.20
		Petite **souche** en retour à droite.			
		Devant :			
»	»	Filet plâtre sur ardoise *idem*.............	0.66	0.90	0.59
		Bavette en plomb neuf en table de 0.002 épaisseur pour fourniture........... 0.66			
		$\times$ 0.16 large, produit............. 0.11			
622	1	$\times 22^k,70$; Pesant.........................;	$2^k,500$	0.42	1.05
»	9	Façon, pose; pesant.....................	$2^k,500$	0.15	0.38
»	16	Angles emboutis.....................	2	0.50	1.00
»	»	Goussets —	2	0.80	1.60

MÉTRÉ DE LA COUVERTURE.

NUMÉROS PAGES	SÉRIE					
»	17	Bandelette de clouage *idem*..............		0.66	0.35	0.22
»	»	Clouage espacé *idem*....................		0.66	0.34	0.22
»	»	Trous tamponnés........................		12	0.16	1.92
		Sur côtés :				
		Tranchis droits sur ardoise *idem* :				
»	»	2 fois 0.22 = ...		0.44	0.43	0.19
»	»	Dévirures *idem*		0.44	0.38	0.17
		Noquets droits en zinc *idem* pour fourniture ; 2 fois 1 = ...	2			
»	»	× chaque 0.075 superficiel, produit.........		0.15	4.15	0.62
»	»	Façon, pose............................		2	0.15	0.30
		Bandes à crémaillère, en zinc *idem* pour fourniture.				
		Devant............... 0.40				
		× 0.20 large, produit............. 0.08				
		Côtés ; 2 fois 0.35 = ... 0.70				
		× 0.12 large, produit............. 0.08				
»	»	Surface............. 0.16		0.16	4.15	0.66
		Façon, pose de bandes de recouvrement.				
		Devant × 0.20 = ... 0.40				
		Plus-value de 1/10 = ... 0.04				
616	32	Ensemble............. 0.44		0.44	1.25	0.55
		Côtés × 0.12 = ... 0.70				
		Plus-value de 1/10 = ... 0.07				
»	31	Ensemble............. 0.77		0.77	1.10	0.85
»	»	Angles..................................		2	0.15	0.30
»	»	Brisures *idem*..........................		6	0.15	0.90
»	»	Pattes cuivre...........................		6	0.20	1.20
»	»	Trous tamponnés........................		6	0.16	0.96
		Tranchées dans la brique et joints en ciment ; Devant.................... 0.40				
		Côtés ; 2 fois 0.17 = ... 0.34				
		2 fois 0.10 = ... 0.20				
»	»	Ensemble............. 0.94		0.94	1.00	0.94
		Membron couronnant le deuxième brisis.				
		Entre mur de gauche et souche milieu.................... 9.00				
		Entre souche et arêtier.......... 8.35				
		En retour à droite				
		0.10, 1.40 = ... 1.50				
		Linéaires. Ensemble........... 18.85				
		Dont sur avenue.............. 16.30				
»	»	Reste en excédent............. 2.55		2.55	21.99	56.07
		Membron sur avenue, montant 358.48				
		Moins-value de 2 têtes :				
		Fourniture ; 2 à 0.25 = . 0.50				
		A reporter........ 0.50				

NUMÉROS					
PAGES	SÉRIE				
		Report...... 0.50			
		Façon : 2 à 0.55 = ... 1.10			
		A déduire.... 1.60 -1.60			
		Reste (*argent*)....... 356.88	»	»	356.88
		(11). *Les noues des brisis en raccord du dôme seront comptées à la suite de ce dernier*....................................	Observation		»
		Terrasson de comble.			
		Voligeage neuf en sapin de 0.013×0.14 fourni, posé cloué jointif. (*Voir plan coté, fig.* 341.)			
		Sur avenue :			
		Grand versant :			
		$\dfrac{16.70 \text{ et } 15.00}{2} = 15.85 \times 2.75$			
		hauteur produit.................... 43.59			
		Coupe de gauche :			
		$\dfrac{3.15 \times 1.15}{2}$ produit............... 1.81			
		Petit versant de face à gauche :			
		$\dfrac{2.80 \times 0.85}{2}$ produit............. 1.19			
		Sur rue :			
		Grand versant :			
		$\dfrac{18.20 \text{ et } 16.20}{2} = 17.20 \times 2.75$			
		hauteur, produit.................. 47.30			
		Croupe de droite :			
		$\dfrac{3.15 \times 1.20}{2}$ produit............. 1.89			
		Petit versant de face à droite :			
		$\dfrac{2.90 \times 0.92}{2}$ produit............. 1.33			
		Sur cour :			
		(*Partant à gauche*) :			
		$\dfrac{15.65 \text{ et } 19.15}{2} = 17.40 \times 2.50$			
		hauteur, produit.................. 43.50			
		A *reporter*....... 140.61			

NUMÉROS				
PAGES	SÉRIE			

Report.............. 140.61

Patte d'oie :

$$\frac{1.20 \text{ et } 2.20}{2} = 1.70 \times 3.20$$

hauteur, produit.................. 5.44

Pan coupé :

$$\frac{3.50 \times 2.55}{2} \text{ produit}............. 4.46$$

$$\frac{2.70 \times 2.05}{2} \text{ produit}............. 2.77$$

En retour :

$$\frac{0.30 \times 2.20}{2} \text{ produit}............. 0.33$$

Versant à la suite :

$$\frac{3.80 \text{ et } 7.75}{2} = 5.78 \times 0.80$$

hauteur, produit.................. 4.62

En retour :

$$\frac{1.15 \times 1.95}{2} \text{ produit}............. 1.12$$

Versant à la suite :

$$\frac{6.25 \text{ et } 6.50}{2} = 6.38 \times 1.80$$

hauteur, produit.................. 11.48

En retour :

$$\frac{4.05 \times 1.00}{2} \text{ produit}............. 2.03$$

Versant à la suite à droite :

$$\frac{2.15 \times 3.50}{2} \text{ produit}............. 3.76$$

Ensemble............ 176.62

Moins :

Sur avenue :

(*Partant à droite*) :

1 grande souche :

de 0.35×2.00 produit 0.70

1 excédent de 0.30×1.20 produit.................. 0.36

1 excédent de 0.20×0.50 produit.................. 0.10

2° souche :

de 0.65×0.40 produit 0.26

3° souche :

de 0.35×2.00 produit ... 0.70

1 excédent de 0.20×0.50 produit.................. 0.10

1 excédent de 0.25×1.43 produit.................. 0.36

A reporter........... 2.58   176.62

COUVERTURE ET PLOMBERIE.

NUMÉROS PAGES	SÉRIE							
		Report.....	2.58	176.62				
		En retour à gauche :						
		4ᵉ souche :						
		de 0.40 × 0.23 produit....	0.09					
		1 excédent de 0.35 × 0.25 produit....................	0.09					
		Sur faitage :						
		1 châssis de 0.50 × 0.65 produit....................	0.33					
		3 châssis de chaque 0.60 × 0.60 produit 0.36.						
		Ensemble...	1.08					
		Sur rue :						
		En retour à droite :						
		5ᵉ souche de 0.45 × 0.05 produit....................	0.02					
		6ᵉ souche de 0.75 × 0.40 produit....................	0.30					
		7ᵉ souche :						
		De 0.40 × 2.00 produit...	0.80					
		1 excédent de 0.25 × 1.50 produit....................	0.37					
		1 excédent de 0.20 × 1.50 produit....................	0.30					
		8ᵉ souche de 0.80×0.40 produit......................	0.32					
		9ᵉ souche adossée sur mur de gauche, de 0.25 × 0.35 produit....................	0.09					
		Sur faitage :						
		3 châssis *idem* × 0.36 superficiel produit............	1.08					
		Sur cour :						
		(*Partant à gauche*) :						
		1 vitrage de 1.50 × 1.35 produit....................	2.02					
		10ᵉ souche de 0.45 × 0.10 produit....................	0.05					
		1 châssis de 0.60 × 0 10 produit....................	0.06					
		Patte d'oie :						
		1 châssis de 0.60 × 0.60 produit....................	0.36					
		1 châssis de 0.60 × 0.10 produit....................	0.06					
		A droite :						
		1 châssis de 0.50 × 0.65 produit....................	0.33					
		Ensemble à déduire...	10.33	10.33				
621	170	Reste surface.........		166.29	166.29	2.05	340.89	

MÉTRÉ DE LA COUVERTURE.

NUMEROS	
PAGES	SÉRIE

Les tasseaux neufs en sapin de 0.055 fournis, posés, retournés et cloués.

Sur avenue :

2 fois 2.70 =....................	5.40
2 fois 2.45 =....................	4.90

1re souche :

A droite.......................	1.25
A gauche	1.00

A la suite :

5 fois 2.70 = ...	13.50

2e souche :

Au dessus.....................	1.65

A la suite :

1 fois.........................	2.45
5 fois 2.70 = ...	13.50

3e souche :

Au dessus.....................	0.10

A la suite :

4 fois 2.70 = ...	10.80
2 fois 1.35 réduit = ...	2.70

En retour à gauche :

0.25, 1.25 = ...	1.50
Versant de face à gauche	0.80

Sur rue :
Versant de face à droite :

0.88, 0.80 = ...	1.68

En retour à droite :

1.00, 1.00, 0.50 = ...	2.50

Grand versant :
A droite :

3 fois 1.50 réduit = ...	4.50
3 fois 2.70 =....................	8.10

6e souche :

Devant........................	0.20
Au dessus.....................	1.50

A la suite :

3 fois 2.70 = ...	8.10
1 fois.........................	2.35
2 fois 2.70 = ...	5.40

7e souche :

Au dessus.....................	0.10

A la suite :

6 fois 2.70 = ...	16.20

8e souche :
Devant :

2 fois 0.20 = ...	0.40
A reporter..........	110.58

NUMÉROS						
PAGES	SÉRIE					

Report.......... 110.58
Au dessus :
2 fois 1.50 = ... 3.00
A la suite :
1 fois........................ 2.70
1 fois........................ 2.35
4 fois 2.70 = ... 10.80
Sur cour :
(*Partant à gauche*) :
Au-dessus du vitrage :
3 fois 0.60..................... 1.80
A la suite :
1 fois........................ 1.90
1 fois........................ 1.65
12 fois 2.45 = ... 29.40
1 fois........................ 2.20
4 fois 2.45 = ... 9.80
1 fois........................ 1.85
1 fois........................ 2.45
5 fois 1.25 réduit = ... 6.25
       Moins...... 0.25
       Reste...... 6.00 = 6.00

Patte d'oie :
0.65. 1.20 = ... 1.85
1 fois........................ 2.90
Pan coupé :
1.00, 2.60, 2.50, 2.20, 1.25 = ... 9.55
Petit versant à la suite :
2 fois 0.60 réduit =............. 1.20
5 fois 0.80 = ... 4.00
0.10, 0.25 = ... 0.35
En retour..................... 0.90
Grand versant à la suite :
2 fois 0.90 réduit = ... 1.80
7 fois 1.80 = ... 12.60
    Moins............. 0.22
    Reste............. 12.38 = 12.38
3 fois 0.84 réduit = ... 2.52
    Moins............. 0.22
    Reste............. 2.30 = 2.30

En retour :
1 fois........................ 0.20
2 fois 0.65 réduit =............ 1.30
Versant de face à droite :
3 fois 1.40 réduit =............ 4.20

| 621 | 150 | Linéaires.......... | 229.41 | 229.41 | 0.38 | 87.18 |

MÉTRÉ DE LA COUVERTURE.

NUMÉROS PAGES	SÉRIE					
»	151	Faîtages, en sapin de 0.080, fournis, posés, cloués :				
		Avenue........................	17.75			
		Rue............................	19.15			
		Ensemble........	36.90			
		Moins châssis : 7 fois 0.60.........	4.20			
		Reste...........	32.70			
		Arêtiers *idem* :				
		Sur avenue.....................	3.15			
		Sur rue........................	3.15			
		Sur cour : 2.35, 2.45, 4.05 = ...	8.85			
		Linéaires..........	47.85	47.85	0.99	47.37
		La couverture en zinc n° 14 pour fourniture.				
		Sur avenue :				
		A droite :				
		1 fois 0.65 × 2.76 hauteur, produit..	1.79			
		1ᵉʳ châssis :				
		Devant :				
		2 fois 0.65 × 2.52 hauteur produit	3.28			
		A *droite*..... 0.59				
		A *gauche*..... 0.24				
		Ensemble. 0.83 × 0.24 hauteur, produit................	0.20			
		1ʳᵉ souche :				
		A droite :				
		0.19 × 0.40 hauteur, produit.....	0.08			
		0.65 × 0.84 — —	0.55			
		Au dessus :				
		0.80 × 0.65 hauteur, produit.....	0.52			
		2ᵉ châssis :				
		Au devant :				
		0.65 × 2.52 hauteur, produit.....	1.64			
		0.65 × 1.14 — —	0.74			
		A gauche :				
		0.22 × 0.24 hauteur, produit.....	0.05			
		Suite de 1ʳᵉ *souche :*				
		A droite. 0.19 × 0.83 haut., prod.	0.16			
		A gauche. 0.65 × 1.17 — —	0.76			
		Derrière. 0.94 × 0.65 — —	0.61			
		Au dessus :				
		0.29 + 0.65 = 0.94 × 0.32 —	0.30			
		2 fois 0.65 × 0.76 —	0.99			
		A la suite :				
		4 fois 0.65 × 2.76 —	7.18			
		A reporter... —	18.85			

NUMÉROS			
PAGES	SÉRIE		

Report..........		18.85
2ᵉ souche :		
A droite.... 0.44		
A gauche... 0.39		
Ensemble.. $\overline{0.83} \times 0.52$	—	0.43
Derrière... 1.30×0.65	—	0.85
Au dessus ; 2 fois 0.65×1.57	—	2.04
A droite du 3ᵉ châssis :		
$0.34 + 0.65 = 0.99 \times 0.21$	—	0.19
Devant..... 0.65×2.55	—	1.66
A gauche... 0.54×0.21	—	0.11
A la suite :		
3ᵉ souche :		
4 fois 0.65×2.76 hauteur, produit		7.18
A droite... 0.29×1.46	—	0.43
— 0.54×0.68	—	0.37
A gauche . 0.54×2.00 produit 1.08		»
Moins pénétration, de net :		
0.20×0.30	— 0.06	»
Reste..........	$\overline{1.02}$ =	1.02
Derrière.. 1.30×0.65 haut., prod.		0.85
Au dessus : 2 fois 0.65×0.20	—	0.26
A la suite :		
3 fois 0.65×2.76 hauteur, prod.		5.38
A gauche :		
2 fois 0.65×2.00 haut. réd., prod.		2.60
1 fois 0.60×0.60 — — —		0.36
Croupe de gauche :		
Longueur réduite 1.20×0.65		
hauteur produit..........	0.78	»
Moins pénétration de la 4ᵉ		
souche, de net 0.40×0.20		
réduit = ...	0.08	»
Reste..........	$\overline{0.70}$ =	0.70
Au dessus : $0.65 + 0.30 =$		
$\frac{0.95 \times 0.90}{2}$ hauteur, produit.....		0.43
A la suite :		
Bas : $\frac{0.20 \text{ et } 0.60}{2} = 0.40 \times 1.36$		
hauteur, produit................		0.54
En tête : $\frac{0.60 \times 0.56}{2}$ produit.....		0.17
1 noue de 0.65×1.50 haut. réduite,		
produit......................		0.98
Petit versant de face à gauche		
En tête : 0.65, 1.00 = $\frac{1.65 \times 0.90}{2}$		
hauteur, produit................		0.74
A reporter.......		$\overline{46.14}$

MÉTRÉ DE LA COUVERTURE.

NUMÉROS PAGES	SÉRIE		
		Report..............	44.85

Sur rue :

Petit versant de face, à droite :

$0.53, 0.65, 0.36 = \dfrac{1.54 \times 1.02}{2}$

hauteur, produit................	0.79
1 noue de 0.65×2.00 hauteur, prod.	1.30

Croupe de droite :

A gauche..........	0.55
Suite : 2 fois $0.65 =$	1.30
En tête à droite....	0.40

Ensemble..... $2.25 \times \dfrac{1.91}{2}$

hauteur, produit..................	2.15

Grand versant :

A droite..........	0.50
2 fois $0.65 =$	1.30

Ensemble... $1.80 \times \dfrac{2.50}{2}$

hauteur, produit...................	2.25

A la suite :

3 fois 0.65×2.76, hauteur, produit,	5.38

6ᵉ souche :

Devant : 2 fois 0.65×0.35 —	0.46
A droite.. 0.20	
A gauche. 0.44	
Ensemble. $\overline{0.64} \times 0.28$ haut. prod.	0.18
Derrière.. $\overline{1.30} \times 0.65$ —	0.85

Au dessus :

2 fois 0.65×1.60 hauteur, produit	2.08

A la suite :

5 fois 0.65×2.76 hauteur, produit.................. 8.97	
Moins 1 châssis de *net* 0.40×0.21 produit........ 0.08	
Reste........... $\overline{8.89}$	8.89

7ᵉ souche :

A droite.. 0.24	
A gauche. 0.24	
Ensemble. $\overline{0.48} \times 1.53$ haut. prod.	0.73

Au dessus :

A droite.. 0.54	
A gauche. 0.49	
Ensemble. $\overline{1.03} \times 0.72$ haut. prod.	0.74
Derrière.. $\overline{1.30} \times 0.65$ —	0.85

Au dessus :

2 fois 0.65×0.20 haut., produit..	0.26
A Reporter	71.76

Sciences générales.   **COUVERTURE ET PLOMBERIE. — TOME II. — 24.**

NUMÉROS				
PAGES	SÉRIE			

Report...............	71.76
A la suite :	
5 fois 0.65 × 2.76 hauteur, produit	8.97
8ᵉ souche :	
Devant: 3 fois 0.65 × 0.35 —	0.69
A droite ..... 0.65 —	
A gauche .... 0.56 —	
Ensemble... 1.21 × 0.28 —	0.34
Derrière ... 1.90 × 0.65 —	1.24
Au dessus :	
3 fois 0.65 × 1.60 —	3.12
A la suite :	
6 fois 0.65 × 2.76, hauteur produit.................. 10.76	»
Moins :	
1 châssis de *net* 0.40 × 0.21 produit.. 0.08	»
1 souche de *net* 0.15 × 0.25 produit.. 0.04	»
A déduire.... 0.12 = 0.12	»
Reste...... 10.64	10.64

Sur cour :

(Partant à gauche) :

Vitrage :

A droite 0.65 × 1.50 hauteur, produit.............................	0.98
A gauche 0.54 × 0.90 hauteur, produit........................	0.49
Derrière 2.54 × 0.65 hauteur produit	1.65
Au dessus :	
4 fois 0.65 × 0.70 hauteur, produit.	1.82
10ᵉ souche :	
Derrière 1.80 × 0.65 hauteur, produit................................	1.17
Au dessus :	
2 fois 0.65 × 1.79 hauteur, produit.................. 2.33	»
Moins 1 châssis de *net* 0.40 × 0.20............... 0.08	»
Reste............. 2.25	2.25
A la suite :	
16 fois 0.65 × 2.60 hauteur, produit.................. 26.94	
Moins 1 châssis de *net* 0.40 × 0.20 hauteur, produit. 0.08	
Reste... .... 26.86	26.86
A reporter.............	131.98

MÉTRÉ DE LA COUVERTURE.   371

Report..............	131.98
8ᵉ châssis :	
Derrière 1.30 × 0.65 hauteur, produit..................................	0.85
Au dessus :	
2 fois 0.65 × 1.95 hauteur, produit.	2.54
A la suite :	
1 fois 0.65 × 2.60 hauteur, produit.	1.69
En écoinçon :	
5 fois 0.65 = $\frac{3.25}{2}$ × 2.30 hauteur, produit........................	4.04
1 noue de 0.65 × 4.84 hauteur, produit........................	3.15
Patte d'oie :	
9ᵉ châssis :	
Devant..... 0.65	
..... 0.28 réduit	
Ensemble. $\overline{0.93}$ × 0.75 hauteur produit........................	0.70
A droite.... 0.39	
A gauche... 0.19	
Ensemble.. $\overline{0.58}$ × 0.43 hauteur, produit........................	0.25
Derrière 1.08 réduit × 0.65 hauteur, produit........................	0.70
10ᵉ châssis :	
Devant 0.65 et 0.53 réduit = 1.18 × 1.32 hauteur, produit............	1.56
A gauche de ces deux châssis :	
$\frac{0.64}{2}$ × 2.92 hauteur, produit......	0.93
1 noue de 0.65 × 4.84 hauteur, produit..................................	3.15
Pan coupé :	
0.28, 0.65 = $\frac{0.93}{2}$ × 3.37 hauteur, produit........................	1.57
2 fois 0.65 = ... 1.30	
1 fois.......... 0.24	
Ensemble..... $\overline{\frac{1.54}{2}}$ = 0.77 ×	
3.35 hauteur, produit...... 2.58	
Moins châssis de *net* 0.40 × 0.20.................. 0.08	
Reste.......... $\overline{2.50}$ =	2.50
A la suite :	
0.41, 0.75 = $\frac{1.16}{2}$ × 2.11 hauteur, produit........................	1.22
A reporter..........	156.83

NUMÉROS		
PAGES	SÉRIE	

$$\textit{Report}\ldots\ldots\ldots\ldots\ldots\ 156.83$$

En retour :

$\dfrac{0.30 \times 0.85}{2}$ produit 0.13

1 noue de 0.65 × 2.72 hauteur, produit........................ 1.77

Petit versant à la suite :

Bas :

4 fois 0.65 = ... 2.60

Haut :

8 fois 0.65 = 5.20
2 fois 0.48 = 0.96
Ensemble . 6.16

Soit : $\dfrac{2.60 \text{ et } 6.16}{2} = 4.38$

× 0.90 hauteur, produit..... 3.94
Moins 1 châssis de *net*
0.40 × 0.20 produit........ 0.08
Reste........... 3.86   3.86

1 noue de 0.65 × 2.72 hauteur, produit........................ 1.77

En retour :

0.28, 0.70 = $\dfrac{0.98}{2}$ × 1.74 haut., prod. 0.85

Grand versant à la suite :

Bas : 9 fois 0.65 = . 5.85
1 — 0.23
Ensemble. 6.08

Haut : 9 fois 0.65 = 5.85
1 — 0.33
Ensemble.. 6.18

Soit : $\dfrac{6.08 \text{ et } 6.18}{2} = 6.13$

× 1.90 hauteur, produit..... 11.65
Moins châssis :

1 de 0.40 × 0.20 *net* produit............. 0.08
1 de 0.30 × 0.20 *net* produit............. 0.06
A déduire.. 0.14   0.14
Reste........ 11.51   11.51

1 noue de 0.65 × 3.03 haut., prod. 1.97

En retour :

Bas : 2 fois 0.65 = 1.30
1 — 0.18
Ensemble.... $\dfrac{1.48}{2}$ = 0.74 × 1.10

hauteur, produit................ 0.81

A *reporter*............ 179.50

MÉTRÉ DE LA COUVERTURE.

NUMÉROS PAGES	SÉRIE					
		Report.............. 179.50				
		En tête :				
		$0.47 + 1.01 = \frac{1.48}{2} = 0.74$				
		$\times 1.10$ hauteur, produit..... 0.81				
		Moins 1 châssis de net				
		0.30×0.45, produit........ 0.14				
		Reste.......... 0.67	0.67			
		Versant de face, à droite :				
		3 fois 0.65 = 1.95				
		1 fois 0.25 = 0.25				
		Ensemble... $\frac{2.20}{2} = 1.10 \times 1.50$				
		hauteur, produit..................	1.65			
		Plus :				
		Les couvre-joints en zinc, *idem* que tasseaux.................. 229.41				
		Plus croisures...... 229				
		$\times 0.05$ courant = ... 11.45				
		Linéaires...... 240.86				
		$\times 0.12$ large, produit, surface......	28.90			
		Faîtages et arêtiers en zinc, *idem* que bois.................. 47.85				
		Plus, croisures....... 48				
		$\times 0.05$ courant = ... 2.40				
		Linéaires....... 50.25				
		$\times 0.16$ large, produit, surface......	8.04			
		Ensemble, surface.......	218.76	218.76	4.15	907.85
		Façon, pose de couverture en zinc neuf par feuilles de 0.65 large (*type b*).				
617	54	Même surface.................	218.76	218.76	1.40	306.26
		Plus-value de façon pour plus de feuilles débitées.				
		Même surface.......... 218.76				
		Moins feuilles entières....... 53				
		$\times$ chaque 1.30 superficiel, produit.. 68.90				
»	60	Reste, surface...........	149.86	149.86	0.45	67.44
		Plus-value de façon de couvre-joints à agrafures (*comme aux figures* 182 *et* 183).				
		Par analogie comme bandes de solins, le mètre.................. 0f,57				
		Valeur payée dans la couverture.				
		Largeur 0.12 à 1 *fr*. 40 ..... 0.17				
		Reste un excédent......... 0f,40				
		Soit : Linéaires........................		240.86	0.40	96.34
		Aux couvre-joints :				
618	78	Contre-talons zinc neuf rapportés, soudés..	256	256	0.15	38.40
		Talons *idem*............. 128				
		Têtes..................... 128				
»	76	Ensemble....... 256		256	0.20	51.20

374 COUVERTURE ET PLOMBERIE.

NUMÉROS PAGES	SÉRIE				
»	»	Plus-value de biais....................	46	0.15	6.90
»	»	Pattes en cuivre *idem*, aux croisures......	229	0.20	45.80
		Aux faîtages et arêtiers :			
»	79	Contre-talons *idem*.....................	11	0.20	2.20
		Talons................... 6			
		Têtes.................. 19			
»	77	Ensemble....... 25	25	0.25	6.25
620	132	Pattes cuivre aux croisures.............	48	0.20	9.60
		Embranchements d'arêtiers sur faîtages façonnés soudés.............. 4			
»	»	× chaque 3 angles = ...	12	0.15	1.80
»	»	Entailles trapézoïdales sur faîtages et arêtiers en pénétration des couvre-joints.			
		Ensemble....................	112	0.15	16.80

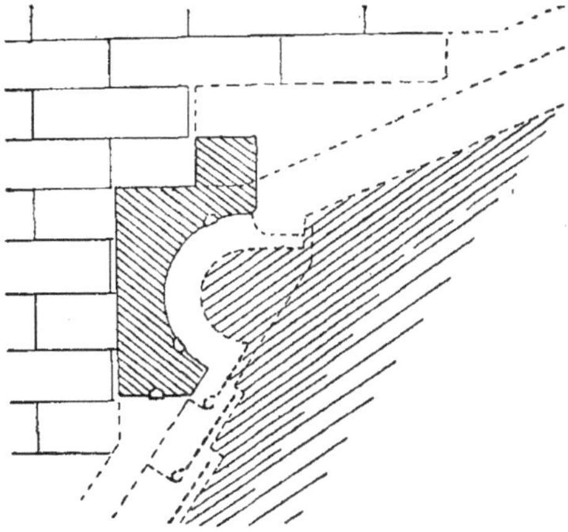

Fig. 375.

Raccords :

Mur et souches de droite (*fig.* 376 à 387).
En about de membron (*fig.* 375).
Côté Rue :
1 armature en zinc n° 14 pour fourniture

		de 0.20			
»	»	× 0.30 hauteur, produit...................	0.06	4.15	0.24
		Façon, pose.................. 0.20			
		Plus-value de 1/10 *idem*........... 0.02			
616	33	Ensemble......... 0.22	0.22	1.48	0.33
		Coupe circulaire et pince façonnées.			
»	»	Linéaires........................	0.32	1.57	0.50
620	132	Pattes cuivre, *idem*...................	3	0.20	0.60

N° 17.

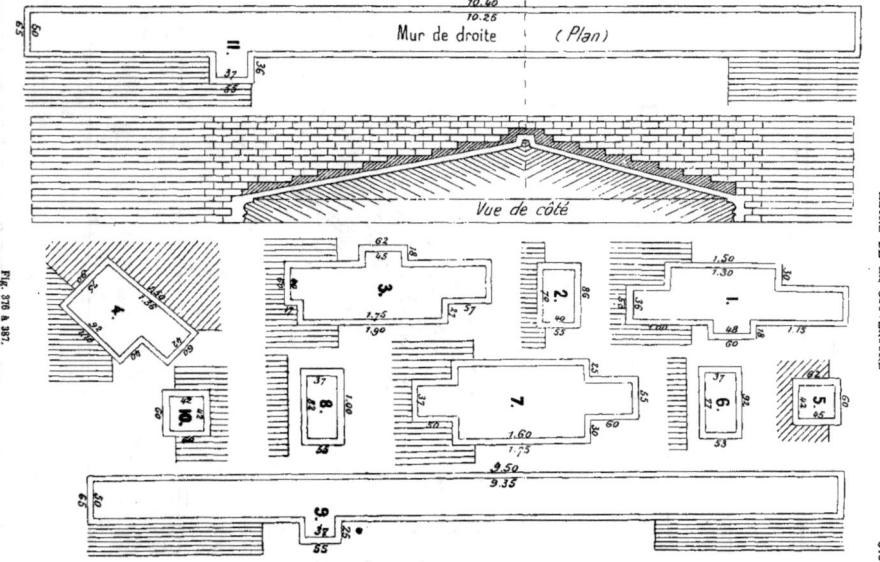

Fig. 376 à 387.

COUVERTURE ET PLOMBERIE.

NUMÉROS PAGES	SÉRIE				
642	206	Trous tamponnés *idem*..................	3	0.16	0.48
»	»	Brisures façonnées, soudées............	3	0.15	0.45
»	»	Tranchées en mur et joints *idem*; 0.18, 0.35 = ...	0.53	1.00	0.53
		Côté Cour :			
»	»	1 about de membron, comme à l'accolade n° 17...................	1 fois	»	3.13
		Rampant de comble.			
617	65	Goussets par le bas................	2	0.28	0.56
»	64	Angles au faîtage...................	2	0.15	0.30
		Derrière souche adossée :			
»	»	Pente plâtre, fournie et façonnée à revers..	1	»	0.52
»	»	Plus-value de façon de contrepente sur zinc.	1	»	0.60
»	»	Angle..........................	1	»	0.15
»	»	Brisure........................	1	»	0.15
		Sur murs et souches : Bandes à crémaillère en zinc *idem*, pour fourniture Côté Rue................. 2.60 Côté Cour................ 3.40 0.36, 0.10 = ... 0.46 Au faîte................ 0.40 Linéaires......... 6.86			
»	»	× 0.16 largeur réduite, produit Surface..........	1.10	4.15	4.57
		Façon, pose : Linéaires........... 6.86 Plus-value de 1/10 *idem*........ 0.69			
616	32	Ensemble.......... 7.55	7.55	1.25	9.44
»	»	Angles.........................	2	0.15	0.30
»	»	Brisures façonnées, soudées aux décrochements.................	38	0.15	5.70
»	»	Pattes cuivre......................	17	0.20	3.40
»	»	Trous tamponnés.................	17	0.16	2.72
		Tranchées dans la brique et joints en ciment ; Linéaires........... 6.00 + 2 fois 0.80 haut. (*décrochements*) = 1.60			
»	»	Ensemble........ 7.60	7.60	1.00	7.60
		Dessus (*comme figures 355 et 356*): Pente en plâtre pur de 0.05 épaisseur réduite : Mur ; 10.34×0.59 produit. 6.10 Souche adossée ; 0.49×0.36 » . 0.18			
620	133-134	Surface.......... 6.28	6.28	2.00	12.56
620	130	Papier goudronné *idem*.............	6.28	0.29	1.82
		Bandes d'agrafe en zinc *idem* pour fourniture ; 2 fois 10.40 = ... 20.80 2 fois 0.65 = ... 1.30 2 fois 0.36 = ... 0.72 Linéaires.......... 22.82			
»	»	× 0.10 largeur, produit surface............	2.28	4.15	9.46

MÉTRÉ DE LA COUVERTURE.

NUMÉROS PAGES	SÉRIE				
616	25	Façon, pose............................		22.82	0.25	5.70
		Bandes de recouvrements (*en auvents*) en zinc *idem*, pour fourniture :				
		2 fois 10.33 réduit = ... 20.66				
		2 fois 0.57 » = ... 1.14				
		2 fois 0.36 » = ... 0.72				
		Linéaires............ 22.52				
		Plus : Equerres.............. 8				
		Coulisseaux........... 22				
		Ensemble....... 30				
		× 0.20 courant = ... 6.00				
		Ensemble............ 28.52				
»	»	× 0.17 largeur, produit surface............		4.85	4.15	20.13
		Façon, pose ; Linéaires........... 28.52				
		Plus-value de 1/10 × 22.52 = ... 2.25				
616	32	Ensemble............ 30.77		30.77	1.25	38.47
		Dessus (*mobile*) :				
		Recouvrements en zinc *idem* pour fourniture ;				
		Mur..................... 10.25				
		Plus : Coulisseaux...... 10				
		× 0.20 courant............. 2.00				
		Linéaires....... 12.25				
		× 0 50 largeur, produit............ 6.13				
		Souche................ 0.36 »				
		× 0.37 largeur produit............. 0.13				
»	»	Surface, ensemble.......... 6.26		6.26	4.15	25.98
		Façon, pose ; Linéaires............. 12.61				
		Plus-value de 1/10 × 10.61 =..... 1.06				
»	33	Ensemble............ 13.67		13.67	1.48	20.23
»	»	Brisures façonnées, soudées aux pinces.....		8	0.15	1.20
»	»	Pattes cuivre *idem*.....................		113	0.20	22.60
»	»	1 collerette (*pour recevoir le mitron*), en zinc *idem*, pour fourniture, de 0.190 diamètre, comme tuyau, hauteur............... 0.08				
»	»	1 embranchement sur zinc (comprenant) : percement circulaire, collets, battus et soudés × 0.40				
»	»	1 Pince × 0.10				
»	»	Ensemble........... 0.58				
»	»	× 0.60 développé, produit surface.........		0.35	4.15	1.45
		Façon, pose de tuyau zinc de 0.190 diamètre ;				
621	157	Linéaire.......................		0.58	1.91	1.11
»	»	10 autres collerettes comme celle accoladée Nº 18.............................		10	2.56	25.60
		Versant sur **Avenue.**				
		1ʳᵉ souche.				
		Sur comble :				
»	»	Goussets............................		7	0.28	1.96
»	»	Angles..............................		9	0.15	1.35

Nº 18.

COUVERTURE ET PLOMBERIE

NUMÉROS PAGES	SÉRIE				
		Derrière :			
»	»	Pentes plâtre à revers *idem*...............	4	0.52	2.08
»	»	Plus-values de façon de contre-pentes sur zinc...................................	4	0.60	2.40
		Besace zinc façonnée en forme de fer de lance ;			
»	»	Fournie....................................	1	»	0.60
»	»	Posée soudée.............................	1	»	0.50
»	»	Gousset de tête...........................	1	»	0.28
»	»	Brisures façonnées soudées..............	2	0.15	0.30
»	»	2 Abouts de membrons semblables à celui accoladé N° 17............................	2	3.13	6.26
		Bandes à crémaillère en zinc *idem* pour fourniture			
		Côtés; 2 fois 2.10 = ... 4.20			
		Derrière; 1 fois............... 0.36			
		Décrochements; 1 fois........... 0.30			
		2 fois 0.18........ 0.36			
		Linéaires............. 5.22			
»	»	× 0.16 largeur réduite, produit surface	0.84	4.15	3.49
		Façon, pose ; linéaires............ 5.22			
		Plus-value de 1/10 *idem*.......... 0.52			
»	»	Ensemble.............. 5.74	5.74	1.25	7.18
		Brisures façonnées soudées aux décroche-			
»	»	ments ; 2 fois 10 = ...	20	0.15	3.00
»	»	Angles....................................	8	0.15	1.20
»	»	Pattes cuivre............................	17	0.20	3.40
»	»	Trous tamponnés........................	17	0.16	2.72
		Tranchées dans la brique et joints en ciment ;			
		2 fois 1.90 = ... 3.80			
		2 fois 0.75 = ... 1.50			
»	»	Ensemble.............. 5.30	5.30	1.00	5.30
		Dessus :			
		Pente en plâtre pur × 0.05 épaisseur réduite			
		2.70 × 0.42 large, produit 1.13			
		0.54 × 0.18 » » 0.10			
		1.36 × 0.30 » » 0.41			
»	»	Surface................ 1.64	1.64	2.00	3.28
»	»	Papier goudronné *idem*..................	1.64	0.29	0.48
		Bandes d'agrafe en zinc *idem* pour fourniture.			
		2 fois 2.80 = ... 5.60			
		2 fois 0.98 = ... 1.96			
		Linéaires............ 7.56			
»	»	× 0.10 largeur, produit surface............	0.76	4.15	3.15
»	»	Façon, pose ; linéaires...................	7.56	0.25	1.89
		Bandes de recouvrement (*en auvents*) en zinc *idem*, pour fourniture.			

MÉTRÉ DE LA COUVERTURE.

NUMÉROS PAGES	SÉRIE	Désignation				
		Côtés ; 2f. 2.95 réd. =	5.90			
		Abouts ; 2f. 0.45 » =	0.90			
		Décrochements; 2f. 0.18 » =	0.36			
		2f. 0.30 » =	0.60			
		Équerres................. 12	»			
		Coulisseaux 10	»			
		Ensemble........ 22	»			
		× 0.20 courant = ...	4.40			
		Linéaires............	12.16			
»	»	× 0.17 largeur, produit surface............		2.07	4.15	8.59
		Façon, pose..................	12.16			
		Plus-value de 1/10 idem × 7.76...	0.78			
»	»	Ensemble..........	12.94	12.94	1.25	16.18
		Dessus (mobile) :				
		Recouvrements en zinc idem, pour fourniture :				
		Milieu ; 1 fois, linéaires.. 2.60	»			
		Coulisseaux = ... 2 »	»			
		× 0.20 courant = ...	0.40	»		
		Ensemble..........	3.00	»		
		× 0.36 largeur, produit...........	1.08			
		A droite ; 1 fois........	0.48	»		
		× 0.18 largeur, produit.........	0.09			
		A gauche ; 1 fois........ 1.30	»			
		Coulisseau .... 1 »	»			
		× 0.20 courant = ...	0.20	»		
		Ensemble........	1.50	»		
		× 0.30 large, produit..............	0.45			
»	»	Ensemble, surface.........	1.62	1.62	4.15	6.72
		Façon, pose de bandes de recouvrements :				
		1° De 0.18 largeur ; à droite........	0.48			
		Plus-value de 1/10.................	0.05			
»	»	Linéaires.........	0.53	0.53	1.25	0.66
		2° De 0.26 à 0.50 largeur :				
		Milieu.....................	3.00			
		A gauche.................	1.30			
		Plus-value de façon idem.				
		1/10 × 4.30 = ...	0.43			
»	»	Linéaires..........	4.73	4.73	1.48	7.00
»	»	Brisures façonnées, soudées aux pinces.....		12	0.15	1.80
»	»	Pattes cuivre, idem...................		38	0.20	7.60
»	»	12 collerettes comme celle accoladée n° 18..		12	2.56	30.72
		2me souche.				
»	»	Au membron : Goussets..................		2	0.28	0.56
»	»	Angles....................		4	0.15	0.60
»	»	Sur comble : Goussets.................		4	0.28	1.12
»	»	Angles...................		4	0.15	0.60
»	»	Derrière : Pentes à revers...............		2	0.52	1.04
»	»	Plus-value des contre-pentes sur zinc......		2	0.60	1.20
»	»	Besace zinc idem ; fournie...............		1	»	0.60
»	»	» posée, soudée..........		1	»	0.50
»	»	Gousset de tête.....................		1	»	0.28

COUVERTURE ET PLOMBERIE.

NUMÉROS PAGES	SÉRIE				
		Bandes à crémaillère, en zinc *idem*, pour fourniture :			
		Côtés ; 2 fois 0.40 = ... 0.80			
		Abouts ; 2 fois 0.70 = ... 1.40			
		Linéaires......... 2.20			
»	»	× 0.16 largeur réduite, produit surface.....	0.35	4.15	1.45
		Façon, pose..................... 2.20			
		Plus-value de 1/10 *idem*.......... 0.22			
»	»	Ensemble.......... 2.42	2.42	1.25	3.03
»	»	Angles................................	4	0.15	0.60
»	»	Brisures façonnées, soudées *idem*........	4	0.15	0.60
»	»	Pattes cuivre..........................	10	0.20	2.00
»	»	Trous tamponnés.......................	10	0.16	1.60
		Tranchées et joints *idem* :			
		Côtés ; 2 fois 0.40 = . 0.80			
		Derrière ; 1 fois 0.70			
		Décrochements ; 2 fois 0.10 = . 0.20			
»	»	Linéaires.......... 1.70	1.70	1.00	1.70
		Dessus :			
		Pente plâtre de 0.05 épaisseur			
»	»	0.76 × 0.46 produit surface..........	0.35	2.00	0.70
»	»	Papier goudronné *idem*................	0.35	0.29	0.10
		Bandes d'agrafe en zinc *idem*, pour fourniture ; 2 fois 0.86 = ... 1.72			
		2 fois 0.55 = ... 1.10			
		Linéaires.......... 2.82			
»	»	× 0.10 largeur, produit surface............	0.28	4.15	1.16
»	»	Façon, pose......................	2.82	0.25	0.70
		Bandes de recouvrements (*auvents*) en zinc *idem* pour fourniture :			
		2 fois 0.78 réduit = ... 1.56			
		2 fois 0.48 » = ... 0.96			
		Équerres................. 4 »			
		Coulisseaux .... 4 »			
		Ensemble..... 8 »			
		× 0.20 courant = ... 1.60			
		Linéaires.......... 4.12			
»	»	× 0.17 largeur, produit surface............	0.70	4.15	2.91
		Façon, pose ; linéaires.............. 4.12			
		Plus-value de façon ; 1/10 × 2.52 = 0.25			
»	»	Ensemble.......... 4.37	4.37	1.25	5.46
		Dessus (*mobile*).			
		Recouvrement en zinc *idem ;* pour fourniture ;			
		Linéaire......... 0.70			
		1 coulisseau × courant 0.20			
		Ensemble........ 0.90			
»	»	× 0.40 large, produit surface.............	0.36	4.15	1.49
		Façon, pose.................. 0.90			
		Plus de 1/10 façon 0.07			
		Ensemble......... 0.97	0.97	1.48	1.44

MÉTRÉ DE LA COUVERTURE. 381

NUMÉROS PAGES	SÉRIE				
»	»	Brisures aux pinces	4	0.15	0.60
»	»	Pattes cuivre.........................	12	0.20	2.40
»	»	2 collerettes semblables à celle accoladée n° 18.................................	2	2.56	5.12
		3ᵉ souche.			
		Sur comble :			
»	»	Goussets...........................	7	0.28	1.96
»	»	Angles............................	9	0.15	1.35
»	»	Pentes plâtre, à revers	4	0.52	2.08
»	»	Plus-value de contre-pentes en zinc........	4	0.60	2.40
»	»	Besace zinc, fournie..................	1	»	0.60
»	»	— — posée, soudée................	1	»	0.50
»	»	Gousset de tête	1	»	0.28
»	»	Brisures façonnées soudées *idem* au droit des contre-pentes........................	2	0.15	0.30
»	»	2 abouts de membrons comme celui accoladé n° 17............................	2	3.13	6.26
		Bandes à crémaillère, en zinc *idem* pour fourniture ;			
		Côtés ; 2 fois 2.00 .... 4.00			
		Derrière ; 1 fois 0.40			
		Décrochements ; 2 fois 0.18...... 0.36			
		1 fois 0.27			
		Linéaires 5.03			
»	»	× 0.16 largeur réduite, produit surface	0.80	4.15	3.32
		Façon, pose................... 5.03			
		Plus-value de 1/10 *idem* 0.50			
»	»	Ensemble......... 5.53	5.53	1.25	6.91
»	»	Angles	8	0.15	1.20
»	»	Brisures aux pinces	20	0.15	3.00
»	»	Pattes cuivre.......................	17	0.20	3.40
»	»	Trous tamponnés	17	0.16	2.72
		Tranchées dans la brique et joints en ciment ;			
		Mêmes linéaires .. 5.03			
		Plus :			
		2 fois 0.55 hauteur = ... 1.10			
»	»	Ensemble......... 6.13	6.13	1.00	6.13
		Dessus :			
		Pentes en plâtre × 0.05 épaisseur ;			
		Milieu ; 2.51 × 0.46 produit.. 1.21			
		A droite ; 1.81 × 0.27 — ... 0.49			
		A gauche ; 0.51 × 0.18 produit.. 0.09			
»	»	Surface......... 1.79	1.79	2.00	3.58
»	»	Papier goudronné *idem*................	1.79	0.29	0.53
		Les bandes d'agrafe en zinc *idem* pour fourniture ;			
		2 fois 2.60 = ... 5.20			
		2 fois 1.05 = ... 2.10			
		Linéaires 7.30			
»	»	× 0.10 large, produit surface	0.73	4.15	3.03

NUMÉROS PAGES	SÉRIE				
»	»	Façon, pose; linéaires		7.30	0.25	1.82
		Bandes de recouvrements (auvents) en zinc idem pour fourniture.................				
		Côtés ; 2 fois 2.53 réduit = 5.06				
		Abouts ; 2 fois 0.50 réduit = 1.00				
		Décrochements ; 2 fois 0.18 réduit = 0.36				
		2 fois 0.27 réduit = 0.54				
		Équerres .... 12 »				
		Coulisseaux.............. 7 »				
		Ensemble....... 19 »				
		× 0.20 courant = ... 3.80				
		Linéaires 10.76				
»	»	× 0.17 large, produit surface.............		1.83	4.15	7.59
		Façon, pose............... 10.76				
		Plus-value de façon ;				
		1/10 × 6.96 = ... 0.70				
»	»	Ensemble........ 11.46		11.46	1.25	14.32
		Dessus (mobile)........................				
		Recouvrements en zinc idem pour fourniture ;				
		Milieu 2.45				
		Coulisseaux........... 2 »				
		× 0.20 courant = ... 0.40				
		Linéaires..... 2.85				
		× 0.40 large, produit............. 1.14				
		A droite 1.75				
		Coulisseaux.............. 2 »				
		× 0.20 courant = ... 0.40				
		Linéaires 2.15				
		× 0.27 large, produit............... 0.57				
		A gauche.............. 0.45				
		× 0.18 large, produit............... 0.08				
»	»	Surface............ 1.79		1.79	4.15	7.43
		Façon, pose de bandes de recouvrements ;				
		1° de 0.18 large, à gauche 0.45				
		Plus-value de 1/10........... 0.05				
»	»	Linéaires 0.50		0.50	1.25	0.63
		2° de 0.26 à 0.50 large ;				
		Milieu 2.85				
		à droite 2.15				
		Plus-value de 1/10 × 4.20 .... 0.42				
»	»	Linéaires 5.42		5.42	1.48	8.02
»	»	Brisures façonnées soudées aux pinces.....		12	0.15	1.80
»	»	Pattes cuivre........................		38	0.20	7.60
»	»	13 collerettes comme celle accolaclée n° 18.		13	2.56	33.28

4ᵉ souche.

Sur comble :

»	»	Goussets.............................	4	0.28	1.12
»	»	Angles...............................	6	0.15	0.90

MÉTRÉ DE LA COUVERTURE.

NUMÉROS PAGES	SÉRIE				
»	»	Pentes plâtre à revers....................	2	0.52	1.04
»	»	Plus-value de contre-pentes sur zinc.......	2	0.60	1.20
»	»	Brisures...............................	2	0.15	0.30
»	»	2 abouts de membrons, comme celui accoladé n° 17............................	2	3.13	6.26
		Bandes à crémaillère, en zinc *idem* pour fourniture ;			
		Côtés :			
		0.10, 0.15, 0.45 = ... 0.70			
		Derrière :			
		0.40, 0.60 = ... 1.00			
		Linéaires........ 1.70			
»	»	× 0.13 largeur réduite, produit surface.....	0.22	4.15	0.91
		Façon, pose.................... 1.70			
		Plus-value de 1/10................ 0.17			
»	»	Ensemble 1.87	1.87	1.10	2.06
»	»	Angles................................	4	0.15	0.60
»	»	Brisures *idem*.........................	4	0.15	0.60
»	»	Pattes cuivre..........................	8	0.20	1.60
»	»	Trous tamponnés.......................	8	0.16	1.28
		Tranchées et joints *idem*................			
		Linéaires........ 1.70			
		Plus hauteurs ; 0.10, 0.15 = ... 0.25			
»	»	Ensemble 1.95	1.95	1.00	1.95
		Dessus :			
		Pente plâtre de 0.05 épaisseur réduite			
		1.42 × 0.48 produit........... 0.68			
		0.98 × 0.40 — 0.39			
»	»	Surface........... 1.07	1.07	2.00	2.14
»	»	Papier goudronné *idem*..................	1.07	0.29	0.31
		Bandes d'agrafe en zinc, *idem* pour fourniture ; 2 fois 1.50 = ... 3.00			
		2 fois 0.95 réduit = ... 1.90			
		Linéaires........ 4.90			
»	»	× 0.10 large, produit surface...............	0.49	4.15	2.03
»	»	Façon, pose............................	4.90	0.25	1.23
		Bandes de recouvrement (*auvents*) en zinc, *idem* pour fourniture ;			
		Côtés : 2 fois 1.43 = ... 2.86			
		Abouts : 0.83, 0.51 = ... 1.34			
		1 *décrochement* 0.40			
		Équerres...... 6 »			
		Coulisseaux ... 6 »			
		Ensemble.... 12 »			
		× 0.20 courant = ... 2.40			
		Linéaires........ 7.00			
»	»	× 0.17, produit surface..................	1.19	4.15	4.94
		Façon, pose................... 7.00			
		Plus-value de 1/10 × 4.60....... 0.46			
»	»	Ensemble........ 7.46	7.46	1.25	9.33

COUVERTURE ET PLOMBERIE.

NUMÉROS PAGES	SÉRIE				
		Dessus (*mobiles*)			
		Recouvrements en zinc n° 14 pour fourniture			
		Côté de face............ 0.92 »			
		× 0.75 large, produit.............. 0.69			
		Côté fond............. 0.44 »			
		1 coulisseau ×........... 0.20 »			
		Ensemble... 0.64			
		× 0.42 large, produit............ 0.27			
»	»	Surface............ 0.96	0.96	4.15	3.98
»	»	Brisures façonnées soudées aux pinces.....	6	0.15	0.90
»	»	Pattes cuivre.........................	23	0.20	4.60
»	»	6 collerettes semblables à celle accoladée n° 18.......................................	6	2.56	15.36
		Versant sur **Rue.**			
		5ᵐᵉ souche.			
		Sur comble :			
»	»	Goussets..............................	4	0.28	1.12
»	»	Angles................................	4	0.15	0.60
		Derrière :			
»	»	Pente plâtre à revers..................	1	»	0.52
»	»	Plus-value de contre-pente sur zinc.......	1	»	0.60
»	»	Brisure *idem*........................	1	»	0.15
»	»	2 abouts de membrons comme celui accoladé n° 17...........................	2	3.13	6.26
		Bandes à crémaillère en zinc *idem* pour fourniture			
		Côtés ; 2 fois 0.15 =........... 0.30			
		Derrière ; 1 fois................ 0.42			
		Linéaires.......... 0.72			
»	»	× 0.13 largeur réduite, produit surface.....	0.09	4.15	0.37
		Façon, pose................... 0.72			
		Plus-value de 1/10................ 0.07			
»	»	Ensemble........ 0.79	0.79	1.10	0.87
»	»	Angles................................	4	0.15	0.60
»	»	Brisures..............................	2	0.15	0.30
»	»	Pattes cuivre........................	4	0.20	0.80
»	»	Trous tamponnés.....................	4	0.16	0.64
		Tranchées et joints au ciment...... 0.72			
		Plus ; 2 fois 0.07 hauteur =...... 0.14			
»	»	Ensemble......... 0.86	0.86	1.00	0.86
»	»	Dessus ; semblable à celui de la souche accoladée n° 12..........................	1 fois	»	10.28
»	»	Plus ; 1 collerette comme celle accoladée n° 18.......................................	1 fois	»	2.56
		6ᵉ et 8ᵉ souches.			
		La 6ᵉ de 1.14 à l'équerre			
		La 8ᵉ de 1.19 —			
		Soit $\frac{2.33}{2} = 1.165$ moyenne.			

N° 19.

MÉTRÉ DE LA COUVERTURE.

NUMÉROS PAGES	SÉRIE				
		Dont détail :			
»	»	Raccords sur comble comme à l'accolade n° 20....................................	1 fois	»	5.34
		Les bandes à crémaillère, en zinc *idem* pour fourniture :			
		2 fois 0.40 = ... 0.80			
		2 fois 0.80 = ... 1.60			
		Linéaires......... 2.40			
»	»	× 0.14 largeur réduite, produit surface......	0.34	4.15	1.41
		Façon, pose.................... 2.40			
		Plus-value de 1/10................ 0.24			
»	»	Ensemble......... 2.64	2.64	1.10	2.90
»	»	Angles.................................	4	0.15	0.60
»	»	Brisures aux décrochements.............	4	0.15	0.60
»	»	Pattes cuivre...........................	10	0.20	2.00
»	»	Trous tamponnés.......................	10	0.16	1.60
		Tranchées *idem* et joints en ciment ;			
		2 fois 0.40 = ... 0.80			
		2 fois 0.80 = ... 1.60			
		Plus ; 2 fois 0.07 haut. = ... 0.14			
»	»	Linéaires.......... 2.54	2.54	1.00	2.54
		Dessus :			
		Pente plâtre de 0.05 épaisseur réduite			
»	»	0.86 × 0.43 produit surface................	0.37	2.00	0.74
»	»	Papier goudronné *idem*..................	0.37	0.29	0.11
		Bandes d'agrafe en zinc *idem* pour fourniture :			
		2 fois 0.96 = ... 1.92			
		2 fois 0.55 = ... 1.10			
		Linéaires............ 3.02			
»	»	× 0.10 larg. produit surface................	0.30	4.15	1.25
»	»	Façon, pose.................... 3.02		0.25	0.75
		Bandes de recouvrement en zinc *idem* pour fourniture :			
		2 fois 1.03 réduit = ... 2.06			
		2 fois 0.44 — = ... 0.88			
		Equerres........................ 4			
		Coulisseaux..................... 2			
		Ensemble......... 6			
		× 0.20 courant = ... 1.20			
		Linéaires.......... 4.14			
»	»	× 0.17 large, produit surface...............	0.70	4.15	2.91
		Façon, pose.................... 4.14			
		Plus-value de 1/10 × 2.94 = ... 0.29			
»	»	Ensemble.......... 4.43	4.43	1.25	5.54
		Dessus (mobile) :			
		Recouvrement en zinc *idem* pour fourniture :			
		Longueur.................... 0.80			
		1 coulisseau × 0.20			
		Ensemble.......... 1.00			
»	»	× 0.37 largeur, produit surface............	0.37	4.15	1.54

COUVERTURE ET PLOMBERIE.

NUMÉROS PAGES	SÉRIE				
		Façon, pose.................... 1.00			
		Plus-value de 1/10.............. 0.08			
»	»	Linéaires........... 1.08	1.08	1.48	1.60
»	»	Brisures aux pinces....................	4	0.15	0.60
»	»	Pattes cuivre.........................	8	0.20	1.60
»	»	2 collerettes comme celle accoladée n° 18...	2	2.56	5.12
»	»	1 autre souche comme celle accoladée n° 21.	1 fois	»	38.75

7° Souche.

Sur comble :

»	»	Goussets.....................	6	0.28	1.68
»	»	Angles......................	8	0.15	1.20
		Derrières :			
»	»	Pentes plâtre à revers..................	4	0.52	2.08
»	»	Plus-value de contre-pentes sur zinc......	4	0.60	2.40
»	»	1 besace *idem* ; fournie..................	1	»	0.60
»	»	» posée, soudée............	1	»	0.50
»	»	1 gousset de tête.....................	1	»	0.28
»	»	2 abouts de membrons comme celui accoladé n° 17................................	2	3.13	6.26
		Bandes à crémaillère en zinc *idem* pour fourniture :			
		Côtés ; 2 fois 2.15 = ... 4.30			
		Derrière ; 1 fois = ... 0.40			
		Décrochements ; 0.25, 0.30 = . 0.55			
		Linéaires............. 5.25			
»	»	× 0.16 largeur réduite, produit surface......	0.84	4.15	3.49
		Façon, pose..................... 5.25			
		Plus-value de 1/10................ 0.53			
»	»	Ensemble............ 5.78	5.78	1.25	7.23
»	»	Angles........................	6	0.15	0.90
»	»	Brisures aux décrochements.............	24	0.15	3.60
»	»	Pattes cuivre.......................	18	0.20	3.60
»	»	Trous tamponnés....................	18	0.16	2.88
		Tranchées *idem* et joints en ciment ;			
		2 fois 2.00 = ... 4.00			
		Plus ; 2 fois 0.50 hauteur = ... 1.00			
		Derrière ; 0.25, 0.55, 0.30 = ... 1.10			
»	»	Ensemble............ 6.10	6.10	1.00	6.10
		Dessus :			
		Pente plâtre de 0.05 épaisseur réduite :			
		2.80 × 0.43 produit.......... 1.20			
		1.66 × 0.30 » 0.50			
		1.66 × 0.25 » 0.42			
»	»	Surface............. 2.12	2.12	2.00	4.24
»	»	Papier goudronné *idem*................	2.12	0.29	0.61
		Les bandes d'agrafe en zinc *idem* pour fourniture 2 fois 2.83 = ... 5.66			
		2 fois 1.10 = ... 2.20			
		Linéaires............... 7.86			
»	»	× 0.10 large, produit surface.............	0.79	4.15	3.28

N° 21.

MÉTRÉ DE LA COUVERTURE.

NUMÉROS PAGES	SÉRIE				
»	»	Façon pose............................		7.86	0.25	1.97
		Bandes de recouvrements en zinc *idem* (*auvents*) pour fourniture				
		Côtés; 2 fois 2.75 réduit = ...	5.50			
		Abouts; 2 fois 0.48 » = ...	0.96			
		Décrochements; 4 fois 0.28 réduit =	1.12			
		Équerres................. 12	»			
		Coulisseaux 10	»			
		Ensemble........... 22	»			
		× 0.20 courant = ...	4.40			
		Linéaires.............	11.98			
»	»	× 0.17 largeur, produit surface...........		2.04	4.15	8.47
		Façon pose...........................	11.98			
		Plus-value de 1/10 × 7.58 = ...	0.76			
»	»	Ensemble.............	12.74	12.74	1.25	15.93
		Dessus (*mobile*):				
		Recouvrements en zinc *idem* pour fourniture :				
		Milieu = ...	2.70			
		Coulisseaux = ... 2				
		× 0.20 courant = ...	0.40			
		Linéaires.........	3.10	»		
		× 0.37 largeur, produit.............	1.15			
		Gauche; 1 fois............	1.60			
		Coulisseaux............. 2				
		× 0.20 courant = ...	0.40			
		Linéaires (O)	2.00	»		
		× 0.25 largeur, produit.............	0.50			
		A droite idem (O)...........	2.00			
		× 0.30 large, produit.............	0.60			
		Surface.............	2.25	2.25	4.15	9.34
»	»	Façon, pose de bandes de recouvrements en zinc				
		1° De 0.25 large	2.00			
		Plus-value 1/10...................	0.20			
»	»	Ensemble.............	2.20	2.20	1.25	2.75
		2° De 0.30 et 0.37 large; 3.10, 2.00 =	5.10			
		Plus-value 1/10 × 4.30 = ...	0.43			
»	»	Ensemble.............	5.53	5.53	1.48	10.38
»	»	Brisures façonnées soudées aux pinces.....		12	0.15	1.80
»	»	Pattes cuivre *idem*		40	0.20	8.00
»	»	12 collerettes comme celle accoladée N° 18.		12	2.56	30.72
		Mur de gauche.				
»	»	2 abouts de membrons comme celui accoladé n° 17..............................		2 fois	3.13	6.26
		Sur comble :				
		Par le bas :				
617	65	Goussets; 2 fois 1......................		2	0.28	0.56
»	64	Angles; 2 fois 1.......................		2	0.15	0.30

NUMÉROS PAGES	SÉRIE				
»	»	A la souche adossée :			
»	»	Pente à revers *idem*............	1	»	0.52
»	»	Plus-value de contre-pente *idem* sur zinc..	1	»	0.60
»	»	Goussets........................	2	0.28	0.56
»	»	Angles........................ 3			
»	»	Brisure 1			
		Ensemble............ 4	4	0.15	0.60
»	»	Au faîte : Angles	2	0.15	0.30
		Bandes à crémaillère en zinc *idem* pour fourniture.			
		Sur rue............... 2.65			
		Décrochements ; 2 fois 0.25 ..... 0.50			
		Au faîte ; 1 fois............. 0.45			
		Sur cour............... 2.30			
		Linéaires.............. 5.90			
»	»	× 0.16 largeur réduite produit surface.....	0.94	4.15	3.90
		Façon, pose................... 5.90			
		Plus-value de 1/10............. 0.59			
616	32	Ensemble............ 6.49	6.49	1.25	8.11
»	»	Angles....................	3	0.15	0.45
		Brisures soudées aux décrochements ; ensemble....	28	0.15	4.20
»	»	Pattes cuivre *idem*.................	18	0.20	3.60
»	»	Trous tamponnés	18	0.16	2.88
		Tranchée et joints en ciment *idem*.			
		Côté rue 2.60			
		— cour................... 2.35			
		Plus ; 2 fois 0.90 hauteur = ... 1.80			
»	»	Linéaires............ 6.75	6.75	1.00	6.75
		Dessus :			
		Pente plâtre *idem*.			
		9.44 × 0.60 produit........... 5.66			
		0.50 × 0.25 produit........... 0.14			
620	133.134	Surface............ 5.80	5.80	2.00	11.60
620	130	Papier goudronné *idem*	5.80	0.29	1.68
		Bandes d'agrafe en zinc *idem* pour fourniture ; 2 fois 9.50 = ... 19.00			
		Abouts ; 2 fois 0.65 = ... 1.30			
		Décrochements ; 2 fois 0.25 = ... 0.50			
		Linéaires............ 20.80			
»	»	× 0.10 large, produit surface.............	2.08	4.15	8.63
»	»	Façon, pose...................	20.80	0.25	5.20
		Recouvrements zinc (*auvents*) *idem* pour fourniture.			
		2 fois 9.43 réduit = ... 18.86			
		Abouts ; 2 fois 0.58 = ... 1.16			
		Décrochements ; 2 fois 0.25 = ... 0.50			
		Equerres............... 8			
		Coulisseaux 20			
		Ensemble......... 28			
		× 0.20 courant 5.60			
		Linéaires............ 26.12			
»	»	× 0.17 large, produit surface.............	4.44	4.15	18.43

MÉTRÉ DE LA COUVERTURE.

NUMÉROS PAGES	SÉRIE				
		Façon, pose....................... 26.12			
		Plus-value de 1/10 × 20.52 = ... 2.05			
616	32	Ensemble............. 28.17	28.17	1.25	35.21
		Dessus (*mobile*) :			
		Recouvrements zinc *idem* pour fourniture.			
		Linéaires....... 9.35			
		Coulisseaux .... 9 »			
		× 0.20 courant = ... 1.80			
		Ensemble...... 11.15			
		× 0.50 large, produit............... 5.58			
		Souche adossée......... 0.37			
		× 0.25 large, produit............... 0.09			
»	»	Surface............... 5.67	5.67	4.15	23.53
		Façon, pose de bandes de recouvrement.			
		× 0.50 large.................. 11.15			
		Plus-value de 1/10 × 9.35 = ... 0.94			
616	33	Ensemble............. 12.09	12.09	1.48	17.89
		× 0.25 large.................. 0.37			
		Plus-value de 1/10............... 0.04			
»	32	Ensemble............. 0.41	0.41	1.25	0.51
»	»	Brisures façonnées soudées aux pinces.....	8	0.15	1.20
»	»	Pattes cuivre........................	76	0.20	15.20
»	»	9 collerettes comme celle accolade n° 18 ..	9	2.56	23.04
		La **10ᵉ souche**, semblable à la 5ᵉ accoladée n° 19......................... 13ᶠ,69			
		Le dessus comme celui de la souche accoladée n° 12................... 10.28			
		1 collerette comme celle accolade n° 18............................... 2.56			
		Ensemble........... 26ᶠ,53	»	»	26.53
		Sur cour.			
		1 Vitrage (*figure 388*).			
		En raccord de comble :			
»	»	Goussets.............................	4	0.28	1.12
»	»	Angles...............................	4	0.15	0.60
		Pentes à revers fournies façonnées *idem*.			
»	»	2 fois 0.75 =	1.50	1.50	2.25
		Plus-value de façon de contre-pentes sur zinc;			
»	»	mêmes linéaires.......................	1.50	2.00	3.00
»	»	1 besace *idem* ; fournie.................	1	»	0.60
»	»	» posée soudée.............	1	»	0.50
»	»	Gousset de tête........................	1	»	0.28
		Armatures de hausse, en zinc *idem*, pour fourniture :			
		Devant................. 1.50			
		1 coulisseau ×.......... 0.20			
		Linéaires........ 1.70			
		× 0.70 largeur, produit............. 1.19			

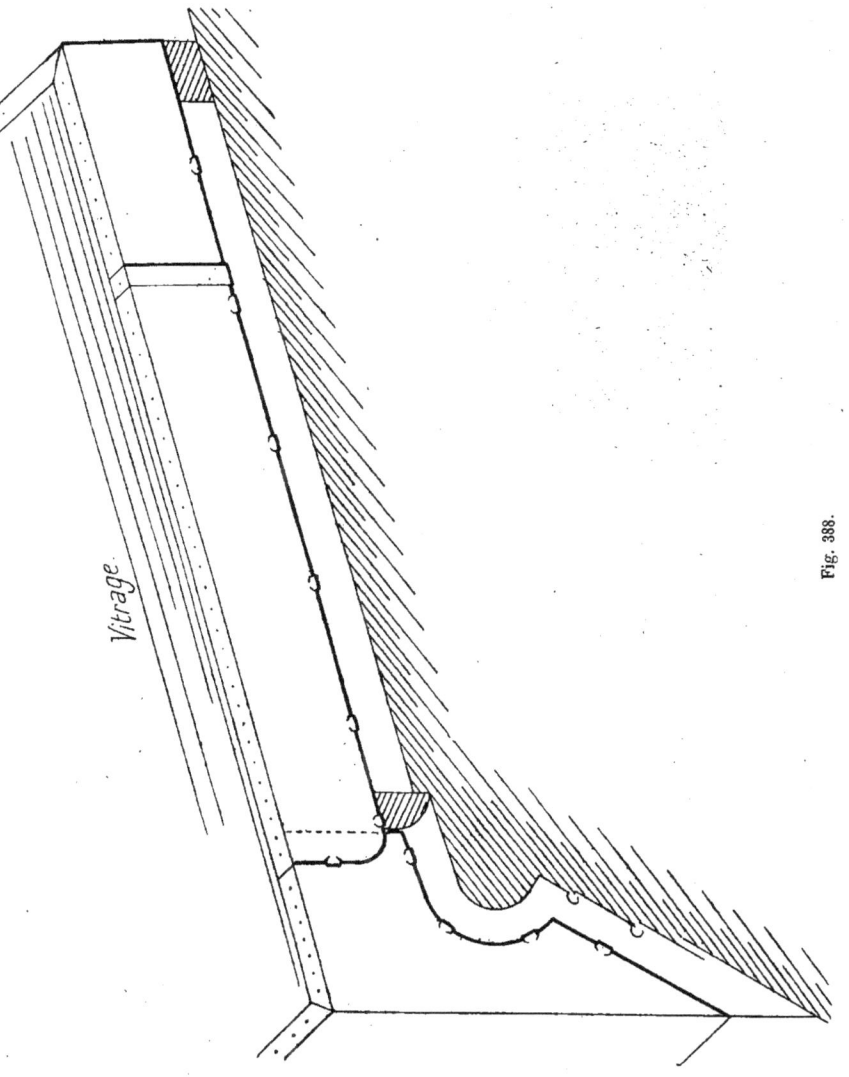

Fig. 388.

MÉTRÉ DE LA COUVERTURE.

NUMÉROS PAGES	SÉRIE					
		Côtés :				
		En avant du membron ;				
		2 fois 0.33 = ... 0.66				
		× 0.44 réduit, produit.............	0.29			
		En raccord de comble zinc ;				
		Côtés ; 2 fois 1.45 = ... 2.90				
		Derrière ; 1 fois 1.50				
		Coulisseaux .... 3 »				
		× 0.20 courant = ...	0.60			
		Linéaires........ 5.00				
		× 0.20 largeur, produit.............	1.00			
»	»	Surface..............	2.48	2.48	4.15	10.29
		Façon pose de bandes de recouvrement.				
		1° de 0.20 large 5.00				
		Plus-value de 1/10 × 4.40 = ...	0.44			
616	32	Ensemble.............	5.44	5.44	1.25	6.80
		2° de 0.44 large 0.66				
		Plus-value de 1/10	0.07			
»	33	Ensemble.............	0.73	0.73	1.48	1.08
		3° de 0.70 large 1.70				
		Plus-value de 1/10 × 1.50 = ...	0.15			
»	34	Ensemble.............	1.85	1.85	1.65	3.05
»	»	Angles façonnés soudés...............		4	0.15	0.60
»	»	Brisure..........................		1	»	0.15
»	»	Plus-value d'angles de chaque 0.70 hauteur.		2	0.95	1.90
»	»	En raccord du membron ; entailles avec pinces circulaires façonnées.................		2	0.80	1.60
		Pattes cuivre *idem* ; 2 fois 8 = ... 16				
		2 fois 11 = .. 22				
620	132	Ensemble.............	38	38	0.20	7.60
		Plus-value de clouage serré à piston.				
		2 fois 1.46 = ... 2.92				
		2 fois 1.66 = ... 3.32				
616	52	Linéaires.............	6.24	6.24	0.34	2.12
»	»	Brisures soudées.....................		4	0.15	0.60
»	»	(12) *Nous ne comptons pas de châssis, nous supposons ici un lanterneau vitré dont les supports seraient fixés en dedans de la hausse*.............		Observation		»
		1 Châssis sur faîte.				
		(*Figure 389*.)				
		En raccord de comble :				
617	65	Goussets *idem*......................		4	0.28	1.12
		Angles au faîtage		4	0.15	0.60
		Armatures de hausse en zinc *idem* pour fourniture.				

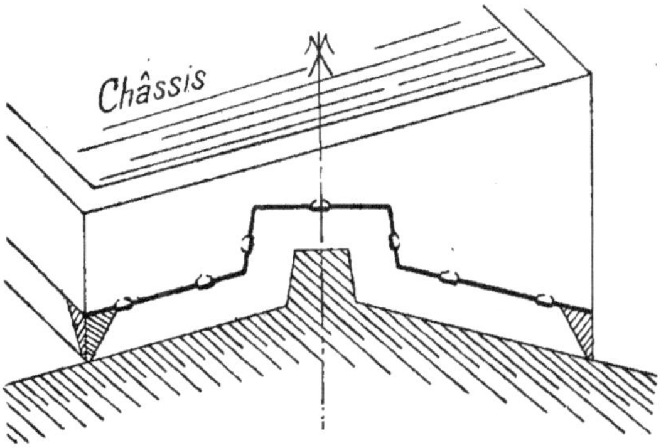

COUVERTURE ET PLOMBERIE.

PAGES	SERIE				
N° 22.		Châssis — Fig. 389.			
		4 fois 0.70 = ... 2.80			
		Coulisseaux (*devant et derrière*) 2			
		× 0.20 courant = ... 0.40			
		Linéaires............. 3.20			
»	»	× 0.28 largeur réduite, produit surface......	0.90	4.15	3.74
		Façon, pose ; linéaires............ 3.20			
		Plus-value de 1/10 × 2.80 = ... 0.28			
616	33	Ensemble 3.48	3.48	1.48	5.15
»	»	Angles........................	4	0.15	0.60
»	»	Brisures	4	0.15	0.60
		Pattes cuivre . 2 fois 4 = ... 8			
		2 fois 7 = ... 14			
»	»	Ensemble............ 22	22	0.20	4.40
»	»	Entailles trapézoïdales pour pénétration du faîtage et pinces façonnées aux décrochements.	2	0.60	1.20
		Clouage serré à piston, en plus-value.			
616	52	4 fois 0.66 = ...	2.64	0.34	0.90
		Châssis fer à tabatière de 0.60 × 0.60 de jour, produit, linéaires............. 2.40			
		Fourni, peint, posé comme précédents......	2.40	5.74	13.78
		Plus-value de jeu de poulie monté sur chape.	1	»	2.00
		6 autres châssis comme celui accolade n° 22.	6	34.09	204.54
		9° châssis (*pan coupé*) de 0.60 × 0.60 produit linéaires. 2.40			
		11° châssis (*en retour à droite*) de 0.50 × 0.65 produit.................. 2.30			
		Soit......... 4.70 : 2 = 2.35 moyen. Dont détail :			
		En raccord sur comble .			
N° 23.	617	65	Goussets....................	4	0.28	1.12
	»	64	Angles......................	2	0.15	0.30

MÉTRÉ DE LA COUVERTURE.

NUMÉROS PAGES	SÉRIE				
		Derrière :			
»	»	Pentes à revers, en sapin *idem*	2	0.52	1.04
»	»	Plus-value de contre-pentes sur zinc.......	2	0.60	1.20
»	»	Besace zinc fournie......................	1	»	0.60
»	»	» posée soudée................	1	»	0.30
»	»	Gousset de tête........................	1	»	0.28
		Armatures de hausse en zinc *idem* pour fourniture.			
		Linéaires.............. 2.51			
		Coulisseaux................... 2			
		× 0.20 courant = ... 0.40			
»	»	Ensemble............ 2.91 × 0.20 largeur réduite, produit surface......	0.58	4.15	2.41
		Façon, pose...................... 2.91			
		Plus-value de 1/10 × 2.51 = ... 0.25			
616	32	Ensemble............ 3.16	3.16	1.25	3.95
»	»	Angles................................	4	0.15	0.60
»	»	Brisures..............................	4	0.15	0.60
»	»	Pattes cuivre; ensemble...............	16	0.20	3.20
»	»	Plus-value de pistonnage serré...........	2.43	0.34	0.83
		1 châssis fourni peint et posé comme *idem ;* Linéaires................................	2.35	5.74	13.49
		Plus-value de jeu de poulie monté sur chape..................................	1	»	2.00
		L'autre châssis semblable à celui accolade n° 23...............................	1	fois	32.12
		En raccord des noues, faîtages et arêtiers :			
617	65	Goussets.	5	0.28	1.40
»	64	Angles.............................	10	0.15	1.50
»	»	Brisures	4	0.15	0.60

N° 23.

Dôme (*figure 390*).

Couverture en ardoise d'Angers fournie posée clouée avec clous cuivre sur volige neuve et sur dôme, comportant voligeage en diagonale et tranchis biais sur ardoise ;

1er Secteur (*milieu, de face*) :

$$\frac{3.00 \text{ et } 1.90}{2} = \dots\dots\dots 2.00$$

× 6.50 hauteur produit 13.00

A droite.

2e Secteur :

$$\frac{3.05 \text{ et } 1.10}{2} = \dots\dots\dots 2.08$$

× 6.50 hauteur, produit............ 13.52

3e Secteur :

Par le bas ; $\frac{1.50 \text{ et } 2.10}{2} =$ 1.80

× 3.80 hauteur, produit............ 6.84

A reporter................ 33.36

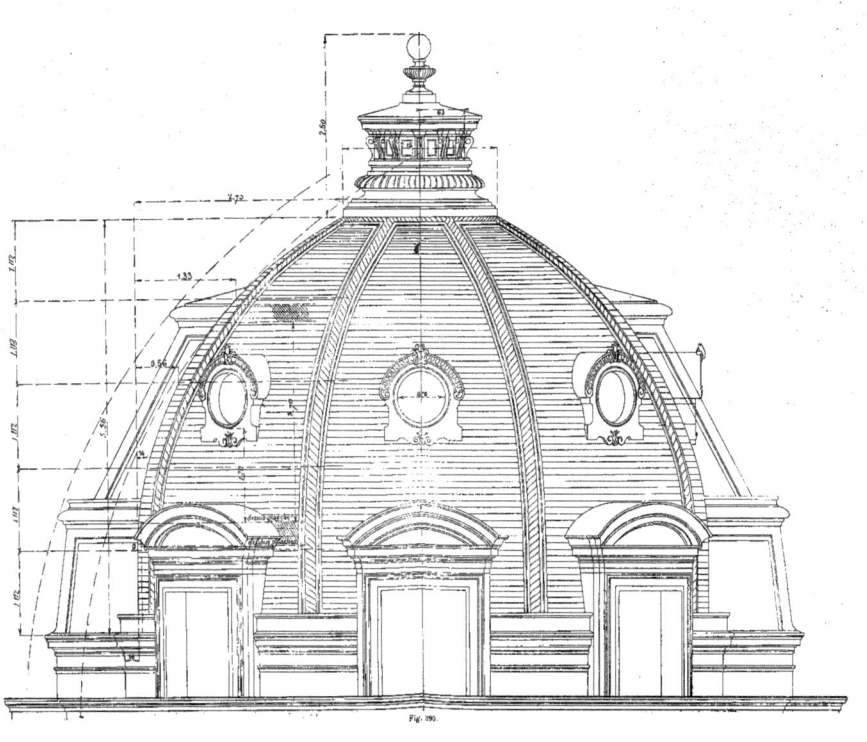

Fig. 190.

NUMÉROS						
PAGES	SÉRIE					

$\qquad$ Report.............. 33.36

Au dessus; $\dfrac{2.10 \text{ et } 1.10}{2} =$ 1.60

× 2.70 hauteur, produit............ 4.32

4° Secteur :

Bas; $\dfrac{2.25 \text{ et } 1.65}{2} = $ 1.95

× 1.65 hauteur, produit............ 3.22

$\dfrac{0.30 \times 0.55}{2}$ produit............ 0.08

Au dessus; $\dfrac{1.95 \text{ et } 1.45}{2} =$ 1.70

× 0.75 hauteur, produit............ 1.28

5° Secteur (*milieu du fond*) :

Bas; $\dfrac{1.85 \text{ et } 2.00}{2} = $ 1.93

× 0.50 hauteur, produit............ 0.97

Au dessus; $\dfrac{2.00 \text{ et } 1.90}{2} =$ 1.95

× 0.40 hauteur, produit............ 0.78

Au dessus; $\dfrac{1.90 \text{ et } 0.95}{2} =$ 1.43

× 1.60 hauteur, produit............ 2.29

6° Secteur :

Bas; $\dfrac{2.10 \text{ et } 1.75}{2} = $ 1.93

× 1.75 hauteur, produit............ 3.38

$\dfrac{0.15 \times 0.30}{2}$ produit............ 0.02

Au dessus; $\dfrac{1.90 \text{ et } 1.45}{2} =$ 1.68

× 0.75 hauteur, produit............ 1.26

7° Secteur :

Bas; $\dfrac{1.45 \text{ et } 2.10}{2} = $ 1.78

× 3.70 hauteur, produit............ 6.59

Au dessus; $\dfrac{2.10 \text{ et } 1.15}{2} =$ 1.63

× 2.80 hauteur, produit............ 4.56

8° Secteur :

$\dfrac{3.20 \text{ et } 1.20}{2} =$,............ 2.20

× 6.50 hauteur, produit............ 14.30

Ensemble............ 76.41

Moins :

3 lucarnes de chaque.
1.84 × 1.23 hauteur réduite, produit............. 2.26

Ensemble..... 6.78

A reporter...... 6.78   76.41

MÉTRÉ DE LA COUVERTURE.

NUMÉROS PAGES	SÉRIE					
		Report....... 6.78	76.41			
		5 œils-de-bœuf de chaque. 1.00 × 1.00 réduit, produit 1.00				
		Ensemble.....	5.00			
		2 châssis de chaque. 0.65 × 0.80 produit. 0.52				
		Ensemble.....	1.04			
		1 partie de châssis de 0.65 × 0.40 produit........	0.26			
		A déduire.....	13.08	= 13.08		
Com	posé	Reste surface..........	63.33	= 63.33	22.24	1408.46
		Chéneaux.				
		Comme ceux du 1ᵉʳ brisis sur avenue; mais circulaires, en plan.				
		Détail:				
		Planche de socle en sapin de 0.041 d'épaisseur × 0.32 largeur fournie rainée posée.				
		(*Partant à droite*)	2.75			
		1ᵉʳ entre-deux...................	1.85			
		2ᵉ dᵒ	2.00			
		A gauche	2.75			
		Linéaires (O)...........	9.35			
		Plus :				
		Entailles et assemblages d'onglets 2 × 0.12 courant = ...	0.24			
		Amortissements d'abouts........ 6 × 0.05 courant =.................	0.30			
		Ensemble	9.89			
Menui	serie	Plus-value pour cintrage ployé au moyen de traits de scie; 1/5 × 9.35 =	1.87			
		Linéaires.............	11.76	11.76	2.16	25.40
		Equerres en fer forgé, de 0.035 × 0.007, fournies, façonnées, coudées 1 fois, contrecoudées 1 fois à scellements en queue-de-carpe, entaillées et fixées avec vis ; × chaque 0.47				
Serru	rerie	développé ; ensemble.....................		10	2.90	29.00
»	»	Peinture desdites au minium, 2 couches....		10	0.12	1.20
		Trous de 0.06 profondeur dans l'entablement et scellements au plâtre.				
Maçon	nerie	Ensemble.............	10			
		× 0.12 légers, produit...................		1.20	4.00	4.80
		Pattes d'abouts, en même fer, fournies posées, entaillées et fixées avec vis *idem*; ensemble...................................		12	0.75	9.00
		Peinture desdites *idem*.................		12	0.12	1.44
		Trous et scellements de chaque 0.06 de profondeur.............................	12			
		× chaque 0.12 légers, produit		1.44	4.00	5.76

Sciences générales.   Couverture et Plomberie. — Tome II. — 25**.

NUMÉROS PAGES	SÉRIE					
		Fond en sapin de 0.018 épaisseur fourni posé et cloué jointif.				
		Linéaires *idem* (O).. 9.35				
		✕ 0.35 large, produit surface......	3.27			
		Plus-value de 1/10 par frises de 0.054.........................	0.33			
		Plus-value de 1.00 pour circulaire en plan......................	3.27			
621	171	Ensemble surface.....	6.87	6.87	2.38	16.35
		Dessous :				
		Coyaux en sapin de 0.054 épaisseur, débillardés, chanfreinés suivant la pente et coupés de biais d'un côté suivant le rampant du comble.				
Com 608	posé 167	Fournis...................		38	1.00	38.00
		Posés cloués................		38	0.33	12.54
		Tasseaux d'accotement en sapin de 0.027 fournis, coupés de longueur, posés cloués.				
		76 fois 0.30 =...............		22.80	0.25	5.70
		Les chéneaux en zinc n° 16 pour fourniture.				
		Linéaires *idem* (O)...............	9.35			
		Plus :				
		Croisures.................. 2				
		✕ 0.05 courant = ...	0.10			
		Equerres................... 2				
		✕ 0.20 courant = ...	0.40			
		Têtes..................... 6				
		✕ 0.15 courant = ...	0.90			
		Linéaires............	10.75			
		✕ 0.50 largeur développée réduite, produit.				
»	»	Surface.....................		5.38	5.46	29.37
		Façon, pose ; linéaires...........	10.75			
		Plus-value de circulaires........	9.35			
619	106	Ensemble...........	20.10	20.10	1.75	35.18
		Sur les côtés :				
		Mains d'arrêt en cuivre rouge, fournies posées en valeur entière.				
620	131	2 fois 60 = ...		120	0.30	36.00
		Au devant :				
		Ardoise neuve d'Angers fournie posée clouée sur volige neuve.				
		Linéaires *idem* (O) ...	9.35			
604	72	✕ 0.22 hauteur, produit surface............		2.06	5.09	10.49
		Plus-value d'ardoise fixée avec clous en cuivre ; surface........................		2.06	0.22	0.45
605	85					
Com	posé	Plus-value d'ardoise posée sur comble circulaire en plan ; surface		2.06	8.14	16.77
		Dessous :				
		Coyaux en sapin de 0.54 découpés dans la planche de 0.09 large ;				
»	»	Fournis......................		38	0.50	19.00
»	»	Posés cloués.................		38	0.33	12.54

MÉTRÉ DE LA COUVERTURE.

NUMÉROS PAGES	SÉRIE					
		Par le bas :				
		Voligeage sapin de 0.013 jointif.				
		9.35 × 0.08 produit............	0.75			
		Plus-value de 1/5 circulaire en plan...........................	0.15			
»	»	Surface.............	0.90	0.90	2.05	1.85
		Bandes d'agrafe en zinc *idem* pour fourniture :				
		A *droite*....................	2.78			
		1ᵉʳ *entre-deux*...............	1.91			
		2ᵉ *d*°	2.06			
		A *gauche*...................	2.78			
		Linéaires (P)........	9.53			
»	»	× 0.10 large, produit surface..............		0.95	4.15	3.94
		Façon, pose...................	9.53			
		Plus-value de circulaire *idem*.....	9.53			
»	»	Ensemble...........	19.06	19.06	0.25	4.76
		Bandes de recouvrement en zinc *idem* pour fourniture.				
		Linéaires *idem* (P)....	9.53			
		Plus :				
		Saillies des abouts........... 6				
		× 0.07 développé =..............	0.42			
		Coulisseaux................ 8				
		× 0.20 courant = ...	1.60			
		Equerres.................... 2				
		× 0.20 courant =...............	0.40			
		Linéaires.............	11.95			
»	»	× 0.20 développé, produit surface..........		2.39	4.15	9.92
		Façon, pose ; linéaires...........	11.95			
		Plus-value de circulaires........	9.53			
		Plus-value de longueurs similaires.				
616	32	1/10 × 9.53 =...............	0.95			
		Ensemble...........	22.43	22.43	1.25	28.04
		Brisures d'onglets, façonnées soudées ; au				
»	»	droit des lucarnes....................		6	0.20	1.20
»	»	Brisures *idem* ; aux coulisseaux..........		8	0.15	1.20
		Doublis d'une ardoise neuve *idem*.				
»	»	Linéaires *idem* (O)............		9.35	0.67	6.26
Com	posé	Plus-value de doublis sur circulaire.......		9.35	1.05	9.82
		Parements plâtre.....................		9.35	0.40	3.74
		En tête de l'auvent :				
		Filets en plâtre sur ardoise neuve *idem*.				
610	210	Linéaires.................		9.35	0.90	8.42
		Bavettes en plomb neuf de 0.002 épaisseur pour fourniture.				
		Linéaires *idem* (O)....	9.35			
		Plus :				
		Têtes..................... 6				
		× 0.15 courant =................	0.90			
		Linéaires.............	10.25			

NUMÉROS PAGES	SERIE				
622	1	$\times$ 0.08 large, produit surface....... 0.82 $\times$ 22^k,70 le mètre; pesant................. Façon, pose; pesant........... 18^k,610 Plus-value de circulaire *idem*.... 18.610		18^k,610	0.42	7.82
»	9	Ensemble.......... 37^k,220	37^k,220	0.15	5.58
»	17	Bandelettes de clouage en zinc *idem*, fournies et posées; linéaires...................	10.25	0.33	3.38
616	52	Clouage espacé *idem*..................	10.25	0.34	3.49
		Dessous : Voligeage neuf en sapin de 0.013 jointif. Linéaires *idem* (O) =. 9.35 $\times$ 0.05 large, produit............. 0.47 Double épaisseur *idem*.......... 0.47 Plus-value de 1/5 circulaire *idem*. 0.10			
»	»	Surface............ 1.04	1.04	2.05	2.13

		Le couronnement de socle en zinc n° 14 pour fourniture.
		  Linéaires *idem* (O).... 9.35
		  Plus :
		Equerres..................... 2
		$\times$ 0.20 courant =............... 0.40
		Têtes..................... 6
		$\times$ 0.15 courant =............... 0.90
		  Linéaires.......... 10.65			

»	»	$\times$ 0.20 largeur développée, produit surface... Façon, pose ; linéaires........... 10.65 Plus-value de façon par bouts de 1 mètre ; 1/10 $\times$ 9.35............. 0.94 Plus-value de circulaire *idem*..... 9.35	2.13	4.15	8.84
616	32	Ensemble............ 20.94	20.94	1.25	26.18
		Les bagues saillantes en zinc estampé à jouées découpées suivant moulures, rapportées et soudées.			
»	»	Fournies................. ...	8	1.20	9.60
»	»	Posées soudées.............	8	0.60	4.80
		Dessous : Gaines de garantie en zinc n° 14 pour fourniture. 8 fois 0.30 =................. 2.40			
»	»	$\times$ 0.15 large, produit surface............ Façon pose ; linéaires............ 2.40 Plus-value de 1/10 =........... 0.24	0.36	4.15	1.49
»	31	Ensemble............ 2.64	2.64	1.10	2.90
»	»	Pattes cuivre *idem*.................. Les bandes d'agrafe en zinc n° 14 pour fourniture.	30	0.20	6.00
»	»	Linéaires *idem* (O).... 9.35 $\times$ 0.07 large, produit surface............ Façon pose.................. 9.35 Plus-value de circulaires.......... 9.35	0.65	4.15	2.70
»	»	Ensemble............ 18.70	18.70	0.25	4.68

MÉTRÉ DE LA COUVERTURE.

NUMÉROS PAGES	SÉRIE					
»	»	Plus-value de façon de bandes coudées (*comme reliefs*)............ 9.35 Plus-value de circulaire.......... 9.35 Ensemble............ 18.70	18.70	0.04	0.75
		Au-dessus du chéneau : Banquette. Chanlatte sapin de 0.045 réduit × 0.120 fournie posée clouée. A *droite*................. 2.85 1er *entre-deux*............. 1.85 2° d° .... 2.00 A *gauche*................. 2.85 Linéaires (Q)........ 9.55 Plus : Entailles et assemblages d'onglets................. 2 × 0.12 courant = ... 0.24 Amortissements aux lucarnes .. 6 × 0.05 courant = ... 0.30 Ensemble............ 10.09 Plus-value de 1/5 circulaires *idem*. 2.02			
Menui	serie	Linéaires............ 12.11	12.11	1.06	12.84
		Bandes de recouvrement en zinc *idem* pour fourniture. Linéaires *idem* (Q).... 9.55 Plus : Coulisseaux................. 8 × 0.20 courant............ 1.60 Têtes................. 6 × 0.15 courant = ... 0.90 Equerres................. 2 × 0.20 courant = ... 0.40 Ensemble............ 12.45 × 0.28 largeur développée ; produit Surface.................	3.49	4.15	14.48
»	»	Façon, pose........ 12.45 Plus-value de façon par bouts de 1 mètre ; 1/10 × 9.55 = 0.96 Plus-value de circulaires *idem*.... 9.55			
616	33	Linéaires............ 22.96	22.96	1.48	33.98
		Plus-value de façon de moulures, comprenant : 3 arêtes, *comme reliefs* à 0^f,04 = 0^f,12 Linéaires................. 12.45 Plus-value de circulaires........ 12.45			
»	»	Ensemble............ 24.90	24.90	0.12	2.99
»	»	Brisures façonnées soudées aux coulisseaux ; ensemble.................	8	0.15	1.20
»	»	Pattes cuivre *idem*.................	30	0.20	6.00

Sciences générales.   COUVERTURE ET PLOMBERIE. — TOME II. — 26.

COUVERTURE ET PLOMBERIE.

NUMÉROS PAGES	SÉRIE					
		Doublis d'une ardoise neuve *idem*.				
		A *droite*	2.55			
		1er entre-deux...............	1.85			
		2e do	2.00			
		A *gauche*....................	2.55			
		Ensemble............	8.95			
		Moins :				
		Arêtiers................ 4				
		× 0.22 large = ...	0.88			
Com|posé		Reste linéaires........	8.07	8.07	0.67	5.41
Com|posé		Plus-value de circulaires, *idem*		8.07	1.05	8.47
610	227	Parements *idem*......................		8.07	0.40	3.23
		Dessous :				
		Voligeage neuf en sapin de 0.013 jointif.				
		Linéaires *idem* (Q). 9.55				
		× 0.50 hauteur, produit..........	4.78			
		Plus-value de 1/5 circulaire.......	0.96			
621	170	Surface............	5.74	5.74	2.05	11.77
		A droite :				
		Les Noues				
		Voligeage neuf en sapin de 0.013 jointif :				
		En brisis :				
		1 fois.....................	5.75			
		Entre-dôme et terrasson de comble.				
		1 fois..................	1.90			
		1 fois..................	2.30			
		Linéaires......	9.95			
		× 0.33 large, produit.............	3.28			
		Plus-value de circulaire *idem*.				
		3.28 × 1.30 produit..........	4.26			
		En parties droites (*brisis*).				
		5.75 × 0.33 produit..........	1.90			
»	»	Ensemble surface.....	9.44	9.44	2.05	19.35
		Plus-value de coupes, pour circulaires, sur les parties droites du voligeage......	9.95			
			5.75			
»	»	Linéaires............	15.70	15.70	0.15	2.36
		Noues en zinc n° 14 pour fourniture.				
		Linéaires............	15.70			
		Plus :				
		Agrafures simples............ 3				
		× 0.04 courant = ...	0.12			
		Agrafures doubles............ 3				
		× 0.12 courant = ...	0.36			
		1 tête ×	0.15			
		1 Équerre ×	0.20			
		Ensemble...........	16.53			
»	»	× 0.50 largeur, produit surface.............		8.27	4.15	34.32

N° 24.

MÉTRÉ DE LA COUVERTURE. 403

NUMÉROS PAGES	SÉRIE					
		Façon, pose; linéaires............ 16.53				
		Plus-value de circulaires *idem*.... 16.53				
616	33	Ensemble.......... 33.06	33.06	1.48	48.93	
		Mains d'arrêt zinc sur les côtés.				
»	»	2 fois 50 = ...	100	0.15	15.00	
617	65	Goussets............................	2	0.28	0.56	
»	»	Contre-talons de garantie en abouts de membrons...........................	2	1.00	2.00	
»	»	Angles..............................	4	0.15	0.60	
»	»	Brisures............................	2	0.15	0.30	
		Tranchis circulaires sur ardoise neuve,				
		1er *brisis* : 1.50, 1.80 = ... 3.30				
		2° *brisis* :				
		Tranchis *idem* ; 1 fois............ 3.35				
		Par le bas du 4° secteur du dôme.				
Com	posé	Doublis d'une ardoise *idem*....... »	2.25	0.67	1.51	
Com	posé	Plus-value de circulaire .... »	2.25	1.05	2.36	
		En raccord du terrasson :				
		Tranchis *idem*.				
		1 fois................ 1.90				
		2 fois 0.75 .... 1.50				
Com	posé	Ensemble.......... 10.05	10.05	1.40	14.07	
		Parements *idem*............... 10.05				
		Plus, aux doublis ; 1 fois.......... 2.25				
610	227	Ensemble.......... 12.30	12.30	0.40	4.92	
		A gauche :				
»	»	Les noues semblables à celles ci-dessus accoladées n° 24...........................	1	fois	146.28	
		Secteur milieu du fond.				
		Par le bas ; 1 noue.				
		Voligeage neuf *idem*.				
		Linéaires................ 2.20				
		Moins ; châssis........... 0.60				
		Reste......... 1.60				
		× 0.33 hauteur, produit............ 0.53				
		Plus-value de circulaire × 1.30 =. 0.69				
»	»	Ensemble.......... 1.22	1.22	2.05	2.50	
		Noue zinc n° 14 pour fourniture.				
		2 fois 0.94 = ... 1.88				
»	»	× 0.50 large, produit surface.............	0.94	4.15	3.90	
		Façon, pose.................. 1.88				
		Plus-value de circulaires.......... 1.88				
»	»	Ensemble.......... 3.76	3.76	1.48	5.56	
»	»	Brisures.............................	4	0.15	0.60	
		Doublis d'une ardoise *idem*.				
»	»	2 fois 0.80 = ...	1.60	0.67	1.07	
»	»	Plus-value de circulaires	1.60	1.05	1.68	
»	»	Parements *idem*.......................	1.60	0.40	0.64	

N° 24.

COUVERTURE ET PLOMBERIE.

10° Châssis; *moitié sur dôme et sur terrasson de comble (figure 391).*

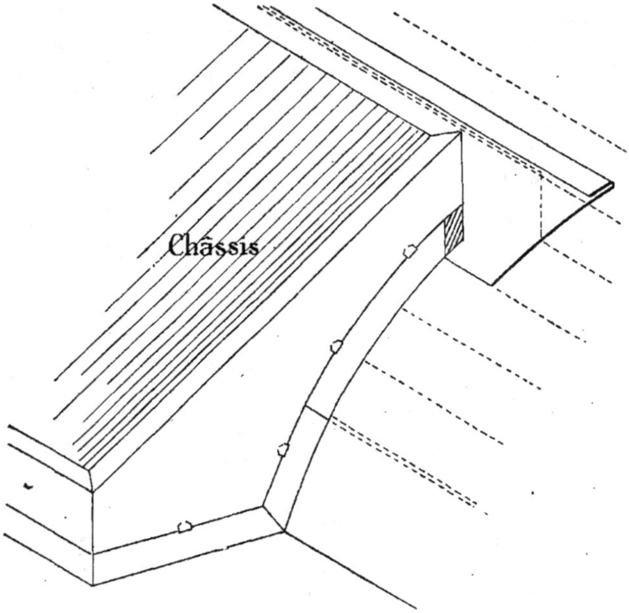

Fig. 391.

NUMÉROS PAGES	SÉRIE				
		En raccord sur courbe zinc :			
		Angles.................... 2			
		Brisures.................. 2			
»	»	Ensemble............... 4	4	0.15	0.60
		Sur côtés :			
		Bandes de dévirures en zinc n° 14 pour fourniture ; 2 fois 0.40 = ... 0.80			
»	»	× 0.20 largeur, produit, surface...........	0.16	4.15	0.66
		Façon, pose ; linéaires........... 0.80			
		Plus-value de circulaires.......... 0.80			
615	28	Ensemble............... 1.60	1.60	0.57	0.91
		Tranchis droits sur ardoise neuve			
611	238	2 fois 0.44 = ...	0.88	0.43	0.38
609	176	Dévirures *idem*..................	0.88	0.38	0.33

MÉTRÉ DE LA COUVERTURE.

NUMÉROS PAGES	SÉRIE				
		Derrière :			
		Voligeage neuf en sapin de 0.013 jointif			
		0.80 × 0.22 produit............ 0.18			
		Plus-value de circulaire *idem*			
		0.18 × 1.30 produit............ 0.23			
621	170	Surface.................	0.41	2.05	0.84
		Bande de recouvrement en zinc n° 14 pour			
		fourniture ; linéaire................. 0.90			
»	»	× 0.35 large, produit, surface............	0.32	4.15	1.33
		Façon, pose................. 0.90			
		Plus-value de circulaire........... 0.90			
616	33	Ensemble............... 1.80	1.80	1.48	2.66
		Pentes en sapin, fournies découpées à revers,			
»	»	ajustées, clouées.....................	2	0.52	1.04
»	»	Plus-value de façon de contre-pentes sur zinc.	2	0.60	1.20
617	65	Goussets sur côtés.................	2	0.28	0.56
»	64	Angles »	2	0.15	0.30
		Besace zinc façonnée en forme de lance ;			
»	»	Fournie..................	1	»	0.50
»	»	Posée soudée...................	1	»	0.60
»	»	Gousset de tête.................	1	»	0.28
		Au dessus :			
»	»	Doublis de 1 ardoise neuve *idem*.........	0.70	0.67	0.47
»	»	Plus-value de circulaire.................	0.70	1.05	0.74
»	»	Tranchis biais ; 2 fois 0.15 = ...	0.30	0.70	0.21
		Parements plâtre................... 0.30			
		1 fois...................... 0.70			
610	227	Ensemble............... 1.00	1.00	»	0.40
		Armature de hausse, en zinc n° 14 pour			
		fourniture			
		2 fois 0.87 = ... 1.74			
		2 fois 0.67 = ... 1.34			
		Linéaires.................. 3.08			
		× 0.24 largeur réduite, produit...........	0.74	4.15	3.07
616	32	Façon pose ; linéaires..................	3.08	1.25	3.85
		Angles................. 4			
		Brisures ; derrière............. 1			
		dessus.............. 4			
»	»	Ensemble............... 9	9	0.15	1.35
		Sur côtés :			
		Plus-value de coupes circulaires sur zinc et			
		pinces façonnées *idem*.			
618	70	2 fois 0.63 = ...	1.26	0.30	0.38
»	»	Brisures de pinces................	2	0.15	0.30
620	132	Pattes en cuivre rouge *idem*............	14	0.20	2.80
		Plus-value de clouage serré à piston sur le			
616	52	dessus de la hausse.....................	2.80	0.34	0.95
		Le châssis en fer à tabatière et crémaillère,			
		fourni, peint et posé, comme précédents, de			
		0.60 × 0.80, produit ; linéaires.............	2.80	5.74	16.07

NUMÉROS PAGES	SÉRIE				
		1ᵉʳ Secteur (*milieu de face*)			
		1 Lucarne.			
»	»	2 côtés semblables à celui accoladé n° 13...	2	20.69	41.38
		Dessus (*fig. 392 à 394*) :			
		Bandes d'agrafe en zinc n° 14 pour fourniture ;			
		Droites :			
		2 fois 1.63 = ... 2.36			
		2 fois 0.10 = ... 0.20			
		Courbe ; 1 fois................ 2.60			
		Linéaires............. 6.06			
»	»	× 0.10 large, produit surface...........	0.61	4.15	2.53
		Façon, pose............... 6.06			
		Plus-value de courbe			
		1/5 × 6.06 = ... 1.21			
616	25	Ensemble............. 7.27	7.27	0.25	1.82
		Trous tamponnés ; ensemble............	124	0.16	19.84
		Auvent en fronton :			
		Recouvrement en zinc n° 14 pour fourniture :			
»	»	Linéaires............. 3.00			
		× 0.50 large, produit surface.........	1.50	4.15	6.22
		Façon, pose.............. 3.00			
		Plus-value de courbe			
		1/5 × 2.60 = ... 0.52			
616	34	Linéaires............ 3.52	3.52	1.65	5.81
618	72	Ourlet en zinc neuf *idem*, fourni, façonné, circulaire et soudé...........	2.60	0.80	2.08
»	»	Relief circulaire dégorgé au marteau ; linéaires..................	2.60	1.00	2.60
618	78	Contre-talons de couvre-joint zinc fournis, rapportés et soudés..............	2	0.15	0.30
		Onglets ajustés, soudés sur ourlet.........	4	0.20	0.80
		Auvents sur côtés :			
		Recouvrements en zinc n° 14 pour fourniture ; 2 fois 1.20 = ... 2.40			
		Coulisseaux............. 2 »			
		× 0.20 courant = ... 0.40			
		Têtes.................. 2			
		× 0.15 courant = ... 0.30			
		Linéaires............. 3.10			
»	»	× 0.33 largeur, produit, surface..........	1.02	4.15	4.23
		Façon, pose ; linéaires............ 3.10			
		Plus-value de 1/10 × 2.40 = ... 0.24			
616	33	Ensemble............. 3.34	3.34	1.48	4.94
»	»	Brisures façonnées, soudées aux coulisseaux.	2	0.15	0.30
		Dessus :			
		Recouvrement en zinc n° 14 pour fourniture.			
		Linéaire............. 2.44			
»	»	× 1.14 largeur réduite, produit surface.....	2.78	4.15	12.54

N° 25.

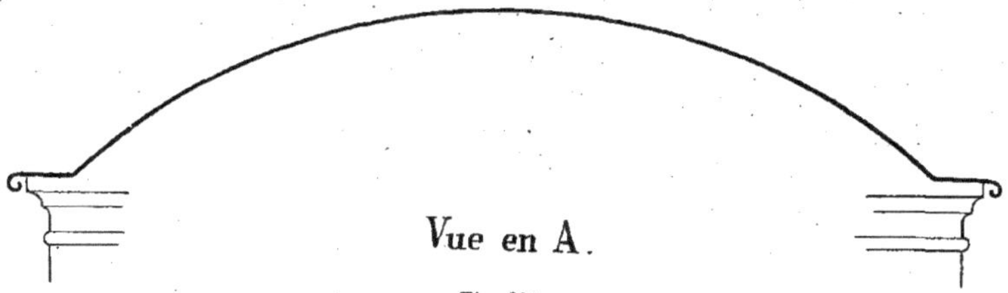

Vue en A.

Fig. 392.

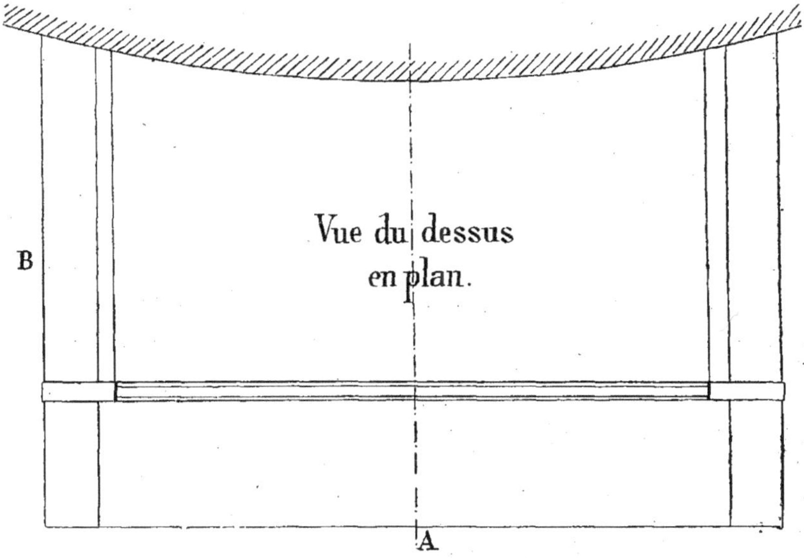

Vue du dessus en plan.

B

A

Fig. 393

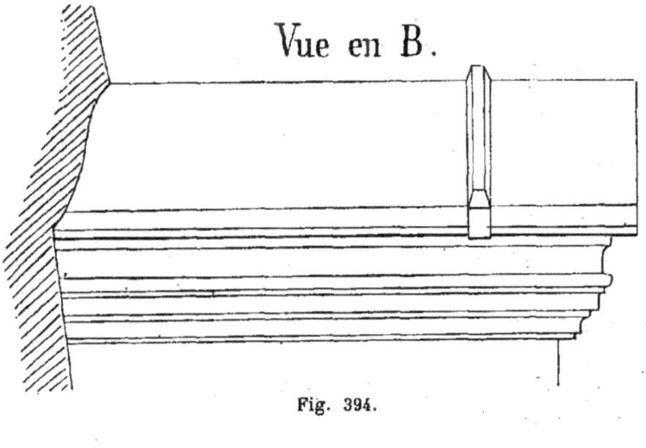

Vue en B.

Fig. 394.

NUMÉROS PAGES	SÉRIE					
		Façon, pose.................... 2.44				
		Plus-value de 1/5 pour courbure.... 0.49				
616	34	Ensemble............... 2.93	2.93	1.65	4.83	
620	141	Soudure obligée sur zinc neuf...........	2.44	0.66	1.61	
»	»	Plus-value de reliefs circulaires dégorgés (*face et fond*); 2 fois 2.36 = ...	4.72	1.00	4.72	
		Côté de face :				
		Tasseau neuf de sapin de 0.040, fourni, posé, cloué........................... 2.36				
		Plus-value de 1/5 pour courbure au moyen de traits de scie............... 0.47				
621	149	Ensemble............... 2.83	2.83	0.33	0.93	N° 25.
»	»	Trous tamponnés *idem*................	6	0.16	0.96	
»	»	Contre-talons zinc *idem*..............	2	0.15	0.30	
»	»	Couvre-joint en zinc n° 14 pour fourniture Linéaire................ 2.46 × 0.10 large, produit, surface............ Façon, pose....................... 2.46 Plus-value de circulaire 2.46	0.25	4.15	1.04	
»	»	Ensemble............... 4.92	4.92	0.20	0.98	
618	76	Talons zinc	2	0.20	0.40	
»	»	Pattes cuivre *idem*	2	0.20	0.40	
		Côté du fond :				
		1 alaise zinc *idem*, pour fourniture. Linéaire................ 2.50				
»	»	× 0.15 largeur, produit, surface.......... Façon, pose....................... 2.50 Plus-value de circulaire............ 2.50	0.38	4.15	1.58	
616	34	Ensemble............... 5.00	5.00	1.10	5.50	
620	141	Soudure obligée sur zinc neuf...........	2.36	0.66	1.49	
»	»	Angles soudés sur pince, en tête des auvents.	2	0.15	0.30	
		Coupe circulaire sur zinc *idem*	2.36	0.30	0.71	
		Tranchis sur ardoise *idem*;				
		Moulurés sur côtés ;				
»	»	2 fois 0.60 développé = ...	1.20	2.80	3.36	
»	»	Circulaires au dessus	3.00	1.40	4.20	
610	227	Parements plâtre *idem* 1.20, 3.00 = ...	4.20	0.40	1.68	
		1 Œil-de-bœuf.				
		1 œil-de-bœuf (*ou lucarne*) en zinc n° 16, estampé comme précédents.				
»	»	Fourni, posé comme à l'accolade n° 16.....	1 fois	—	123.38	N° 26.
Éva	lué	Plus-value pour façon de carapace ajustée suivant la double courbure du dôme.........	1	»	15.00	
		Plus-values de façons circulaires sur :				
		1° Bavette plomb; pesant...............	4^k770	0.15	0.72	
		2° Bandelette de clouage zinc............	1.30	0.33	0.43	

MÉTRÉ DE LA COUVERTURE.

NUMÉROS PAGES	SÉRIE				
		2e et 8e Secteurs : 2 lucarnes (*en pierre*) armées en zinc; comme celle accoladée n° 25...............	2	140.38	280.76
		2e, 3e, 7e et 8e Secteurs : 4 œils-de-bœuf en zinc estampé; comme celui accoladé n° 26....................	4	139.53	558.12
		4° Secteur : **1 Châssis.** Le châssis en fer à tabatière et crémaillère de 0.65×0.80 de jour produit Linéaires.................... 2.90			
»	»	Fourni à dormant en tôle laminée de 0.0025 d'épaisseur, peint et posé comme précédents..	2.90	5.74	16.15
610	210	Devant : Filet plâtre sur ardoise *idem*............	0.75	0.90	0.68
		Voligeage en sapin *idem*, fourni, posé, cloué 0.65×0.11 produit............ 0.07 Plus-value de circulaire 0.07×1.30 produit............ 0.09			
»	»	Surface............ 0.16	0.16	2.05	0.33
		Bavette en plomb en table, de 0.002 épaisseur, pour fourniture.............. 0.90 $\times 0.16$ large, produit surface ... 0.14			
622	1	$\times 22^k70$ le mètre; pesant................	3^k180	0.42	1.34
		Façon, pose; pesant............ 3^k180 Plus-value de circulaire.......... 3^k180			
»	9	Ensemble............ 6^k360	6^k360	0.15	0.95
		Bandelette de clouage en zinc *idem*.......	0.90	0.33	0.30
		Clouage à piston espacé de 0.05..........	0.90	0.34	0.31
		Emboutis sur plomb :			
»	»	Goussets....................	2	0.80	1.60
622	16	Angles	2	0.50	1.00
		Sur les côtés : Bandes de dévirures en zinc *idem* pour fourniture ; 2 fois 0.90 = ... 1.80			
»	»	$\times 0.20$ largeur, produit surface...........	0.36	4.15	1.49
		Façon, pose.................... 1.80 Plus-value de circulaires.......... 1.80			
		Ensemble............ 3.60	3.60	0.57	2.05
		Tranchis droits sur ardoise neuve :			
611	238	2 fois 0.88 = ...	1.76	0.43	0.76
609	176	Dévirures *idem*	1.76	0.38	0.67
		Derrière : Voligeage sapin, fourni, posé, cloué jointif *idem;* 0.65×0.22, produit........ 0.14 Plus-value de circulaire 0.14×1.30, produit............ 0.18			
621	170	Ensemble, surface 0.32	0.32	2.05	0.66

COUVERTURE ET PLOMBERIE.

NUMÉROS PAGES	SÉRIE				
»	»	Pente en plâtre pur de 0.05 épaisseur réduite ; 0.65 × 0.20, produit................		0.13	2.00	0.26
»	»	Recouvrement en plomb neuf en table de 0.0025 épaisseur pour fourniture ; Linéaires...................... 0.90 × 0.50 large, produit.......... 0.45 × 28^k,40 le mètre ; pesant................ Façon, pose ; pesant............ 12^{k}780 Plus-value de circulaire *idem*..... 12^{k}780	12^{k}780	0.42	5.37
622	1	Ensemble................ 25^{k}560	25^{k}560	0.15	3.83
622	17	Bandelette de clouage zinc.......... 0.90 Plus-value de circulaire *idem*....... 0.90 Ensemble................ 1.80	1.80	0.33	0.59
616	52	Clouage × 0.05 *idem*	0.90	0.34	0.31
»	»	Doublis d'une ardoise neuve *idem*........	0.80	0.67	0.54
»	»	Plus-value de circulaire *idem*.............	0.80	1.05	0.84
611	238	Tranchis biais sur ardoise *idem* 2 fois 0.15 = ...	0.30	0.70	0.21
610	227	Parements *idem* ; 0.80, 0.30 = ...	1.10	0.40	0.44
		6ᵉ Secteur : 1 châssis semblable à celui accolodé n° 27..	1	»	40.68

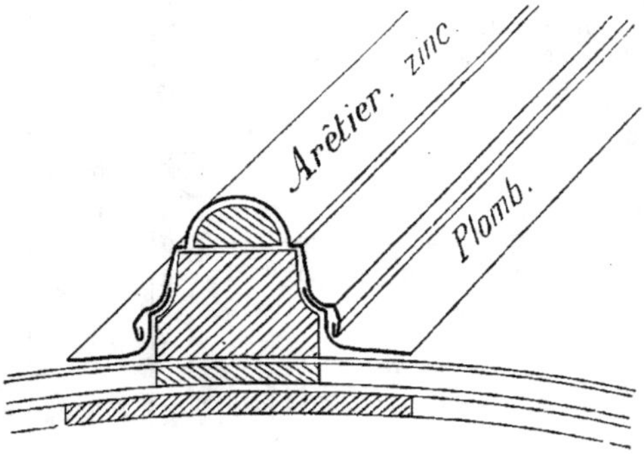

Fig. 395.

Arêtiers (*fig. 395*).
(*Partant à droite.*)

1ᵉʳ Secteur.....................	6.50	
2ᵉ »	6.50	
3ᵉ »	2.60	
4ᵉ secteur.....................	1.60	
5ᵉ »	1.25	
6ᵉ »	2.70	
7ᵉ »	6.50	
8ᵉ »	6.50	
Linéaires, ensemble (R)....	34.15	

N° 27.

MÉTRÉ DE LA COUVERTURE.

NUMÉROS PAGES	SERIE				
		Détail :			
		Dessous :			
		Voligeage neuf en sapin de 0.013 jointif.			
		1re épaisseur .... 0.44 large			
		2e épaisseur .... 0.22 »			
		Ensemble .... 0.66 »			
		× 34.15 linéaires, produit.......... 22.54			
		Plus-value de circulaires *idem*.			
		22.54 × 1.30, produit.......... 29.30			
521	170	Ensemble, surface 51.84	51.84	2.05	106.27
		Corps d'arêtier en sapin refait de 0.13/0.20 à gorges arrondies de 0.05 et feuillure sur les côtés, fournis assemblés à entailles, montés à 25 mètres réduit, posés; linéaires 34.15			
		Abouts amortis............... 16 »			
		× 0.05 courant = ... 0.80			
		Coupes biaises d'onglets....... 4 »			
		× 0.06 courant = ... 0.24			
		Plus-value de courbure obtenue au moyen de traits de scie.			
		1/5 × 34.15 = ... 6 83			
Com|posé Char|pente		Ensemble (S)............ 42.02	42.02	6.33	265.99
		Trous de boulons sur double voligeage arêtier et charpente × 0.22 longueur, compris pose des boulons; ensemble..........			
315	264, 265		42	0.64	26.88
»	266	Encastrement de têtes de boulons	42	0.11	4.62
Serru|rerie 457	1833	Vis (tête carrée) en fer de 0.22, fournies...	42	1.33	55.86
		Sur le dessus :			
		Membrons en sapin *idem*, de 0.11/0.055 à arrondi de 0.18 développé ;			
Com|posé		Linéaires *idem* S...............	42.02	2.14	89.92
		Sur les côtés :			
		Tranchis biais sur ardoise *idem*			
		2 fois 34.15 réduit = ... 68.30			
		Moins: modillons, 16 fois 0.60 = . 9.60			
611	238	Reste................... 58.70	58.70	0.70	41.09
		Dévirures *idem*			
		Alaises en plomb neuf en table, de 0m,002 épaisseur pour fourniture			
		2 fois 34.15 = ... 68.30			
		Moins :			
		Modillons en tête............. 16			
		× 0.60 hauteur = ... 9.60			
		Reste (T)............... 58.70			
		Plus :			
		Croisures (*par bout de 2.00*).. 36			
		× 0.10 courant = ... 3.60			
		A *reporter*........... 62.30			

COUVERTURE ET PLOMBERIE.

NUMÉROS PAGES	SÉRIE				
		Report............ 62.30			
		Abouts amortis en tête........ 16 »			
		× 0.05 courant = ... 0.80			
		Talons.................... 16 »			
		× 0.15 courant = ... 2.40			
		Ensemble............... 65.50			
		× 0.20 largeur, produit surface 13.10 ×			
622	1	22^k,70 le mètre; pesant..................	297^{k}370	0.42	124.90
»	9	Façon, pose; pesant.....................	297.370	0.15	44.61
		Plus-value d'emboutis sur plomb :			
		(*Par chaque côté.*)			
»	15	1 arête comme relief............ 0^f,50			
»	14	1 gorge arrondie comme ourlet.. 0 ,60			
		Ensemble................ 1^f,10			
		Soit: linéaires..................	62.30	1.10	68.53
		Plus-value de circulaire (*au double*) ; à reprendre l'accolade n° 28..................	1 fois	»	113.14
		Les bandelettes de clouage en zinc *idem* fournies posées; linéaires.......... 62.30			
		Plus-value de circulaires *idem*.... 62.30			
622	17	Ensemble............. 124.60	124.60	0.33	41.12
616	52	Clouage à piston × 0.05 ; linéaires........	62.30	0.34	21.18
		Sous le plomb :			
		Gorges en plâtre pur, comme parements ; Linéaires *idem* (T)...............	58.70	0.40	23.48
»	»	Couronnements d'arêtiers en zinc estampé (*fig. 396*), modèle n° 484 de l'album Coutelier.			

Fig. 396.

		Fournis :			
		Linéaires *idem* (R)................ 34.15			
		Plus :			
		Croisures (*par 1.00*).......... 36			
		× 0.05 courant = ... 1.80			
»	»	Ensemble............. 35.95	35.95	3.00	107.85
»	»	Plus-value de façons circulaires *idem*......	35.95	2.10	75.56
		Plus-value de façon par bouts de 1.00.			
»	»	1/10 × 35.95 = ...	3.60	2.10	7.56
»	»	Ajustement pose desdits ; linéaires........	35.95	1.26	45.30
520	132	Pattes cuivre, aux croisures...............	36	0.20	7.20

N° 28.

MÉTRÉ DE LA COUVERTURE.

NUMÉROS PAGES	SÉRIE				
		Sur les côtés :			
		Alaises en zinc n° 14 (*faisant pièce avec arêtier en zinc estampé*), pour fourniture. Linéaires 2 fois 34.10 réduit = ... 68.20			
		Plus :			
		Talons...................... 16 »			
		× 0.15 courant = ... 2.40			
		Croisures (*par 1.00*).......... 72 »			
		× 0.05 courant = ... 3.60			
		Linéaires................ 74.20			
»	»	× 0.14 largeur développée, produit surface..	10.39	4.15	43.11
		Façon pose de bandes de recouvrement en zinc × 0.14 largeur............... 74.20			
		Plus-value de 1/10 *idem* 77.80 =. 7.78			
		Plus-value de circulaires *idem*.... 8.98			
616	31	Ensemble................ 163.96	163.96	1.10	180.36
620	141	Soudures obligées sur zinc neuf (*avec pièce estampée*) ; linéaires = ...	71.80	0.66	47.39
		Pattes cuivre en plus-value *idem*.			
		Aux larmiers ; 2 fois 168 = ... 336			
		Aux croisures................. 72			
620	132	Ensemble............... 408	408	0.20	81.60
		Aux talons :			
»	»	Goussets emboutis sur plomb........	16	0.80	12.80
622	16	Angles » »	16	0.50	8.00
		Abouts en zinc *idem* fournis ;....... 8 de chaque 0.25 × 0.25 produit 0.063			
»	»	Ensemble......................	0.50	4.15	2.08
»	»	Façon, découpage, pose et soudure desdits.	16	1.50	24.00
		En tête :			
		2 modillons par arêtier (*fig. 397*). Ensemble............ 16			
		Détail d'un :			
		Voligeage sapin *idem* (*en excédent*). 0.25 × 0.25 produit............ 0.063			
		Pour double épaisseur *idem*....... 0.063			
		Surface.................. 0.126			
		Plus-value de circulaires 0.126 × 1.30 produit.......... 0.164			
»	»	Ensemble................ 0.290	0.29	2.05	0.59
		(*Partant du bas.*)			
610	210	Filet plâtre sur ardoise *idem*.............	0.13	0.90	0.12
		Tranchis sur ardoise *idem*			
611	238	Droit.........................	0.11	0.43	0.05
»	»	Circulaire.....................	0.40	1.40	0.56
609	176	Dévirures *idem*.................	0.51	0.38	0.19
»	»	Filet *idem*.....................	0.13	0.90	0.12
»	»	Tranchis biais *idem*...............	0.11	0.70	0.08

COUVERTURE ET PLOMBERIE.

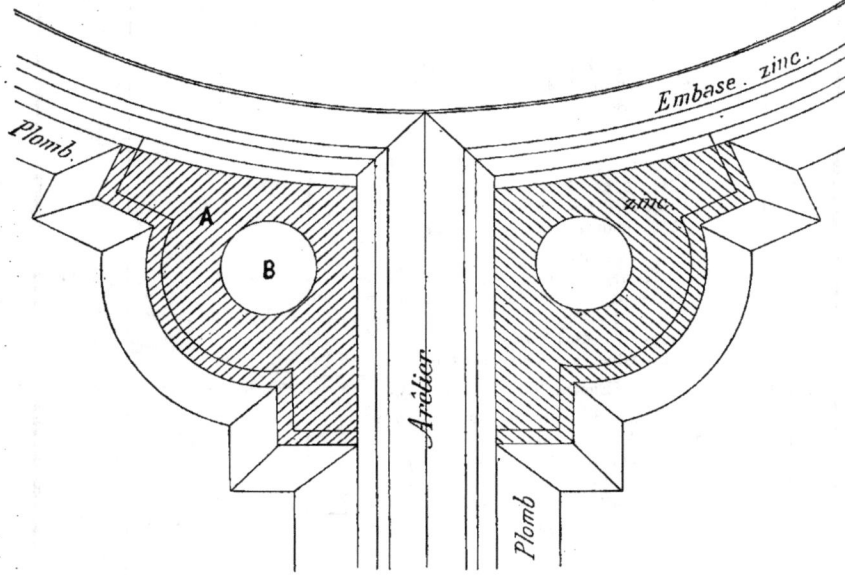

Fig. 397.

NUMÉROS PAGES	SÉRIE				
»	»	Dévirure	0.11	0.38	0.04
		Les bavettes en plomb neuf, en table de 0.002 épaisseur pour fourniture.			
		Droites :			
		4 fois 0.20 = ... 0.80			
		Circulaire.................. 0.40			
		Ensemble.................. 1.20			
622	1	× 0.20 large, produit........... 0.24 × 22^k,70, le mètre ; pesant .... Façon, pose ; pesant............. 5^k,450 Plus-value de façon pour comble circulaire.................. 5^k,450	5^{k}450	0.42	2.29
»	9	Ensemble............. 10^k,900	10^{k}900	0.15	1.64
»	»	Plus-value de coupes circulaires sur plomb 2 fois 0.40 = ...	0.80	0.30	0.24
		Bandelettes de clouage zinc, fournies ; Linéaires.................. 1.20 Plus-value de circulaire 1.20			
»	»	Ensemble............. 2.40	2.40	0.33	0.79
»	»	Pistonnage × 0.05...........	1.20	0.34	0.41

N° 29.

MÉTRÉ DE LA COUVERTURE. 415

NUMÉROS PAGES	SÉRIE				
		Gorges en plâtre, *comme parements*.			
		Linéaires.......................	1.20	0.40	0.48
»	»	Plus-value de coupes biaises sur plomb formant équerre (*mais seulement une par bout*):			
		Ensemble.................	5	0.15	0.75
»	»	Modillon (A) en zinc n° 14 pour fourniture: 0.50 × 0.50 produit surface	0.25	4.15	1.04
»	»	Façon suivant double courbure, découpé à décrochements et cercle à ourlets rapportés soudés, compris pose	1	»	3.40
»	»	Pattes cuivre *idem*.......................	5	0.20	1.00
		(En B.)			

N° 29.

Fig. 398.

		1 rosace en zinc estampé, à revers (*fig. 398*) modèle n° 1756 de l'album Coutelier.			
		Fournie........................	1	»	8.00
		Posée soudée....................	1	»	1.20
		15 autres modillons semblables à celui accoladé n° 29 = ...	15	22.99	344.85
		En tête des secteurs :			
		Couronnement formant la base de la pièce de faîte (*figure 399*).			

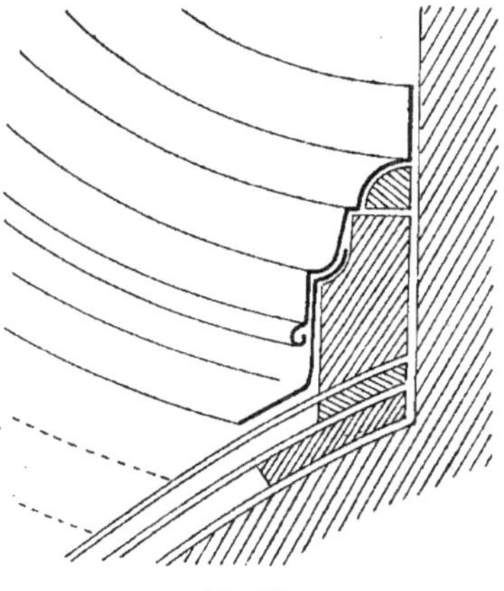

Fig. 399.

COUVERTURE ET PLOMBERIE.

NUMÉROS PAGES	SÉRIE				
		Voligeage sapin de 0.013 jointif.			
		1ᵉʳ Secteur 1.00			
		2ᵉ » 1.10			
		3ᵉ » 1.10			
		4ᵉ » 1.45			
		5ᵉ » 0.95			
		6ᵉ » 1.45			
		7ᵉ » 1.15			
		8ᵉ » 1.20			
		Linéaires (U) 9.40			
		× 0.22 hauteur, produit.......... 2.07			
		Pour double épaisseur........ 9.40			
		× 0.11 hauteur, produit.......... 1.03			
		Surface 3.10			
		Plus-value de circulaires *idem*.			
		3.10 × 1.30 produit............ 4.03			
»	»	Ensemble 7.13	7.13	2.05	14.62
		Champs, en sapin refait, de 0.10/0.21, fournis découpés suivant rampants, à 1 feuillure sur la face, arrondi de 0.05 développé, assemblés posés, compris montage à 27 mètres.			
		Même linéaires que (U)............ 9.40			
		Plus :			
		En pénétration dans les arêtiers.			
		16 fois 0.22 = ... 3.52			
		Coupes d'onglets............. 16 »			
		× 0.06 courant = ... 0.96			
		Plus-value de cintrage au moyen de traits de scie.			
		1/5 × 12.92 = ... 2.58			
Com posé		Ensemble (V)........... 16.46	16.46	4.77	78.51
»	»	Vis, tête carrée, fournies de 0.22........	13	1.33	17.29
»	»	Trous de boulons × 0.22 longueur.....	13	0.64	8.32
»	»	Encastrement de têtes de boulons.......	13	0.11	1.43
		Sur le dessus :			
		Quart-de-rond en sapin de 0.050 fourni posé ;			
Com posé		Linéaires, compris plus-values *idem* (V).	16.46	1.07	17.61
		Au devant :			
		Filets en plâtre sur ardoise neuve.			
		Linéaires *idem* (U)............ 9.40			
		Moins :			
		Aux modillons: 16 fois 0.30 = ... 4.80			
610	210	Reste (X)................ 4.40	4.40	0.90	3.96
		Bavettes en plomb neuf, en table de 0.002 épaisseur pour fourniture.			

MÉTRÉ DE LA COUVERTURE.

NUMÉROS PAGES	SERIE				
		Mêmes linéaires que (X).......... 4.40			
		Plus :			
		Abouts amortis............... 16			
		0.05 courant = ... 0.80			
		Ensemble.............. 5.20			
622	1	× 0.27 large, produit surface . 1.40			
		× 22^k,70, le mètre, pesant...............	31^k,780	0.42	13.35
»	9	Façon, pose, pesant.......... 31^k,780			
		Plus-value de circulaire......... 31 ,780			
		Ensemble.............. 63^k,560	63^k,560	0.15	9.53
		Bandelettes de clouage en zinc *idem*.			
		Linéaires.................... 4.40			
		Plus-value de circulaires......... 4.40			
»	17	Ensemble.............. 8.80	8.80	0.33	2.90
616	52	Clouage à piston × 0.05................	4.40	0.34	1.50
		Plus-values d'emboutis sur plomb			
»	»	(*1 arête et 1 gorge idem*); linéaires.......	5.20	1.10	5.72
		Cordon (*1/2 arêtier*) en zinc estampé.			
		Fourni.................. 12.92			
		Plus :			
		Croisures .... 12 »			
		× 0.05 courant................ 0.60			
		Equerres.............. 16 »			
		× 0.20 courant = ... 3.20			
»	»	Ensemble.............. 16.72	16.72	1.75	29.26
		Plus-value de circulaires *idem* (*façon*)			
»	»	Linéaires......................	16.72	1.05	17.56
»	»	Ajustement, pose............	16.72	1.26	21.07
»	»	Pattes cuivre aux croisures.............	12	0.20	2.40
		Plus-value d'équerres, façonnées ajustées soudées, avec raccordement des torsades.			
»	»	Ensemble.....................	18	1.50	27.00
		Par le bas :			
		Recouvrement en zinc *idem*, pour fourniture			
		Linéaires *idem*............... 16.72			
»	»	× 0.20 largeur développée, produit surface.	3.34	4.15	13.86
		Façon, pose................. 16.72			
		Plus-value de circulaires × 16.72			
		Plus-value pour bouts de 1.00			
		1/10 × 13.52 = ... 1.35			
616	32	Ensemble............. 34.79	34.79	1.25	43.49
		Pattes cuivre *idem* ;			
		Au larmier................. 65			
		Aux croisures, 12 fois 2 = ... 24			
»	»	Ensemble............. 89	89	0.20	17.80
		Soudure obligée sur zinc neuf, en raccordement du cordon estampé.			
620	141	Linéaires........................	13.52	0.66	8.92

NUMÉROS PAGES	SÉRIE				
		Par le haut :			
		Relief zinc *idem*, pour fourniture ;			
»	»	Linéaires *idem*.................; .... 12.92 × 0.10 hauteur, produit, surface........... Façon, pose....................... 12.92 Plus-value de 1/5 pour simple courbure............................. 2.58	1.29	4.15	5.35
»	»	Ensemble............... 15.50	15.50	0.25	3.88
»	»	Mains d'arrêt zinc *idem*, fournies posées en tête de reliefs................................	40	0.05	2.00
»	»	Soudure obligée sur zinc neuf avec cordon estampé *idem* ; linéaires.................	12.92	0.66	8.53
		Pièce de faîte.			
		Composition en zinc n° 16 estampé, façonnée exprès suivant modèle, compris frais de gabarits et difficultés d'exécution (*partant de base elliptique et se raccordant circulairement au poinçon*).			
		Fourniture :			
Éva	lué	Facture Coutelier (déboursés)... 1.800^f » Bénéfice 10 0/0 = ... 180 »			
		Ensemble........... 1.980^f »	»	»	1980.00
		Montage à 30 mètres de hauteur de cette composition, par pièces séparées, ajustées fixées successivement sur la carcasse en bois, passées par *enfilage* (6 *pièces, fig.* 400).			
Éva 615	lué 17.18	Employé 36 heures à 3 compagnons et leurs aides : ensemble............................	108^h	1.90	205.20
		Pattes en cuivre rouge étamé, fournies posées, *en valeur entière*, à la base de chaque pièce.			
		Ensemble...........................	144	0.30	43.20
Char 313	pente 201	Location de chèvre, compris cordages et agrès. 1er et dernier jours	2	4.45	8.90
»	202	Jours intermédiaires	2	2.00	4.00
		Echafaudages volants de couvreur, pour location, montage, pose, dépose et double transport :			
609	480	1er coup (*par le bas à* 1.50 *hauteur audessus du chéneau*); linéaires..............	14.50	2.00	29.00
		Coups supplémentaires par hauteurs successives de : 1 fois........................ 14.00 1 fois........................ 21.00 1 fois........................ 14.00			
»	»	Ensemble............... 49.00	49.00	1.00	49.00
		(*Voir observation n° 1 du métré n° 12*) Plombaginage des zincs :			

MÉTRÉ DE LA COUVERTURE.

NUMEROS PAGES	SERIE		PLANE	MOULURÉE		
		Plombaginage des zincs (1 couche).				
		(13) *On ne doit prendre que les parties vues, qui, comme on sait, sont seules plombaginées*	»	»	Observation	
		Sur Cour :				
		Chéneau ;				
		Entablement 0.10				
		Face de socle 0.25				
		Couronnement 0.20				
		Banquette 0.32				
		Ensemble..... 0.87				
		× 45.58 longueur développée, produit....................	»	39.65		
		5 lucarnes. — Détail d'une :				
		Appui............... 0.25				
		× 1.95 longueur, produit.....	»	0.49		
		Manchettes de poteaux.. 2				
AA		× 0.10 réduit...............	0.20	»		
		Noquets 20				
		× 0.018 produit.............	0.36	»		
		Noquets moulurés 2				
		× 0.05 = ...	»	0.10		
		Bandes de solins	0.38	»		
		Dessus de lucarne	1.62	»		
		4 autres lucarnes *idem* (AA)				
		Soit: 4 fois 2.56 (*planes*) =	10.24	»		
		4 fois 0.59 (*moulurées*)	»	2.36		
		2 grandes lucarnes :				
		Appuis; 2 fois 0.75 superficiel	»	1.50		
		Manchettes de poteaux.. 6				
		× 0.10 réduit = ...	0.60	»		
		Noquets: 2 fois 0.36 (*planes*)	0.72	»		
		2 fois 0.10 (*moulurées*)	»	0.20		
		Dessus : 2 fois 2.00 = ...	4.00	»		
		Arêtier; Bavettes...........	»	0.93		
		Arêtier............	0.44	»		
		1 autre arêtier *idem :*				
		Soit (*planes*) = ...	0.44	»		
		(*moulurées*) = ...	»	0.93		
		1 Noue. — Noue...... 0.44				
		× 3.00 produit..............	1.32	»		
		Bavettes............ 5.90				
BB		× 0.12 produit	»	0.71		
		Couvre-joints 0.10				
		× 6.00 produit.............	0.60	»		
		3 autres noues *idem* BB.				
		Soit: 3 fois 1.92 (*planes*) =	5.76	»		
		3 fois 0.71 (*moulurées*)	»	2.13		

NUMÉROS			PLANES	MOULURÉS			
PAGES	SÉRIE						
		2 ventilateurs ;					
		Embases ; 2 fois 0.40 = ..	0.80	»			
		Tuyaux ; 2 fois 4.32 = ...	8.64	»			
		2 rives de murs :					
		Noquets ; 2 fois 12 = .. 24					
		× 0.018 produit = ...	0.43	»			
		Bandes de solins :					
		2 fois 4.00 = 8.00 × 0.06 produit = ...	0.48	»			
		Membrons couronnant le 1er brisis :					
		Filet............. 0.10					
		Membron.......... 0.40					
		Batellement........ 0.10					
		Ensemble..... 0.60					
		× 32.05 longueur, produit	»	19.23			
		2e Brisis :					
		2 Rives de murs :					
		Noquets ; 2 fois 13 = .. 26					
		× 0.018 produit.............	0.47	»			
		Bandes de solins ;					
		2 fois 3.65 = ... 7.30					
		× 0.06 produit.............	0.44	»			
		7 œils-de-bœuf :					
		Faces moulurées 7					
		de chaque 1.00 × 1.24 produit.	»	8.68			
		Carapaces 7					
		de chaque 2.60 × 0.60 réduit, produit....................	10.92	»			
		1 arêtier : Bavettes ... 6.00					
		× 0.11 produit.............	0.66	»			
		Arêtier ; 3.10 × 0.14 produit.	0.43	»			
		2e arêtier idem	1.09	»			
		3 noues de chaque 3.10					
		× 0.44 produit 1.36 ; ensemble.	4.08	»			
		Couvre-joints :					
		6 fois 3.10 .... 18.60					
		× 0.10 produit	1.86	»			
		A 4 Châssis :					
		Noquets ; 4 fois 6 = ... 24					
		× 0.018 produit.............	0.43	»			
		4e et 5e noues accouplées :					
		4.68 × 0.30 réduit, produit..	1.40	»			
		1 Ecoinçon	0.21	»			
		Couvre-joints ; 10.40 × 0.10 produit....................	1.04	»			
		5e châssis ; Noquets...... 10					
		× 0.018, produit.............	0.18	»			
		A la souche : Noquets... 4					
		× 0.018 = ...	0.07	»			

| NUMÉROS | | | PLANES | MOULURÉES | | | |
PAGES	SÉRIE						
		Bandes de solins; 2.00×0.06.	0.12	»			
		Dessus; 0.43 × 0.43 produit.	0.18	»			
		1 autre souche *idem*........	0.37	»			
		A 1 Vitrage; Noquets ... 4 × 0.018 = ...	0.07	»			
		Armature de face 1.50 × 0.70 produit....................	1.05	»			
		Sur avenue					
		Membron couronnant le 2ᵉ Brisis :					
		Filet 0.15					
		Membron.......... 0.45					
		Ensemble....... 0.60 × 36.13 longueur, produit....	»	21.68			
		Chéneaux ;					
		Bavette d'auvent...... 0.14					
		Couronnement de socle 0.20					
		Banquette 0.21					
		Ensemble....... 0.55 × 11.33 produit.............	»	6.23			
		1 Rive à droite :					
		Noquets............ 7 × 0.018 produit...............	0.13	»			
		Bandes de solins ..... 2.79 × 0.06 = ...	0.17	»			
		1 Lucarne :					
		Noquets............. 8 × 0.018 = ...	0.14	»			
		Noquets moulurés...... 2 × 0.09 = ...	»	0.18			
		Bandes de solins...... 2.42 × 0.06 = ...	0.15	»			
CC		Dessus; Auvents :					
		2.70 × 0.25, produit......	0.68	»			
		2.08 × 0.28 »	0.58	»			
		2.20 × 0.70 »	1.54	»			
		2.20 × 0.10 »	0.22	»			
		Couvre-joint 2.30 × 0.10 produit....................	0.23	»			
		3 autres lucarnes *idem* (CC).					
		Soit : 3 fois 3.54 (*planes*)....	10.62	»			
		3 fois 0.18 (*moulurées*).	»	0.54			
		Fronton de gauche :					
		2 noquets × 0.018 = ...	0.04	»			
		6 noquets moulurés × 0.09 =	»	0.54			
		Dessus :					
		Côtés ; 2 fois 1.82 surface = .	3.64	»			
		Alaises ; 2 fois 0.20 surface =	0.40	»			
		Fronton	1.96	»			
		1 Arêtier :					
		Bavettes ; 2.60 × 0.11 produit	0.29	»			

NUMÉROS PAGES	SÉRIE		PLANES	MOULURÉES				
DD		Couvre-joint; 1.30×0.14 produit..................	0.18	»				
		Chéneau-membron couronnant le 1ᵉʳ brisis.						
		Bavette............ 0.10						
		Membron........... 0.45						
		Face de socle et couronnement........... 0.33						
		Banquette.......... 0.32						
		Ensemble...... 1.20						
		× 20.35 produit.............	»	24.42				
		1 Rive à droite :						
		11 noquets × 0.018 = ...	0.20	»				
		Bandes de solins...... 4.05						
		× 0.06 = ...	0.24	»				
		2ᵉ Brisis :						
		1 lucarne zinc estampé face : 1.60 × 1.20 produit.....	»	1.92				
		carapace; 2.80 × 0.60 réduit..	1.68	»				
		6 autres lucarnes *idem* (DD).						
		Soit; 6 fois 1.68 (*planes*)....	10.08	»				
		6 fois 1.92 (*moulurées*)	»	11.52				
		1ʳᵉ Souche à droite :						
		10 noquets × 0.018 = ...	0.18	»				
		Bandes à crémaillère.......	0.50	»				
		2° Souche milieu :						
		8 noquets × 0.018 = ...	0.14	»				
		Bandes à crémaillère........	0.38	»				
		1 Arêtier :						
		Bavettes; 5.10 × 0,11 produit.	0.56	»				
		Couvre-joint; 2.65×0.14, produit......................	0.37	»				
		3ᵉ Souche à gauche.						
		12 noquets × 0.018 = ...	0.22	»				
		Bandes à crémaillère	0.66	»				
		Membron couronnant le 2ᵉ Brisis :						
		Bavette........... 0.14						
		Membron.......... 0.40						
		Ensemble...... 0.54						
		× 17.50 longueur, produit....	»	9.45				
		Sur Rue :						
		Plombaginage *idem* que sur avenue.						
		Soit (*planes*)....... 36.18						
		Moins les souches ... 2.08						
		Reste 34.10	34.10	»				
		(*Moulurées*)...............	»	54.80				
		Plus :						
		1ᵉʳ brisis; excédent de chéneau 1.02 × 0.55 produit....	»	0.56				

MÉTRÉ DE LA COUVERTURE.

NUMÉROS PAGES	SÉRIE		PLANES	MOULURÉS			
		Chéneau-membron.					
		1.50 × 1.20 produit....	»	1.80			
		2ᵉ brisis; 1 lucarne *idem* (DD).	1.68	1.92			
		Grande souche milieu :					
		8 noquets × 0.018 = ...	0.14	»			
		Bandes à crémaillère........	0.58	»			
		Petite souche à droite					
		2 noquets × 0.018 = ...	0.04	»			
		Bandes à crémaillère........	0.16	»			
		Excédent de membron du					
		2ᵉ brisis : 2.05 × 0.54 produit.	»	1.11			
		Terrasson de comble.					
		Les souches : Bandes à cré-					
		maillère...................	6.91	»			
		Dessus...................	23.68	»			
		Dôme :					
		Chéneaux : 10.75 × 0.55 prod.	»	5.91			
		Noues : 2 fois 5.75 = 11.50					
		× 0.40 large, produit........	4.60	»			
EE		1 lucarne :					
		8 noquets × 0.018 = ...	0.14	»			
		2 noquets moulurés × 0.09 =	»	0.18			
		Bandes de solins ;					
		2.42 × 0.06 = ...	0.15	»			
		Dessus :					
		Auvents ; 3.00 × 0.45 produit..	1.35	»			
		3.10 × 0.30 » ..	0.93	»			
		Dessus : Surface............	2.78	»			
		Couvre-joint ; 2.46 × 0.10 pro-					
		duit.......................	0.25	»			
		Alaise ; 2.50 × 0.10 produit..	0.25	»			
		2 autres lucarnes *idem* (EE).					
		Soit : 2 fois 5.85 (*planes*) =	11.70	»			
		2 fois 0.18 (*moulurées*) =	»	0.36			
		5 lucarnes zinc estampé					
		idem (DD)					
		Soit : 5 fois 1.68 (*planes*) =	8.40	»			
		5 fois 1.92 (*moulurées*) =	»	9.60			
		Arêtiers :					
		34.15 × 0.50 développé, prod.	»	17.08			
		Modillons compris rosaces 16					
		× 0.85 surface = ...	»	13.60			
		Cordon d'embase					
		16.72 × 0.33 produit........	»	5.52			
		Composition du faîte					
		pour	»	13.05			
		Totaux	196.12	278.88			
		La 2ᵉ couche *idem* = ...	196.12	278.88			
		Ensemble........	392.24	557.76			

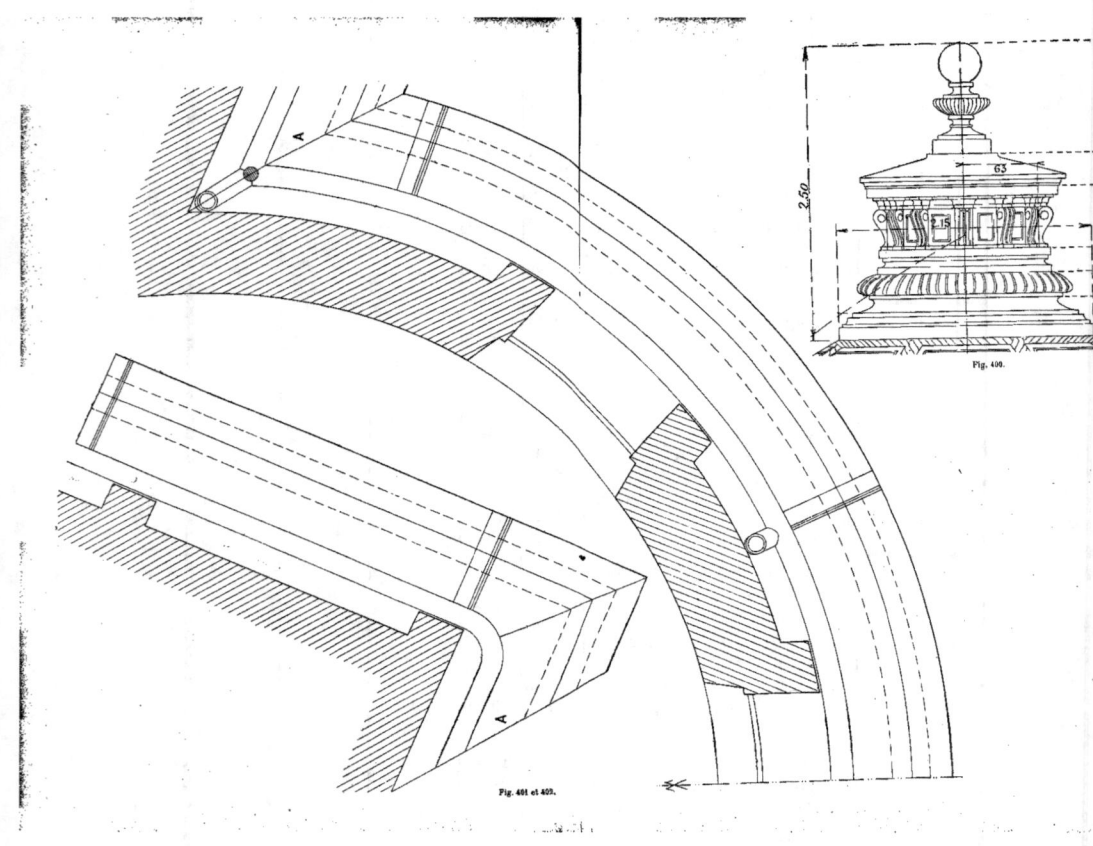

Fig. 400.

Fig. 401 et 402.

NUMÉROS					
PAGES	SÉRIE				
		Soit: plombaginage de zincs :			
620	137	Surface plane..........................	392.24	0.80	313.79
»	138	Surface moulurée......................	557.76	1.17	652.58
		(14) *Dans ce qui précède il a été fait un article spécial du plombaginage; mais on peut, pour faciliter la vérification, l'énoncer avec le détail de l'article*..................	Observation		

Balcon du 5ᵉ étage.

Rotonde

(*Figures 401 à 403*)

(15) *On suppose que le balcon en pierre et le caniveau sont prêts à recevoir le plomb et que les balustres sont mis en place après coup, ainsi du reste que les rampes en fer; les balustres devront nécessairement être ajourés à la base pour permettre l'écoulement des eaux du balcon; le caniveau est établi pour canaliser les eaux venant des chéneaux d'entre-lucarnes. Nous ne nous occuperons pas des écoulements des chéneaux et des caniveaux.*

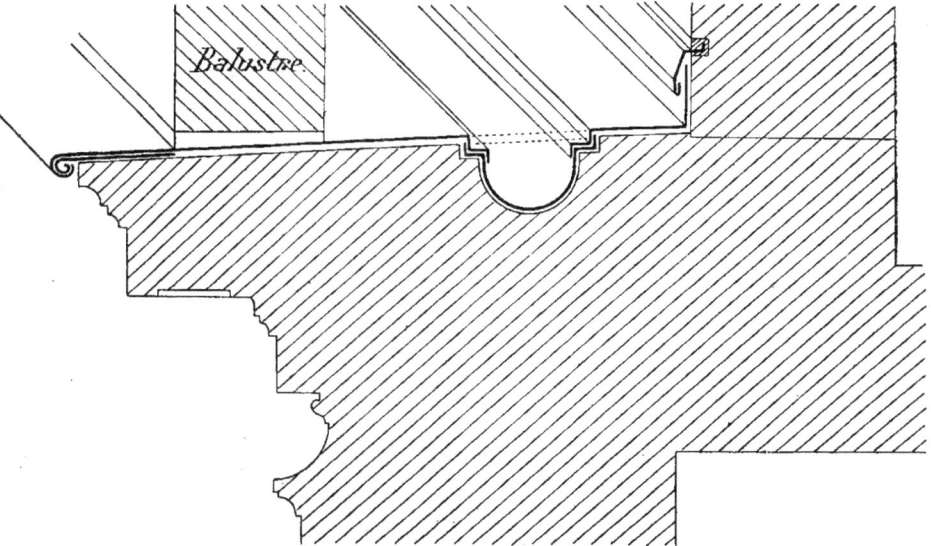

Fig. 403.

MÉTRÉ DE LA COUVERTURE.

NUMÉROS PAGES	SÉRIE					
		Caniveau.				
		Garniture en plomb de 0.003 d'épaisseur pour fourniture.				
		En parties droites, mais cintrées en gorges				
		2 fois 2.76 = ... 5.52				
		2 fois 0.64 = ... 1.28				
		Croisures ...... 3 »				
		× 0.05 courant = ... 0.15				
		Linéaires........ 6.95				
		× 0.18 développé réduit, produit surface 1.25 × 34^k,05 le mètre: pesant..... 42^k,560				
		En parties circulaires, *idem*.				
		2 fois 0.40 = ... 0.80				
		2 fois 6.30 = ... 12.60				
		Équerres.... 2 »				
		× 0.20 courant = ... 0.40				
		Croisures ... 4 »				
		× 0.05 courant = ... 0.20				
		Linéaires........ 14.00				
		× 0.18 développé réduit, produit surface 2.52 × 34^k,05 le mètre: pesant. 85^k 800				
		Ensemble............ 128^k,360	128^k,360	0.42	53.91
		Façon, pose de plomb en chéneaux :				
622	4	1° En parties droites cintrées en gorges......	42^k,560	0.18	7.66
»	5	2° En parties circulaires cintrées en gorges...	85^k,800	0.30	25.74
		Plus-value d'angles saillants et rentrants emboutis sur plomb, formant feuillures; droites :				
		2 fois 6.95 réduit = ... 13.90				
		Circul.; 2 fois 14.00 réduit (*mesure prise dans le fond du caniveau*) = 28.00				
		Plus-value de circulaires.				
		8/10 de 28.00 = ... 22.40				
622	15	Ensemble linéaires..... 64.30	64.30	1.00	64.30
		Soudures de jonctions faites de 0.03 large au fer mahon sur plomb				
642	201	7 fois 0.18 = ...	1.26	2.47	3.11
		Goulets recueillant les descentes				
		(*Figure 404*)				
		Plomb en table *idem* pour fourniture :				
		De chaque côté de la lucarne centrale.				
		2 fois 0.25 longueur = ... 0.50				
		Dans les angles.				
		2 fois 0.40 = ... 0.80				
		Ensemble 1.30				
		× 0.15 développé réduit, produit surface 0.20				
622	1	× 34^k,05 le mètre: Pesant.................	6^k,810	0.42	2.86
		Façon, pose de plomb, embouti comme moulures unies, compris talon 1/4 de sphère et				
»	12	feuillures; pesant...........................	6^k,810	1.00	6.81

COUVERTURE ET PLOMBERIE.

NUMÉROS PAGES	SÉRIE				

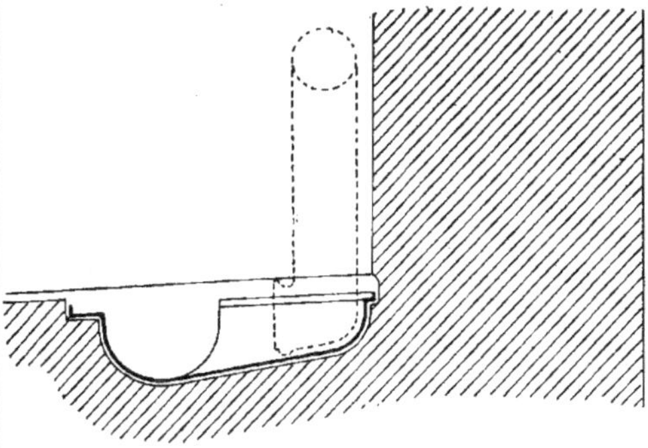

Fig. 404.

»	16	4 Embranchements de goulets sur caniveau façonnés découpés ajustés; pour chaque 4 angles = ... Soudure *idem* sur plomb. 4 fois 0.20 développé...................	16 0.80	0.50 2.47	8.00 1.98

Balcon.

Les bandes d'agrafure en zinc n° 16 pour fourniture;
    Droites : 2 fois 3.70 = ... 7.40
              2 fois 0.70 = ... 1.40
    Circulaires ; 2 fois 6.50 = ... 13.00
        Equerres.......... 4 »
    ×0.20 courant = ... 0.80

(16) *Ces bandes sont en effet ajustées et soudées en équerres et rendues ainsi solidaires pour résister au battage du plomb sur l'ourlet.* »   Observation

»	»	Linéaires.............. 22.60 ×0.25 largeur, produit surface............ Façon, pose ; linéaires............ 22.60 Plus-value de circulaires.......... 13.00	5.65	5.46	30.85
Com	posé	Ensemble 35.60	35.60	0.35	12.46

Aux jonctions :
Goujons de renfort, en zinc *idem* façonnés :

»	»	fournis.................................	12	0.35	4.20
»	»	Ajustés dans l'ourlet et soudés..........	12	0.25	3.00

Soudures sur zinc neuf.
    12 fois 0.25 = ... 3.00   0.66   1.98
Trous tamponnés dans la pierre (*sur deux rangs chevauchés*), espacés de 0.10 ;
    Ensemble 435   0.16   69.76

MÉTRÉ DE LA COUVERTURE.

NUMÉROS PAGES	SÉRIE					
		Garniture en plomb *idem* pour fourniture..				
		Rotonde (Longueur réduite).				
		2 fois 6.35 = ... 12.70				
		En retour : 2 fois 0.80 réduite 1.60				
		Face avenue.............. 3.50				
		Face rue 3.50				
		Plus :				
		Aux besaces : 6 fois 0.44 développé 2.64				
		Linéaires....... 23.94				
		× 0.80 largueur, produit surface 19.15				
		× 34^k,05 le mètre : Pesant..................	652^k	0.42	373.84
»	6	Façon, pose de plomb sur balcon ;				
		Pesant......................	652^k	0.06	39.12
»	»	Coupes circulaires sur plomb.				
		2 fois 6.35 réduit = ...	12.70	0.30	3.81
		Ourlet embouti sur plomb :				
		Circulaire.................. 12.80				
		Droits ; 2 fois 0.70 = ... 1.40				
		2 fois 3.80 = ... 7.60				
		Plus : Besaces.............. 6 »				
		× 0.32 = ... 1.92				
		Linéaires.............. 23.72				
		Plus-value de circulaire *idem*.				
»	14	8/10 × 12.80 = ... 10.24				
		Ensemble 33.96	33.96	0.60	20.38
		3 angles saillants et rentrants emboutis sur plomb (*feuillure du caniveau*).				
		Circulaires 12.60				
		Circulaires ; 2 fois 0.54 = ... 1.08				
		Droits ; 2 fois 0.56 = ... 1.12				
		2 fois 2.90 = ... 5.80				
		Plus ; Besaces................. 6 »				
		× 0.32 = ... 1.92				
		Linéaires.............. 22.52				
		Plus-value de circulaires.				
		8/10 × 13.68 = ... 10.94				
»	15	Ensemble 33.46	33.46	1.50	50.19
		Plus-value d'équerres façonnées, embouties sur plomb : 2 fois 1.10 = ... 2.20				
		2 fois 1.06 = ... 2.12				
»	»	Linéaires........... 4.32	4.32	1.00	4.32

1 Besace (*figure 405*).

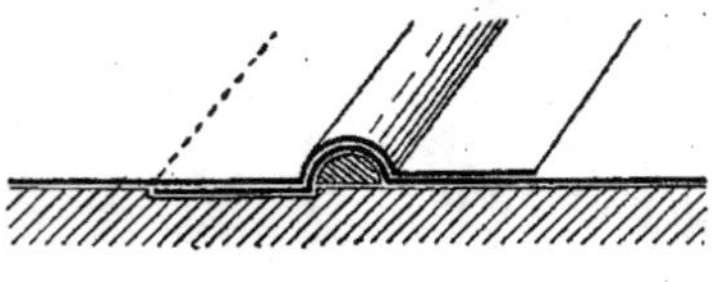

Fig. 405.

430 COUVERTURE ET PLOMBERIE

NUMÉROS					
PAGES	SÉRIE				
N° 30		Baguette 1/2 ronde en sapin de 0.040/0.020 fournie posée; Linéaire.................	0.65	0.56	0.36
		Talons amortis......................	2	0.10	0.20
		Trous tamponnés *idem*...............	5	0.16	0.80
		Vis fournies de 0.050 = ...	5	0.081	0.41
		Plomb embouti sur baguette comprenant (2 *épaisseurs*).			
		2 *moulures comme ourlet à* 0ᶠ,60 = 1ᶠ 20			
		4 *angles rentrants* à 0ᶠ,50 = 2.00			
		Ensemble.............. 3.20			
»	»	Linéaire............................	0.65	3.20	2.08
»	16	4 emboutis sur talons pour chaque 2 angles =	8	0.50	4.00
		5 autres besaces, comme celle accoladée n° 30.	5	7.85	39.25
		(17) *Les nervures destinées à recevoir la surépaisseur du plomb sont, comme les caniveaux, supposées faites par le tailleur de pierre*..................................	Obser	vation	»
		Banquettes.			
		Recouvrements en plomb *idem* de 0.003 épaisseur pour fourniture.			
		Rotonde :			
		Circulaires ; 2 fois 1.42 réduit = 2.84			
		» 2 fois 1.98 réduit = 3.96			
		» Dans les baies :			
		» 3 fois 1.20 = ... 3.60			
		Droites ;			
		En retour ; 2 fois 0.96 = ... 1.92			
		Sur avenue et sur rue :			
		2 fois 1.90 = ... 3.80			
		2 fois 0.14 = ... 0.28			
		Têtes .... 20 »			
		de 0.10 hauteur = ... 2.00			
		Linéaires........... 18.40			
		× 0.34 largeur, produit surface...... 6.26			
		Excédents de baies			
		3 fois 1.20 = ... 3.60			
		Têtes .... 6 »			
		de 0.10 hauteur = ... 0.60			
		Linéaires........... 4.20			
		× 0.22 largeur, produit........... 0.92			
		Surface................. 7.18			
622	1	× 34ᵏ,05 le mètre : pesant............	244ᵏ48	0.42	102.68
		Façon, pose de plomb sur balcon			
»	6	Pesant........................	244ᵏ48	0.06	14.65
		Plus-values d'emboutis sur plomb			
		3 angles saillants et rentrants pour feuillure, à 0.50............ 1ᶠ,50			
		1 relief sur mur (*ou pince sous jet d'eau en fonte dans les baies*)...... 0.50			
		Ensemble.............. 2.00			

MÉTRÉ DE LA COUVERTURE.

NUMEROS PAGES	SÉRIE				
		Linéaires.................... 18.40			
		Moins : 20 têtes de 0.10 = ... 2.00			
		Reste..................... 16.40			
		Plus-value de circulaires :			
		8/10 × 10.40 = ... 8.32			
»	»	Ensemble................. 24.72	24.72	2.00	49.44

Tableaux et chambranles (*figure 406*).

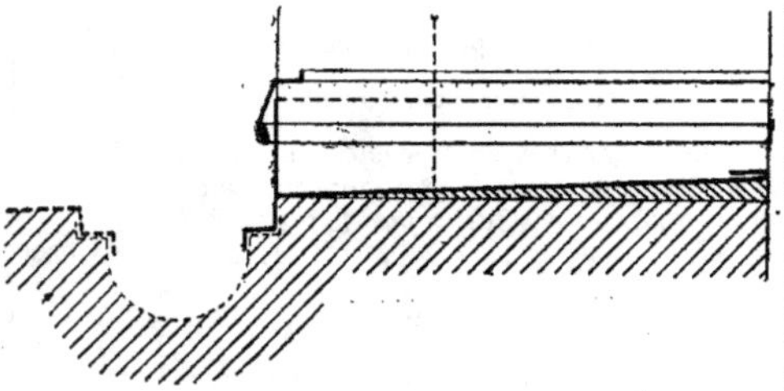

Fig. 406.

		Plus-value de reliefs emboutis			
		Aux chambranles			
		14 fois 0.18 = ... 2.52			
		Dans les baies			
		6 fois 0.49 = ... 2.94			
»	15	Linéaires................. 5.46	5.46	0.50	2.73
		Au-devant des chambranles :			
		Larmiers en plomb en table *idem*, pour fourniture :			
		Circulaires : 6 fois 0.35 = . 2.10			
		Droits : 4 fois 0.32 = ... 1.28			
		Linéaires............ 3.38			
		× 0.18 hauteur, produit surface...... 0.61			
		× 34^k,05 : pesant.....................	20^{k}77	0.42	8.72
»	9	Façon, pose : pesant..................	20^{k}77	0.15	3.12
		Plus-value de :			
		2 angles saillant et rentrant pour feuillure..................... 3.38			
		Plus-value de circulaires :			
		8/10 × 2.10 = ... 1.68			
»	»	Linéaires................. 5.06	5.06	1.00	5.06
»	16	Angles (*verticaux*) façonnés sur plomb....	34	0.50	17.00
		Soudures obligées *idem* sur plomb:			
		14 fois 0.10 = ... 1.40			
		20 fois 0.18 = ... 3.60			
»	»	Linéaires.................. 5.00	5.00	2.47	12.35

NUMÉROS					
PAGES	SÉRIE				
		Mains d'arrêt en cuivre fournies posées, en valeur entière, sur reliefs en plomb; ensemble.	66	0.30	19.80
		(18) *Les larmiers de balcon et banquette dans le caniveau n'ont pas de patte d'agrafe, l'écartement des feuillures se trouvant maintenu par le dessus métallique (fonte ou tôle) fermant le caniveau.*	Observation		
		Aux goulets :			
Éva	lué	Coupes sur plomb des banquettes et emboutissage en feuillures et talons.............	4	3.00	12.00
»	16	10 emboutis à l'intersection des feuillures pour chaque 3 angles.....................	30	0.50	15.00
		Sur murs :			
		Les bandes de solins en zinc n° 14 pour fourniture :			
		Circulaires :			
		2 fois 1.34 = ... 2.68			
		2 fois 2.12 = ... 4.24			
		6 fois 0.35 = ... 2.10			
		Droites :			
		2 fois 1.20 = ... 2.40			
		2 fois 1.90 = ... 3.80			
		2 fois 0.14 = ... 0.28			
		4 fois 0.32 = ... 1.28			
		Chambranles : 12 fois 0.18 = ... 2.16			
		Tableaux : 6 fois 0.49 = ... 2.94			
		Linéaires................. 21.88			
615	23	× 0.12 largeur, produit surface............	2.63	4.15	10.91
		Façon, pose.................... 21.88			
		Plus-value de circulaires.......... 9.02			
616	28	Ensemble................. 30.90	30.90	0.57	17.61
617	64	Angles façonnés soudés.................	34	0.15	5.10
620	132	Pattes cuivre en plus-value.............	86	0.20	17.20
		Tranchées en pierre et joints au ciment romain; linéaires........................	21.88	1.35	29.54

Balcons à la suite sur avenue et sur rue.

(A rampe en fer)

(*Figure 407*)

Caniveaux :

		Plomb en table de 0.003 épaisseur pour fourniture.			
		Avenue.................... 15.70			
		Rue..................... 17.10			
		Croisures............... 9			
		× 0.05 courant = ... 0.45			
		Linéaires................. 33.25			
		× 0.18 développé réduit, produit..... 5.99			
		× 34ᵏ,05 ; pesant.	203ᵏ40	0.42	85.43

MÉTRÉ DE LA COUVERTURE.

NUMÉROS PAGES	SÉRIE				
»	»	Façon pose *idem* ; pesant..................		203ᵏ40	0.18	36.61
		Plus-values de feuillures façonnées *idem* sur plomb.				
»	»	2 fois 33.25 = ...		66.50	1.00	66.50
		Soudures sur plomb *idem*.				
»	»	9 fois 0.18 réduit.....................		1.62	2.47	4.00
		10 goulets :				
		Plomb en table idem pour fourniture.				
		Dont :				
		2 de 0.40 = ... 0.80				
		8 de 0.25 = ... 2.00				
		Ensemble.................. 2.80				
		×0.15 développé réduit, produit surface				
»	»	0.42 × 34ᵏ,05 ; pesant..................		14ᵏ30	0.42	6.01
		Façon pose *idem* comme sur moulures unies ;				
»	»	pesant....................................		14ᵏ30	1.00	14.30
		10 embranchements de goulets sur caniveaux ; pour chaque 4 angles..................				
»	»			40	0.50	20.00
		Soudure sur plomb *idem*.				
»	»	10 fois 0.20 = ...		2.00	2.47	4.94

Balcons.

(About de droite, figure 407)

Les bandes d'agrafure en zinc n° 16 pour fourniture.

    Avenue.................. 16.30
    Rue.................. 17.70

Abouts en retour :

    2 fois 0.80 = ... 1.60
    Équerres.................. 2 »
× 0.20 courant = ... 0.40

    Linéaires.................. 36.00

»	»	× 0.25 large, produit surface..............	9.00	5.46	49.14
»	»	Façon, pose *idem* ; linéaires..............	36.00	0.35	12.60

Aux jonctions :

Goujons en zinc *idem* ;

»	»	» fournis..................	20	0.35	7.00
»	»	» posés soudés..................	20	0.25	5.00

Soudures sur zinc neuf.

»	»	20 fois 0.25 = ...	5.00	0.66	3.30
		Trous tamponnés (*chevauchés*) *idem* ;			
»	»	Ensemble..................	712	0.16	113.92

Garniture de balcons, en plomb *idem* pour fourniture.

    Avenue.................. 16.40
    Rue.................. 17.80
    Plus : besaces ;
    8 fois 0.44 développé = ... 3.52

    Linéaires.................. 37.75
×0.80 largeur, produit surface 30.18 × 34ᵏ,05 ;

»	»	pesant....................................	1027ᵏ63	0.42	431.60

Sciences générales.   Couverture et Plomberie. — Tome II. — 28.

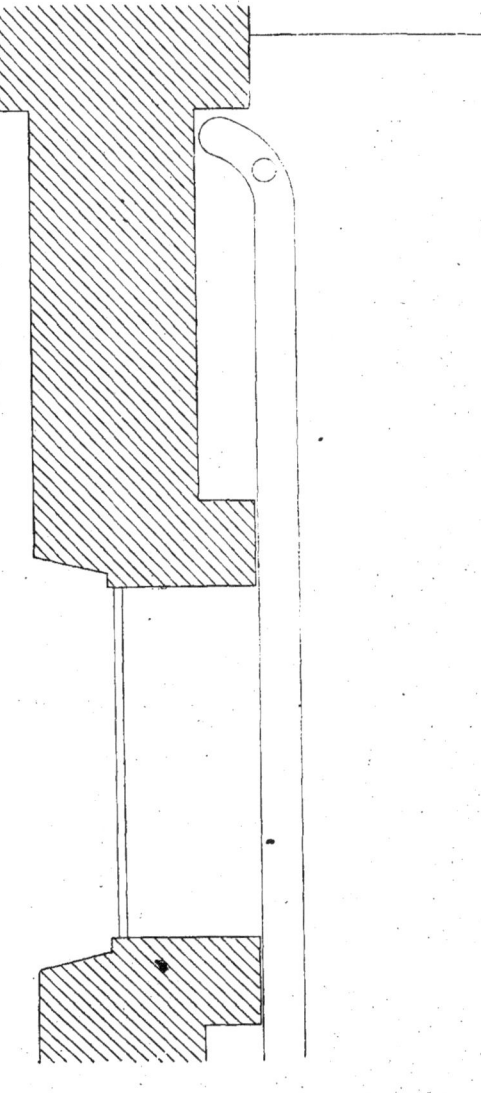

Fig. 407.

MÉTRÉ DE LA COUVERTURE.

NUMÉROS PAGES	SÉRIE				
»	»	Façon pose; pesant....................	1027ᵏ63	0.06	61.66
		Ourlets emboutis sur plomb			
		Avenue............... 16.30			
		Rue.................. 17.70			
		Retours : 2 fois 0.80.............. 1.60			
		Plus :			
		Besaces : 8 fois 0.32 = ... 2.56			
»	»	Linéaires.......... 38.16	38.16	0.60	22.90
		Emboutis sur feuillure de caniveaux			
»	»	Linéaires = ...	33.25	1.50	49.88
		Équerres embouties aux abouts			
»	»	2 fois 0.84 = ...	1.68	1.00	1.68
		8 besaces comme à l'accolade			
»	»	Nº 30.....................	8	7.85	62.80
		Banquettes :			
		Recouvrements en plomb *idem* pour fourniture :			
		Avenue............... 16.30			
		Rue.................. 17.70			
		Ensemble...... 34.00			
		Moins :			
		Pilastres : 16 fois 0.32 = ... 5.12 »			
		2 fois 0.25 = ... 0.50 »			
		A déduire.. 5.62 5.62			
		Reste........... 28.38			
		Plus : Têtes....... 18 »			
		× 0.10 hauteur = ... 1.80			
		Linéaires....... 30.18			
		× 0.34 largeur, produit............. 10.26			
		Excédents de baies :			
		8 fois 1.20 = ... 9.60 »			
		Têtes... 16 » »			
		× 0.10 hauteur = ... 1.60 »			
		Linéaires.... 11.20 »			
		× 0.22 largeur, produit............. 2.46			
		Surface......... 12.72			
»	»	× 34ᵏ,05 le mètre; pesant....................	433ᵏ12	0.42	181.91
		Façon, pose de plomb sur balcon ;			
»	»	Pesant....................	433ᵏ12	0.06	25.99
		Plus-values de feuillures et relief; emboutis			
»	»	*idem* Linéaires.............	28.38	2.00	56.77
		Reliefs emboutis :			
		Baies : 16 fois 0.49 = ... 7 84			
		Chambranles ; 18 fois 0.18 = ... 3.24			
»	»	Linéaires....... 11.08	11.08	0.50	5.54
		Au-devant des pilastres (*chambranles*)			
		Larmiers en plomb *idem* pour fourniture			
		16 fois 0.32 = ... 5.12			
		2 fois 0.26 = ... 0.52			
		Linéaires........ 5.64			

COUVERTURE ET PLOMBERIE.

NUMÉROS PAGES	SÉRIE				
		✕ 0.18 hauteur, produit............ 1.02			
»	»	✕ 34ᵏ,05, le mètre ; pesant...............	34ᵏ73	0.42	14.59
»	»	Façon, pose ; pesant....................	34ᵏ73	0.15	5.21
		Plus-value de feuillure à 2 angles emboutis			
»	»	Linéaires..............	5.68	1.00	5.68
»	»	Angles verticaux........................	52	0.50	26.00
		Soudures obligées sur plomb *idem*			
		20 fois 0.10 = ... 2.00			
		32 fois 0.18 = ... 5.76			
»	»	Linéaires........ 7.76	7.76	2.47	19.17
		Mains d'arrêt en cuivre *idem*, fournies posées			
		sur reliefs en plomb :			
»	»	Ensemble.............	115	0.30	34.50
		Aux goulets :			
»	»	Emboutis et coupes *idem*................	10	3.00	30.00
		16 angles emboutis à l'intersection des feuil-			
»	»	lures ; pour chaque 3 angles = ...	48	0.50	24.00
		Sur murs :			
		Les bandes de solins en zinc n° 14 pour			
		fourniture :			
		Avenue................. 16.30			
		Rue.................... 17.70			
		Ensemble....... 34.00			
		Moins : 8 baies de 1.20 = ... 9.60			
		Reste........... 24.40			
		Plus :			
		Tableaux : 16 fois 0.49 = ... 7.84			
		Pilastres : 18 fois 0.18 = ... 3.24			
		Linéaires........ 35.48			
»	»	✕ 0.12 largeur, produit surface............	4.26	4.15	17.68
»	»	Façon, pose : linéaires....................	35.48	0.57	26.22
»	»	Angles.................................	52	0.15	7.80
»	»	Pattes cuivre...........................	108	0.20	21.60
		Tranchées dans la pierre et joints en ciment ;			
»	»	linéaires...............................	35.48	1.35	47.90

Embases de pieds de balcon en plomb fondu
(*figure 408*)

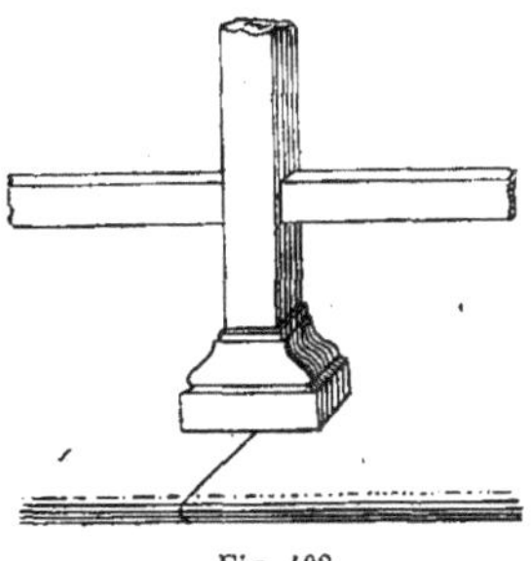

Fig. 408.

MÉTRÉ DE LA COUVERTURE.

NUMÉROS PAGES	SÉRIE				
623	30	Fournies et posées....................	19	3.10	58.90
»	»	Plus-value de limage à blanc et étamage des fers, compris soudure de la partie supérieure de l'embase......................	19	0.85	16.15
»	»	Entailles et soudures sur plomb au devant : 19 fois 0.20 = ...	3.80	2.67	10.15

Bandeaux et bavettes.

Façade sur Cour (*fig* 409)

Bandeau du 4me étage (*fig*. 410)

Les bandes d'agrafe en zinc n° 14 pour fourniture (*partant à gauche au fond*)... 0.80
1re baie....................... 1.70
   Circulaire............ 1.90 »
   A la suite............. » 0.40
   En retour : » »
2e baie..................... » 1.60
   Entredeux........... » 1.90
3e baie..................... » 1.80
   Circulaire............ 1.35 »
   A la suite............. » 0.60
   En retour............ » 1.25
   En retour............ » 0.30
6^e baie..................... » 2.10
   Entredeux........... » 0.50
7^e baie..................... » 3.00
   Entredeux........... » 1.60
8^e baie..................... » 2.40
   Entredeux........... » 1.80
9e baie..................... » 2.15
   A la suite............. » 0.05
                 3.25 23.95

»	»	Ensemble (FF).... 27.20 × 0.10 large, produit surface............ Façon, pose................. 27.20 Plus-value de circulaires..... 3.25	2.72	4.15	11.28
616	25	Linéaires............... 30.45	30.45	0.25	7.61

Glacis en pente, en plâtre pur de 0.015, épaisseur réduite :

    Mêmes linéaires que (FF)..... 27.20
    Plus aux équerres
4 fois 0.25 réduit = ... 1.00
           Linéaires 28.20

619	103	× 0.25 large, produit surface.............	7.05	1.25	8.81
620	130	Papier goudronné idem................	7.05	0.29	2.04

Les bandes de recouvrements en zinc n° 14 pour fourniture.

(*Bandeaux d'entredeux*)

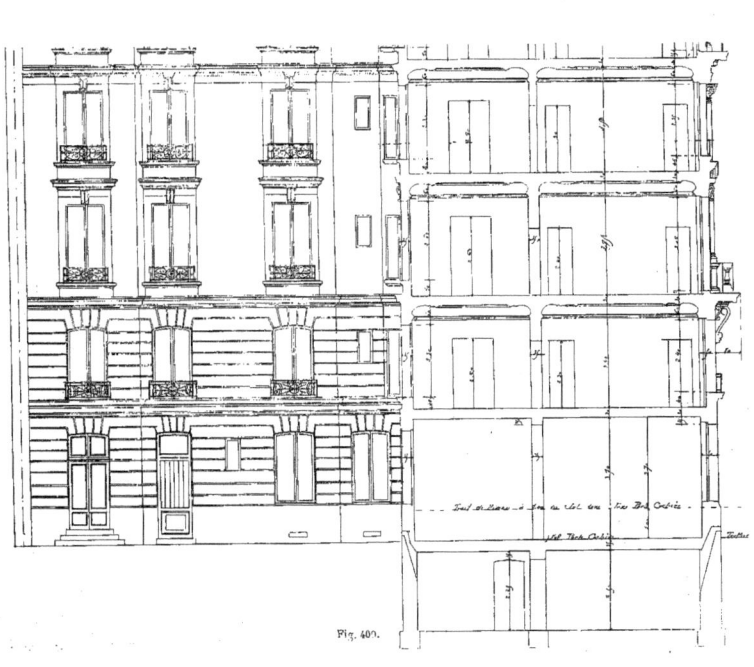

Fig. 402.

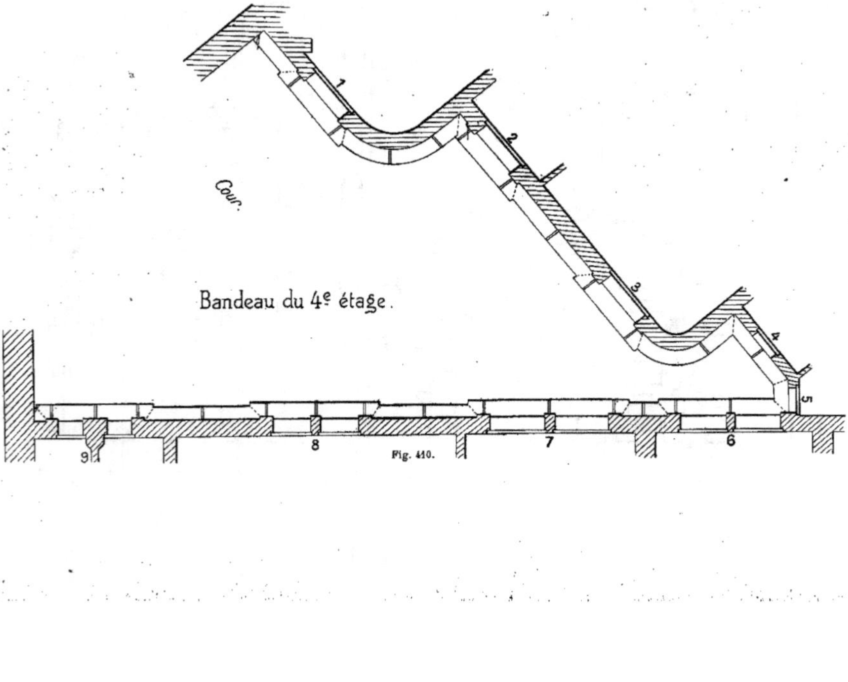

Bandeau du 4ᵉ étage.

Fig. 410.

NUMÉROS	
PAGES	SÉRIE

A gauche au fond ; 1 *fois*
(*réduit*) 0.90
Circulaires en angle
    0.95, 0.90 = ... 1.85 »
  A la suite, 1 *fois*
(*réduit*) .... » 0.50
    En retour............. »
Entre 2⁰ et 3⁰ baies
    2 fois 1.05 (*réduit*) = .. » 2.10
Circulaire en angle........ 1.25 »
    A la suite .... » 0.70
      En retour :
    0.70, 0.75 = ... » 1.45
    En retour............. » 0.50
    Entre 6⁰ et 7⁰ baies :
2 fois 0.35 réduit = ... » 0.70
    Entre 7⁰ et 8⁰ baies :
2 fois 0.90 réduit = ... » 1.80
    Entre 8⁰ et 9⁰ baies :
2 fois 1.00 réduit = ... » 2.00
A la suite ; 1 fois (réduit)... » 0.15
                  3.10 10.80

    Linéaires 13.90
      Plus :
    Têtes................ 2 »
× 0.15 courant = ... 0.30
    Coulisseaux .... 8 »
× 0.20 courant = ... 1.60
    Equerres............ 2 »
× 0.20 courant = ... 0.40

(*Les autres seront demandées avec les bandeaux au-devant des baies.*)
    Ensemble (GG) 16.20
× 0.40 largeur produit surface...... 6.48
    (*Bandeaux au-devant des baies*)
        1ʳᵉ baie :
1 fois............. 1.20
2 fois 0. 25 = ... 0.50
  Ensemble (HH) .. 1.70 = 1.70 »

2⁰ baie, *idem*......
  1 fois............. 1.20
  1 fois (*réduit*).... 0.20
  1 fois............ 0.25
  Ensemble .... 1.65 = 1.65 »
3⁰ baie, *idem* (HH)......... 1.70 »
6⁰ baie ; 1 fois (*réduit*) = 0.95
      1 fois...... 1.00
      1 fois...... 0.25
  Ensemble....... 2.20 = 2.20 »

MÉTRÉ DE LA COUVERTURE.

NUMÉROS PAGES	SÉRIE				
		7ᵉ Baie ; 2 fois 0.25 = 0.50 2 fois 1.20 = 2.40 Ensemble....... 2.90 = 2.90 »			
		8ᵉ baie ; 2 fois 0.25 = 0.50 2 fois 0.90 = 1.80 Ensemble....... 2.30 = 2.30 »			
		9ᵉ baie ; 2 fois 0.20 = 0.40 2 fois 0.80 = 1.60 Ensemble....... 2.00 = 2.00 » Linéaires........... 14.45 » Plus : Coulisseaux...... 17 » » × 0.20 courant = ... 3.40 » Equerres........ 12 » » × 0.20 courant = ... 2.40 Ensemble (II)...... 20.25			
»	»	× 0.46 largeur, produit............ 9.32 Surface ensemble......... 15.80	15.80	4.15	65.57
		Façon pose de bandes de recouvrement de 0.40 et 0.46 largeur. Linéaires (GG).......... 16.20 » (II).......... 20.25 Plus-value pour longueurs précises : 1/10 × 28.35 = ... 2.84 Plus-value de circulaires......... 3.10			
616	33	Ensemble............. 42.39	42.39	1.48	62.74
		Aux abouts : Revers d'eau en zinc, façonnés en besaces ;			
»	»	fournis...................	2	0.50	1.00
»	»	posés soudés................	2	0.60	1.20
»	»	Lanceurs en zinc ; fournis...............	2	0.25	0.50
»	»	» posés soudés sous ourlet..	2	0.35	0.70
		Au droit des baies : Onglets façonnés soudés sur ourlets ;			
»	»	Ensemble...................	12	0.25	3.00
		Goussets zinc rapportés soudés aux reliefs sur côtés des chambranles ;			
617	65	Ensemble...................	35	0.28	9.80
»	64	Angles façonnés soudés................	70	0.15	10.50
		Les bandes de solins en zinc n° 14 pour fourniture : (*Partant au fond à gauche*)..... 1 fois...................... 2.60 Circulaire............ 1.50 » A la suite........... » 0.70 En retour........... » 5.60 Circulaire............ 1.15 » A la suite........... » 0.80 En retour........... » 1.60 En retour........... » 0.60 Grande face.......... » 14.00 2.65 25.90 Ensemble (MM).......... 28.55			

442 COUVERTURE ET PLOMBERIE.

NUMÉROS PAGES	SÉRIE				
		Plus :			
		Aux décrochements de chambranles ;			
		35 fois 0.03 = ... 1.05			
		Aux abouts, en retour ;			
		2 fois 0.35 = ... 0.70			
		Linéaires 30.30			
		× 0.08 large, produit surface	2.42	4.15	10.04
		Façon pose de bandes de solins (à ourlets)			
616	28	Linéaires	30.30	0.57	17.27
»	»	Angles façonnés soudés	76	0.15	11.40
»	»	Onglets....... d°	76	0.20	15.20
»	»	Abouts amortis....................	2	0.30	0.60
620	132	Pattes en cuivre rouge en plus-value	92	0.20	18.40
		Tranchées en murs et joints en ciment ;			
»	»	Linéaires........................	30.30	1.00	30.30

Bavettes.

1 Appui (fig. 411); 1re baie.

Appui.

Fig. 411.

		Les bandes d'agrafe en zinc *idem* pour fourniture ; 1 fois..................... 1.96			
		2 fois 0.18 = ... 0.36			
		Linéaires................ 2.32			
»	»	× 0 10 large, produit surface............	0.23	4.15	0.95
»	»	Façon, pose ; Linéaires	2.32	0.25	0.58
		Glacis plâtre *idem*,			
		1.20 × 0.24 produit...... 0.29			
		2 fois 0.40 = 0.80 × 0.14 » 0.11			
»	»	Surface................ 0.40	0.40	1.25	0.50
»	»	Papier goudronné *idem*................	0.40	0.29	0.12
		Les bandes de recouvrement en zinc *idem* pour fourniture :			
		Appui .... 1.25 »			
		Têtes........... 2 »			
		× 0.15 courant = ... 0.30 »			
		Linéaires.......... 1.55 »			
		× 0.33 largeur, produit............ 0.51			
		Bandeaux ;			
		2 fois 0.26 réduit = ... 0.52			
		2 » 0.10 » = ... 0.20			
		A reporter....... 2.27 0.51			

N° 31.

MÉTRÉ DE LA COUVERTURE.

NUMÉROS PAGES	SÉRIE						
		Reports.........	2.27	0.51			
		Têtes............ 2					
		× 0.15 courant = ...	0.30				
		Coulisseaux....... 2	»				
		× 0.20 courant = ...	0.40				
		Equerres......... 2	»				
		× 0.20 courant = ...	0.40				
		Linéaires.........	1.82				
		× 0.28 largeur, produit............		0.51			
»	»	Surface...............		1.02	1.02	4.15	4.23
		Façon pose de bandes de recouvrement :					
		1° de 0.33 largeur.............		1.55			
		Plus-value de 1/10 × 1.25		0.13			
		2° de 0.28 largeur.............		1.82			
		Plus-value de 1/10 × 0.72		0.07			
616	33	Ensemble...............		3.57	3.57	1.48	5.28
»	»	Goussets.........................			2	0.28	0.56
»	»	Angles............................			6	0.15	0.90
		Revers d'eau *idem* :					
		fournis...........................			2	0.50	1.00
		posés soudés.....................			2	0.60	1.20
		Lanceurs en zinc *idem* :					
		fournis...........................			2	0.25	0.50
		posés soudés.....................			2	0.35	0.70
		Sur jet d'eau:					
		Bande de recouvrement en zinc *idem* pour fourniture...............		1.20			
»	»	× 0.08 large, produit surface...............			0.10	4.15	0.42
		Façon, pose..................		1.20			
		Plus-value de 1/10............		0.12			
616	31	Ensemble...............		1.32	1.32	1.10	1.45
»	»	Collets circulaires dégorgés sur zinc.......			2	0.40	0.80
»	»	Têtes zinc découpées, rapportées, soudées..			2	0.60	1.20
»	»	Pattes cuivre *idem*................			6	0.20	1.20
		Bande d'encadrement en zinc *idem* pour fourniture...............		1.20			
»	»	× 0.05 largeur produit.................			0.06	4.15	0.25
616	28	Façon pose.......................			1.20	0.57	0.68
»	52	Plus-value de clouage à piston × 0.05.....			1.20	0.34	0.41
621	167	Tube de buée fourni, posé, soudé.......			1	»	1.00
		Bandes de solins en zinc *idem* pour fourniture :					
		2 fois 0.20 = ...	0.40				
		2 fois 0.22 = ...	0.44				
		2 fois 0.20 = ...	0.40				
		2 fois 0.03 = ...	0.06				
		Linéaires..................		1.30			
»	»	× 0.08 largeur, produit surface............			0.10	4.15	0.42
»	»	Façon pose ; linéaires............			1.24	0.57	0.70
»	»	Angles...........................			6	0.15	0.90
»	»	Abouts amortis...................			2	0.30	0.60
»	»	Pattes cuivre *idem*..............			6	0.20	1.20
»	»	Tranchées et joints *idem*............			1.30	1.00	1.30

NUMÉROS PAGES	SÉRIE				
		Les 2ᵉ et 3ᵉ baies semblables à celle accoladée n° 31....................	2	29.05	58.10

4° baie (*fig.* 412)

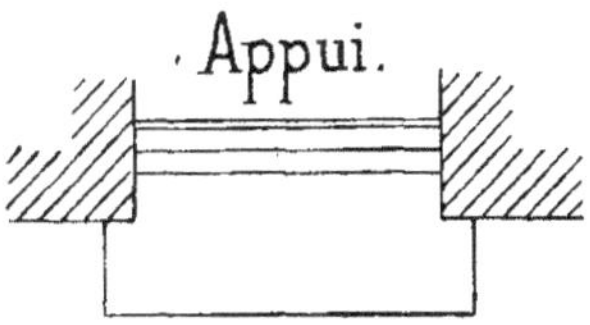

Appui.

Fig. 412.

		Bandes d'agrafe en zinc *idem* pour fournitures; 1 fois........... 0.60			
		2 fois 0.14................ 0.28			
		Linéaires............... 0.88			
»	»	× 0.10 largeur, produit............	0.09	4.15	0.37
»	»	Façon pose................	0.88	0.25	0.22
		Glacis plâtre *idem*			
»	»	0.50 × 0.20 produit...........	0.10	1.25	0.13
»	»	Papier goudronné *idem*........	0.10	0.29	0.03
		Sur appui :			
		Bande de recouvrement en zinc *idem* pour fourniture............ 0.66			
»	»	× 0.31 largeur, produit.........	0.20	4.15	0.83
		Façon pose............ 0.66			
		Plus-value de 1/10.......... 0.07			
616	33	Linéaires............ 0.73	0.73	1.48	1.08
»	»	Onglets................	2	0.20	0.40
»	»	Goussets...............	2	0.30	0.60
»	»	Angles................	4	0.15	0.60
		Sur jet d'eau :			
		Bande de recouvrement en zinc *idem* pour fourniture........... 0.50			
»	»	× 0.08 largeur, produit.........	0.04	4.15	0.17
		Façon, pose............ 0.50			
		Plus-value de 1/10......... 0.05			
616	31	Linéaires........... 0.55	0.55	1.10	0.61
»	»	Collets circulaires, dégorgés........	2	0.40	0.80
»	»	Têtes en zinc rapportées, soudées *idem*....	2	0.60	1.20
»	»	Pattes cuivre *idem*............	3	0.20	0.60
		Bande d'encadrement en zinc *idem* pour fourniture......... 0.50			
»	»	× 0.05 largeur, produit.........	0.03	4.15	0.12
»	»	Façon, pose..............	0.50	0.57	0.29
»	»	Clouage à piston *idem*..........	0.50	0.34	0.17
»	»	Tube de buée *idem*............	1	»	1.00

MÉTRÉ DE LA COUVERTURE. 445

NUMÉROS PAGES	SÉRIE				
N° 32.		Bandes de solins en zinc *idem* pour fourniture ; 2 fois 0.06 = ... 0.12			
		2 fois 0.16 = ... 0.32			
»	»	Linéaires................ 0.44			
»	»	× 0.08 largeur, produit............	0.04	4.15	0.17
»	»	Façon, pose............	0.44	0.57	0.25
»	»	Angles............	2	0.15	0.30
»	»	Abouts amortis............	2	0.30	0.60
»	»	Pattes cuivre *idem*............	4	0.20	0.80
»	»	Tranchées et joints *idem*............	0.44	1.00	0.44
		5ᵉ baie semblable à celle accoladée n° 32...	1	»	11.78
		6ᵉ, 7ᵉ, 8ᵉ et 9ᵉ appuis (*par 2 baies jumellées*) (*fig.* 413)			

Appui.

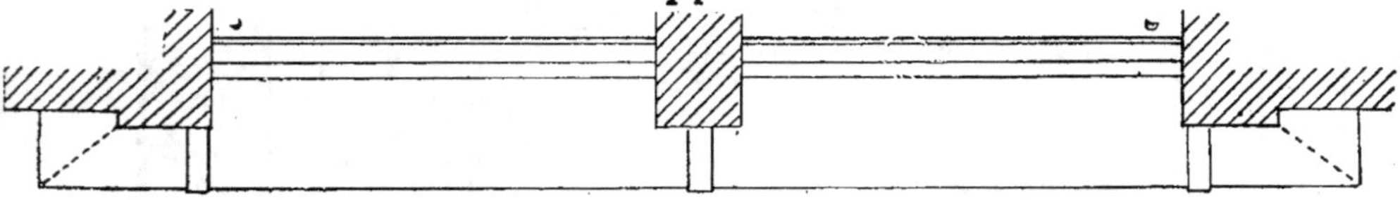

Fig. 413.

		Glacis en plâtre *idem*.			
		6ᵉ baie (*appui*)........... 2.34			
		7ᵉ » » 2.96			
		8ᵉ » » 2.34			
		9ᵉ » » 2.10			
		Linéaires......... 9.74			
		× 0.10 large, produit............ 0.97			
		Dans les baies			
		2 fois 0.85 = ... 1.70			
		2 » 1.00 = ... 2.00			
		2 » 0.70 = ... 1.40			
		2 » 0.45 = ... 0.90			
		Linéaires......... 6.00			
		× 0.12 large, produit............ 0.72			
		Surface................ 1.69	1.69	1.25	2.11
		Papier goudronné *idem*...............	1.69	0.29	0.49
		Les bandes d'agrafe en zinc *idem* pour fourniture :			
		6ᵉ baie....................... 2.40			
		7ᵉ » 3.00			
		8ᵉ » 2.40			
		9ᵉ » 2.16			
		Retours ; 8 fois 0.18 = ... 1.44			
		Linéaires............... 11.40			
»	»	× 0.10 large, produit..............	1.14	4.15	4.73

COUVERTURE ET PLOMBERIE.

NUMÉROS PAGES	SÉRIE				
»	»	Façon pose............................		11.40	0.25	2.85

		Bandes de recouvrement en zinc *idem* pour fourniture :				
		Sur bandeaux des				
		6ᵉ, 7ᵉ, 8ᵉ et 9ᵉ baies ; 8 fois 0.26 =	2.08	»		
		8 fois 0.10 =	0.80	»		
		Linéaires........	2.88	»		
		Plus :				
		Têtes 8		»		
		× 0.15 courant = ...	1.20	»		
		Coulisseaux ; 4 fois 3 = . 12		»		
		× 0.20 courant..............	2.40	»		
		Equerres ; 4 fois 2 = .. 8		»		
		× 0.20 courant = ...	1.60	»		
		Ensemble	8.08	»		
		× 0.28 largeur, produit.............	2.26			
		Sur appuis :				
		6ᵉ baie ; 2 fois 0.85 = ...	1.70	»		
		7ᵉ » ; 2 » 1.00 = ...	2.00	»		
		8ᵉ » ; 2 » 0.70 = ...	1.40	»		
		9ᵉ » ; 2 » 0.45 = ...	0.90	»		
		Têtes ; 8 fois 2 = ... 16		»		
		× 0.15 courant = ...	2.40			
		Linéaires..........	8.40	»		
		× 0.33 largeur, produit.............	2.77			
»	»	Surface	5.03	5.03	4.15	20.87
		Façon pose de bandes de recouvrement.				
		1° *de 0.28 large*	8.08			
		Plus-value de 1/10 × 2.88 = ...	0.29			
		2° *de 0.33 large*	8.40			
		Plus-value de 1/10 × 6.00........	0.60			
616	33	Linéaires................	17.37	17.37	1.48	25.71
»	»	Goussets ; 4 fois 6 = ...		24	0.28	6.72
»	»	Angles ; 4 fois 12 = ...		48	0.15	7.20
		Revers d'eau zinc *idem* :				
»	»	Fournis...........................		2	0.50	1.00
»	»	Posés soudés		2	0.60	1.20
		Lanceurs en zinc *idem* :				
»	»	Fournis...........................		2	0.25	0.50
»	»	Posés soudés		2	0.35	0.70
		Sur jets d'eau :				
		Recouvrements en zinc *idem* pour fourniture.				
		6ᵉ baie ; 2 fois 0.85 = ...	1.70			
		7ᵉ » ; 2 » 1.00 = ...	2.00			
		8ᵉ » ; 2 » 0.70 = ...	1.40			
		9ᵉ » ; 2 » 0.45 = ...	0.90			
		Linéaires (JJ)..........	6.00			
»	»	× 0.08 large, produit..................		0.48	4.15	1.99
		Façon pose....................	6.00			
		Plus-value de 1/10.............	0.60			
616	34	Ensemble	6.60	6.60	1.10	7.26

MÉTRÉ DE LA COUVERTURE.

NUMÉROS PAGES	SÉRIE				
		Collets circulaires dégorgés ;			
»	»	8 fois 2 = ...	16	0.40	6.40
»	»	Têtes zinc rapportées soudées	16	0.60	9.60
»	»	Pattes cuivre ; ensemble	30	0.20	6.00
		Bandes d'encadrement en zinc *idem* pour fourniture.			
		Linéaires *idem* que (JJ).... 6.00			
»	»	× 0.05 large, produit 0.30	0.30	4.15	1.25
»	»	Façon pose ; linéaires	6.00	0.57	3.42
»	»	Plus-value de clouage *idem* × 0.05......	6.00	0.34	2.04
»	»	Tubes de buée, fournis posés............	8	1.00	8.00
		Les bandes de solins en zinc *idem* pour fourniture.			
		Faces :			
		6ᵉ baie ; 1 fois.................. 0.15			
		7ᵉ » » 0.18			
		8ᵉ » » 0.20			
		9ᵉ » » 0.45			
		8 fois 0.20 = .. 1.60			
		Décrochements ; 8 » 0.03 = . 0.24			
		Tableaux ; 16 » 0.22 = .. 3.52			
		Linéaires.................. 6.34			
»	»	× 0.08 large, produit surface.............	0.51	4.15	2.12
»	»	Façon, pose ; linéaires...................	6.34	0.57	3.61
»	»	Angles................................	32	0.15	4.80
»	»	Onglets...............................	32	0.20	6.40
»	»	Pattes cuivre *idem*....................	36	0.20	7.20
»	»	Abouts amortis	8	0.30	2.40
»	»	Tranchées et joints *idem*	6.34	1.00	6.34

3ᵉ Étage.

		Les bavettes de croisées semblables à celles du 4ᵉ étage.			
»	»	Ensemble....................	»	»	263.62

2ᵉ Étage.

		Bandeau (*figure 414*)			
		Les bandes d'agrafe en zinc *idem* pour fourniture.			
		Idem (FF)....................... 27.20			
		× 0.10 large, produit surface 27.20	2.72	4.15	11.28
		Façon pose.................. 27.20			
		Plus-value de circulaires...... 3.25			
616	25	Ensemble............. 30.45	30.45	0.25	7.61
		Glacis plâtre *idem*............... 27.20			
		Plus aux équerres			
		4 fois 0.25 réduit = ... 1.00			
		Linéaires 28.20			
619	103	0.20 large, produit surface................	5.64	1.25	7.05
»	»	Papier goudronné *idem*.................	5.64	0.29	1.63

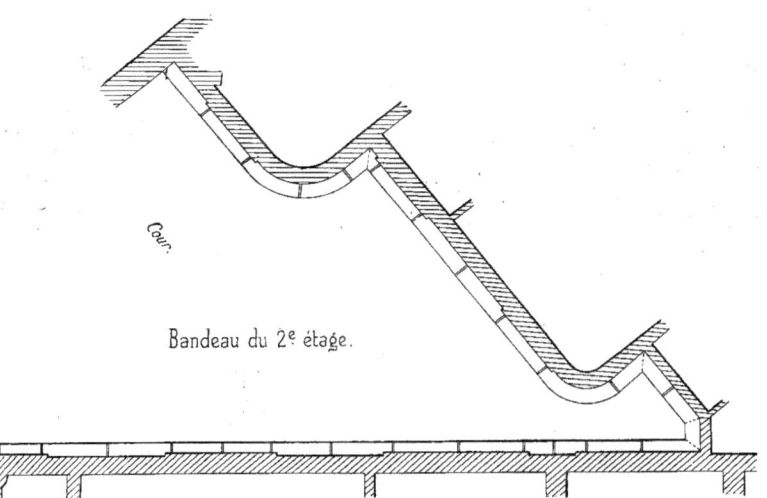

Fig. 414.

MÉTRÉ DE LA COUVERTURE.

NUMÉROS PAGES	SÉRIE					
		Les bandes de recouvrement en zinc *idem* pour fourniture.				
		Au fond à gauche............		1.00		
		Devant 1re baie........	1.40	»		
		Circulaire en angle.....	»	1.90		
		A la suite............	»	0.50		
		En retour............	»	0.10		
		Devant 2e baie.........	1.50	»		
		Entredeux............	»	2.20		
		Devant 3e baie........	1.50	»		
		Circulaire en angle.....	»	1.35		
		A la suite............	»	0.65		
		En retour............	»	1.40		
		En retour............	»	0.45		
		Devant 6e baie........	2.30	»		
		Entredeux............	»	0.85		
		Devant 7e baie........	2.65	»		
		Entredeux............	»	1.95		
		Devant 8e baie........	2.05	»		
		Entredeux............	»	2.15		
		Devant 9e baie........	1.85	»		
		En about............	»	0.20		
		Soit :	13.25	14.70		
		1° *Devant baies*...........	13.25	»		
		Plus : coulisseaux....... 17				
		× 0.20 courant = ...	3.40	»		
		Linéaires (KK)....	16.65	»		
		× 0.33 largeur, produit............		5.49		
		2° *Entredeux*...........	14.70	»		
		Plus :				
		Têtes........... 2	»	»		
		× 0.15 courant =..........	0.30	»		
		Coulisseaux...... 8	»	»		
		× 0.20 courant = ...	1.60	»		
		Equerres......... 4	»	»		
		× 0.20 courant = ...	0.80	»		
		Linéaires (LL).....	17.40	»		
		× 0.38 largeur, produit............		6.61		
»	»	Surface................		12.10	12.10	4.15	50.22
		Façon pose de bandes de recouvrement.				
		1° de 0.33 largeur *idem* (KK)......	16.65			
		2° de 0.38 largeur *idem* (LL)......	17.40			
		Plus-value de circulaires *idem*.....	3.25			
		Plus-value de 1/10 *idem*				
		× 27.95 = ...	2.80			
616	33	Ensemble................	23.45	23.45	1.48	34.71
		Aux abouts :				
»	»	Revers d'eau zinc, fournis soudés *idem*....	2	1.10	2.20	
»	»	Lanceurs » »	2	0.60	1.20	
		Aux décrochements :				
»	»	Goussets.........................	13	0.28	3.64	
»	»	Angles.........................	28	0.15	4.20	

Sciences générales.   COUVERTURE ET PLOMBERIE. — TOME II. — 29.

COUVERTURE ET PLOMBERIE.

NUMÉROS PAGES	SÉRIE				
		Les bandes de solins en zinc, *idem* pour fourniture; *idem* (MM)............ 28.55			
		Plus :			
		Aux décrochements			
		13 fois 0.03 = ... 0.39			
		Aux abouts, en retour			
		2 fois 0.25 = ... 0.50			
		Linéaires................ 29.44			
»	»	× 0.08 largeur, produit surface...........	2.36	4.15	9.79
»	»	Façon, pose ; linéaires..................	29.44	0.57	16.78
»	»	Angles...........................	32	0.15	4.80
»	»	Abouts amortis.....................	2	0.30	0.60
»	»	Pattes cuivre.......................	80	0.20	16.00
»	»	Tranchées et joints *idem*.............	29.44	1.00	29.44
»	»	Les bavettes de croisées, semblables à celles du quatrième étage ; ensemble..............	»	»	263.62

Attiques.
(*Figure 415*)

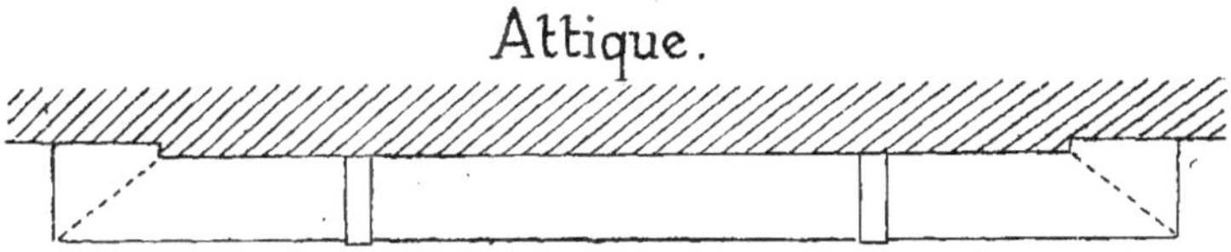

Attique.

Fig. 415.

		Au-dessus de la 1re baie			
		Bandes d'agrafe en zinc *idem* pour fourniture.			
		1 fois...................... 2.14			
		2 fois 0.20 = ... 0.40			
		Linéaires................ 2.54			
»	»	× 0.10 large, produit..................	0.25	4.15	1.04
616	25	Façon pose.......................	2.54	0.25	0.64
		Glacis en plâtre *idem*.			
»	»	2.08 × 0.14 produit...................	0.29	1.25	0.36
»	»	Papier goudronné *idem*................	0.29	0.29	0.08
		Bandes de recouvrement en zinc *idem* pour fourniture.			
		1 fois.................... 1.00			
		2 fois 0.48 réduit = ... 0.96			
		Retours ; 2 fois 0.12 = ... 0.24			
		Linéaires................ 2.20			
		Plus :			
		Equerres.................... 2 »			
		× 0.20 courant.................. 0.40			
		Coulisseaux................. 2 »			
		× 0.20 courant = ... 0.40			
		Têtes....................... 2 »			
		× 0.15 courant = ... 0.30			
		Ensemble................ 3.30			
»	»	× 0.30 largeur, produit surface...........	0.99	4.15	4.11

MÉTRÉ DE LA COUVERTURE.

NUMÉROS PAGES	SÉRIE					
616	33	Façon, pose......................	3.30			
		Plus-value de 1/10 × 2.20 = ...	0.22			
		Linéaires.................	3.52	3.52	1.48	5.21
»	»	Angles........................		4	0.15	0.60
»	»	Revers d'eau fournis, posés *idem*........		2	1.10	2.20
»	»	Lanceurs » »		2	0.60	1.20
		Bandes de solins en zinc *idem* pour fourniture.				
		1 fois......................	1.74			
		2 fois 0.03 = ...	0.06			
		2 fois 0.20 = ...	0.40			
		Linéaires.................	2.20			
»	»	× 0.08 large, produit surface..............		0.18	4.15	0.75
»	»	Façon, pose........................		2.20	0.57	1.25
»	»	Angles........................		4	0.15	0.60
»	»	Abouts amortis.....................		2	0.30	0.60
»	»	Pattes cuivre.......................		7	0.20	1.40
»	»	Tranchées et joints *idem*..............		2.20	1.00	2.20
		2ᵉ et 3ᵉ baies semblables à celle accoladée n° 33......................................		2	22.24	44.48

6ᵉ, 7ᵉ, 8ᵉ et 9ᵉ baies.

4 Attiques.

		Bandes d'agrafe en zinc *idem* pour fourniture :				
		6ᵉ baie...................	2.60			
		7ᵉ »	3.00			
		8ᵉ »	2.40			
		9ᵉ »	2.15			
		Retours ; 8 fois 0.20 = ...	1.60			
		Linéaires................	11.75			
»	»	× 0.08 large, produit surface..............		0.94	4.15	3.90
»	»	Façon, pose........................		11.75	0.25	2.94
		Glacis plâtre *idem*................	9.91			
»	»	× 0.14 large, produit...................		1.39	1.25	1.74
»	»	Papier goudronné *idem*..................		1.39	0.29	0.40
		Les bandes de recouvrement en zinc *idem* pour fourniture :				
		6ᵉ baie.......... réduit.......	2.40			
		7ᵉ » .... »	2.80			
		8ᵉ » .... »	2.20			
		9ᵉ » .... »	1.95			
		Retours ; 8 fois 0.12 = ...	0.96			
		Linéaires................	10.31			
		Plus :				
		Têtes.....................	8			
		× 0.15 courant = ...	1.20			
		Coulisseaux	8 »			
		× 0.20 courant = ...	1.60			
		Equerres................	8 »			
		× 0.20 courant = ...	1.60			
		Ensemble...............	14.71			
»	»	× 0.30 largeur, produit surface...........		4.41	4.15	18.30

NUMÉROS PAGES	SÉRIE					
		Façon, pose................	14.71			
		Plus-value de 1/10 × 10.31......	1.03			
616	33	Linéaires................	15.74	15.74	1.48	23.30
»	»	Angles; 4 fois 4 = ...		16	0.15	2.40
»	»	Revers d'eau; 4 » 2 = ...		8	1.10	8.80
»	»	Lanceurs; 4 » 2 = ...		8	0.60	4.80
		Les bandes de solins en zinc *idem* pour fourniture.				
		6ᵉ baie................	2.25			
		7ᵉ »	2.65			
		8ᵉ »	2.05			
		9ᵉ »	1.80			
		8 fois 0.03 = ...	0.24			
		8 fois 0.20 = ...	1.60			
		Linéaires...............	10.59			
»	»	× 0.08 largeur, produit surface............		0.85	4.15	3.53
»	»	Façon, pose...............		10.59	0.57	6.04
»	»	Angles; 4 fois 4 =		16	0.15	2.40
»	»	Abouts amortis; 4 fois 2 = ...		8	0.30	2.40
»	»	Pattes cuivre; Ensemble...............		36	0.20	7.20
»	»	Tranchées et joints *idem*...............		10.59	1.00	10.59
		1ᵉʳ Étage.				
		Bandeau (*figure* 416)				
		Les bandes d'agrafe en zinc *idem* pour fourniture.				
		Linéaires *idem* (FF)..............	27.20			
»	»	× 0.10 large produit.....................		2.72	4.15	11.28
»	»	Façon, pose...................	27.20			
		Plus-value de circulaires.........	3.25			
»	»	Ensemble...............	30.45	30.45	0.25	7.61
		Glacis en plâtre *idem*......	27.20	»		
		Plus aux équerres				
		4 fois 0.25 réduit = ..	1.00	»		
		Ensemble.........	28.20	»		
		× 0.22 large, produit; surface......	6.20			
		Plus aux baies :				
		1ʳᵉ; 1 fois.............	1.00	»		
		2ᵉ ; 1 »	1.00	»		
		3ᵉ ; 1 »	1.00	»		
		6ᵉ ; 2 » 0.85 = ...	1.70	»		
		7ᵉ ; 2 » 1.00 = ...	2.00	»		
		8ᵉ ; 2 » 0.70 = ...	1.40	»		
		9ᵉ ; 2 » 0.45 = ...	0.90	»		
		Linéaires (NN) = ..	9.00	»		
619	103	× 0.25 large, produit..............	2.25			
		Surface................	8.45	8.45	1.25	10.56
620	130	Papier goudronné *idem*................		8.45	0.29	2.45
		Les bandes de recouvrement en zinc *idem* pour fourniture.				

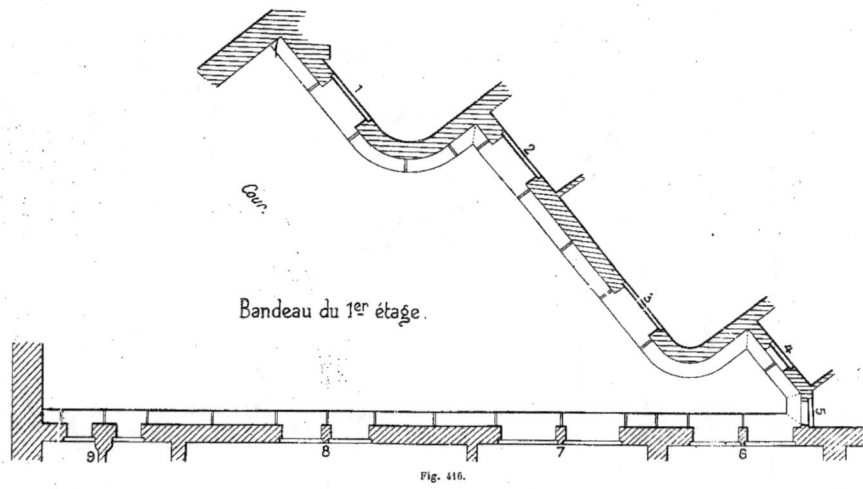

Fig. 416.

NUMÉROS PAGES	SÉRIE				
		Au fond à gauche................ 1.07			
		Après 1ʳᵉ baie (*circulaire en angle*)			
		1.15, 0.90 = ... 2.05			
		A la suite 0.50			
		En retour................ 0.25			
		Entre 2ᵉ et 3ᵉ baies			
		2 fois 1.20 = ... 2.40			
		Circulaire en angle............... 1.50			
		A la suite................ 0.70			
		En retour ; 0.65, 0.70 = ... 1.35			
		En retour..................... 0.45			
		Entre 6ᵉ et 7ᵉ baies			
		2 fois 0.60 = ... 1.20			
		Entre 7ᵉ et 8ᵉ baies			
		2 fois 1.15 = ... 2.30			
		Entre 8ᵉ et 9ᵉ baies			
		2 fois 1.20 = ... 2.40			
		Entre 9ᵉ baie et mur............ 0.35			
		Linéaires................. 16.52			
		Plus :			
		Têtes..................... 2 »			
		× 0.15 courant = ... 0.30			
		Equerres.................... 4 »			
		× 0.20 courant = ... 0.80			
		Coulisseaux.................. 25 »			
		× 0.20 courant = ... 5.00			
		Ensemble................ 22.62			
»	»	× 0.38 largeur, produit surface...........	8.60	4.15	35.69
		Façon pose ; linéaires............... 22.62			
		Plus-value de circulaires.......... 3.55			
		Plus-value de 1/10 × 16.52 = ... 1.65			
616	33	Ensemble................ 27.82	27.82	1.48	41.17
		Aux baies :			
		Les bandes de recouvrement sur appuis, en zinc *idem* pour fourniture			
		Linéaires *idem* (NN)............... 9.00			
		Plus :			
		Têtes..................... 22 »			
		× 0.15 courant = ... 3.30			
		Ensemble................ 12.30			
»	»	× 0.57 largeur, produit surface............	7.01	4.15	29.09
		Façon, pose.................... 12.30			
		Plus-value de 1/10 × 9.00 = ... 0.90			
616	34	Ensemble................ 13.20	13.20	1.65	21.78
»	»	Goussets ; 11 fois 2 = ...	22	0.28	6.16
»	»	Angles ; 11 » 4 = ...	44	0.15	6.60
		Sur jets d'eau :			
		Bandes de recouvrements en zinc *idem* pour fourniture.			
		Linéaires *idem* (NN)............. 9.00			
»	»	× 0 08 large, produit..................	0.72	4.15	2.99

MÉTRÉ DE LA COUVERTURE.

NUMÉROS PAGES	SÉRIE				
		Façon pose.................... 9.00			
		Plus-value de 1/10............. 0.90			
616	31	Ensemble............... 9.90	9.90	1.10	10.89
		Collets circulaires dégorgés.			
»	»	11 fois 2 = ...	22	0.40	8.80
»	»	Têtes zinc rapportées soudées...........	22	0.60	13.20
620	132	Pattes cuivre *idem*; ensemble	30	0.20	6.00
		Bandes d'encadrement en zinc *idem* pour fourniture.			
		Linéaires *idem* (NN)............ 9.00			
»	»	× 0.05 large, produit..................	0.45	4.15	1.87
»	»	Façon pose................... 9.00	9.00	0.57	5.13
616	52	Plus-value de clouage *idem*............ 9.00	9.00	0.34	3.06
621	167	Tubes de buée *idem*	11	1.00	11.00
		En abouts de bandeaux :			
»	»	Revers d'eau zinc fournis soudés *idem*.....	2	1.10	2.20
»	»	Lanceurs d°	2	0.60	1.20
		Sur murs :			
		Les bandes de solin en zinc *idem* pour fourniture :			
		Linéaires *idem* MM............ 28.55			
		Moins baies NN.................. 9.00			
		Reste............... 19.55			
		Plus :			
		Dans les tableaux.			
		22 fois 0.25 = ... 5.50			
		En retour aux abouts.			
		2 fois 0.30 = ... 0.60			
		Ensemble............... 25.65			
»	»	× 0.08 large, produit surface..	2.05	4.15	8.51
616	28	Façon pose................... 25.65	25.65	0.57	14.62
»	»	Angles	27	0.15	4.05
»	»	Abouts amortis................	2	0.30	0.60
»	»	Pattes cuivre	78	0.20	15.60
»	»	Tranchées et joints *idem*............	25.65	1.00	25.65
»	»	4e et 5e baies semblables à celle accoladée n° 32.......................	2	11.78	23.56
»	»	(19) *Les raccords de bandeaux au passage des tuyaux de descente réservés pour les travaux de réparation*...............	Observation	»	
		Total	»	»	31224f,96

MÉMOIRE EN TIMBRE

AVEC TABLEAU DE CLASSEMENT ET RÉSUMÉ

Considérations générales.

Les mémoires sont faits pour les travaux administratifs ou les grands travaux particuliers afin de réunir dans un seul article au « **Résumé** » les ouvrages de même nature contenus dans le mémoire.

Le tableau de classement sert à l'établissement du résumé d'après les numéros d'ordre de la série.

Pour les travaux administratifs dont les mémoires doivent être fournis en double expédition, dont une sur papier timbré, on est autorisé à ne copier que le résumé pour la deuxième expédition.

NUMÉROS D'ORDRE	Métré n° 16.		
	Voir détail du métré n° 11.		
	Chéneaux à l'anglaise, *comme aux figures 245 et 246*.		
	Sur entablements :		
	Glacis en pente en plâtre pur de 0.015, épaisseur réduite.		
	Sur rue....... 23.35 réduit.		
	Pan coupé..... 13.75		
	Sur avenue.... 23.35		
1	Linéaires (a). 60.45×0.34 largeur produit surface	20.55	Glacis plâtre.
2	Papier goudronné; même surface..............	20.55	Papier goudron.
	Recouvrements en zinc n° 12 pour fourniture :		
	Linéaires *idem* (a) = 60.45		
	2 équerres ×0.20 = 0.40		
	2 têtes ×0.15 = 0.30		
	60 coulisseaux×0.20 = 12.00		
	Linéaires (b)......... 73.15 × 0.60 largeur développée, produit surface.................	43.89	Zinc n° 12 fourni.
3			
4	Façon, pose; mêmes linéaires que (b) = ...	73.15	Recouvrement × 0.51.
	60 brisures façonnées, soudées aux coulisseaux,		
5	comme angles	60	Angle.
	Bandes d'agrafes en zinc n° 12 pour fourniture :		
	2 fois 23.70 = 47.40		
	1 fois........ 14.10		
	Linéaires... 61.50 × 0.10 largeur, produit		
6	surface.....................................	6.15	Zinc fourni.
7	Façon, pose; linéaires	61.50	Bande d'agrafe.
8	Plus-value de coudage desdites comme relief......	61.50	Relief.
	Gouttières zinc n° 14 pour fourniture :		
	Linéaires *idem* (a) = 60.45		
	28 croisures × 0.05 = 1.40		
	2 équerres × 0.20 = 0.40		
	2 talons × 0.15 = 0.30		
	Ensemble .... 62.55 × 0.70 développé		
9	réduit, produit surface........................	43.79	Zinc n° 14 fourni.
	Façon, pose de gouttière anglaise de 0.65 développé;		
10	linéaires.....................................	62.55	Gouttière anglaise de 0.65.

NUMÉROS D'ORDRE			

11	Plus-value de façon pour gouttière formant couronnement de socle, comprenant par analogie :
	    1 relief...... 0f,04 $\Big\}$ 0f,19
	    1 arrondi.... 0,15
	        Soit linéaires.......................
		62.55	1 relief et 1 arrondi.

12	Mains d'arrêt cuivre en valeur entière............	184	Pattes cuivre v. e.
	Les supports en fer forgé de 0.030 en 0.006 fournis, façonnés à pied portant sur entablement, et paillette en cuivre rouge étamé chaque 0.84 développé réduit, posés et fixés avec vis fournies ;		
	Sur rue et avenue :		
	2 fois 48................ 96 Sur pan coupé............ 28		
13	Ensemble....................	124	Supports fer 30,'6 × 0.84.
	A chaque ; sur le talon rentrant, 1 pontet en cuivre rouge étamé, fourni, façonné et soudé sur l'entablement		
14	en zinc. Ensemble.............................	124	Pontet cuivre.
	Face de socle :		
	Recouvrements en zinc n° 12 pour fourniture.		
	Sur rue et avenue :		

	2 fois 23.25...... = 46.50
	   Pan coupé........ = 13.55
	   2 Équerres × 0.20 = 0.40
	   2 têtes × 0.15 = 0.30
	   60 coulisseaux × 0.20 = 12.00		

15	Linéaires (**C**)...... 72.75 × 0.22 largeur produit surface.........................	20.00	Zinc n° 12.
16	Façon, pose ; linéaires (**C**).......................	72.75	Recouvrement × 0.22.
	Par le bas :		
	Pattes en cuivre rouge étamé fournies, posées soudées en plus-value de celles dues (*sur zinc*).		
	Sur rue et avenue :		
	2 fois 47............... 94 Sur pan coupé.......... 27		
17	Ensemble...................	121	Pattes cuivre p. v.
	(1) *La paillette cuivre agrafant la bande à sa partie supérieure n'est pas demandée, étant déjà payée dans le prix du support.*		
	Courette.		
	Gouttière à l'anglaise, comme aux figures 247 et 248.		
	Sur entablements :		

	Glacis plâtre pur *idem* :
	   de face...... 0.83 réduit.
	   à droite..... 5.33 —
	   à gauche..... 5.33 —
	   au fond...... 3.70 —		

18	Linéaires (**D**). 15.19 × 0.38 largeur produit surface...	5.77	Glacis.
19	Papier goudronné, même surface.................	5.77	Papier.

COUVERTURE ET PLOMBERIE.

NUMÉROS D'ORDRE			
	Recouvrements en zinc n° 12 pour fourniture :		
	Linéaires *idem* (**D**)... 15.19		
	4 équerres × 0.20 = 0.80		
	15 coulisseaux × 0.20 = 3.00		
20	Linéaires *idem* (**E**).. 18.99 × 0.72 largeur développée, produit surface	13.67	Zinc n° 12.
21	Façon, pose, mêmes linéaires que (**E**)............	18.99	Recouvrement × 0.51.
22	15 brisures façonnées aux coulisseaux, comme angles.	15	Angles.
	Bandes d'agrafe en zinc n° 12 pour fourniture :		
	de face..... 0.65		
	à droite 5.15		
	à gauche.... 5.15		
	au fond..... 3.50		
23	Linéaires . 14.45 × 0.10 large, produit surface.	1.45	Zinc n° 12.
24	Façon, pose; linéaires.........................	14.45	Bandes d'agrafe.
25	Plus-value de coudage, comme relief.............	14.45	1 relief.
	Gouttières en zinc n° 14 pour fourniture.		
	Mêmes linéaires que (**D**). 15.19		
	5 croisures × 0.05 = 0.25		
	4 équerres × 0.20 = 0.80		
26	Linéaires...... 16.24 × 0.65 largeur développée réduite, produit surface.................	10.56	Zinc n° 14.
27	Façon, pose de gouttières à l'anglaise de 0.65 développé. Linéaires...........................	16.24	Gouttière anglaise × 0.65.
28	Plus-value pour façon de gouttières zinc formant couronnement *idem*. Linéaires............	16.24	1 relief, 1 arrondi.
29	Les supports en fer forgé de 0.030/0.006 fournis, posés, de 0.97 développé, réduit à paillette cuivre *idem*. Ensemble..........................	34	Supports fer 30/6 × 0.97.
	Le développement du support comprend :		
	Circulaire........................ 0^m,53		
	Patte coudée sur sablière.......... 0 ,13		
	Pied............................. 0 ,27		
	Talon sortant.................... 0 ,04		
	Ensemble .... 0^m,97		
	A chaque support :		
	1 gaîne en cuivre rouge étamé, fournie, soudée sur entablement zinc et agrafant le talon.		
30	Ensemble.........................	34	Gaine cuivre.
31	1 paillette en cuivre *idem*, enveloppant le couronnement pour plus-values de fourniture et façon. Ensemble.........................	34	Pattes cuivre p. v.
	A la gouttière, côté comble :		
32	Mains d'arrêts en cuivre fournies, posées en valeur entière (*c'est-à-dire non dues, dans la façon et pose de gouttière à l'anglaise*) comme sur plomb. Ensemble.........................	49	Pattes cuivre v. e.
	Cour :		
	Gouttière anglaise *comme sur Courette*.		

MÉTRÉ DE LA COUVERTURE.

NUMÉROS D'ORDRE				
	Sur entablement :			
	Glacis plâtre *idem*			
	de face...... 3.18 réduit			
	à droite...... 6.88			
	à gauche..... 6.88			
	Linéaires (**F**). 16.94 × 0.38 largeur			
33	produit surface...............................	6.44	Glacis.	
34	Papier goudronné, même surface...............	6.44	Papier.	
	Recouvrements en zinc n° 12 pour fourniture.			
	Linéaires *idem* (**F**).... 16.94			
	2 équerres × 0.20 = 0.40			
	2 têtes × 0.15 = 0.30			
	15 coulisseaux × 0.20 = 3.00			
	Ensemble......... 20.64 × 0.72 largeur			
35	produit surface...............................	14.86	Zinc n° 12.	
36	Façon, pose. Linéaires.......................	20.64	Recouvrement × 0.51.	
37	15 brisures façonnées, soudées aux coulisseaux comme angles..................................	15	Angles.	
	Bandes d'agrafe zinc n° 12 pour			
	fourniture...... 3.00			
	2 fois 6.75 = . 13.50			
38	Linéaires.... 16.50×0.10 large. produit surface	1.65	Zinc n° 12.	
39	Façon, pose; linéaires........................	16.50	Bandes d'agrafe.	
40	Plus-value de coudage, comme relief..........	16.50	1 relief.	
	Gouttières en zinc n° 14 pour fourniture.			
	Linéaires *idem* (**F**).... 16.94			
	7 croisures × 0.05 = 0.35			
	2 équerres × 0.20 = 0.40			
	2 talons × 0.15 = 0.30			
	Ensemble......... 17.99 × 0.65 développé,			
41	réduit, produit surface.......................	11.63	Zinc n° 14.	
42	Façon, pose de gouttière anglaise de 0.65 développé. Linéaires..	17.99	Gouttière anglaise × 0.65.	
43	Plus-value de façon de moulure formant couronnement *idem*. Linéaires........................	17.99	1 relief, 1 arrondi.	
44	Supports en fer forgé comme à l'accolade **A**. Ensemble.......................	37	37 fois n°s 29 à 31.	
45	Mains d'arrêt cuivre *idem*. Ensemble..........	55	Pattes cuivre v. e.	
	Brisis.			
	Ardoise neuve d'Angers, ordinaire demi-forte, fournie, posée sur volige neuve en peuplier.			
	Sur rue :			
	$\frac{23.00 \text{ et } 22.00}{2}$ × 2.42 hauteur			
	(22 pureaux de 0.11) produit......... 54.45	»		
	Moins :			
	1 souche au fond			
	de 0.32 × 0.40 produit........ 0.45	»	»	
	1 souche isolée	»	»	
	de 0.65 × 1.40 produit....... 0.91	.»	»	

NUMÉROS D'ORDRE	9 châssis de chaque » » »			

9 châssis de chaque » » »
0.65×1.13 produit 0.73...... » » »
Ensemble............ 6.57 » »
A déduire............ 7.93 »
Reste surface (**G**)......... 46.52

Pan coupé, face à la place :

$\dfrac{13.50 \text{ et } 11.25}{2} \times 2.42$ hauteur (22 pureaux)

produit........................ 29.96 »

Moins : » »

4 lucarnes de chaque . » »
1.10×2.42 hauteur, produit 2.66, » »
ensemble..................... 10.64 »
Reste surface................ 19.32

Sur avenue : »

Même surface que (**G**)................... 46.52

Courette : »

Versant de face :

$\dfrac{1.00 \text{ et } 2.20}{2} \times 2.20$ hauteur (20 pureaux) »

produit......... .... 3.52

Versant de droite : »

$\dfrac{5.50 \text{ et } 7.50}{2} \times 2.20$ hauteur produit 14.30 »

Moins : » »

1 châssis *idem que précédents*.... 0.73 »
Reste surface (**H**)............. 13.57

Versant de gauche :

Même surface que (**H**).................. 13.57

Versant du fond :

$\dfrac{3.90 \text{ et } 6.25}{2} \times 2.20$ hauteur produit 11.18 »

Moins : » »

4 châssis *idem* précédents $\times 0.73$ » »
Surface.................. 2.92 »
Reste surface................... 8.26

Cour. »

Versant de face :

$\dfrac{3.35 \text{ et } 5.60}{2} \times 2.42$ hauteur (22 pureaux) »

produit................... 10.84 »

Moins : » »

2 tuyaux de chaque 0.40×0.60 pro- » »
duit 0.24. Ensemble................ 0.48 »
Reste *surface*.................... 10.36

Versant de droite : »

$\dfrac{7.00 \text{ et } 8.00}{2} \times 2.42$ hauteur produit 18.15 »

MÉTRÉ DE LA COUVERTURE.

NUMÉROS D'ORDRE					
	Moins :		»	»	
	1 souche de 0.32 × 0.22 produit...	0.07	»	»	
	1 souche de 0.40 × 1.60 produit...	0.64	»	»	
	5 châssis *idem* précédents de chaque 0.73, surface produit..	3.65	»	»	
	A déduire.............	4.36	»		
	Reste surface...............		13.79		
	Versant de gauche :		»		
	$\frac{7.00 \text{ et } 8.00}{2} \times 2.42$ hauteur produit	18.15	»		
	Moins :		»	»	
	1 souche de 0.40×0.90 produit...	0.36	»	»	
	1 souche de 0.32 × 0.22 produit...	0.07	»	»	
	4 châssis *idem* précédents de chaque 0.73, produit	2.92	»	»	
	A déduire...............	3.35	»		
	Reste surface		14.80		
46	Ensemble surface..........		190.23	Ardoise neuve sur voligeage neuv
	Par le bas des brisis :				
	Voligeage neuf en sapin de 0.013 fourni, posé et cloué jointif.				
	Sur rue et avenue :				
	2 fois 23.00 = 46.00				
	Pan coupé.... 13.50				
	Linéaires (**I**). $\overline{59.50}$ × 0.33 hauteur, produit	19.64			
	(*Du niveau de l'entablement au doublis, voir figure 245*)...............		»		
	Courette :		»		
	(*Sous la bande de batellement seulement, voir figure 247*)...............		»		
	de face..... 1.00		»		
	à droite..... 5.50		»		
	à gauche... 5.50		»		
	au fond..... 3.90		»		
	Linéaires (**J**) $\overline{15.90}$ × 0.11 hauteur produit	1.75			
	Cour :				
	de face...... 3.35				
	à droite..... 7.00		»		
	à gauche.... 7.00				
	Linéaires (**K**) $\overline{17.35}$ × 0.11 hauteur produit.	1.91			
47	Ensemble surface..................		23.30	Voligeage sapin 0.013.
	Bandes de batellement en zinc n° 12 pour fourniture.				
	Sur rue, avenue et pan :				
	idem (**I**)............... 59.50				
	Moins 4 lucarnes de chaque 1.10 produit...................	4.40	»		
	Reste................	55.10			
	Sur courette, *idem* (**J**)...............	15.90			
	Sur cour, *idem* (**K**)...............	17.35			
	Linéaires (**L**).............	88.35			

NUMÉROS D'ORDRE			
	Plus sur rue et cour :		
	4 têtes × 0.15............ = 0.60		
	87 coulisseaux × 0.20............ = 17.40		
	8 équerres × 0.20............ = 1.60		
	Ensemble............ = 107.95		
48	× 0.20 largeur développée, produit surface.........	21.59	Zinc n° 12.
49	Façon, pose desdites bandes....................	107.95	B. d'égout.
50	Pattes d'agrafe en cuivre rouge en plus-value......	324	Pattes cuivre p. v.
	Doublis de 1 ardoise neuve.		
51	*idem* (**L**)...	88.35	Doublis, 1 ardoise neuve.
52	Parements plâtre *idem*...........................	88.35	Parement.
	Raccords.		
	Partant à droite sur rue.		
	1 rive au fond.		
53	Tranchis droits sur ardoise neuve. Linéaires.......	2.42	Tranchis droits sur ard. neuve.
54	Dévirures plâtre *idem*..........................	2.42	Dévirures.
	11 noquets droits en zinc n° 12 pour fourniture de chaque 0.30 × 0.25, produit 0.075.		
55	Ensemble............................	0.83	Zinc n° 12.
56	Façon, pose desdits............................	11	Noquets droits.
	Devant la souche :		
57	Filet plâtre sur ardoise neuve.....................	0.44	Filet sur ardoise.
	Bavette en zinc n° 12 pour fourniture 0.54 × 0.20		
58	large, produit. Surface.........................	0.11	Zinc n° 12.
59	Façon, pose ; linéaires...........................	0.54	Recouvrement × 0.20.
60	Gousset zinc..................................	1	Gousset.
61	Angles.......................................	2	Angles.
62	Pattes d'agrafe, en plus-value....................	2	Pattes cuivre p. v.
	Sur mur et souche :		
	Bandes de solins en zinc n° 12 pour fourniture (*du socle du chéneau au membron*) 0.50 + 2.95 + 0.32		
63	Ensemble = 3.70 × 0.12 large, produit surface.....	0.45	Zinc n° 12.
64	Façon, pose ; linéaires...........................	3.77	B. solins.
65	Angles.......................................	4	Angles.
66	Solins plâtre sur zinc...........................	3.77	Solins sur zinc.
	1 châssis.		
	Encadrement en faîtage, sapin de 0.080, fourni, posé, cloué.		
	2 fois 0.73 = ... 1.46		
	2 fois 0.88 = ... 1.76		
	4 onglets × 0.12 = ... 0.48		
67	Linéaires....................	3.70	Faîtage sapin de 0.080.
	Au devant :		
	Bavette en zinc n° 12 pour fourniture de 1.00 × 0.20		
68	large, produit. Surface.........................	0.20	Zinc n° 12.
69	Façon, pose ; linéaires...........................	1.00	Recouvrement × 0.20.
70	Goussets.....................................	2	Goussets.
71	Angles.......................................	2	Angles.
72	Pattes cuivre *idem* en plus-value................	3	Pattes cuivre.

MÉTRÉ DE LA COUVERTURE.

NUMÉROS D'ORDRE				
73	Dessous : Filets plâtre sur ardoise neuve....................	0.80	Filet sur ardoise.
	Sur les côtés :		
	Tranchis droits sur ardoise *idem*		
74	2 fois 1.13 = ...	2.26	Tranchis droits.
75	Dévirures *idem*...................................	2.26	Dévirures.
	Noquets droits en zinc n° 12 pour fourniture 2 fois 4 = × 8 chaque 0.075, produit.		
76	Surface.......................	0.60	Zinc n° 12.
77	Façon, pose desdits.................................	8	Noquets droits.
	Derrière :		
	Voligeage neuf en sapin de 0.013 jointif.		
78	1.00 × 0.30 hauteur, produit. Surface.............	0.30	Voligeage sapin.
79	Pente plâtre pur de 0.05 épaisseur réduite ; même surface..	0.30	Pente plâtre × 0.05.
80	Recouvrement en plomb neuf en table de 0.0025 épaisseur pour fourniture 1.00 × 0.30 largeur, produit surface 0.30 × 28^{kil},400 le mètre. Pesant...........	14^k,200	Plomb fourni.
81	Façon, pose. Pesant...............................	14^k,200	Plomb en bavette.
82	Bande de clouage zinc neuf fournie et posée........	1.00	Bandelette zinc.
83	Clouage à piston × 0.05.........................	1.00	Clouage × 0.05.
84	Doublis de 1 ardoise neuve *idem*.................	0.80	Doublis, 1 ardoise.
85	Tranchis biais 2 fois 0.15........................	0.30	Tranchis biais.
86	Parement plâtre *idem*...........................	1.10	Parement.
87	Le châssis en fer à crémaillère de 0.65 × 0.80 de baie produit linéaires 2.90 ; fourni à dormant en tôle laminée de 0.0025 épaisseur, peint et posé comme précédents (*Métré n° 4 figure 7*). Linéaires....................	2.90	Châssis fourni, peint, posé.
88	Plus-value de fourniture de crémaillère à mouvement (*dite brisée*).................................	1	Crémaillère brisée.
89	8 autres châssis semblables à celui accoladé B.....	8	8 fois n°s 67 à 88.
	Souche isolée.		
	Au devant :		
90	Filet plâtre sur ardoise *idem*....................	0.85	Filet plâtre.
91	Bavette en zinc n° 12, pour fourniture, 0.89 × 0.22 largeur, produit surface.......................	0.20	Zinc n° 12.
92	Façon, pose ; linéaires.............................	0.89	B. recouvrement × 0.22.
93	Goussets...	2	Goussets.
94	Angles...	2	Angles.
95	Pattes cuivre *idem*..............................	3	Pattes cuivre.
	Sur les côtés :		
	Tranchis droits sur ardoise neuve.		
96	2 fois 1.10 = ...	2.20	Tranchis droits.
97	Dévirures plâtre *idem*	2.20	Dévirures.
98	10 noquets droits en zinc n° 12, pour fourniture × chaque 0.075, produit. Surface.....................	0.75	Zinc n° 12.
99	Façon, pose desdits..............................	10	Noquets droits.
100	Bandes de solins en zinc n° 12, pour fourniture............. 0.65 2 fois 1.20 = ... 2.40 Linéaires........... 3.05 × 0.12 largeur, produit. Surface...	0.37	Zinc n° 12.

Nº d'ordre	Désignation		
101	Façon, pose; linéaires	3.05	B. solins.
102	Angles	4	Angles.
103	Solins plâtre sur zinc	3.05	Solins sur zinc.

Pan coupé.

104	A droite, 1 arêtier: comprenant 2 tranchis biais et plâtre dessous avec façon des approches. Linéaires	3.10	Arêtier ardoise.
	1 lucarne (*fig.* 297 à 300). Terrasson : Voligeage neuf en sapin de 0.013 fourni, posé cloué, jointif.		
105	1.30 × 1.16 produit surface	1.50	Voligeage sapin.
106	Terrasson garni en zinc nº 14 pour fourniture de 1.60 × 1.36, produit surface	2.18	Zinc nº 14.
107	Façon, pose: surface	2.18	Couverture zinc × 0.80.
	(2) (*Ce recouvrement ayant plus de 0.65 de développé est compté en surface comme couverture par feuilles de 0.80 de largeur.*)		
108	Plus-value de façon de feuilles débitées; même surface	2.18	Feuilles débitées p. v.
	Au larmier:		
109	Contre-talons zinc neuf, rapportés, soudés	2	Contre talons.
110	Pattes en cuivre rouge étamé, fournies, posées en plus-value	4	Pattes cuivre.
	Aux poteaux :		
111	Goussets zinc, rapportés, soudés	2	Goussets.
112	Angles façonnés, soudés	4	Angles.
	Au jet d'eau: Plus-value de façon de: 1 moulure courbe......... 0ʳ,15 1 relief................... 0,04		
113	Linéaires	1.00	1 relief, 1 arrondi.
114	Entailles de jouées zinc suivant profil du jet d'eau; comme angles	2	Angles.
115	Collets circulaires dégorgés sur zinc; en goussets	2	Goussets.
116	Collets *idem* soudés; comme talons	2	Talons.
117	Tube de buée en plomb fourni, compris ajustement, battage des deux collets aux extrémités, percement sur zinc, agrandissement du trou dans la pièce d'appui, pose et soudure	1	Tube de buée.
	(3) *Les bandes d'encadrement sur appui et poteaux seront comptées en même temps que celles des jouées.* 2 jouées intérieures : Jouées en zinc nº 12 pour fourniture : 2 fois 1,80 = ... 3.60		
118	× 0.55 développé réduit; produit surface	1.98	Zinc nº 12.
119	Façon pose ; comme bandes de recouvrement × 0.55 développé. Linéaires	3.60	Recouvrement × 0.51.
	Par le bas :		
120	Pattes cuivre *idem* 2 fois 4	8	Pattes cuivre.

MÉTRÉ DE LA COUVERTURE.

NUMÉROS D'ORDRE			
	Les bandes d'encadrement en zinc n° 12 pour fourniture,		
	(ab) 2 fois 1.80 = ... 3.60		
	(bc) 2 fois 0.15 = ... 0.30		
	(cd) 2 fois 0.14 = ... 0.28		
	(de) 2 fois 0.06 = ... 0.12		
	(ef) 1 fois................................. 1.00		
	Linéaires................. 5.30		
121	× 0.07 large, produit surface......................	0.37	Zinc n° 12.
122	Façon, pose, linéaires...........................	5.30	B. solins.
123	Angles idem : 2 fois 4..........................	8	Angles.
124	Clouage à piston espacé de 0.05. Linéaires.........	5.30	Clouage × 0.05.
	En raccord de brisis :		
	Tranchis droits sur ardoise neuve		
125	2 fois 2.42 = ...	4.84	Tranchis droits.
126	Dévirures plâtre idem............................	4.84	Dévirures.
	Noquets droits en zinc n° 12 pour fourniture,		
	2 fois 9 = ... 18		
	de chaque 0.30 × 0.25 produit surface....... 0.075		
127	Ensemble..	1.35	Zinc n° 12.
128	Façon, pose desdits...............................	18	Noquets.
	Plus :		
	Noquets zinc idem pour fourniture		
	2 de chaque 0.23 × 0.25 produit............. 0.06		
129	Ensemble..	0.12	Zinc n° 12.
130	Façon, pose desdits...............................	2	Noquets.
	Plus-value de noquets zinc, façonnés suivant moulures de la capucine compris coupes et soudures......		
131		2	Noquets moulurés p. v.
	En rives :		
	Tasseaux neufs en sapin de 0.055 fournis, posés, cloués.		
132	2 fois 2.26............................	4.52	Tasseaux de 55.
	Couvrejoints zinc idem, pour fourniture :		
	Linéaires................................ 4.52		
	Plus :		
	Croisures 2 × 0.05 = ... 0.10		
	Ensemble..................... 4.62		
133	× 0.10 large, produit surface......................	0.46	Zinc n° 12.
134	Façon, pose, linéaires............................	4.62	Couvrejoints.
135	Talons zinc rapportés, soudés.....................	2	Talons.
136	Têtes zinc idem.................................	2	Têtes.
137	Plus-value de brisures façonnées, soudées sur ces dernières..	2	Angles.
	Vis fer et rondelles plomb, fournies, posées.		
138	2 fois 5 = ...	10	Vis et rondelles.
	Dessus de lucarne :		
	Voligeage neuf, sapin de 0.013, fourni, posé, cloué, jointif sur versant.		
139	1.60 × 0.11 produit surface......................	0.18	Voligeage sapin.
	Bandes d'agrafe en zinc n° 12 pour fourniture :		
	1 fois................................. 1.55		
	2 fois 0.17 = ... 0.34		
	Linéaires................... 1.89		
140	× 0.10 large, produit surface......................	0.19	Zinc n° 12.

Sciences générales.

COUVERTURE ET PLOMBERIE.

NUMÉROS D'ORDRE			
141	Façon, pose ; linéaires............................	1.89	B. d'agrafe.
	Recouvrement en zinc *idem* pour fourniture.		
	Linéaires................. 1.64		
142	× 0.43 large ; produit surface.....................	0.71	Zinc n° 12.
143	Façon, pose ; linéaires..........................	1.64	Recouvrement × 0.43.
144	Onglets façonnés, soudés........................	2	Angles.
145	Goussets rapportés, soudés......................	2	Goussets.
146	2 autres lucarnes semblables à celle accoladée (D)..	2	2 fois 105 à 145.
	A gauche :		
147	Arêtier ardoise *idem*...........................	3.10	Arêtier ardoise.
	Brisis sur **Avenue.**		
	Comprenant châssis, souches et rive comme sur rue :		
148	A reprendre 1 fois l'accolade (**C**)................	1	1 fois 53 à 103.
	Courette.		
	Versant de face :		
	1 noue à droite.		
	Voligeage neuf en sapin de 0.013 jointif.		
149	2 fois 2.75 = 5.50 × 0.22 large, produit surface....	1.21	Voligeage sapin.
	Noue en zinc n° 12 pour fourniture.		
150	2.95 × 0.50 large, produit surface............	1.48	Zinc n° 12.
	Façon, pose, comme couverture zinc, par feuilles		Couverture zinc feuilles 0.50
151	de 0.50 (*type C*) surface........................	1.48	type c.
152	Gousset *idem*.................................	1	Gousset.
153	Brisure *idem*.................................	1	Angle.
	Sur côtés :		
	Tranchis biais sur ardoise neuve.		
154	2 fois 2.75 = ...	5.50	Tranchis biais.
155	Parements plâtre *idem*........................	5.50	Parements.
	A gauche :		
156	1 noue ; comme celle accoladée (**E**)..............	1	1 fois 149 à 155.
	Versant de droite :		
	1 châssis en fer à tabatière de 0.65 × 0.80 comme		
157	celui accoladé (**B**)............................	1	1 fois 67 à 88.
	Versant de gauche :		
158	1 châssis comme celui accoladé (**B**)..............	1	1 fois 67 à 88.
	Versant du fond :		
	1 noue à gauche.		
	Voligeage neuf en sapin *idem*.		
159	2 fois 2.90 = 5.80 × 0.22 large ; produit surface.	1.28	Voligeage sapin.
	Noue en zinc n° 12 pour fourniture.		
160	3.10 × 0.50 large, produit surface................	1.55	Zinc n° 12.
161	Façon, pose, comme couverture (*type C*)..........	1.55	Couverture zinc × 0.50 (c)
162	Gousset......................................	1	Goussets.
163	Brisure *idem*.................................	1	Angle.
	Sur côtés :		
	Tranchis biais sur ardoise neuve.		
164	2 fois 2.90..................................	5.80	Tranchis biais.
165	Parements plâtre, *idem*........................	5.80	Parements.

NUMÉROS D'ORDRE			
166	4 châssis semblables à celui accoladé (**B**)............	4	4 fois 67 à 88.
	(4) *Deux de ces châssis sont figurés au plan en pénétration dans les noues, mais dans la pratique on doit rechercher le moyen de les reporter dans la couverture, pour ne pas faire obstacle à l'écoulement des eaux dont les noues sont les principales conductrices.*		
	Cour.		
	Versant de droite :		
	1 rive au fond :		
167	Tranchis droits sur ardoise neuve ; linéaires........	2.42	Tranchis droits.
168	Dévirures plâtre *idem*......................	2.42	Dévirures.
	Noquets droits en zinc *idem* pour fourniture = 11 de chaque 0.30 × 0.25 produit............. 0.075		
169	Ensemble...........................	0.83	Zinc n° 12.
170	Façon, pose desdits......................	11	Noquets.
	Devant la souche :		
171	Filets plâtre sur ardoise neuve...................	0.44	Filets plâtre.
172	Bavette en zinc *idem* pour fourniture = 0.54 × 0.20 large, produit surface.....................	0.11	Zinc n° 12.
173	Façon, pose ; linéaires.....................	0.54	Recouvrement × 0.20.
174	Gousset zinc, rapporté, soudé................	1	Gousset.
175	Angles façonnés, soudés....................	2	Angles.
176	Pattes d'agrafe cuivre, en plus-value...............	2.	Pattes cuivre.
	Sur mur et souche :		
	Bandes de solins en zinc *idem* pour fourniture.		
	1 fois........................ 0.50		
	1 fois........................ 2.95		
	1 fois........................ 0.32		
	Linéaires............... 3.77		
177	× 0.12 large, produit surface.....................	0.45	Zinc n° 12.
178	Façon, pose............................	3.77	B. solins.
179	Angles...............................	4	Angles.
180	Solins en plâtre sur zinc.....................	3.77	Solins sur zinc.
	A la suite :		
181	3 châssis semblables à celui accoladé (**B**).	3	3 fois 67 à 88.
	1 Souche.		
	Au devant :		
182	Filet plâtre sur ardoise neuve...................	0.40	Filet plâtre.
183	Bavette en zinc n° 12 pour fourniture = 0.65 × 0.23 large, produit surface.....................	0.15	Zinc n° 12.
184	Façon, pose ; linéaires.....................	0.65	Recouvrement × 0.23.
185	Pattes d'agrafe cuivre *idem*...................	3	Pattes cuivre.
186	Goussets............................	2	Goussets.
187	Angles...............................	2	Angles.
	Sur côtés :		
	Tranchis droits sur ardoise neuve.		
188	2 fois 1.40	2.80	Tranchis droits.
189	Dévirures plâtre *idem*.....................	2.80	Dévirures.
	Noquets droits zinc *idem* pour fourniture. 2 fois 6 = ... 12		
190	de chaque 0.075 superficiel, produit...............	0.90	Zinc n° 12.

COUVERTURE ET PLOMBERIE.

NUMÉROS D'ORDRE				
191	Façon, pose desdits............................ Bandes de solins en zinc n° 12 pour fourniture :		12	Noquets.
	1 fois............................. 0.44			
	2 fois 1.60 = ... 3.20			
	Linéaires.................	3.64		
192	× 0.12 large, produit surface......................		0.44	Zinc n° 12.
193	Façon, pose ; linéaires..........................		3.64	B. solins.
194	Angles *idem*.................................		4	Angles.
195	Solins plâtre sur zinc...........................		3.64	Solins sur zinc.
	A la suite :			
196	2 châssis semblables à celui accolade (**B**)..........		2	2 fois 67 à 88.
	(*Pour le dernier, même observation que celle n° 4.*)			
	Versant de face.			
	2 Ventilateurs.			
	Détail d'un :			
	Voligeage neuf sapin *idem*.			
197	0.40 × 0.60 produit........................		0.24	Voligeage sapin.
	Recouvrement zinc n° 12 pour fourniture.			
	Linéaires.................	0.55		
198	× 0.65 développé, produit surface................		0.36	Zinc n° 12.
199	Façon, pose...............................		0.55	Recouvrement × 0.51.
200	Angles *idem*..................................		2	Angles.
	Au devant :			
201	Filet plâtre sur ardoise neuve.....................		0.55	Filets plâtre.
202	Pattes d'agrafe cuivre *idem*.......................		3	Pattes cuivre.
	Sur côtés :			
	Tranchis droits sur ardoise neuve.			
203	2 fois 0.55.................................		1.10	Tranchis droits.
	Au dessus :			
204	Doublis de 1 ardoise neuve *idem*.................		0.40	Doublis 1 ardoise.
	Parements plâtre : 2 fois 0.55 = ... 1.10			
	1 fois................... 0.40			
205	Ensemble..................... 1.50		1.50	Parements.
	Pour ventilateur :			
	Tuyau zinc n° 12 pour fourniture........... 2.00			
	Manchon............................... 0.80			
	1 embranchement façonné, soudé sur recou-			
	vrement zinc pour...................... 0.40			
	2 bagues de 0.10....................... 0.20			
	Plus-value desdites			
	2 × 0.20 courant = ... 0.40			
	Linéaires.................	3.80		
206	× 0.80 développé (0.25 diamètre) produit surface....		3.04	Zinc n° 12.
207	Façon, pose ; linéaires..........................		3.80	Tuyau zinc de 0.08.
	Pattes d'agrafe cuivre fournies, soudées sur manchon			
208	en zinc.....................................		4	Pattes cuivre.
	Percement circulaire sur voligeage de 0.26 de dia-			
209	mètre.......................................		1	Percement sur volige.

MÉTRÉ DE LA COUVERTURE.

N° d'ordre			
210	1 autre ventilateur semblable à celui accoladé (**G**)..	1	1 fois 197 à 209.
	A droite et à gauche :		
	2 noues.		
	Détail d'une :		
	Voligeage neuf sapin *idem*.		
	2 fois 3.10 = ... 6.20		
211	× 0.22 large, produit surface............	1.36	Voligeage sapin.
	Noue zinc n° 12 pour fourniture = ... 3.30		
212	× 0.50 large, produit surface............	1.65	Zinc n° 12.
213	Façon, pose, comme *idem*................	1.65	Couverture zinc × 0.50.
214	Gousset................................	1	Gousset.
215	Brisure................................	1	Angle.
	Sur côtés :		
	Tranchis biais sur ardoise neuve.		
216	2 fois 3.10.........................	6.20	Tranchis biais.
217	Parements plâtre *idem*.................	6.20	Parements.
218	1 autre noue comme celle accoladée (**H**).........	1	1 fois 211 à 217.
	Versant de gauche :		
219	1 châssis comme celui accoladé (**B**).............	1	1 fois 67 à 88.
	1 souche isolée.		
	Au devant :		
220	Filet plâtre sur ardoise neuve.................	0.40	Filet plâtre.
	Bavette en zinc n° 12, pour fourniture.		
	Linéaires................ 0.65		
221	× 0.23 large, produit surface................	0.15	Zinc n° 12.
222	Façon, pose...........................	0.65	Recouvrement × 0.23.
223	Goussets..............................	2	Goussets.
224	Angles................................	2	Angles
225	Pattes cuivre *idem*......................	3	Pattes cuivre.
	Sur côtés :		
	Tranchis droits sur ardoise neuve.		
226	2 fois 0.70	1.40	Tranchis droits.
227	Dévirures *idem*........................	1.40	Dévirures.
	Noquets droits zinc *idem*, pour fourniture.		
	2 fois 3 = ... 6		
228	de chaque 0.075 superficiel, produit............	0.45	Zinc n° 12.
229	Façon, pose desdits.....................	6	Noquets.
	Bandes de solins en zinc n° 12 pour fourniture.		
	1 fois............................ 0.45		
	2 fois 0.80 = ... 1.60		
	Linéaires................. 2.05		
230	× 0.12 large, produit surface................	0.25	Zinc n° 12.
231	Façon, pose ; linéaires...................	2.05	B. solins.
232	Angles................................	4	Angles.
233	Solins plâtre sur zinc.....................	2.05	Solins sur zinc.
	A la suite :		
234	3 châssis semblables à celui accoladé (**B**)........	3	3 fois 67 à 88.
235	1 rive et souche au fond ; à reprendre 1 fois l'accolade (**I**)................................	1	1 fois 167 à 180.

N° d'ordre				
	Couronnements de brisis.			
	Sur rue, place et avenue.			
	Membrons.			
	Voligeage neuf en sapin de 0.013 épaisseur, fourni, posé, cloué, jointif.			
	Rue......................... 22.00			
	Place........................ 11.25			
	Avenue....................... 22.00			
	Linéaires. Ensemble.... 55.25			
	Moins souches :			
	2 fois 0.35 = ... 0.70 »			
	2 fois 0.65 = ... 1.30 »			
	A déduire ensemble...... 2.00 2.00			
	Reste linéaires (**M**)............... 53.25			
	× 0.22 hauteur, produit surface........... 11.71			
	Pour double épaisseur :			
	Même surface........................ 11.71			
236	Ensemble............... 23.42	23.42	Voligeage sapin.	
	Membrons en sapin de 0.14 × 0.12 à arrondi de 0.15 développé, fournis, posés, cloués (non assemblés).			
	Mêmes linéaires que (**M**)................ 53.25			
	Plus :			
	6 amortissements × 0.05 courant........ 0.30			
	2 coupes et ajustements d'onglets			
	× 0.12 courant............................ 0.24			
237	Ensemble............... 53.79	53.79	Membron sapin de 0.14×0.12 à arrondi de 0.15.	
	Recouvrements de membrons en zinc n° 12, pour fourniture.			
	Mêmes linéaires que (**M**)................. 53.25			
	Plus :			
	Coulisseaux (par 1 mètre) :			
	Sur rue......................... 21			
	Sur place........................ 11			
	Sur avenue..................... 21			
	Ensemble........... 53			
	× 0.20 courant, produit..................... 10.60			
	Têtes ; ensemble................ 6			
	× 0.15 courant, produit..................... 0.90			
	Équerres...................... 2			
	× 0.20 *courant*, produit.................... 0.40			
	Ensemble. Linéaires................. 65.15			
238	× 0.40 développé, produit surface..............	26.06	Zinc n° 12.	
239	Façon, pose de membrons zinc, comme recouvrements de 0.40 développé. Linéaires.................	61.15	Recouvrement × 0.40.	
240	Plus-value de 1/10 façon par bouts de 1 mètre × 53.25 = ...	5.32	Recouvrement × 0.40.	
	Plus-value de façon de moulures sur zinc.			

MÉTRÉ DE LA COUVERTURE.

NUMÉROS D'ORDRE				
	Comprenant :			
	1 *ourlet à*........................	$0^f,10 = 0^f,10$		
	4 *arêtes comme reliefs à*.......	$0 ,04 = 0 ,16$		
	2 *courbes à*....................	$0 ,15 = 0 ,30$		
	Ensemble...............	$0^f,56$		
241	Soit, linéaires..........................		65.15	1 ourlet 4 reliefs courbes. 2 courbes.
242	Brisures façonnées, soudées aux coulisseaux; 53 fois 2 =		106	Angles.
243	Pattes d'agrafe cuivre rouge, fournies, posées en plus-value. Ensemble........................		172	Pattes cuivre.
	Au-dessous du membron : Bavettes de filets en plomb neuf de 0.0015 épaisseur, pour fourniture.			
	Mêmes linéaires que (**M**)................	53.25		
	Plus :			
	Têtes...........................	6		
	× 0.15 courant....................		0.90	
	Équerres.......................	2		
	× 0.20 courant....................		0.40	
	(5) *Ces deux dernières évaluations de longueurs ne sont pas prévues en série, mais correspondent aux dimensions effectives des bandes, aux emplacements désignés.*			
	Croisures ; ensemble...............	13		
	× 0.10, produit.......................		1.30	
	Linéaires. Ensemble............	55.85		
	× 0.16 large, produit surface 8.94 × 17 kilos le mètre superficiel :			
244	Pesant...........................		$151^k 980$	Plomb fourni.
245	Façon, pose de plomb en bavette. Pesant..........		151.980	Bavette plomb.
	Angles façonnés, emboutis sur plomb:			
	Aux abouts........................	6		
	Aux arêtiers ; 2 fois 2 = ...	4		
246	Ensemble.............	10	10	Angles sur plomb.
247	Bandes de clouage en zinc neuf, fournies, posées ; mêmes linéaires que (**M**)...................		53.25	Bandelette zinc.
248	Clouage à piston, espacé de 0.05. Linéaires............		53.25	Clouage × 0.05.
	Filets en plâtre sur ardoise neuve ; mêmes linéaires que (**N**)..........................	53.25		
	Moins :			
	Lucarnes.........................	3		
	de chaque 1.60, produit.................		4.80	
249	Reste, linéaires............	48.45	48.45	Filets plâtre.

Sur **Courette**.

Banquette comme à la figure 31 (*mais à pince d'agrafe en tête, au lieu de relief et liteaux*).
Voligeage neuf en sapin *idem*.

NUMÉROS D'ORDRE				
	De face.................... 2.20			
	A droite................... 7.50			
	A gauche.................. 7.50			
	Au fond................... 6.25			
	Linéaires (**N**)..... 23.45			
	× 0.22 hauteur, produit surface...........	5.16		
	Pour double épaisseur :			
	Même surface..........................	5.16		
250	Ensemble...............	10.32	10.32	Voligeage sapin.
	Recouvrements en zinc n° 12, pour fourniture.			
	Mêmes linéaires que (**N**)................	23.45		
	Plus :			
	Coulisseaux *idem* :			
	De face........................... 3			
	A droite.......................... 8			
	A gauche......................... 8			
	Au fond.......................... 7			
	Ensemble........... 26			
	× 0.20 courant, produit..................	5.20		
	Equerres...................... 4			
	× 0.20 courant, produit.	0.80		
	Linéaires.................	29.45		
251	× 0.40 développé, produit surface....../...........		11.78	Zinc n° 12.
252	Façon, pose ; linéaires....................		29.45	Recouvrement × 0.40.
253	Plus-value de 1/10, façon, par bouts de 1 mètre...		2.34	Recouvrement × 0.40.
	Brisures façonnées, soudées aux coulisseaux :			
254	26 fois 2 = ...		52	Angles.
255	Pattes cuivre *idem* ; ensemble.................		74	Pattes cuivre.
	Au dessous :			
	Bavettes de filets en plomb neuf de 0.0015, épaisseur pour fourniture.			
	Mêmes linéaires que (**O**).......... 23.85			
	Plus :			
	Croisures.................. 5			
	× 0.10 produit............. 0.50			
	Linéaires....... 24.35			
	× 0.16 large, produit surface..............	3.90		
256	× 17 kilos le mètre superficiel : Pesant............		66k 300	Plomb fourni.
257	Façon, pose ; Pesant......................		66k 300	Bavette plomb.
	Amortissements façonnés *idem*, sur plomb, compris coupes biaises, au droit des noues.			
258	4 fois 2 =		8	Angles sur plomb.
	Filets en plâtre sur ardoise neuve.			
	De face........................... 1.80			
	A droite.......................... 7.10			
	A gauche......................... 7.10			
	Au fond.......................... 7.85			
259	Linéaires (**O**)............	23.85	23.85	Filets plâtre.

Sur **Cour.**

Banquette comme sur courette.

MÉTRÉ DE LA COUVERTURE.

NUMÉROS D'ORDRE				
	Voligeage neuf sapin *idem*.			
	A droite........................	8.00		
	De face........................	5.60		
	A gauche.......................	8.00		
	Linéaires......	21.60		
	Moins souches............. 4			
	de chaque 0.38 réduit = ...	1.52		
	Reste..........	20.08		
	$\times$ 0.22 hauteur, produit surface...........	4.42		
	Pour double épaisseur :			
	Même surface........................	4.42		
260	Ensemble.............	8.84	8.84	Voligeage sapin.
	Recouvrements en zinc n° 12, pour fourniture.			
	Linéaires...........................	20.08		
	Plus :			
	Coulisseaux : A droite............. 6			
	De face............. 5			
	A gauche............. 6			
	Ensemble.......... 17			
	$\times$ 0.20 courant, produit....................	3.40		
	Têtes............................. 6			
	$\times$ 0.15 courant, produit..................	0.90		
	Équerres....................... 2			
	$\times$ 0.20 courant, produit................	0.40		
	Linéaires, ensemble.......	24.78		
261	$\times$ 0.40 développé, produit surface..............		9.91	Zinc n° 12.
262	Façon, pose desdites bandes ; linéaires............		24.78	Recouvrement $\times$ 0.40.
263	Plus-value de 1/10 pour façon, par bouts de 1 mètre.		2.01	Recouvrement $\times$ 0.40.
264	Brisures façonnées, soudées aux coulisseaux.......		34	Angles.
265	Pattes cuivre *idem*, ensemble.....................		60	Pattes cuivre.
	Aux abouts :			
266	Goussets de brisures, en zinc, rapportés et soudés.		6	Goussets.
	Au dessous :			
	Bavettes de filets en plomb neuf de 0.0015 épaisseur, pour fourniture.			
	A droite : 4.50, 2.60..............	7.10		
	De face........................	5.00		
	A gauche.......................	7.10		
	Linéaires (**P**).....	19.20		
	Plus :			
	Têtes.................... 6			
	$\times$ 0.15 courant................	0.90		
	Croisures................ 4			
	$\times$ 0.10 produit...............	0.40		
	Linéaires, ensemble...	20.50		
	$\times$ 0.16 large, produit surface................	3.28		
267	$\times$ 17 kilos le mètre superficiel : Pesant............		55ᵏ760	Plomb fourni.
268	Façon, pose de plomb en bavette : Pesant..........		55ᵏ760	Bavette plomb.
269	Angles façonnés, emboutis sur plomb aux abouts...		6	Angles sur plomb.

NUMÉROS D'ORDRE			
	Amortissements façonnés sur plomb, compris coupes biaises au droit des noues.		
270	2 fois 2 = ...	4	Angles sur plomb.
	Bandelettes de clouage en zinc, fournies, posées....		
271	Linéaires *idem* que (**P**)............	19.20	Bandelettes en zinc.
272	Clouage à piston espacé de 0.05; linéaires.........	19.20	Clouage × 0.05.
	Filets plâtre sur ardoise neuve.		
273	Linéaires *idem* que (**P**)........................	19.20	Filets plâtre.

Terrassons de combles.

Voligeage neuf en sapin de 0.013, fourni, posé, cloué jointif.

(*Suivant plan figure n° 301.*)

Versant sur rue :

$$\frac{22.00 \text{ et } 20.30}{2} = \ldots\ldots\ldots\ldots \quad 21.15$$

× 3.35 hauteur, produit surface (**Q**)........ 70.85

Versant face place :

$$\frac{11.25 \text{ et } 6.00}{2} = \ldots\ldots\ldots\ldots \quad 8.63$$

× 2.60 hauteur, produit................... 22.44

Versant sur avenue :

Même surface que sur rue (**Q**)............ 70.85

Courette :

Versant de face :

$$\frac{2.20 \text{ et } 6.00}{2} = \ldots\ldots\ldots\ldots \quad 4.10$$

× 1.30 hauteur, produit................... 5.33

Versant de droite :

$$\frac{7.50 \text{ et } 9.60}{2} = \ldots\ldots\ldots\ldots \quad 8.55$$

× 2.10 hauteur, produit (**R**)............... 17.96

Versant de gauche :

Même surface que (**R**).................... 17.96

Versant du fond :

$$\frac{6.25 \text{ et } 11.00}{2} = \ldots\ldots\ldots\ldots \quad 8.63$$

× 1.30 hauteur, produit 11.22

Sur cour. »

Versant de droite :

$$\frac{8.00 \text{ et } 10.70}{2} = \ldots\ldots\ldots\ldots \quad 9.35 \quad »$$

× 3.60 hauteur, produit (**S**)............... 33.66

Versant de face : »

$$\frac{5.60 \text{ et } 11.00}{2} = \ldots\ldots\ldots\ldots \quad 8.30 \quad »$$

× 3.60 hauteur, produit................... 29.88

Versant de gauche : »

Même surface que (**S**).................... 33.66

Ensemble..................... 313.81

NUMÉROS D'ORDRE						
	Report....................		313.81			
	Moins :					
	Versant sur rue :					
	1re souche au fond de 0.35 × 1.15 produit..........		0.40	»	»	
	2e souche isolée de 0.35 × 2.70 produit..... 0.95					
	1 excédent de 0.25 × 0.20 produit..... 0.05	1.00	»	»		
	3e souche isolée de 0.40 × 2.10 produit..... 0.84					
	1 excédent de 0.30 × 0.75 produit..... 0.22	1.06	»	»		
	Pour versant sur rue (**T**); ensemble.................	2.46	2.46	»		
	Versant sur avenue :					
	Mêmes déductions que sur rue (**T**)...		2.46	»		
	Sur courette :					
	Versant de face :					
	1 souche de 0.70 × 0.30 produit.	0.21	»	»		
	Versant de droite :					
	1 souche de 0.35 × 1.90 produit.	0.66	»	»		
	1 châssis de 0.66 × 0.86 produit.	0.56	»	»		
	2e souche de 0.40 × 1.05 produit.......... 0.42					
	1 excédent de 0.75 × 0.40 produit..... 0.30	0.72	»	»		
	Versant de gauche :					
	Mêmes déductions que pour le versant de droite.........	1.94	»	»		
	Pour courette, ensemble.....	4.09	4.09	»		
	Sur cour :					
	Versant de droite :					
	1re souche adossée au fond de 0.35 × 1.50 produit.......	0.52	»	»		
	1 châssis *idem*, précédent...	0.56	»	»		
	2e souche isolée de 0.40 × 1.50 produit.................	0.60	»	»		
	1 châssis *idem*, précédent....	0.56	»	»		
	Versant de face :					
	1 châssis de 0.71 × 0.46 produit.	0.32	»	»		
	1 châssis de 0.56 × 0.61 produit.	0.34	»	»		
	1 châssis de 0.51 × 0.61 produit.	0.31	»	»		
	Versant de gauche :					
	Mêmes déductions que pour le versant de droite.........	2.24	»	»		
	Pour cour ; ensemble........	5.48	5.48	»		
	Ensemble à déduire............		14.49	14.49		
274	Reste surface			299.32	299.32	Voligeage sapin.

NUMÉROS D'ORDRE					
	Faîtages en sapin de 0.080 fournis, posés, cloués :				
	2 fois 20.30..........................	40.60			
	1 fois............................	6.00			
	1 fois............................	11.00			
	Arêtiers *idem*......................	»			
	2 fois 3.85 = ...	7.70			
275	Linéaires.......................	65.30	65.30	Faîtages bois de 0.080.
	Tasseaux neufs en sapin de 0.040, fournis, posés, cloués :				
	Versant sur rue				
	(*partant du fond*) :				
	1 fois..........................	2.20			
	7 fois 3.30.....................	23.10			
	1 fois..........................	2.75			
	13 fois 3.30....................	42.90			
	1.25, 0.35 = ...	1.60			
	1 fois..........................	3.00			
	1 fois..........................	3.30			
	2 fois 1.10 réduit...............	2.20			
	Ensemble sur rue..........	81.05	81.05		
	Versant sur place :				
	3 fois 1.00 réduit................	3.00			
	8 fois 2.55.....................	20.40			
	3 fois 1.00 réduit................	3.00	26.40		
	Versant sur avenue :				
	Mêmes linéaires que sur rue.............	81.05			
	Sur courette :				
	Versant de face :				
	2 fois 1.15...............	2.30			
	4 fois 0.70 réduit.........	2.80	5.10	»	
	Versant de droite :				
	Devant la souche (partant côté de face).				
	2 fois 0.55...............	1.10	»	»	
	Au dessus :				
	2 fois 0.60...............	1.20	»	»	
	A la suite :				
	1 fois....................	1.85	»	»	
	Devant le châssis..........	1.00	»	»	
	A la suite................	1.85	»	»	
	A la souche :				
	Devant : 2 fois 0.50........	1.00	»	»	
	Au dessus : 2 fois 0.60.....	1.20	»	»	
	A la suite :				
	1 fois....................	1.85	»	»	
	2 fois 1.30 réduit...........	2.60	»	»	
	Soit pour versant de droite (U)	13.65	13.65	»	
	A *reporter*.............		18.75	188.50	

MÉTRÉ DE LA COUVERTURE.

N° D'ORDRE					
	Report..............		18.75	188.50	
	Versant de gauche :				
	Linéaires *idem* que sur celui de droite (**U**).....................		13.65	»	
	Versant du fond :				
	6 fois 1.15 (*milieu*)........	6.90		»	
	7 fois 0.70 réduit (*côtés*)....	4.20	11.10	»	
	Ensemble sur courette........		43.50	43.50	
	Sur cour :				
	Versant de droite (*partant du fond*).				
	1 fois.....................	2.05			
	5 fois 3.45................	17.25			
	Au-dessus de la souche....	1.75			
	A la suite :				
	3 fois 3.45................	10.35			
	1 fois.....................	2.75			
	1 fois.....................	0.75			
	1 fois.....................	0.35	35.25	»	
	Versant de face :				
	A la suite :				
	3 fois 2.00 réduit..........	6.00			
	1 fois.....................	3.45			
	1 fois.....................	2.65			
	3 fois 3.45................	10.35			
	Devant châssis............	0.35			
	Au dessus :				
	2 fois 2.20................	4.40			
	A la suite :				
	2 fois 1.25 réduit..........	2.50	29.70	»	
	Versant de gauche :				
	3 fois 1.80 réduit..........	5.40			
	3 fois 3.45................	10.35			
	Au-dessus de la souche....	2.00			
	A la suite :				
	5 fois 3.45................	17.25			
	1 fois.....................	2.05	37.05	»	
	Ensemble sur cour.............		102.00	102.00	
276	Linéaires...................			334.00 334.00	Tasseaux de 0.040.
	La couverture en zinc n° 12 pour fourniture.				
	Versant sur rue				
	(*partant du fond*) :				
	1 fois 0.80 × 3.53 hauteur, produit.		2.82		
	Moins 1 souche de (*net*)				
	0.35 × 1.40 produit.............		0.49		
	Reste surface..............		2.33	2.33	
	A la suite :				
	7 fois 0.80 = 5.60 × 3.53 hauteur, produit.....................		19.77		
	A *reporter*...............		19.77	2.33	

AA

NUMÉROS D'ORDRE				
	Report............		19.77	2.33
	Moins 1 souche de (net)			
	0.15 × 2.60 produit..............		0.39	
	Reste surface.............		19.38	19.38
	A la suite :			
	16 fois 0.80 × 3.53 hauteur, produit.		45.18	
	Moins 1 souche de (net)			
	0.20 × 1.90 produit.......	0.38		
	0.30 × 0.55 produit.......	0.16	0.54	
AA	Reste surface.............		44.64	44.64
	En écoinçon :			
	Par le bas : 2 fois 0.80.......	1.60		
	1 fois...........	0.20		
	Ensemble.........	1.80 × 3.40 / 2		
	Hauteur, produit.........................			3.06
	Versant face place :			
	Par le bas :			
	2 fois 0.20............	0.40		
	13 fois 0.80............	10.40	10.80	
	Par le haut :			
	2 fois 0.10	0.20		
	7 fois 0.80	5.60	5.80	
	Soit :			
	10.80 et 5.80 / 2 = ...		8.30	
	× 2.78 hauteur, produit..................			23.07
	Versant sur avenue :			
	Même surface que versant sur rue accoladé (**AA**)..................................			69.41
	Sur courette :			
	Versant de face :			
	2 noues de chaque			
	0.50 × 2.15 hauteur produit			
	Ensemble.....................			2.15
	Versant :			
	Par le bas :			
	1 fois................	0.80		
	2 fois 0.23...........	0.46	1.26	
	Par le haut :			
	2 fois 0.45............	0.90		
	5 fois 0.80...........	4.00	4.90	
	Soit :			
	1.26 et 4.90 / 2 = ...		3.08	
	× 1.15 hauteur, produit....		3.54	
	Moins 1 souche de (net)			
	0.20 × 0.60 produit......		0.12	
	Reste surface.......		3.42	3.42
	A reporter...............			167.46

MÉTRÉ DE LA COUVERTURE.

NUMÉROS D'ORDRE			
	Report........................	167.46	
	Versant de droite.		
	Première souche (*côté de la face*).		
	Par le bas :		
	2.30 réduit × 0.80 hauteur produit 1.04		
	Moins 1 souche de (*net*)		
	1 fois 0.20 × 0.95 = 0.19.....		
	1 fois 0.20 × 0.55 = 0.11.....} 0.30		
	Reste surface............ 0.74	0.74	
	Derrière :		
	2.28 × 0.53 produit..................	1.21	
	Au dessus :		
	2 fois 0.80 = ... 1.60		
	1 fois (réduit) 0.70		
	Ensemble................ 2.30		
	× 0.70 hauteur, produit..................	1.61	
	A la suite :		
	2 fois 0.80 × 2.03 hauteur, produit 3.26		
BB	Moins 1 châssis de (*net*) »		
	0.46 × 0.66 produit............ 0.30		
	Reste surface............ 2.96	2.96	
	Deuxième souche.		
	Par le bas du versant :		
	3 fois 0.80 = 2.40 × 0.80 hauteur,		
	produit........................ 1.92		
	Moins 1 souche de (*net*)		
	0.15 × 1.70 produit............ 0.25		
	Reste surface............ 1.67	1.67	
	Derrière :		
	2.58 × 0.53 produit..................	1.37	
	Au dessus :		
	3 fois 0.80 = 2.40 × 0.70 hauteur, produit.	1.68	
	Écoinçon à la suite :		
	Par le bas : 1 fois............ 0.80		
	Par le haut : 3 fois 0.80........ 2.40		
	Soit :		
	$\frac{0.80 \text{ et } 2.40}{2}$ = 1.60 × 2.03 hauteur, produit	3.25	
	Versant de gauche :		
	Même surface que celui de droite, acco-		
	ladé (**BB**)..................	14.49	
	Versant du fond :		
	2 noues de chaque		
	0.50 × 2.55 hauteur, produit.... 1.28		
	Ensemble................	2.56	
	A reporter..................	199.00	

NUMÉROS D'ORDRE		
	Report.................... 199.00	
	Versant :	
	Par le bas :	
	5 fois 0.80.......... 4.00 ⎱	
	2 fois 0.68.......... 1.36 ⎰ 5.36	
	Par le haut :	
	11 fois 0.80.......... 8.80 ⎱	
	2 fois 0.48.......... 0.96 ⎰ 9.76	
	Soit :	
	$\dfrac{5.36 \text{ et } 9.76}{2} =$ 7.56	
	× 1.15 hauteur produit.............	8.69
	Sur cour :	
	Versant de droite	
	(partant du fond) :	
	1 fois 0.80 × 3.62 hauteur produit. 2.90	
	Moins 1 souche de *(net)*	
	0.35 × 1.45 produit............ 0.50	
	Reste surface.......... 2.40	2.40
	A la suite :	
	Par le bas :	
	8 fois 0.80.......... 6.40 ⎱	
	1 fois................ 0.32 ⎰ 6.72	
	Par le haut :	
	11 fois 0.80.......... 8.80 ⎱	
	1 fois................ 0.32 ⎰ 9.12	
	Soit : $\dfrac{6.72 \text{ et } 9.12}{2} = 7.92$	
	× 3.62 hauteur, produit.......... 28.67	»
	Moins :	
	1 souche de *(net)*	
	0.20 × 1.45 produit....... 0.29	
	2 châssis de chaque *(net)*	
	0.46 × 0.66 produit 0.30	
	Ensemble.......... 0.60	
	A déduire.......... 0.89	0.89
	Reste surface.......... 27.78	27.78
	Versant de face :	
	1 noue de 0.50 × 4.64 hauteur, produit....	2.32
	Écoinçon de droite :	
	Bas : 1 fois.................. 0.48	
	Haut : 3 fois 0.80..... 2.40 ⎱	
	1 fois.......... 0.73 ⎰ 3.13	
	Soit : $\dfrac{0.48 \text{ et } 3.13}{2} =$ 1.81	
	× 3.62 hauteur, produit.................	6.55
	A reporter..................	246.74

MÉTRÉ DE LA COUVERTURE.

NUMÉROS D'ORDRE				
	Report....................... 246.74			

Premier châssis :
    Par le bas :
2 fois 0.80 = 1.60 × 0.50 hauteur
produit........................... 0.80
    Moins 1 châssis de (*net*)
0.26 × 0.51 produit............. 0.13
        Reste surface.......... 0.67   0.67
    Derrière :
1.73 × 0.50 produit................. 0.87
    Au dessus :
2 fois 0.80 = 1.60 × 2.72 hauteur, produit 4.35
    A la suite :
2 fois 0.80 = 1.60 × 3.62 hauteur, produit. 5.79
  Deuxième et troisième châssis :
    Par le bas :
1 fois................ 0.80 ⎫
1 fois (réduit)........... 0.80 ⎬ 1.60
× 0.71 hauteur, produit................ 1.14
    Derrière :
2.18 réduit × 0.50 produit. 1.09
    Au dessus :
Bas : 2 fois 0.80..... 1.60 ⎫
      1 fois......... 0.68 ⎬ 2.28
Haut : 4 fois 0.80..... 3.20 ⎫
       1 fois......... 0.63 ⎬ 3.83
Soit : $\frac{2.28 \text{ et } 3.83}{2}$ = ... 3.06
× 2.30 hauteur, produit................. 7.04
    1 noue à gauche :
de 0.50 × 4.64 hauteur, produit. 2.32
    Versant de gauche :
Même surface que celui de droite accoladé C. 30.18
Les couvre-joints en zinc n° 12 *idem*
tasseaux. 334.00
Plus : croisures, ensemble 291 × 0.05
produit linéaires. 14.55
    Linéaires. 348.55
× 0.10 développé, produit surface......... 34.86
  Faîtages et arêtiers zinc *idem* bois. 65.30
  Plus : croisures 35 × 0.05, produit
linéaires........................ 1.75
    Ensemble.......... 67.05
× 0.16 développé, produit surface........ 10.73

277	Surface de zinc n° 12 fourni.............	345.78	345.78	Zinc n° 12.
278	Façon pose de couverture en zinc neuf par feuilles de 0.80 large (*type b*). Surface....................		345.78	Couverture zinc × 0.80. *b*
	Plus-value pour plus de 1/5 façon de feuilles débitées.			

Sciences générales.   COUVERTURE ET PLOMBERIE. — TOME II. — 31.

NUMÉROS D'ORDRE				
	Même surface................................ 345.78			
	Moins 70 feuilles entières × chaque 1.60			
	superficiel, produit..................... 112.00			
279	Reste surface.................... 233.78	233.78	Feuilles débitées.
	Aux couvre-joints :		
280	Talons, zinc neuf...........................	152	Talons zinc.
281	Plus-value de biais.............................	25	P.-v. de biais.
282	Têtes, zinc neuf...............................	155	Têtes.
283	Plus-value de biaises.........................	14	P.-v. de biaises.
284	Contre-talons zinc *idem*.....................	304	Contre-talons.
	Aux faîtages et arêtiers :		
	Têtes zinc *idem*....................... 2		
	Talons *idem*.......................... 2		
285	Ensemble....................... 4	4	Talons de faîtage.
	Contre-talons zinc :		
286	2 fois 2 = ...	4	Contre-talons de faîtage.
	Embranchements façonnés, soudés....... 4		
287	pour chaque 3 angles.........................	12	Angles.
	Équerres façonnées, soudées *idem*....... 2		
288	pour chaque 3 angles.........................	6	Angles.
	Entailles trapézoïdales, façonnées sur faîtages et		
	arêtiers pour pénétration des couvre-joints.		
289	Ensemble.......................	138	Angles.
	Vis fer étamé avec rondelles en plomb, fournies,		
	posées sur couvre-joints, faîtages et arêtiers ;		
290	Ensemble...........................	478	Vis et rondelles.

Raccords.

Versant sur rue :

Souche adossée au mur du fond :

291	Goussets zinc rapportés, soudés.................	2	Goussets.
292	Angles façonnés, soudés........................	3	Angles.

Derrière :

293	1 pente en plâtre, façonnée à revers............	1	Pente à revers.
294	Plus-value de façon de contre-pente sur zinc......	1	Contre-pente.
295	1 brisure façonnée, soudée, comme angle.........	1	Angle.

Sur souche et mur :

Bandes de solins en zinc n° 12 pour fourniture compris croisures

(Du brisis au milieu du faîtage)

	1 fois........................... 0.30		
	Plus-value de 1/5 circulaire........ 0.06 } 0.36		
	Souche : 1 fois (*verticale*)................ 0.10		
	1 fois (*horizontale*)............ 1.15		
	1 fois (*décrochement*).......... 0.35		
	Mur : 1 fois......................... 0.15		
	1 fois......................... 2.00		
	1 fois (*verticale*)............... 0.08		
	1 fois......................... 0.05		
	Linéaires................. 4.24		
296	× 0.10 large, produit surface..............	0.42	Zinc n° 12.

MÉTRÉ DE LA COUVERTURE. 483

N° d'ordre	Désignation			
297	Façon, pose ; linéaires........................		4.24	B. solins.
298	Angles *idem*...............................		7	Angles.
299	Solins plâtre sur zinc, *idem*..................		4.24	Solins sur zinc.
	Dessus de souche :			
300	Glacis en pente, en plâtre pur.			
	1.76 × 0.38 large, produit surface.............		0.67	Glacis.
301	Papier goudronné, *idem*.......................		0.67	Papier.
	Bandes d'agrafe en zinc n° 12 pour fourniture			
	1 fois..	0.40		
	2 fois 1.82..................................	3.64		
	Linéaires....................	4.04		
302	× 0.10 large, produit surface..................		0.40	Zinc n° 12.
303	Façon, pose ; linéaires........................		4.04	B. d'agrafe.
	Recouvrement en zinc n° 12 pour fourniture			
	Linéaires................................	1.88		
304	× 0.46 développé, produit surface..............		0.86	Zinc n° 12.
305	Façon, pose ; linéaires........................		1.88	Recouvrement × 0.46.
	(6) *Ces dessus de souches sont prévus ici, à bandes simples, sans équerres découpées ; les jonctions soudées étant dues dans la façon des bandes de recouvrement ne sont pas demandées.*			
306	Onglets façonnés, soudés......................		2	Angles.
307	Goussets, *idem*..............................		2	Goussets.
308	Angles, *idem*................................		2	Angles.
309	Percements circulaires sur zinc pour passage des mitrons de 0.19 diamètre compris collets dégorgés....		6	Trous de mitrons de 0.19.
	Deuxième souche isolée.			
	En raccord de comble.			
310	Goussets, *idem*..............................		5	Goussets.
311	Angles, *idem*................................		5	Angles
312	Pentes plâtre à revers, *idem*..................		3	Pentes à revers.
313	Plus-value de contre-pentes sur zinc............		3	Contre-pentes.
314	Brisure façonnée, soudée, *idem*................		1	Angle.
	Derrière la souche :			
	1 besace zinc, façonnée en forme de fer de lance ;			
315	Fournie......................................		1	Besace.
316	Posée, soudée................................		1	Pose soudure.
317	Gousset de tête, rapporté, soudé...............		1	Gousset.
	Bandes de solins en zinc n° 12 pour fourniture ;			
	Sur côtés.			
	2 fois 0.30..................	0.60		
	Plus-value de 1/5 circulaire.......	0.12 } 0.72		
	2 fois 0.10....................	0.20		
	2 fois 2.80....................	5.60		
	Décrochement, 1 fois...........	0.25		
	Derrière, 2 fois 0.20...........	0.40		
	Linéaires....................	7.17		
318	× 0.10 large, produit surface..................		0.72	Zinc n° 12.
319	Façon, pose ; linéaires........................		7.17	B. solins.
	Angles.......................	7		
	Brisures.....................	2		
320	Ensemble...................	9	9	Angles.

NUMÉROS D'ORDRE				
321	Solins plâtre sur zinc, *idem*....................		7.20	Solins sur zinc.
	Dessus de souche :			
	Glacis plâtre pur *idem*.			
	3.21 × 0.41 produit.....................	1.32		
	0.71 × 0.28 produit.....................	0.20		
322	Surface.....................	1.52	1.52	Glacis.
323	Papier goudronné ; même surface................		1.52	Papier.
	Bandes d'agrafe en zinc n° 12 pour fourniture			
	2 fois 3.27.............................	6.54		
	2 fois 0.77.............................	1.54		
	Linéaires.....................	8.08		
324	× 0.10 large, produit surface....................		0.81	Zinc n° 12.
325	Façon, pose ; linéaires		8.08	B. d'agrafe.
	Recouvrements en zinc n° 12, pour fourniture			
	Linéaires	3.33		
	× 0.53 largeur développée, produit..........	1.76		
	1 excédent ; linéaire................	0.83		
	× 0.28 largeur développée, produit..........	0.23		
326	Surface.....................	1.99	1.99	Zinc n° 12.
	Façon, pose de bandes de recouvrement zinc			
327	De 0.53 largeur............................		3.33	Recouvrement × 0.53.
328	De 0.28 largeur............................		0.83	Recouvrement × 0.28.
329	Onglets façonnés, soudés *idem*		6	Angles.
330	Trous de mitrons *idem*, sur zinc.................		12	Trous de mitrons.
	Troisième souche isolée (*sous faîtage*).			
	En raccords :			
331	Goussets..		5	Goussets.
332	Angles		3	Angles.
	Bandes de solins en zinc n° 12 pour fourniture.			
	2 fois 2.15.............................	4.30		
	2 fois 0.70.............................	1.40		
	Linéaires	5.70		
333	× 0.10 large, produit surface		0.57	Zinc n° 12.
334	Façon, pose ; linéaires.........................		5.70	B. solins.
335	Angles		6	Angles.
336	Solins plâtre, *idem*...........................		5.70	Solins sur zinc.
	Dessus de souche :			
	Glacis plâtre pur *idem* :			
	2.16 × 0.46, produit....................	0.99		
	0.81 × 0.30, produit....................	0.24		
337	Surface.....................	1.23	1.23	Glacis.
338	Papier goudronné, même surface..............		1.23	Papier.
	Bandes d'agrafe zinc n° 12 pour fourniture			
	2 fois 2.22.............................	4.44		
	2 fois 0.52.............................	1.04		
	Linéaires	5.48		
339	× 0.10 large, produit surface....................		0.55	Zinc n° 12.
340	Façon, pose ; linéaires		5.48	B. d'agrafe.

MÉTRÉ DE LA COUVERTURE.

NUMÉROS D'ORDRE				
	Recouvrements en zinc n° 12 pour fourniture :			
	Linéaires........................ 2.28			
	× 0.58 largeur développée, produit..........	1.32		
	1 excédent de.................... 0.93			
	× 0.30 largeur développée, produit..........	0.28		
341	Surface......................	1.60	1.60	Zinc n° 12.
	Façon, pose de bandes de recouvrement.			
342	De 0.58 développé.........................		2.28	Recouvrement × 0.58.
343	De 0.30 développé.........................		0.93	Recouvrement × 0.30.
344	Onglets *idem*.........................		6	Angles.
345	Trous de mitrons sur zinc, *idem*..............		8	Trous de mitrons.
	Versant sur avenue :			
	Raccords sur comble, bandes de solins et dessus de souches, semblables à ceux sur rue accoladés J.......			
346	1 fois.....		1	1 fois 291 à 345.
	Sur courette.			
	Versant de face.			
	1 souche.			
	En raccord sur comble :			
347	Angles façonnés soudés, au devant................		2	Angles.
	(7) *Les couvre-joints de côtés et le faîtage en zinc, étant relevés au long de la souche, portent :*			
348	Goussets...........................		4	Goussets.
349	Angles.............................		4	Angles.
	Les bandes de solins en zinc n° 12 pour fourniture :			
	2 fois 0.70........................	1.40		
	2 fois 0.40........................	0.80		
	Plus :			
	Décrochements ; 2 fois 0.08................	0.16		
	Linéaires...................	2.36		
350	× 0.10 large, produit surface..................		0.24	Zinc n° 12.
351	Façon, pose ; linéaires.....................		2.36	B. solins.
352	Angles.............................		8	Angles.
353	Solins plâtre, *idem*.....................		2.36	Solins sur zinc.
	Dessus de souche :			
354	Glacis, en plâtre pur, *idem*, 0.76 × 0.36, produit surface............................		0.27	Glacis.
355	Papier goudronné, même surface..................		0.27	Papier.
	Les bandes d'agrafe en zinc, *idem* pour fourniture :			
	2 fois 0.82........................	1.64		
	2 fois 0.42........................	0.84		
	Linéaires...................	2.48		
356	× 0.10 large, produit surface..................		0.25	Zinc n° 12.
357	Façon, pose ; linéaires.....................		2.48	B. d'agrafe.
	Bande de recouvrement en zinc, *idem* pour fourniture :			
	Linéaires....................	0.88		
358	× 0.48 largeur développée, produit surface.........		0.42	Zinc n° 12.
359	Façon, pose ; linéaires.....................		0.88	Recouvrement × 0.48.
360	Onglets *idem*.........................		4	Angles.
361	Trous de mitrons *idem* sur zinc..................		2	Trous de mitrons.

COUVERTURE ET PLOMBERIE.

N° D'ORDRE			
	Versant de droite.		
	Première souche isolée :		
	En raccord sur comble.		
362	Goussets...	5	Goussets.
363	Angles...	3	Angles.
	Derrière :		
364	2 pentes en plâtre façonnées à revers, *idem* × chaque 0.68 longueur ; produit linéaires..........	1.36	Pente à revers.
365	Plus-value de façon de contre-pentes sur zinc ; Linéaires........................	1.36	Contre-pentes zinc.
	(8) *Ces pentes et contre-pentes sortant des dimensions ordinaires ne sont plus comptées à la pièce, mais au mètre linéaire*...............		
	1 besace zinc, forme fer de lance :		
366	Fournie...	1	Besace fournie.
367	Posée, soudée.....................................	1	Pose soudure.
368	Gousset de tête, *idem*...........................	1	Gousset.
	Les bandes de solins en zinc, *idem* pour fourniture :		
	côtés 1 fois 0.50 + 1.05................ 1.55		
	1 fois 0.75 + 1.35................ 2.10		
	abouts 2 fois 0.40....................... 0.80		
	Linéaires.............. 4.45		
369	× 0.10 large, produit surface........................	0.45	Zinc n° 12.
370	Façon, pose ; linéaires............................	4.45	B. solins.
371	Angles...	6	Angles.
372	Solins plâtre, sur zinc...........................	4.45	Solins sur zinc.
	Dessus de souche.		
	Glacis plâtre pur *idem* :		
	1.08 × 0.46 produit................ 0.50		
	0.81 × 0.46 produit................ 0.37		
373	Surface................. 0.87	0.87	Glacis.
374	Papier goudronné, même surface..............	0.87	Papier.
	Bandes d'agrafe, zinc n° 12 pour fourniture :		
	côtés 2 fois 1.26 réduit................ 2.52		
	2 fois 1.19 réduit................ 2.38		
	abouts 2 fois à 0.52.................... 1.04		
	Linéaires.............. 5.94		
375	× 0.10 large, produit surface........................	0.59	Zinc n° 12.
376	Façon, pose ; linéaires............................	5.94	B. d'agrafe.
	Bandes de recouvrement en zinc n° 12 pour fourniture :		
	1 fois (réduit).................... 1.30		
	1 fois (réduit).................... 1.22		
	Linéaires.............. 2.52		
377	× 0.58 largeur développée, produit, surface........	1.46	Zinc n° 12.
378	Façon, pose ; linéaires............................	2.52	Recouvrement × 0.58.
379	Onglets..	6	Angles.
380	Trous de mitrons, *idem*, sur zinc................	5	Trous de mitrons.

MÉTRÉ DE LA COUVERTURE.

	N° D'ORDRE	Désignation		
M		1 châssis, comme aux figures 157 et 158. En raccord sur comble.		
	381	Goussets..................................	4	Goussets.
	382	Angles.....................................	2	Angles.
		Derrière :		
	383	Pentes en sapin fournies, découpées : façonnées à revers, posées, clouées........................	2	Pente à revers.
	384	Plus-value de façon de contre-pentes sur zinc......	2	Contre-pentes.
		1 besace zinc, forme fer de lance :		
	385	Fournie...................................	1	Besace fournie.
	386	Posée, soudée.............................	1	Posée.
	387	Gousset de tête, *idem*.......................	1	Gousset.
		Armature de hausse en zinc n° 12 pour fourniture : 2 fois 0.66........................ 1.32 2 fois 0.86........................ 1.72 Linéaires.................. 3.04		
	388	× 0.16 largeur réduite, produit surface.............	0.49	Zinc n° 12.
	389	Façon, pose ; linéaires.......................	3.04	Recouvrement × 0.16.
	390	Plus-value de pistonnage serré...................	3.04	Clouage serré.
		Angles.............................. 4 Onglets............................. 4		
	391	Ensemble.................	8	Angles.
	392	Pattes d'agrafe en cuivre, *idem*. Ensemble.........	10	Pattes cuivre.
		Le châssis en fer à tabatière de 0.60 × 0.80 de jour, produit linéaires 2.80.		
DD	393	Fourni....................................	2.80	Châssis fourni.
	394	Peint à l'huile, 2 couches....................	2.80	Châssis peint.
	395	Posé......................................	2.80	Châssis posé.
	396	Plus-value de dormant en tôle laminée de 0.0025 d'épaisseur................................	2.80	Dormant tôle.
	397	Plus-value de fourniture de jeu de poulie, monté sur chape à platine.............................	1	Jeu de poulie.
		Deuxième souche isolée. En raccords sur comble.		
K	398	Goussets..................................	4	Goussets.
	399	Angles.....................................	2	Angles.
		Derrière :		
		Pentes en sapin fournies, façonnées à revers, posées, clouées, *idem*.		
	400	2 fois 0.80..............................	1.60	Pentes à revers.
	401	Plus-value de façon de contre-pentes sur zinc ; mêmes linéaires.............................	1.60	Contre-pentes.
		1 besace zinc, fer de lance :		
	402	Fournie...................................	1	Besace fournie.
	403	Posée soudée.............................	1	Posée.
	404	Gousset de tête, *idem*.......................	1	Gousset.
		Bandes de solins en zinc n° 12 pour fourniture : 2 fois 1.90........................ 3.80 2 fois 0.40........................ 0.80 Linéaires................... 4.60		
	405	× 0.10 largeur, produit surface..................	0.46	Zinc n° 12.
	406	Façon, pose ; linéaires.......................	4.60	B. solins.

NUMÉROS D'ORDRE				
	407	Angles...	4	Angles.
	408	Solins plâtre sur zinc........................	4.60	Solins sur zinc.
		Dessus de souche :		
		Glacis plâtre pur *idem*.		
	409	2.02 × 0.47 produit surface.................	0.95	Glacis.
	410	Papier goudronné, *idem*.....................	0.95	Papier.
		Bandes d'agrafe en zinc n° 12 pour fourniture :		
		2 fois 2.08........................ 4.16		
		2 fois 0.53........................ 1.06		
K		Linéaires............................ 5.22		
	411	× 0.10 large, produit surface.................	0.52	Zinc n° 12.
	412	Façon, pose ; linéaires........................	5.22	B. d'agrafe.
		Recouvrement en zinc, *idem* pour fourniture:		
		Linéaires............................ 2.14		
	413	× 0.59 largeur développée, produit surface.....	1.26	Zinc n° 12.
	414	Façon, pose ; linéaires........................	2.14	Recouvrement × 0.59.
	415	Onglets..	4	Angles.
	416	Trous de mitrons, sur zinc....................	6	Trous de mitrons.
		Versant de gauche, souches et châssis semblables ; à reprendre l'accolade K.		
	417	1 fois...	1	1 fois 362 à 416.
		En plus : à la première souche.		
	418	1 brisure sur bande de solin..................	1	Angle.
	419	1 onglet sur recouvrement zinc................	1	Angle.
	420	1 trou de mitron, *idem*, sur zinc.............	1	Trou de mitron.
		Sur cour.		
		Versant de droite.		
		Première souche adossée au mur du fond.		
		En raccords sur comble.		
	421	Goussets.......................................	2	Goussets.
	422	Angles..	3	Angles.
		Derrière la souche :		
	423	1 pente plâtre à revers, *idem*...............	1	Pente à revers.
	424	Plus-value de façon de contre-pente sur zinc.....	1	Contre-pente.
	425	1 brisure façonnée soudée....................	1	Angle.
N		Bandes de solins, sur souche et mur, en zinc, *idem* pour fourniture (*du membron au milieu du faîtage*).		
		1 fois 0.30.................. 0.30		
		Plus-value 1/5 circulaire...... 0.06 0.36		
		Verticale......................... 0.08		
		Rampante......................... 1.60		
		Décrochement..................... 0.35		
		Au-dessus de contre-pente........ 0.15		
		Rampante......................... 2.15		
		Verticale......................... 0.08		
		Au-dessus du faîte................ 0.05		
		Linéaires............................ 4.82		
	426	× 0.10 large, produit surface.................	0.48	Zinc n° 12.
	427	Façon, pose ; linéaires........................	4.82	B. solins.
	428	Angles..	7	Angles.
	429	Solins plâtre sur zinc........................	4.82	Solins sur zinc.

MÉTRÉ DE LA COUVERTURE.

NUMÉROS D'ORDRE				
430	Le dessus de souche semblable à celui accolade L. 1 fois..................................		1	1 fois 300 à 309.
	A la suite :			
431	1 châssis de 0.60 × 0.80 semblable à celui accolade M. 1 fois................................		1	1 fois 381 à 397.
	Deuxième souche isolée.			
	En raccords sur comble :			
432	Goussets....................................		4	Goussets.
433	Angles......................................		4	Angles.
	Derrière :			
434	Pentes plâtre à revers, *idem*.................		2	Pentes à revers.
435	Plus-value de façon de contre-pentes sur zinc...		2	Contre-pentes.
	1 besace zinc, fer de lance :			
436	Fournie.....................................		1	Besace fournie.
437	Posée soudée................................		1	Posée.
438	1 gousset de tête, *idem*.....................		1	Gousset.
	Bandes de solins en zinc n° 12 pour fourniture.			
	Sur côtés :			
	2 fois 0.30............... 0.60			
	Plus-value de 1/5 circulaire.... 0.12 } 0.72			
	2 fois 0.08............... 0.16			
	2 fois 1.60............... 3.20			
	Derrière : 2 fois 0.25......... 0.50			
	Linéaires........... 4.58			
439	× 0.10 large, produit surface....		0.46	Zinc n° 12.
440	Façon, pose ; linéaires.......................		4.58	B. solins.
	Angles..................................... 4			
	Brisure.................................... 1			
441	Ensemble.............. 5		5	Angles.
442	Solins plâtre sur zinc........................		4.58	Solins sur zinc.
	Dessus de souche :			
	Glacis en plâtre pur, *idem*.			
443	2.31 × 0.46 produit surface..................		1.06	Glacis.
444	Papier goudronné, *idem*.....................		1.06	Papier.
	Bandes d'agrafe en zinc *idem*, pour fourniture :			
	2 fois 2.37............... 4.74			
	2 fois 0.52............... 1.04			
	Linéaires.............. 5.78			
445	× 0.10 large, produit surface.................		0.58	Zinc n° 12.
446	Façon, pose ; linéaires.......................		5.78	B. d'agrafe.
	Recouvrement en zinc *idem*, pour fourniture :			
	Linéaires.............. 2.43			
447	× 0.58 largeur développée, produit surface.....		1.41	Zinc n° 12.
448	Façon, pose ; linéaires.......................		2.43	Recouvrement × 0.58.
449	Onglets.....................................		4	Angles.
450	Trous de mitrons *idem*, sur zinc.............		7	Trous de mitrons.
	A la suite :			
	1 châssis à tabatière de 0.60 × 0.80 semblable à celui accolade M.			
451	1 fois......................................		1	1 fois 381 à 397.

NUMEROS D'ORDRE			
	Versant de face :		
	1er châssis à tabatière de 0.65 × 0.40 produit linéaires...................... 2.10		
	Fourni posé suivant détail accoladé DD.		
452	Soit linéaires........................	2.10	Châssis fourni, peint, posé.
453	Plus-value de jeu de poulie *idem*...............	1	Jeu de poulie.
	En raccords sur comble :		
454	Goussets................................	4	Goussets.
455	Angles..................................	2	Angles.
	Derrière :		
456	Pentes en sapin *idem*........................	2	Pentes à revers.
457	Plus-value de contre-pentes sur zinc.............	2	Contre-pentes.
458	1 besace zinc, forme fer de lance :		
459	Fournie................................	1	Besace fournie.
460	Posée soudée............................	1	Posée soudée.
461	Gousset de tête, *idem*......................	1	Gousset.
	Armature de hausse, en zinc n° 12 pour fourniture :		
	2 fois 0.71......................... 1.42		
	2 fois 0.46......................... 0.92		
	Linéaires................ 2.34		
462	× 0.16 largeur réduite, produit surface............	0.37	Zinc n° 12.
463	Façon, pose ; linéaires.......................	2.34	Recouvrement × 0.16.
464	Plus-value de clouage serré à piston, *idem*........	2.34	Clouage serré.
	Angles............................ 4		
	Onglets........................... 4		
465	Ensemble.................... 8	8	Angles.
466	Pattes cuivre, *idem*.......................	8	Pattes cuivre.
	2° châssis à tabatière de 0.60 × 0.50 de jour, produit linéaires...................... 2.20		
	Fourni posé suivant détail accoladé DD.		
467	Soit linéaires........................	2.20	Châssis fourni, peint, posé.
468	Plus-value de jeu de poulie, *idem*...............	1	Jeu de poulie.
	En raccords sur comble :		
469	Goussets................................	4	Goussets.
470	Angles..................................	2	Angles.
	Derrière :		
471	Pente sapin, *idem*.........................	2	Pentes à revers.
472	Plus-value de contre-pentes sur zinc.............	2	Contre-pentes.
	1 besace zinc, forme fer de lance :		
473	Fournie................................	1	Besace fournie.
474	Posée soudée............................	1	Posée.
475	1 gousset de tête, *idem*......................	1	Gousset.
	Armature de hausse en zinc *idem*, pour fourniture :		
	2 fois 0.66......................... 1.32		
	2 fois 0.56......................... 1.12		
	Linéaires................ 1.44		
476	× 0.16 développé réduit, produit surface............	0.39	Zinc n° 12.
477	Façon, pose, linéaires.......................	2.44	Recouvrement × 0.16.
478	Plus-value de pistonnage serré..................	2.44	Pistonnage serré.
	Angles............................ 4		
	Onglets........................... 4		
479	Ensemble.................... 8	8	Angles.

MÉTRÉ DE LA COUVERTURE.

N°	Désignation			Observations
480	Pattes cuivre, *idem*....................................		8	Pattes cuivre.
	3ᵉ **châssis à tabatière** de 0.50 × 0.70 de jour, produit linéaires............................ 2.40 (*Même observation que n° 4.*) Fourni posé suivant détail accoladé DD.			
481	Soit linéaires.....................		2.40	Châssis fourni, peint, posé.
	En raccords sur comble :			
482	Goussets..		4	Goussets.
483	Angles..		2	Angles.
	Derrière :			
484	Pentes en sapin, *idem*.............................		2	Pentes revers.
485	Plus-value de contre-pentes sur zinc............		2	Contre-pentes.
	1 besace zinc, forme fer de lance :			
486	Fournie..		1	Besace fournie.
487	Posée soudée..		1	Posée.
488	Gousset de tête, *idem*.............................		1	Gousset.
	Armature de hausse, en zinc n° 12 pour fourniture :			
	2 fois 0.56............................ 1.12			
	2 fois 0.76............................ 1.52			
	Linéaires..................... 2.64			
489	× 0.16 développé réduit, produit surface..........		0.42	Zinc n° 12.
490	Façon, pose; linéaires.............................		2.64	Recouvrement × 0.16.
491	Pistonnage serré, en plus-value....................		2.64	Pistonnage serré.
	Angles............................ 4			
	Onglets........................... 4			
492	Ensemble..................... 8		8	Angles.
493	Pattes cuivre, *idem*.............................		8	Pattes cuivre.
	Versant de gauche :			
	Souches et châssis comme sur celui de droite accoladé N.			
494			1	1 fois 421 à 451.
	Chatières en zinc estampé à grille de 0.33 diamètre.			
	Fournies :			
	Versant sur rue......................... 4			
	» sur place......................... 2			
	» sur avenue....................... 4			
	Sur courette :			
	» de droite......................... 1			
	» de gauche........................ 1			
	» du fond.......................... 1			
	Sur cour :			
	» de droite......................... 2			
	» de face.......................... 2			
	» de gauche........................ 2			
495	Ensemble..................... 19		19	Chatières 0.33 fournies.
496	Pose et soudure..................................		19	Pose soudure.
497	Percements sur bois et zinc.......................		19	Percements bois et zinc.

TABLEAU DE CLASSEMENT.

Les titres sous lesquels sont réunies les quantités extraites du détail métrique doivent recevoir un numéro d'ordre, en suivant le classement observé dans la série des prix : ils seront inscrits dans cet ordre numérique.

Le numéro sous lequel chaque article est porté dans le détail métrique doit être rappelé en regard de la quantité ou de la somme inscrite au Tableau de classement.

NUMÉROS des articles du DÉTAIL métrique	TITRES & QUANTITÉS		NUMÉROS des articles du DÉTAIL métrique	TITRES & QUANTITÉS		NUMÉROS des articles du DÉTAIL métrique	TITRES & QUANTITÉS		NUMÉROS des articles du DÉTAIL métrique	TITRES & QUANTITÉS	
	avant RÈGLEMENT	après RÈGLEMENT		avant RÈGLEMENT	après RÈGLEMENT		avant RÈGLEMENT	après RÈGLEMENT		avant RÈGLEMENT	après RÈGLEMENT
	— 1 — Membron sapin de 0.14 × 0.16			— 5 — Châssis P.-V. de dormant Tôle laminée		166	4		148	2^m,90	
						181	3		148	23 ,20	
						196	2		157	2 ,90	
						219	1		158	2 ,90	
237	53^m,79					234	3		166	11 ,60	
			396	2^m,80			33		181	8 ,70	
			417	2 ,80					196	5 ,80	
			431	2 ,80					219	2 ,90	
			451	2 ,80			— 8 —		234	8 ,70	
	— 2 — Ardoise neuve sur volige neuve		494	2 ,80			Pose de châssis		452	2 ,10	
			494	2 ,80					467	2 ,20	
				16^m,80					481	2 ,40	
46	190^m,23					395	2^m,80			102^m,40	
						417	2 ,80				
				— 6 — Châssis P.-V. de jeux de poulies		431	2 ,80			— 11 — Dévirures plâtre	
						451	2 ,80				
	— 3 — Arêtier en ardoise					494	2 ,80				
						494	2 ,80		54	2^m,42	
			397	1			16^m,80		75	2 ,26	
			417	1					89	18 ,08	
104	3^m,10		431	1			— 9 — Peinture de châssis huile 2 couches		97	2 ,20	
147	3 ,10		451	1					126	4 ,84	
			453	1					146	9 ,68	
	6^m,20		468	1					148	2 ,42	
			494	1					148	2 ,26	
			494	1		394	2^m,80		148	18 ,08	
				8		417	2 ,80		148	2 ,20	
	— 4 — Châssis en fer fournis					431	2 ,80		157	2 ,26	
				— 7 — Châssis P.-V. de crémaillère brisée		451	2 ,80		158	2 ,26	
						494	2 ,80		166	9 ,04	
393	2^m,80					494	2 ,80		168	2 ,42	
417	2 ,80						16^m,80		181	6 ,78	
431	2 ,80								189	2 ,80	
451	2 ,80						— 10 — Châssis fournis, peints, posés		196	4 ,52	
494	2 ,80		88	1					219	2 ,26	
494	2 ,80		89	8					227	1 ,40	
	16^m,80		148	1					234	6 ,78	
			148	8					235	2 ,42	
			157	1		87	2^m,90			107^m,38	
			158	1		89	23 ,20				

MÉTRÉ DE LA COUVERTURE.

NUMÉROS des articles du DÉTAIL métrique	TITRES & QUANTITÉS avant RÈGLEMENT	TITRES & QUANTITÉS après RÈGLEMENT	NUMÉROS des articles du DÉTAIL métrique	TITRES & QUANTITÉS avant RÈGLEMENT	TITRES & QUANTITÉS après RÈGLEMENT	NUMÉROS des articles du DÉTAIL métrique	TITRES & QUANTITÉS avant RÈGLEMENT	TITRES & QUANTITÉS après RÈGLEMENT	NUMÉROS des articles du DÉTAIL métrique	TITRES & QUANTITÉS avant RÈGLEMENT	TITRES & QUANTITÉS après RÈGLEMENT
	— 12 — Doublis d'une ardoise neuve			— 14 — Parements			— 16 — Tranchis biais sur ardoise		146	0m,24	
									146	0 ,92	
									146	0 ,38	
			52	88m,35					146	1 ,42	
			86	1 ,10		85	0m,30		148	0 ,83	
51	88m,35		89	8 ,80		89	2 ,40		148	0 ,11	
84	0 ,80		148	1 ,10		148	0 ,30		148	0 ,45	
89	6 ,40		148	8 ,80		148	2 ,40		148	0 ,20	
148	0 ,80		155	5 ,50		154	5 ,50		148	0 ,60	
148	6 ,40		156	5 ,50		156	5 ,50		148	1 ,60	
157	0 ,80		157	1 ,10		157	0 ,30		148	4 ,80	
158	0 ,80		158	1 ,10		158	0 ,30		148	0 ,20	
166	3 ,20		165	5 ,80		164	5 ,80		148	0 ,75	
181	2 ,40		166	4 ,40		166	1 ,20		148	0 ,37	
196	1 ,60		181	3 ,30		181	0 ,90		150	1 ,48	
204	0 ,40		196	2 ,20		196	0 ,60		156	1 ,48	
210	0 ,40		205	1 ,50		216	6 ,20		157	0 ,20	
219	0 ,80		210	1 ,50		218	6 ,20		157	0 ,60	
234	2 ,40		217	6 ,20		219	0 ,30		158	0 ,20	
			218	6 ,20		234	0 ,90		158	0 ,60	
	115m,55		219	1 ,10					160	1 ,55	
			234	3 ,30			39m,10		166	0 ,80	
									166	2 ,40	
				156m,85					169	0 ,83	
	— 13 — Filets plâtre sur ardoise						— 17 — Zinc n° 12 fourni, surface		172	0 ,11	
									177	0 ,45	
				— 15 — Tranchis droits sur ardoise					181	0 ,60	
									181	1 ,80	
									183	0 ,15	
						3	43m,89		190	0 ,90	
57	0m,44					6	6 ,15		192	0 ,44	
73	0 ,80		53	2m,42		15	20 ,00		196	0 ,40	
89	6 ,40		74	2 ,26		20	13 ,67		196	1 ,20	
90	0 ,85		89	18 ,08		23	1 ,45		198	0 ,36	
148	0 ,44		96	2 ,20		35	14 ,86		206	3 ,04	
148	0 ,80		125	4 ,84		38	1 ,65		210	0 ,36	
148	6 ,40		146	9 ,68		48	21 ,59		210	3 ,04	
148	0 ,85		148	2 ,42		55	0 ,83		212	1 ,65	
157	0 ,80		148	2 ,26		58	0 ,11		218	1 ,65	
158	0 ,80		148	18 ,08		63	0 ,45		219	0 ,20	
166	3 ,20		148	2 ,20		68	0 ,20		219	0 ,60	
171	0 ,44		157	2 ,26		76	0 ,60		221	0 ,15	
181	2 ,40		158	2 ,26		89	1 ,60		228	0 ,45	
182	0 ,40		166	9 ,04		89	4 ,80		230	0 ,25	
196	1 ,60		167	2 ,42		91	0 ,20		234	0 ,60	
201	0 ,55		181	6 ,78		98	0 ,75		234	1 ,80	
210	0 ,55		188	2 ,80		100	0 ,37		235	0 ,83	
219	0 ,80		196	4 ,52		118	1 ,98		235	0 ,11	
220	0 ,40		203	1 ,10		121	0 ,37		235	0 ,45	
234	2 ,40		210	1 ,10		127	1 ,35		238	26 ,06	
235	0 ,44		219	2 ,26		129	0 ,12		251	11 ,78	
249	48 ,45		226	1 ,40		133	0 ,46		261	9 ,91	
259	23 ,85		234	6 ,78		140	0 ,19		277	345 ,78	
273	19 ,20		235	2 ,42		142	0 ,71		296	0 ,42	
						146	3 ,86		302	0 ,40	
	123m,26			109m,58		146	0 ,74		304	0 ,86	
						146	2 ,70		318	0 ,72	
									324	0 ,81	

COUVERTURE ET PLOMBERIE.

NUMÉROS des articles du DÉTAIL métrique	TITRES & QUANTITÉS avant RÈGLEMENT	TITRES & QUANTITÉS après RÈGLEMENT	NUMÉROS des articles du DÉTAIL métrique	TITRES & QUANTITÉS avant RÈGLEMENT	TITRES & QUANTITÉS après RÈGLEMENT	NUMÉROS des articles du DÉTAIL métrique	TITRES & QUANTITÉS avant RÈGLEMENT	TITRES & QUANTITÉS après RÈGLEMENT	NUMÉROS des articles du DÉTAIL métrique	TITRES & QUANTITÉS avant RÈGLEMENT	TITRES & QUANTITÉS après RÈGLEMENT
326	$1^m,99$		9	$43^m,79$		346	$5^m,70$		146	$3^m,28$	
333	0 ,57		26	10 ,56		351	2 ,36		239	61 ,15	
339	0 ,55		41	11 ,63		370	4 ,45		252	20 ,45	
341	1 ,60		106	2 ,18		406	4 ,60		253	2 ,34	
346	0 ,42		146	4 ,36		417	4 ,45		262	24 ,78	
346	0 ,40			$72^m,52$		417	4 ,60		263	2 ,01	
346	0 ,86					427	4 ,82		305	1 ,88	
346	0 ,72			— 19 —		440	4 ,58		328	0 ,83	
346	0 ,81			Bandes d'agrafes		494	4 ,82		343	0 ,93	
346	1 ,99			zinc		494	4 ,58		346	1 ,88	
346	0 ,57						$224^m,20$		346	0 ,83	
346	0 ,55								346	0 ,93	
346	1 ,60		7	$61^m,50$			— 21 —		359	0 ,88	
350	0 ,24		24	14 ,45			Recouvrements		430	1 ,88	
356	0 ,25		39	16 ,50			de $0^m,16$ à $0^m,25$		494	1 ,88	
358	0 ,42		141	1 ,89						$136^m,57$	
369	0 ,45		146	3 ,78							
375	0 ,59		303	4 ,04		16	$72^m,75$				
377	1 ,46		325	8 ,08		59	0 ,54			— 23 —	
388	0 ,49		340	5 ,48		69	1 ,00			Recouvrements	
405	0 ,46		346	4 ,04		89	8 ,00			de $0^m,51$	
411	0 ,52		346	8 ,08		92	0 ,89			et au dessus	
413	1 ,26		346	5 ,48		148	0 ,54				
417	0 ,45		357	2 ,58		148	1 ,00		4	$73^m,15$	
417	0 ,59		376	5 ,94		148	8 ,00		21	18 ,99	
417	1 ,46		412	5 ,22		148	0 ,89		36	20 ,64	
417	0 ,49		417	5 ,94		157	1 ,00		119	3 ,60	
417	0 ,46		417	5 ,22		158	1 ,00		146	7 ,20	
417	0 ,52		430	4 ,04		166	4 ,00		199	0 ,55	
417	1 ,26		446	5 ,78		173	0 ,54		210	0 ,55	
426	0 ,48		494	4 ,04		181	3 ,00		327	3 ,33	
430	0 ,40		494	5 ,78		184	0 ,65		342	2 ,28	
430	0 ,86			$177^m,76$		196	2 ,00		346	3 ,33	
431	0 ,49					219	1 ,00		346	2 ,28	
439	0 ,46					222	0 ,65		378	2 ,52	
445	0 ,58			— 20 —		234	3 ,00		414	2 ,14	
447	1 ,41			Bandes de solins		235	0 ,54		417	2 ,52	
451	0 ,49			ou de larmiers		240	5 ,32		417	2 ,14	
462	0 ,37					389	3 ,04		448	2 ,43	
476	0 ,39					417	3 ,04		494	2 ,43	
489	0 ,42		49	$107^m,95$		431	3 ,04			$150^m,08$	
494	0 ,48		64	3 ,77		451	3 ,04				
494	0 ,40		101	3 ,05		463	2 ,34				
494	0 ,86		122	5 ,30		477	2 ,44			— 24 —	
494	0 ,49		146	10 ,60		490	2 ,64			P.-V. de 1 relief	
494	0 ,46		148	3 ,77		494	3 ,04				
494	0 ,58		148	3 ,05		494	3 ,04				
494	1 ,41		178	3 ,77			$141^m,07$		8	$61^m,50$	
494	0 ,49		193	3 ,64					25	14 ,45	
	$612^m,32$		231	2 ,05			— 22 —		40	16 ,50	
			235	3 ,77			Recouvrements			$92^m,45$	
	— 18 —		297	4 ,24			de $0^m,26$ à $0^m,50$				
	Zinc n° 14		319	7 ,17							
	fourni, surface		334	5 ,70							
			346	4 ,24		143	$1^m,64$				
			346	7 ,17							

MÉTRÉ DE LA COUVERTURE.

NUMÉROS des articles du DÉTAIL métrique	TITRES & QUANTITÉS avant RÈGLEMENT	après RÈGLEMENT	NUMÉROS des articles du DÉTAIL métrique	TITRES & QUANTITÉS avant RÈGLEMENT	après RÈGLEMENT	NUMÉROS des articles du DÉTAIL métrique	TITRES & QUANTITÉS avant RÈGLEMENT	après RÈGLEMENT	NUMÉROS des articles du DÉTAIL métrique	TITRES & QUANTITÉS avant RÈGLEMENT	après RÈGLEMENT
	— 25 — P.-V. p^r 1 relief et 1 arrondi			— 31 — P.-V. de clouage de 0^m,01 à piston			— 34 — Couverture en zinc feuilles de 0^m,50 (type c)		156 157 158 163 166 175 179 181 187 194 196 200 210 215 218 219 224 232 234 235 235 242 254 264 287 288 289 292 295 298 306 308 311 314 320 329 332 335 344 346 346 346 346 346 346 346 346 346 346 347 349 352 360 363 371 379	1 2 2 1 2 2 4 6 2 4 4 2 2 1 1 2 2 4 2 2 4 106 52 34 12 6 138 3 1 7 2 2 5 1 9 6 3 6 6 3 1 7 2 5 1 9 6 3 6 6 2 4 8 4 3 6 6	
11 28 43 113 146	62^m,55 16 ,24 17 ,99 1 ,00 2 ,00 99^m,78		390 417 431 451 464 478 491 494 494	3^m,04 3 ,04 3 ,04 3 ,04 2 ,34 2 ,44 2 ,64 3 ,04 3 ,04 25^m,66		151 156 161 213 218	1^m,48 1 ,48 1 ,55 1 ,65 1 ,65 7^m,81				
	— 26 — P.-V. de 1 ourlet 4 reliefs et 2 courbes			— 32 — P.-V. de clouage de 0^m,05 à piston			— 35 — P.-V. de feuilles débitées				
241	65^m,15					108 146 279	2^m,18 4 ,36 233 ,78 240^m,32				
	— 27 — Couvre-joints zinc		83 89 124 146 148 148 157 158 166 181 196 249 234 248 272	1^m,00 8 ,00 5 ,30 10 ,60 1 ,00 8 ,00 1 ,00 1 ,00 4 ,00 3 ,00 2 ,00 1 ,00 3 ,00 53 ,25 19 ,20			— 36 — Angles				
134 146	4^m,62 9 ,24 13^m,86					5 22 37 61 65 71 89 94 102 112 114 123 137 144 146 146 146 146 146 148 148 148 148 148 148 153	60 15 15 2 4 2 16 2 4 4 2 8 2 2 8 4 16 4 4 2 4 2 16 2 4 1				
	— 28 — Chatières zinc, de 0^m,33, fournies			121^m,35							
495	19			— 33 — Couverture en zinc feuilles de 0^m,80 (type b)							
	— 29 — Chatières zinc, pose et soudure										
496	19		107 146 278	2^m,18 4 ,36 345 ,78 352^m,32							
	— 30 — Percements sur bois et zinc										
497	19										

COUVERTURE ET PLOMBERIE.

NUMÉROS des articles du DÉTAIL métrique	TITRES & QUANTITÉS avant RÈGLEMENT	après RÈGLEMENT	NUMÉROS des articles du DÉTAIL métrique	TITRES & QUANTITÉS avant RÈGLEMENT	après RÈGLEMENT	NUMÉROS des articles du DÉTAIL métrique	TITRES & QUANTITÉS avant RÈGLEMENT	après RÈGLEMENT	NUMÉROS des articles du DÉTAIL métrique	TITRES & QUANTITÉS avant RÈGLEMENT	après RÈGLEMENT
382	2		115	2		469	4			— 40 —	
391	8		145	2		475	1			P.-V. de	
399	2		146	4		482	4			biais	
407	4		146	4		488	1				
415	4		146	4		494	2				
417	3		148	1		494	2				
417	6		148	2		494	4		280	25	
417	6		148	16		494	1		283	14	
417	2		148	2		494	4				
417	8		152	1		494	1			39	
417	2		156	1		494	4				
417	4		157	2		494	1				
417	4		158	2			224			— 41 —	
418	1		162	1						Têtes et talons	
419	1		166	8						de faîtage	
422	3		174	1			— 38 —				
425	1		181	6			Trous de mitrons				
428	7		196	4			de 0.19 de diam.		285	4	
430	2		214	1			sur zinc				
430	2		218	1							
431	2		219	2						— 42 —	
431	8		223	2		309	6			Contre-talons	
433	4		234	6		330	12			de couvre-joints	
441	5		235	1		345	8				
449	4		266	6		346	6				
451	2		291	2		346	12		109	2	
451	8		307	2		346	8		146	4	
455	2		310	5		361	2		284	304	
465	8		317	1		380	5				
470	2		331	5		416	6			310	
479	8		346	2		417	5				
483	2		346	2		417	6				
492	8		346	5		420	1			— 43 —	
494	3		346	1		430	6			Contre-talons	
494	1		346	5		450	7			de faîtage	
494	7		348	4		494	6				
494	2		362	5		494	7				
494	2		368	1			103		286	4	
494	2		381	4							
494	8		387	1							
494	4		398	4			— 39 —			— 44 —	
494	5		404	1			Têtes et Talons			Vis fer	
494	4		417	5			de couvrejoints			et rondelle	
494	2		417	1						plomb	
494	8		417	4		116	2				
	923		417	1		135	2				
			417	4		136	2		138	10	
			417	1		146	4		146	20	
	— 37 —		421	2		146	4		290	478	
	Goussets		430	2		280	152				
			431	4		282	155			508	
60	1		431	1			325				
70	2		432	4							
89	16		438	1							
93	2		451	4							
111	2		451	1							
			454	4							
			461	1							

MÉTRÉ DE LA COUVERTURE.

NUMÉROS des articles du DÉTAIL métrique	TITRES & QUANTITÉS avant RÈGLEMENT	après RÈGLEMENT	NUMÉROS des articles du DÉTAIL métrique	TITRES & QUANTITÉS avant RÈGLEMENT	après RÈGLEMENT	NUMÉROS des articles du DÉTAIL métrique	TITRES & QUANTITÉS avant RÈGLEMENT	après RÈGLEMENT	NUMÉROS des articles du DÉTAIL métrique	TITRES & QUANTITÉS avant RÈGLEMENT	après RÈGLEMENT
	— 45 — Glacis plâtre de 0,015		186	2			— 51 — Pattes cuivre sur zinc		89	2	,40
			191	2					118	0	,30
			196	16					148	2	,40
			219	8					157	0	,30
			229	6					158	0	,30
1	20m,55		234	24		17	121		166	1	,20
18	5 ,77		235	11		31	34		181	0	,90
33	6 ,44			398		44	37		196	0	,60
300	0 ,67					50	324		219	0	,30
322	1 ,52					62	2		234	0	,90
337	1 ,23					72	3				
354	0 ,27			— 48 — P. V. de Noquets moulurés		89	24			9m,90	
373	0 ,87					95	3				
409	0 ,95					110	4				
417	0 ,87					120	8			— 53 — Solins en plâtre sur zinc	
417	0 ,95					146	8				
430	0 ,67		131	2		146	16				
443	1 ,06		146	4		148	2				
494	0 ,67			6		148	3				
494	1 ,06					148	24				
	43m,55					148	3				
						157	3		66	3m,77	
	— 46 — Gouttière anglaise zinc × 0,65			— 49 — Papier goudronné		158	3		103	3 ,05	
						166	12		148	3 ,77	
						176	2		148	3 ,05	
						181	9		180	3 ,77	
						185	3		195	3 ,64	
			2	20m,55		196	6		233	2 ,05	
10	62m,55		19	5 ,77		202	3		235	3 ,77	
27	16 ,24		34	6 ,44		208	4		299	4 ,24	
42	17 ,99		301	0 ,67		210	3		321	7 ,20	
	96m,78		323	1 ,52		210	4		336	5 ,70	
			328	1 ,23		219	3		346	4 ,24	
			355	0 ,27		225	3		346	7 ,20	
	— 47 — Noquets droits en zinc		374	0 ,87		234	9		346	5 ,70	
			410	0 ,95		235	2		353	2 ,36	
			417	0 ,87		243	172		372	4 ,45	
			417	0 ,95		255	74		408	4 ,60	
			430	0 ,67		265	60		417	4 ,45	
56	11		444	1 ,06		392	10		417	4 ,60	
77	8		494	0 ,67		417	10		429	4 ,82	
89	64		494	1 ,06		431	10		442	4 ,58	
99	10			43m,55		451	10		494	4 ,82	
128	18					466	8		494	4 ,58	
130	2					480	8			100 ,41	
146	36			— 50 — Pattes cuivre sur plomb		493	8				
146	4					494	10				
148	11					494	10			— 54 — Supports fer de 30/6 × 0,84	
148	8						1075				
148	64						— 52 — Pente en plâtre × 0,05				
148	10		12	184							
157	8		32	49					13	124	
158	8		45	55							
166	32			288							
171	11										
181	24					79	0m,30				

Sciences générales.   COUVERTURE ET PLOMBERIE. — TOME II. — 32.

COUVERTURE ET PLOMBERIE.

NUMÉROS des articles du DÉTAIL métrique	TITRES & QUANTITÉS avant RÈGLEMENT	après RÈGLEMENT	NUMÉROS des articles du DÉTAIL métrique	TITRES & QUANTITÉS avant RÈGLEMENT	après RÈGLEMENT	NUMÉROS des articles du DÉTAIL métrique	TITRES & QUANTITÉS avant RÈGLEMENT	après RÈGLEMENT	NUMÉROS des articles du DÉTAIL métrique	TITRES & QUANTITÉS avant RÈGLEMENT	après RÈGLEMENT
	— 55 — Supports fer de 30/6 × 0,97		148 157 158 166 181 196 219 234 275	20m,60 3 ,70 3 ,70 14 ,80 11 ,10 7 ,40 3 ,70 11 ,10 65 ,30		148 149 156 157 158 159 166 181 196 197 210 211 218 219 234 236 250 260 274	2m,40 1 ,21 1 ,21 0 ,30 0 ,30 1 ,28 1 ,20 0 ,90 0 ,60 0 ,24 0 ,24 1 ,36 1 ,36 0 ,30 0 ,90 23 ,42 10 ,32 8 ,84 299 ,32			— 67 — P. V. de contre-pentes sur zinc, pièce	
29 44	34 37 71			187m,40			387m,04		294 313 346 346 384 417 424 431 435 451 457 472 485 494 494 494 494	1 3 1 3 2 2 1 2 2 2 2 2 2 1 2 2 2	
	— 56 — Pontets cuivre rouge			— 61 — Tuyau zinc de 0,25			— 65 — Pentes en sapin à revers, pièce			32	
14	124		207 210	3m,80 3 ,80		293 312 346 346 383 417 423 431 434 451 456 471 484 494 494 494 494	1 3 1 3 2 2 1 2 2 2 2 2 2 1 2 2 2			— 68 — P. V. de contre-pentes sur zinc, linéaire	
	— 57 — Gaines cuivre rouge			7m,60					365 401 417 417	1m,36 1 ,60 1 ,36 1 ,60	
30 44	34 37 71			— 62 — Percements circulaires sur bois						5m,92	
	— 58 — Tasseaux sapin de 0,040		209 210	1 1 2						— 69 — Besaces en zinc fournies	
276	334m,00			— 63 — Tubes de buée							
	— 59 — Tasseaux sapin de 0,055		117 146	1 2 3			32		315 346 366 385 402 417 417 417 431 436 451 459	1 1 1 1 1 1 1 1 1 1 1 1	
132 146	4m,52 9 ,04			— 64 — Voligeage sapin 0m,013 × 0m,11 jointif			— 66 — Pentes en sapin à revers, linéaire				
	13m,56					364 400 417 417	1m,36 1 ,60 1 ,36 1 ,60				
	— 60 — Faîtage sapin de 0,080		47 78 89 105 139 146 146 148	23m,30 0 ,30 2 ,40 1 ,50 0 ,18 3 ,00 0 ,36 0 ,30			5m,92				
67 89 148	3m,70 29 ,60 3 ,70										

MÉTRÉ DE LA COUVERTURE.

NUMÉROS des articles du DÉTAIL métrique	TITRES & QUANTITÉS		NUMÉROS des articles du DÉTAIL métrique	TITRES & QUANTITÉS		NUMÉROS des articles du DÉTAIL métrique	TITRES & QUANTITÉS		NUMÉROS des articles du DÉTAIL métrique	TITRES & QUANTITÉS	
	avant RÈGLEMENT	après RÈGLEMENT		avant RÈGLEMENT	après RÈGLEMENT		avant RÈGLEMENT	après RÈGLEMENT		avant RÈGLEMENT	après RÈGLEMENT
473	1		494	1			— 72 —		258	8	
486	1		494	1			Plomb façonné		269	6	
494	1		494	1			en bavettes		270	4	
494	1			17						28	
	17			— 71 —		81	14^k,20				
				Plomb fourni		89	113 ,60			— 74 —	
				en table		148	14 ,20			Bandelettes zinc	
	— 70 —					148	113 ,60			fournies	
	Besaces zinc,			—		157	14 ,20			et posées	
	posées, soudées		80	14^k,20		158	14 ,20			—	
	—		89	113 ,60		166	56 ,80		82	1^m,00	
316	1		148	14 ,20		181	42 ,60		89	8 ,00	
346	1		148	113 ,60		196	28 ,40		148	1 ,00	
367	1		157	14 ,20		219	14 ,20		148	8 ,00	
386	1		158	14 ,20		234	42 ,60		157	1 ,00	
403	1		166	56 ,80		245	151 ,98		158	1 ,00	
417	1		181	42 ,60		257	66 ,30		166	4 ,00	
417	1		196	28 ,40		268	55 ,76		181	3 ,00	
417	1		219	14 ,20			742^k,64		196	2 ,00	
431	1		234	42 ,60					219	1 ,00	
437	1		244	151 ,98			— 73 —		234	3 ,00	
451	1		256	66 ,30			Angles façonnés		247	53 ,25	
460	1		267	55 ,76			sur plomb		271	19 ,20	
474	1			742^k,64						105^m,45	
487	1					246	10				

Résumé.

			Charpente (composé)		
1	Membron sapin de 0.14 × 0.12............	53.79		4.05	217.85
2	Ardoise neuve sur volige neuve..........	190.23	72	5.09	968.27
3	Arêtier en ardoise......................	6.20	145	1.50	9.30
4	Châssis fer fourni......................	16.80	160	5.00	84.00
5	Plus-value de dormant tôle..............	16.80	161	0.20	3.36
6	Plus-value de jeux de poulies...........	8	162	2.00	16.00
7	Plus-value de crémaillères brisées......	33	»	3.50	115.50
8	Pose de châssis.........................	16.80	164	0.30	5.04
9	Peinture de châssis, huile 2 couches....	16.80	»	0.34	5.71
10	Châssis fournis, peints, posés..........	102.40	»	5.74	587.78
11	Dévirures plâtre........................	107.38	176	0.38	40.80
12	Doublis d'une ardoise neuve.............	115.55	188	0.64	73.95
13	Filets plâtre sur ardoise...............	123.26	210	0.90	110.93
14	Parements...............................	156.85	227	0.40	62.74
15	Tranchis droits sur ardoise.............	109.58	232	0.43	47.12
16	Tranchis biais »	39.10	238	0.70	27.37
17	Zinc n° 12 fourni, surface..............	612.52	23	3.34	2045.82
18	Zinc n° 14 » »	72.52	»	4.15	300.96
19	Bandes d'agrafe zinc....................	177.76	25	0.25	44.44
20	Bandes de solins ou de larmiers.........	224.20	28	0.57	127.79
21	Recouvrements zinc de 0.16 à 0.25.......	141.97	32	1.25	177.47

22	Recouvrements zinc de 0.26 à 0.50.......	136.57	33	1.48	202.12
23	» de 0.51 et au dessus..	150.08	34	1.65	247.63
24	Plus-value de 1 relief................	92.45	35	0.04	3.70
25	Plus-value de 1 relief et 1 arrondi.........	99.78	35, 38	0.19	18.96
26	Plus-value de 1 ourlet, 4 reliefs et 2 courbes.	65.15	36, 35, 38	0.56	36.48
27	Couvre-joint zinc.................	13.86	44	0.20	2.77
28	Chatières zinc de 0.33, fournies..........	19	46	1.65	31.35
29	Pose soudure de chatières............	19	49	0.90	17.10
30	Percements sur bois et zinc............	19	50	0.45	8.55
31	Plus-value de clouage de 0.01 à piston.....	25.66	51, 52	0.34	8.72
32	» de 0.05 »	121.35	52	0.34	41.26
33	Couverture zinc feuilles de 0.80 *type b*.....	352.32	53	1.20	422.78
34	» de 0.50 *type c*.....	7.81	55	1.70	13.28
35	Plus-value de feuilles débitées...........	240.32	60	0.45	108.14
36	Angles............................	923	64	0.15	138.45
37	Goussets..........................	224	65	0.28	62.72
38	Trous de mitrons de 0.19 sur zinc........	103	74	0.70	72.10
39	Têtes et talons de couvre-joints..........	325	76	0.20	65.00
40	Plus-value de biais..................	39	»	0.15	5.85
41	Têtes et talons de faîtage..............	4	77	0.25	1.00
42	Contre-talons de couvre-joints..........	310	78	0.15	46.50
43	» de faîtage...............	4	79	0.20	0.80
44	Vis fer et rondelles en plomb...........	508	80	0.18	91.44
45	Glacis plâtre de 0.015................	43.55	103	1.25	54.44
46	Gouttière anglaise zinc × 0.65..........	96.78	107	1.95	188.72
47	Noquets droits en zinc................	398	127	0.15	59.70
48	Plus-value de noquets moulurés........	6	»	1.50	9.00
49	Papier goudronné...................	43.55	130	0.29	12.63
50	Pattes cuivre sur plomb..............	288	131	0.30	86.40
51	» sur zinc.................	1 075	132	0.20	215.00
52	Pente plâtre de 0.05 épaisseur.........	9.90	133, 134	2.00	19.80
53	Solins plâtre sur zinc...............	100.41	140	0.72	72.30
54	Supports fer 30/6 × 0.84.............	124	145	3.15	390.60
55	» × 0.97.......	71	145	3.48	24.71
56	Pontets en cuivre rouge..............	124	»	0.45	55.80
57	Gaines »	71	»	0.30	21.30
58	Tasseaux sapin de 0.040..............	334.00	149	0.33	110.22
59	» de 0.055..............	13.56	150	0.38	5.15
60	Faîtage sapin de 0.080...............	187.40	151	0.99	185.53
61	Tuyau zinc de 0.25..................	7.60	157	1.91	14.52
62	Percements circulaires sur bois........	2	»	0.50	1.00
63	Tubes de buée.....................	3	167	1.00	3.00
64	Voligeage sapin de 0.013 × 0.11 jointif.....	387.04	170	2.05	793.43
65	Pentes en sapin à revers (*pièce*)..........	32	»	0.52	16.64
66	» *linéaires*........	5.92	»	2.00	11.84
67	Plus-value de contre-pentes sur zinc (*pièce*).	32	»	0.60	19.20
68	» (*linéaires*).	5.92	»	1.50	8.88
69	Besaces zinc; fournies...............	17	»	0.50	8.50
70	» posées, soudées	17	»	0.60	10.20
71	Plomb fourni; en table...............	742.640	1	0.42	311.91
72	Plomb façonné; en bavettes	742.640	9	0.15	111.40
73	Angles façonnés sur plomb............	28	16	0.50	14.00
74	Bandelettes zinc fournies posées..........	105.45	17	0.33	34.80
	TOTAL..................				9590.12

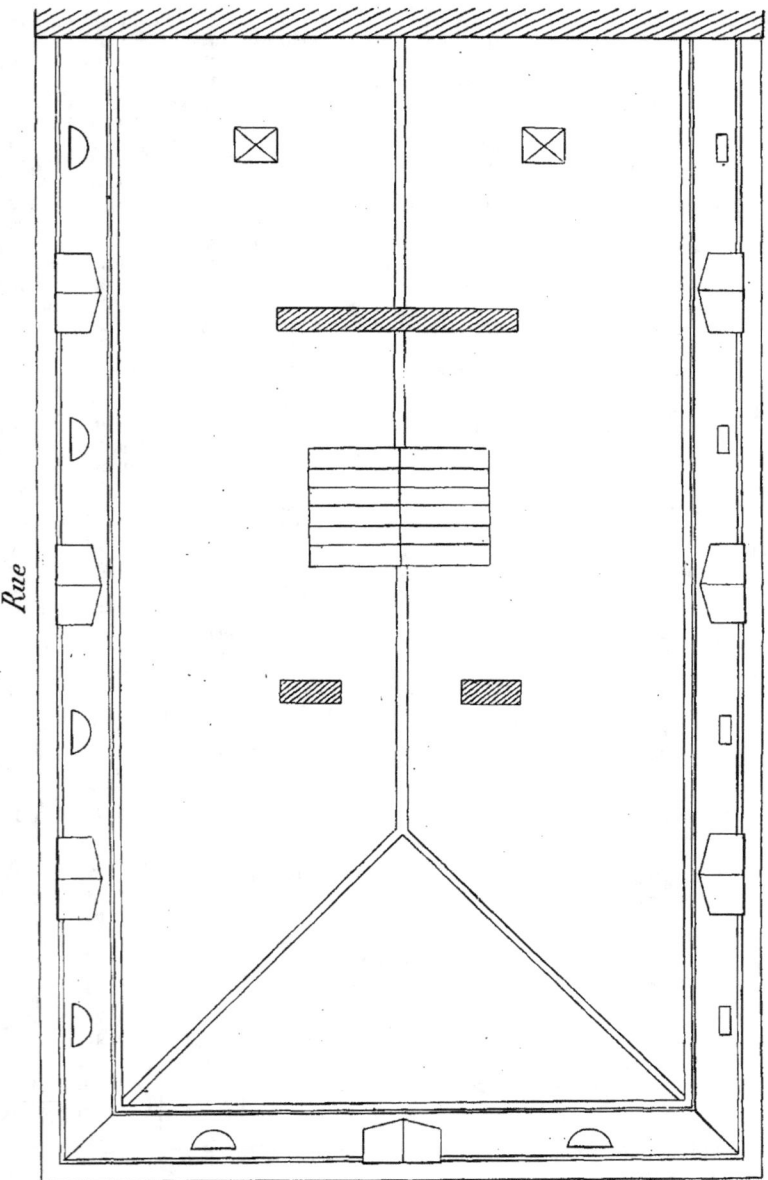

Fig. 417.

Métré n° 16.

Dans le métré ci-dessous nous n'avons pas compté les différents travaux qui ont déjà été étudiés dans les métrés précédents, tels que : chéneaux, bandes de solins, jouées de lucarnes, noquets moulurés et dessus, œils-de-bœuf et accessoires de pose, châssis et armatures, souches, etc., cela afin d'éviter des redites.

Pour cette raison, nous ne totaliserons

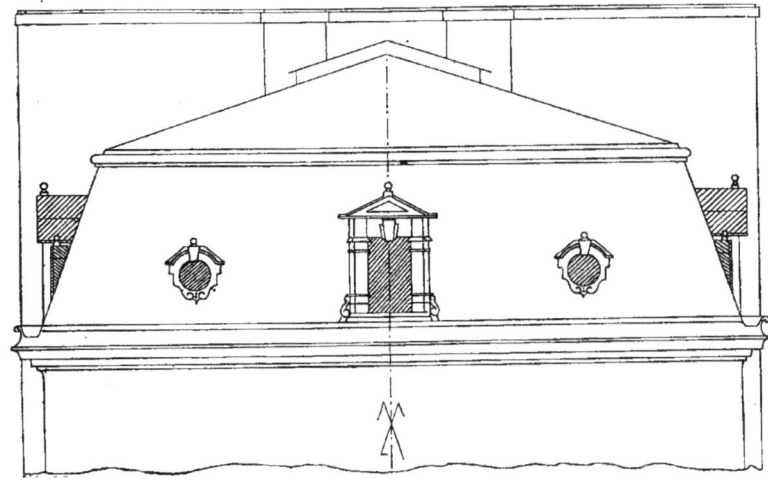

Fig. 418.

pas le mémoire qui se trouve tronqué. Il sera toujours facile de le compléter.

Comble à la Mansard, comprenant ;
Brisis en ardoises de zinc à losanges ;
Raccordement de lucarnes œils-de-bœuf et châssis ;
Arêtiers et rives. Membron spécial couronnant le brisis ;
Terrasson de comble recouvert en zinc cannelé avec raccords de châssis, souches, arêtiers, rives et faîtage (*fig.* 417 et 418).

NUMÉROS PAGES	SERIE				
		Métré n° 16.			
		(1) *Nous ne parlons pas des chéneaux, ayant traité de tous les systèmes d'usage courant.*		(Obser	vation)
		Brisis :			
		Voligeage neuf en sapin de 0.013 jointif par frises de 0.11 fournies, posées, clouées.			
		Sur rue :			
		$\dfrac{19.00 \text{ et } 18.30}{2} = \ldots\ldots 18.65$ »			

MÉTRÉ DE LA COUVERTURE.

NUMÉROS PAGES	SERIE					
		A droite : $\dfrac{11.20 \text{ et } 9.60}{2} = \ldots\ldots$ 10.40 »				
		Au fond : $\dfrac{19.00 \text{ et } 18.30}{2} = \ldots\ldots$ 18.65 »				
		Linéaires....... 47.70 $\times$ 2.70 hauteur, produit surface........................ 128.79				
		Moins :				
		7 lucarnes de chaque 1.26 $\times$ 1.90 réduit produit 2.39 ; ensemble........ 16.73 »				
		6 œils-de-bœuf de chaque 0.66 $\times$ 0.60 réduit produit 0.40 ; ensemble........ 2.40 »				
		4 châssis de chaque 0.40 $\times$ 0.60 produit 0.24 ; ensemble................. 0.96 »				
		A déduire....... 20.09 = 20.09				
621	170	Reste surface............ 108.70	108.70	2.05	222.84
		La couverture en ardoises de zinc n° 10 à losanges n° 1 Vieille Montagne, pour fourniture : Même surface.................. 108.70				
»	»	$\times$ 8^k,344 le mètre, *compris pattes à obturateur* (fig. 419) ; pesant..............	907^{k}00	0.704	638.53
Com	posé	Façon, pose ; surface..................	108.70	1.50	162.05

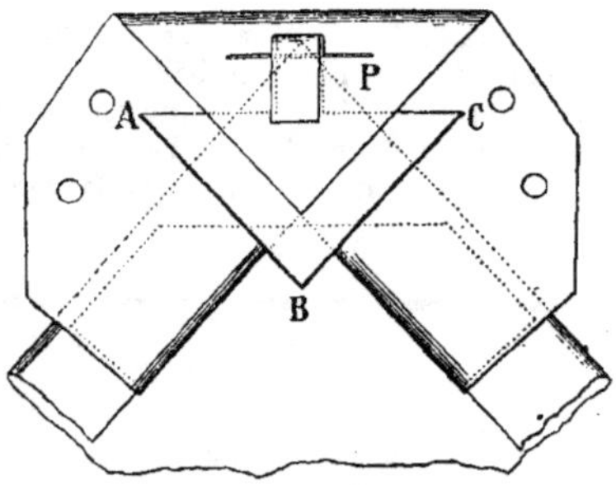

Fig. 419.

(2) *Par suite, il y aura lieu de reprendre le voligeage en excédent au droit des divers raccords, comme il est fait, d'ailleurs, dans les combles en ardoise d'Angers.* (Observation)

COUVERTURE ET PLOMBERIE.

NUMEROS PAGES	SÉRIE				
		Raccords :			
		Au-dessus du chéneau :			
		Voligeage sapin de 0.013 fourni, posé *idem* :			
		2 fois 19.00 = ... 38.00			
		1 fois 11.20			
		Ensemble 49.20			
		Moins :			
		7 lucarnes de chaque 1.45 = ... 10.15			
		Reste linéaires 39.05			
»	»	× 0.11 hauteur, produit surface.............	4.30	2.05	8.82
		Bande d'égout en zinc n° 12 pour fourniture (*fig.* 420) :			

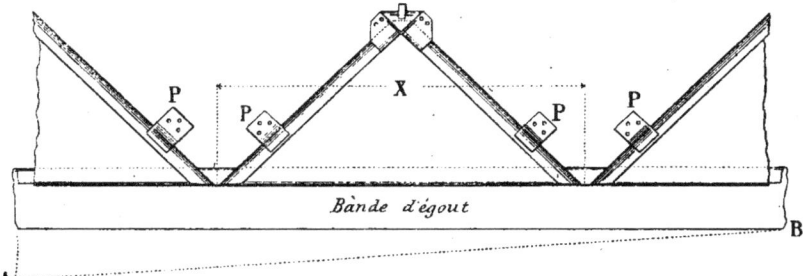

Fig. 420.

		Mêmes linéaires 39.05			
		Plus :			
		Têtes .... 16 »			
		× 0.15 courant = ... 2.40			
		Équerres .... 2 »			
		× 0.20 courant = ... 0.40			
		Coulisseaux (*par* 2.00) .... 16 »			
		× 0.20 courant = ... 3.20			
		Ensemble 45.05			
»	»	× 0.20 large, produit surface.............	9.01	3.34	30.09
616	28	Façon, pose ; linéaires...................	45.05	0.57	25.68
Com	posé	Plus-value de coupe et pince façonnée sur ardoise de zinc ; linéaires..................	39.05	0.50	19.53
		Mains d'arrêt en zinc n° 18 (*fig.* 421) pour fourniture 130			
615	23	de chaque 0.05 × 0.05 produit surface 0.0025 : ensemble	0.33	6.77	2.23
»	»	Façon, pose desdites	130	0.14	18.20

MÉTRÉ DE LA COUVERTURE.

NUMÉROS PAGES	SÉRIE				
N° 5.		Fig. 421. **1 rive** à gauche (*fig.* 422). Voligeage sapin de 0.013 jointif *idem* 2.70 × 0.11, produit surface...............	0.30	2.05	0.62

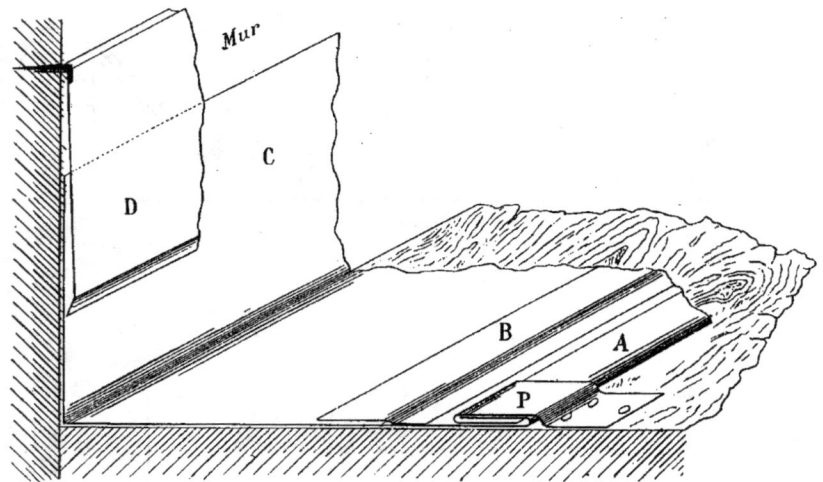

Fig. 422.

»	»	Bande de dévirure (*ou fausse noue*) en zinc n° 12 pour fourniture............ 2.80 × 0.25 large, produit surface..............	0.70	3.34	2.34
616	32	Façon, pose ; linéaires..................	2.80	1.25	3.50
»	»	Plus-value de coupe et pince *idem*........ Mains d'arrêt zinc n° 18 fournies...... 10	2.70	0.50	1.35
»	»	× 0.0025 produit.........................	0.025	6.77	0.17
»	»	Façon, pose........................ Bande d'agrafure en zinc n° 12 pour fourniture............................ 2.70	10	0.14	1.40
		× 0.05 large, produit surface..............	0.14	3.34	0.47

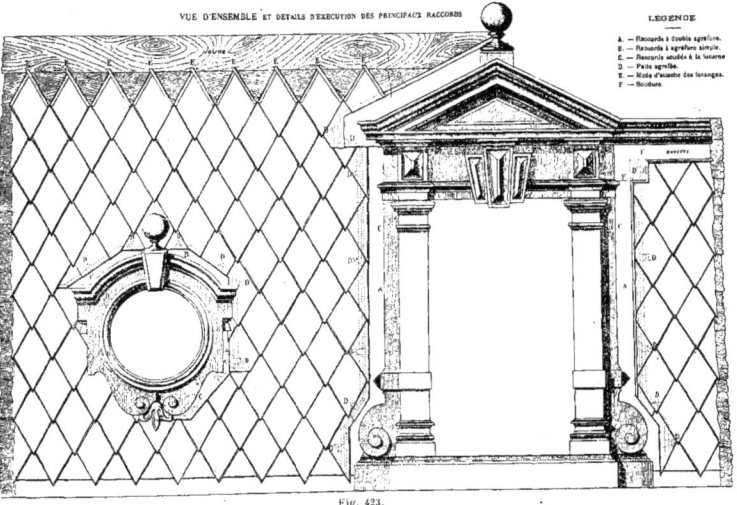

Fig. 423.

MÉTRÉ DE LA COUVERTURE.

	NUMÉROS PAGES	SÉRIE				
N° 5	616	25	Façon, pose de bande d'agrafure Comprenant: *bande d'agrafe à*... 0.25 *2 coudages comme reliefs à* 0.04.. 0.08 Ensemble............. 0.33			
		35				
			Soit ; linéaires................	2.70	0.33	0.89
	620	141	Soudure sur zinc neuf ; linéaires.........	2.70	0.66	1.78
	»	»	(3) Bandes de solins et solins (*comme aux précédents métrés*).....................	(Mémoire)		
			1 lucarne (*fig.* 423).			
			Voligeable sapin *idem:* 2 fois 1.80 = ... 3.60 2 fois 0.80 = ... 1.60 Linéaires............ 5.20			
	»	»	× 0.11 large, produit surface.............	0.57	2.05	1.17
			Bandes de dévirures en zinc n° 12 pour fourniture ; 2 fois 1.75 = ... 3.50			
	»	»	× 0.25 large, produit surface.............	0.88	3.34	2.94
	»	»	Façon et pose ; linéaires..................	3.50	1.25	4.38
	»	»	(4) *Jouées, noquets moulurés et dessus en zinc ; comme précédents*.............	Mémoire		
			En raccord de jouées :			
N° 1	617	63	Goussets........................	26	0.28	7.28
	»	64	Angles........................	50	0.15	7.50
			Sur l'agrafure de garantie (A) (*fig.* 422) :			
	»	»	Brisures façonnées, soudées, comme angles.	7	0.15	1.05
			Baudes d'agrafure (B) (*fig.* 422) en zinc n° 12 pour fourniture : 2 fois 0.23 = ... 0.46 2 — 0.17 = ... 0.34 2 — 1.27 = ... 2.54 2 — 0.15 = ... 0.30 2 — 0.16 = ... 0.32 2 — 0.90 = ... 1.80 Linéaires............ 5.76			
	»	»	× 0.05 large, produit surface.............	0.29	3.34	0.97
	»	»	Façon, pose *idem*.................	5.76	0.33	1.90
	»	»	Équerres façonnées, soudées ; en angles....	11	0.15	1.65
	»	»	Soudure sur zinc neuf..................	5.76	0.66	3.80
	»	»	Coupe et pince, *idem* sur ardoise..........	5.76	0.50	2.88
	»	»	Brisures façonnées, soudées ; 2 fois 3 = ...	6	0.15	0.90
			Mains d'arrêt pour fourniture *idem ;* 20			
	»	»	× 0.0025 produit.....................	0.05	6.77	0.34
	»	»	Façon, pose.........................	20	0.14	2.80
			6 autres lucarnes semblables à celle accoladée n° 1.............................	6	39.56	237.36
			1 œil-de-bœuf.			
N° 2			(5) *Œil-de-bœuf en zinc estampé avec carapace compris posé, comme précédents.* Raccordement *comme partie de droite*...	Mémoire		

NUMÉROS PAGES	SÉRIE				
»	»	Voligeage sapin fourni, posé *idem:* 2 fois 1.15 = 2.30 × 0.11 produit.....		0.25	2.05	0.51
		Bandes de dévirures en zinc n° 12 pour fourniture :				
		2 fois 0.30 = ...	0.60			
		2 fois 0.48 = ...	0.96			
		2 fois 0.23 = ...	0.46			
		1 fois (*en tête*).................	0.33			
		Linéaires..............	2.35			
»	»	× 0.20 large, produit surface...............		0.47	3.34	1.57
»	»	Façon, pose.........................		2.35	1.25	2.94
»	»	Angles...........................		8	0.15	1.20
»	»	Brisures soudées *idem* sur agrafure de garantie.................................		6	0.15	0.90
		Bandes d'agrafure en zinc n° 12 pour fourniture.				
		2 fois 0.45 = ...	0.90			
		2 » 0.33 = ...	0.66			
		1 » = ...	0.33			
		Linéaires	1.89			
»	»	× 0.05 large, produit surface...............;		0.89	3.34	0.30
»	»	Façon, pose *idem*.......................		1.89	0.33	0.62
»	»	Soudure en zinc neuf...................		1.89	0.66	1.25
»	»	Equerres soudées *idem*		4	0.15	0.60
»	»	Coupes et pinces sur ardoise *idem*		2.35	0.50	1.18
»	»	Mains d'arrêt zinc fournies, façonnées, posées *idem*...................................		12	0.16	1.92
		5 autres œils-de-bœuf semblables à celui accoladé n° 2...........................		5	12.99	64.95
		1 arêtier (*fig.* 424).				
»	»	Voligeage sapin fourni, posé *idem :* 2 fois 2.70 = 5.40 × 0.11 produit		0.59	2.05	1.21
621	151	Arêtier sapin de 0.080 évidé, fourni, posé...		2.70	0.99	2.67

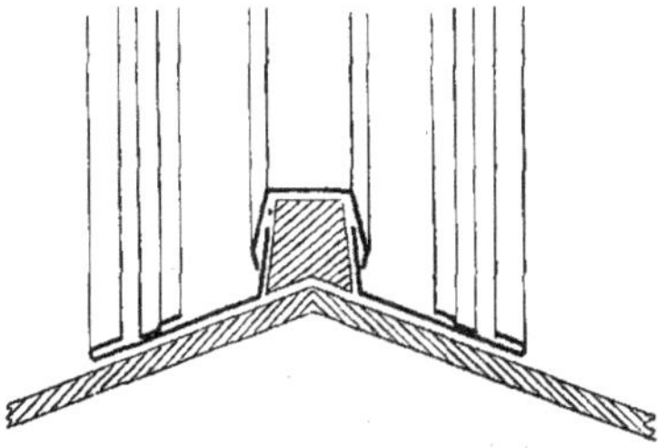

Fig. 424.

Bandes de dévirures en zinc n° 12 pour fourniture :

MÉTRÉ DE LA COUVERTURE.

NUMÉROS PAGES	SÉRIE				
		2 fois 2.75 = ... 5.50			
»	»	× 0.25 large, produit surface...............	1.38	3.34	4.61
»	»	Façon, pose...................	5.50	1.25	6.88
618	79	Contre-talons zinc, fournis, façonnés, soudés.	2	0.20	0.40
		Bandes d'agrafure en zinc *idem* pour fourniture.			
		2 fois 2.70 = ... 5.40			
»	»	× 0.05 large, produit surface...............	0.27	3.34	0.90
»	»	Façon, pose *idem*..................	5.40	0.33	1.78
»	»	Soudure sur zinc neuf, *idem*..............	5.40	0.66	3.56
»	»	Coupe et pince sur ardoise.................	5.40	0.50	2.70
»	»	Mains d'arrêt fournies, posées *idem*.......	20	0.16	3.20
		Arêtier zinc n° 12 pour fourniture *idem* bois................. 2.70			
		Plus : 2 croisures × 0.05 = ... 0.10			
		Ensemble............... 2.80			
»	»	× 0.16 large, produit surface...............	0.45	3.34	1.50
»	»	Façon, pose ; linéaires....................	2.80	0.32	0.90
618	77	Talon zinc neuf....................	1	»	0.25
»	80	Vis fer et rondelles en plomb.............	4	0.18	0.72
»	»	1 embranchement façonné, soudé sur membron zinc ; en angles....................	3	0.15	0.45
		1 autre arêtier semblable à celui accolade n° 3......................	1	fois	31.73
		1 châssis (*fig.* 425).			
		Voligeage neuf en sapin fourni, posé *idem* :			
		Devant : 0.44 × 0.08 produit. 0.04			
		Côtés : 2 fois 0.45 × 0.08 — 0.07			
		Au dessus : 0.44 × 0.13 — 0.06			
»	»	Surface............... 0.17	0.17	2.05	0.35
		(6) *Nous supposons en place une hausse suffisante recevant le relief du zinc*......	Observation		
		Recouvrements en zinc n° 12 pour fourniture :			
		Devant................. 0.60 »			
		× 0.16 large, produit............... 0.09			
		Côtés :			
		2 fois 0.45 = ... 0.90 »			
		× 0.20 large, produit............... 0.18			
		Au dessus............... 0.60 »			
		× 0.33 large, produit............. 0.20			
»	»	Surface............... 0.47	0.47	3.34	1.57
		Façon, pose de recouvrements en zinc :			
616	32	de 0.16 à 0.25 ; ensemble...........	1.50	1.25	1.88
»	33	de 0.26 à 0.50....................	0.60	1.33	0.89
»	»	Angles....................	4	0.15	0.60
»	»	Brisures sur agrafure....................	2	0.15	0.30

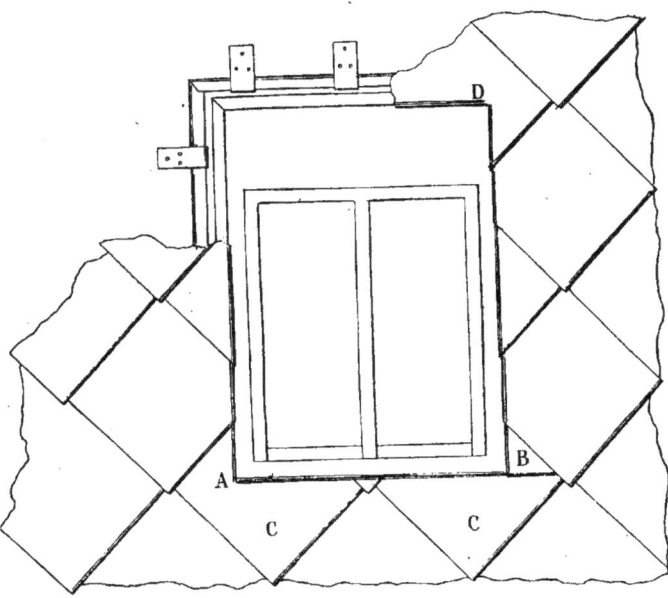

Fig. 425.

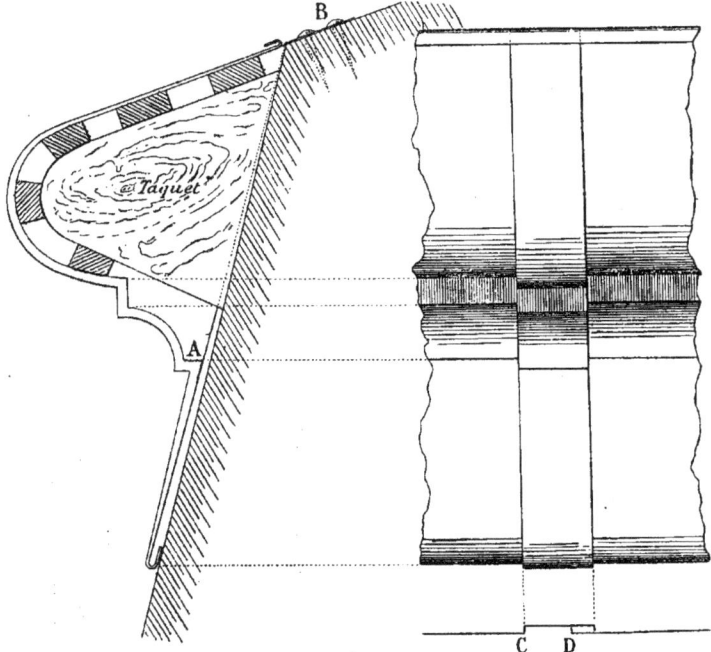

Fig. 426 et 427.   Coupe

MÉTRÉ DE LA COUVERTURE.

NUMÉROS PAGES	SÉRIE				
N° 4.		Bandes d'agrafure en zinc *idem* pour fourniture :			
		2 fois 0.63 = ... 1.26			
		1 fois...................... 0.48			
		Linéaires............... 1.74			
»	»	× 0.05 large, produit surface.............	0.09	3.34	0.30
»	»	Façon, pose ; linéaires.................	1.74	0.33	0.57
»	»	Brisures d'équerre *idem*................	2	0.15	0.30
»	»	Coupe et pince sur ardoise *idem*.........	2.10	0.50	1.05
»	»	Mains d'arrêt fournies, posées *idem*......	9	0.16	1.44
		(7) *Armature zinc et châssis fourni et posé comme précédents*................	Mémoire		
»	»	3 autres châssis semblables à celui accoladé n° 4..	3	9.25	27.75
»	»	1 rive à gauche ; comme celle accoladée n° 5.	1	fois	12.52
		Membron (*fig.* 426 et 427).			
		Voligeage sapin de 0.013 jointif *idem* :			
		2 fois 18.30.................... 36.60			
		1 fois........................ 9.60			
		Linéaires............... 46.20			
		× 0.18 large, produit surface........ 8.31			
		Pour double épaisseur ; même surface 8.31			
»	»	Ensemble............... 16.62	16.62	2.05	34.07
		Taquets en sapin de 0.054 épaisseur débillardés et découpés suivant profil :			
Com 608	posé 167	Fournis.....................	144	0.55	79.20
		Posés, cloués.................	144	0.33	47.52
		Pour recevoir le membron en zinc ; 5 voliges sapin de 0.018 épaisseur fournies, posées, clouées par frises de 0.035 large :			
Com	posé	5 fois 46.20.....................	231.00	0.16	36.96
		Membron en zinc n° 12 pour fourniture :			
		2 fois 18.45 = ... 36.90			
		1 fois 9.90 .... 9.90			
		Ensemble............. 46.80			
		Moins aux besaces :			
		25 fois 0.03 = ... 0.75			
		Reste............... 46.05			
		Plus :			
		Équerres.................. 2 »			
		× 0.20 courant = ... 0.40			
		Têtes.................. 2 »			
		× 0.15 courant = ... 0.30			
		Linéaires............ 46.75			
»	»	× 0.65 développé, produit surface.........	30.39	3.34	101.50
616	34	Façon, pose ; linéaires..................	46.75	1.65	77.14

NUMÉROS PAGES	SÉRIE				
»	38	Plus-value de moulures façonnées, comprenant : 2 courbes à .... 0.15 = 0.30			
»	35	3 reliefs à .... 0.04 = 0.12			
		Ensemble 0.42			
»	»	Soit, linéaires....................	46.75	0.42	19.64
		Bagues saillantes en zinc n° 14 formant besaces de dilatation façonnées suivant profil :			
»	»	Fournies.........................	25	2.60	65.00
»	»	Posées, soudées sur 1 côté...........	25	0.90	22.50
»	»	Sur membron en zinc : à chaque besace ; 1 collet dégorgé au marteau suivant moulures ; ensemble.................................	25	1.30	32.50
»	»	125 pattes d'agrafe en zinc n° 12 fournies de chaque 0.22 × 0.05 produit 0.011 ; ensemble..	1.38	3.34	4.61

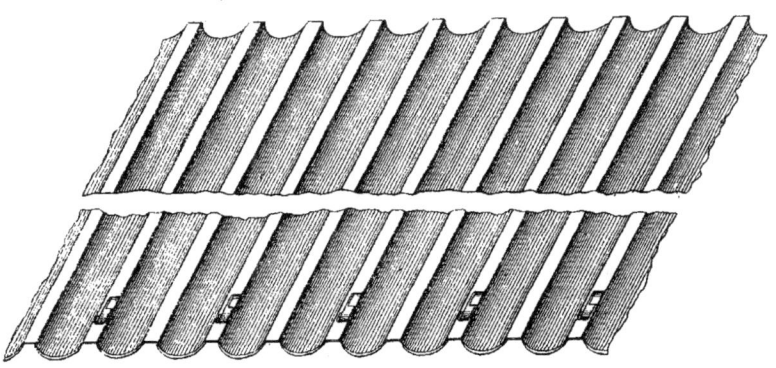

Fig. 428.

Terrasson de comble.

Couverture en zinc n° 14 cannelé Vieille Montagne pour fourniture (*fig.* 428 à 430).

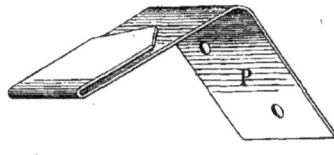

Fig. 429.

MÉTRÉ DE LA COUVERTURE.

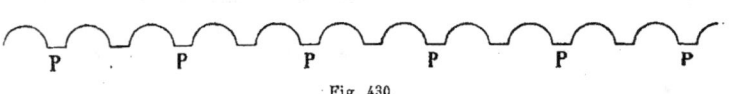

Fig. 430.

NUMÉROS PAGES	SÉRIE					
		Grands versants :				
		2 fois $\dfrac{18.00 \text{ et } 13.50}{2} =$	31.50			
		Croupe $\dfrac{9.00}{2} =$	4.50			
		Ensemble	36.00			
		× 3.00 hauteur, produit surface.....	108.00			
		Moins :				
		1 vitrage de 2.00 × 3.00 produit................	6.00	»		
		2 châssis de chaque 0.55 × 0.70 produit 0.385 ; ensemble.............	0.77	»		
		1 souche de 0.40 × 4.20 produit.......	1.68	»		
		2 souches de chaque 0.40 × 1.10 produit 0.44 ; ensemble...............	0.88	»		
		A déduire......	9.33	= 9.33		
		Reste surface..........		170.67		
615	23	× 7^k.500 le mètre ; pesant............		1 279^{k}885	0.704	901.04
		Pose de cette couverture compris clouage des pattes sur les pannes.				
»	»	Surface (claire)........................		170.67	1.00	170.67
		Gaines fournies soudées				
»	»	(5 au mètre) = ...		855	0.20	171.00
»	»	Pattes fournies clouées..................		855	0.10	85.50
		Raccords :				
		Rive de mur à gauche (fig. 431)				

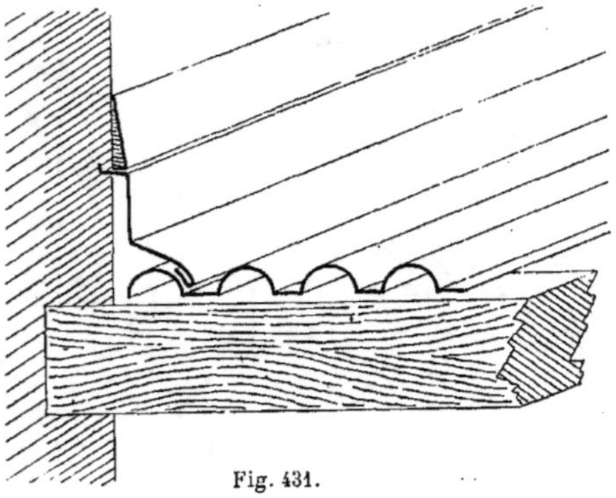

Fig. 431.

Sciences générales.

COUVERTURE ET PLOMBERIE.

NUMÉROS PAGES	SÉRIE				
		Armature en zinc n° 12 pour fourniture :			
		2 fois 5.00 = ... 10.00			
		1 équerre × 0.20			
		Linéaires.............. 10.20			
»	»	× 0.25 large, produit surface..............	2.55	3.34	8.52
616	32	Façon, pose ; linéaires..............	10.20	1.25	12.75
620	132	Pattes d'agrafe en cuivre rouge étamé fournies soudées en plus-value..............	30	0.20	6.00
»	140	Solins en plâtre sur zinc..............	10.20	0.72	7.34
		1 Châssis.			
		Coupes sur zinc cannelé :			
		2 fois 0.50 = ... 1.00			
		2 » 1.00 = ... 2.00			
		Linéaires.............. 3.00			
		1 fois en plus pour cannelures 3.00			
»	»	Ensemble.............. 6.00	6.00	0.25	1.50
		Devant :			
		Bavette en plomb neuf de 0.002 épaisseur pour fourniture.............. 0.80			
		× 0.20 large, produit surface — 0.16 × 22^k.70			
622	1	le mètre ; pesant..............	3^{k}632	0.42	1.53
»	9	Façon, pose ; pesant..............	3^{k}632	0.15	0.54
		Emboutissage du plomb :			
»	16	En angles..............	2	0.50	1.00
»	»	En goussets..............	1	»	0.80
»	»	Sur cannelures (côtes)..............	5	0.60	3.00
622	17	Bandelette de clouage en zinc fournie et posée..............	0.80	0.33	0.26
616	52	Clouage à piston × 0.05..............	0.80	0.34	0.27
620	131	Pattes cuivre sur plomb..............	3	0.30	0.90
		Sur côtés :			
		Armatures zinc *idem* pour fourniture (*tombant en recouvrement sur cannelures comme celles de rives*).			
		2 fois 0.70.............. 1.40			
»	»	× 0.25 large, produit surface..............	0.35	3.34	1.17
616	32	Façon, pose ; linéaires..............	1.40	1.25	1.75
620	132	Pattes cuivre en plus-value	6	0.20	1.20
		Derrière :			
		Recouvrement en zinc *idem* pour fourniture :			
		Linéaire.............. 0.80			
»	»	× 0.50 large, produit surface..............	0.40	3.34	1.34
616	33	Façon, pose..............	0.80	1.48	1.18
617	65	Goussets..............	2	0.28	0.56
»	64	Angles..............	2	0.15	0.30
»	»	Pattes cuivre, *idem*..............	2	0.20	0.40
		En about de cannelures :			
»	»	Talons zinc fournis, rapportés, soudés......	5	0.30	1.50
»	»	(8) *Pente plâtre, armature de hausse et châssis fourni posé avec accessoires; comme précédents*..............	Mémoire		

MÉTRÉ DE LA COUVERTURE.

NUMÉROS PAGES	SÉRIE				
»	»	1 autre châssis comme celui accoladé n° 6.	1	»	10.20
»	»	Les autres souches et châssis raccordés comme châssis et rives de mur..........	Mémoire		

2 Arêtiers.

»	»	Arêtiers sapin de 0.080 fournis posés : 2 fois 6.70 =...................	13.40	0.99	13.27
»	»	Voligeage dessous; en sapin de 0.013 fourni, posé, cloué : 4 fois 6.70 = 26.80 × 0.11 produit......	2.95	2.05	6.05
		Bavettes de côtés en zinc n° 12 pour fourniture :			
		4 fois 6.85 =................... 27.40			
»	»	× 0.25 large, produit surface.............	6.85	3.34	22.88
»	»	Façon, pose ; linéaires.................	27.40	1.27	34.25
»	»	Talons d'ourlets zinc, rapportés, soudés....	8	0.20	1.60
»	»	1 équerre façonnée, soudée au faîte........	1	»	0.60
»	»	Pattes cuivre, idem ; 4 fois 20 =.......	80	0.20	16.00
		Coupes biaises sur zinc............ 26.80			
		1 fois en plus pour cannelures...... 26.80			
»	»	Ensemble........... 53.60	53.60	0.25	13.40
		Arêtiers en zinc n° 12 pour fourniture, idem bois....................... 13.40			
		Plus ; 6 croisures × 0.05.......... 0.30			
		Linéaires........... 13.70			
»	»	× 0.16 large, produit surface.............	2.25	3.34	7.52
»	»	Façon, pose ; linéaires.................	13.70	0.32	4.38
»	»	Pattes cuivre aux croisures..............	6	0.20	1.20
»	»	Talons zinc.......................	2	0.25	0.50
»	»	Contretalons....................	4	0.20	0.80

Faîtage.

		Faîtage sapin de 0.080 fourni, posé idem; linéaires........................ 13.50			
		Moins :			
		1 souche de.............. 0.40 »			
		1 vitrage de.............. 2.00 »			
		A déduire....... 2.40 = 2.40			
»	»	Reste............. 11.10	11.10	0.99	10.99
»	»	Voligeage sapin idem. 2 fois 11.10 = 22.20 × 0.11 produit.....	2.44	2.05	5.00
		Bavettes de côtés en zinc n° 12 pour fourniture :			
		2 fois 11.10 =................. 22.20			
		Plus :			
		Croisures............... 10 »			
		× 0.05 courant =................ 0.50			
		Equerres................ 2 »			
		× 0.20 courant =................. 0.40			
		Têtes................. 10 »			
		× 0.15 courant =................. 1.50			
		Linéaires............. 24.60			

NUMÉROS PAGES	SÉRIE				
615•	23	× 0.25 large, produit surface............	6.15	3.34	20.54
616	32	Façon, pose ; linéaires..................	24.60	1.25	3.08
620	131	Pattes cuivre idem ; 2 fois 34 = ...	68	0.20	13.60
		Coupes sur zinc................... 22.20			
		Plus 1 fois pour cannelures....... 22.20			
»	»	Ensemble............ 44.40	44.40	0.25	11.10
		Faîtage zinc n° 12 pour fourniture			
		idem bois..................... 11.10			
		Plus : 5 croisures × 0.05 = ... 0.25			
		Linéaires............. 11.35			
»	»	× 0.16 large, produit surface............	1.81	3.34	6.05
»	»	Façon, pose ; linéaires..................	11.35	0.32	3.63
»	»	Pattes cuivre aux croisures.............	5	0.20	1.00
		2 embranchements avec arêtiers pour chaque			
»	»	3 angles = ...	6	0.15	0.90
618	77	Têtes zinc idem.......................	5	0.25	1.25
		(9) Il est probable qu'on ne retrouvera pas dans la pratique l'assemblage de ces 2 types de couverture ; car le dernier est généralement employé pour les hangars, mais nous avons combiné ce comble afin de donner la plupart des raccords applicables à ces systèmes brevetés qui sont la propriété de la Société anonyme des mines et fonderies de zinc de la Vieille-Montagne................................		Obser	vation

COUVERTURES EN LOSANGES DE ZINC (*Système perfectionné breveté s. g. d. g.*)

NUMÉROS DES MODÈLES	DIMENSIONS des DIAGONALES pour calcul des demi-losanges	NOMBRE DES LOSANGES ET DES PATTES PAR M.ᵉ CARRÉ		POIDS DU ZINC, PATTES COMPRISES, PAR MÈTRE CARRÉ DE COUVERTURE										
		Nombre des losanges	Nombre des pattes	N° 9		N° 10		N° 11		N° 12		N° 13		N° 14
			par losange	par m. carré	sans pattes à obturateur	avec pattes à obturateur	sans pattes à obturateur	avec pattes à obturateur	sans pattes à obturateur	avec pattes à obturateur	sans pattes à obturateur	avec pattes à obturateur	sans pattes à obturateur	avec pattes à obturateur
		Pièces												
1	0ᵐ19/0ᵐ35	40 20	»	»	8ᵏ569	7ᵏ614	7ᵏ299	8ᵏ344	8ᵏ467	9ᵏ512	9ᵏ635	10ᵏ680	»	»
2	0ᵐ25/0ᵐ46	21 51	»	»	5.575	6,134	6,194	6,753	7,185	7,744	8,176	8,735	9ᵏ167	9ᵏ726 10ᵏ158 10ᵏ747
3	0ᵐ32/0ᵐ59	12 44	2	25	»	»	6,377	»	7,258	»	8,139	»	9,020	» 9,901
4	0ᵐ40/0ᵐ73	7 79	2	15	»	»	5,613	»	6,424	»	7,235	»	8,046	» 8,857

COUVERTURES EN ZINC CANNELÉ

DIMENSIONS DES FEUILLES	2ᵐ25 long' sur 0ᵐ85 larg' totale ou 0ᵐ80 larg' utile : surface de la feuille 1ᵐ91, surface développée 2ᵐ25						
NUMÉROS du zinc des feuilles..	**12**	**13**	**14**	**15**	**16**	**17**	**18**
ÉPAISSEURS approximatives en ᵐ/ₘ	0ᵐ/ₘ 66	0ᵐ/ₘ 74	0ᵐ/ₘ 82	0ᵐ/ₘ 95	1ᵐ/ₘ 08	1ᵐ/ₘ 21	1ᵐ/ₘ 34
POIDS moyen des feuilles. . .	10ᵏ 39	11ᵏ 65	12ᵏ 91	14ᵏ 96	17ᵏ 01	19ᵏ 06	21ᵏ 10
POIDS moyen du mètre carré .	5ᵏ 44	6ᵏ 10	6ᵏ 76	7ᵏ 83	8ᵏ 90	9ᵏ 98	11ᵏ 05

Nota. — On doit admettre une tolérance de 1/36 en plus ou en moins dans le poids de chaque feuille.

Métré n° 17.

Recouvrements verticaux de murs pignons :
1° En zinc n° 10 par plaques de 0.70 × 0.35 pour imitation de moellon.
2° En zinc n° 14 par feuilles de 0.65 × 1.00 à coulisseaux.
3° En zinc n° 10 à doubles nervures système Baillot.

Fig. 432.

NUMÉROS PAGES	SÉRIE				
		Soit : N° 1. **Imitation de moellon** (*fig.* 432). Recouvrements en zinc n° 10 (*Vieille Montagne*) pour fourniture : $\frac{12.80 \text{ et } 10.00}{2} = 11.40 \times 2.85$ hauteur produit . . . . 32.49 $\frac{10.00 \times 1.50}{2}$ produit . . . . 7.50 Surface 39.99			
»	»	× 4^k,365 le mètre développé ; pesant . . . . Façon pose (*fig.* 433). Surface 39.99	174^{k}560 39.99	0.704 1.50	122.89 60.00
»	»	Pattes zinc P', fournies, soudées, clouées. Surface . . . . 39.99 × 4 au mètre = ... Pattes d'agrafe zinc P, fournies, posées, clouées.	160	0.13	20.80
»	»	Surface . . . . 39.99 × 8 au mètre = ... (1) *Papier goudronné sous le zinc, s'il y a lieu*	320 Mémoire	0.05	16.00

Revêtement en plaques rectangulaires pour imitation de pierres.

P *Pattes N° 4 allongées.*
P' *Pattes soudées.*

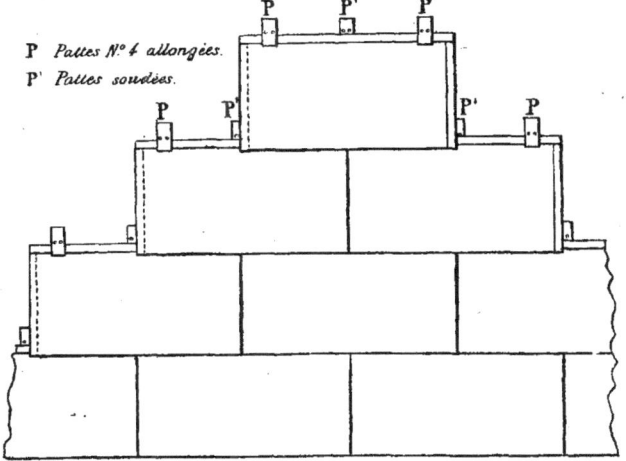

Fig. 433.

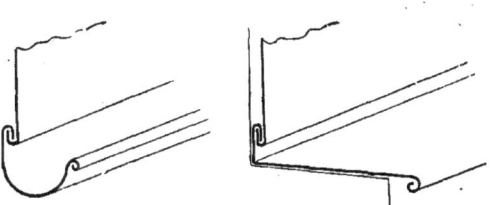

Fig. 434 et 435.

NUMÉROS PAGES	SÉRIE				
		Par le bas : Plus-value de pince façonnée pour agrafure; Sur gouttière (*comme fig. 434*); Ou bandeau (*comme fig. 435*);			
616	37	Linéaires....................	12.80	0.06	0.77
		(2) *Gouttière ou bandeau comme précédents.*.............................	Mémoire		

MÉTRÉ DE LA COUVERTURE.

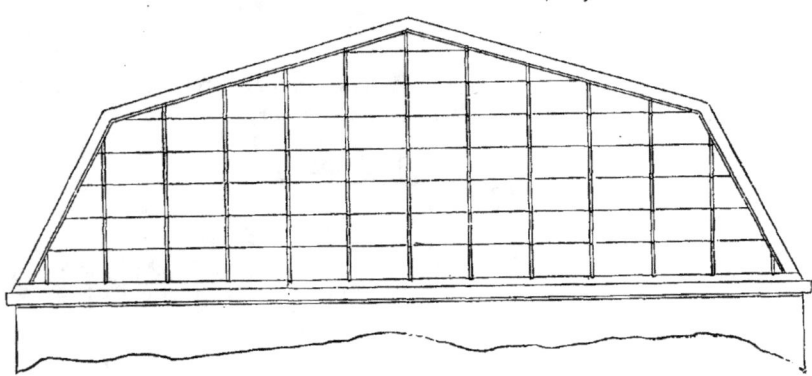

Fig. 436.

NUMÉROS PAGES	SÉRIE					

»	»	En rives :
		Coupes biaises sur zinc
		   2 fois 3.20 = ... 6.40
		   3 fois 5.20 = ... 10.40
		          Ensemble............ 16.80
			16.80	0.20	3.36

		(3) *Raccords de rives avec tasseau bande de rive et couvrejoints idem précédents*...	Mémoire			

N° 2. Recouvrements à coulisseaux

(fig. 436)

Recouvrements en zinc n° 14 pour fourniture.

(Partant du bas)

1ᵉʳ rang.

   2 fois 0.30 réduit = ... 0.60 »
  12 fois 1.00 = ... 12.00 »
    Coulisseaux.......... 13 » »
× 0.20 courant = ... 2.60 »

2ᵉ rang.

   2 fois 0.90 réduit = ... 1.80 »
  10 fois 1.00 = ... 10.00 »
    Coulisseaux.......... 11 » »
× 0.20 = ... 2.20 »

3ᵉ rang.

   2 fois 0.70 réduit = ... 1.40 »
  10 fois 1.00 = ... 10.00 »
    Coulisseaux.......... 11 » »
× 0.20 courant = ... 2.20 »

NUMÉROS						
PAGES	SÉRIE					
		4ᵉ rang.				
		2 fois 0.40 réduit = ...	0.80	»		
		10 fois 1.00 = ...	10.00	»		
		Coulisseaux............ 11	»	»		
		× 0.20 courant = ...	2.20	»		
		5ᵉ rang.				
		10 fois 1.00 = ...	10.00	»		
		Coulisseaux............ 9	»	»		
		× 0.20 courant = ...	1.80	»		
		Aux abouts :				
		2 fois 0.35 (bas) = .. 0.70	»	»		
		Coulisseaux...... 2 »	»	»		
		× 0.20 courant = ... 0.40	»	»		
		Linéaires (a).. 1.10	»	»		
		× 0.33 largeur réduite (hauteur)				
		produit......................	»	0.36		
		6ᵉ rang.				
		6 fois 1.00 = ...	6.00	»		
		Coulisseaux............ 7	»	»		
		× 0.20 courant = ...	1.40	»		
		Aux abouts :				
		4 fois 0.80 = ... 3.20	»	»		
		Coulisseaux'...... 2 »	»	»		
		× 0.20 courant = ... 0.40	»	»		
		Linéaires (b)... 3.60	»	»		
		× 0.45 largeur réduite, produit.	»	1.62		
		7ᵉ rang.				
		2 fois 0.80 = ...	1.60	»		
		Coulisseaux............ 3	»	»		
		× 0.20 courant = ...	0.60	»		
		Aux abouts :				
		4 fois 0.80 = ... 3.20	»	»		
		Coulisseaux....... 2 »	»	»		
		× 0.20 courant = ... 0.40	»	»		
		Linéaires (c)... 3.60	»	»		
		× 0.45 largeur réduite, produit..	»	1.62		
		8ᵉ rang.				
		En écoinçon de tête :				
		2 fois 0.80 = ... 1.60	»	»		
		Coulisseaux ...... 2 »	»	»		
		× 0.20 courant = ... 0.40	»	»		
		Linéaires (d) 2.00	»	»		
		× 0.45 largeur réduite, produit.	»	0.90		
		Plus :				
		1 coulisseau (e) de..... 0.20	»	»		
		courant × 0.65 longueur produit	»	0.13		
		Linéaires (f) ensemble	77.20	»		
		× 0.65 largeur, produit............	»	50.18		
615	23	Surface.................	54.81	54.81	4.15	227.46

NUMÉROS PAGES	SÉRIE						
		Façon pose de recouvrements en zinc :					
		1° de 0.26 à 0.50 large :					
		Linéaires (a)......................	1.10				
		— (b)......................	3.60				
		— (c)......................	3.60				
		— (d)......................	2.00				
		Linéaires	10.30				
		Plus-value de façon par bouts					
		de 1.00 = ... 10.30	»				
		Moins sur coulisseau.. 8 »	»				
		× 0.20 courant = ...	1.60	»			
		Soit 1/10 × .... 8.70 =	0.87				
616	33	Ensemble................	11.17	11.17	1.48	16.53	
		2° de 0.51 et au-dessus :					
		Linaires (e)...............	0.20				
		Linéaires (f) = ...	77.20				
		Plus-value de façon idem. 77.40	»				
		Moins sur coulisseaux. 66 »	»				
		× 0.20 courant = ...	13.20	»			
		Soit 1/10 × .... 64.20 =	6.42				
»	34	Ensemble..............	83.82	83.82	1.65	138.30	
		Pattes d'agrafe en cuivre rouge étamé, fournies, posées en plus-value.					
620	132	Ensemble.....................		228	0.20	45.60	
		(4) *Mêmes annotations que celles 1, 2 et 3.*	Mémoire				

N° 3. Recouvrements à doubles nervures système Baillot (*fig.* 437).

Recouvrements en zinc n° 10 à doubles nervures système Baillot, pour fourniture.

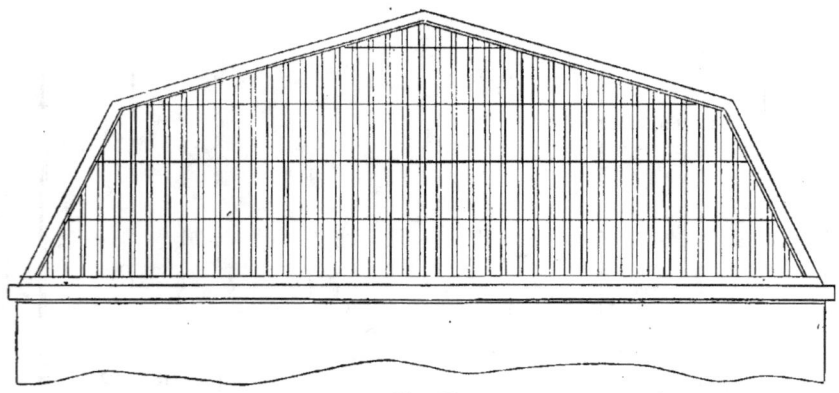

Fig. 437.

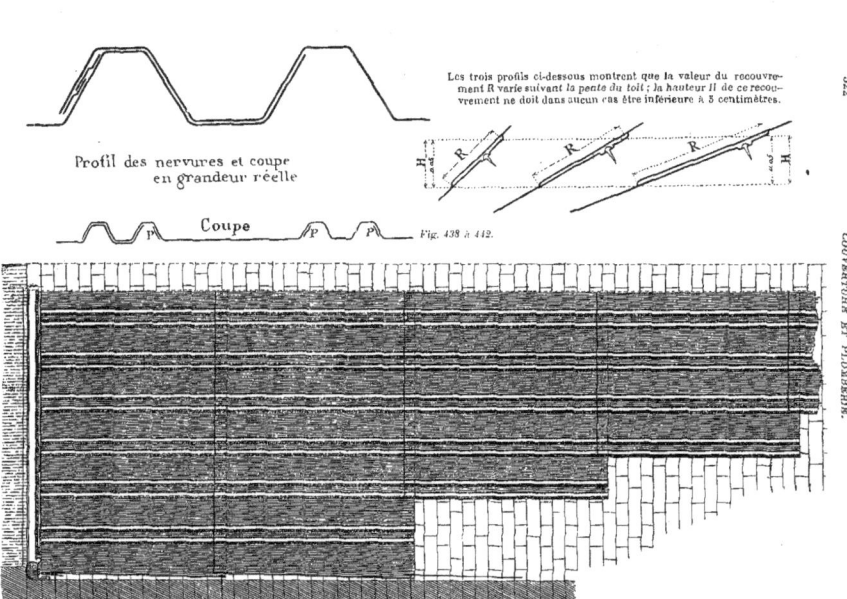

Profil des nervures et coupe en grandeur réelle

Les trois profils ci-dessous montrent que la valeur du recouvrement R varie suivant la pente du toit ; la hauteur H de ce recouvrement ne doit dans aucun cas être inférieure à 3 centimètres.

Coupe

Fig. 438 à 442.

MÉTRÉ DE LA COUVERTURE.

NUMÉROS PAGES	SÉRIE				
		Même surface qu'au type n° 1 = ... 39.99 × 4^k,770 le mètre, pesant...............	190^k,800	0.737	140.62
		Façon de pose de ces recouvrements. Surface.......................	39.99	1.00	39.99
		Coupes biaises sur zinc à doubles nervures. Mêmes linéaires que n° 1...............	16.80	0.40	6.72
		(5) *Mêmes annotations que celles 1, 2 et 3.*	Mémoire		

Renseignements pratiques.

La valeur du recouvrement R varie suivant la pente de la couverture (Voir *fig.* 440 à 442), mais la projection verticale H de ce recouvrement ne doit pas être moindre de cinq centimètres. C'est sur ce principe que sont établis les renseignements donnés dans le tableau ci-après.

POIDS DU ZINC PAR MÈTRE CARRÉ DE COUVERTURE Y COMPRIS LES PATTES D'ATTACHE.

Feuilles à doubles nervures espacées de 0^m,140 de 1^m,00 de hauteur sur 0^m,95 de largeur (largeur développée 1^m,125).

VALEUR DU RECOUVREMENT R pour les pentes ci-dessous.	NUMÉROS DU ZINC								POIDS DES PATTES seules	NOMBRE DE FEUILLES par mètre carré
	8	9	10	11	12	13	14	15		
	kil.	kil.	kil.	kil.	kil.	kil.	kil.	kil.		
0^m,05 pour revêtements de murs.................	3.85	4.31	4.77	5.31	6.25	6.99	7.72	8.93	0.15	1.18
0^m,10 pour pente de 58 p. 0/0..	4.06	4.55	5.03	5.81	6.59	7.37	8.15	9.42	0.16	1.25
0^m,15 — — 35 p. 0/0..	4.30	4.81	5.33	6.16	6.98	7.81	8.63	9.97	0.17	1.32
0^m,20 — — 26 p. 0/0..	4.57	5.12	5.66	6.54	7.42	8.29	9.17	10.80	0.18	1.41

Ces poids s'entendent pour l'application du système tant sur voliges jointives ou espacées que sur lattis et cours de pannes en bois ou en fer.

Nombre de pattes par feuille :

Sur voliges jointives ou espacées, et sur lattis = 8 pattes en zinc n° 19.

Sur pannes en fer = 4 pattes en fer étamé et 1 patte en zinc n° 19.

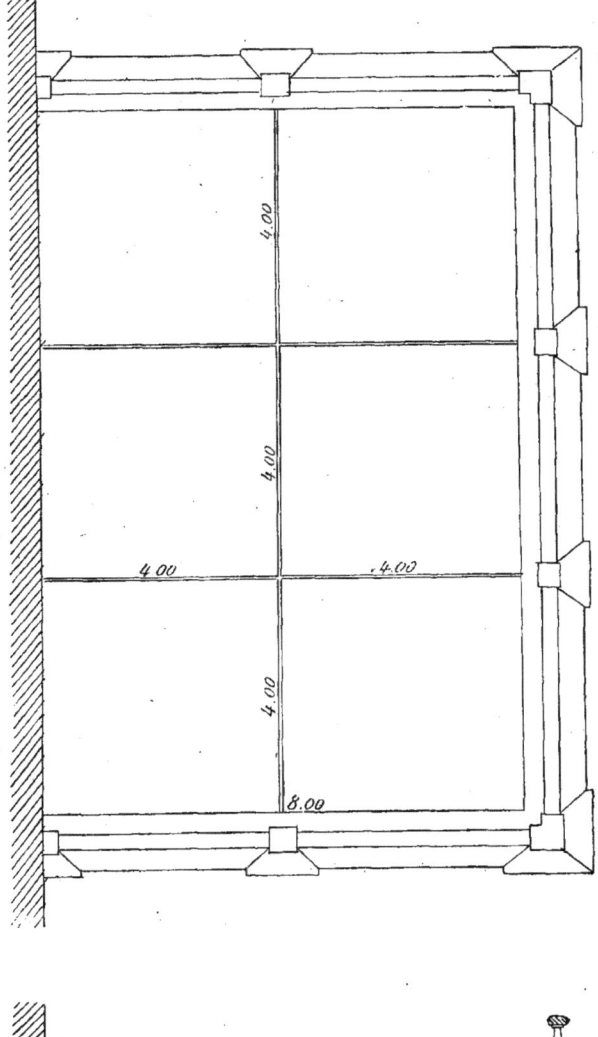

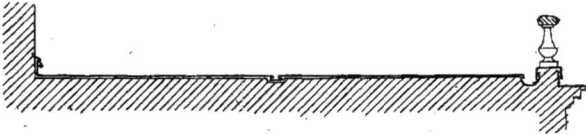

Fig. 444 et 445.

MÉTRÉ DE LA COUVERTURE.

NUMÉROS PAGES	SÉRIE				
		Métré n° 18.			
		Terrasse recouverte en plomb avec besaces de dilatation en caniveaux; corniche d'entablement soubassement, de balustres et couronnement recouverts en plomb (*fig.* 444 et 445).			
		Terrasse (*Annexe de droite*).			
		Pentes en plâtre pur de 0.05 épaisseur réduite.			
620	133,134	6 fois 4.00 = ... 24.00 × 4.00 produit surface..................	96.00	2.00	192.00
		Plus-value de pentes, en plâtre passé au tamis de soie ; Même surface...........................	96.00	0.88	84.48
		Recouvrements de terrasse en plomb de 0.004 épaisseur pour fourniture.			
		Côté de gauche :			
		3 fois 4.06 = ... 12.18 » × 4.18 produit................. 50.91			
		Côté de droite :			
		3 fois 4.06 = ... 12.18 » × 4.06 produit................. 49.45			
		Surface............... 100.36			
622	1	× 45^k,40 le mètre, pesant.................	4556^{k}34	0.42	1913.66
»	6	Façon pose de plomb en terrasse ; Pesant..................................	4556^{k}34	0.06	273.38
»	15	Plus-value de reliefs emboutis sur plomb (*côté mur*); 3 fois 4.06 = ...	12.18	0.50	6.09
		Plus-value de larmiers emboutis sur plomb au-dessus des chéneaux :			
		Face et fond ; 2 fois 8.06 = ... 16.12 A droite ; 1 fois = ... 4.06 — 2 fois 4.06 = ... 8.12			
»	»	Linéaires............... 28.30	28.30	0.50	14.15
		Goussets emboutis sur plomb; au droit des murs......................................	2	0.80	1.60
»	16	Angles emboutis sur plomb.............	4	0.50	2.00
		(1) *Les bandes de solins avec joints en ciment comme aux précédents métrés*....	Mémoire		

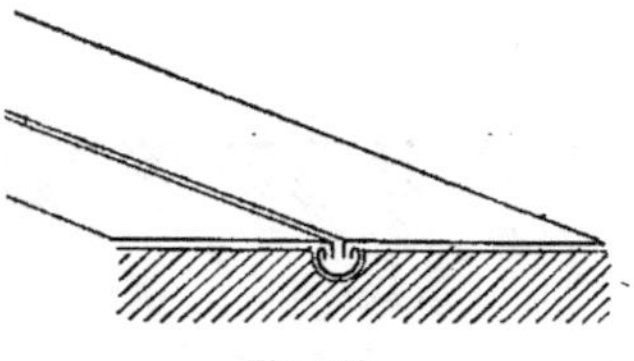

Fig. 446.

NUMÉROS PAGES	SERIE				
		Caniveaux (*de besaces*, fig. 446).			
		Caniveaux façonnés dans les pentes en plâtre compris refouillements, gorges et cueillies; comme pentes.................... 12.00 2 fois 8.00 = ... 16.00			
623	22	Linéaires................ 28.00	28.00	1.30	36.40
		Garnitures en plomb neuf de 0.003 épaisseur pour fourniture. Même linéaires.......... 28.00			
		Plus :			
		Têtes....................... 2 » $\times$ 0.15 courant.................. 0.30 Larmiers................... 4 » $\times$ 0.15 courant = ... 0.60 Embranchements........... 8 » $\times$ 0.10 courant (*à demi d'équerre*). 0.80			
		Ensemble............ 29.70 $\times$ 0.16 développé réduit, produit surface 4.75 $\times$ 34^k,05 le mètre, pesant............	161^{k}74	0.42	67.93
622	4	Façon, pose de plomb, comme chéneaux cintrés en gorges ; Pesant................................	161^{k}74	0.18	29.11
		Plus-values de :			
		Pinces façonnées sur plomb :			
»	»	2 fois 28.00 = ...	56.00	0.60	33.60
		Aux têtes :			
»	»	Collets circulaires battus sur plomb 2 fois 0.10 = ...	0.20	1.00	0.20
642	201	Soudure au fer mahon sur plomb ; Même linéaires................	0.20	2.47	0.49
		Sur terrasse :			
»	»	Goussets emboutis *idem* ; 2 fois 2 = ...	4	0.80	3.20
»	»	Angles emboutis *idem*...............	4	0.50	2.00
		Aux intersections des caniveaux :			
»	»	8 embranchements découpés, façonnés sur caniveaux ; pour chaque 3 angles = ...	24	0.50	12.00
»	»	Soudure sur plomb *idem* ; 4 fois 0.25 = ...	1.00	»	2.47
		Aux larmiers :			
»	»	Entailles circulaires sur chéneaux en plomb.	4	0.30	1.20
»	»	Collets battus *idem*, de 0.20 développé....	4	0.20	0.80
»	»	Goussets *idem* ; 4 fois 2 = ...	8	0.80	6.40
»	»	Angles *idem*........................	8	0.50	4.00
»	»	(2) *Les chéneaux comme aux précédents* métrés.................................	Mémoire		

MÉTRÉ DE LA COUVERTURE.

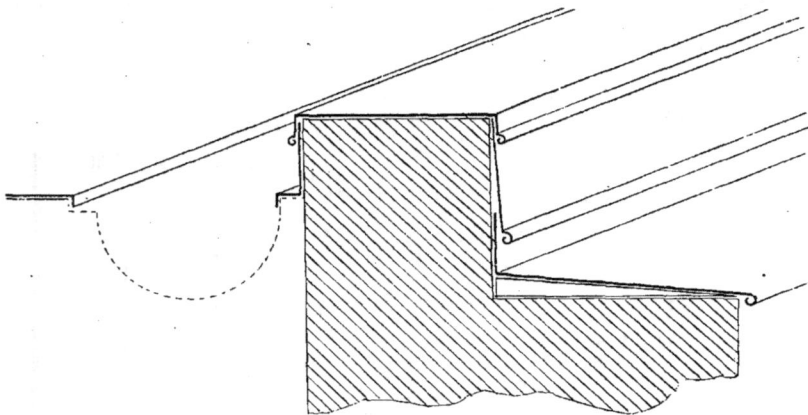

Fig. 447.

NUMÉROS PAGES	SÉRIE				
		Corniche d'entablement et socle de balustres (fig. 447).			
		Corniche :			
		Glacis en pente, en plâtre pur de 0.015 épaisseur réduite : 1 fois............... 14.20			
		2 fois 8.60 = ... 17.20			
		Linéaires................ 31.40			
619	103	× 0.40 largeur, produit surface...........	12.56	1.25	15.70
		Les bandes d'agrafure en zinc n° 16 pour fourniture			
		1 fois...................... 14.10			
		2 fois 9.15 = ... 18.30			
		14 fois 0.10 (décrochements) =. 1.40			
		Équerres.................. 30 »			
		× 0.20 courant = ...			6.00
		Linéaires 39.80			
»	»	× 0.16 largeur, produit surface	6.37	5.46	34.78
		Façon, pose desdites bandes ;			
616	25	Linéaires	39.80	0.25	9.95
»	36	Plus-value d'ourlet façonné sur zinc........	39.80	0.10	3.98
»	»	Onglets façonnés soudés...............	30	0.20	6.00
		Aux fonctions :			
		Goujons cylindriques de renfort, en cuivre rouge étamé :			
		Fournis......................	7	0.50	3.50
		Ajustés dans l'ourlet et soudés	7	0.25	1.75

COUVERTURE ET PLOMBERIE.

NUMÉROS PAGES	SÉRIE				
642	206	Trous tamponnés dans la pierre (*espacés de* 0.20) ; 1ᵉʳ rang............................ 169 2ᵉ rang chevauché............... 160 Ensemble............... 338	338	0.16	54.08

		Recouvrement de corniche en plomb neuf de 0.0025 d'épaisseur pour fourniture.
		Entre-deux de pilastres ;
		Face et fond :
		  2 fois 2.72 = ... 5.44 »
		  2 fois 3.10 = ... 6.20 »
		A droite :
		  2 fois 3.10 = ... 6.20 »
		  1 fois 2.85................... 2.85 »
		Plus :
		  Besaces................. 7 » »
		  × 0.12 = ... 0.84 »
		  Linéaires........... 21.53
		× 0.55 largeur, produit surface..... 11.84
		Sur pilastres adossés :
		  2 fois 0.64 = ... 1.28 »
		Sur pilastres isolés ;
		  4 fois 1.28 = ... 5.12 »
		Sur pilastres d'angles ;
		  4 fois 1.58 = ... 6.32 »
		  Equerres................. 2 » »
		  × 0.20 courant = ... 0.40 »
		  Têtes................... 2 » »
		  × 0.10 hauteur.............. 0.20 »
		  Linéaires.................. 13.32 »
		× 0.65 largeur, produit........... 8.66
		Surface................... 20.50			

622	1	× 28ᵏ,40 le mètre : pesant....................	582ᵏ20	0.42	244.52
622	9	Façon. pose de plomb, en bavette, pesant...	582ᵏ20	0.15	87.33
»	14	Plus-value de plomb embouti sur ourlets. Linéaires	39.80	0.60	23.88
»	»	Onglets façonnés sur plomb..............	30	0.60	18.00
»	»	Soudure *idem* sur plomb ; 30 fois 0.04 = ...	1.20	2.47	2.96

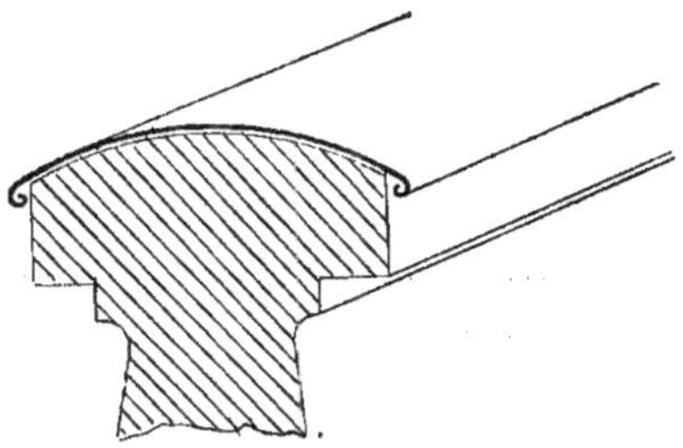

Fig. 448

MÉTRÉ DE LA COUVERTURE.

NUMÉROS PAGES	SÉRIE	Désignation			
»	»	Fausses équerres façonnées embouties sur plomb............	14	0.75	10.50
»	»	*Besaces de dilatation sur baguette comme à l'accolade n° 30 du métré n° 15*......	Mémoire		
		Aux abouts :			
»	»	Goussets embouties sur plomb............	2	0.80	1.60
»	»	Angles façonnés sur plomb...............	2	0.50	1.00
»	»	Soudure *idem* sur plomb ; 2 fois 0.10 = ..	0.20	2.47	0.49
		Aux pilastres :			
		Goussets en plomb neuf *idem* :			
»	»	Fournis................	14	0.15	2.10
»	»	Façonnés posés............	14	0.80	11.20
»	»	Angles façonnés sur plomb...............	28	0.50	14.00
		Soudure sur plomb *idem* :			
»	»	14 fois 0.30 = ...	4.20	2.47	10.37
		Au dessus :			
		Armature verticale en plomb neuf de 0.0025 pour fourniture.			
		1 fois............ 13.32			
		2 fois 8.65 = ... 17.30			
		Plus :			
		Croisures........... 7 »			
		× 0.05 = ... 0.35			
		Aux décrochements........... 14 »			
		× 0.10 = ... 1.40			
		Têtes........... 2 »			
		× 0.10 = ... 0.20			
		Linéaires............ 32.57			
»	»	× 0.23 largeur, produit surface 7.50 × 28^k,40 le mètre, pesant..........	213^{k}00	0.42	89.46
»	»	Façon pose de plomb, en bavette, pesant...	213^{k}00	0.15	31.95
»	»	Angles façonnés sur plomb...............	32	0.50	16.00
		Ourlet façonné sur plomb ;			
»	»	Linéaires............	32.37	0.60	19.42
»	»	Onglets façonnés et soudés sur plomb.....	30	0.60	18.00
620	131	Pattes d'agrafe en cuivre rouge fournies posées *idem* ; ensemble............	128	0.30	38.40
		En tête :			
»	17	Bandelettes de clouage en zinc neuf, fournies posées ; linéaires............	32.22	0.33	10.63
616	52	Clouage à piston × 0.05............	32.22	0.34	10.95
		Trous tamponnés *idem*............	322	0.16	51.52
		Côté du chéneau :			
		Sur banquette :			
		Recouvrements en plomb neuf de 0.003 épaisseur pour fourniture.			
		1 fois............ 12.50			
		2 fois 8.25 = ... 16.50			
		Plus :			
		Croisures........... 7 »			
		× 0.05 = ... 0.35			

Sciences générales.   COUVERTURE ET PLOMBERIE. — TOME II. — 34.

COUVERTURE ET PLOMBERIE.

NUMÉROS PAGES	SÉRIE				
		Équerres................ 2 »			
		× 0.20 courant............ 0.40			
		Têtes................... 2 »			
		× 0.10 =.................. 0.20			
		Linéaires............ 29.95			
		× 0.18 largeur, produit surface 5.39 × 34^k,05			
»	»	le mètre, pesant............................	183^{k}53	0.42	77.08
»	»	Façon pose, pesant.........................	183^{k}53	0.15	27.53
		Plus-value d'angles saillant et rentrant emboutis sur plomb ;			
»	»	2 fois 29.35 linéaires = ...	58.70	0.60	35.22
		Aux abouts :			
»	»	Goussets emboutis......................	2	0.80	1.60
»	»	Angles —	2	0.50	1.00
»	»	Angles façonnés.......................	2	0.50	1.00
»	»	Soudure sur plomb *idem* ; 2 fois 0.05.....	0.10	2.47	0.25
»	»	2 Équerres façonnées pour chaque 3 angles =	6	0.50	3.00
»	»	Soudure sur plomb ; 2 fois 0.20 = ...	0.40	2.47	0.99
		Aux pilastres :			
		Goussets en plomb *idem ;*			
»	»	Fournis................................	14	0.15	2.10
»	»	Façonnés posés.........................	14	0.80	11.20
»	»	Angles façonnés *idem*...................	28	0.50	14.00
»	»	Soudure sur plomb ; 14 fois 0.14 = ...	1.96	2.47	4.84
		Bandelettes clouage et trous tamponnés *idem*	Mémoire		

Soubassement de balustre.

Recouvrement en plomb neuf de 0.003 épaisseur pour fourniture.

Entredeux :
Face et fond :
2 fois 3.50 = ... 7.00 »
2 fois 3.90 = ... 7.80 »

A droite :
2 fois 3.80 = ... 7.60 »
1 fois.................. 3.65 »
Linéaires............... 26.05 »
× 0.47 largeur, produit............ 12.24

Sous pilastres :
2 fois 0.35 = ... 0.70 »
4 fois 0.65 = ... 2.60 »
4 fois 0.42 réduit = ... 1.68 »

Plus :
Têtes................... 2 » »
× 0.10 = ... 0.20 »
Linéaires............ 5.18 »
× 0.57 largeur, produit 2.95

Surface............... 15.19

»	»	× 34^k,05 le mètre, pesant................	517^{k}22	0.42	217.23
»	»	Façon, pose, pesant.......................	517^{k}22	0.15	77.58

NUMÉROS						
PAGES	SÉRIE					
		Emboutis sur plomb (1 *côté comprenant*) :				
		1 *larmier*........................	0.50			
		1 *ourlet*.........................	0.60			
		1 *angle rentrant pour ourlet chassé*............................	0.50			
		Ensemble............	1f 60			
		Soit :				
		4 fois 8.50 réduit = ...	34.00			
		2 fois 12.85 — = ...	25.70			
		Plus :				
		14 fois 0.08 = ...	1.12			
		14 fois 0.10 = ...	1.40			
»	»	Linéaires...............	62.22	62.22	1.60	99.55
»	»	Angles façonnés.......................		58	0.50	29.00
»	»	Onglets façonnés *idem*.................		54	0.60	32.40
		Soudure sur plomb :				
		2 fois 0.05 = ...	0.10			
		2 fois 0.10 = ...	0.20			
		28 fois 0.09 réduit = ...	2.52			
»	»	Linéaires...............	2.82	2.82	2.47	6.97
»	»	Pattes cuivre *idem* ; 2 fois 124 = ...		248	0.30	74.40
		Couronnement des balustres				
		(*fig.* 448).				
		Les bandes d'agrafe et trous tamponnés comme précédents......................		Mémoire		
		Recouvrements en plomb de 0.0025 épaisseur pour fourniture.				
		Face et fond :				
		2 fois 3.50 = ...	7.00 »			
		2 fois 3.90 = ...	7.80 »			
		A droite :				
		2 fois 3.80 = ...	7.60 »			
		1 fois.........................	3.55 »			
		Plus :				
		Têtes................. 14 ·	» »			
		de 0.05 = ...	0.70 »			
		Besaces............... 7	» »			
		× 0.12 = ...	0.84 »			
		Linéaires	27.49 »			
		× 0.45 largeur, produit............	12.37			
		Sur pilastres :				
		2 fois 0.31 = ...	0.62 »			
		4 fois 0.57 = ...	2.28 »			
		4 fois 0.45 réduit = ...	1.80 »			
		Linéaires......................	4.70 »			
		× 0.50 largeur, produit	2.35			
		Surface..................	14.72			

NUMÉROS PAGES	SÉRIE				
»	»	$\times$ 28^k,40 le mètre, pesant..................	418^{k}00	0.42	175.56
»	»	Façon pose comme plomb en bavette, pesant...................................	418^{k}00	0.15	62.70
		Ourlets en plomb, emboutis :			
		4 fois 8.45 réduit = ... 16.90			
		2 fois 12.30 réduit = ... 24.60			
		Plus ; aux pilastres :			
		14 fois 0.40 = ... 5.60			
»	»	Linéaires..................... 47.10	47.10	0.60	28.26
		Aux recouvrements d'entredeux et en amortissement sur pilastres.			
		Reliefs façonnés sur plomb :			
		14 fois 0.45 = ... 6.30			
		Plus-value de circulaire......... 6.30			
»	»	Linéaires............... 12.60	12.60	0.50	6.30
		Les besaces de dilatation, à baguette à compter comme précédentes et doubler les façons pour circulaires ou courbure.....	Mémoire		
»	»	Onglets façonnés.......................	32	0.60	19.20
»	»	Soudure sur plomb ; 32 fois 0.04 = ...	1.28	2.47	31.62
		Bandes de solins sur mur, comme précédentes...................................	Mémoire		

Métré n° 19.

Dôme recouvert en ardoises de plomb taillées en ogive (*fig.* 449 *et* 450).

NUMÉROS PAGES	SÉRIE				
		Métré.			
		Couverture en ardoises, plomb en table de 0.0025 épaisseur pour fourniture.			
		(1) *Considérant que, dans un travail parfait, nous aurons autant d'ardoises au sommet qu'à la base, nous établissons le détail comme suit :*			
		Bas circonférence......... 24^m,82			
		Contiendra............... 203 ardoises			
		de chaque 0.122 $\times$ 0.16 hauteur produit..................... 0.0195			
		Au sommet :			
		La circonférence ayant.... 6^m,28			
		Contiendra............... 203 ardoises			
		de chaque 0.031 $\times$ 0.16 produit.... 0.0050			
		Ensemble....... 0.0245			
		———— 2			
		= 0.01225 surface moyenne d'une ardoise.			
		La hauteur couverte du comble étant 5.12 donnera 64 pureaux de 0.08 hauteur			

MÉTRÉ DE LA COUVERTURE.

NUMÉROS PAGES	SÉRIE				
		ou:			
		64 fois 203 ardoises = ... 12992			
		× 0.01225 produit surface......... 159.15			
622	1	× 28ᵏ,40 le mètre : Pesant..................	4519ᵏ86	0.42	1898.34

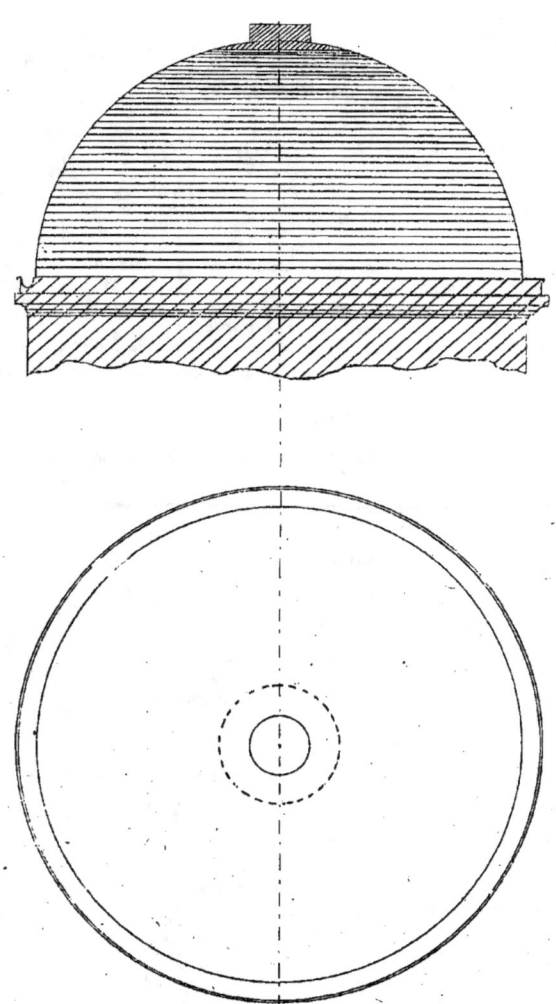

Fig. 449 et 450.

NUMÉROS PAGES	SÉRIE				
Com	posé	Façon découpage et pose d'ardoises en plomb forme ogive (fig. 451); ou écaille; ensemble.	129 92	0.25	3248.00
		Bandelettes de clouage en zinc neuf fournies, façonnées, posées.			
		Circonférence du bas...... 24.82			
		Circonférence au sommet.. 6.28			
		Ensemble...... 31.10			
		= 15.55 réduite 2			
		soit :			
		64 fois 15.55 = ...	995.20	0.33	328.42
		Clouage espacé de 0.05 *idem*............	995.20	0.34	338.37

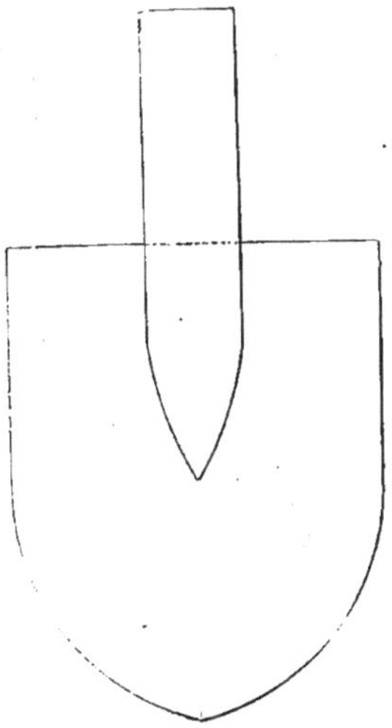

Fig. 451.

(2) *La forme en plâtre est considérée comme faite par le maçon.*

Les chéneaux circulaires, les raccords au sommet et les échafaudages comme aux précédents métrés...................... Mémoire

Métré n° 20.

Dôme recouvert en plomb, par tables de 1.50 hauteur à arêtiers formant besaces de dilatation (*fig.* 452 *et* 453).

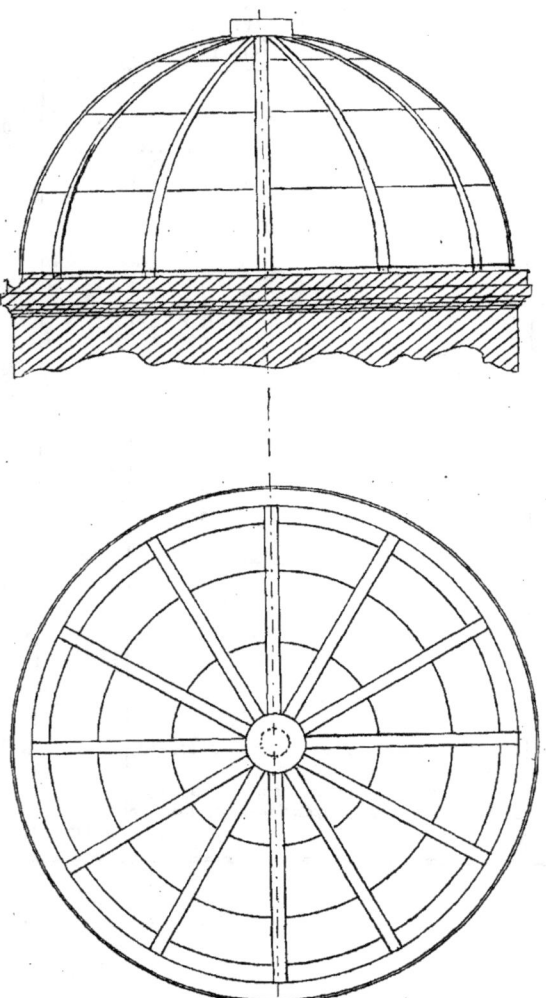

Fig. 452 et 453.

COUVERTURE ET PLOMBERIE.

NUMÉROS PAGES	SÉRIE	Métré.			
		1 secteur :			
		Recouvrement en plomb neuf en tables de 0.0025 d'épaisseur pour fourniture :			
		Longueur bas 1.93			
		» sommet..... 0.13			
		Ensemble........ $\frac{2.06}{2}$=1.03 réduite			
		Hauteur............ 5.65			
		plus croisures 2 × 0.15.=0.30			
		Relief en tête......... 0.15			
		Ensemble............ 6.10			
		Soit 1.03 × 6.10 produit surface... 6.28			
622	1	× 28^k,40 le mètre : Pesant................	178^k, 35	0.42	74.91
Com	posé	Façon pose de plomb sur dôme pesant......	178^k, 35	0.25	44.59
		Plus-value de coupes sur plomb *(en compensation du déchet)*.			
		Biaises :			
»	»	2 fois 6.10.............................	12.20	0.20	2.44
		Circulaires :			
»	»	4 fois 1.03 réduit......................	4.12	0.30	1.24
		Reliefs façonnés sur plomb *(côtés)*.			
		2 fois 5.95..................... 11.90			
		Plus-value de circulaire :			
		1 fois en plus............... 11.90			
622	15	Linéaires .... $\overline{23.80}$	23.80	0.50	11.90
		En tête :			
»	16	Angles façonnés sur plomb	2	0.50	1.00
		Soudure sur plomb, 2 fois 0.04.........	0.08	2.47	0.20
		Pattes d'agrafe en cuivre rouge étamé fournies posées.			
620	131	4 fois 6 réduit......................	24	0.30	7.20
		(1) *Nous supposons que des traverses en bois ont été préparées dans la construction de la ferme, afin de recevoir le clouage de ces pattes.*	Mémoire	»	»

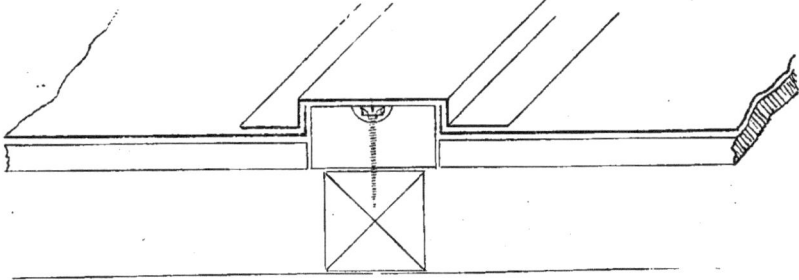

Fig. 454.

MÉTRÉ DE LA COUVERTURE.

NUMÉROS PAGES	SÉRIE				
		1 Arêtier-besace (*fig.* 454).			
		La membrure de besace en sapin refait assemblé pour comble avec montage compris débillardement sur 2 faces et tous assemblages :			
Composé	Charpente	Linéaires........................	5.65	11.95	67.52
		Vis fer tête carrée de 0.16 longueur, fournies posées ; ensemble..................			
Serrurerie	»		6	0.93	5.58
Charpente	265,266	Trous de boulons sur bois.............	6	0.46	2.76
Charpente	267	Encastrement de têtes de boulons........	6	0.11	0.66
		Mains d'arrêts en cuivre *idem* fournies, posées, clouées ; 2 fois 17 = ...			
620	131		34	0.30	10.20
		Recouvrement de besace en plomb *idem*, pour fourniture........ 5.65			
		Plus :			
		Croisures 5 × 0.10 = ... 0.50			
		Tête et talon 2 × 0.15 courant 0.30			
		Ensemble........... 6.45			
		× 0.50 largeur produit surface....... 3.23			
622	1	× 28^k.40 le mètre, pesant.................	91^k,73	0.42	38.53
		Façon pose de plomb comme bavette ;			
		Pesant............... 91^{k}73			
		Plus-value de circulaire :			
		1 fois en plus.................. 91.73			
»	9	Ensemble................. 183^{k}46	183^k,46	0.15	27.52
		Angles saillants et rentrants emboutis sur plomb, comme reliefs.			
		4 fois 6.45............... 25.80			
		Plus-value de circulaire :			
		1 fois en plus.................. 25.80			
»	15	Ensemble............... 51.60	51.60	0.50	25.80
		Pattes cuivre, *idem*.			
		Sur côtés :			
		2 fois 17 = ... 34			
		Aux croisures :			
		5 fois 4 = ... 20			
»	»	Ensemble................. 54	54	0.30	16.20
		Au talon :			
»	»	Angles façonnés sur plomb.............	2	0.50	1.00
		Soudure au fer mahon sur plomb,			
»	»	2 fois 0.05.....................	0.10	2.47	0.25
»	»	Goussets emboutis...................	2	0.80	1.60
»	»	Angles emboutis....................	2	0.50	1.00
		En tête :			
»	»	Goussets en plomb, fournis.............	2	0.15	0.30
»	»	— — façonnés, posés.......	2	0.80	1.60
»	»	Angles façonnés sur plomb.............	2	0.50	1.00
		Soudure *idem* sur plomb :			
»	»	2 fois 0.25.....................	0.50	2.47	1.24
»	»	Pattes cuivre, *idem*...................	7	0.30	2.10

COUVERTURE ET PLOMBERIE.

NUMEROS PAGES	SERIE				
»	»	11 autres secteurs semblables à celui ci-dessus....................	11	348.34	3831.74
»	»	(1) *Même observation qu'au précédent métré pour forme en plâtre, chéneaux, raccords et échafaudages.*	Mémoire	»	»

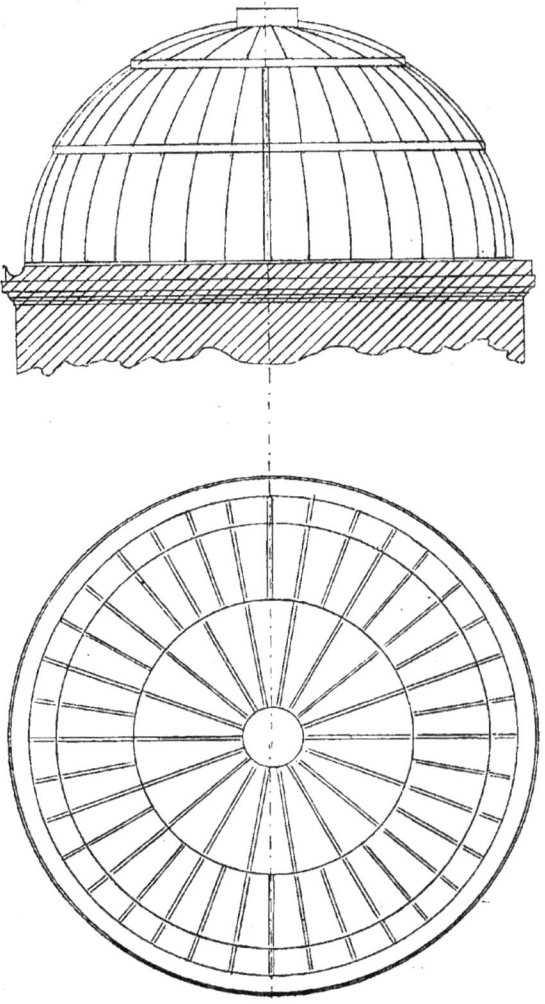

Fig. 455 et 456.

MÉTRÉ DE LA COUVERTURE. 539

Métré n° 21.

Dôme recouvert en zinc n° 14 sur voligeage en sapin de 0.018 d'épaisseur tasseaux de 0.054, couvre-joints de 0.10 large (*fig.* 455 *et* 456).

NUMÉROS PAGES	SÉRIE	Métré.			
		1 *Secteur:*			
		Voligeage sapin de 0.018 épaisseur fourni posé et cloué jointif.			
		Par le bas:			
		$\dfrac{1.40 \text{ et } 1.24}{2} =$ .... 1.32 »			
		× 1.90 hauteur, produit............. 2.51			
		Devant le premier ressaut:			
		1.24 × 0.08 hauteur, produit....... 0.10			
		Au dessus:			
		$\dfrac{1.24 \text{ et } 0.86}{2} =$ .... 1.05 »			
		× 1.90 hauteur, produit............. 2.00			
		Devant le deuxième ressaut:			
		0.86 × 0.08 hauteur, produit...... 0.07			
		Au dessus:			
		$\dfrac{0.86 \text{ et } 0.16}{2} =$ .... 0.51 »			
		× 1.90 hauteur, produit............. 0.97			
		Surface............ 5.65			
		Plus-value de circulaire (2 *courbures*).			
		5.65 × 1.30 produit............. 7.35			
621	170	Ensemble............ 13.00	13.00	2.05	26.65
		Les tasseaux en sapin de 0.054 fournis, posés et cloués.			
		5 fois 1.90 = ... 9.50			
		Plus-value de 1/5 pour cintrage au moyen de traits de scie............. 1.90			
»	149	Ensemble............ 11.40	11.40	0.33	3.76
		La couverture en zinc n° 14 pour fourniture.			
		Par le bas:			
		2 fois 0.72 = ... 1.44 » »			
		et			
		2 fois 0.65 = ... 1.30 » »			
		Ensemble.. $\dfrac{2.74}{2} = 1.37$ »			
		× 1.90 hauteur, produit............. 2.60			
		Au dessus:			
		2 fois 0.62 = ... 1.24 » »			
		A reporter...... 1.24 » 2.60			

NUMÉROS PAGES	SÉRIE						
		Report........ 1.24 » 2.60					
		et					
		2 fois 0.42 = ... 0.84 » »					
		Ensemble... $\frac{2.08}{2}$=1.04 »					
		× 1.90 hauteur, produit............	1.98				
		Au dessus :					
		$\frac{0.77 \text{ et } 0.17}{2}$ ×	0.47				
		× 1.90 hauteur, produit	0.89				
		Agrafures ou larmiers.					
		2 fois 0.72 .... 1.44					
		2 fois 0.62 .... 1.24					
		1 fois................... 0.70					
		Ensemble.......... 3.38					
		× 0.05 largeur, produit............	0.17				
		Reliefs en tête :					
		2 fois 0.58 .... 1.16					
		2 fois 0.35 .... 0.70					
		1 fois................... 0.10					
		Ensemble.......... 1.96					
		× 0.08 hauteur, produit............	0.16				
		Les couvre-joints zinc					
		idem bois................ 9.50					
		Plus; croisures 5 × 0.05... 0.25					
		Ensemble.......... 9.75					
		× 0.10 large, produit.............	0.98				
»	»	Surface.................	6.78	6.78	4.15	28.14	
		Façon pose de couverture zinc, feuilles de 0.65 (*type d*), comble circulaire......	6.78				
		Plus-value de double courbure :					
		4/5 × 6.78	5.42				
617	54	Ensemble.................	12.20	12.20	2.80	34.16	
		Soudure obligée sur zinc neuf (*aux agrafures, larmiers et têtes*).					
620	141	Mêmes linéaires ensemble...........		5.34	0.66	3.52	
		Pattes cuivre, en plus-value, ensemble.....		16	0.20	3.20	
		Contre-talons zinc....................		10	0.15	1.50	
		Talons et têtes.......................		10	0.20	2.00	
		Pattes cuivre aux croisures		5	0.20	1.00	
		Angles façonnés soudés en tête des feuilles.		10	0.15	1.50	
		Plus-value de façon de feuilles débitées : même surface		6.78	0.45	3.05	
		Plus-value de coupes biaises sur zinc ; 10 fois 1.90		19.00	0.20	3.80	
		(1) *Chéneaux, raccords de faîte et échafaudages comme aux précédents métrés*.	Mémoire				
	-	17 autres secteurs comme celui ci-dessus...		17	112.28	1908.76	

NUMÉROS PAGES	SÉRIE				

Métré n° 22.

Tourelle, comble conique recouvert en ardoises cartelettes réduites sur double voligeage en sapin.

(*fig.* 457 *et* 458).

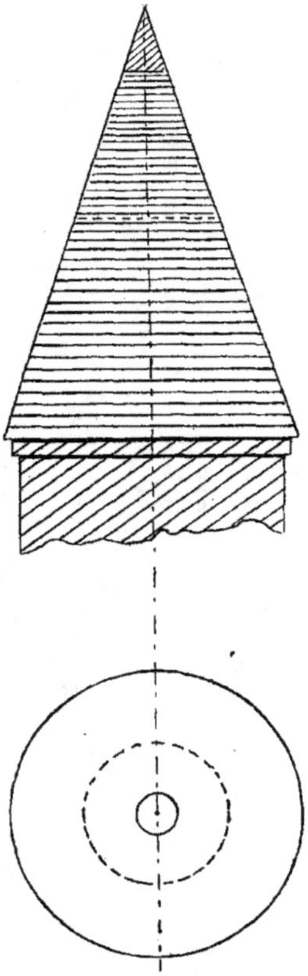

Fig. 457 et 458.

Métré.

Voligeage en sapin de 0.013 jointif posé en diagonale compris coupes et déchets

NUMÉROS PAGES	SÉRIE				
		et 12.56 circonférence au bas 1.57 circonférence au sommet Ensemble $\frac{14.13}{2} =$ .... 7.07 $\times$ 5.39 hauteur, produit............ 38.11 Le 2° voligeage *idem*............ 38.11 Plus: 1 fois pour voligeage de comble circulaire (*1 courbure*)..................... 76.22			
621	170	Ensemble............ 152.44	152.44	2.05	312.50
		La couverture en ardoise cartelette réduite Comprenant: 77 ardoises à la base $\times$ 46 pureaux produit...................... 3742 Plus: 39 ardoises au dessautage $\times$ 31 pureaux, produit..................... 1209 Ensemble............... 4951 ardoises, ou 130 au mètre superficiel. Sous-détail: 130 ardoises cartelettes n° 1 à 26 fr. 3f 38 260 clous, pesant 0k, 260 à 1 fr..... 0 26 Main-d'œuvre (105 *minutes pour 80 ardoises*) ou $\frac{105 \times 130}{80} =$ 170 minutes = 2 heures 50 à 1f, 43 = .. 4.05 Une façon en plus pour compenser la difficulté d'exécution, tracé des lignes, divisions, montage des matériaux.......... 4.05 Faux frais 25 0/0 $\times$ 8f,10.. 2.03 Main-d'œuvre .... 10.13═10.13 Déboursés.................. 13.77 Bénéfice 10 0/0............... 1.38 Tranchis biais sur ardoises pour les liaisons: 200 fois 0.07 = 18.20 à 0.49...... 8.92 Prix complet............ 24.07			
»	»	Surface.......................	38.11	24.07	917.31
609	187	Egout de 2 tuiles neuves bourgogne petit moule: Première tuile................	12.56	0.95	11.93
		Deuxième tuile	12.56	0.93	11.68
Com	posé	Plus-value pour égout circulaire. 2 fois 12.56 = ...	25.12	0.66	16.58
		Couronnement: Garnissage en plâtre autour du poinçon compris lardis de clous mariniers et dressage de forme pour recevoir le plomb; légers........	1.50	4.50	6.75

MÉTRÉ DE LA COUVERTURE.

NUMÉROS PAGES	SÉRIE				
		Filets plâtre sur ardoise compris tranchis et scellement.................... 1.57			
		Plus-value de circulaire 1/5 .... 0.31			
610	210	Ensemble.................. 1.88	1.88	0.90	1.69
		Bavette de filet en plomb en table de 0.0025 d'épaisseur pour fourniture.			
		2 fois 0.85 = ... 1.70			
		×0.20 large produit 0.34			
622	1	× 28^k,40 le mètre, pesant................	9^k,660	0.42	4.06
		Façon, pose de plomb en bavette et en parties circulaires, pesant.....................	9^k,660	0.25	2.41
»	10				
		Bandelettes de clouage en zinc neuf, fournies, posées.................................	1.70	0.33	0.56
»	17				
616	52	Clouage à piston espacé de 0.05	1.70	0.34	0.58

Fig. 459.

COUVERTURE ET PLOMBERIE.

NUMÉROS PAGES	SÉRIE				
»	»	Fourniture d'un épi-poinçon en zinc estampé, modèle Coutelier, n° 132 .... (*Fig.* 459).	1	»	112.00
615	17.18	Pour montage, présentation à plusieurs reprises avec calages, et pose définitive; employé, 8 heures de zingueur et aide........	8	1.90	15.20
Serrurerie	»	1 Poinçon à fourchette, en fer forgé, fourni, de 2.50 de hauteur et posé; pesant..........	9k,600	1.50	14.40
Serrurerie	38	Galvanisation dudit, pesant...............	9k,600	0.35	3.36
Charpente	229	Entailles faites sur poinçon bois de la charpente.......................................	4	0.30	1.20
Serrurerie	»	Vis, tête carrée, de 0.080, fournies et posées...	8	0.55	4.40
		Echafaudages volants comme aux précédents métrés	Mémoire	»	»

Métré n° 23.

Tourelle comble conique brisé, recouvert en ardoises cartelettes n° 1, réduites, égout de 3 tuiles bourgogne petit moule. (*fig.* 460 *et* 461).

NUMÉROS PAGES	SÉRIE				
		Métré.			
		Partie brisée formant auvent. Voligeage en sapin de 0.013, fourni, posé, jointif et en diagonale compris coupes et déchets *idem*.			
		Circonférence du bas....... 23.56			
		— au sommet... 12.56			
		Ensemble .... $\frac{36.12}{2}$			
		= 18.06 réduit × 1.82 hauteur, produit Surface..................... 32.87			
		Pour double épaisseur :			
		Même surface 32.87			
		Plus :			
		1 fois pour voligeage de comble circulaire (*une courbure*) 65.74			
621	170	Ensemble 131.48	131.48	2.05	269.53
		Couverture en ardoise cartelette n° 1 réduite, comprenant :			
		145 ardoises à la base × 26 pureaux, produit 3770			
		ardoises, ou 115 au mètre superficiel.			
		Sous-détail :			
		115 ardoises à 26 fr................ 2.99			
		230 clous pesant 0k,230 à 1 fr..... 0.23			
		A reporter............ 3f 22			

MÉTRÉ DE LA COUVERTURE.

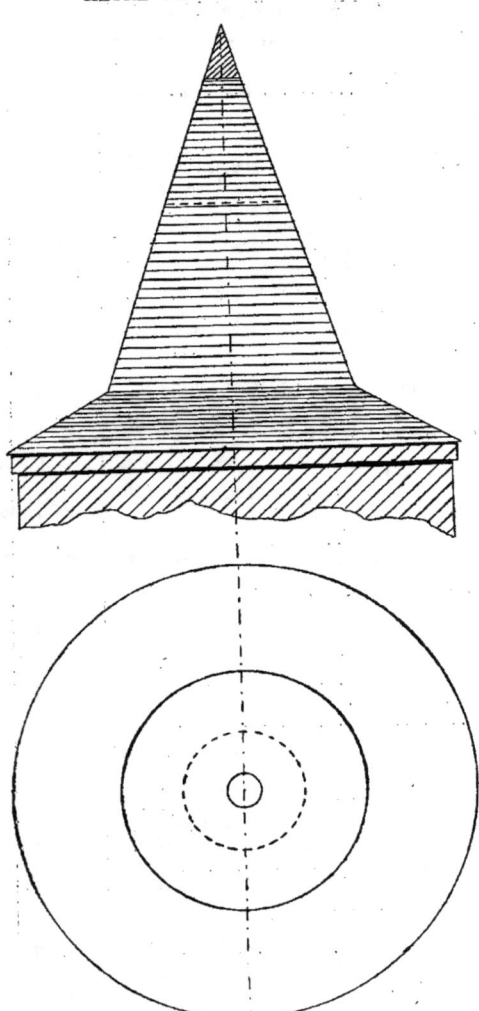

Fig. 460 et 461.

NUMÉROS PAGES	SÉRIE			
		Report....................	3f22	
		Main-d'œuvre (105 *minutes* pour 80 *ardoises*) ou		
		A reporter..............	3.22	

Sciences générales.   COUVERTURE ET PLOMBERIE. — TOME II. — 35.

NUMÉROS PAGES	SÉRIE				
		Report.................... 3f22			
		$\dfrac{105 \times 115}{80} = 151$ minutes			
		= 2 heures 31 à 1 fr. 43 = 3.60			
		Une façon en plus comme précédemment 3.60			
		Faux frais 25 0/0 × 7.20... 1.80			
		Main-d'œuvre .... $\overline{9.00}$ = 9.00			
		Déboursés................. 12.22			
		Bénéfice 10 0/0............... 1.22			
		Tranchis biais *idem* pour liaisons :			
		230 fois 0.07 = 16m,10 à 0.49...... 7.89			
		Prix complet.............. $\overline{21.33}$			
		Surface.........................	32.87	21.33	701.12
		A la brisure du comble :			
		Filets plâtre sur ardoises *idem*.			
		Linéaires................. 12.56			
		Plus-value de circulaires 1/5 .... 2.51			
610	210	Ensemble................ $\overline{15.07}$	15.07	0.90	13.56
		Bavette plomb neuf de 0.0025 d'épaisseur pour fourniture................. 12.56			
		Plus :			
		6 croisures × 0.10 .... 0.60			
		Ensemble.................. $\overline{13.16}$			
		× 0.16 de large, produit surface....................... 2.11			
622	1	× 28k, 40 le mètre, pesant................	59k92	0.42	25.17
»	10	Façon pose de plomb en bavettes, parties circulaires, pesant	59k92	0.25	14.98
»	»	Bandelettes de clouage zinc *idem*........	13.16	0.33	4.34
»	»	Clouage espacé de 0.05 *idem*............	13.16	0.34	4.47
»	»	Egout de 3 tuiles bourgogne petit moule. 1re tuile	23.56	0.95	22.38
»	»	2e et 3e tuile 2 fois 23.56	47.12	0.93	43.82
»	»	Plus-value pour égouts circulaires 3 fois 23.56....................	70.68	0.66	46.65
		Partie supérieure de la tourelle, poinçon et raccords en tout semblables au métré n° 22....................................	Mémoire	»	»
		Echafaudages idem..................	Mémoire	»	»

Métré n° 24.

Pigeonnier. Comble hexagonal brisé recouvert en zinc à auvents en contre-bas.
(*fig.* 462 et 463).

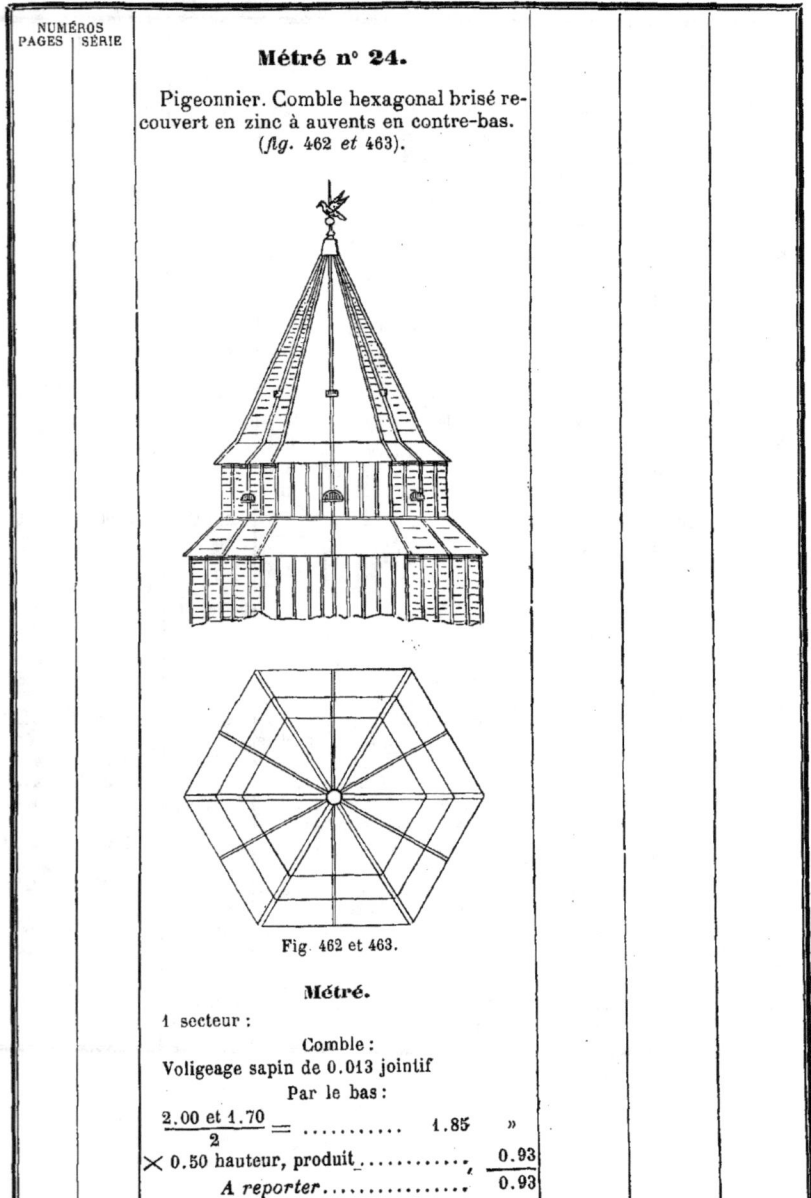

Fig. 462 et 463.

Métré.

1 secteur :

Comble :
Voligeage sapin de 0.013 jointif
Par le bas :

$\dfrac{2.00 \text{ et } 1.70}{2} =$ .... 1.85 »

$\times$ 0.50 hauteur, produit............. 0.93

A reporter................ 0.93

NUMÉROS PAGES	SERIE					
		Report.................... 0.93				
		Au dessus :				
		$\dfrac{1.70\ et\ 0.10}{2} =$ .... 0.90 »				
		× 3.80 hauteur, produit............ 3.42				
621	170	Surface.................. 4.35	4.35	2.05	8.92
»	»	Arêtier sapin de 0.060, évidé, fourni, posé, cloué ; 3.80, 0.55 = ...	4.35	0.75	3.26
»	149	Tasseau sapin de 0.040 idem. 3.70, 0.30 =	4.20	0.33	1.39
»	»	Plus-value de coupe, biaise sur voligeage (une)...	4.35	0.20	0.87
		Bande d'agrafe en zinc n° 12 pour fourniture............................ 2.00			
»	»	× 0.10 de large, produit..................	0.20	3.34	0.67
»	»	Façon pose...........................	2.00	0.25	0.50
		La couverture en zinc n° 12 pour fourniture.			
		Bas : 2 fois 1.00 = . 2.00 » »			
		et			
		2 fois 0.85 = . 1.70 » »			
		Ensemble.... $\dfrac{3.70}{2} = 1.85$ »			
		× 0.65, hauteur, produit............ 1.20			
		Au dessus :			
		2 fois 0.65 = . 1.30 » »			
		et			
		2 fois 0.10 = . 0.20 » »			
		Ensemble.... $\dfrac{1.50}{2} = 0.75$ »			
		× 3.50, hauteur, produit........... 2.63			
		Couvre-joints zinc idem, bois 4.20 »			
		Plus :			
		4 croisures × 0.05......... 0.20 »			
		Ensemble.......... 4.40 »			
		× 0.10 de large, produit............ 0.44			
		Arêtier zinc, idem bois..... 4.35 »			
		Plus :			
		4 croisures × 0.05......... 0.20 »			
		Ensemble.......... 4.55 »			
		× 0.14 large, produit............... 0.64			
»	»	Surface.................. 4.91	4.91	3.34	16.40
		Façon pose de couverture zinc par feuilles de 0.65, par analogie comme (type C.)			
617½	54	Surface.................. 4.91	4.91	1.50	7.37
»	60	Plus-value de façon de feuilles débitées....	4.91	0.45	2.21
»	»	Plus-value de coupe biaise sur zinc, (1 fois).......................	4.65	0.20	0.93
		Brisures façonnées, soudées aux feuilles.			
		Bas 4			
		Sommet................... 2			
617	64	Ensemble................. 6	6	0.15	0.90

MÉTRÉ DE LA COUVERTURE. 549

NUMÉROS PAGES	SÉRIE				
620	132	Pattes cuivre rouge étamé, fournies, posées en agrafure au-dessus de la brisure du comble...............................	8	0.20	1.60
		Aux couvre-joints :			
618	78	Contre-talons zinc......................	2	0.15	0.30
»	76	Talon zinc	1	»	0.20
»	»	1 brisure triple façonnée, soudée, en angles.................................	3	0.15	0.45

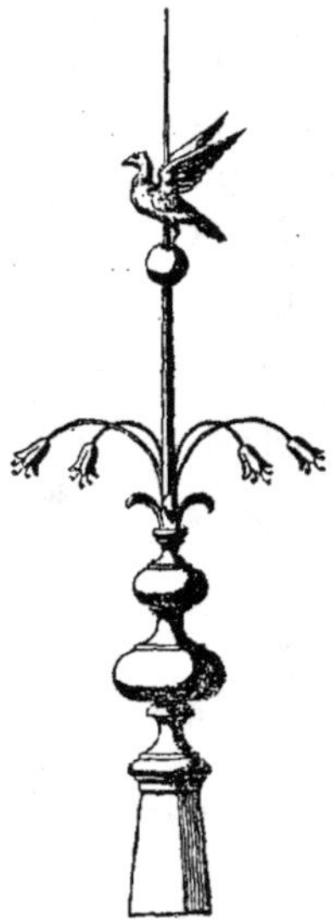

Fig. 464.

		Sur arêtier :			
618	77	Contre-talons zinc......................	2	0.20	0.40
»	79	Talon zinc	1	»	0.25
617	64	1 brisure triple *idem;* en angles.........	3	0.15	0.45
		Pattes cuivre *idem* aux croisures :			
		Sur couvre-joints............... 4			
		Sur arêtier; 4 fois 3 = ... 12			
620	132	Ensemble.......... 16	16	0.20	3.20
		Chatière spéciale en zinc à grille rectangulaire ; fournie............................	1	»	2.80
616	49	Posée soudée....................	1	»	0.90
»	50	Percement sur bois et zinc...............	1	»	0.45
		5 autres secteurs semblables à celui ci-dessus....................................	5	54.42	272.10

550 COUVERTURE ET PLOMBERIE.

NUMÉROS PAGES	SÉRIE				
		Poinçon.			
622	1	1 embase en plomb neuf de 0.0025 d'épaisseur pour fourniture de 0.80×0.40 hauteur, produit .... 0.32 $\times 28^k,40$ le mètre : Pesant.................	$9^k,09$	0.42	3.82
»	12	Façon pose de plomb sur poinçon avec emboutis sur couvre-joints et arêtiers; comme sur moulures unies. Pesant............................	$9^k,09$	1.00	9.09
»	»	Bandelettes de clouage en zinc *idem*......	0.80	0.33	0.26
»	»	Clouage espacé de 0.05.................	0.80	0.34	0.27
		1 épi en zinc n° 36 de l'album Coutelier (*fig.* 464). Fourni.................................	1	»	38.90
		Montage, présentation et pose comme précédents; employé 2 heures de zingueur et aide................................	2^h	1.90	3.80
		1 tige en fer fournie et posée *idem*........	Mémoire		
		Auvent.			
		1 secteur (*Détail fig.* 465).			

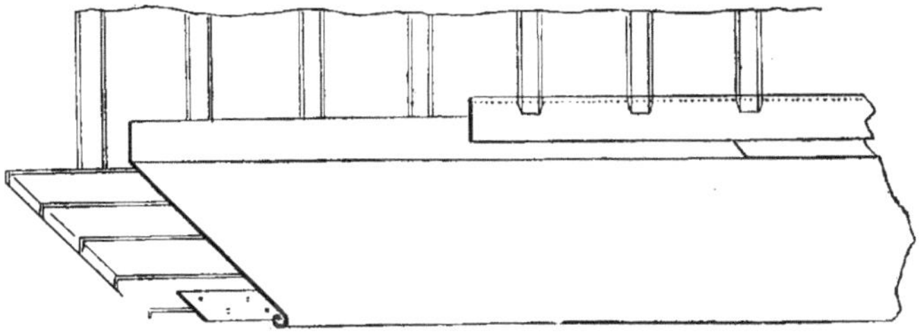

Fig. 465.

		Voligeage sapin de 0.013 *idem*. $\dfrac{2.50 \text{ et } 1.00}{2} =$ 1.75			
		$\times 0.80$ hauteur, produit..................	1.40	2.05	2.87
		Arêtier sapin évidé de 0.060.............	0.85	0.75	0.64
		Tasseaux sapin de 0.040.................	0.80	0.33	0.26
		Bande d'agrafe zinc n° 12 pour fourniture 2.50×0.10 large, produit................	0.25	3.34	0.84
		Façon pose...........................	2.50	0.25	0.63
		Couverture en zinc n° 12 pour fourniture. 2 fois $1.34 =$ .... 2.68 » » et 2 fois $0.99 =$ .... 1.98 » » Ensemble.. $\dfrac{4.66}{2} = 2.33$ »			
		$\times 0.96$ hauteur, produit............. 2.24			
		A reporter................ 2.24			

NUMÉROS PAGES	SÉRIE				
		Report.................... 2.24			
		Couvre-joint zinc, *idem* bois. 0.80	»		
		Plus :			
		1 croisure × 0.05	»		
		Ensemble.......... 0.85	»		
		× 0.10 large, produit...............	0.09		
		Arêtier zinc, *idem* bois..... 0.85	»		
		Plus :			
		1 croisure ×............. 0.05	»		
		Ensemble.......... 0.90	»		
		× 0.14 large, produit...............	0.13		
»	»	Surface...................	2.46	2.46	3.34	8.22
617	5	Façon, pose de couverture zinc par feuilles de 0.80, *type C*. Surface.......................	2.46	1.25	3.08
»	60	Plus-value de façon de feuilles débitées, même surface..............................	2.46	0.45	1.11
		Plus-values de coupes biaises :			
		1° Sur voligeage......................	0.85	0.20	0.17
		2° Sur zinc.........................	1.00	0.20	0.20
		Brisures façonnées, soudées en tête des feuilles.......................................	4	0.15	0.60
		Contre-talons zinc :			
		Aux couvre-joints......................	2	0.15	0.30
		A l'arêtier...........................	2	0.20	0.40
		Têtes et talons zinc :			
		de couvre-joint.......................	2	0.20	0.40
		d'arêtier............................	2	0.25	0.50
		Pattes cuivre aux croisures :			
		Sur couvre-joint.............. 1			
		Sur arêtier.................. 3			
		Ensemble................. 4	4	0.20	0.80
		En tête :			
		Bavette en plomb neuf, en table de 0.0015 d'épaisseur, pour fourniture... 1.90			
		2 retours × 0.05................. 0.10			
		Linéaires 2.00			
		× 0.11 large, produit surface. 0.22 ×			
		17^k. le mètre, pesant.....................	3^k, 74	0.42	1.57
		Façon pose, pesant..............	3^k, 74	0.15	0.56
		Goussets emboutis sur plomb en pénétration de couvre-joints bois	16	0.80/2	6.40
		Clouage serré à piston...................	2.00	0.70	1.40
		5 autres secteurs d'auvent semblables à celui ci-dessus........................	5	30.95	154.75

N° 25. — Chaperons de murs

1° En tuile de Bourgogne
(Figures 466 et 467)

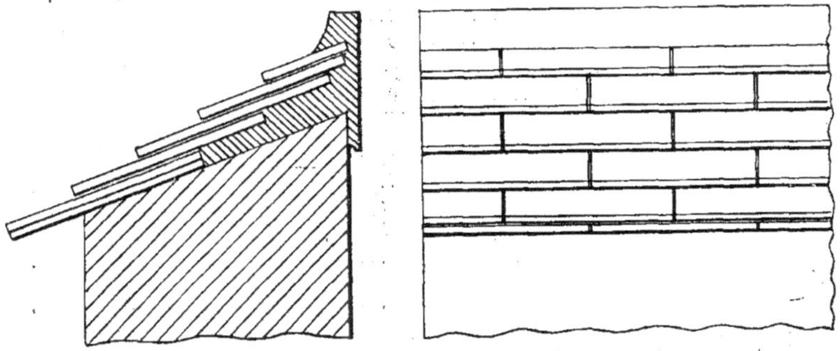

Fig. 466-467

NUMÉROS PAGES	SÉRIE				
		Détail pour 1 mètre linéaire.			
609	186	Égoût de 2 tuiles neuves, bourgogne grand moule, fournies posées....................			1.83
		Couverture tuile, *idem.*, fournie posée sur plâtre 1.00×0.44 (*4 pureaux de 0.11*).			
606	119	Produit.................................	0.44	6.25	2.75
610	208	Filet en plâtre sur tuile neuve............			0.95

2° En tuile à emboîtement ou à recouvrement.

»	»	Pour les tuiles et faîtages de modèle courant, appliquer les prix portés en série, ainsi que pour les filets solins ou ruellées en plâtre....	Mém	oire	»
»	»	Pour les chaperons d'une seule pièce ou d'un modèle spécial album Muller et Cie. (*Figures 468 à 484*) Les prix de fourniture sont ceux du tarif du fabricant (*généralement les pièces prises à l'usine*), augmentés des frais de transport et d'octroi et du bénéfice................	Mém	oire	»
		Les prix de pose des chaperons en tuile à un ou deux égoûts, compris scellements et risques de casse.			
		Le mètre linéaire :			
»	»	Jusqu'à 0.40 de développement...........		1.50	»
»	»	De 0.41 à 0.45 d°		1.85	»
»	»	» 0.46 à 0.50 d°		2.25	»
»	»	» 0.51 à 0.60 d°		2.75	»
»	»	» 0.61 à 0.70 d°		3.30	»
»	»	» 0.71 à 0.80 d°		4.00	»

MÉTRÉ DE LA COUVERTURE.

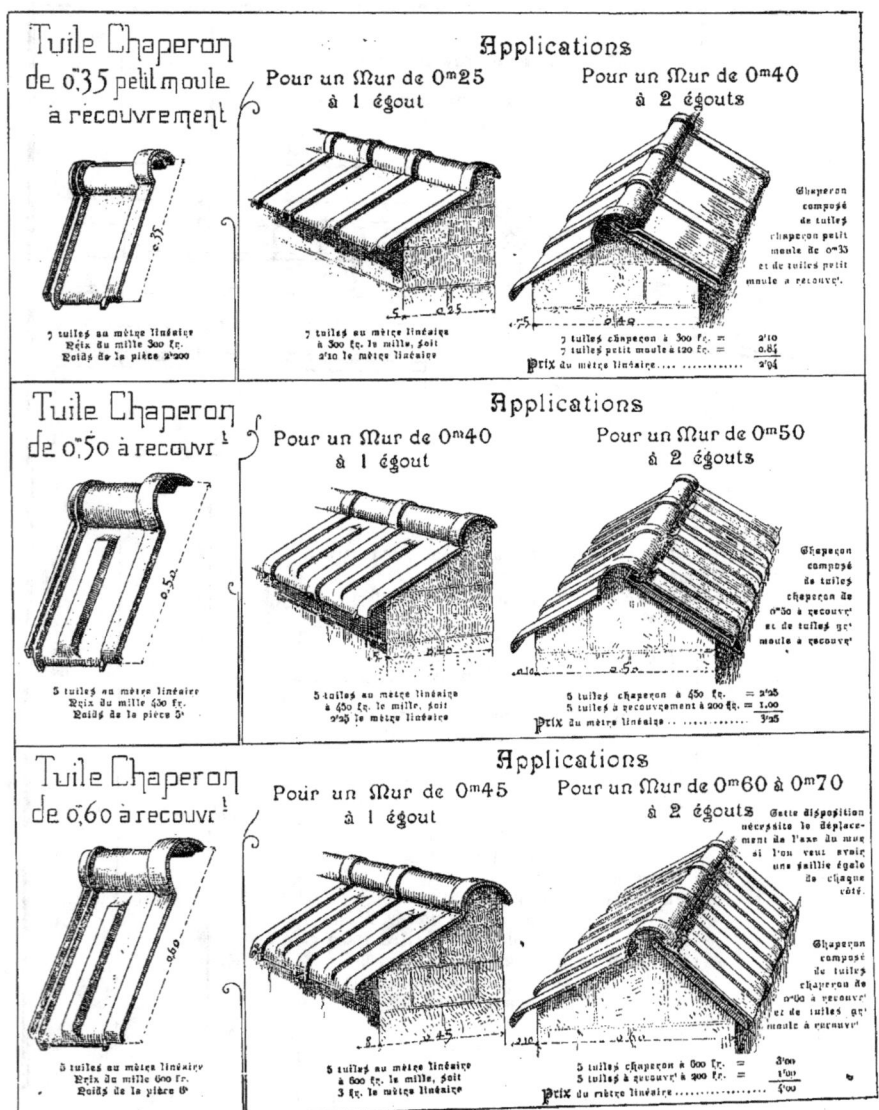

Fig. 468 à 473

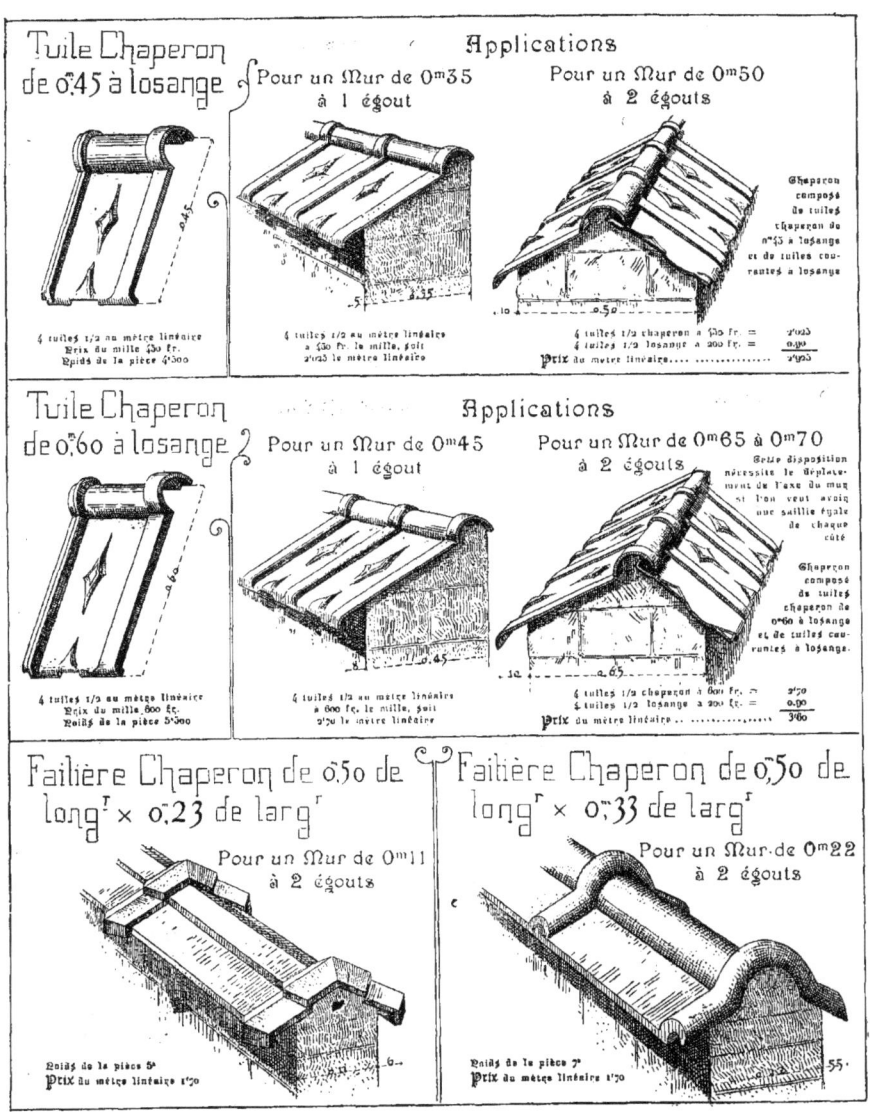

Fig. 477 à 484

MÉTRÉ DE LA COUVERTURE.

NUMÉROS PAGES	SÉRIE			
»	»	Les massifs d'assise payés à part, suivant leur nature..................................	Mémoire	
»	»	Les coupements droits ou biais à la scie sur chaperons (*par centimètre de développement*)..................................	0.05	»

N° 26 — Couvertures en ciment volcanique.

(*Figures 485 à 536*), extraites de l'album Eugène Pigneux, système C. S. Haeusler.

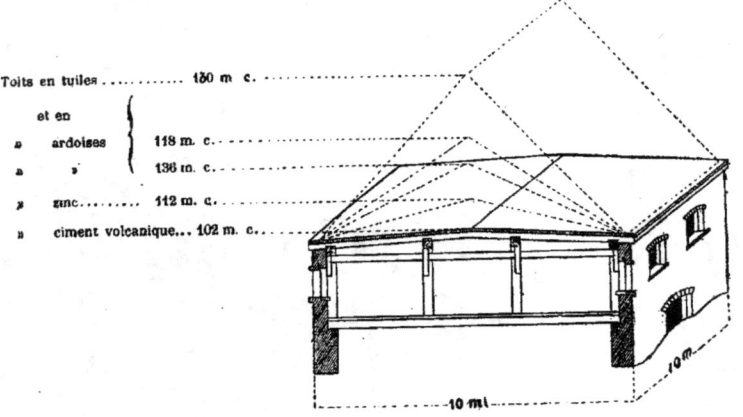

Fig. 485. — Dessin comparatif des développements des divers systèmes de couvertures.

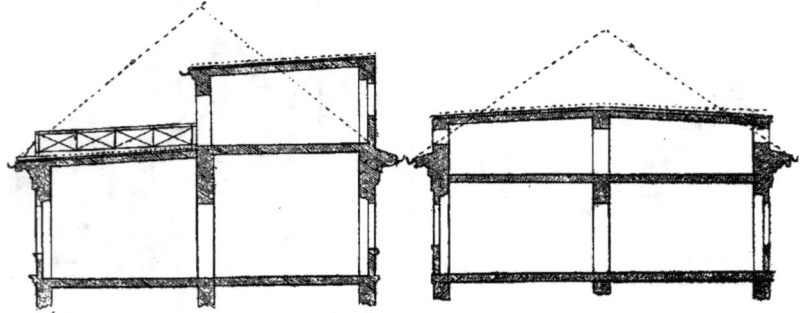

Fig. 486 et 487. — Disposition nouvelle du bâtiment et comparaison des greniers.

Fig. 488. — Toit en ciment volcanique avec pente d'un seul côté.

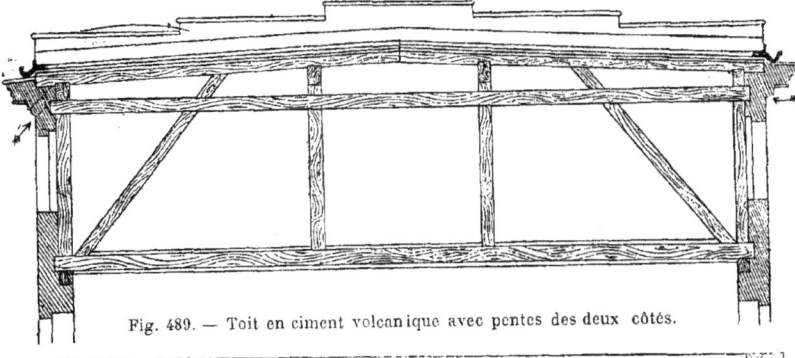

Fig. 489. — Toit en ciment volcanique avec pentes des deux côtés.

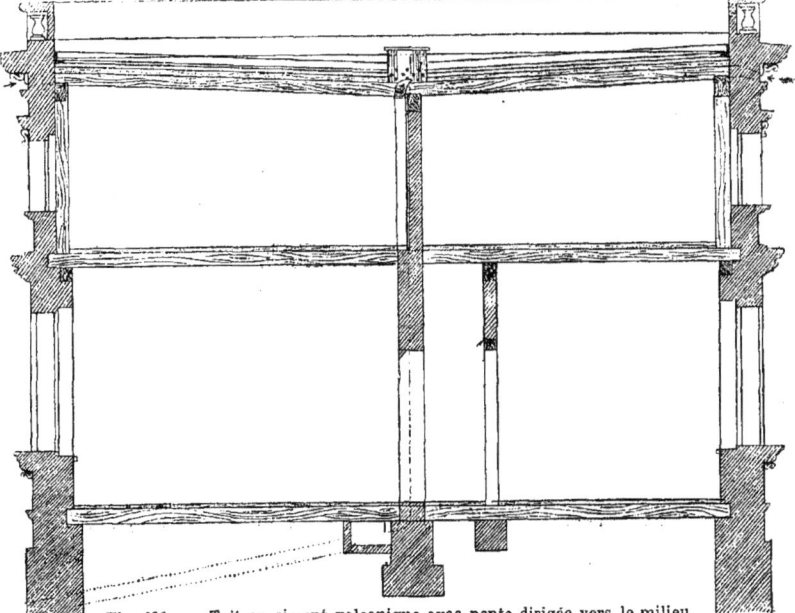

Fig. 490. — Toit en ciment volcanique avec pente dirigée vers le milieu.

MÉTRÉ DE LA COUVERTURE.

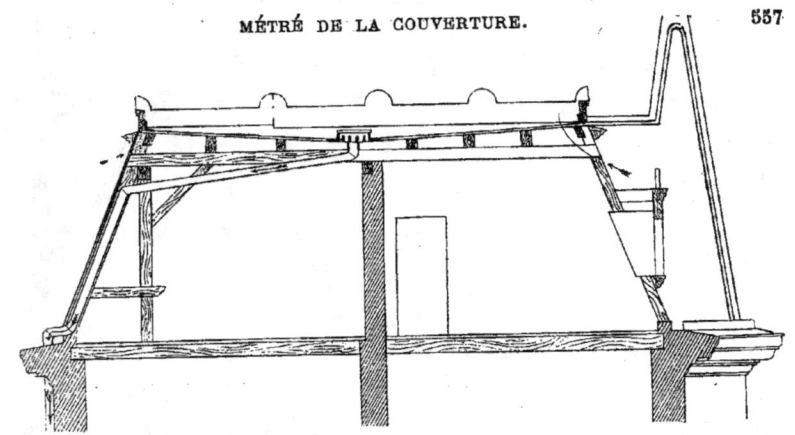

Fig. 491. — Toit en ciment volcanique avec pans mansardés, pente vers le milieu et direction de la descente des eaux.

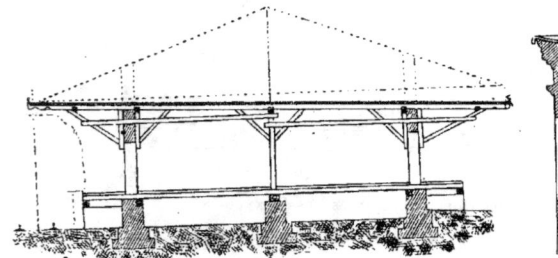

Fig. 492. — Toit en ciment volcanique pour hangars de chemins de fer ou magasins.

Fig. 493. — Toit en ciment volcanique servant comme réservoir d'eau.

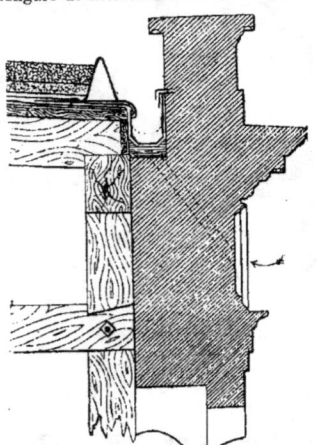

Fig. 494. — Disposition du chéneau en zinc derrière acrotère.

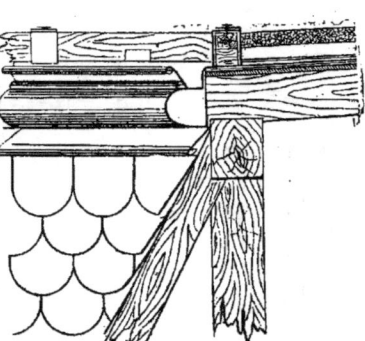

Fig. 495. — Recouvrement en ciment volcanique d'un toit, mansardé avec gouttière spéciale.

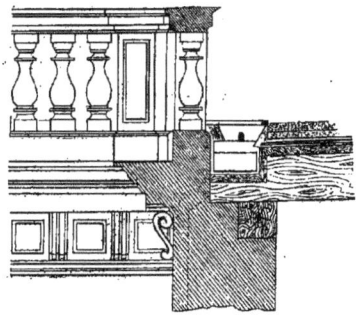

Fig. 496. — Disposition d'un chéneau derrière balustrade.

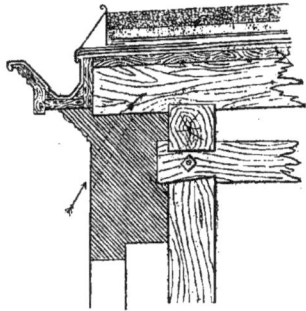

Fig. 497. — Chéneau dans la corniche en bois avec indication de la ventilation.

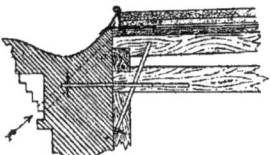

Fig. 498. — Chéneau dans une corniche en pierre.

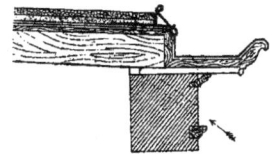

Fig. 499. — Chéneau dans une corniche en bois.

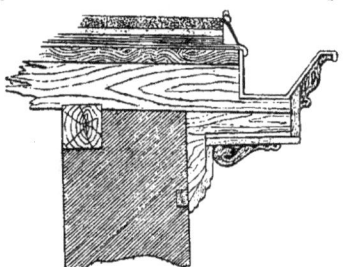

Fig. 500. — Disposition sur corniche en bois.

Fig. 501. — Gouttière ordinaire en zinc avec bordure d'égout en bois et zinc.

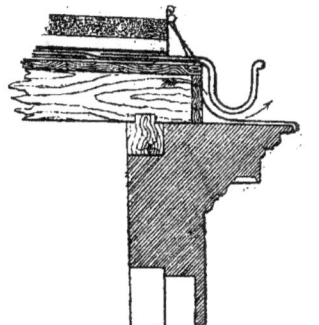

Fig. 502. — Gouttière ronde au-dessus d'une corniche en pierre.

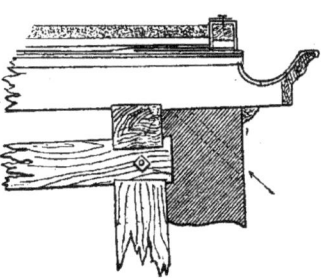

Fig. 503. — Gouttière en zinc sur corniche en bois.

MÉTRÉ DE LA COUVERTURE.

Fig. 504. — Gouttière libre pour un toit à forte saillie.

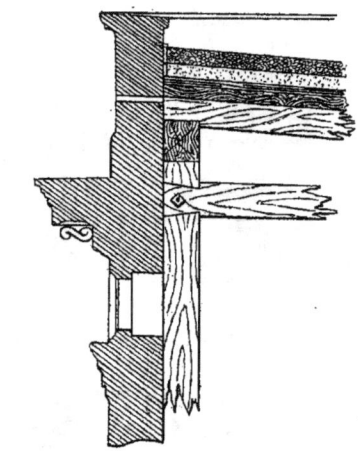

Fig. 505. — Clôture contre acrotère avec indication de la ventilation en cas d'application d'un plafond.

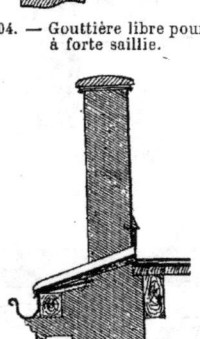

Fig. 506. — Évacuation d'eau derrière acrotère ou balustrade.

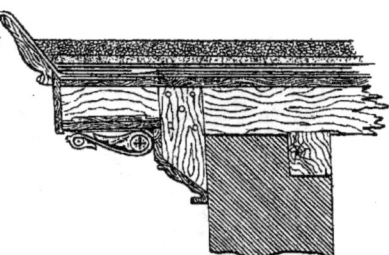

Fig. 507. — Clôture d'un toit en ciment volcanique à pente unique.

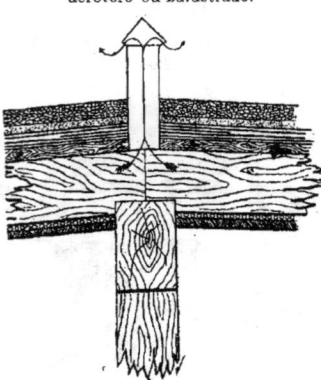

Fig. 508. — Toit en ciment volcanique avec tuyau de ventilation dressé sur le faîtage.

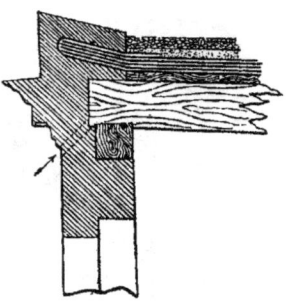

Fig. 509. — Clôture murée d'un toit en ciment volcanique.

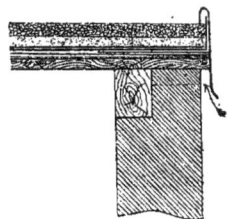

Fig. 510. — Clôture du toit du côté des pignons d'une maison isolée.

Fig. 511. — Clôture simple avec larmier sans gouttière d'un toit mansardé.

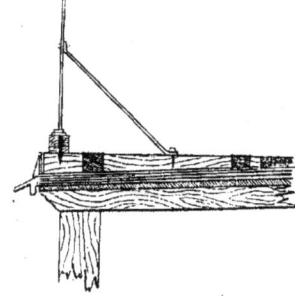

Fig. 512. — Fixation d'un garde-corps sur toit en ciment volcanique.

Fig. 513 et 514. — Application de balustrades en fer sur toit en ciment volcanique.

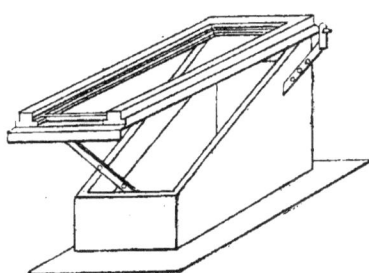

Fig. 515. — Châssis en zinc.

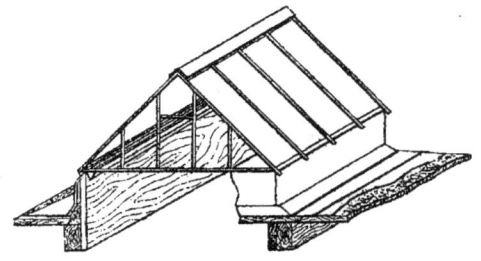

Fig. 516. — Châssis d'éclairage.

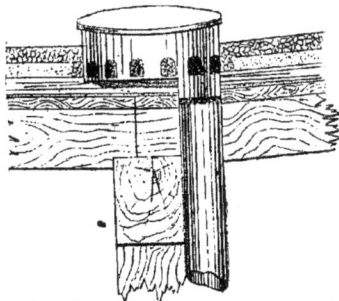

Fig. 517. — Cuvette ronde sur la couverture lorsqu'il n'y a pas de chéneau.

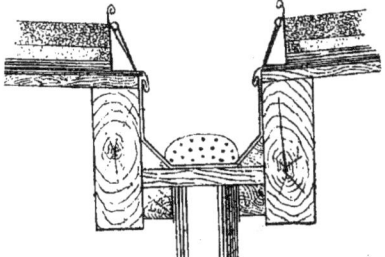

Fig. 518. — Chéneau commun entre deux pentes.

MÉTRÉ DE LA COUVERTURE.

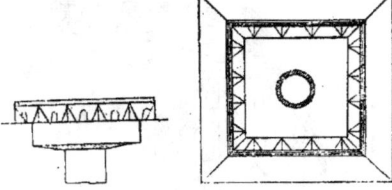

Fig. 519 et 520. — Plan et coupe de cuvettes carrées sur couverture lorsqu'il n'y a pas de chéneau.

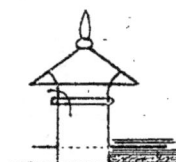

Fig. 521. — Tuyau de ventilation.

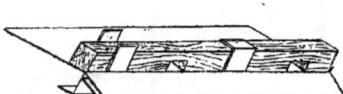

Fig. 522. — Bordure de façade avec tringle en bois pour retenir le gravier et laisser l'écoulement de l'eau à l'égout de la couverture devant le chéneau.

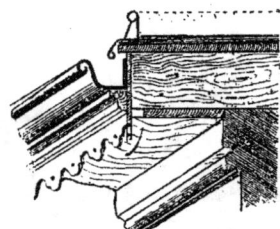

Fig. 523. — Bordure en zinc avec gouttière sur corniche.

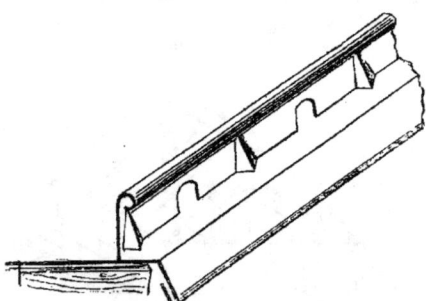

Fig. 524. — Bordure de façade en zinc pour retenir le gravier en laissant l'écoulement de l'eau à l'égout de la couverture devant le chéneau.

Fig. 525. — Bordure d'égout ornée de palmettes.

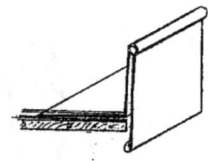

Fig. 526. — Clôture en zinc contre pignons.

Fig. 527. — Bordure de rives pour raccords contre murs, cheminées, saillies, etc., avec bande de solin zinc et solin.

Sciences générales.   COUVERTURE ET PLOMBERIE. — TOME II. — 36.

COUVERTURE ET PLOMBERIE.

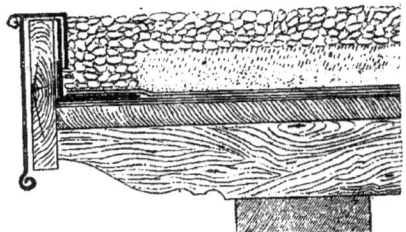

Fig. 528. — Clôture avec bandeau en bois.

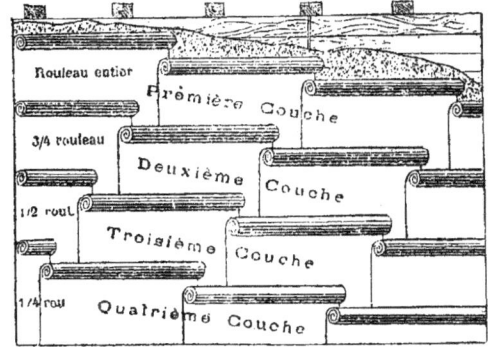

Fig. 529. — Vue en plan de la disposition des couches de papier d'un toit en ciment volcanique pour exécution.

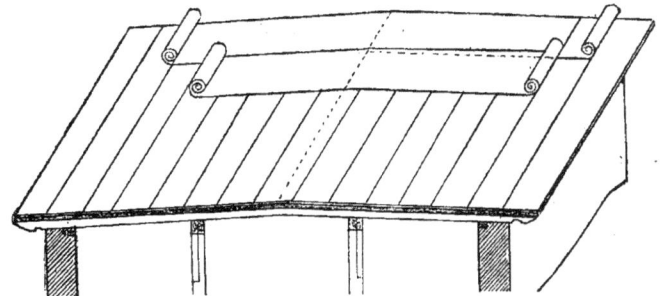

Fig. 530. — Disposition des deux premières couches de papier.

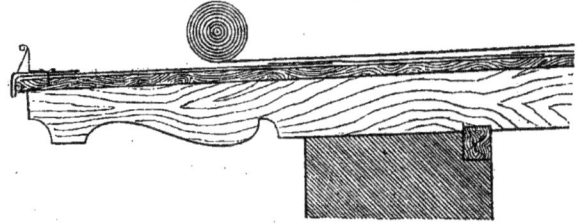

Fig. 531. — Coupe transversale de la figure 530.

MÉTRÉ DE LA COUVERTURE.

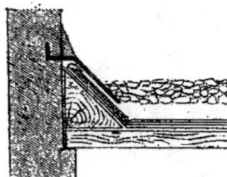

Fig. 532. — Raccord économique contre murs et saillies pour constructions communes.

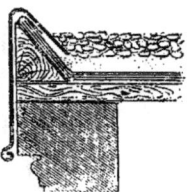

Fig. 533. — Clôture économique pour bâtiment commun isolé.

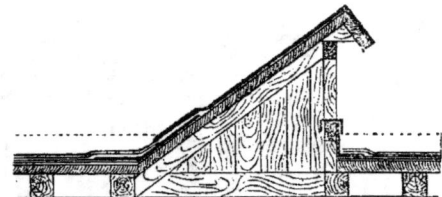

Fig. 534. — Application de la couverture en ciment volcanique à la construction en dent de scie.

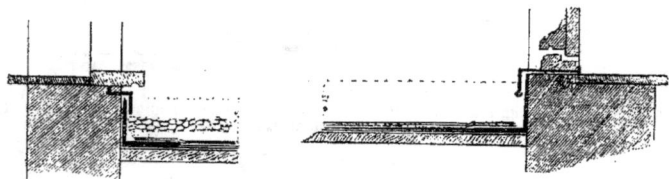

Fig. 535 et 536. — Disposition des raccords à l'endroit des portes d'accès d'un bâtiment communiquant avec la terrasse.

NUMÉROS PAGES	SÉRIE	Prix-courant Paris.		
		Applicable pour travaux exécutés dans les départements de : Seine, Seine-et-Oise et Seine-et-Marne		
		Préparation :		
		Forme en mâchefer.. le mètre superficiel.		1.75
		Pente en plâtre............................		2.00
		Couverture :		
		Prix de base........ le mètre superficiel.		6.50
		Au-dessus de 50 mètres...................		5.75
		Pour surface de plus de 100 mètres, prix spéciaux............................		
		Sable et gravier en sus		»

NUMÉROS PAGES	SÉRIE			
		Les vides de moins de 1 mètre carré ne sont pas déduits....................	»	
		Transport de chaudière et accessoires.....	6.00	
		Zingage (en n° 14) :		
		Bordure d'égout....... le mètre linéaire.	5.00	
		Bordure de rive × 0.30 développé.....................	2.60	
		Bandes de solins avec engravures....................	1.25	
		Cuvette ordinaire....................	15.00	
		Cuvettes spéciales et travaux divers suivant difficultés....................	»	

COUVERTURES EN CIMENT

»	»	Avec ossatures métalliques. Au mètre superficiel...................		
»	»	Couvertures en **bardeaux**............	Char	pente
»	»	» **planches**...............	Char	pente
»	»	» **chaume**...............	Treillage	rustique
»	»	» **roseaux**...............	Treillage	rustique
»	»	» **pierre**...............	Maçon	nerie
»	»	» **dalles**, etc.........	Maçon	nerie
»	»	» **verre**...............	Vitrerie	

COUVERTURE EN CARTON BITUMÉ

		Fourniture de :		
		Carton bitumé, sablé d'un seul côté (par rouleaux de 12 mètres).		
»	»	De 1.00 de largeur....................	1.00	le mètre
»	»	De 0.80 »	0.80	»
»	»	De 0.70 »	0.70	»
»	»	Sablé des deux côtés (par rouleaux de 20 mètres).		
»	»	De 0.80 de largeur....................	0.80	»
		Carton bitumé pour revêtements contre l'humidité dans les appartements (par rouleaux de 20 mètres).		
»	»	De 0.70 de largeur....................	0.70	»
»	»	Clous galvanisés....................	3.00	le kilog.
		Feutre asphaltique pour toitures (par rouleaux de 25 mètres).		
»	»	De 0.80 de largeur....................	1.10	le mètre
»	»	Lattes....................	0.03	»
»	»	Goudron de gaz....................	0.15	le kilog.
		Toiture pour fourniture et pose, compris goudronnage :		
»	»	En carton....................	1.25	le mètre
»	»	En feutre....................	1.80	»

MÉTRÉ DE LA COUVERTURE.

NUMÉROS PAGES	SÉRIE			
»	»	Toute toiture de moins de 50 mètres de surface aura à supporter pour Paris et la banlieue, pour déplacement..................	3.00	»
»	»	Toute toiture dont la pente dépasse 40 centimètres par mètre donne droit à un supplément à fixer de gré à gré................	»	»
»	»	Le comble doit avoir une pente moyenne de 20 à 30 centimètres par mètre ; les voliges doivent être unies et se toucher à joints plats.	Obser	vation

COUVERTURE EN TOLE ONDULÉE

		Prix de fourniture suivant le tarif des fabricants augmenté de 10 0/0 pour bénéfice..... La façon de pose de cette couverture est équivalente à celle des zincs ondulés ainsi que les raccords et accessoires.		

COUVERTURE TUILE MÉTALLIQUE

(Vve *Duprat et Cie*)

(*Figures* 537 à 548)

 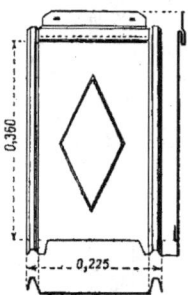

Fig. 53 et 538. — Tuiles métalliques en zinc.

COUVERTURE ET PLOMBERIE.

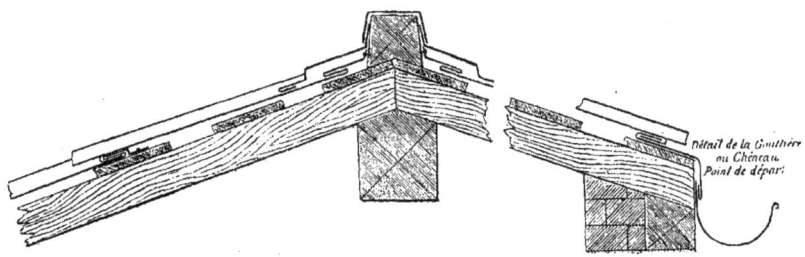

Fig. 539 et 540. — Couverture à deux versants. — Détails du faitage et de la gouttière.

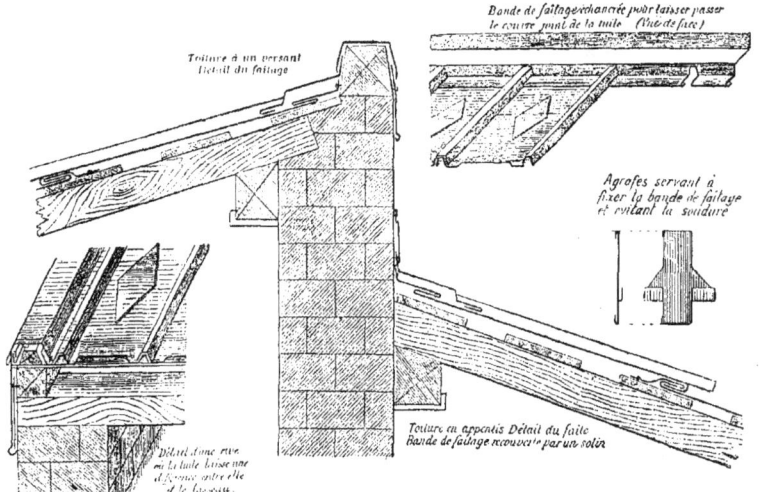

Fig. 541 à 545.

PRIX			POIDS APPROXIMATIF DU MÈTRE		PRIX DE REVIENT du mètre SUPERFICIEL	PRIX DES CHASSIS GALVANISÉS pour Tuiles métalliques ÉVITANT LES RACCORDS		
TUILE......... les 100 kilos	90	»					Larg. Haut.	
— cintrée............ —	90	»				4 Tuiles	33×58	13 25
— avec agrafes pour fixer sur fer...... —	90	»	N° 10	5.300	4 75	6 —	55×58	16 75
— chatière........... pièce	4	»	— 11	6.200	5 60	9 —	55×87	20 25
— avec châssis ouvert.. —	6	»	— 12	7.100	6 40	12 —	76×87	24 90
Agrafe brev. s. g. d. g. pour faitage............	0	15	— 13	8.000	7 20	Bandes de Rives, d'Egouts Gouttières, Couvre-joints Tuyaux, au cours.		
— pour fixer sur fer... —	0	05	En cuivre rouge		20 »			
Bande de faitage, les 100 kil.	90	»						

MÉTRÉ DE LA COUVERTURE.

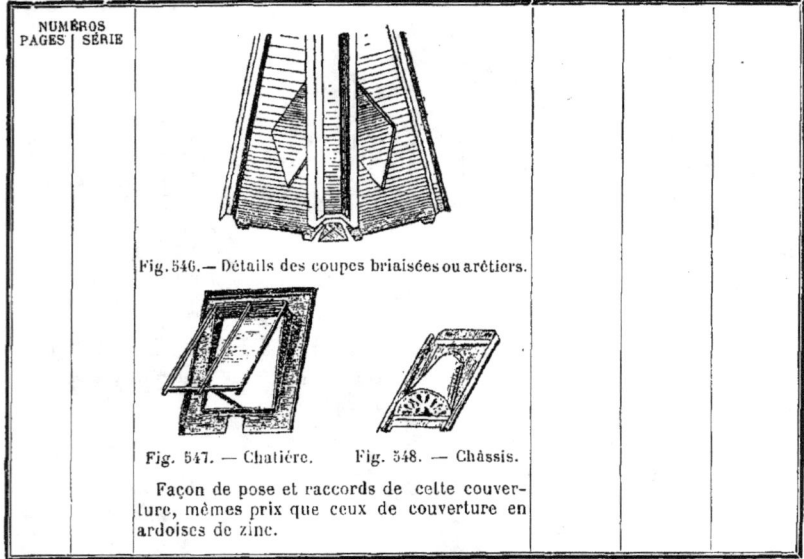

Fig. 546. — Détails des coupes briaisées ou arêtiers.

Fig. 547. — Chatière.   Fig. 548. — Châssis.

Façon de pose et raccords de cette couverture, mêmes prix que ceux de couverture en ardoises de zinc.

COUVERTURES EN CUIVRE ROUGE

Tableau des feuilles laminées vendues dans le commerce.

LONGUEURS	LARGEURS	ÉPAISSEURS en 1/10 DE MILLIMÈTRE	POIDS du mètre SUPERFICIEL
1.40	1.15	6	5k,273
2.00	1.30	7	6 ,152
2.30	1.30	8	7 ,030
3.30	1.20	8	7 ,030
4.00	1.20	9	7 ,909

Le mètre superficiel en 0.010 d'épaisseur, pesant 8k,788

Fourniture.

Plus-values:

1° Planches de dimensions ordinaires.
   (*Mesures du commerce*).

De 1.40 × 1.15

			Prix de base	
De 8k,500 et au dessus				10.00
De 7k, à 8k,45 plus-value..........				20.00
De 6, à 6 ,95 d°				30.00
De 5, à 5 ,95 d°				50.00
De 4 ,5 à 4 ,95 d°				50.00
De 4, à 4 ,45 d°				70.00

COUVERTURE ET PLOMBERIE.

NUMÉROS PAGES	SÉRIE			
		De 15^k,000 et au dessus.................	Prix	de base
de 2.00	×1.30	De 13 , à 14^k,95 plus-value............		10.00
		De 12 , à 12 ,72 d°		20.00
		De 20 , et au dessus.................	Prix	de base
		De 18 , à 19^k,95 plus-value............		10.00
de 2.30	×1.30	De 16 , à 17 ,95 d°		15.00
		De 15 , à 15 ,95 d°		20.00
		De 30 , et au dessus.................	Prix	de base
		De 26 , à 29^k,95 plus-value............		10.00
de 3.30	×1.20	De 23 , à 25 ,95 d°		20.00
		De 20 , à 22 ,95 d°		30.00
		De 40 , et au dessus.................	Prix	de base
de 4.00	×1.20	De 37 , à 39^k,95 plus-value............		10.00

2° **Planches hors des dimensions courantes.**

(Plus-values de largeur.)

Longueur n'excédant pas 5 mètres.
Epaisseur de 0.002 au minimum.

Jusqu'à 1.50 de largeur................	5.00
De 1.51 à 1.80 d°	10.00
De 1.81 à 2.00 d°	15.00

(Plus-values de longueur.)

Largeur n'excédant pas 1.50.
Epaisseur de 0.002 au minimum.

De 5.00 à 6.00 de longueur...........		10.00
Au-dessus de 6.00 d°	Prix à	débattre

(Plus-values d'épaisseur.)

Voir le tarif des planches du commerce.

3° **Planches au-dessus des dimensions ordinaires.**

Plus-values à déterminer suivant les commandes.................................

4° **Planches d'épaisseurs variables en 0.002 d'épaisseur minimum** 15.00

5° **Planches de formes irrégulières ou non rectangulaires.** Prix à fixer de gré à gré.

A ces divers prix il y a lieu d'ajouter 10 0/0 pour bénéfice.........................

EXEMPLES :

Couverture par feuilles de 2.00 × 1.30. Pesant 15^k. Prix de base.................	180.00	»
Bénéfice 10 0/0.......	18.00	»
Ensemble......		198.00
1° Couverture par feuilles de 2.00 × 1.30. Pesant moins de 15^k. Prix de base........	180.00	»
1re plus-value......................	10.00	»
Bénéfice 10 0/0 × 190.00 =.............	19.00	»
Ensemble......		209.00
2° Couverture par feuilles de 2.00 × 1.30 pesant moins de 13^k.		
Prix de base...........................	180.00	»
2me plus-value......................	20.00	»
Bénéfice 10 0/0 × 200.00 =.............	20.00	»
Ensemble......		230.00

MÉTRÉ DE LA COUVERTURE.

Façons :

Prix de façons au kilogramme des couvertures en cuivre.

DIMENSIONS des feuilles DU COMMERCE	SURFACE des FEUILLES	a HANGAR ou COMBLE SIMILAIRE	b MAISON ORDINAIRE avec pénétration DE SOUCHES CHASSIS	c BRISIS PAR FEUILLES réduites dans les ENTRE-DEUX DE LUCARNE	d COMBLE CIRCULAIRE compris BATTAGE des reliefs et CONTRE-JOINTS	e A RESSAUTS PAR HAUTEUR de 2 mètres DÉVELOPPÉE
FEUILLES ENTIÈRES						
1.40 × 1.15	1.61	0.30	0.40	0.45	0.80	0.55
2.00 × 1.30	2.60	0.25	0.35	0.40	0.70	0.50
2.30 × 1.30	2.99	0.20	0.30	0.35	0.60	0.45
3.30 × 1.20	3.96	0.15	0.25	0.30	0.50	0.40
4.00 × 1.20	4.80	0.10	0.20	0.25	0.40	0.35
FEUILLES COUPÉES						
1.40 × 0.575	0.805	0.60	0.70	0.75	1.40	0.85
2.00 × 0.65	1.30	0.40	0.50	0.55	1.00	0.65
2.30 × 0.65	1.495	0.35	0.45	0.50	0.90	0.60
1.65 × 0.60	0.99	0.55	0.65	0.70	1.30	0.80
2.00 × 6.00	1.20	0.45	0.55	0.60	1.10	0.70

NUMÉROS PAGES	SÉRIE			
		Les couvertures par feuilles hors mesures seront comptées par analogie comme celles du tableau ci-dessus dont elles se rapprocheront le plus................		
		Les pattes, gaines, talons, têtes et contre-talons de faîtages, arêtiers ou couvre-joints seront développés et ajoutés à la surface sans préjudice des plus-values détaillées ci-après :		
		Plus-value sur les prix de façon des couvertures en cuivre neuf ou vieux :		
		Angle soudé sur cuivre................	0.80	Pièce
		Gousset "	2.00	"
		Talon ou tête de couvre-joint soudé sur cuivre................	0.60	"
		Contre-talon ou tête de couvre-joint soudé sur cuivre................	0.40	"
		Talon ou tête de faîtage et d'arêtier soudé sur cuivre................	0.75	"
		Contre-talon ou tête de faîtage et d'arêtier soudé sur cuivre................	0.60	"
		Façon de bandes de recouvrement en cuivre, au kilogramme :		
		De 0.15 largeur et au dessous............	2.00	
		De 0.16 à 0.25 largeur................	1.85	
		De 0.26 à 0.50 "	1.70	
		De 0.51 à 0.65 "	1.55	
		De 0.66 à 0.80 "	1.40	
		De 0.81 à 1.00 "	1.25	
		Coulisseaux : Il sera ajouté à la longueur des bandes pour fourniture et façon.		

NUMÉROS PAGES	SÉRIE			
		Par coulisseau plat....................	0ᵐ,20	»
		Par coulisseau carré...................	0ᵐ,50	»
		Compris fourniture et façon des pattes, têtes, talons, contre-talons et raccords...	Mémoire	
		Bandes par longueurs hors mesures, ajouter sur fourniture et façon...................	1/10	»
		Bandes d'agrafe en cuivre....... le kilog.	1.00	»
		Bandes à cheval, d'égout, de solins. »	1.50	»
		Les pattes pour fourniture.		
		Dépose des bandes de cuivre............	1/10	de pose
		Repose »	4/10	de pose
		Bandes de vieux cuivre retaillées et refaçonnées, même prix que les bandes neuves, plus, pour nettoyage et redressage................	»	1/5
		Couvre-joints pour pose en réparation..................... le kilog.	0.90	»
		Couvre-joints pour dépose en réparation........................ »	0.10	»
		Couvre-joints façonnés, repose en réparation........................ »	0.50	»
		Chatière en cuivre rouge, payée au kilog...	»	»
		» posée et soudée......... pièce.	2.50	»
		Percement sur voligeage et sur cuivre, compris reliefs façonnés............... pièce.	1.00	»
		Clouage de cuivre, compris percements au poinçon :		
		Clouage espacé de 0.02 le m. lin.	1.00	»
		» 0.03 à 0.05.. »	0.60	»
		» 0.06 à 0.10.. »	0.35	»
		» 0.11 à 0.15.. »	0.25	»
		» 0.15 à 0.20.. »	0.20	»
		Coupes à la griffe sur cuivre :		
		» droites ou biaises... »	0.40	»
		» circulaires......... »	0.60	»
		» moulurées......... »	0.80	»
		Ourlets circulaires rapportés, soudés.................... »	3.00	»
		Reliefs circulaires, façonnés au marteau ou soudés............ »	2.00	»
		Trous de mitrons sur cuivre, compris collet dégorgé au marteau :		
		De 0.16 diamètre............ pièce.	1.30	»
		De 0.19 » .... »	1.40	»
		De 0.22 » .... »	1.60	»
		Crapaudines cuivre à charnière :		
		Fournies de 0.08 diamètre........ »	4.50	»
		» 0.10 » .... »	5.00	»
		» 0.14 » .... »	6.50	»
		» 0.18 » .... »	9.50	»
		Posées, soudées.............. »	1.85	»
		Marche en cuivre fondu :		
		Fournie.................... le kilog.	4.00	»
		Posée, soudée................ pièce.	0.85	»
		Godet en cuivre fourni posé et soudé sur cuivre compris percement de la couverture et du voligeage.................... pièce.	1.90	

NUMÉROS PAGES	SÉRIE			
		Gouttières à l'anglaise ou autres et chéneaux en cuivre compris soudures de jonctions................... le kilogramme.	1.75	»
		Les plus-values de talons et équerres comme pour le zinc...........................	Mémoire	»
		Noquets en cuivre pour façon et pose........		
		» » droit............ pièce.	0.30	»
		» » biais............ »	0.60	»
		Pattes d'agrafe en cuivre rouge étamé............................ »	0.30	»
		Pièce en cuivre, pour façon et pose. »	0.60	»
		Soudure sur cuivre :		
		Neuf................ le mètre linéaire.	2.00	»
		Vieux............... »	2.20	»
		Tuyaux en cuivre pour façon, soudure et pose :		
		Ronds ou ovales......... le kilogramme.	2.00	»
		Carrés ou rectangulaires. »	2.50	»
		Les plus-values de moignon, embranchement, bague, coude, etc., comme pour le zinc......	Mémoire	»
		Tube de buée ; fourni posé......... pièce.	1.50	»
		Découverture de vieux cuivre :		
		Sans réemploi......................	1/10	de couver-
		Pour réemploi......................	2/10	ture neuve
		Cuivre vieux refaçonné, posé pour couverture mêmes prix que pour le neuf.		
		Plus, pour nettoyage et redressage........	1/5	»
		Plus-values de feuilles débitées ; le double de celles au zinc.......................	Mémoire	
		Soudures sur vieux cuivre (en recherches compris grattage, décapage et étamage) :		
		De 0.02......................... pièce.	0.20	»
		De 0.02 à 0.04................ »	0.25	»
		De 0.04 à 0.08................ »	0.30	»
		De 0.08 à 0.12................ »	0.35	»
		De 0.12 à 0.16................ »	0.40	»
		De 0.16 à 0.20................ »	0.45	»
		Au-delà de cette longueur ; au mètre linéaire............................	2.50	»

RÉPARATIONS

Comble tuile bourgogne comprenant :
Remplacement d'une partie de gouttière sur rue, réfection de ruellée à droite, remaniage de comble en raccordement, tuiles neuves fournies posées en recherches et dans les parties remaniées (*fig.* 549 et 550).

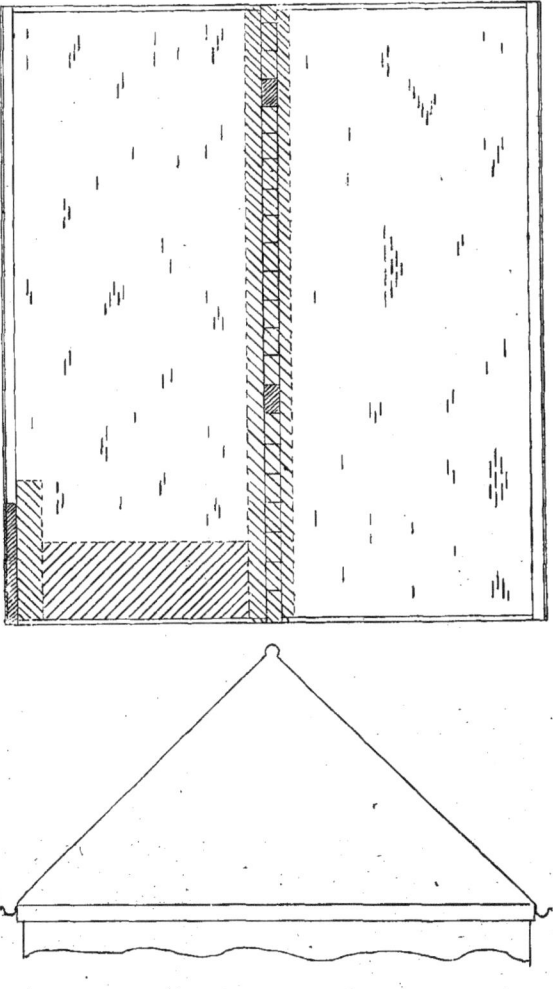

Fig. 549 et 550.

MÉTRÉ DE LA COUVERTURE.

NUMÉROS PAGES	SÉRIE	Métré.			
		Couverture en tuile vieille de Bourgogne, grand moule, remaniée :			
		1° sur lattis neuf.			
		Versant sur rue :			
		Par le bas à droite ;			
		2.40 × 0.55 hauteur (5 *pureaux*).			
606	120	Produit surface........................	1.32	1.65	2.18
		2° Couverture, *idem*, remaniée sur lattis 1/2 neuf et 1/2 recloué ;			
		En rive à droite :			
		1.35 × 5.00 hauteur, produit....... 6.75			
		Sous faîtage :			
		2 fois 10.60 .... 21.20 »			
		× 0.33 hauteur (*3 pureaux*). Produit. 7.00			
»	121	Surface.................. 13.75	13.75	1.30	17.88
		Émoussage préalable de comble tuile			
		2 fois 10.60................. 21.20			
609	192	× 6.00 hauteur, produit................	127.20	0.10	12.72
		Gouttières en zinc vieux :			
608	156	Nettoyée, *versant du fond*.............	10.60	0.05	0.53
619	114	Nettoyée, redressée sur place (versant sur rue)..	8.65	0.15	1.30
»	115	Dépose, rangement de gouttière vieille.....	2.00	0.14	0.30
		En remplacement :			
		Gouttière en zinc n° 12 pour fourniture.			
		Linéaire.................... 2.00			
		1 Talon × 0.15			
		Ensemble............ 2.15			
		× 0.25 largeur, produit surface...........	0.54	2.15	1.80
619, 618	100.91.93	Façon pose, *sans crochets*...............	2.15	0.91	1.96
»	»	1 Jonction soudée sur gouttière en zinc vieux.................................	1	»	0.60
		Les crochets en fer pour gouttière de 0.25 développée.			
618	91	Fournis........................	4	0.17	0.68
»	93	Posés..........................	4	0.15	0.60
		Il est à remarquer que les crochets en réparation ne sont reconnus comme tels que lorsqu'ils sont posés, la gouttière étant			
»	94	*en place*...............................		Mémoire	
609	186	Égout de deux tuiles *idem* remaniées, scellées ; linéaires	2.40	0.84	2.02
		En rive à droite :			
610	232	Ruellée plâtre sur tuile remaniée ; linéaires.	6.00	1.00	6.00
609	198	Faîtage en faîtières vieilles de Bourgogne, remaniées, descellées, scellées, compris embarrures et crêtes ; linéaires................	10.60	1.55	16.43
610	202	Faîtières neuves, *idem* pour fourniture seulement................................	2	0.66	1.32

COUVERTURE ET PLOMBERIE.

NUMÉROS PAGES	SÉRIE				
		En recherches :			
		Tuiles neuves de Bourgogne fournies, posées;			
		Versant sur rue.................. 56			
		Versant du fond............... 62			
607	134	Ensemble... 118	1.18	0.20	23.60
		Tuiles vieilles reposées en sus de celles dues en raccordement ;			
		Versant sur rue................... 35			
		Versant du fond................ 49			
»	134	Ensemble.... 84	84	0.079	6.64
		Tuiles neuves *idem* pour fourniture seulement (*formant chaîne autour des parties remaniées*).			
»	134	Ensemble..........	128	0.12	15.36
		Sur rue :			
		Garde-fous réglementaires pour location montage, pose, dépose et double transport;			
610	214	linéaires.......................	10.60	0.74	7.95
		Gravois descendus à l'auge et à la hotte;			
609	178	cube..........................	0.400	3.05	1.22
		Gravois enlevés et transportés aux décharges			
Maçon	nerie	publiques ; cube......................	0.400	4.80	1.92

Comble en tuile vieille à emboîtement.

(*Figures* 551 *et* 552)

Réparé avec tuiles en recherches, réfection des ruellées et filets sur parties remaniées et gouttière pendante remaniée sur crochets neufs à tige chantournée.

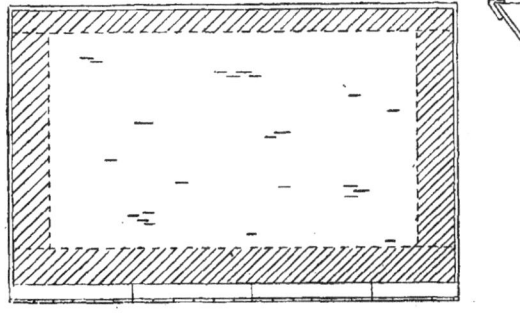
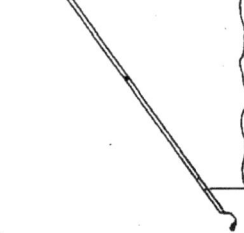

Fig. 551 et 552.

MÉTRÉ DE LA COUVERTURE.

NUMÉROS PAGES	SERIE	Métré.			
		Balayage de comble.			
		7.50 × 5.80 hauteur produit...... 43.50			
		Plus-value de 1/4 pour tuile à emboîtement.................... 10.88			
		La série est muette sur cette plus-value, bien que le nettoyage de ces combles soit plus difficile en raison des aspérités de la tuile.... »		Mémoire	
608	158	Ensemble.... 54.38	54.38	0.03	1.63
		Couverture en tuile vieille à emboîtement remaniée sur liteaux vieux recloués :			
		Par le bas :			
		7.50 × 0.70 hauteur. (2 *pureaux*) produit.............. 5.25			
		En rives :			
		2 fois 0 60 réduit = ... 1.20 × 4.50 hauteur (13 *pureaux*) produit. 5.40			
		En tête :			
		7.50 × 0.35 (1 *pureau*) produit.... 2.63			
607	127	Surface........... 13.34	13.34	0.60	8.00
619	117	Gouttière en zinc vieux déposée, remandrinée, soudée, reposée..............	7.65	1.12	8.57
»	»	Jonctions refaçonnées, soudées sur gouttière en zinc vieux.....................	3	0.60	1.80
»	»	Crochets en fer pour gouttière de 0.25 ; Fournis........................	23	0.17	3.91
»	»	Plus-value pour fourniture de crochets à tige chantournée (*pour fixer sur les côtés des chevrons*) (*fig. 553*).	23	0.15	3.45

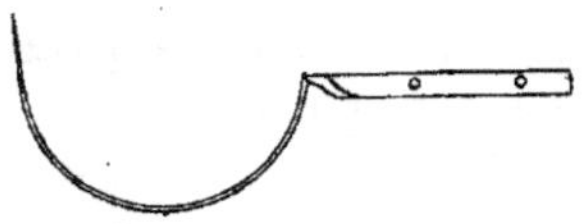

Fig. 553.

Serru	rerie	Vis à bois de 0.040 fournies ; 23 fois 2 =.....................	46	0.055	2.53
		En recherches :			
607	138	Tuiles neuves Muller grand moule fournies, posées............................	23	0.30	6.90
»	»	Tuiles vieilles, reposées en sus de celles dûes en raccords....................	17	0.079	1.34
		Ruellées en plâtre sur tuile remaniée. 2 fois 5.80 =.................... 11.60			
		Plus-value de 1/4 *idem*........... 2.90			
610	232	Ensemble... 14.50	14.50	1.00	14.50
		Filet en plâtre sur tuile *idem*...... 7.50			
		Plus-value de 1/4 *idem*............ 1.87			
610	211	Ensemble... 9.37	9.37	0.85	7.96

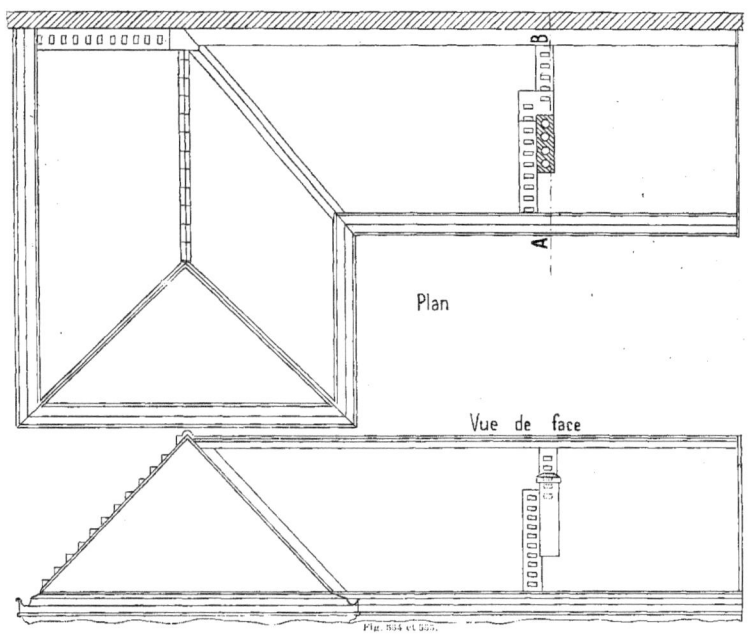

Fig. 504 et 505.

MÉTRÉ DE LA COUVERTURE.

Comble en tuile bourgogne petit moule remaniée sur liteaux neufs avec établissement de chemins rampants et horizontaux, ruellée, arêtiers et faîtage en ciment de Portland.

(*Figures 554 à 556.*)

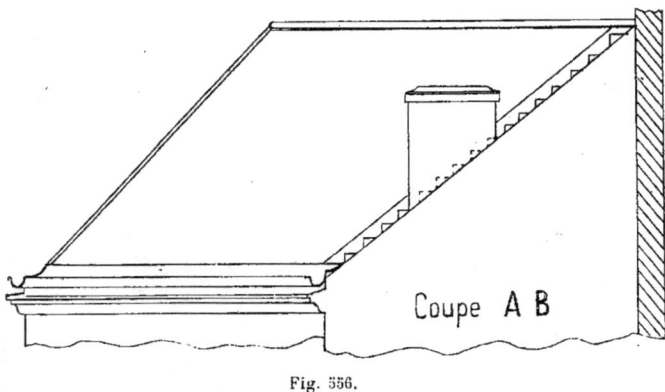

Fig. 556.

Métré.

NUMÉROS PAGES	SÉRIE					
		Découverture de tuile vieille de bourgogne. Grand versant de face à droite. $\frac{10.00 \text{ et } 14.00}{2} = 12.00 \times 6.60$ hauteur produit.................... 79.20 En aile à gauche : Versant de droite. $\frac{5.00 \text{ et } 6.20}{2} = 5.60 \times 5.60$ hauteur produit.................... 31.36 Croupe : $\frac{8.00 \times 5.60}{2}$ hauteur produit...... 22.40 Versant de gauche. $\frac{10.10 \text{ et } 6.20}{2} = 8.15 \times 5.60$ hauteur produit.................... 45.64 Surface.... 178.60 Moins : 1 souche de 0.45×2.00 produit surface............................ 0.90					
608	171	Reste surface..... 177.70	177.70		0.20	35.54
		Plus-value de tuiles vieilles conservées rangées pour être réemployées. Surface.... 177.70				

Sciences générales.   COUVERTURE ET PLOMBERIE. — TOME II. — 37.

COUVERTURE ET PLOMBERIE.

NUMÉROS PAGES	SÉRIE				
608	174	× 50 tuiles au mètre, *en moyenne;* produit. La couverture en tuile bourgogne, petit moule, remaniée sur lattis neuf.		8.885	3.30/1000	29.32

Versant de face à droite :
$$\frac{10.00 \text{ et } 13.50}{2} = 11.75 \times 5.70$$
hauteur, produit............ 66.98

Moins :
1 Souche et chemins rampants.
0.50 × 4.10, produit   2.05
0.50 × 4.30   »   2.15
A déduire.......... 4.20 = 4.20   »
Reste.................. 62.78 = 62.78

En aile à gauche :
Versant de droite
$$\frac{4.80 \text{ et } 5.60}{2} = 5.20 \times 5.40$$
hauteur, produit................ 28.08

Croupe :
$$\frac{7.30 \times 5.60}{2} \text{ hauteur, produit...... } 20.44$$

Versant de gauche
$$\frac{9.30 \text{ et } 5.60}{2} = 7.45 \times 5.60$$
hauteur, produit................ 41.72

		Surface..................... 153.02	153.02	2.10	321.34
607	120				

(*1*) *Quoique la couverture remaniée comprenne la découverture, nous aurons droit à cette dernière, les tuiles ayant été descendues*................................. | Mémoire | » | »

Gouttières en zinc vieux déposées, remandrinées, soudées, posées :
(*Partant à droite.*)
10.00 + 5.00 + 8.30 + 10.20 =... 33.50

Moins :
Gouttières en zinc n° 14 pour fourniture (*par parties*).
  Aux abouts ;
2 fois 2.00 = ...   4.00   »
4 Talons × 0.15 courant = 0.60   »   »
  Aux angles ;
6 fois 1.00 = ...   »   6.00   »
3 équerres × 0.20 courant =................   0.60   »   »
                                      1.20 — 10.00   »
        Ensemble.......   11.20

× 0.33 largeur développée,

		produit, surface................... »	3.70	4.15	15.36
619	110	Façon, pose de gouttière neuve (*sans crochets*)............;............ »	11.20	1.05	11.76
		A déduire................. 10.00			
»	117	Reste gouttière vieille............ 23.50	23.50	1.12	26.32

MÉTRÉ DE LA COUVERTURE. 579

NUMÉROS PAGES	SÉRIE				
618	92	Crochets en fer pour gouttière de 0.33 fournis ; ensemble..............	68	0.20	13.60
618	93	— posés pour gouttière neuve.	20	0.15	3.00
»	»	Jonctions soudées sur gouttières en zinc vieux en raccordement des parties neuves....	8	0.65	5.20
		Banquette-chemin, *comme aux précédents métrés* (*fig.* 557).			
		Fig. 557.			
		Plus :			
		Batellement de 2 tuiles, bourgogne petit moule, remaniées ;			
		Versant de face à droite.......... 10.00			
		Aile gauche ;			
		Versant de droite................ 4.80			
		Croupe...................... 7.30			
		Versant de gauche.............. 9.30			
608.609	159.187	Ensemble.................. 31.40	31.40	1.23	38.62
»	»	1 Liteau en sapin de 0.025/0.027 fourni, posé, cloué ; mêmes linéaires.............	31.40	0.20	6.28
		En rive à droite :			
610	232	Ruellée sur tuile remaniée.............	6.30	1.00	6.30
»	»	Plus-value de ruellée en ciment de Portland.	6.30	0.72	4.54
		Plus-value de ruellée à bandeau saillant (*fig.* 558)..........................	6.30	0.45	2.84

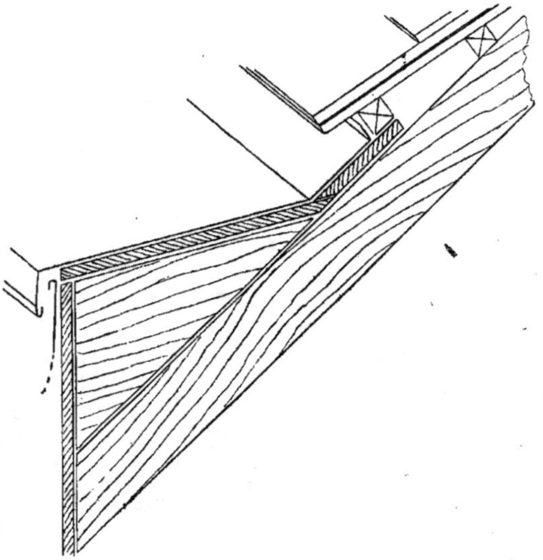

NUMÉROS PAGES	SÉRIE				
»	»	About de gouttière et banquette; *comme aux précédents métrés*..................	Mémoire	»	»

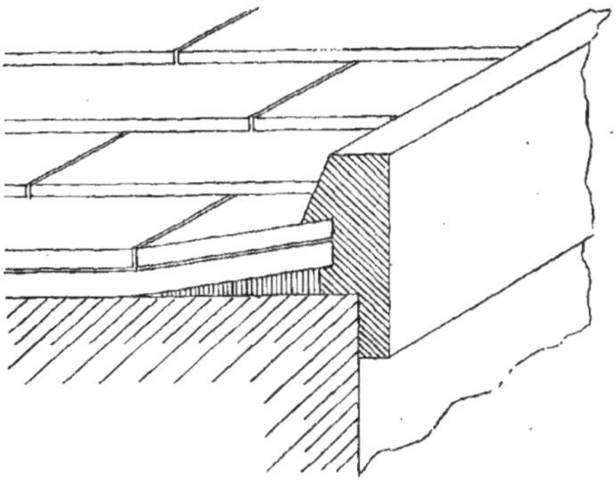

Fig. 558.

Chemin rampant (*fig.* 559).

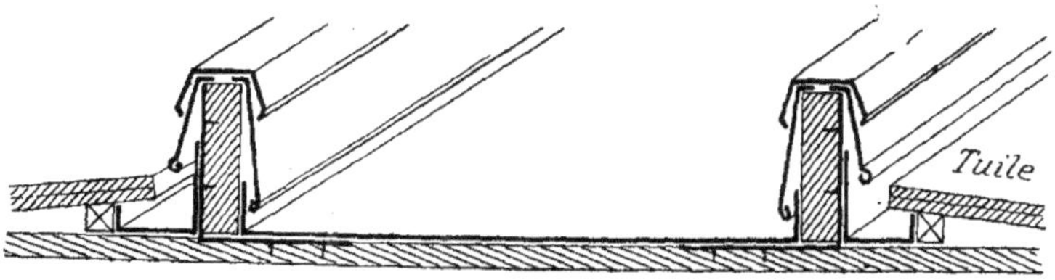

Fig. 559.

621	170	Souche isolée :
		Voligeage neuf en sapin de 0.013, fourni, posé, cloué, jointif.
		    A gauche............ 4.20 hauteur
		    Au dessus............ 2.40 »
		        Ensemble........ 6.60 × 0.72
		largeur, produit surface.................
			4.75	2.05	9.74

Menui	serie	Encaissement :
		Planches en sapin de 0.041 épaisseur × 0.16 large, fournies, posées.
		    A gauche :
		4.20, 0,50, 1,60 = ... 6.30
		    A droite :
		1.40, 2.40 = ... 3.80
		    Linéaires (*b*)...................
			10.10	1.05	10.61

MÉTRÉ DE LA COUVERTURE.

NUMÉROS PAGES	SÉRIE	Désignation			
Serru	rerie	Equerres en fer de 30/6 × 0.28, fournies, entaillées et fixées avec vis;			
		Ensemble....................	14	1.83	25.62
»	»	Peinture desdites, huile 2 couches.........	14	0.12	1.68
		Chemin :			
		Couverture en zinc n° 14 pour fourniture;			
		A gauche ; 0.65×3.45 hauteur produit 2.24			
		Derrière :			
		1.00 × 1.00 hauteur, produit....... 1.00			
		Au dessus :			
		0.65 × 1.74 hauteur, produit....... 1.13			
615	23	Surface....................	4.37	4.15	18.14
		Façon, pose de couverture zinc par feuilles de 0.65 large (*type b*).			
617	54	Surface....................	4.37	1.40	6.12
		Plus-value de façon de feuilles débitées 4.37			
		Moins :			
		Feuilles entières.............. 1			
		× 1.30 superficiel, produit........... 1.30			
»	60	Reste surface...................	3.07	0.45	1.38
		Par le bas :			
»	65	Goussets....................	2	0.28	0.56
»	64	Angles.....................	2	0.15	0.30
		Derrière la souche :			
»	»	1 pente plâtre, fournie, façonnée à revers..	1	»	0.52
»	»	Plus-value de contre-pente sur zinc........	1	»	0.60
»	»	Gousset.....................	1	»	0.28
»	»	Angles.....................	2	0.15	0.30
»	»	Brisure.....................	1	»	0.15
		En rive, à gauche et en tête :			
»	»	Gousset.....................	1	»	0.28
»	»	Angles.....................	4	0.15	0.60
		Les marches en zinc fondu (*fig.* 560).			
		fournies.................... 15			
619	119	pesant chaque 6^k,800 =.............	102^k	1.00	102.00

Fig. 560 et 561.

»	121	Posées, soudées au pourtour. Pesant........	102^k	0.35	35.70
»	»	Les godets en zinc fondu (*fig.* 561), fournis, posés, soudés....................	30	1.00	30.00
»	»	Percements sur bois et zinc.............	30	0.35	10.50

COUVERTURE ET PLOMBERIE.

NUMÉROS PAGES	SERIE				
		Encaissement :			
		Armatures intérieures en zinc n° 12, pour fourniture.			
		Côtés :			
		2 fois 6.00 = ... 12.00			
		Décrochements :			
		2 fois 0.40 = ... 0.80			
		4 têtes et talons × 0.15 = ... 0.60			
		Linéaires (a)............... 13.40			
»	»	× 0.16 large, produit surface...............	1.54	3.34	5.14
616	32	Façon, pose.....................	13.40	1.25	16.75
»	»	Angles............................	4	0.15	0.60
		Pattes d'agrafe cuivre rouge étamé, fournies, posées, en plus-value.			
620	132	Ensemble.......................	40	0.20	8.00
		Fausses-noues de rives :			
		Recouvrements en zinc n° 12, pour fourniture.			
		A droite :			
		1.40, 4.43 = ... 5.83			
		A gauche :			
		4.38, 0.50, 1.60 = ... 6.48			
		Linéaires.................. 12.31			
»	»	× 0.26 largeur, produit surface.............	3.20	3.34	10.69
616	33	Façon, pose. Linéaires.....................	12.31	1.48	18.22
»	»	Goussets........................	6	0.28	1.68
»	»	Angles...........................	16	0.15	2.40
		A gauche :			
		Pente sapin à revers *idem*...............	1	»	0.52
		Contre-pente sur zinc...................	1	»	0.60
		Tranchis droits sur tuile vieille ;			
611	244	2 fois 5.80 = ...	11.60	0.66	7.66
		Liteaux de devers en sapin, fournis, posés,			
»	»	*idem*............................	11.60	0.20	2.32
610	227	Parements *idem*...................	11.60	0.40	4.64
		Battellement d'une tuile bourgogne petit			
609	187	moule remaniée.......................	0.50	0.59	0.30
»	»	Parement *idem*...................	0.50	0.40	0.20
		Armatures en zinc n° 12 pour fourniture.			
		Linéaires *idem* (a)............... 13.40			
»	»	× 0 14 large, produit surface...............	1.88	3.34	6.28
616	31	Façon, pose.....................	13.40	1.10	14.74
»	»	Angles...........................	4	0.15	0.60
»	»	Onglets..........................	4	0.20	0.80
»	»	Talons d'ourlets...................	2	0.20	0.40
»	»	Pattes cuivre.....................	40	0.20	8.00
		Main-courante en zinc n° 12 pour fourniture.			
		Linéaires *idem* (b)................ 10.10			
		Plus :			
		8 croisures × 0.05 = ... 0.40			
		Linéaires............... 10.50			
»	»	× 0.10 large, produit surface...............	1.05	3.34	3.51

MÉTRÉ DE LA COUVERTURE.

NUMÉROS PAGES	SÉRIE				
»	»	Façon, pose (couvre-joint)...............	10.50	0.20	2.10
»	»	Têtes et talons zinc.....................	4	0.20	0.80
»	»	2 brisures triples pour chaque 3 angles....	6	0.15	0.90
»	»	Pattes cuivre...........................	8	0.20	1.60
		A la souche :			
		Devant :			
610	211	Filet sur tuile remaniée.................	0.50	0.85	0.43
»	»	Plus-value de filet en ciment............	0.50	0.72	0.36
»	»	Les bandes de solins et solins; *comme précédents*...............................	Mémoire	»	»
»	»	1 noue, *comme précédentes*............	Mémoire	»	»
608	149	Arêtiers sur tuile vieille non fournie 2 fois 6.50 = ...	13.00	1.25	16.25
»	»	Plus-value de ciment *idem*............	13.00	0.80	10.40
609	198	Faîtage en faîtières de bourgogne, remaniées, descellées, scellées avec embarrures et crêtes, Linéaires...........................	5.50	1.55	8.53
»	»	Plus-value d'embarrures et crêtes (*ou joints*) en ciment. Linéaires.................	5.50	1.80	9.90
		A gauche au fond :			
»	»	1 chemin rampant *comme précédent*, mais avec bande de solin et solin sur mur........	Mémoire	»	»

Chemin de faîte (*fig.* 562).

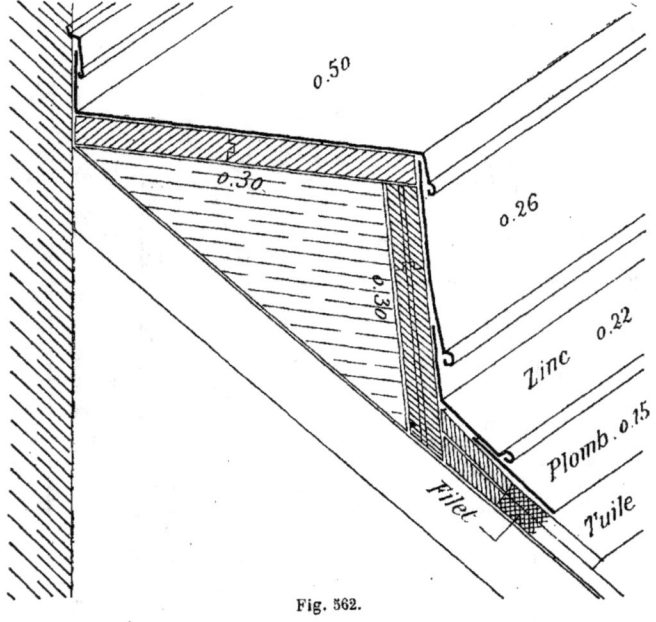

Fig. 562.

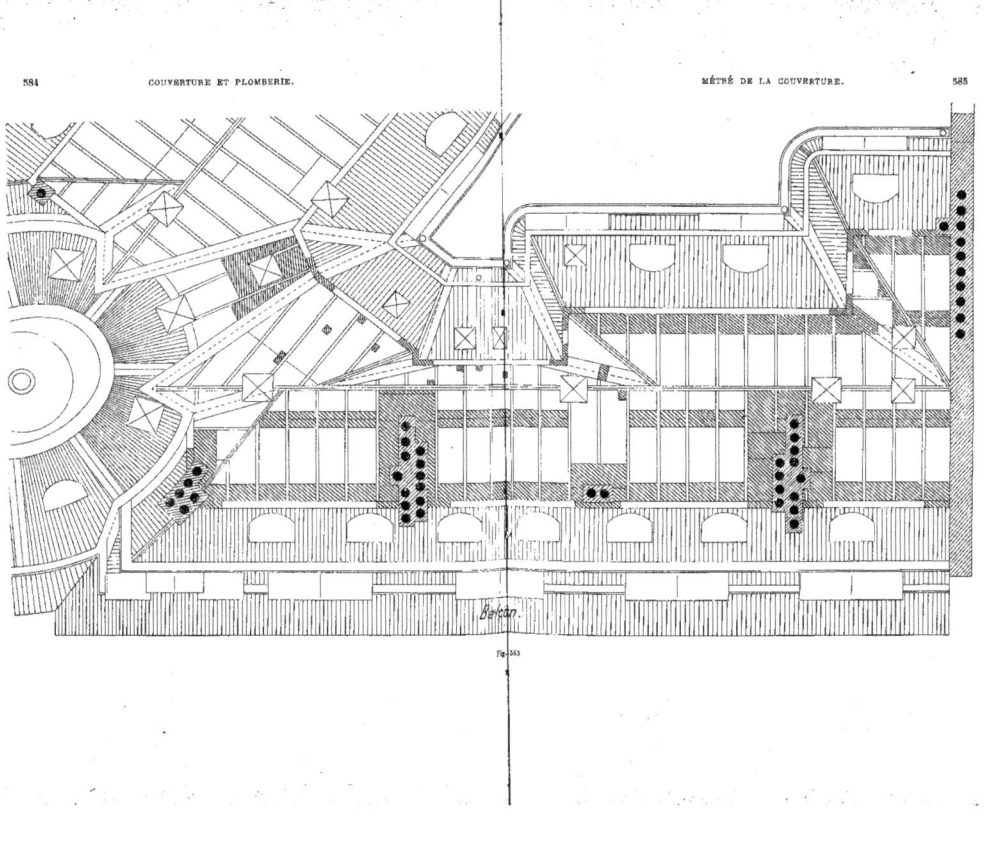

NUMÉROS PAGES	SÉRIE				
		Coyaux en sapin de 0.054 épaisseur découpés à pente de 0.33 hauteur			
»	»	Fournis...	40	0.65	26.00
»	»	Posés...	40	0.33	13.20
		Planches en sapin de 0.034 épaisseur, fournies, raînées, posées :			
		Devant × 0.33 large			
Menui	serie	13.60, 0.15, 0.65 = ...	14.40	2.82	40.61
		Dessus × 0.35 large			
		14.00, 0.40, 0.60 = ... 15.00			
		1 coupe et assemblage d'onglets ×. 0.12			
»	»	Ensemble...	15.12	2.99	45.21
		Devant :			
		Voligeage sapin de 0.013 jointif			
		12.70 × 0.11 produit........... 1.40			
		Pour double épaisseur ;			
		Même surface............... 1.40			
»	»	Ensemble...	2.80	2.05	5.74
»	»	Filet sur tuile remaniée...	12.70	0.85	10.80
»	»	Plus-value de ciment...	12.70	0.72	9.14
»	»	En raccord de l'aile gauche : noues et tranchis, *comme au premier chemin rampant*.	Mémoire	»	»
		Pour bavette de filet, armature et dessus zinc ;			
»	»	*comme aux précédents métrés*...	Mémoire	»	»

Réparation du comble, métré n° 15.

Comprenant : Ardoises en recherches pour les brisis et sur dôme ; remaniage de terrasson de comble avec remplacement de bas de feuilles et agrafures, pièces et soudures en recherches, membron zinc remplacé par parties, réparation de bandeaux zinc et de balcon en plomb.

Métré.

NUMÉROS PAGES	SÉRIE		
		Comble (*fig.* 563), bâtiment sur avenue.	
		En tête des 2ᵐᵉ brisis :	
		Les membrons en zinc vieux déposés, refaçonnés, retaillés, reposés × 0.43 large.	
		Sur avenue :	
		A droite...	3.15
		Entre 2 souches...	7.85
		Entre souches de gauche...	4.30
		En retour...	1.00
		Sur cour :	
		A droite...	3.15
		En retour...	1.80
		A la suite...	6.25
		En retour...	1.13
		A la suite...	3.65
		En retour...	0.23
		Pan coupé...	2.65
		Patte d'oie...	1.15
		Linéaires (*a*)...	36.33

MÉTRÉ DE LA COUVERTURE.

NUMÉROS PAGES	SÉRIE				

		Dont :
		En zinc neuf. *Au droit des angles et des souches.*
		    Sur avenue :
		    7 fois 0.50 = ... 3.50 »
		    1 fois 1.00................. 1.00 »
		    Sur cour :
		    13 fois 0.50 = ... 6.50 »
		    En retour ; 1 fois 0.23 ..... 0.23 »
		    A déduire ; Linéaires (*b*). 11.23= 11.23				

Com	posé	Reste vieux refaçonnés...... 25.10	25.10	1.48	37.15

		Soit ; en zinc n° 14 pour fourniture ;
		    Linéaires *idem* (*b*)............. 11.23
		    Plus :
		Têtes........................ 8
		× 0.15 courant = ... 1.20
		Equerres.................... 7
		× 0.20 courant = ... 1.40
		    Ensemble............. 13.83				

		× 0.43 largeur produit surface............ Façon, pose................ 13.83 Plus-value de 1/10 × 36.33 = ... 3.63	5.95	4.15	24.69
616	33	Ensemble...................	17.46	1.48	25.84
»	»	Equerre dessoudée, réajustée, soudée sur vieux zinc..................................	1	»	1.00
»	»	Les bagues en zinc vieux, déposées, redressées, reposées, soudées................	23	1.50	34.50
»	»	Bagues saillantes en zinc estampé : Fournies...............................	15	3.00	45.00
»	»	Posées, soudées........................	15	1.00	15.00

		Plus-value de 2 courbes et 2 reliefs façonnés sur membron zinc, *neuf et vieux ;*
		    Linéaires *idem* (*a*).......... 36.33
		    Plus-value de 1/10 *idem*.......... 3.63				

616	38-35	Ensemble......................	39.96	0.38	15.18
»	»	Pattes cuivre, fournies, posées en plus-value Ensemble...............................	38	0.20	7.60
610	212	Les filets refaits en plâtre sur ardoise vieille (*non remaniée*). Ensemble.....................	26.00	0.60	15.60
		Les bavettes en plomb vieux, relevées, rebattues, dressées sur place. Ensemble.............. 35.00 Dont : Bavettes en plomb vieux, déposées, refaçonnées, posées........ 20.00= 20.00			
623	28	× 0.16 large, produit surface....... »	3.20	1.73	5.54
		Reste linéaires.......... 15.00	15.00	0.14	2.16
»	»	Bandelettes de clouage en zinc neuf, fournies, posées..	20.00	0.33	6.60
»	»	Clouage à piston × 0.05..................	20.00	0.34	6.80

NUMÉROS PAGES	SÉRIE					
		Au dessus :				
		Bavettes en zinc vieux, déposées, refaçonnées, posées, *idem* × 0.20 large.				
		Sur avenue :				
		A droite..........................	3.15			
		Entre 1ʳᵉ et 3ᵉ souche............	7.85			
		Entre 3ᵉ et 4ᵉ souche.............	4.30			
		En retour........................	0.50			
		Sur cour :				
		A droite..........................	2.30			
		En retour........................	1.40			
		A la suite........................	6.05			
		En retour........................	0.80			
		A la suite........................	3.10			
		Pan coupé.......................	2.50			
		Patte d'oie......................	0.75			
		Plus aux noues :				
		8 fois 0.10.......................	0.80			
		Ensemble.................	33.50			
		Plus-value de 1/10 pour façon et pose par bouts de 1 mètre................	3.35			
Com	posé	Linéaires................	36.85	36.85	1.25	46.06
		Les coulisseaux en zinc n° 12 pour fourniture............. 30				
»	»	× 0.20 courant = ...	6.00			
		× 0.20 large produit surface...............		1.20	3.34	4.01
616	32	Façon, pose. Linéaires...................		6.00	1.25	7.50
»	»	Pattes cuivre *idem*..................		48	0.25	12.00
		Terrasson de comble :				
		Découverture de zinc pour réemploi :				
		Surface.......................		102.91	0.25	25.73
»	»	(1) Il y a lieu de remarquer que, le plus souvent, la découverture en réparation se fait avec soin dans l'intention de réemployer les feuilles ; l'examen de ces dernières, après redressage ou battage, démontre seulement alors l'impossibilité du réemploi. On doit donc compter cette découverture au prix de 0ᶠ,25, à moins d'ordre formel et préalable de remplacement................		Mémoire	»	»
		Le voligeage vieux dressé sur place et recloué :				
		Sur avenue :				
		Grand versant :				
		$\frac{16.70 \text{ et } 15.00}{2} =$ 15.85				
		× 2.75 hauteur, produit............	43.59			
		A reporter...............	43.59			

MÉTRÉ DE LA COUVERTURE.

	Report..................	43.59	
	A gauche :		
Croupe : $\dfrac{3.15 \times 1.15}{2}$ produit......		1.81	
	Petit versant de face :		
$\dfrac{2.80 \times 0.85}{2}$ produit...............		1.19	
	Sur cour :		
	A droite :		
$\dfrac{2.15 \times 3.50}{2}$ produit.............		3.76	
	En retour :		
$\dfrac{4.05 \times 1.00}{2}$ produit.............		2.03	
	A la suite :		
$\dfrac{6.25 \text{ et } 6.50}{2} = $	6.38	»	
$\times 1.80$ hauteur, produit............		11.48	
	En retour :		
$\dfrac{1.15 \times 1.95}{2}$ produit.............		1.12	
	A la suite :		
$\dfrac{3.80 \text{ et } 7.75}{2} = $	5.78	»	
$\times 0.80$ hauteur, produit............		4.62	
	En retour :		
$\dfrac{0.30 \times 2.20}{2}$ produit.............		0.33	
	Pan coupé :		
$\dfrac{3.50 \times 2.55}{2}$ produit.............		4.46	
$\dfrac{2.70 \times 2.05}{2}$ produit.............		2.77	
	Patte d'oie :		
$\dfrac{1.20 \text{ et } 2.20}{2} = $	1.70	»	
$\times 3.20$ hauteur, produit............		5.44	
	Ensemble.................	82.60	
	Moins :		
	Sur avenue :		
	1re souche :		
0.35×2.00 produit.........	0.70	»	
	1 excédent de		
0.30×1.20 produit.........	0.36	»	
	1 excédent de		
0.20×0.50 produit.........	0.10	»	
	2e souche :		
0.65×0.40 produit.........	0.26	»	
	A reporter.........	1.42	82.60

NUMÉROS PAGES	SÉRIE						
		Reports............	1.42	82.60			
		3ᵉ souche :					
		0.35 × 2.00 produit........	0.70	»			
		1 excédent de					
		0.20 × 0.50 produit........	0.10	»			
		1 excédent de					
		0.25 × 0.43 produit........	0.36	»			
		En retour, à gauche :					
		4ᵉ souche :					
		0.40 × 0.23 produit........	0.09	»			
		1 excédent de					
		0.35 × 0.25 produit........	0.09	»			
		Sur faîtage :					
		1 châssis de 0.50 × 0.65...	0.33	»			
		3 châssis de chaque					
		0.60 × 0.60 produit.. 0.36	»	»			
		Ensemble...........	1.08	»			
		Sur cour :					
		A droite :					
		1 châssis de 0.50 × 0.65...	0.33	»			
		Patte d'oie :					
		1 châssis 0.60 × 0.60......	0.36	»			
		1 partie de châssis de					
		0.60 × 0.10 produit........	0.06	»			
		A déduire...........	4.92 =	4.92			
		Reste surface.............		77.68			
		Dont :					
		Voligeage vieux reposé, re-					
621	175	cloué à neuf ; 1/5 de surface..	15.53	»	15.53	0.68	10.56
		Dévoligeage préalable à fin					
»	173	de réemploi, même surface...	»	»	15.53	0.32	4.97
		Voligeage neuf en sa-					
		pin de 0.013 fourni, po-					
		sé, cloué jointif.					
		Linéaire....... 158.00	»	»			
»	170	× 0.11 large, produit........	17.38	»	17.38	2.05	35.63
		A déduire...........	32.91 =	32.91			
		Reste voligeage redressé sur place					
»	»	et recloué......................	44.77	44.77	0.30	13.43	
		Les tasseaux vieux bois, redressés sur place					
		et recloués.					
		Sur avenue :					
		(partant à droite)					
		2 fois 2.70 = ...		5.40			
		2 fois 2.45 = ...		4.90			
		1ʳᵉ souche :					
		A droite, 0.25, 1.25 = ...		1.50			
		A gauche.....................		1.00			
		A reporter............		12.80			

MÉTRÉ DE LA COUVERTURE.

NUMEROS						
PAGES	SÉRIE					

	Reports............		12.80			
	A la suite :					
	5 fois 2.70 = ...		13.50			
	Au-dessus de 2ᵉ souche		1.65			
	A la suite :					
	1 fois.....................		2.45			
	5 fois 2.70 = ...		13.50			
	Au-dessus de 3ᵉ souche		0.10			
	A la suite :					
	4 fois 2.70 = ...		10.80			
	2 fois 1.35 réduit = ...		2.70			
	En retour, à gauche :					
	0.25, 1.25 = ...		1.50			
	Versant de face, à gauche		0.80			
	Sur cour :					
	Versant de face à droite :					
	3 fois 1.40 réduit = ...		4.20			
	En retour :					
	2 fois 0.65 réduit...............		1.30			
	1 fois......................		0.20			
	Grand versant à la suite :					
	3 fois 0.84 réduit.........	2.52	»			
	7 fois 1.80 = ...	12.60	»			
	2 fois 0.90 = ...	1.80	»			
	Ensemble..........	16.92	»			
	Moins :					
	2 fois 0.22..............	0.44	»			
	Reste....................		16.48			
	En retour................		0.90			
	Petit versant à la suite :					
	0.25, 0,10 = ...		0.35			
	5 fois 0.80 = ...		4.00			
	2 fois 0.45 réduit = ...		0.90			
	Pan coupé :					
	1.25, 2.20, 2.50, 2.60, 1.00 = ...		9.55			
	Patte d'oie :					
	2.90, 0.65, 1.20 = ...		4.75			
	Ensemble		102.43			
	Dont :					
621	152	Tasseaux déposés, reposés, recloués à neuf............	47.00	»	47.00	0.15	7.05
621	150	Tasseaux neufs de 0.055 fournis, posés	18.00	»	18.00	0.38	6.84
	A déduire..........	65.00=65.00				
	Reste vieux recloués		37.43	37.43	0.03	1.12
	Tasseaux vieux déposés..................			18.00	0.04	0.72
	Les faîtages et arêtiers en sapin déposés, déferrés, reposés et recloués à neuf.					

NUMÉROS						
PAGES	SÉRIE					
		Faîte....................	17.75			
		Arêtiers :				
		4.05, 2.45, 2,35	8.85			
		Ensemble................	26.60			
		Moins, châssis :				
		4 fois 0.60..................	2.40			
		Reste..................	24.20			
		Dont : neufs fournis, posés, de 0.080				
621	151	épaisseur....................	8.00	8.00	0.99	7.92
»	»	Reste..................	16.20	16.20	0.20	3.24

La couverture en zinc vieux, refaçonnée, posée par feuilles de 0.65 large (*type b*).

Sur avenue :

(*partant à droite*)

2 fois 0.65 × 2.91 hauteur, produit   1.89

1ᵉʳ châssis.

Devant :

2 fois 0.65 × 2.67 hauteur, produit   3.48

A droite... 0.39
A gauche.. 0.24

Ensemble. 0.84 × 0.24 hauteur, produit........................ 0.20

1ʳᵉ souche :

A droite :

0.19 × 0.40 hauteur, produit...... 0.08
0.65 × 0.84 hauteur, produit...... 0.55

Au dessus :

0.80 × 0.65 hauteur, produit...... 0.52

2ᵉ châssis :

Au devant :

0.65 × 2.67 hauteur, produit...... 1.74
0.65 × 1.14 hauteur, produit...... 0.74

A gauche :

0.22 × 0.24 hauteur, produit...... 0.05

Suite de 1ʳᵉ souche :

A droite :

0.19 × 0.83 hauteur, produit...... 0.16

A gauche :

0.65 × 1.17 hauteur, produit...... 0.76

Derrière :

0.94 × 0.65 hauteur, produit...... 0.61

Au dessus :

0.29 et 0.65 = ... 0.94   »
× 0.32 hauteur, produit............ 0.30
2 fois 0.65 × 0.76 hauteur, produit. 0.99

A *reporter*............... 12.07

MÉTRÉ DE LA COUVERTURE.

Report..................	12.07
A la suite :	
4 fois 0.65 × 2.91 hauteur, produit.	7.57
2ᵉ souche :	
A droite... 0.44	
A gauche.. 0.39	
Ensemble. 0.83 × 0.52 hauteur, produit.........................	0.43
Derrière :	
1.30 × 0.65 hauteur, produit.......	0.85
Au dessus :	
2 fois 0.65 × 1.57 hauteur, produit.	2.04
3ᵉ châssis :	
A droite :	
0.34 et 0.65 = ... 0.99	»
× 0.21 hauteur, produit.............	0.19
Devant :	
0.65 × 2.70 hauteur, produit......	1.76
A gauche :	
0.54 × 0.21 hauteur, produit......	0.11
A la suite :	
4 fois 0.65 × 2.91 hauteur, produit.	7.57
3ᵉ souche :	
A droite :	
0.29 × 1.46 hauteur, produit......	0.43
0.54 × 0.68 hauteur, produit......	0.37
A gauche :	
0.54 × 2.00 hauteur, produit 1.08	»
Moins ; 1 pénétration de *net :*	
0.20 × 0.30 produit....... 0.06	»
Reste.......... 1.02 =	1.02
Derrière :	
1.30 × 0.65 hauteur, produit......	0.85
Au dessus :	
2 fois 0.65 × 0.20, hauteur produit	0.26
A la suite :	
3 fois 0.65 × 2.91 hauteur, produit	5.67
A gauche :	
2 fois 0.65 × 2.10 hauteur réduite, produit........................	2.60
1 fois 0.60 × 0.60 hauteur réduite, produit........................	0.36
Croupe de gauche :	
1.20, longueur réduite, × 0.65 hauteur produit................ 0.78	»
Moins pénétration de la	
4ᵐᵉ souche de *net :*	
0.40 × 0.20 réduit, produit 0.08	»
Reste.............. 0.70 =	0.70
A reporter...............	44.85

Sciences générales. COUVERTURE ET PLOMBERIE. — TOME II. — 38.

NUMÉROS					
PAGES	SÉRIE				
		Report.................... 44.85			
		Au dessus :			
		0.65 et 0.30 = ... 0.95 »			
		$\times \dfrac{0.90}{2}$ hauteur, produit............ 0.43			
		A la suite :			
		$\dfrac{0.20 \text{ et } 0.60}{2}$ = ... 0.40 »			
		$\times$ 1.36 hauteur, produit............ 0.54			
		$\dfrac{0.60 \times 0.56}{2}$ hauteur, produit........ 0.17			
		1 noue de 0.65×1.50 hauteur réduite, produit................ 0.98			
		Petit versant de face, à gauche :			
		En tête; 0.65 et 1.00 =... 1.65 »			
		$\times \dfrac{0.90}{2}$ hauteur, produit............ 0.74			
		Sur cour :			
		Versant de face à droite			
		3 fois 0.65 = 1.95			
		1 fois .... = 0.25			
		Ensemble $\underline{2.20} \times \dfrac{3.70}{2}$			
		hauteur, produit.................. 4.07			
		En retour :			
		Bas; 2 fois 0.65 = 1.30			
		1 fois....... 0.18			
		Ensemble $\underline{1.48} \times \dfrac{1.10}{2}$			
		hauteur, produit.................. 0.81			
		En tête; 0.47 et 1.01 = 1.48			
		$\times \dfrac{0.74}{2}$ hauteur, produit...... 0.81 »			
		Moins 1 châssis de net:			
		0.30×0.45, produit........ 0.14 »			
		Reste .... $\overline{0.67}$ = 0.67			
		1 noue de			
		0.65×3.03 hauteur, produit....... 1.97			
		Grand versant à la suite :			
		1 fois.........0.23.			
		9 fois 0.65 = 5.85.			
		Ensemble 6.08			
		Et :			
		1 fois....... 0.33			
		9 fois 0.65 = 5.85			
		Ensemble...... 6.18			
		Linéaires..... $\dfrac{12.26}{2}$ = $\underline{6.13}$ »			
		$\times$ 1.95 hauteur, produit..... 11.96 »			
		A reporter............... 55.23			

MÉTRÉ DE LA COUVERTURE.

NUMÉROS				
PAGES	SÉRIE			

Report........	55.23

Moins châssis de *net* :

1 de 0.40×0.20, produit..............	0.08	»
1 de 0.30×0.20, produit..............	0.06	»
A déduire.........	0.14	»
Reste...............		11.82

En retour :

0.70 et $0.28 =$	0.98	»
$\times \dfrac{1.74}{2}$ hauteur, produit............		0.85

1 noue de :

0.65×2.72 hauteur, produit.......	1.77

Petit versant à la suite :

$\dfrac{2.60 \text{ et } 6.16}{2} = $ 4.38	
$\times 0.90$ hauteur, produit..... 3.94	»

Moins 1 châssis de *net* :

0.40×0.20 produit.........	0.08	»
Reste...............		3.86

1 noue de :

0.65×2.72 hauteur, produit.......	1.77

En retour :

$\dfrac{0.30 \times 0.85}{2}$ produit...............	0.13

Pan coupé :

0.75 et $0.41 =$	1.16	»
$\times \dfrac{2.11}{2}$ hauteur, produit............		1.22

1 fois......	0.24	
2 fois $0.65 =$	1.30	
Ensemble...	1.54	

$\dfrac{1.54 \times 3.35}{2}$ hauteur, produit............................ 2.58

0.65 et $0.28 =$	0.93	»
$\times \dfrac{3.37}{2}$ hauteur, produit.....	1.57	»

Moins 1 châssis de *net* :

0.40×0.20 produit.........	0.08	»
Reste...............		1.49

Patte d'oie :

1 Noue de :

0.65×4.84 hauteur, produit........	3.15

A gauche des châssis :

$0.64 \times \dfrac{2.92}{2}$ hauteur, produit.......	0.93

A reporter..............	84.80

NUMÉROS						
PAGES	SERIE					

                   Report.............. 84.80
                9me châssis.
                 Devant :
0.93 réduit × 0.75 hauteur, produit... 0.70
A droite..... 0.39
A gauche.... 0.19
Ensemble... $\overline{0.58}$ × 0.43 hauteur,
produit..................... 0.25
                 Derrière :
1.08 réduit × 0.65 hauteur, produit 0.70
              10me châssis :
                 Devant :
1.18 réduit × 1.32 hauteur, produit 1.56
Les couvre-joints, *idem*
tasseaux.................. 102.43 »
                  Plus :
110 croisures × 0.05 =..... 5.50 »
              Ensemble..... 107.93
× 0.10 largeur, produit........... 10.79
Faîtage et arêtiers zinc ;
idem, bois............. 24.20 »
Plus : 30 croisures × 0.05 = 1.50 »
             Ensemble......... 25.70 »
× 0.16 large, produit............. 4.11
               Surface........ 102.91
                 Moins :
La couverture en zinc neuf n° 14
pour fourniture.
               Sur avenue :
               A droite :
Une travée ; *bas*.... 0.50 hauteur
Agrafure : 2 fois 0.25 = 0.50 —
            Ensemble 1.00 —
× 0.65 large, produit (A).... 0.65 »
3 autres travées, *idem* A.... 1.95 »
          1re souche et 2me châssis ;
Comme à l'accolade B..... 6.50 »
   4 travées, *idem* A...... 2.60 »
             2me souche ;
Comme à l'accolade C....... 1.28 »
   5 travées, *idem* A....... 3.25 »
             3me souche ;
Comme à l'accolade D..... 2.93 »
   3 travées, *idem* A...... 1.95 »
             A gauche :
Bas ; 2 fois 0.65..... 1.30 » »
    1 fois réduit.... 0.58 » »
      Ensemble.. 1.88 » »

MÉTRÉ DE LA COUVERTURE.

NUMÉROS PAGES	SÉRIE						
		Reports............	21.11	102.91			
		× 0 50 hauteur, produit.....	0.94	»			
		Agrafure ; 2 fois 0.58 réduit = ... 1.16					
		× 0.25 hauteur, produit.....	0.29	»			
		4ᵐᵉ souche ;					
		Comme à l'accolade E.....	0.70	»			
		Sur cour :					
		Versant de face à droite ;					
		Bas ; 3 fois 0 65 × 0.30 prod.	0.98	»			
		1 fois $\frac{0.25 \times 0.30}{2}$ »	0.04	»			
		Agrafures ;					
		2 fois 0.65 = ... 1.30	»	»			
		2 fois 0.36 réduit =. 0.72	»	»			
		Ensemble.... 2.02	»	»			
		× 0.25 hauteur, produit.....	0.50	»			
		En retour :					
		Ecoinçons ; 3 fois 0.65 × 0.36 hauteur réduite, produit...	0.70	»			
		1 Noue de					
		0.65 × 1.00 hauteur, produit	0.65	»			
		Grand versant à la suite :					
		Bas de feuilles :					
		1 fois réduit........ 0.47	»	»			
		8 fois 0.65.......... 5.20	»	»			
		Ensemble.... 5.67	»	»			
		× 0.50 hauteur produit.....	2.84	»			
		1 Ecoinçon de					
		$\frac{0.65 \times 0.62}{2}$ produit.......	0.20	»			
		Patte d'oie :					
		9ᵐᵉ châssis ;					
		Comme à l'accolade F.....	2.58	»			
		Les couvre-joints en zinc neuf ;					
		Ensemble 32.00 × 0.10 prod.	3.20	»			
		Faîtages et arêtiers en zinc ;					
		Ensemble 12.00 × 0.16 produit.....................	1.92	»			
		Ensemble zinc neuf fourni.	36.65 = 36.65	36.65	4.15	152.10
617	54	Façon pose.....................		»	36.65	1.40	51.31
		Reste zinc vieux refaçonné........	66.26				
		Moins-value pour non-retaille sur les versants accolés G :					
		Soit 1/3 × 13.67 = ...	4.55				
		(2) *Cette moins-value ne s'applique pas ici aux couvre-joints qui sont retaillés*................		»	Mémoire	»	»
617	57	Reste surface..............	61.71	61.71		2.05	126.51

COUVERTURE ET PLOMBERIE.

NUMÉROS PAGES	SÉRIE				
		Feuilles débitées *idem* sur zinc neuf et vieux. Pièces en zinc n° 14 pour fourniture 2ᵐᵉ retour (*dans la noue*)	Mémoire	»	»
			Zinc	Soudure	
		1 de 0.65 × 0.20 produit..... 0.13 1.30 Petit versant à la suite :			
		1 de 0.25 × 0.20 produit..... 0.05 0.90			
		1 de 0.30 × 0.25 — 0.08 0.80			
		1 de 0.30 × 0.30 — 0.09 0.60			
		1 de 0.35 × 0.30 — ..... 0.11 0.65 Pan coupé :			
		1 de 0.25 × 0.35 — 0.09 0.85			
		1 de 0.33 × 0.40 — 0.13 0.73			
		1 de 0.25 × 0.30 — 0.08 1.10			
		2 de 0.33 × 0.44 — 0.22 1.34			
		$\overline{10}$ Ensemble........ $\overline{0.98}$ $\overline{8.27}$ Soit :			
»	»	Zinc n° 14 pour fourniture...............	0.98	4.15	4.07
620	135	Pièces zinc façonnées, posées............	10	0.30	3.00
		Soudure sur vieux zinc............ 8.27 Plus aux feuilles :			
		Sur avenue :			
		51 fois 0.65 = ... 33.15			
		A gauche : 0.43, 0.48 = ... 0.93			
		Sur cour :			
		à droite : 5 fois 0.65........... 3.25			
		» 2 » 0.35 réduit...... 0.70			
		En retour : 2 » 0.65 » 1.30			
		Noue.......................... 0.65			
		Grand versant à la suite :			
		9 fois 0.65............. 5.85			
620	142	Linéaires.....................	54.10	0.73	39.49
618	69	Coupes à la griffe sur zinc vieux, *idem*.....	54.10	0.20	10.80
620	139	Points en soudure, en recherches sur zinc vieux...........................	78	0.20	15.60
		Contretalons zinc rapportés soudés :			
618	79	aux arêtiers.................	3	0.20	0.60
»	78	aux couvre-joints.............	42	0.15	6.30
		Têtes et talons zinc rapportés soudés :			
»	77	aux faîtage et arêtiers.........	6	0.25	1.50
»	76	aux couvre-joints.............	33	0.20	6.60
»	»	Pattes cuivre aux croisures...........	54	0.20	10.80
		Raccords aux souches et châssis :			
»	»	*comme au métré n° 15*.................	Mémoire	»	»
»	»	Les bandes de solins déposées, refaçonnées, reposées ; *mêmes prix que façon et pose de bandes neuves*.....................	Mémoire	»	»
		En recherches :			
606	116	Ardoises neuves d'Angers, fournies, posées, clouées ; en brisis............	320	0.23	73.60
»	»	sur dôme..................	150	0.40	60.00
		Ardoises vieilles, retaillées, reposées, clouées,			

MÉTRÉ DE LA COUVERTURE.

NUMÉROS PAGES	SÉRIE				
»	117	en sus de celles dues en raccords ; en brisis..	248	0.18	44.64
»	»	sur dôme..	96	0.35	33.60

Pour réparation des membrons et du dôme, échafaudage volant de couvreur, garde-fous et gardien de rue *comme précédents*....... Mémoire » »

Bâches :

Location de bâches,
2 de chaque 6.00 × 5.00
produit.................... 60.00
et pendant 16 jours............. 960.00
2 de chaque 3.00 × 4.00
produit.................... 24.00
et pendant 6 jours............. 144.00
Surface........................ 1104.00

plus-value de 30 0/0
$\frac{0.25}{30}$ 9.20

Montage, pose de bâches, dépose et descente compris, double transport (1ᵉʳ *et dernier jours*)
Surface......................... 84.00   0.195   16.38

Dépose, repose de bâches, matin et soir, les jours intermédiaires et suivant les besoins des travaux.
14 fois 60.00 produit............ 840.00
4 fois 24.00   » 96.00
Surface......................... 936.00   0.026   24.34

Ravalement sur cour :

Bandeau du 4ᵉ étage (*fig.* 564).

Les bandeaux en zinc vieux, déposés, retaillés, refaçonnés, posés × 0.40 largeur.
    A gauche au fond............. 0.80
    1ʳᵉ Baie..................... 1.70
    Circulaire........... 1.90   »
    A la suite................. »   0.40

    En retour :

    2ᵉ Baie .... »   1.60
    Entredeux................ »   1.90
    3ᵉ Baie .... »   1.80
    Circulaire............. 1.35   »
    A la suite............... »   0.60
    En retour.............. »   1.25
    En retour.............. »   0.30
    6ᵉ Baie .... »   2.10
    Entredeux .... »   0.50
    7ᵉ Baie .... »   3.00
    Entredeux .... »   1.60
    8ᵉ Baie .... »   2.40
    Entredeux .... »   1.80
    9ᵉ Baie .... »   2.15
    A la suite................ »   0.05
                                    3.25   23.95

    Linéaires (*h*)............ 27.20
    Plus-value de circulaires...... 3.25
    Plus-value de 1/10 × 27.20 = 2.72
        A reporter........... 33.17

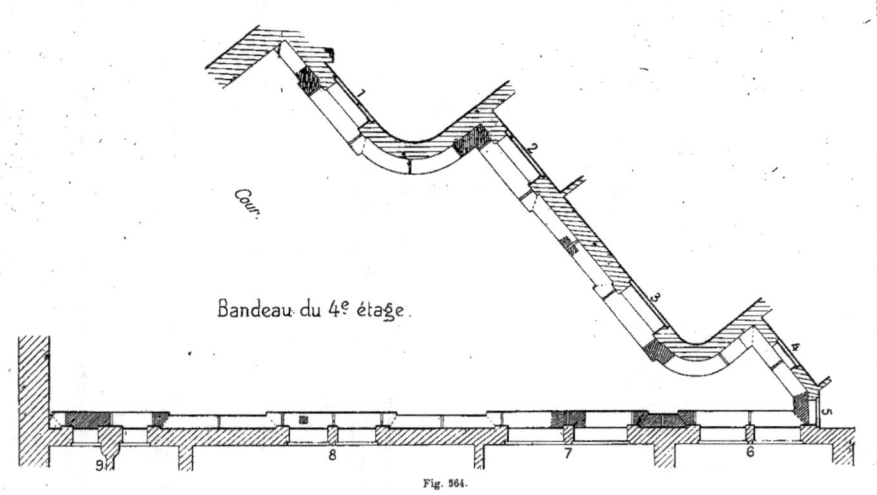

Fig. 564.

MÉTRÉ DE LA COUVERTURE.

NUMÉROS PAGES	SÉRIE					
		Report............	33.17			
		Coulisseaux............ 25				
		× 0.20 courant = ...	5.00			
		Equerres.............. 16				
		× 0.20 courant = ...	3.20			
		Têtes................. 2				
		× 0.15 courant = ...	0.30			
		Ensemble (*i*).........	42.37			
		Moins :				
		Bandes de recouvrement en zinc n° 14 pour fourniture.				
		A gauche au fond :				
		Entredeux	0.30	»		
		1re Baie.............	0.25	»		
		En retour..........	»	0.50	»	
		2e Baie	0.20	»	»	
		3e Baie	0.25	»	»	
		Entredeux.........	»	0.25	»	
		Pan	»	0.50	»	
		6e Baie.............	0.25	»	»	
		Entredeux ;				
		2 fois 0.35 réduit =	»	0.70	»	
		7e Baie ;				
		1 fois réduit = ...	0.25	»	»	
		2 fois 0.33 = ...	0.66	»	»	
		9e Baie :				
		1 fois réduite.......	0.20	»	»	
		1 fois.............	0.80	»	»	
		Ensemble......	2.86	2.25	»	
		Soit :				
		Devant Baies.........	2.86	»	»	
		Coulisseaux....... 17	»	»	»	
		× 0.20 courant = ...	3.40	»	»	
		Equerres.......... 6	»	»	»	
		× 0.20 courant = ...	1.20	»	»	
		Linéaires (*j*)...	7.46	»	»	
		× 0.46 largeur, produit surface	3.43	»		
		Entredeux..........	2.25	»	»	
		Coulisseaux....... 8	»	»	»	
		× 0.20 courant = ...	1.60	»	»	
		Equerres........ 3	»	»	»	
		× 0.20 courant =.....	0.60	»	»	
		Linéaires (*k*)...	4.45	»	»	
		× 0.40 largeur, produit surface	1.78	»		
»	»	Ensemble zinc n° 14 fourni	5.21	»	5.21	4.15	21.62
		Façon, pose de bandes de recouvrement en zinc neuf de 0.26 à 0.50 largeur.				
		Linéaires (*j*)..............	7.46	»		
		Linéaires (*k*)..............	4.45	»		
616	33	Ensemble...........	11.91	»	11.91	1.48	17.63
		A déduire.............	11.91			

NUMÉROS PAGES	SÉRIE					
com	posé	Reste, bandes de recouvrement en zinc vieux, retaillées, refaçonnées, posées × 0.26 à 0.50 largeur....... 30.46		30.46	1.48	45.08
616	39	Recouvrements en zinc vieux, déposés, *idem*. Pièces en zinc n° 14 pour fourniture.		5.11	0.15	0.77
		Entre 2ᵉ et 3ᵉ Baies :	ZINC / SOUDURE			
		1 de 0.20 × 0.19 produit...	0.04 / 0.39			
		1 de 0.14 × 0.19 produit...	0.03 / 0.33			
		Devant 8ᵉ Baie :				
		1 de 0.15 × 0.12 produit...	0.02 / 0.54			
		Ensemble.......	0.09 / 1.26			
»	»	Soit : zinc n° 14 fourni..................		0.09	4.15	0.37
620	135	Pièces zinc, façonnées, posées....... Soudure sur vieux zinc........ 1.26		3	0.30	0.90
		Plus :				
		2 Jonctions × 0.46 = ...	0.92			
		4 Jonctions × 0.40 = ...	1.60			
»	142	Linéaires.................	3.78	3.78	0.73	2.76
617	65	Goussets en zinc neuf fournis, façonnés, posés, soudés....................		22	0.28	6.16
»	64	Angles..................		49	0.15	7.35
»	»	Onglets..................		7	0.20	1.40
620	139	Points en soudure faits en recherches sur vieux zinc..................		28	0.20	5.60
616	26	Les bandes d'agrafe en zinc vieux, déposées, Linéaires *idem* (h)............		27.20	0.03	0.82
»	27	*idem*. reposées clouées..........		27.20	0.15	4.08
		Les bandes de solins en zinc vieux déposées, retaillées, refaçonnées, posées, compris pattes soudées :				
		A gauche au fond......... »	2.60			
		Circulaire.............. 1.50	»			
		A la suite............. »	0.70			
		En retour............. »	5.60			
		Circulaire............ 1.15	»			
		A la suite............. »	0.80			
		En retour............. »	1.60			
		Pan.................. »	0.60			
		Grande face........... »	14.00			
		2.65	25.90			
		Ensemble...	28.55			
		Plus :				
		Aux décrochements de chambranles 35 fois 0.03 = ...	1.05			
		Aux abouts en retour 2 fois 0.35 = ...	0.70			
		Linéaires (m)........	30.30			

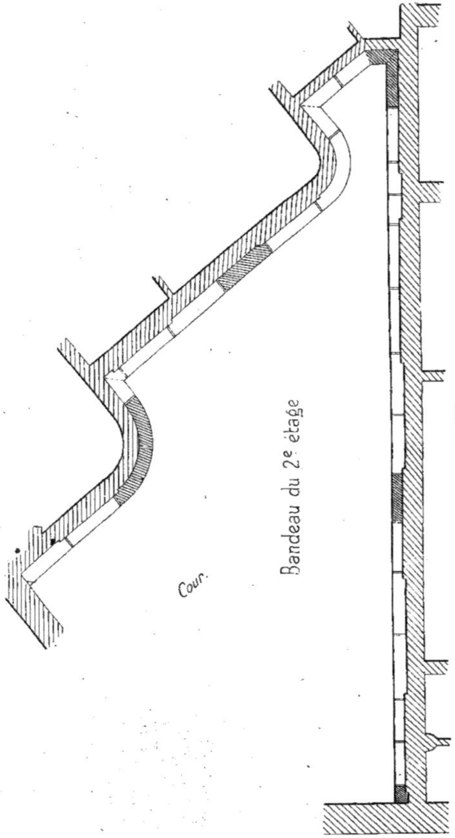

Cour.

Bandeau du 2ᵉ étage

Fig. 585.

NUMÉROS PAGES	SERIE					
		Report.............. 30.30				
		Moins :				
		Bandes en zinc N° 14 pour fourniture				
		Ensemble............ 12.00				
»	»	× 0.08 large, produit surface.......	»	0.96	4.15	3.99
»	28	Façon, pose.................	»	12.00	0.57	6.84
		A déduire : 12.00				
com	posé	Reste : Bandes en zinc vieux refaçonnées 18.30		18.30	0.57	10.43
»	»	Plus-value de façon de bandes circulaires..		2.65	0.57	1.51
»	»	Angles.............................		58	0.15	8.70
»	»	Onglets............................		63	0.20	12.60
»	»	Abouts amortis....................		2	0.30	0.60
		Pattes en cuivre rouge, fournies, posées				
»	»	en plus-value (*en remplacement*)..........		27	0.20	5.40
		Tranchées en murs et joints en ciment				
»	»	(*idem*)...............................		30.30	1.00	30.30
		Bandeaux de 2ᵉ étage.				
		(*Figure 565*)				
		Bandeaux en zinc vieux déposés				
616	33, 39	Linéaires *idem* (*i*)...........		42.37	0.15	6.36
		Bandeaux en zinc vieux reposés				
		idem (*i*)...................... 42.37				
		Moins :				
		Recouvrements en zinc neuf				
		Devant 1ʳᵉ Baie 0.15	»			
		Circulaire en angles. 1.90	»	»		
		Entre 2ᵉ et 3ᵉ Baies... 1.05	»	»		
		Devant 3ᵉ Baie........ » 0.12	»			
		En pan............. 0.45	»	»		
		Grande face :				
		Devant 6ᵉ Baie........ » 0.92	»			
		Devant 8ᵉ » .... » 0.90	»			
		Devant 9ᵉ » .... » 0.12	»			
		A la suite........... 0.20	»	»		
		Coulisseaux :				
		d'Entredeux..... 3	»	»	»	
		× 0.20 courant = ... 0.60	»	»		
		Devant baies 6	»	»	»	
		× 0.20 courant = ... » 1.20	»			
		Equerres :				
		d'Entredeux..... 1	»	»	»	
		× 0.20 courant = ... 0.20	»	»		
		Devant baies 1	»	»	»	
		× 0.20 courant = ... » 0.20	»			
		1 Tête ×(*entredeux*) 0.15	»	»		
		Linéaires : 4.55 3.61	»			
		Ensemble........... 8.16	»			
		Plus-value de :				
		1/10 × 8.16 = ... 0.82	»			
		Circulaire = ... 1.90	»			
		A déduire (*l*)... 10.88=10.88				
»	33, 40	Reste : Zinc vieux........... 31.49		31.49	0.59	18.58

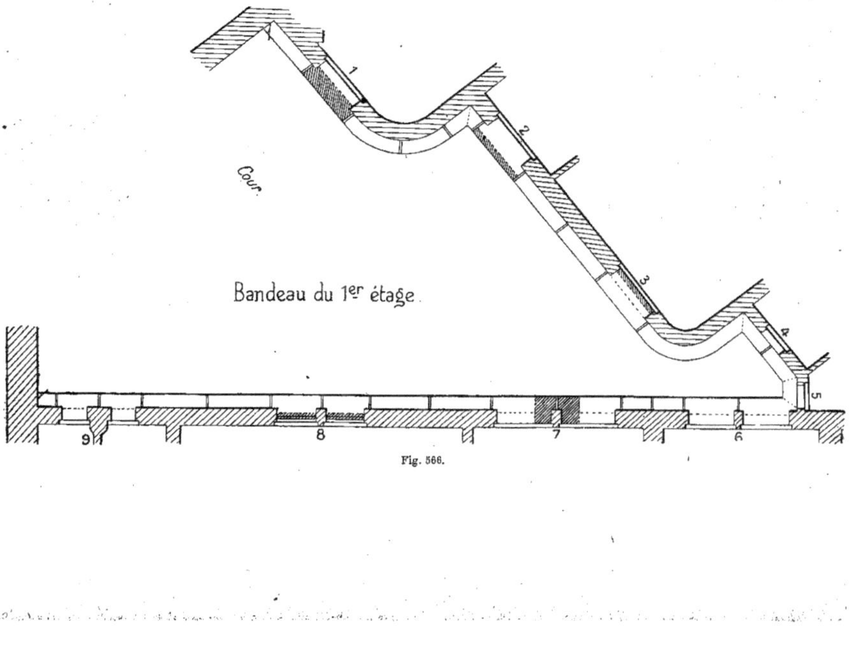

Bandeau du 1er étage.

Fig. 566.

COUVERTURE ET PLOMBERIE.

NUMÉROS					
PAGES	SÉRIE				
		Soit :			
		Recouvrements en zinc neuf n° 14 pour fourniture			
		Entredeux.............. 4.55 »			
		× 0.38 largeur, produit............ 1.73			
		Devant baies............. 3.61 »			
		× 0.33 largeur, produit............ 1.19			
»	»	Surface............ 2.92	2.92	4.15	12.12
		Façon pose de recouvrement en zinc neuf de 0.26 à 0.50 large			
»	33	Linéaires *idem* (*l*).............	10.88	1.48	16.10
		En raccords :			
»	»	Goussets........................	3	0.28	0.84
»	»	Angles........................	6	0.15	0.90
»	»	Onglets ressoudés sur vieux zinc.......	2	0.20	0.40
»	»	Revers d'eau en zinc neuf, fourni soudé..	1	»	1.10
»	»	Lanceur » »...............	1	»	0.60
		Les bandes d'agrafes en zinc vieux (*provenant de découverture*), façonnées, posées			
»	25	Linéaires *idem* (*h*)............	27.20	0.25	6.80
		Les bandes de solins en zinc vieux ; déposées			
»	29	*idem* (*m*).....................	30.30	0.10	3.03
»	30	Reposées (*idem*).....................	30.30	0.25	7.58
»	»	Angles ressoudés sur vieux zinc.........	11	0.15	1.65
»	»	Pattes cuivre fournies, posées...........	21	0.20	4.20
		Tranchées et joints en ciment, *idem*......	29.44	1.00	29.44
		1er Etage (*Figure 566*).			
		Bandeaux en zinc vieux, redressés sur place			
com	posé	Linéaires *idem* (*h*)............	27.20	0.30	8.16
		Points en soudure en recherches sur vieux			
»	»	zinc ; ensemble.....................	15	0.20	3.00
»	»	Equerre réajustée, soudée...............	1	»	0.60
»	»	Angles »	2	0.15	0.30
»	»	Onglets »	3	0.20	0.60
		Baies (*fig. 567 à 571*).			
		Recouvrements en zinc n° 14 pour fourniture			
		1re Baie ;			
		Appui.......... 1.20 »			
		× 0.37 largeur, produit........... . 0.44			
		2e Baie ;			
		Appui.......... 1.20 »			
		× 0.16 largeur, produit............ 0.19			
		3e Baie ;			
		Jet d'eau........ 1.00 »			
		× 0.08 largeur, produit............ 0.08			
		7e Baie ;			
		Appuis : 2 fois 0.40 = 0.80 »			
		× 0.57 largeur, produit............. 0.46			
		Jets d'eau : 2 fois 0.40 = 0.80 »			
		× 0.08 largeur, produit............ 0.06			

MÉTRÉ DE LA COUVERTURE. 607

NUMÉROS PAGES	SÉRIE					
		8e Baie ; *Report*....... 1.23				
		Appuis : 2 fois 0.70 = 1.40 »				
		× 0.19 largeur, produit............ 0.27				
		Jets d'eau : 2 fois 0.70 = 1.40 »				
		× 0.05 largeur, produit............ 0.07				
		Coulisseaux......... 5 » »				
		× 0.20 courant = ... 1.00 »				
		× 0.38 largeur produit............ 0.38				
»	»	Surface............ 1.95	1.95	4.15	8.10	

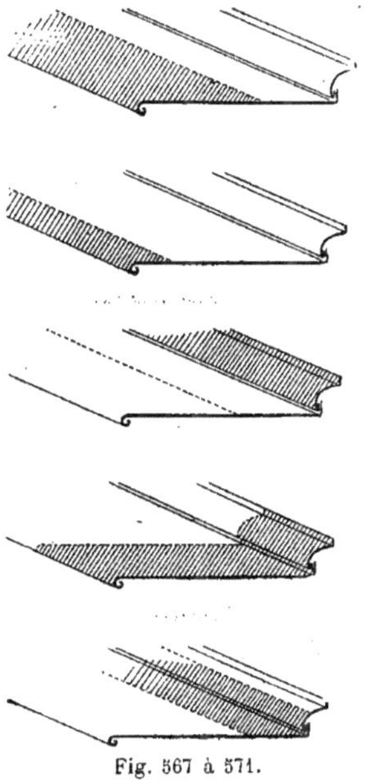

Fig. 567 à 571.

		Façon pose de recouvrements en zinc neuf				
		1° *jusqu'à 0.15 largeur*				
		1.00, 0.80, 1.40 = ... 3.20				
		Plus-value de 1/10............. 0.32				
616	31	Ensemble.................	3.52	1.10	3.87	
		2° *de 0.16 à 0.25 largeur*				
		— 1.20, 1.40 = ... 2.60				
		Plus-value de 1/10............. 0.26				
»	32	Ensemble.................	2.86	1.25	3.58	
		2° *de 0.26 à 0.50 largeur*				
		— 1.20, 1.00 = ... 2.20				
		Plus-value de 1/10 × 1.20 = .:.... 0.12				
»	33	Ensemble.................	2.32	1.48	3.43	
		4° *de 0.51 largeur*................ 0.80				
		Plus-value de 1/10 .... 0.08				
»	34	Ensemble.................	0.88	1.65	1.45	

COUVERTURE ET PLOMBERIE.

NUMÉROS PAGES	SÉRIE				
		Soudure sur vieux zinc			
		1re Baie..................... 1.20			
		2e — 1.20			
		3e — 1.20			
		6e — 2 fois 1.15 = ... 2.30			
		7e — 2 fois 0.80 = ... 1.60			
		2 fois 0.57 = ... 1.14			
		2 fois 0.08 = ... 0.16			
		8e — 2 fois 0.90 = ... 1.80			
		2 fois 0 70 = ... 1.40			
»	»	Linéaires...............	12.00	0.73	8.76
618	69	Coupes à la griffe *idem* sur vieux zinc.....	12.00	0.20	2.40
»	»	Goussets.......	4	0.28	1.12
»	»	Angles...............	4	0.15	0.60
		En abouts de jets d'eau :			
»	»	Collets circulaires dégorgés............	8	0.40	3.20
»	»	Têtes zinc rapportées, soudées..........	8	0.60	4.80
»	»	Pattes cuivre, *idem*..................	17	0.20	3.40
		Bandes d'encadrement en zinc neuf, *idem*, pour fourniture			
		3e et 7e Baies ;			
		3 fois 1.00 = ... 3.00			
»	»	× 0.05 large, produit, surface	0.15	4.15	0.60
»	»	Façon pose..................	3.00	0.57	1.71
616	52	Plus-value de clouage, *idem*............	3.00	0.34	1.02
621	167	Tubes de buée fournis, posés............	2	1.00	2.00
		Les bandes de solins en zinc, *idem*, pour fourniture			
		1re Baie : 2 fois 0.25 = ... 0.50			
		7e — 1 fois............... 0.20			
		Dans les tableaux : 8 fois 0.25 = ... 2.00			
		Linéaires........... 2.70			
»	»	× 0.08 large, produit surface..............	0.22	4.15	0.91
616	28	Façon, pose.................	2.70	0.57	1.53
»	»	Angles.................	8	0.15	1.20
»	»	Pattes cuivre..................	11	0.20	2.20
»	»	Tranchées et joints, *idem*.............	3.00	1.00	3.00
		Échafaudages réglementaires (*dits plateaux*) pour location ;			
		A gauche.............. 3.50			
		En retour............... 2.00			
		A la suite.............. 6.00			
		Grande face............ 13.50			
		Plus-values :			
		Abouts............... 4 »			
		× 0.50 courant = ... 2.00			
		Angles................ 2 »			
		× 1.00 courant.............. 2.00			
		Linéaires........ 29.00			
		et pendant 8 jours ;			
609	181	8 fois 29.00 produit....................	232.00	0.40	92.80

MÉTRÉ DE LA COUVERTURE.

NUMÉROS PAGES	SÉRIE				
»	184	Montage pose et dépose compris double transport des échafaudages. 1ᵉʳ coup ; Linéaires.................	29.00	1.25	36.25
»	»	Coups supplémentaires. 2 fois 29.00 = ...	58.00	0.60	34.80
		(Même observation que celle n° 1 du métré n° 12)........................	Mémoire	»	»

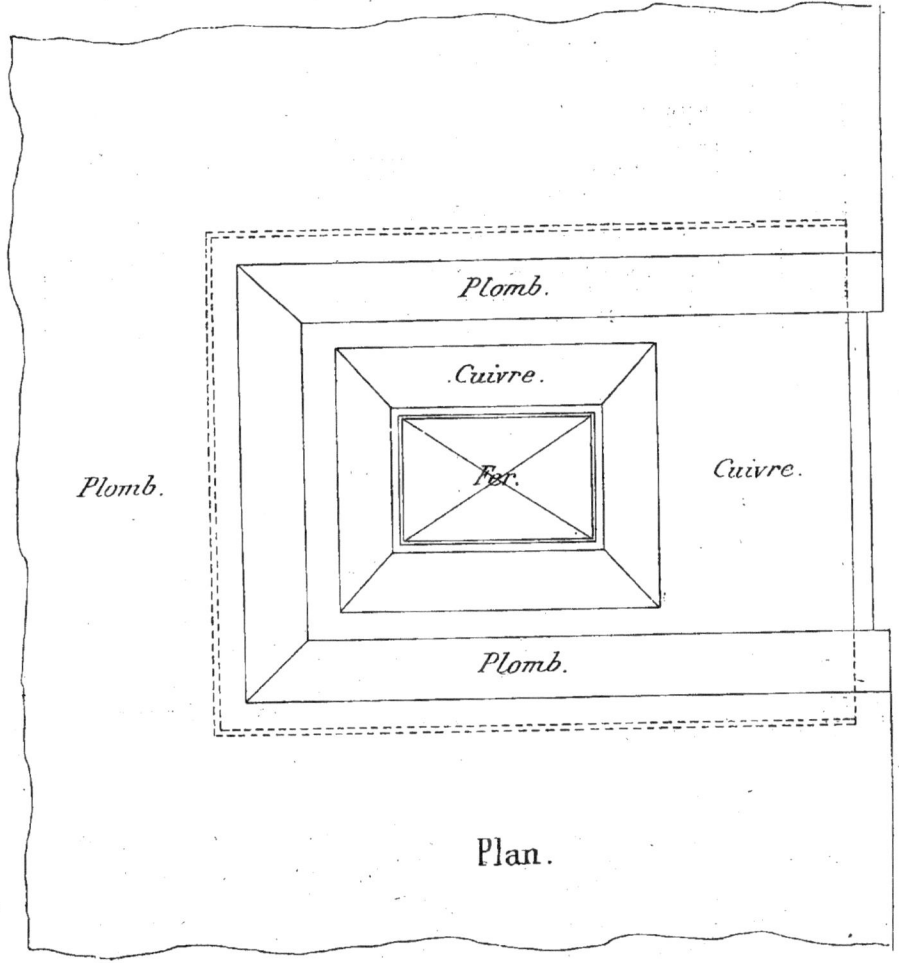

Fig. 572.

COUVERTURE ET PLOMBERIE.

NUMÉROS PAGES	SÉRIE	Balcon en plomb.			
		Les ourlets redressés, battus, refaçonnés, sur plomb vieux :			
»	»	droits..........................	49.08	0.60	29.45
»	»	circulaires......................	12.80	1.08	13.82
		Les embases actuelles en plomb fondu supposées, supprimées et remplacées par d'autres en cuivre rouge, système A. Cordeau laissant au plomb sa libre dilatation.			
		1 Raccord de pied :			
		(figures 572 et 573.)			
»	»	Coupement dépose de partie de plomb vieux autour du pied.......................	1	»	0.30
»	»	1 cuvette refouillée et façonnée en plâtre tamisé.............................	1	»	1.25
		Recouvrement en cuivre rouge laminé de 0.0008 d'épaisseur fourni de 0.15 × 0.10 produit..... 0.015 × 7^k,030 le mètre superficiel			
»	»	Pesant........................	0^{k}105	2.20	0.23
		Façon pose de recouvrement			
»	»	Pesant........................	0^{k}105	2.00	0.21
»	»	Angles façonnés, soudés sur cuivre........	2	0.80	1.60

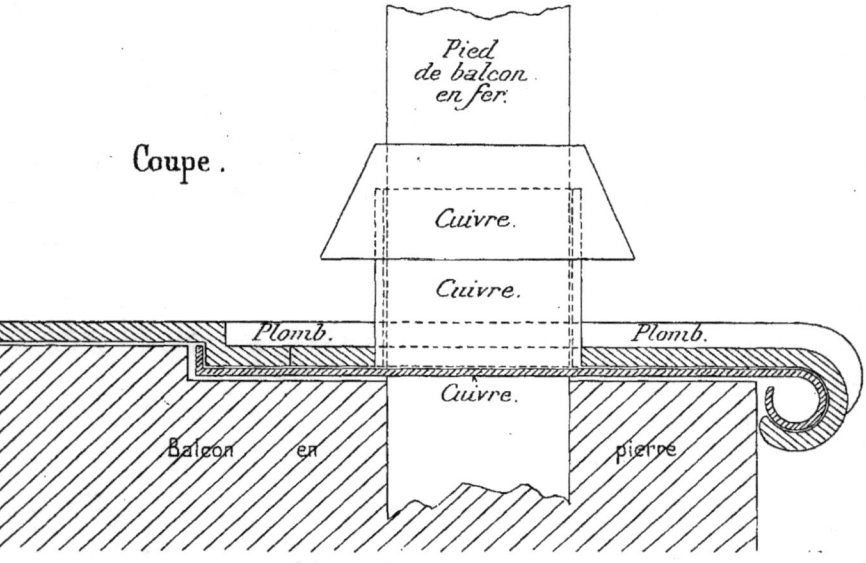

Fig. 573.

MÉTRÉ DE LA COUVERTURE.

NUMÉROS PAGES	SÉRIE				
		Pour passage du pied :			
»	»	Percement rectangulaire sur cuivre et reliefs dressés............	1	»	0.60
»	»	Entaille au-devant et soudure sur cuivre....	0.20	2.50	0.50
»	»	Relevé les rives (*de chaque côté de l'entaille*) rabattu et dressé sur place.........	0.20	1.00	0.20
		Fourniture de :			
		1 Collerette en cuivre de 0.110 développé $\times$ 0.03 hauteur produit........... 0.003			
		1 Embase de :			
		2 fois 0.042 réduit = ... 0.084 »			
		2 fois 0.033 = ... 0.066 »			
		Plus :			
		Equerres........... 4			
		$\times$ 0.20 courant.......... 0.800 »			
		Linéaires......... 0.940 »			
		$\times$ 0.02 hauteur produit........... 0.019			
		Surface............... 0.022			
»	»	$\times$ 7^k,030 le mètre : Pesant.............	0^{k}155	2.20	0.34
		Façon, pose en recouvrements :			
»	»	Pesant............	0^{k}155	2.00	0.31
		Angles façonnés, soudés sur cuivre :			
		Sur collerette........... 4			
		Sur embase........... 4			
»	»	Ensemble........... 8	8	0.80	6.40
		Collerette et embase :			
		2 collets soudés sur cuivre ;			
		1 de développé................ 0.110			
		1 de développé................ 0.150			
»	»	Ensemble.............	0.260	2.50	0.65
		Plus-value de limage à blanc et étamage de			
»	»	fer sur 4 faces pour soudure de l'embase....	1	»	0.85
		Plomb vieux relevé, rabattu, reposé :			
		0.30 $\times$ 0.30 produit.......... 0.090			
		Moins vide de			
		0.052 $\times$ 0.087 produit 0.005			
		Reste surface........... 0.085			
623	20	$\times$ 34^k,05 le mètre. Pesant.............	2^{k}890	0.038	0.11
		Emboutissage du plomb de balcon dans la cuvette comprenant deux angles (*saillant et rentrant*) emboutis :			
		1 fois 0.08 = ... 0.08			
		2 fois 0.10 = ... 0.20			
»	»	Linéaires	0.28	1.00	0.28
»	»	Equerres façonnées sur plomb	2	0.75	1.50
		Soudures sur plomb, au fer mahon.			
»	»	2 fois 0.02.................	0.04	2.47	0.10
		2 abouts amortis sur ourlets plomb pour			
»	»	chaque 2 angles = ...	4	0.50	2.00

NUMÉROS					
PAGES	SÉRIE				
		18 autres raccords de pieds semblables à celui ci-dessus..........................	18 fois	17.43	313.74
Évalua	tion	Echafaudage roulant (*dit de balcon*) pour location, montage, pose, dépose et double transport. Employé sur linéaires.................	56.00	0.75	42.00
		Cet échafaudage, employé fréquemment, surtout à Paris, n'est prévu par aucune série; nous croyons bon de l'assimiler comme prix à celui des garde-fous pour payer la difficulté d'exécution et la perte de temps pour les façons à grande hauteur dans le vide. *De plus, tout travail exécuté sur rue exige la présence d'un gardien.*	Obser	vation	»

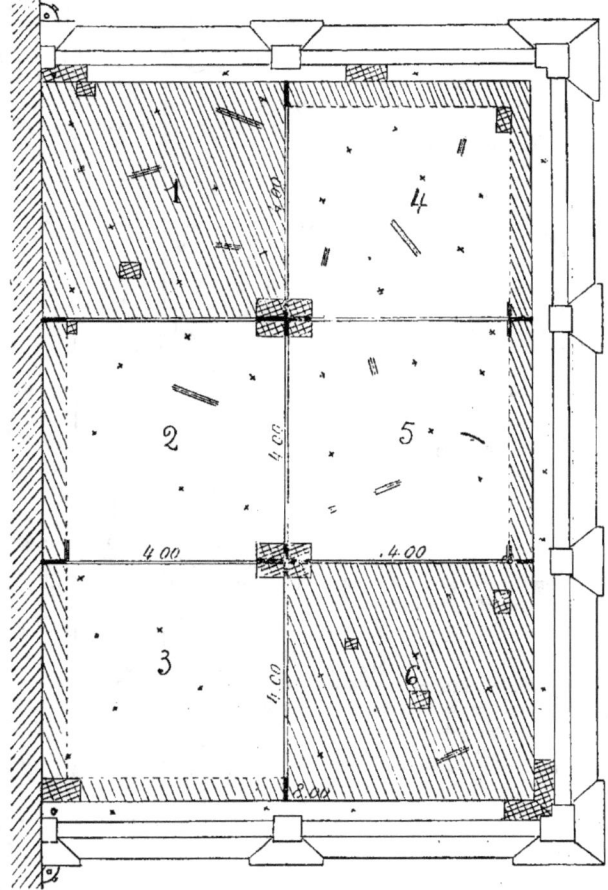

Fig. 574.

Terrasse en plomb.

Réparation de terrasse en plomb comprenant remaniages et redressages, réfection de pentes en plâtre, pièces en plomb neuf rapportées, soudées, soudures faites en recherches et établissement de descentes avec cuvettes en zinc (*fig.* 574).

NUMÉROS PAGES	SÉRIE	Métré.			
608	156	Balayage, nettoyage de : Chéneaux ; linéaires	28.00	0.05	1.40
"	158	Terrasse ; surface.....................	96.00	0.03	2.88
608	157	*La série dit bien « ne s'applique pas lorsqu'il a été fait des travaux de remaniage ou de recherche de tuiles ou ardoises dont les prix comprennent cette façon ».* *Cette observation visant gouttière ou chéneau n'a son effet que lorsque le balayage a été exécuté seulement à la suite des travaux sur tuile ou ardoise ; mais, la plupart du temps, le balayage est fait avant travaux pour permettre de découvrir les emplacements à réparer ; il y a lieu de le compter.........................*	Obser	vation	"
623	19	Plomb vieux, déposé, descendu et rangé (même surface que celui remplacé). 4.41 $\times$ 22^k,700 présumé le mètre : Pesant........................	100^{k}00	0.028	2.80
"	21	Plomb vieux, déposé sans descente, rangé, repris et reposé ; N° 1.... 4.06 $\times$ 4.18 produit.... 16.97 N° 2.... 4.06 $\times$ 4.06 — .... 16.48 Surface (*a*)........... 33.45 $\times$ 22^k,700 le mètre : Pesant........................	759^{k}32	0.057	43.28
"	20	Plomb vieux, rebattu, retroussé et reposé (N°^{s} 2, 3, 4 et 5) : 4 fois 4.06 = ... 16.24 1 fois 3.61 = ... 3.61 1 fois 3.73 = ... 3.73 Linéaires............ 23.58 $\times$ 0.45 large, produit surface (*b*)..... 10.61 $\times$ 22^k,700 le mètre : Pesant........................	240^{k}85	0.038	9.15
		Plomb neuf en table de 0.003 épaisseur pour fourniture ; Dans les chéneaux ; *Côté du fond :* 1 fois........... 0.70 1 talon $\times$ ...... 0.15 1 fois........... 0.65 A reporter....... 1.50			

NUMÉROS PAGES	SÉRIE				
		Report............ 1.50			
		Côté de face :			
		Dans l'angle de droite ;			
		1 fois............ 0.75			
		1 fois............ 0.65			
		1 équerre × 0.20			
		Linéaires..... 3.10			
		× 0.50 largeur réd., prod. surf. 1.55			
		× 34^k,05 le mètre :			
1	622	Pesant................ 52^{k}78			
		Pièces sur terrasse :			
		N° 1. 1 de 0.30 × 0.23 prod. 0.069 »			
		1 de 0.30 × 0.25 — 0.075 »			
		N° 2. 1 de 0.23 × 0.15 — 0.035 »			
		N° 3. 1 de 0.45 × 0.70 produit. 0.315 »			
		N° 4. 1 — 0.45 × 0.23 — 0.104 »			
		N° 6. 1 — 0.15 × 0.20 — 0.030 »			
		— 1 — 0.30 × 0.30 — 0.090 »			
		— 1 — 0.38 × 0.25 — 0.095 »			
		A l'intersection des caniveaux.			
		8 de 0.28 × 0.45............ 1.008 »			
		Surface............ 1.821 »			
		× 34^k,05 le mètre : pesant........ 62^k »			
»	»	Ensemble................ 114^k,78	114^{k}78	0.42	48.21
		Façon pose de plomb :			
622	4	1° en chéneau cintré en gorges, pesant....	52^{k}78	0.18	9.50
»	»	2° en pièces....................	16	0.50	8.00
		Soudures sur plomb, faites au fer mahon.			
		× 0.04 large (*fig.* 575 *et* 576).			

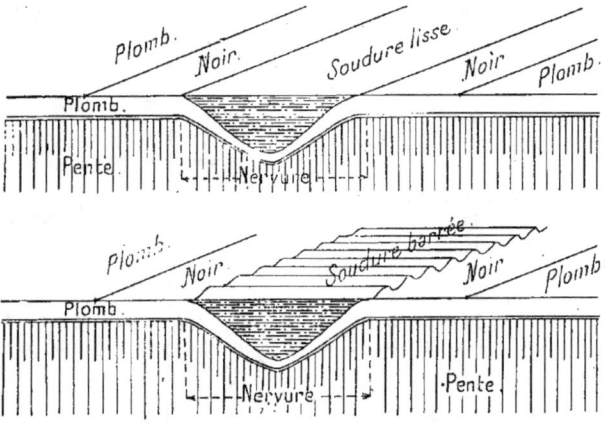

Fig. 575 et 576.

MÉTRÉ DE LA COUVERTURE.

NUMÉROS PAGES	SÉRIE					
		Chéneaux.				
		5 fois 0.50 réduit = ...	2.50			
		Terrasse :				
		1 fois (3 sens)...............	0.76			
		1 — (4 —)...............	1.10			
		1 — (3 —)...............	0.61			
		1 — (2 —)...............	1.15			
		1 — (4 —)...............	1.36			
		1 — (4 —)...............	0.70			
		1 — (4 —)...............	1.20			
		1 — (4 —)...............	1.26			
		8 fois 0.73 (2 —)...............	5.84			
642	201	Linéaires (c)...............	16.48	16.48	3.12	51.42
»	»	Plus-value de soudures barrées à côtes de renfort.				
		Linéaires.........................		16.48	0.88	14.50
		Nervures façonnées dans la pente pour recevoir la soudure ;				
»	»	Linéaires.........................		16.48	1.50	24.72
		Plomb embouti dans les nervures.				
»	»	Linéaires.........................		16.48	0.60	9.89
		Préalablement :				
		Plomb vieux redressé, battu sur place.				
		En chéneaux :				
		28.00 × 0.50 réduit, produit........	14.00			
		Moins plomb neuf :				
		2.75 × 0.50 produit...............	1.37			
»	»	Reste surface.............	12.63	12.63	1.05	13.26
		En terrasse :				
		4 fois 3.90 × 3.55 produit	55.38			
		Moins plomb neuf :				
		3 fois 0.28 × 0.45 produit ... 0.38	»			
		1 — 0.45 × 0.23 — ... 0.10	»			
		A déduire.......... 0.48 =	0.48			
»	»	Reste surface.............	54.90	54.90	0.35	19.22
		Démolition de pentes en mauvais état :				
		1° en chéneaux × 0.28 large				
		0.70, 0.65, 0.75, 0.65 = ...	2.75			
		Plus-value d'équerre ×	0.20			
		Linéaires	2.95	2.95	0.12	0.35
623	23	Réfection de pente idem...............	2.95	2.95	1.45	4.28
		2° Démolition de pentes sur terrasse :				
		Nos 1 et 6 :				
		2 fois 4.00 = ... 8.00	»			
		× 4.00, produit..................	32.00			
		Nos 2, 3, 4 et 5 :				
		4 fois 4.00 = ... 16.00	»			
		2 — 3.60 = ... 7.20	»			
		Linéaires 23.20	»			
		× 0.40 large, produit	9.28			
		A reporter.............	41.28			

COUVERTURE ET PLOMBERIE.

NUMÉROS PAGES	SÉRIE				
		Report.............. 41.28			
		Plus :			
		Sous les pièces neuves des tables rebattues sur place			
		N° 2. 1 fois 0.23 × 0.15 produit... 0.04			
		3. 1 fois 0.45 × 0.70 produit... 0.32			
		4. 1 fois 0.45 × 0.23 produit... 0.10			
		Intersection de caniveaux			
		6 fois 0.28 × 0.45 produit......... 0.76			
		Surface................ 42.50	42.50	0.50	21.25
		Réfection des pentes *idem* × 0.05 épaisseur............................			
620	133, 134		42.50	2.00	85.00
»	»	Plus-value pour emploi de plâtre passé au tamis de soie........................	42.50	0.88	37.40
		Aux chéneaux ;			
		Mains d'arrêt en cuivre rouge étamé fournies, posées sur plomb ;			
620	131	2 fois 8 = ...	16	0.30	4.80
		Emboutissage sur plomb de :			
		1° Larmiers de terrasse tombant dans les chéneaux.			
»	»	Linéaires	28.30	0.50	14.15
622	15	2° Reliefs (*côté mur*)..................	12.18	0.50	6.09
»	»	Goussets..................	2	0.80	1.60
»	16	Angles	4	0.50	2.00
		Les bandes de solins remaniées avec joints en ciment comme aux précédents métrés.....	Mémoire	»	»
		Caniveaux (*de besaces*)			
»	»	Dépose des parties de plomb vieux en mauvais état, pesant........................	23^{k}600	0.028	0.66
»	»	Démolition de pentes *idem* ; linéaires.....	4.80	0.12	0.58
		Réfection de pentes en plâtre pur à gorges.			
		10 fois 0.40 = ... 4.00			
		4 fois 0.20 = ... 0.80			
623	22	Linéaires 4.80	4.80	1.30	6.24
		Plomb neuf en table de 0.003 épaisseur pour fourniture.			
		mêmes linéaires.................. 4.80			
		Plus;			
		Têtes................... 2			
		× 0.15 courant = ... 0.30			
		Larmiers 4			
		× 0.15 courant = ... 0.60			
		Embranchements............ 8			
		× 0.15 courant = ... 0.80			
		Ensemble................ 6.50			
		× 0.16 développé, réduit, produit Surface............ 1.04 ×			
622	1	34^k,05 le mètre. Pesant....................	35^{k}40	0.42	14.87
		Façon, pose de plomb en caniveaux comme chéneaux cintrés en gorges ;			
622	4	Pesant	35^{k}40	0.18	6.37

MÉTRÉ DE LA COUVERTURE.

NUMÉROS PAGES	SÉRIE				
»	»	Plus-values de : Pinces façonnées sur plomb 2 fois 4.80 = ...		9.60	0.60	5.76
		Collets circulaires battus sur plomb aux têtes :				
		de chéneau : 1 fois......... 0.50				
		de caniveaux : 2 fois 0.10 = ... 0.20				
»	»	Ensemble......... 0.70	0.70	1.00	0.70
		Soudures au fer mahon sur plomb ; mêmes linéaires......... 0.70				
		Plus :				
		Jonctions de caniveaux...... 14 »				
		× 0.16 développé = ... 2.24				
»	»	Ensemble (d)......... 2.94	2.94	2.47	7.26
		Coupes préalables à la griffe sur plomb vieux, mêmes linéaires que soudures ;				
		1 fois (c).......... 16.48				
		1 fois (d).......... 2.94				
»	»	Ensemble......... 19.42	19.42	0.20	3.88
		Aux intersections des caniveaux :				
		Embranchements façonnés, découpés.. 8				
»	»	× chaque 3 angles = ...	24	0.50	12.00
		Soudure sur plomb, idem				
»	»	4 fois 0.25 = ...	1.00	»	2.47
		En pénétration des caniveaux dans les chéneaux :				
»	»	Collets battus de 0.20 développé	4	0.20	0.80
»	»	Goussets emboutis...............	8	0.80	6.40
»	»	Angles »	8	0.50	4.00
		Soudures faites en recherches sur plomb vieux, compris emploi de charbon et main-d'œuvre :				
		N° 1. 1 de 0.70 long × 0.06 large prod. 0.042				
		» 1 » 0.50 × 0.05 » 0.025				
		» 1 » 0.10 × 0.03 » 0.003				
		» 1 » 0.40 × 0.04 » 0.016				
		N° 2. 1 » 0.80 × 0.03 » 0.024				
		» 1 » 0.43 × 0.04 » 0.017				
		» 1 » 0.38 × 0.04 » 0.015				
		N° 3. 1 » 0.55 × 0.05 » 0.028				
		N° 4. 1 » 0.25 × 0.07 » 0.018				
		» 1 » 0.72 × 0.04 » 0.029				
		» 1 » 0.30 × 0.06 » 0.018				
		» 1 » 0.22 × 0.03 » 0.007				
		N° 5. 1 » 0.28 × 0.05 » 0.014				
		» 1 » 0.25 × 0.07 » 0.018				
		» 1 » 0.45 × 0.05 » 0.023				
		» 1 » 0.08 × 0.06 » 0.005				
		» 1 » 0.22 × 0.05 » 0.011				
		N° 6. 1 » 0.55 × 0.03 » 0.017				
		Ensemble ; Linéaires 7.18 Surface. 0.330				
Composé 642	199	× 56ᵏ,75 le mètre superficiel. Pesant........	18ᵏ,728	2.60	48.69

NUMÉROS					
PAGES	SÉRIE				
		Points en soudure faits en recherches sur plomb vieux			
		N°s 1.......................... 8			
		2.......................... 6			
		3.......................... 6			
		4.......................... 7			
		5.......................... 7			
		6.......................... 5			
		En chéneaux............ 9			
		Ensemble........... 48	48	0.50	24.00
		Comme généralement le plomb se trouve replié ou boursouflé (ce qui nécessite la soudure), il y a lieu de compter pour :			
		Incision ou coupes faites sur plomb vieux, compris relèvement des bords, repose et battage avec raccordement préalable de pente ou fourniture et pose de bandes de garantie en zinc.			
Com	posé	Le mètre linéaire...............	7.18	1.00	7.18
		1 Écoulement de chéneau. (*Fig.* 577.)			

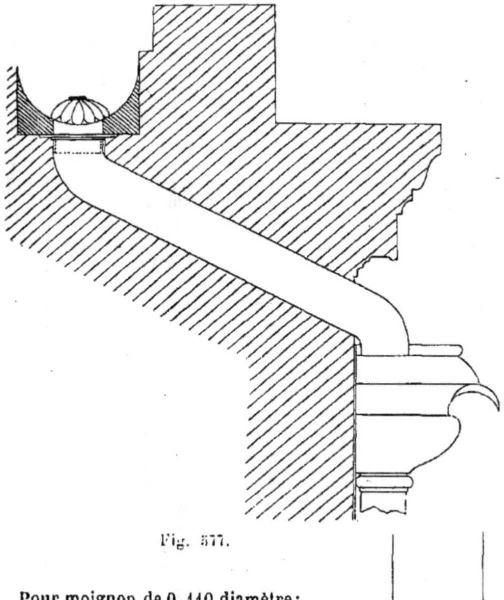

Fig. 577.

		Pour moignon de 0.110 diamètre : Plomb neuf en table de 0.004 épaisseur pour fourniture..................... 0.10 × 0.36 développé, produit..... 0.04 ×			
»	»	43^k,40 le mètre superficiel. Pesant........	1^k,820	0.42	0.76

MÉTRÉ DE LA COUVERTURE. 619

NUMÉROS PAGES	SÉRIE				
622	7	Façon de plomb en tuyau; pesant........	1k,820	0.20	0.36
		Soudure de 0.03 large au fer mahon sur plomb.................................	0.10	2.47	0.25
		Plus-value de soudure barrée *idem*........	0.10	0.88	0.09
635	117	Collet battu de 0.110 diamètre sur plomb..	1	»	0.95
»	»	Percement circulaire sur plomb...........	1	»	0.50
»	112	Larmier embouti de 0.105 diamètre.......	1	»	0.92
Com	posé	Collet soudé *idem* sur plomb.............	1	»	2.70
618	85	1 Crapaudine en fer galvanisé de 0.140 diamètre; fournie...........................	1	»	2.25
»	89	posée soudée	1	»	0.70
		Pour manchon de 0.120 diamètre; Plomb neuf en table de 0.005 épaisseur pour fourniture .... 1.00 × 0.39 développé, produit..... 0.39 × 56k,75 le mètre superficiel................			
»	»	Pesant.........................	22k,13	0.42	9.29
»	»	Façon en tuyau; pesant	22k,13	0.20	4.43
		Soudure sur plomb, *idem*...............	1.00	2.47	2.47
635	117	Collet battu de 0.120 diamètre...........	1	»	1.01
»	»	Coudes cintrés, emboutis d'angles précis sur tuyau plomb de 0.120 diamètre.........	2	2.85	5.70
»	»	Pose, scellement de manchon comme pipe (*Pas de percement*).......................	1	»	1.50
			Mémoire	»	»
		1 Cuvette d'angle en zinc, estampé à trop plein et moignon, de 0.31 de saillie modèle n° 1894. Coutelier;			
»	»	fournie................................	1	»	8.30
»	»	posée.................................	1	»	1.00

Etablissement de **descentes** pluviales et ménagères en tuyaux de zinc n° 12 × 0.110 diamètre; sur rue avec bagues et colliers; sur cour avec crochets et nez (*fig. 578 et 580*).

Réparation de ces mêmes descentes (*fig. 582 et 583*).

NUMÉROS PAGES	SÉRIE		
		Métré.	
		Tuyaux en zinc n° 12 de 0.110 diamètre pour fourniture. (*Partant de la gouttière*);	
		Sur rue (*fig. 578*) :	
		1 fois................	0.20
		1 coude cintré de........	0.20
		Tuyau	0.50
		1 coude cintré de........	0.30
		Tuyaux :	
		1 fois.................	0.90
		6 — 1.00 = ...	6.00
		1 —	0.85
		2 — 0.15 = ...	0.30
		1 —	0.80
		1 —	0.20
		Linéaires (*a*).........	10.25

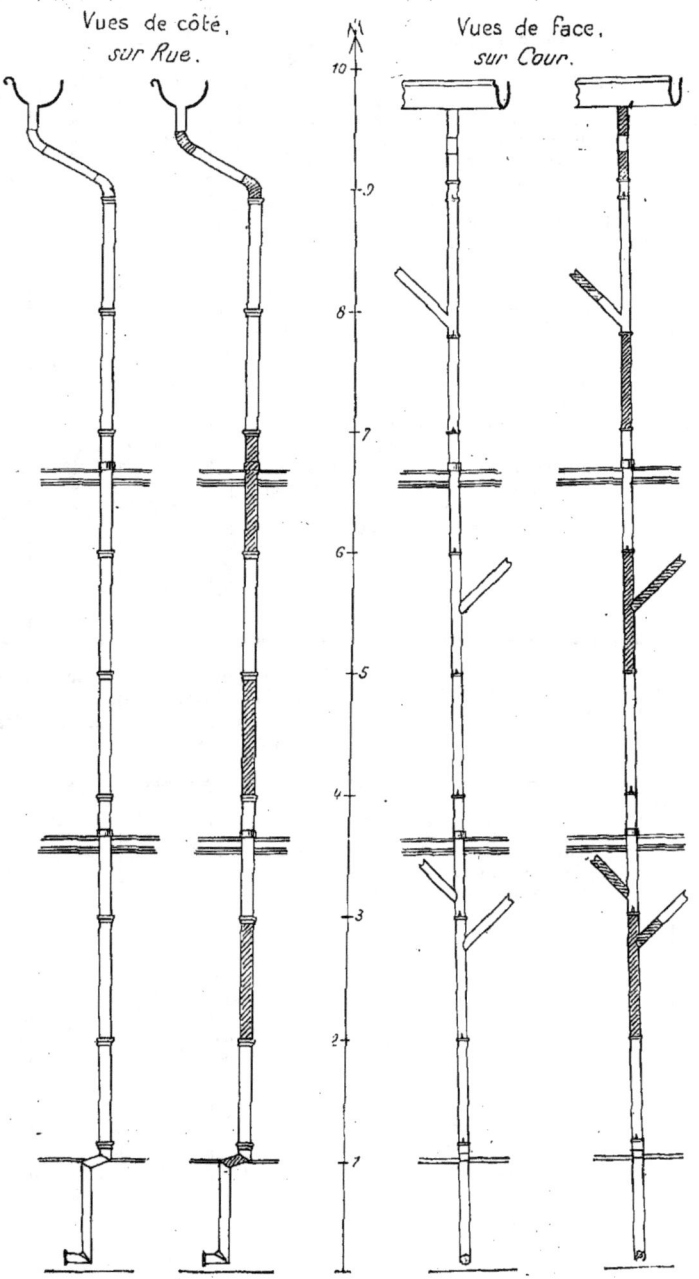

Fig. 578 et 580.   Fig. 582 et 583.

MÉTRÉ DE LA COUVERTURE.

NUMÉROS PAGES	SÉRIE				
		Report............ 10.25			
		Plus :			
		9 Bagues de 0.08 développé hauteur = 0.72			
		Plus-values de :			
621	160	1 Moignon × courant = ... 0.40			
»	161	2 Coudes cintrés × 0.40 courant = 0.80			
»	159	2 Coudes d'équerre × 0.15 — = 0.30			
»	160	1 Dauphin compris bague × 0.40			
»	158	9 Bagues × 0.20 courant = ... 1.80			
		Linéaires (c)............ 14.67			
»	»	× 0.36 développé, produit surface...........	5.28	3.34	17.64
Com	posé	Façon, pose non compris crochets;			
		Linéaires idem (c)............	14.67	1.13	16.58
		(1) *L'application des différentes plus-values ci-dessus donne lieu à de nombreuses contestations, les uns demandant sur fourniture et façon, les autres sur façon seulement. La série dont nous nous servons (Centrale 1895) dit d'une part :* **« plus-value pour façon et déchet »** *Or, le déchet ne peut s'appliquer que sur fourniture; d'autre part :* **Pour « moignon, embranchement ou dauphin y compris bague, 0.40 de longueur en plus ».** *Comme détail en façon le dauphin donnerait :*			
		0.15 de tuyau pour........ 0ᵐ15			
		1 coude × 0.15			
		1 bague × 0.20			
		Ensemble............ 0.50			
		Ainsi en dénommant ces façons « dauphin » l'entrepreneur perdrait 0ᵐ,10 sur la façon, et maintenant il est à se demander qui paierait la fourniture pour le déchet de coude et la bague. Cette dernière pour tuyau de 0.110 vaut fournie, prix d'album............... 0ᶠ,30			
		La série payant en façon 0ᵐ,20 à 1ᶠ,40 = ... 0.28			
		L'entrepreneur perdrait déjà..... 0ᶠ,02 *sur la fourniture et devrait, gratis, poser et souder cette bague. C'est impossible, et il faut donc continuer à demander les plus-values sur* **fournitures et façons et en plus des longueurs réelles.**	Obser	vation	»
		Plus, sur dauphin :			
		1 gousset de renfort en zinc façonné ;			
»	»	fourni	1	»	0.72
»	»	posé, soudé	1	»	0.60
		Colliers en zinc neuf pour tuyau de 0.110, (fig. 579).			
		fournis.....................	9	0.40	3.60
Serru	rerie	posés, fixés sur bois avec vis....	9	0.20	1.80
455	1821	Vis T. R. fournies	18	0.024	0.43

COUVERTURE ET PLOMBERIE.

NUMÉROS PAGES	SÉRIE				
		En raccord de bandeau :			
		Pour 1 collerette cônique de 0.120 diamètre réduit :			
		Tuyau en zinc n° 12 pour fourniture 0.10			
		Plus-value d'embranchement sur bandeau zinc ×........ 0.40			
		Linéaires.............. 0.50			
»	»	× 0.39 développé, produit surface.........	0.20	3.34	0.66
»	»	Façon pose ; linéaire..............	1.50	1.13	0.57
617	64	(2) Au cas où cette collerette se raccorderait de chaque côté avec le relief du bandeau, il y aurait lieu de compter ; Angles.	2	0.15	0.30
»	»	1 autre collerette comme celle ci-dessus....	1 fois	»	1.53
		Descente sur Cour (*fig. 580*).			

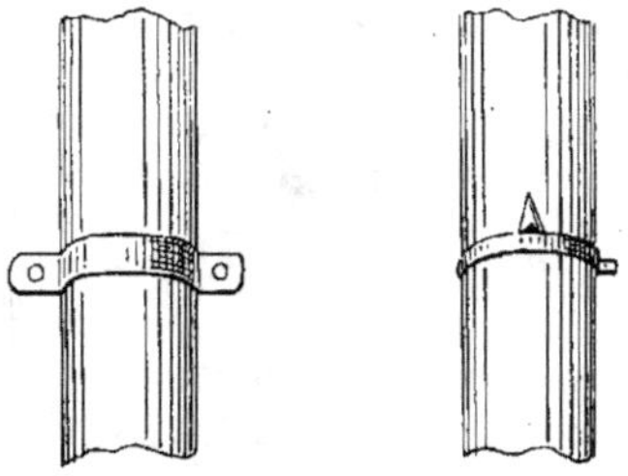

Fig. 579 et 581.

		Tuyaux en zinc n° 12 de 0.110 diamètre pour fourniture			
		Mêmes linéaires que (*a*)......... 10.25			
		Mêmes plus-values que celles accoladées B...................... 1.90			
		Plus :			
		1er, 3e et 4e branchement 3 fois 0.50 = ... 1.50			
		2e branchement.............. 0.36			
		Plus-values d'embranchements 4 × 0.40 courant = ... 1.60			
		Linéaires.............. 15.61			
»	»	× 0.36 développée, produit surface.........	5.62	3.34	18.77
621	155	Façon pose, compris crochets ; Linéaires...	15.61	1.40	21.85
620	126	Nez zinc (*fig. 581*) fournis soudés.........	9	0.20	1.80
		(3) *Comme nos travaux neufs de chéneaux ou bandeaux, ces descentes sont présumées faites en profitant de l'échafaudage des maçons.*	Mémoire	»	»

MÉTRÉ DE LA COUVERTURE.

NUMÉROS PAGES	SÉRIE				

		Réparation de ces mêmes descentes sur rue (*fig. 582*).
		(*Partie du bas, jusqu'à 4 mètres de hauteur*).
		Tuyaux zinc vieux déposés remandrinés, soudés reposés en élévation, compris dépose et repose des crochets.
		    1 fois................. 0.20
		    1 — 0.80
		    2 — 0.15 = ... 0.30
		    1 — 0.85
		    2 — 1.00 = ... 2.00
		    Linéaires (*d*) 4.15
		Moins :
		Tuyaux en zinc neuf n° 12 pour fourniture :
		    1 fois........... 0.15
		    1 — 1.00
		    A déduire........ 1.15=1.15			

621	165	Reste vieux .... » 3.00	3.00	1.12	3.36

		Plus :
		2 coudes d'équerre ×0.15 = 0.30 »
		3 bagues de 0.08 développé = 0.24 »
		  Plus-value desdites... 3 » »
		×0.20 courant = ... 0.60 »
		  Ensemble........ 2.29			

»	»	×0.36 développé, produit, surface..........	0.82	3.34	2.74
»	»	Façon pose, linéaires................	2.29	1.13	2.59
		Dépose préalable de tuyaux en zinc vieux			
»	163	(*idem que neufs*)	1.15	0.16	0.18
		1 collerette sur bandeau comme précédente.	1 fois	»	1.53
		Coupement préalable et dépose de partie de			
»	»	bandeau en zinc vieux.................	1	»	0.35
»	»	(*Pas de percement.*)	Mémoire	»	»
		En remplacement : Recouvrement en zinc n° 12 pour fourniture. Linéaire 0.30			
»	»	×0.26 largeur, produit surface...........	0.08	3.34	0.27
616	33	Façon pose.................	0.30	1.48	0.44
Com	posé	Jonctions soudées sur vieux zinc	2	0.47	0.94
		Plus-value de dépose et repose de colliers			
»	»	en zinc au lieu de crochets	3	0.35	1.05
»	»	Vis T. R. fournies..................	4	0.024	0.10

		Au dessus :
		Tuyaux en zinc vieux déposés remandrinés, soudés, reposés en élévation.
		    4 fois 1.00 = ... 4.00
		    1 — 0.90 = ... 0.90
		    1 coude cintré de.......... 0.30
		    Tuyau................. 0.50
		    1 coude cintré de.......... 0.20
		    1 moignon de............ 0.20
		    Linéaires (*e*)............ 6.10			

NUMÉROS PAGES	SÉRIE				
		Report.................. 6.10			
		Plus :			
		Plus-value de :			
		1 Moignon × 0.40			
		2 Coudes cintrés × 0.40 = ... 0.80			
		Ensemble.............. 7.30			
		Moins :			
		Tuyaux en zinc neuf n° 12 pour fourniture. 2 fois 1.00......... 2.00			
		1 coude cintré de 0.30			
		1 — de 0.20			
		Plus-value desdits........ 2 »			
		× 0.40 courant = ... 0.80			
		A déduire............. 3.30 3.30			
»	»	Reste vieux....... » 4.00	4.00	1.12	4.48
		Plus :			
		6 Bagues de 0.08 hauteur développée...................... 0.48			
		Plus-value desdites....... 6 »			
		× 0.20 courant = ... 1.20			
		Tuyaux neufs ; ensemble..... 4.98			
»	»	× 0.36 développé produit surface...........	1.80	3.34	6.01
»	»	Façon, pose ; linéaires..................	4.98	1.13	5.63
»	»	Colliers zinc déposés, reposés, *idem*......	6	0.35	2.10
»	»	Vis fournies *idem*	7	0.024	0.17
»	»	1 raccord de bandeau avec pièce et collerette zinc *idem*	1 fois	»	3.53
»	»	Tuyaux vieux déposés *idem* que neufs.......	2.50	0.16	0.40
637	142	Plus-value de 25 0/0 sur travail ci-dessus accoladé F, exécuté à la corde à nœuds pour location, montage, pose de cette dernière, dépose et double transport (*fournitures déduites*), soit	1/4	22.32	5.58
		Descente sur cour (*fig.* 583).			
		(*Partie du bas.*)			
		Tuyaux zinc vieux déposés, remaniés, soudés, reposés en élévation ;			
		Linéaires *idem* (d)................ 4.15			
		Plus-value de..................			
		2 coudes d'équerre × 0.15 courant = 0.30			
		Plus 2 branchements ;			
		0.50 + 0.36 = ... 0.86			
		Plus-value desdits............. 2			
		× 0.40 courant = ... 0.80			
		Ensemble 6.11			
		Moins :			
		Tuyaux en zinc neuf *idem* pour fourniture ; 1 fois..... .... 1.00			
		1er branchement............. 0.25			
		2e branchement............. 0.36			
		A déduire............. 1.61 1.61			
»	»	Reste vieux........ » 4.50	4.50	1.12	5.04

MÉTRÉ DE LA COUVERTURE.

NUMÉROS PAGES	SÉRIE				
		Plus sur neufs :			
		2 embranchements × 0.40 courant.. 0.80			
		Ensemble............ 2.41			
619	97	× 0.36 développé, produit surface.........	0.87	3.34	2.91
620	126	Façon pose...........	2.41	1.40	3.37
		Crochets fer de 0.110 fournis............	2	0.17	0.34
		Nez zinc fournis soudés................	2	0.20	0.40
»	»	1 raccord de bandeau avec pièce et collerette en zinc neuf; comme précédents...........	1 fois	»	3.53
»	»	Tuyaux zinc vieux déposés idem que neufs.	1.61	0.16	0.26
		Au dessus :			
		Tuyaux en zinc vieux déposés redressés sur le mandrin ressoudés reposés en élévation. Linéaires idem (e)................ 6.10			
		Plus-values de :			
		2 embranchements × 0.40 =....... 0.80			
		1 moignon ×................ 0.40			
		2 coudes cintrés × 0.40............ 0.80			
		Ensemble............... 8.10			
		Moins :			
		Tuyaux en zinc neuf idem pour fourniture.			
		2 fois 1.00 =............. 2.00 »			
		Partie de tuyau entre 2 coudes. 0.50 »			
		1 Moignon de............. 0.20 »			
		3e branchement............ 0.50 »			
		4e —............. 0.30 »			
		Plus-values de :			
		Moignon et embranchement; 2 » »			
		× 0.40 courant =........... 0.80 »			
		Ensemble............... 4.30 »			
		× 0.36 développé produit surface..... »	1.55	3.34	5.18
		Façon, pose de tuyaux neufs, idem.. 4.30	4.30	1.40	6.02
		Reste tuyaux vieux............... 3.80	3.80	1.12	4.26
		Crochets fournis.....................	4	0.17	0.68
		Nez zinc fournis, soudés..............	3	0.20	0.60
		Tuyaux zinc vieux, déposés idem que neufs.	3.50	0.15	0.53
		Plus-value idem de 25 0/0 pour corde à nœuds sur travaux accolodés G.			
		Soit....................	1/4	16.74	4.18

Nous donnons (fig. 584 à 594) différents accessoires pour l'écoulement des eaux.

En terminant, nous appelons l'attention sur une chose de peu de valeur, mais qui se retrouve souvent, et souvent aussi mal interprétée ; nous voulons parler du gousset. Le gousset d'angle désigné par la Série n° 64 et payé 0f,15 est bien d'angle, mais plié (fig. 595) pendant que le gousset attenant aux derrières de souches ou de châssis (fig. 596) comprend gousset rapporté soudé, avec, en plus, 1 angle vertical façonné et soudé ; c'est cet angle que nous demandons en plus.

COUVERTURE ET PLOMBERIE.

CRAPAUDINES
FIL DE ZINC — DÉCOUPÉE

BAGUE DE RACCORD

CUVETTES CARRÉES A MOULURES

CUVETTES POUR GOUTTIÈRES — DE BRANCHEMENT

COUDES
CINTRÉ — DAUPHIN

BAGUE

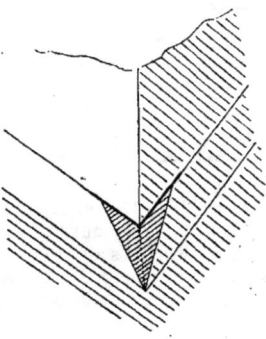

Fig. 584 à 594.

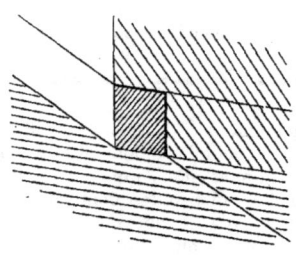

Fig. 595.   Fig. 596.

MÉTRÉ DE LA COUVERTURE.

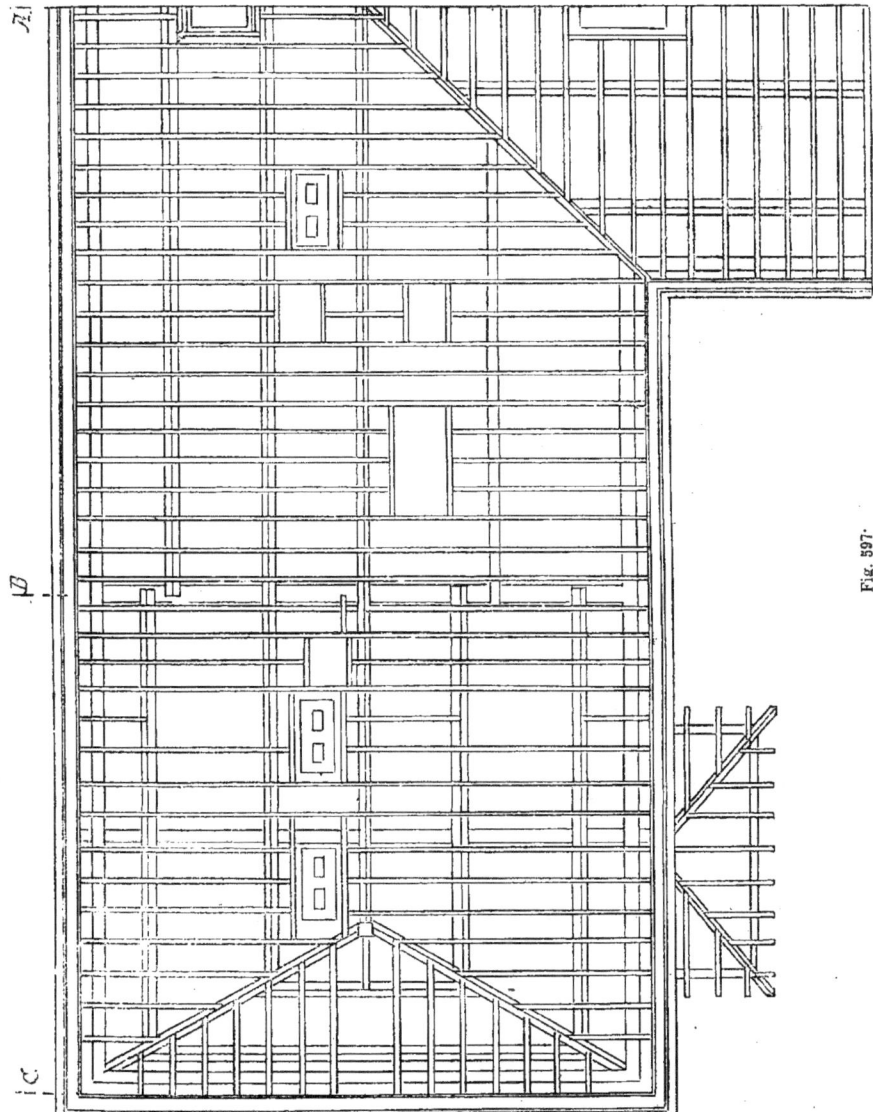

Fig. 597.

628　COUVERTURE ET PLOMBERIE.

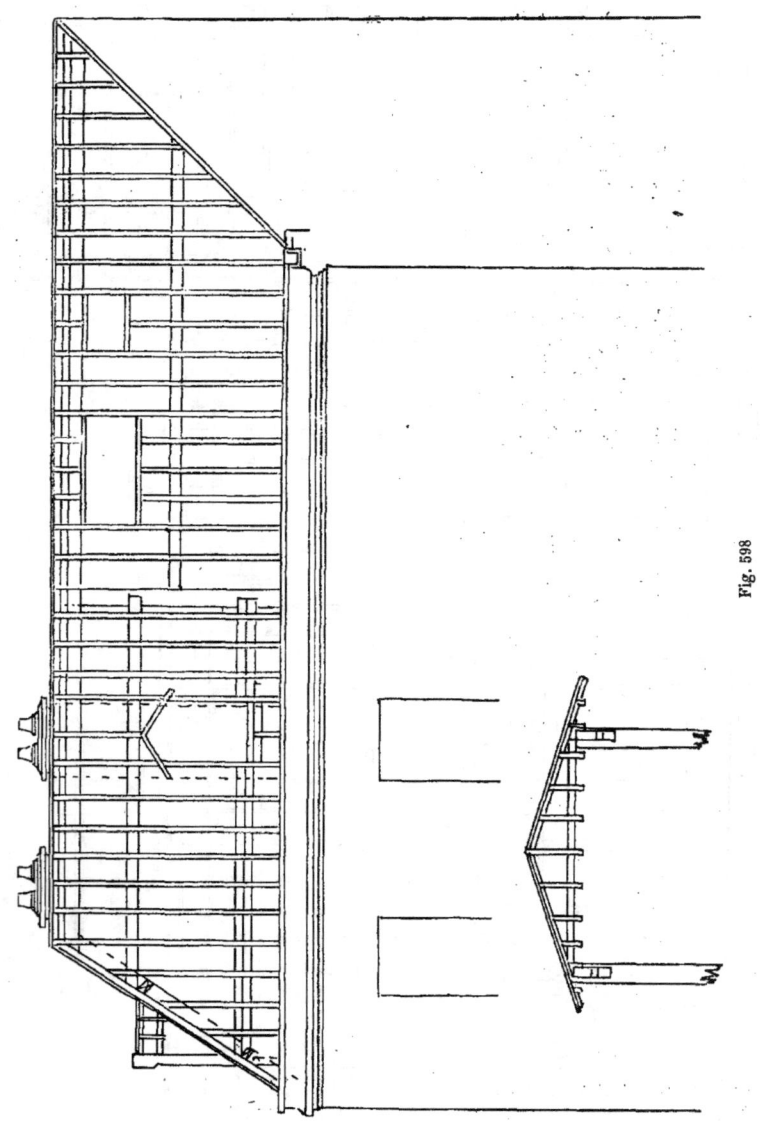

Fig. 598

MÉTRÉ DE LA COUVERTURE. 629

RÉPARATIONS DE CHARPENTES DE COMBLES ET LÉGERS OUVRAGES EXECUTÉS PAR LES COUVREURS

NUMÉROS					
PAGES	SÉRIE				
		Ces travaux, généralement de peu d'importance, sont assez rares à Paris, mais se présentent fréquemment en province et même dans la grande banlieue parisienne; c'est pourquoi nous avons cru utile d'en indiquer quelques éléments dans le présent ouvrage.			
		(*Fig.* 597 *et* 598.)			
		Façade postérieure; partie AB.			
		Après découverture pour redressement du chevronnage.			
		Dépose et repose de bois assemblé pour comble :			
		17 chevrons de chaque 6.70 = 113.90			
		3 — — 5.80 = 17.40			
		2 linçoirs — 1.50 = 3.00			
		2 — — 1.00 = 2.00			
		Ensemble............ 136.30			
		× 0.08 × 0.10 produit.............	1.090		
		Déplacement de la panne pour le passage d'une cheminée:			
Char	pente	Longueur............ 7.75			
18	97	× 0.15 × 0.20..................	0.233		
313	224	Cube.................	1.323	19.50	25.80
		Pour suppression d'un chien-assis.			
313	223	Démontage, dépose, descente et rangement de bois assemblé; évalué...... (c)	0.150	5.40	0.86
		Descellement d'un about de panne et bouchement de trou à 0.20 de profondeur; vaut en légers........... 0.20 Légers			
		à 1/2...................	0.10		
		Raccord d'enduit en plâtre; évalué...	0.05		
		Au nouvel emplacement;			
		Trou et scellement de panne........	0.20		
		Raccord d'enduit en plâtre au pourtour; évalué.....................	0.05		
313	230	Echantignolles (*fig.* 599), fournies et posées.............................	»	2	0.80	1.60
312	197	Petites cales en bois brut fournies et posées sous chevrons.................	»	13	0.38	4.94
		Pour l'établissement d'un châssis à tabatière *a* et de la trémie au droit de la nouvelle cheminée.			
		Les linçoirs en sapin neuf, sciage			

630 COUVERTURE ET PLOMBERIE.

NUMÉROS PAGES	NUMÉROS SÉRIE					
		 Fig. 599.				
308	103	3 faces assemblé avec montage pour comble :				
314	261	Châssis...... 2 × 0.80 = 1.60				
310	140	Cheminée... 2 × 0.70 = 1.40				
		Ensemble.......... 3.00				
		× 0.08 × 0.08....................	»	0.019	147.11	2.80
		Entailles à paume sur chevrons				
314	230	Ensemble................	»	6	0.36	2.16
		(*Fig.* 600.)				
		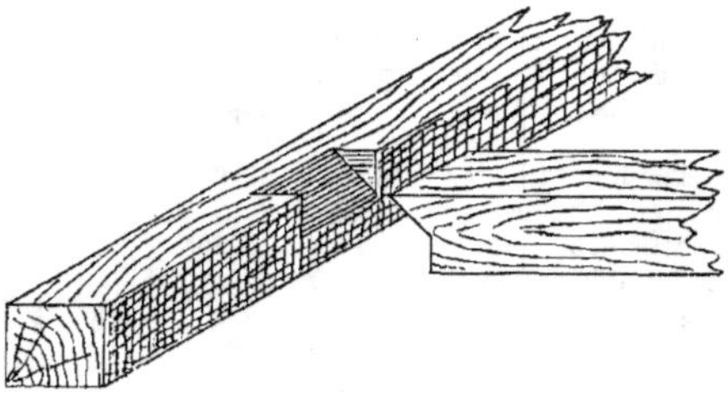 Fig. 600.				
		2 trous et scellements d'abouts de linçoirs, chaque 0.05 de légers..........		0.10		
		Hourdis plein de la bande de trémie en plâtras et plâtre de 0.08 d'épaisseur				

MÉTRÉ DE LA COUVERTURE.

NUMÉROS PAGES	SÉRIE				
Couverture 18 97 610 226		de $1.70 \times 0.60 =$ 1.02 Moins cheminée ; $1.30 \times 0.35 =$ 0.46 Reste................ 0.56 $\times 0.42$ de légers.................... 0.24 Ensemble léger par les couvreurs...	0.74	4.50	3.33
		Comble à la suite. — Partie BC. Sur chevrons en place pour redressement du comble :			
Menui serie 18 97 714 277		Fourrures (*fig.* 601) en sapin brut 0.013 $\times 0.008$, fournies, posées, clouées sur chevrons creux ; Ensemble........................	8.50	0.28	2.44

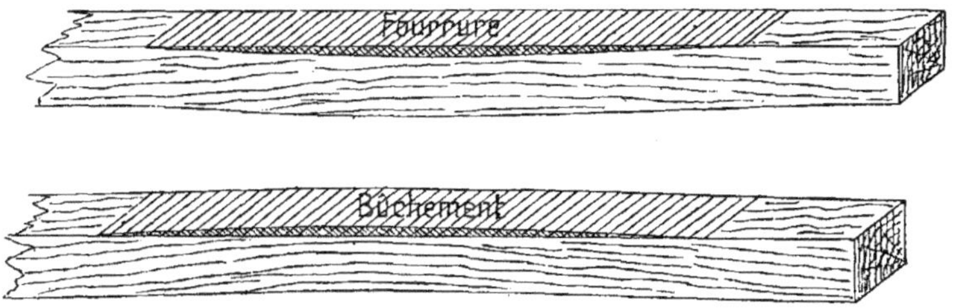

Fig. 601 et 602.

		Sur chevrons ronds. Bûchement sur le tas et dressement de la surface jusqu'à 0.03 d'épaisseur (*fig.* 602) $0.70+0.80+0.55+1.20+1.00+0.60 = 4.85$ $0.65+0.75+0.90+1.00+0.65+0.95 = 4.90$ Linéaires.................. 9.75			
312 194		$\times 0.08$ de largeur. Produit surface.........	0.78	4.22	3.29
		Sur lucarne : Depose de bois assemblé descente et rangement ; Les chevrons de lucarne ; $2 \times 0.40 =$ .. 0.80 $4 \times 0.90 =$ .. 3.60 Ensemble.................. 4.40 $\times 0.08 \times 0.10$ produit............ (c)	0.035	5.70	0.20
		Les nouveaux chevrons en sapin sciage 3 faces, *idem* précédent de même cours.. 4.40			
Com posé		$\times 0.08 \times 0.08$.......................	0.028	147.11	4.12
		Jouées de lucarne. Celle de gauche : Démolition de cloison à claire-voie, compris hourdis			
Maçon nerie 18 97 30 664		de $\dfrac{1.80 \times 1.20........ 1.08}{2}$ $\times 0.07$ épaisseur. Produit...............	0.076	3.15	0.24

COUVERTURE ET PLOMBERIE.

NUMÉROS PAGES	SÉRIE				
		La reprise de la jouée en cloison légère avec hourdis plein 2 lattis et 2 enduits en plâtre au panier de même surface........ 1.08 $\times$ 0.92 de légers = ... 0.99 Lardis de clous à bateau des bois avec fourniture de clous. Linéaires; 1.80$\times$1.20$\times$2.20 = 5.20 $\times$ 0.03 courant = ... 0.16			
		Celle de droite ;			
		Hachement crépis et enduit en plâtre au panier sur partie vieille. de .... $\dfrac{180 \times 120}{2} = $. 1.08 $\times$ 0.29 de légers = ... 0.31			
		Sur la souche derrière la lucarne ;			
		Crevasse hachée et bouchée en plâtre ; Linéaires 2.50$\times$0.05 courant = 0.13			
		A l'angle :			
		Double naissance et arête en plâtre. Linéaire............... 1.50 $\times$ 0.21 courant = ... 0.32			
		Croupe.			
		Pour redressement de chevronnage *idem*. Depose et repose de bois assemblé pour comble : 12 Empanons de chaque 2.50 réd.			
»	»	Produit................... 30.00 $\times$ 0.08 $\times$ 0.10 cube............. »	0.240	19.50	4.68
»	»	Petites cales en bois brut fournies, posées sous chevrons................ »	7	0.38	2.66
		Au droit de la plate-forme. Solin ou calfeutrement en plâtre avec lardis de clous fournis ; Linéaires............ 10.90			
»	»	$\times$ 0.15 courant = ... 1.64 Ensemble, légers *idem*.............	3.55	4.50	15.98
		Façade en retour.			
Menui 18 714	série 97 277	Fourrures en sapin brut 0.013 $\times$ 0.08 fournies, posées sur chevrons creux *idem*. Linéaires	11.00	0.28	3.08
		Bûchement sur le tas et dressement de la surface jusqu'à 0.03 d'épaisseur ; 0.50+1.05+0.70+0.65+0.80= 3.60 1.00+0.40+0.55+0.85+0.50= 3.30 Linéaires............ 6.90			
»	» ·	$\times$ 0.08 de large, produit en surface.........	0.55	4.22	2.32
		Dépose et repose de bois assemblé pour comble *idem*.			
»	»	2 chevrons chaque........ 6.70 = 13.40 $\times$ 0.08$\times$0.10 produit	0.107	19.50	2.09

MÉTRÉ DE LA COUVERTURE. 633

NUMEROS PAGES	SERIE				
»	»	Petites cales en bois brut, fournies, posées sous chevrons............	8	0.38	3.04
308 314	99 261	Sous la panne au droit de l'arêtier de noue. Chandelle en sapin neuf, sciage 3 faces non assemblé avec montage pour comble *idem*. Chandelle... 1.60 Semelle..... 0.60 } (*Fig.* 603). Linéaires... 2.20 × 0.08 × 0.22 produit...	0.040	105.14	4.21

Fig. 603.

»	»	Entaille en bout comme corbeau............	1	»	0.30
313	208 211	Pour l'établissement d'un châssis. Coupements de chevrons à l'égoïne........	2	0.20	0.40
»	»	Lincoirs en sapin neuf, sciage 3 faces assemblé avec montage pour comble 2 × 0.80 = 1.60 × 0.08 × 0.08 produit.....	0.010	147.11	1.47
»	»	Entailles à paume sur chevrons ; Ensemble............	4	0.36	1.44
Menui 702	serie 50	Sur ce comble. Fourniture de clous d'épingles et broches, pour les bois non fournis Pesant ensemble..................	9ᵏ	0.50	4.50
717	353	*Pour les châssis à tabatière devant se raccorder sur le comble avec des bavettes en plomb* 1 Châssis La costière en bâti, en sapin de $0.027 \times \frac{0.11 \times 0.22}{2} = 0.17$ réduit de hauteur à 3 parements, assemblé ; 2 × 0.70 = ... 1.40 2 × 0.95 = ... 1.90 Linéaires..................	3.30	1.29	4.26

Nº 1.

COUVERTURE ET PLOMBERIE.

	NUMÉROS PAGES	SÉRIE				
N° 1.	728	616 624	4 Assemblages, soit en plus de 1/2 par mètre sur sapin de 0.027. Produit...... 4.70 Plus-value de 4 assemblages biais chaque 0.50 = ... 2.00 Ensemble..........................	6.70	0.22	1.47
	729	649	Coupes biaises sur sapin de 0.027 sur montants ; 2 × 0.95 = ...	1.90	0.08	0.15
	730	687	Pente dressée sur sapin jusqu'à 0.03 de large sur traverses ; 2 × 0.70 = ...	1.40	0.08	0.11
	Estim	ation	Plus-value pour montage et pose hors comble. Évalué....................	1	»	0.50
			1 autre costière semblable à celle figure 604 accoladée n° 1............................	1	»	6.39

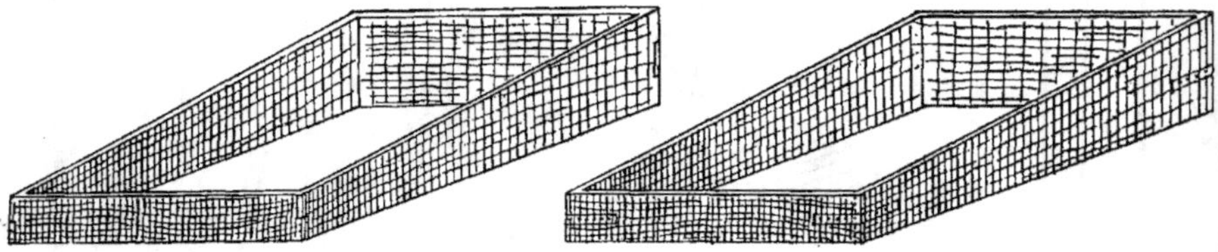

Fig. 604 et 605.

Ces costières ont été prévues avec assemblages, mais généralement les costières établies par les couvreurs ne sont pas assemblées, mais réunies avec des équerres (*fig.* 605).
Comble en aile
Remplacement du chevronnage.
Dépose de bois assemblé descente et rangement, *idem ;*

	»	209	1 chien-assis évalué.................. 0.150
			8 chevrons chaque 6.70= 53.60
			9 — 3.50 réduit =. 31.50
			                Linéaires............... 85.10
			× 0.08 × 0.10 produit............ 0.681
			Plate-forme 1 partie de 1.50×0.08×0.22=0.026
			                Cube .... (c)
				0.857	5.70	4.88

	313	212	Coupement de sablière à l'ébauchoir.......	1	»	0.72
			Le nouveau chevronnage en sapin neuf, sciage 3 faces assemblé avec montage pour comble 7 chevrons de chaque. 6.70 = 46.90 1 — — 6.10 2 — — 5.50 = 11.00 7 — — 2.75 réd.19.25 Linçoir de cheminée .... 2.20 Linéaires............... 85.45 × 0.08 × 0.08. Produit. 0.547 Plate-forme ; 1.50 × 0.08×0.22 = 0.026			
	»	»	Cube	0.573	147.11	84.29

MÉTRÉ DE LA COUVERTURE. 635

NUMÉROS PAGES	SÉRIE				
»	»	Entailles à paumes sur chevrons............	5	0.36	1.80
		Garnissage de plate-forme *idem*. Légers.			
		de 1.40 × 0.15 courant de légers = 0.21			
		1 Trou et scellement d'about de plate-forme 0.10			
		14 Tranchées et scellements d'abouts de chevrons sur mur avec descellement des anciens ;			
		Évaluées chaque 0.10 = ... 1.40			
		Le hourdis plein de la bande de trémie en plâtras et plâtre de 0.08 d'épaisseur			
		de 2.15 × 0.60 = 1.29			
		Moins cheminée ; 1.75 × 0.35 = 0.61			
		Reste............ 0.68			
»	»	× 0.42 de légers = ... 0.29			
		Ensemble ; légers par couvreur..........	2.00	4.50	9.00
		Auvent :			
		Pour dévoligeage des saillies.			
		Dépose de parties pleines en sapin.			
		Face ; $\frac{5.50 \times 6.50}{2}$ × 0.50 = 3.00			
Menui	série	Côtés ; 2 fois $\frac{2.00 \times 2.20}{2}$ × 0.50 = 2.10			
722	473	Surface......................	5.10	0.25	1.28
		Dépose de chevrons, descente et rangement.			
		1 de 2.50			
		2 de chaque........... 1.25 = 2.50			
725	542	Linéaires....................	5.00	0.10	0.50
		Les nouveaux chevrons en sapin neuf 0.08 × 0.08 comme champs à 4 parements fournis, posés, cloués.			
715	311	de même cours	5.00	1.43	7.15
		En bout desdits :			
		Chantournement (*fig.* 606) sur sapin de 0.08 pour profil d'about ;			
		Pour 1 chevron 1 fois......... 0.08			
		1 angle............... 0.12			
		Ensemble............... 0.20			
728	640	Et pour 3 = ...	0.60	2.00	1.20
		Le recouvrement des saillies au sapin neuf de 0.018 à 1 parement rainé par frises ;			
		Face ; $\frac{6.50 + 5.50}{2}$ = 6.00			
		Côtés ; 2 fois $\frac{2.20 + 2.00}{2}$ = 4.20			
		Linéaires.......... 10.20			
703	99	× 0.50 de hauteur, produit.......... 5.10			
	117	Plus-value pour frises rainées 15/100 = 0.77			
		Ensemble.................	5.87	4.10	24.07

NUMÉROS PAGES	SÉRIE				
730	687	Baguettes (fig. 607) poussées sur joints sur sapin; 5 fois le cours 10.10 produit..............	50.50	0.08	4.04

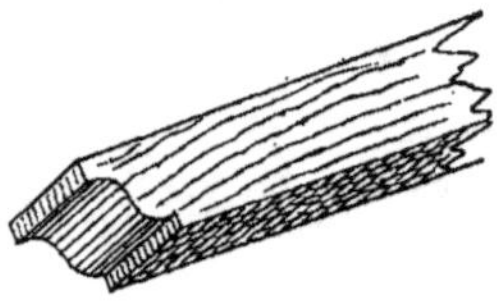

Fig. 606.

Fig. 607.

»	»	Coupes biaises sur sapin de 0.018 sur arêtiers; 4 fois 0.70 produit.....................	2.80	0.08	0.18
315	271	Pour fourniture de bois d'un cube inférieur à 1 stère 500; Voyage de voiture à 1 cheval en plus-value.....................................	1	»	3.40
313	206	Pour rangement à un emplacement désigné des bois déposés et descendus: Coltinage compris chargement et déchargement; Les cubes *idem* C. 1 fois.................... 0.150 1 fois.................... 0.035 1 fois.................... 0.857 Cube......................	1.042	1.76	1.83

MÉTRÉ DE LA COUVERTURE.

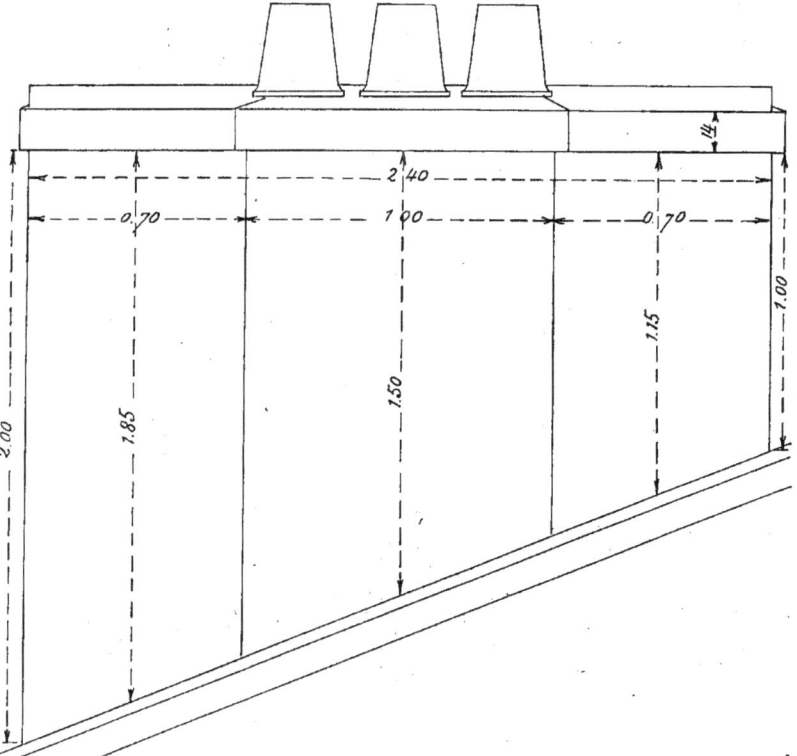

Fig. 608.

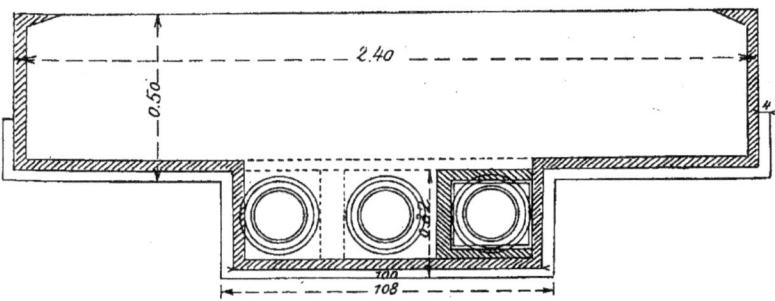

Fig. 609.

RÉPARATION DE SOUCHE DE CHEMINÉE ADOSSÉE ET DE MUR DOSSERET

(*Fig.* 608 à 610.)

NUMÉROS PAGES	SÉRIE				
Fumisterie 917	405	Reconstruction du conduit de fumée à droite ; réfection des enduits, bandeau et fermeture de souche. Dépose, décrottage et rangement de mitrons. Démolition du bandeau et du dessus de souche comme languettes en plâtre : Bandeau ; 3.30×0.14 hauteur = produit.................... 0.46 Dessus ; 1.00×0.32 produit... 0.32 Ensemble............ 0.78 × 0.06 épaisseur, produit............ 0.047	2	0.20	0.40
		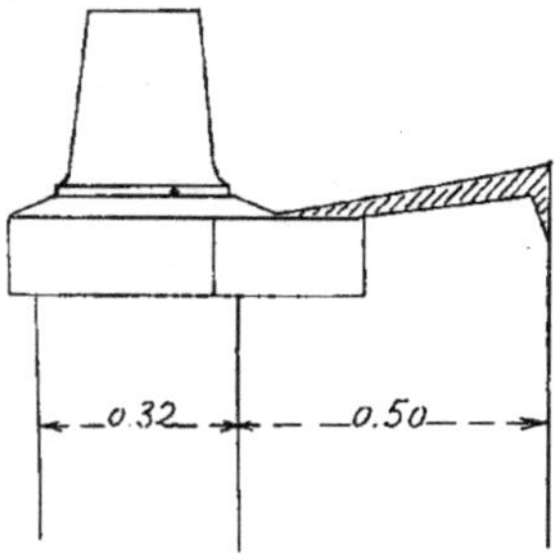 Fig. 610.			
Maçonnerie 18 97 30 664		Conduit de droite comme languettes en brique. Face...., 0.28 Costière.. 0.32 Ensemble... 0.60 ×0.50 haut. réduite, produit.... 0.90 × 0.08 épaisseur, produit............ 0.072 Cube........................... Reconstruction du conduit de droite. *Sur mur dosseret et tuyau voisin.* Hachement et crépis en plâtre au panier sur moëllon vieux avec renformis de 0.03 pour épaisseur réglementaire. 2 fois 0.33 =....... 0.66	0.119	3.15	0.37
Fumisterie 18 97 927 608		×1.30 hauteur réduite, produit . 0.86 Légers ×0.50 légers = ... 0.43 Ramonage et sondage du conduit de fumée........................... »	1	»	0.65

NUMÉROS						
PAGES	SÉRIE					
Maçon	nerie					
20	433	Le conduit en boisseaux Gourlier 0.19×0.22 fournis et posés ; Linéaire..................	»	1.65	4.45	7.34
		Reprise et garnissage au pourtour sur la bande de trémie ; évalué....... 0.15				

		Au surplus :
		Hachement crépis enduit en plâtre au panier sur parties vieilles au-dessus de 0.35 de largeur ;
		    Sur dosseret à droite... 0.50
		    Face................ 0.70
		    Cheminée............ 1.00
		    Sur dosseret à gauche.. 0.50
		    Face................ 0.70
		        Linéaire........ 3.40
		× 1.50 hauteur réduite. Produit 5.10
		Dont, sur partie neuve :
		  0.35 × 1.50 hauteur réduite = 0.52
		  × 0.21 légers................ —— 0.11
		  Reste sur parties vieilles...... 4.58
		        × 0.29 légers = ... 1.33
		Hachement crépis enduit *idem*, au-dessous de 0.35 de largeur :
		Sur partie vieille ;
		  Une costière ; 0.32×1.70 haut= 0.54
		        × 0.37 légers = ... 0.20
		Sur partie neuve :
		  Une costière ; *id.*, 0.32×1 30 h^t 0.41
		        × 0.29 légers = ... 0.12
		Plus-value pour renformis de 0.03 réduit pour atteindre l'épaisseur réglementaire
		  Souche : 1.00
		  Costières 2 × 0.32 = 0.64
		    Ensemble : 1.64
		× 1.50 hauteur réduite = ... 2.46
		        × 0.21 légers = ... 0.52
		Les naissances en retour
		  2 fois 1.50^{red} = 3.00 × 0.08 courant 0.24
		Arêtes; 6 fois 1.50^{red}=9.00×0.05 courant 0.45
		Bandeau saillant enduit en plâtre jusqu'à 0.15 de large
		  Longueur développée... 3.60
		        × 0.20 courant= 0.72
		Arêtes verticales; 6 × 0.01 légers =.. 0.06
		Plus-value pour coupe-larmes sous bandeau de même linéaire : 3.60 × 0.03 courant = ... 0.11
		La fermeture de la souche enduite en plâtre avec renformis de 0.04 réduit d'épaisseur pour redressement en dos d'âne de :
		  1.08×0.36 de largeur. Prod. =0.39
		        × 0.49 légers= 0.19				

NUMÉROS					
PAGES	SÉRIE				
		Dessus du mur dosseret :			
		Hachement crépis enduit en plâtre au panier avec renformis de 0.03 réduit d'épaisseur pour dressement de pente de 2.40 × 0.50. Prod. 1.20 × 0.50 légers = ... 0.60 Naissance en retour de 2.40 × 0.08 cour. 0.19 Arête même cours : 2.40 En retour : 2 fois 0.35 = 0.70 ─────── Ensemble....... 3.10 × 0.05 courant = ... 0.16 Ensemble légers............. 5.58 Plus-value pour légers exécutés hors combles 10 0/0 = ... 0.56			
610	225	Ensemble	6.14	4.50	27.63
		Échafaudage établi par les ouvriers couvreurs suivant les prescriptions administratives au moyen de voliges échelles et cordages pour location, pose, dépose et double transport.			
609	189	Linéaire...............................	4.00	2 00	8.00
610	231	Pose de mitrons terre cuite de 0.19 compris garnissage et solins intérieurs.............	3	0.84	2.52
Maçon	nerie	Fourniture de mitrons ronds, terre cuite de 0.19 de diamètre........................	1	»	0.80
43	1048				
Maçon	nerie	Descente de gravois à la hotte et au seau, compris chargement et déchargement. Cubant.	0.600	2.50	1.50
43	1048				
608	182				
32	729	Chargement en tombereau et enlèvement aux décharges publiques desdits gravois......	0.600	4.80	2.88

SOUS-DÉTAILS

	NUMÉROS PAGES	SÉRIE				
N° 1	601	6	**Ardoise ordinaire** d'Angers sur volige neuve (*pureau de 0.11*) Ardoises d'Angers (1re carrée 1/2 forte, 2e modèle)........................	43	51.0/00	2.190
	602	29	Clous à ardoise......................	86	1.0/00	0.086
	603	62	Volige.............................	6.00	0.11	0.660
	602	34	Clous à volige......................	37	0.84 0/00	0.031
	601	1	Compagnon couvreur, 1 heure.........	1	»	0.860
	»	2	Garçon — —.............	1	»	0.570
			Faux frais 25 0/0..................	1/4	1.43	0.357
			Déboursés.................	»	»	4.754
			Bénéfice 10 0/0.............	»	»	0.475
			Le mètre superficiel........... 5f,229	»	»	5f,229
N° 2	601	13	**Ardoise modèle anglais**, n° 6 de Riadan avec clous cuivre, sur volige neuve chanlattée (*pureau de 0.190*) Ardoises...........................	21	143.0/00	3.000
	602	30	Clous en cuivre.....................	42	6.0/00	0.252
	603	62bis	Volige chanlattée...................	5.00	0.20	1.000
	602	34	Clous à volige......................	31	0.84 0/00	0.026
	»	»	Compagnon couvreur........ 40 minutes	40/60	0.860	0.573
	»	»	Garçon — .... 40 —	40/60	0.570	0.380
	604	»	Faux frais 25 0/0..................	1/4	0.953	0.238
			Déboursés.................	»	»	5.469
	604	»	Bénéfice 10 0/0.............	»	»	0.547
			Le mètre superficiel........... 6f,016	»	»	6f,016
N° 3			**Ardoise d'Angers, 1re carrée, 1er modèle forte, sur crochets en cuivre et volige chanlattée.** Fournitures de :		56.00	
	601	7	Ardoises d'Angers, 1er modèle........	43	1000	2f,408
	602	36	Crochets en cuivre..................	43	0.034	1.462
	603	62bis	Volige chanlattée...................	9.25	0.20	1.850
	602	34	60 clous à volige, pesant............	0.120	0.42	0.050
			Main-d'œuvre :			
	601	1	1 heure de couvreur.................	1h	»	0.860
	»	2	1 heure de garçon...................	1h	»	0.570
	604	»	Faux frais idem 25 0/0..............	1/4	1.43	0.357
	»	»	Déboursés.................	»	»	7.557
	604	»	Bénéfice 10 0/0.............	»	»	0.756
	»	»	Le mètre superficiel........... 8f,313	»	»	8f,313
N° 4			**Doublis de 1 ardoise neuve d'Angers, 1re carrée, 1er modèle sur crochets en cuivre.** Fourniture de :			
	»	»	Ardoises idem......................	5	0.056	0.280
	»	»	Crochets cuivre.....................	5	0.034	0.170

COUVERTURE ET PLOMBERIE.

	NUMÉROS PAGES	SÉRIE				
N° 4	»	»	Main-d'œuvre : 10 minutes de compagnon couvreur 10 minutes de garçon couvreur Faux frais Déboursés Bénéfice 10 0/0 Le mètre linéaire........ 0f,823	10/60 10/60 1/4 » » »	0.86 0.57 0.238 » » »	0.143 0.095 0.060 0f,748 0.075 0f,823
N° 5	Maçon 56 59 33	nerie 1441 1501 752	**Sciottage dans la pierre et joints en ciment.** Sciottage dans la pierre : Taille n° 4, unité . 10f,60 (Entaille pour sciottage) Joint en mortier EF (*ciment romain*) sur partie vieille Le mètre linéaire........ 1f,345	0.075 1.00 »	10.60 » »	0f,795 0.550 1f,345
N° 6	616 618 620	28 70 141	**Larmier zinc circulaire.** Façon de : Bande de larmier (*égout*) Coupes circulaires sur zinc 2 fois 1.00 Soudure sur zinc neuf Le mètre linéaire........ 1f,83	1.00 2.00 1.00 »	» 0.30 » »	0f,57 0.60 0.66 1f,83
N° 7	Éva »	lué »	**Socle de poinçon** (*fig. 96*). Façon, découpage de socle en 4 parties assemblées Angles façonnés, soudés à rive effleurée Pièce........ 3f,20	4 4 »	0.50 0.30 »	2.00 1.20 3f,20
N° 8	601 602 603 602 » »	7 37 62bis 34 » »	**Ardoise d'Angers, 1re carrée, 1er modèle à crochets en fer galvanisé avec volige chanlattée.** Fourniture de : Ardoises d'Angers, 1re carrée, 1er modèle Crochets en fer galvanisé Volige chanlattée 60 clous à volige pesant Main-d'œuvre : 1 heure de compagnon couvreur 1 heure de garçon couvreur Faux frais *idem* Déboursés Bénéfice 10 0/0 Le mètre superficiel...... 7f,461	43 43 9.25 0.120 1h 1h 1/4 » »	0.056 0.016 0.20 0.42 » » 1.43 » »	2.408 0.688 1.850 0.050 0.860 0.570 0.357 6.783 0.678 7f,461

MÉTRÉ DE LA COUVERTURE.   643

	NUMÉROS PAGES	SERIE					
N° 9			**Doublis de 1 ardoise neuve d'Angers, 1ʳᵉ carrée, 1ᵉʳ modèle à crochets en fer galvanisé.**				
			Fourniture de :				
	601	7	Ardoises *idem*	5	0.056	0ᶠ,280	
	602	37	Crochets fer galvanisé.............	5	0.016	0.080	
			Main-d'œuvre :				
	»	»	10 minutes de compagnon couvreur.......	10/60	0.86	0.143	
	»	»	10 minutes de garçon couvreur..........	10/60	0.57	0.095	
			Faux frais....................	1/4	0.238	0.060	
			Déboursés............	»	»	0.658	
			Bénéfice 10 0/0..................	»	»	0.66	
			Le mètre linéaire 0ᶠ,724	»	»	0.724	
N° 10			**Ourlet en zinc rapporté et soudé en plus-value** (*fourniture et façon déjà comptées dans le métré*).				
	618	69	Coupe à la griffe....................	»	»	0.20	
	620	141	Soudure sur zinc neuf	»	»	0.66	
			Le mètre linéaire......... 0ᶠ,86	»	»	0ᶠ,86	
N° 11			**Membron de brisis sapin de 0.14 × 0.12 à arrondi de 0.15 développé.**				
	Char	pente	Membron en sapin refait, assemblé à entailles, fourni monté à 20 mètres de hauteur et posé.				
	309	129	Fourniture et pose........ 176ᶠ,67				
	»	115	Moins-value pour non-assemblage à tenons.................... 7,00				
			Reste........... 169,57				
			Plus pour montage :				
	314	252	1° A 5 mètres (*au-dessus des 10 mètres dus*).................. 2ᶠ,11				
	»	253	2° A 5 mètres au-dessus ; 5.00 à 0.40 = ... 2,00				
			Le mètre cube............ 173ᶠ,68				
			Soit ; Membron de 0.14 × 0.12 produit cube	0.0168	173.68	2.91	
	»	247-249	Arrondi de 0.03 développé sur sapin : 4/5 de 0ᶠ,12 = par centimètre .... 0ᶠ 096 et pour 0ᵐ,15	»	»	1.44	
			Le mètre linéaire........ 4ᶠ,35	»	»	4.35	
N° 12			**Ardoise cartelette n° 1** de 0.216 × 0.162 *pureau de 0.08*, soit : surface vue 0.162 × 0.08, produit, 0.01296 par ardoise ou 80 ardoises par mètre compris déchet.				

COUVERTURE ET PLOMBERIE.

	NUMÉROS PAGES	SÉRIE				
N° 12			Le voligeage étant jointif, il en faut $9^m,25$ linéaires par mètre superficiel.			
			Sous détail :			
			Fournitures ;		26.00	
	»	»	Ardoises.............................	80	1000	2.080
	602	29	160 clous pesant.................	$0^k,160$	1.00	0.160
	603	62	$9^m,25$ voliges peuplier ou.........	4 3/4	0.22	1.045
	602	34	60 clous à voliges pesant.........	$0^k,120$	0.42	0.050
			Main-d'œuvre :			
			1 heure 45 minutes de :			
	601	1	Compagnon couvreur............	105/60	0.86	1.510
			Garçon couvreur................	105/60	0.57	1.000
			25 0/0 faux frais applicables à la main-d'œuvre............................	1/4	2.51	0.628
			Déboursés.......................	»	»	6.473
			Bénéfice 10 0/0.................	»	»	0.647
			Plus-value de taille des têtes d'ardoises pour circulaire :			
			80 fois 0.162 =............ 12.96			
			A demi de tranchis droits sur ardoise non fournie.............................	6.48	0.33	2.138
	»	»	Le mètre superficiel...... $9^f,258$	»	»	9.258
N° 13			**Doublis d'une ardoise neuve d'Angers avec clous cuivre.**			
	609	188	Doublis d'une ardoise neuve (2ᵉ pièce)......	»	»	0.640
			Différence de clouage :			
			10 clous en cuivre à 525 au kilogramme			
	602	30	$\dfrac{1^k,000 \times 10}{525}$ pesant $0^k,019$ à $3^f,30 = 0^f,063$.			
			10 clous ordinaires à 1,000 au kilog.			
	»	29	$\dfrac{1^k,000 \times 10}{1\,000}$ pesant $0^k,010$ à $1^f,00 = 0,010$			
			Différence................. $0^f,053$			
			Moins : plâtre, cube $0^m,002$ à 17 fr. = 0,034			
			Reste.................... $0^f,019$			
			Bénéfice 10 0/0............. 0,002			
			A ajouter; ensemble......... $0^f,021$	»	»	0.021
			Le mètre linéaire.. $0^f,661$			$0^f,661$
N° 14			**Doublis circulaire en ardoise.**			
			Plus-value de circulaire comprenant, pour 5 ardoises :			
			Tranchis biais sur côtés			
			10 fois 0.30 =............ 3.00			
			A demi de tranchis...............	1.50	0.70	$1^f,05$

MÉTRÉ DE LA COUVERTURE.

	NUMÉROS					
	PAGES	SÉRIE				
N° 15	611	252	**Plus-value d'ardoise circulaire sur partie de comble conique.**			
			Voligeage peuplier en diagonale pour cintre :			
			au double (*1 fois en sus*)............	1.00	»	1.65
			Tranchis biais sur ardoise			
			43 fois 0.30 =................. 12.90			
	611	238	A demi de tranchis =................	6.45	0.70	4.52
			Main-d'œuvre :			
	»	»	1 fois en sus pour tracés et divisions......	»	»	1.79
	»	»	Bénéfice 10 0/0 × 1.79...............	»	»	0.18
			Plus-value par mètre superficiel. 8ᶠ,14	»	»	8ᶠ,14
N° 16			**Dôme ardoise d'Angers avec clous en cuivre sur volige neuve.**			
			1ᵉʳ secteur de base :			
			Longueur de base................ 3.05			
			Contenant 14 ardoises de chaque 0.22 large			
			Longueur en tête de.............. 1.12			
			En contiendra 14 de chaque 0.08 large.....	Mémoire	»	»
			Sous-détail :			
	611	253	Voligeage en sapin jointif................	1.00	»	2.060
	»	»	Plus-value de cintre irrégulier............	1.30	2.06	2.680
			Fourniture de :			
	»	»	Ardoises d'Angers......................	43	0.056	2.410
	602	30	Clous en cuivre...................	86	0.0063	0.540
			Main-d'œuvre :			
			Temps passé pour 1 mètre ard.. 60 minutes			
			Moins pour voligeage.......... 15 »			
			Reste............... 45 »			
			Soit :			
	»	»	Compagnon couvreur................	3/4	0.86	0.645
	»	»	Garçon »	3/4	0.57	0.428
	»	»	Faux frais 25 0/0 × 1ᵏ,073 =............	»	»	0.268
			Plus une façon pour compenser le battage des traits, divisions et difficulté d'exécution..	»	»	1.341
	»	»	Bénéfice 10 0/0 sur fournitures et main-d'œuvre....................	1/10	5.632	0.563
			Plus :			
			Tranchis biais sur côtés comme sur ardoise non fournie			
	611	240	86 fois 0.11 =.....................	9.46	0.49	4.64
			Tranchis de tête pour éviter le soulèvement aux pureaux			
			En tête : 4.54 fois 0.08 = ... 0.36			
			Bas....................... 1.00			
			Ensemble................... 1.36 / 2			
			=0.68 réduit pour 1 pureau, et pour 9 pureaux = ... 6.12			
	»	»	A demi de tranchis *idem* = ...	3.06	0.34	1.010
			Le mètre superficiel.... 22ᶠ,24	»	»	22ᶠ,24

646   COUVERTURE ET PLOMBERIE.

N°	NUMÉROS PAGES	SÉRIE	Description			
		Char/pente				
N° 17	309	129	**Corps d'arêtier en sapin** refait de 0.13/0.20 assemblé à entailles, fourni, monté à 25 mètres de hauteur et posé :			
			Fourniture et pose............ 176^f,57			
	»	115	Moins-value pour non-assemblage à tenons.................... 7.00			
			Reste............... 169^f,37			
			Plus montage :			
			à 5 mètres au dessus (des 10 mètres dus)...................... 2.11			
			à 10 » » ...... à 0.40 = 4.00			
			Le mètre cube........ 175^f,68			
			Soit ; 1.00 × 0.13 × 0.20 produit			
	314	238	Cube....................	0.026	175.68	4.57
			Feuillures : 2 fois 1.00 = ...	2.00	0.40	0.80
	»	247, 249	1 Moulure de 0.03 développé sur sapin 4/5 de 0.12 = par centimètre..... 0.096 et pour 0.03 = ... 0^f,48			
			Soit : 2 fois 1.00 = ...	2.00	0.48	0.96
			Le mètre linéaire...... 6^f,33	»	»	6^f,33
N° 18			**Membron sapin** refait *idem*.			
			de 0.11 × 0.055 produit.............	0.0061	175.68	1.07
			Arrondi de 0.18.			
			soit 18 × 0^f,096 =....................	»	»	1.07
			Le mètre linéaire......... 2^f,14	»	»	2^f,14
N° 19			**Modillon en zinc** de 0.50 × 0.50. (*Fig. 397*).			
			Façon comme bande de recouvrement 0.50			
			Plus-value de 1/10 petite partie...... 0.05			
			Plus-value de circulaire........... 0.55			
	616	33	Linéaires...................	1.10	1.48	1.63
	618	72	Ourlet circulaire rapporté, soudé........	0.40	0.80	0.32
	»	70	Coupe circulaire............	0.40	0.30	0.12
	617	64	Angle........................	1	»	0.15
	»	»	Onglets....................... 4			
	»	»	Embranchements d'onglets......... 2			
			Ensemble...............	6	0.20	1.20
			Pièce............... 3^f,42	»	»	3^f,42
			Plus : Fourniture de zinc, pattes cuivre et rosace.........................	Mémoire	»	»
N° 20			**Socle en sapin** refait *idem*.			
			Le mètre cube............ 175^f,68			
			Montage à 27 mètres.			
			Soit en plus : 2 à 0^f,40 =........ 0^f,80			
			Ensemble............... 176^f,48			
	314	238	Sapin refait de 0.10 × 0.21 produit.......	0.021	176.48	3.71
			1 Feuillure *idem*...............	»	»	0.40
	»	247, 249	1 Gorge de 0.03...................	»	»	0.48
			Plus-value de sciage 1 face.			
	»	259	Cube......................	0.021	8.60	0.18
			Le mètre linéaire.......... 4^f,77	»	»	4^f,77

MÉTRÉ DE LA COUVERTURE. 647

	NUMÉROS PAGES	SÉRIE				
N° 21	616 »	25 36	**Bande d'agrafe à ourlet.** Façon de bande d'agrafe.................. » d'ourlet........................ Le mètre linéaire......... 0f,35	» » »	» » »	0.25 0.10 0f,35
N° 22	620 » »	142 » »	**Jonction** *idem* **sur gouttière.** Soudure sur vieux zinc................ 1 fois en plus pour circulaire............ 1 ourlet........................... Pièce............... 0f,56	0.25 » 1 »	0.73 » » »	0.18 0.18 0.20 0f,56
N° 23	616 Éva Éva 616	39 lué lué 40	**Bande de recouvrement en zinc vieux refaçonnée.** Comprenant : Pour dépose 1/10 de façon de bande neuve. » retaille 1/3 — d° — ou. » redressage 1/5 — d° — ou. » repose 2/5 — d° — ou. Ensemble.................... Soit même prix de façon que bande neuve.	1/10 3/10 2/10 4/10 10/10	» » » » »	» » » » »
N° 24	Éva	lué	Bandeau zinc vieux, redressé sur place.	1/5	1.48	0f,296
N° 25	620 » » »	142 » » »	**Soudure de jonction à la pièce sur vieux zinc.** Compter la soudure suivant son développement et ajouter la valeur d'un onglet pour ourlet et celle d'un demi-angle pour relief. Soit : pour bandeau de 0.26 large. Soudure sur vieux zinc................ Onglet........................... Relief (angle)....................... Pièce............ 0f,47	0.26 1 1/2 »	0.73 » 0.15 »	0.19 0.20 0.08 0f,47
N° 26	Éva » » » »	lué » » » »	**Incision sur plomb.** Coupe sur plomb. Plomb relevé, battu reposé. 2 fois 1.00 = ... 2.00 à demi de relief = ... 1.00 Raccordement de pente plâtre comme crevasse × légers............... 0.05 » à 4 fr. 50 = ... 0.23 Ou garantie en zinc n° 12, fournie, façonnée, posée × 0.05 large. Fourniture........... 0f,17 » Façon............... 0.20 Ensemble............ 0.37 Prix moyen.............. 0.60 / 2 Le mètre linéaire...... 1f,00	1.00 1.00 » »	» » » »	0.20 0.50 0.30 1f,00

	NUMÉROS PAGES	SÉRIE				
N° 27	633	88	**Collet soudé de 0.105 diamètre.** 1 Nœud comme sur tuyau de vidange. Soit 3/4 à 7f,20 = 5f,40. Le collet à demi de nœud.............	»	»	2f,70
N° 28	621	155	**Tuyau zinc façonné posé sans crochets** (page 621). Tuyau zinc de 0.110 diamètre..........	»	»	1f,40
			Moins :			
	619	97	1 Crochet fourni....................	»	0.17	
	619	98	1 » posé...................	»	0.10	
			A déduire.	»	0.27	0.27
			Reste le mètre linéaire.... 1f,13	»	»	1f,13
N° 29	602	49	**Liteau** (*emploi de*) pour couverture tuile bourgogne petit moule. Liteaux fournis..................	12.50	0.07	0.875
			Au lieu de :			
	»	48	Lattes, cœur de chêne................	12.50	0.0333	0.416
	»	»	Déboursés, différence	»	»	0f,459
	»	»	Bénéfice 10 0/0................	»	»	0.046
			Plus-value par mètre superficiel 0f,505	»	»	0f,505
N° 30	615	24	**Zinc vieux** repris en compte : Moins 4 0/0 de déchet, moitié du prix du *cours net* du zinc neuf. EXEMPLE (*Série centrale* 1895). Cours du zinc au 15 janvier 1894.........	»	»	64f,00
			Moins 4 0/0 pour déchet...............	»	»	2.56
			Reste...........................	»	»	61.44
			à demi =........................	30f,72		
			les 100 kilogrammes.			
			Il y a là une erreur qui a, du reste, été rectifiée, car la Série centrale 1897 dit également : Moins 4 0/0 de déchet, moitié du prix du *cours net* du zinc neuf. Et opère ainsi : Cours du zinc au 8 juin 1896 =...........	»	»	68.00
			Moins remise....................	»	»	4.00
			Reste (*cours net*)...........	»	»	64f,00
	615	24bis	Poids 100k moins 4k pour déchet = 96k. à 64 francs = $\frac{61^f,44}{2}$ = ... les 100 kilogrammes.	30.72		
			La reprise en compte est faite suivant le poids réel diminué de 1/20 pour gravois et poussières et payé au cours du jour. *La manutention pour pesage et rangement doit être comptée en régie*........	Observation		»

MÉTRÉ DE LA COUVERTURE. 649

	NUMÉROS PAGES	SÉRIE				
N° 31	Esti|mé Esti|mé		*Pour les travaux non prévus dans le présent ouvrage, notamment pour couvertures en* **ardoises et tuiles de couleur posées en quinconces à dessins divers,** *établir les sous-détails suivant les données ci-dessus, et ajouter pour tracé des dessins échantillonnage et difficultés d'exécution.* Par mètre superficiel : d'ardoises.......... de tuiles..........	» »	1ᶠ,50 1ᶠ,00	» »
N° 32	617 » » » » »	53 54 55 56 57 58	**Brisis droits** recouverts en zinc (*type C*) façonné par feuilles réduites symétriquement dans les entre-deux de lucarnes, ou châssis. En zinc neuf ; par feuilles de 0.80 large.... » » 0.65 » » » 0.50 » En zinc vieux ; » 0.80 » » » 0.65 » » » 0.50 »	» » » » » »	1.25 1.50 1.70 1.95 2.15 2.45	le mètre » » » » »
N° 33	Esti|mé		**Cale en plomb** (*ou semelle*) sous pied de balcon, ou pied de support de gouttière anglaise ; Fournie, posée..........	1	»	0ᶠ,15
N° 34	617	66	**Calotin** (*avec clou*) fourni et soudé en recherche.......... (*Ne sont demandés que sur vieux zinc.*)	1	»	0ᶠ,15
N° 35	Maçon 37	nerie 877	**Capucine** en plâtre.......... 0.25 de légers par mètre linéaire..........	»	»	»
N° 36	608 Esti|mé Esti|mé Esti|mé Esti|mé	165	**Châssis réparé.** Dépose de châssis.......... Dormant redressé, *compris rivures partielles aux angles*.......... Patte fer fournie, posée, en réparation et rivée.......... Fourniture en remplacement de : Dormant en tôle laminée.......... Crémaillère ordinaire.......... Crémaillère brisée.......... Peinture de châssis et repose, comme précédents.	» » » » » »	0ᶠ,15 0.75 0.75 3.00 5.00 7.00	le mètre » pièce le mètre pièce »
N° 37	617	68	**Coulisseau carré** (*c'est-à-dire saillant à développement carré*), fourni, façonné à la pièce pour.......... 0ᵐ,50 courant de bande de recouvrement en zinc, fournie, façonnée et posée.			

COUVERTURE ET PLOMBERIE.

	NUMÉROS					
	PAGES	SÉRIE				
N° 38	»	»	**Couverture en zinc** (*type C*). Ce type de couverture est celui des brisis droits, dont nous donnons ci-dessus les prix de façons.	»	»	»
N° 39	Série 301	1882 9	**Frais de déplacement** Il est dû aux entrepreneurs de Paris pour travaux exécutés en province (*à défaut de conventions spéciales*) Le remboursement des dépenses pour : 1° Frais de voyages..................... 2° Transport des marchandises........... 3° Temps des ouvriers passé en voyages.... 4° Indemnité journalière payée aux ouvriers; Par journée passée hors de son domicile Par homme .... La Série officielle de la ville de Paris. Édition 1882 : 2 francs par jour pour les déplacements forcés qui obligent l'ouvrier à coucher hors de son domicile............................ 1 franc par jour pour l'exécution d'un travail exceptionnel présentant des difficultés sérieuses, ou tout autre travail périlleux exigeant des précautions spéciales pour la sécurité des ouvriers............................	» » » » » »	» » » 2ᶠ,00 » »	» » » » » »
N° 40	610 »	216 217	**Latte en recherche** (*de 1ᵐ,30 long*). Fournie, posée, clouée................. Non fournie, posée et clouée............	» »	0ᶠ,15 0.10	pièce »
N° 41	610 307 »	223, 224 158 159	**Massif plâtras et plâtre** La Série centrale 1895 renvoie à la maçonnerie sans tenir compte de la valeur de main-d'œuvre, c'est-à-dire *sans plus-value*. Il y a erreur et, par conséquent, lieu de revenir à celle de la Ville de Paris, qui dit : Massif en plâtras fournis et plâtre, compris enduit, cueillies, ressauts et gorges. de 0ᵐ,06 épaisseur .... Par 0ᵐ,01 — en plus .... Massif en plâtras non fournis et plâtre compris enduits, etc. de 0ᵐ,06 épaisseur................ par 0ᵐ,01 — en plus............	 » » » »	 2ᶠ,50 0.11 2.30 0.06	— le mètre superficiel d° d° d°
N° 42	Esti » »	mé » »	**Pannetonnage de tuile** Ce travail n'étant fait que partiellement on doit payer par attache : En fil de fer galvanisé ou étamé.......... En fil de cuivre ou de laiton............. À façon, *sans fourniture*...............	 » » »	 0ᶠ,10 0.12 0.08	 pièce d° d°

MÉTRÉ DE LA COUVERTURE.

	NUMÉROS PAGES	SÉRIE	Désignation			
N° 43			**Patin en zinc fondu**, par pied de support de gouttière anglaise, fourni, posé compris point d'arrêt en soudure :			
			Petit modèle *pour fer 25/5*............	»	0f,75	pièce
			Moyen modèle — *30/6*............	»	1.00	»
			Grand modèle — *35/7*............	»	1.25	»
			Pose et soudure seulement............	»	0.30	»
N° 44	613	7	**Plomb vieux.** 1° *Repris en échange.* Même prix que plomb neuf diminué de 4 0/0 de déchet et de 10 francs par 100 kilogrammes. 2° *Repris en compte, comme achat.* Au prix du cours net diminué de 4 0/0 de déchet et de 15 francs par 100 kilos, Et, comme pour le vieux zinc, les manutentions payées à part.			
N° 45	»	»	**Recherche.** Dans les travaux de recherche ou réparations de brisis *zinc* ou *ardoise*, tourelles ou dôme, il y a lieu de demander la valeur des échafaudages............	Observation		»
N° 46			**Trop-plein lanceur en zinc** (*Voir figures 267 à 275, page 131*).			
			Fourni............	1	»	2f,20
			Posé, soudé............	1	»	0.92
			Percements rectangulaires sur ;			
			Planche de socle............	1	»	0.30
			Chéneau en zinc............	1	»	0.50
			Face de socle en zinc............	1	»	0.50
			Pièce............ 4f,42	»	»	4.42
N° 47			**Tuiles diverses.** 1° *Clouée ou vissée, en plus-value ;*			
			Clouée compris fourniture de 2 clous.....	»	0f,05	pièce
			Vis en fer fournie posée, *comme à la serrurerie*............	»	»	»
			Vis en cuivre (*le double de celles en fer*)...	»	»	»
			Trou percé sur tuile............	»	0.12	»
			Fraisure — pour tête de vis.....	»	0.06	»
			2° *Ornementée, émaillée ou vernissée ;* Établir les sous-détails suivant les données qui précèdent et ajouter en plus-value pour risques de casse, échantillonnage et difficulté de transport, montage et pose, tracés, etc.	»	1.00	le mètre
			3° *Gironnée pour tourelle, tracés*........	»	1.50	»
			4° *Vitrées, passe-tuyaux*, etc. Pose sans scellement............	»	1.20	pièce
	»	»	5° *A crochets.* Comme pour ardoises............	»	»	»
N° 48	614	255	**Vue de faîtière.** Fournie et posée compris plâtre............	»	1f,74	pièce
	»	256	Non fournie, posée —	»	1.08	»

COUVERTURE ET PLOMBERIE.

RÉPERTOIRE DES SOUS-DÉTAILS
ET DES ARTICLES NON MÉTRÉS

NUMÉROS D'ORDRE		NUMÉROS DES PAGES
1	Ardoise ordinaire d'Angers sur volige neuve (pureau de 0.11)	641
2	Ardoise de Riadan, modèle anglais, n° 6, sur volige neuve chanlattée (pureau de 0^m,190)	641
3	Ardoise d'Angers, 1re carrée, 1er modèle, forte sur crochets en cuivre et volige chanlattée	61 et 65
4	Doublis de 1 ardoise neuve d'Angers 1re carrée, 1er modèle sur crochets en cuivre	69
5	Sciottage dans la pierre et joints en ciment	70
6	Larmier zinc circulaire	74
7	Socle de poinçon (*fig.* 76)	86
8	Ardoise d'Angers, 1re carrée, 1er modèle à crochets en fer galvanisé sur volige chanlattée	90
9	Doublis de 1 ardoise neuve d'Angers, 1re carrée, 1er modèle à crochets en fer galvanisé	91
10	Ourlet en zinc rapporté et soudé en plus-value	100
11	Membron de brisis de 0.14 × 0.12 à arrondi de 0.15 développé	171
12	Ardoise cartelette n° 1	200
13	Doublis d'une ardoise neuve d'Angers avec clous cuivre	298
14	Doublis circulaire en ardoise	298
15	Ardoise circulaire sur partie de comble conique (plus-value)	302
16	Dôme ardoise d'Angers avec clous en cuivre sur volige neuve	397
17	Corps d'arêtier en sapin	411
18	Membron sapin refait (*idem*)	411
19	Modillon en zinc (*fig.* 397)	415
20	Socle en sapin	416
21	Bande d'agrafe à ourlet	428
22	Jonction soudée sur gouttière vieille	573
23	Bande de recouvrement en zinc vieux refaçonnée	587
24	Bandeau zinc vieux redressé sur place	606
25	Soudure de jonction à la pièce sur vieux zinc	623
26	Incision sur plomb	618
27	Collet soudé de 0.105 diamètre sur plomb	619
28	Tuyau zinc façonné posé sans crochets	621
29	Liteau sur couverture en tuiles de bourgogne (*emploi de*)	578 et 647
30	Zinc vieux repris en compte	647
31	Ardoises et tuiles de couleur posées en quinconces à dessins divers	648
32	Brisis *droits* en zinc (*type C*)	649
33	Cale ou *semelle* en plomb, sous-pied de balcon ou de support	649
34	Calotin avec clou	649
35	Capucine en plâtre	649
36	Châssis à tabatière réparé	649
37	Coulisseau carré	649
38	Couverture en zinc, (*type C*)	650
39	Frais de déplacement	650
40	Latte en recherche	650
41	Massifs en plâtras et plâtre	650
42	Pannetonnage de tuiles	650
43	Patin en zinc fondu pour support de gouttière anglaise	650
44	Plomb vieux repris en compte	651
45	Recherche (*Échafaudages*)	651
46	Trop-plein lanceur	651
47	Tuiles spéciales (plus-values)	651
48	Vue de faîtière	651

RÉPERTOIRE DES MÉTRÉS

FIGURES	Métré n° 1.	PAGES
1 et 2	Comble simple à deux versants recouverts en *tuile de Bourgogne grand moule* sur lattis neuf, comprenant gouttières pendantes en zinc n° 12 × 0^m,25 posées sur crochets ordinaires (deux par mètre), ruellées en plâtre sur les rives et faîtages en faîtières de Bourgogne avec embarrures et crêtes en plâtre.	9

MÉTRÉ DE LA COUVERTURE.

Métré n° 2.

FIGURES		PAGES
3 et 4	Comble recouvert en *tuile de Bourgogne petit moule* sur lattis neuf, comprenant : gouttières pendantes, en zinc n° 12 × 0ᵐ.33 de développement, posées sur crochets ordinaires (deux par mètre), faîtage en faîtières de Bourgogne, ruellées sur rives et filet plâtre en tête du versant en appentis ; noue en zinc n° 12 de 0ᵐ,50 de largeur posée sur voligeage neuf en sapin de 0ᵐ,013 jointif, compris tranchis et parements. Châssis en fer à tabatière et crémaillère de 0ᵐ,60 × 0ᵐ.80 de jour avec derrière, recouvrement en plomb de 0ᵐ,0025 d'épaisseur sur voligeage et pente en plâtre.	10

Métré n° 3.

8 à 10	Comble recouvert en *tuile Müller grand moule* sur liteaux neufs en sapin 25/27 ; gouttières en zinc n° 14 × 0ᵐ,33 développé à crochets en fer renforcé munis de paillettes en cuivre rouge étamé, espacés de 0ᵐ,40 et fixés sur chevrons : noues en zinc n° 14 × 0ᵐ,65 de largeur posées sur voligeage en sapin de 0ᵐ,013 d'épaisseur ; faîtages à bourrelet ; arêtiers en plâtre ; châssis de sortie Müller ; souches de cheminées raccordées avec derrières en zinc n° 14 et solins plâtre.	13 et 14

Métré n° 4.

17 à 19	Comble à la Mansard, comprenant : Gouttières à l'anglaise en zinc n° 14 de 0ᵐ,40 développé sur supports fer de 30/6 à pied portant sur entablement recouvert en zinc n° 12 à coulisseaux par 2 mètres à relief suffisant protégeant la sablière ; brisis recouverts en *ardoise d'Angers forte*, sur volige peuplier, arêtiers fermés ; les lucarnes recouvertes en ardoises *idem* avec égouts de 2 tuiles, faîtages de Bourgogne et noues en plomb de 0ᵐ,0025 épaisseur ; 4 châssis de 65 × 80 avec derrières en plomb de 0ᵐ,0025 d'épaisseur ; comme aux souches de cheminées ; à ces dernières et aux jouées de lucarnes, solins en plâtre (pas de noquets) ; terrasson de comble recouvert en *tuile à emboîtement Müller*, avec au bas, banquette en zinc formant couronnement de brisis et bandes de filet en plomb de 0ᵐ,0015 d'épaisseur et filets en plâtre ; faîtage en faîtières à recouvrement et arêtiers ogive avec abouts, chattières en terre cuite pour l'aération du grenier et poinçons en terre cuite sur le faîte.	18

Métré n° 5.

0 à 42	Comble recouvert en *tuile à emboîtement Perrusson* sur liteaux en sapin fournis ; chéneaux en zinc n° 16 sur fonds en bois à coyaux de pente reposant sur chevrons ; rives en terre cuite Müller sur les faces, sauf pour le chéneau encaissé du fond, dont le mur de clôture formant acrotère est recouvert en zinc n° 12 avec bande de rive tasseau et couvre-joint ; arêtiers à recouvrement ; faîtages ornés d'épis en terre cuite sur les poinçons au fronton, noues en zinc n° 14 × 0.50 sur voligeage jointif et liteaux soutenant les tranchis (à la scie) ; en rives, alaises en plomb, armature zinc et rives en terre cuite *idem* avec fronton mobile et motif d'angles. Les souches recouvertes en zinc n° 12, avec lanternes en terre cuite, alaises en plomb sur comble, derrières en zinc, bandes de solins en zinc maintenues par des pattes en cuivre rouge étamé et solins en plâtre.	29 et 30

Métré n° 6.

61 et 62	Un pavillon recouvert en *ardoise d'Angers forte* fournie posée avec clous en cuivre sur volige sapin : chéneaux en plomb de 0ᵐ,003 d'épaisseur sur pente plâtre à ressauts, mains d'arrêt en cuivre ; socle en sapin de 0ᵐ,041 d'épaisseur × 0ᵐ,30 hauteur, maintenu par le bas avec des équerres en fer scellés dans l'entablement en abouts de planches par des plates-bandes et équerres d'angles en même fer ; sur le devant, face en zinc estampé raccordée à sa partie supérieure par un recouvrement de socle formant couronnement, et à sa partie inférieure par un recouvrement en zinc sur le bandeau d'entablement à coulisseaux tous les mètres et bande d'agrafe ; par le bas des versants, bandes de batellement en zinc à ourlet chassé, coulisseaux *idem* et pattes en cuivre rouge. Sur ces versants : 3 lucarnes en zinc estampé, grand modèle ; 8 *idem*, petit modèle ; 4 œils-de-bœuf. Crochets de service en fer forgé fixés avec tirefonds sur les chevrons et raccordés avec ardoises en plomb ; une souche de cheminée raccordée avec bavette et noquets en plomb de 0ᵐ,003 d'épaisseur. Bandes de solins en zinc avec pattes cuivre et joints en ciment ; 4 arêtiers composés chaque	43 et 44

COUVERTURE ET PLOMBERIE.

FIGURES		PAGES
	de 1 arêtier et 1 baguette demi-ronde en sapin, 2 alaises en plomb de $0^m,002$ d'épaisseur, 2 bavettes zinc à ourlet chassé et pattes cuivre, 1 arêtier en zinc estampé avec pattes *idem* ; faîtage double en zinc estampé avec épis.	43 et 44

Métré n° 7.
Habitations.

79 à 81	Comble recouvert en *ardoise d'Angers, première carrée, premier modèle* sur volige sapin chanlattée et crochets en cuivre système Fourgeau ; gouttières en zinc n° 16 façonnées à l'anglaise, à supports en fer forgé, portant pied sur entablement recouvert en zinc n° 14, avec revêtement en zinc n° 12 au-devant de la sablière ; face de socle en zinc n° 14, s'agrafant par le haut dans l'ourlet de la gouttière, maintenu au bas par des pattes en cuivre rouge étamé rivées sur les pieds de supports ; côté comble, banquette en zinc n° 14, avec doublis ardoise de deux pièces au dessus ; sous le zinc de l'entablement glacis en pente et papier goudronné.	61 et 64

Sur comble central.

»	Une lucarne en pierre recouverte en ardoise *idem* avec noues en zinc ; bandes de batellements en zinc au bas des versants ; bandes de solins en zinc aux jouées, avec raccords des nilerons en pierre et bavette d'appui ; 4 châssis à tabatière et crémaillère ; 2 souches de cheminées sous faîtage ; 4 noues en zinc *idem*.	»

Aux pavillons.

»	Les 2 frontons de Bow-Window recouverts en zinc *idem* avec raccordements sur combles et sur gouttières ; 2 œils-de-bœuf estampé ; 4 souches de cheminées recouvertes en zinc ; 4 épis en zinc estampé. Les arêtiers en ardoise à arête vive. Au droit des souches, châssis et lucarnes, bandes de dévirures en zinc. Les faîtages bois et zinc, avec, sur les côtés, bavettes en zinc et plomb. Toutes les pattes apparentes en cuivre rouge étamé. Coulisseaux tous les 1 mètre sur bande zinc ; 4 écoulements de gouttières comprenant chaque moignon et manchon en zinc n° 16, manchon plomb dans l'épaisseur de l'entablement.	»

Communs.

97 à 99	Les combles recouverts en ardoise *idem*, mais sur crochets en fer étamé. Gouttières pendantes en zinc n° 14 × $0^m,33$ développé sur supports en fer renforcé et galvanisé, banquette zinc au dessus, 1 lucarne couverte et raccordée comme la précédente. Les faîtages comme les précédents et arêtiers semblables aux faîtes ; 1 poinçon zinc estampé. Aux rives ; tasseau, bandes zinc et plomb avec couvre-joints *idem* ; chatières zinc estampé ; 2 souches raccordées *idem* avec dessus recouverts en zinc. Noquets zinc *idem*.	87 à 89

Poulailler et lapinière.

105 et 106	Couverts en *tuile à emboîtement de Courbéton* sur liteaux avec voligeage dessous. Gouttière zinc n° 14 × $0^m,16$ développé avec crochets galvanisés. Rives de côté en zinc avec tasseau et couvre-joints (tranchis isolés). Rive de tête avec bavettes plomb et zinc, bande de solin et solin.	103

Métré n° 8.

277 et 278	Comble en appentis recouvert en *zinc* sur voligeage en sapin jointif, feuilles de $0^m,80$ de largeur, type *a*, tasseaux de $0^m,040$, couvre-joints de $0^m,10$ de largeur ; gouttière ordinaire en zinc de $0^m,25$ développé bande de larmier au dessus ; bande de rive et bandes de solins en zinc, solins en plâtre.	133 et 134

Métré n° 9.

281 et 282	Comble à 2 versants recouvert en *zinc* n° 14 par feuilles de $0^m,80$ de largeur, type *b*, sur voligeage en sapin de $0^m,013 \times 0^m,11$ jointif, tasseaux sapin de $0^m,040$, couvre-joints *idem* ; gouttières en zinc n° 14 × $0^m,33$ développé, posées sur crochets ordinaires espacés de $0^m,40$; faîtage en sapin de $0^m,080$, 1 châssis à tabatière et crémaillère, fourni posé sur tasseaux d'encadrement ; raccords derrière châssis et souches avec contre-pentes ; bandes zinc n° 14 × $0^m,20$ aux rives.	136 et 137

MÉTRÉ DE LA COUVERTURE.

FIGURES		PAGES
	Métré n° 10.	
285 et 286	Comble recouvert en *zinc* n° 12 par feuilles de 0^m,65 de largeur, type *b*, à tasseaux de 0^m,040 et couvre-joints avec vis et rondelles, sur voligeage sapin de 0^m,013 × 0^m,11 jointif; noues en même zinc; bandes de solins sur murs et souches; arêtier et faîtage en sapin de 0^m,080; sur rue et sur cour, gouttières en zinc n° 14 façonnées à l'anglaise, posées sur supports en fer portant pied sur entablement recouvert en zinc n° 12 à coulisseaux tous les 1 mètre et armature verticale *idem* sur sablière.	141 et 142
	Métré n° 11.	
290 à 296	Comble comprenant : sur rues, *chéneaux à l'anglaise* en zinc n° 14 à supports fer 30/6 portant pied sur entablement recouvert en zinc n° 12 à coulisseaux et relief suffisant pour protéger la sablière, face de socle *idem* fixée sur les supports (le chéneau formant membron sur le socle). Sur cour et courette, *gouttières à l'anglaise idem*, mais sans face de socle. Les brisis sur rues et cours recouverts en *ardoises d'Angers* sur voligo peuplier avec bandes de battellement par le bas et membron en tête, sauf sur cours, où le membron sera remplacé par une bavette en zinc à coulisseaux. Les châssis en fer à crémaillère brisée et derrière plomb. Aux lucarnes ; terrassons, jouées et dessus en zinc. Les noues en zinc n° 12 × 0^m,50 large. Les arêtiers en ardoise à arête vive. Le terrasson de comble recouvert en zinc n° 12 par feuilles de 0^m,80 de large sur voligeage en sapin de 0^m,013 jointif, tasseaux de 0^m,040, faîtages et arêtiers de 0^m,080; couvre-joints par bouts de 1 mètre à gaines, à vis fer et rondelles plomb aux manchettes ; châssis à tabatière et poulie montés sur hausses bois armées en zinc. Aux murs et aux souches, bandes de solins zinc, solins plâtre et couverture en zinc des dessus.	150 à 155
301	Plan de comble..	175
	Métré n° 12.	
302	Comble comprenant : face rue; 1 étage de brisis circulaire recouvert en *ardoise cartelette* n° 1 taillée en écaille sur voligo peuplier. Chéneau en zinc n° 16 à l'anglaise sur supports en fer achevant la planche de socle, entablement recouvert en zinc n° 14, armature de sablière et face de socle à coulisseaux; couronnements à bagues saillantes. Œils-de-bœuf en zinc estampé. Châssis à crémaillère brisée et derrières plomb. Bavettes zinc et noquets aux châssis et souches. Membron couronnant le brisis, zinc recouvert en zinc *idem* moulurée à bagues saillantes et gaines de garantie avec bavettes zinc et plomb au-dessous. Les brisis circulaires de 2 étages sur cour, et le terrasson du comble recouvert en zinc n° 14 par feuilles de 0^m,65 de large, sur voligeage sapin de 0^m,018 d'épaisseur par frises de 0^m,11 de large, tasseaux sapin de 0^m,055, arêtiers et faîtages de 0^m,080, couvre-joints en même zinc. Chéneaux sur cour, en zinc n° 16 reposant sur fonds bois et planche de socle maintenue par des équerres en fer, scellées dans l'entablement, face de socle et couronnement *idem* (sans bagues).	194 et 195
303 et 304	Les lucarnes armées et couvertes en zinc *idem*. Les châssis des brisis, sur encadrements sapin, surmontés de derrières zinc mobiles formant capotes : ceux du comble supérieur sur costières armées en zinc. Membrons zinc à moulure zinc, moulure simple, à gaines. Gouttière pendante, en zinc *idem*, à crochets renforcés, sur comble de la cage d'escalier. Bande de solins zinc, pattes cuivre et solins plâtre.	197 à 199
307	Plan de comble côté..	222
	Métré n° 13.	
311 à 313	Comble vitré comprenant : *chéneaux en fonte Bigot-Renaux* à joints en caoutchouc avec : banquettes et bas de carreaux en zinc (côtés vitrés), banquettes et bandes de solins en zinc (côtés murs), armature d'acrotère et couverture en zinc du dessus (mur mitoyen de gauche), bavettes en plomb sur appentis vitré avec bandes de solins en zinc au dessus.	250 et 251
	Métré n° 14.	
330 et 331	*Comble à ressauts* recouvert en zinc n° 14 par feuilles de 0^m,50 de large sur voligeage sapin de 0^m,018 d'épaisseur, tasseaux de 0^m,055, couvre-joints zinc *idem* par bouts de 1 mètre, maintenus par des vis en fer étamé et rondelles en plomb. Arêtiers et faîtages de 0^m,16 développé. Chéneaux en fonte Bigot-Renaux sur entablements recouverts en zinc *idem*. Châssis fer à tabatière et poulie montés sur costières armées en zinc. Vitrage fixe	262 à 264

COUVERTURE ET PLOMBERIE.

FIGURES		PAGES
333	monté sur costière armée en zinc et bavettes en plomb au pourtour. Bandes de solins en zinc aux murs et souches. Plan de comble..	267

Métré n° 15.

338 à 340	Couverture des terrassons en zinc par feuilles de 0m,65 de large à tasseaux retournés et couvrejoints spéciaux formant coulisseaux. Faîtages et arêtiers en sapin de 0m,080. Les brisis sur rue et sur cour recouverts en *ardoises d'Angers*, fixées avec clous en cuivre rouge. Les œils-de-bœuf en zinc estampé. Les châssis de brisis raccordés avec bavettes en plomb au devant et derrière *idem*. Les dessus des lucarnes en pierre recouverts en zinc. Membrons bois et zinc en tête, bagues saillantes et bavettes de filet en plomb et en zinc. Sur rues : chéneaux zinc au bas du premier brisis, avec auvents en ardoise au devant et banquette zinc en égout. En tête de ce brisis : chéneau zinc avec membron au devant comme *idem*. Sur cour : chéneaux en zinc avec encaissement en bois reposant sur fond bois et supports spéciaux, sur entablements recouverts en zinc à coulisseaux carrés, ces derniers recevant les pieds des supports ; face de socle en zinc et membron de couronnement à bagues saillantes ; au-dessus du chéneau et par le bas du brisis, banquette zinc à coulisseaux plats. Les arêtiers comprenant tasseau évidé de 0m,070 sur double voligeage avec bavettes zinc et plomb sur les côtés et arêtier zinc (les bavettes plomb et zinc se raccordant avec celles du membron). Les noues en zinc reposant sur voligeage sapin avec, sur les côtés, tasseaux sapin de 0m,055 formant encaissement et bavettes zinc et plomb comme aux arêtiers. Les châssis sur terrassons, sur costières armées en zinc. Aux souches : bandes de solins en zinc à décrochements (*dites à crémaillère*), les dessus recouverts en zinc comprenant bavettes en auvent au pourtour et dessus mobiles, avec pattes en cuivre et collerettes en zinc pour recevoir les mitrons. La rotonde recouverte en ardoise *idem*, avec, par le bas, chéneaux à auvent faisant suite à ceux du premier brisis, œils-de-bœuf *idem*, arêtiers en zinc estampé à bavettes zinc et plomb sur les côtés et couronnement en zinc estampé. L'écoulement des eaux des chéneaux obtenu au moyen de descentes spéciales déversant dans un caniveau sur le balcon du cinquième étage. Ce dernier balcon recouvert en plomb avec caniveau du côté du mur. Le balcon du quatrième étage recouvert en plomb, mais sans caniveau. Sur cour : les bandeaux, bavettes de croisées et attiques recouverts en zinc. Les murs mitoyens recouverts comme les souches de cheminée.	284 à 287
341	Plan de comble..	293
409	Façade sur cour...	438
410, 414, 416	Plans de bandeaux zinc..	439, 448, 453

Métré n° 16.

»	Mémoire en timbre et résumé ; même détail que métré n° 11............	456

Métré n° 16 bis.

417 et 418	Comble à la Mansard, comprenant : Brisis en *ardoises de zinc à lozanges* ; raccordement de lucarnes œils-de-bœuf et châssis ; arêtiers et rives. Membron spécial couronnant le brisis ; terrasson de comble recouvert en *zinc cannelé* avec raccords de châssis, souches, arêtiers, rives et faîtages.	501 et 502

Métré n° 17.

432 436 437	Recouvrements verticaux de murs-pignons : 1° *en zinc* n° 10 par plaque de 0m,70 × 0m,35 pour imitation de moellon ; 2° *en zinc* n° 14 par feuilles de 0m,65 × 1 mètre à coulisseaux ; 3° *en zinc* n° 10 à *doubles nervures, système Baillot*...	517 519 521

Métré n° 18.

444 et 445	Terrasse recouverte en *plomb* avec besaces de dilatation en caniveaux ; corniche d'entablement, soubassement de balustres et couronnement recouverts en plomb.	524 et 525

Métré n° 19.

449 et 450	Dôme recouvert en *ardoises de plomb taillées en ogive*.................	532

Métré n° 20.

452 et 453	Dôme recouvert en *plomb par tables* de 1m,50 hauteur à arêtiers formant base de dilatation..	535

MÉTRÉ DE LA COUVERTURE.

FIGURES		PAGES
	Métré n° 21.	
455 et 456	Dôme recouvert en *zinc* n° 14 sur voligeage en sapin de 0m,018 épaisseur tasseau de 0m,054, couvre-joints de 0m,10 de large..............	538 et 539
	Métré n° 22.	
457 et 458	Tourelle, comble conique recouvert en *ardoises cartelettes réduites* sur double voligeage en sapin...	541
	Métré n° 23.	
460 et 461	Tourelle comble conique brisé, recouvert en *ardoises cartelettes* n° 1, *réduites*, égout de 3 tuiles Bourgogne petit moule................	544 et 545
	Métré n° 24.	
462 et 463	Pigeonnier. Comble hexagonal brisé, recouvert en *zinc* à auvents en contre-bas...	547
	RÉPARATIONS	
549 et 550	*Comble tuile Bourgogne* comprenant : remplacement d'une partie de gouttière sur rue, réfection de ruellée à droite, remaniage de comble en raccordement, tuiles neuves fournies, posées en recherche et dans les parties remaniées.	572
551 et 552	*Comble tuile à emboîtement* réparé avec tuiles en recherche, réfection des ruellées et filets sur parties remaniées et gouttière pendante remaniée sur crochets neufs à tige chantournée.	574
554 et 556	*Comble tuile Bourgogne remaniée* sur liteaux neufs, avec établissement de chemins rampants et horizontaux, ruellée, arêtiers, et faîtage en ciment de Portland.	576 et 577
563 à 566	*Comble réparé du métré* n° 15, comprenant : ardoises en recherche pour les brisis et sur dôme ; remaniage de terrasson de comble avec remplacement de bas de feuilles et agrafures, pièces et soudures en recherches, membron zinc remplacé par parties, réparation de bandeaux zinc et balcon en plomb.	584 à 586 600 603 605
574	*Terrasse en plomb réparée* comprenant remaniages et redressages, réfection de pentes en plâtre ; pièces en plomb neuf rapportées et soudées ; soudures faites en recherches et établissemnt d'écoulements de chéneaux plomb et cuvettes en zinc..............................	612 et 613
578, 580 582, 583	*Descentes pluviales et ménagères, en zinc* neuf avec colliers et bagues ou à crochets fer et nez zinc.	619, 620
597, 598	Les mêmes descentes réparées.............................	627, 628
608, 610	*Charpentes de combles réparées.* *Légers ouvrages exécutés par les couvreurs*	637, 638

RÉPERTOIRE ALPHABÉTIQUE

FIGURES	A	PAGES
	About d'arêtier mouluré...............................	413
370	— de chéneau à membron...........................	349
	— en plâtre de faîtage terre cuite....................	9
	Acrotère...	33
	Amortissement (*voyez About*).........................	»
	Alaise d'arêtier en plomb.............................	412
	— zinc pour chatière............................	93
	— circulaire en zinc sur dessus de lucarne..........	337
	Angle sur zinc......................................	148
	Angle sur plomb (pièce)..............................	525
26 et 27	— (linéaire)......................	427
342 et 343	Appui en zinc......................................	22
349	— de lucarne en zinc avec jet d'eau, poteaux et manchettes	298 et 299
411	— de lucarnes jumellées........................	307
412	— de croisées à bandeaux de côtés................	442
	— de croisée simple............................	444

Sciences générales.   COUVERTURE ET PLOMBERIE. — TOME II. — 42.

COUVERTURE ET PLOMBERIE.

FIGURES		PAGES
413	Appui de 2 baies jumellées à bandeaux de côtés..................................	445
567 à 571	— zinc réparés...	607
	Ardoise d'Angers forte sur volige peuplier..	19
	— sur volige neuve..	45
	— 1re carrée, 1er modèle avec crochets en cuivre sur volige chanlattée..	65
	— 1re carrée avec crochets galvanisés sur volige chanlattée.	89
	— — avec clous en cuivre.....................................	292
	— taillées en écaille ovales...	200
390	— sur dôme avec clous en cuivre...................................	394 à 397
	— en recherche sur brisis...	598
	— — sur dôme...	599
	Ardoise de zinc...	503
	— (tableau des poids)..	516
	Arêtier en plâtre sur tuile à emboîtement neuve.....................................	16
	— à arête vive sur ardoise...	26
34	— ogive Müller..	27
55	— terre cuite à recouvrement..	41
56 et 57	— — — *About*..	41
75	— zinc estampé sur comble en ardoise.............................	56
76	— — —	57
346	— sur ardoise avec bavette en plomb................................	302
395	— complet sur dôme en ardoise.......................................	410
396	— zinc estampé cintré..	412
424	— bois et zinc sur ardoise de zinc.....................................	508
	— — sur zinc cannelé...	515
454	— en bois et plomb sur dôme...	536
	Armature en plomb...	529
415	Attique..	450
465	Auvent en zinc..	550

B

	Bâches...	599
	Bague saillante pour membron...	296
593	— en zinc estampé pour tuyaux.....................................	621, 626
	— remaniée, ressoudée...	587
607	Baguettes poussées sur sapin pour joints...	636
	Balayage de chéneau...	613
	— de terrasse..	613
	— — (observation)..	613
401 et 403	Balcon en plomb à caniveau..	424 et 426
	— — circulaire..	429
407	— — droit à caniveau..	434
298	— recouvert en zinc (terrasson de lucarne)........................	161, 166
	Bande d'agrafe en zinc droite...	292
	— — coudée..	294
	— — circulaire...	399
	— — façonnée en zinc vieux...	606
	— de filet en plomb...	26
32	— de rives..	101
102	— de larmier en zinc (*droite*)..	134
279	— à cheval...	111 et 136
135	— de solin en zinc (*droite*)...	278
333	— — circulaire..	350
	— — à crémaillère...	352
373	— — remaniée..	598
342 et 343	— d'encadrement dite « bande à rabattre ».......................	299
	— de recouvrement circulaire...	399
	— — circulaire (observations)...	229
410	Bandeau en zinc formant attique au-devant des baies.............................	439
414	— simple...	448
416	— pénétrant dans les baies...	453
435	— au bas d'un revêtement...	518
564 et 566	— réparé...	600 et 605
	— déposé..	604
	— reposé..	604
	— redressé sur place..	606
32	Bandelette en zinc de clouage...	26
	Banquette en zinc..	297
	— — circulaire..	401
	— en plomb circulaire...	430
	— en zinc, remplaçant le membron entre brisis ardoise et terrasson tuile...	26

MÉTRÉ DE LA COUVERTURE.

FIGURES		PAGES
	Banquette en zinc au bas d'un comble en zinc	266
324 et 326	Bas de carreau en zinc	259
	Batellement d'une tuile	13
	— en tuile Bourgogne	579
24	Batellement en zinc (*bande de*)	21
49	Bavette en plomb sur tuile à emboîtement	36
	— — circulaire pour tourelle	546
	— — remaniée	587
	— de châssis	74
	— de cheminée	75
65	Besace de chéneau en plomb	47
	— de zinc derrière souche ou châssis	189
446	— de plomb en caniveau	525
405	— de dilatation en plomb sur baguette	429
	Boisseaux Gourlier	639
	Brisis en ardoise d'Angers	156 et 158
423	— — de zinc	503 et 506
	Brisis en zinc	649
303, 304	— cintré dit en impériale en ardoise	198 à 200
304	— — en zinc	213 à 220
	Brisure soudée sur zinc	277
	— d'onglet	399
	— sur coulisseau	399
602	Bûchement sur le tas et dressement de surface	631

C

604, 605	Caisson de châssis (*voyez Costières*)	634
	Cales en sapin	633
	— en plomb (*ou semelles*) sous pieds de balcons ou supports de gouttière	649
	Calotin en zinc	649
	Caniveau circulaire garni en plomb	427
	Capote en zinc pour châssis	230
	Capucine en plâtre	649
	Carapace de lucarne	314
	Champ en sapin à gorge sous membron	310
603	Chandelle en sapin	633
	Chanlatte sur fond de chéneau	295
	— de banquette	296 et 297
	— circulaire	401
606	Chantournement sur sapin de 0^m,08	635 et 636
	Chapeau de ventilateur en zinc	306
466 et 467	Chaperons de murs en tuile de Bourgogne	552
468 à 484	— à emboîtement	553 et 554
	Charpente de couverture réparée	629
7	Châssis sur tuile de Bourgogne	12
16	— pour tuile Müller	16
	— à derrière en plomb sur ardoise	23
283 et 284	— sur comble en zinc	140
	— dans les noues (*Observation*)	167
336	— raccordé sur comble en zinc à ressauts	280
	— en fer fourni peint et posé	190
389	— sur faîtage	392
425	— sur ardoises de zinc	510
391	— sur zinc cannelé	514
	— moitié sur terrasson en zinc, moitié sur comble circulaire en ardoise	404
	Châssis à tabatière réparé	649
101	Chatière en zinc sur ardoise	93
160	— sur zinc	116 et 197
	— carrée	549
38	— en terre cuite Müller	28
559	Chemin rampant en zinc sur comble en tuile	580
562	— banquette en tête de versant	583
43	Chéneau en zinc	31
47	— avec acrotère en zinc	33
63	— en plomb, à face en zinc orné	45
258 et 259	— à l'anglaise sur fond bois, face de socle à membron, entablement recouvert en zinc posé sur bois	292
358	Chéneau en zinc sur pente en bois, face de socle en auvent ardoise, bavette couronnement et banquette zinc	326
369	Chéneau en zinc entre deux brisis avec encaissement et fond bois et membron au devant	344

COUVERTURE ET PLOMBERIE.

FIGURES		PAGES
314 à 320	Chéneau en fonte Bigot-Renaux....................................	251 à 253
321	— — (raccords avec murs)...............	254
	— — (raccords avec vitrage)............	258
	— circulaires......................................	397 à 401
	— — en zinc...............................	398
	Chèvre en location...	418
	Chevrons en sapin...	631
	— 0.08 × 0.08 à 4 parements...................	635
	Clous fournis..	633
	Clouage à piston..	412
	Cloux à bateaux (lardis de)..	632
	Collet battu sur plomb (linéaire)..................................	526, 617
	— soudé sur plomb (pièce)................................	619
	Collerette en zinc pour mitron.....................................	377
	— sur bandeau..	622
579	Collier en zinc fourni, posé.......................................	621
	— déposé, reposé.....................................	624
	Coltinage..	636
	Considérations générales...	1
	Contre-chevron (linçoir) (voyez Charpente).........................	629
	Contre-pente sur zinc (linéaire)...................................	189
	— — (pièce).....................................	190
	Contre-talon zinc..	373
	— d'arêtier et faîtage.....................................	374
	Corde à nœuds (plus-value)...	624
604 et 605	Costière de châssis..	634
	Coude embouti sur plomb..	619
	— cintré en zinc..	624
	— d'équerre...	621
174	Coulisseaux plats..	119, 440
	— de faîte (ou d'équerre)...............................	342
147	— carrés..	113
	Coupe à la griffe sur plomb..	617
	— sur vieux zinc.......................................	598
	— circulaire sur plomb.................................	429
	Coupement de chevron à l'égoïne....................................	633
	— de sablière à l'ébauchoir...........................	634
68	Couronnement de socle en zinc......................................	49
	— circulaire....................................	400
	Cours des métaux...	7
	Couverture en zinc type a..	135
	— — b..	139
	— — c..	650
	— — d..	220
	— — e..	276
485 à 536	Couverture en ciment volcanique....................................	555 à 563
	— en carton bitumé...................................	564
	— en feutre asphaltique..............................	564
	— en cuivre (Poids et fourniture)....................	567 et 568
	— — façons..	569 à 571
	Couvre-joint à agrafure..	373
	Coyau...	34
	Coyau de pente pour chéneau..	233
	Crapaudine en fer galvanisé..	619
	— en fil en zinc.......................................	626
	Crémaillère brisée pour châssis....................................	230
73 et 74	Crochet d'échelle..	55
87 et 88	— d'ardoise...	73
	— de gouttière renforcée à paillette en cuivre............	95
	— de gouttière ordinaire..................................	573
553	— — chantournée.......................................	575
581	— — en fer pour tuyau zinc............................	622, 625
	Cuivre (couverture en)...	567 à 571
	Cuvette d'angle en zinc estampé....................................	619

D

592	Dauphin en zinc..	526
	Découverture de tuile..	677
	— de zinc...	688
	Démolition de légers ouvrages......................................	538
	Dépose et repose de bois assemblé pour comble......................	629
	Dépose descente et rangement de bois assemblé......................	629
	Dépose de parties pleines en bois..................................	633

MÉTRÉ DE LA COUVERTURE.

FIGURES		PAGES
	Dépose de chevrons...	635
	Dépose de mitrons..	638
	Derrière de châssis en plomb.................................	13
50 et 51	Dessus de souche en zinc.....................................	37
93 et 94	—	91
344 et 345	Dessus de lucarne à 2 versants.............................	300 et 301
363 et 365	— cintré..	336
	— cintré raccordé sur dôme en ardoise.................	406 à 408
	Devant de chéneau en terre cuite (voyez Rive)................	13
	Dévirure en plâtre...	13
	Dévoligeage..	590
451	Dôme recouvert en ardoises de plomb taillées en ogive........	534
	— en plomb par tables...................................	536
	— en zinc type d..	540
	Doublis d'une ardoise d'Angers forte.........................	21
	— — 1re carrée, 1er modèle sur crochets cuivre.........	69
	— — 1re carrée, 1er modèle sur crochets galvanisés.....	91
	Droits d'octroi..	6

E

	Echafaudage volant de couvreur...............................	221
	— — (Coup supplémentaire)...............................	221
	— réglementaire...	608
	— roulant de balcon.....................................	612
599	Echantignolle..	629 et 630
577	Ecoulement de chéneau en plomb...............................	618
39	Ecoulement de chéneau en zinc avec faux moignon d'entablement et manchon en zinc	28 et 29
	Egout de 2 tuiles de Bourgogne grand moule...................	9
	— petit moule...	11
	— de 3 tuiles de Bourgogne pour tourelle................	546
	— circulaire pour tourelle..............................	542
	— en tuile remaniée.....................................	573
420	— en zinc sur ardoise de zinc...........................	504
	— en ardoise (voyez Doublis)............................	»
	Eloignement des bois au droit des tuyaux de fumée............	25
408	Embase de pied de balcon en plomb fondu......................	136
572 et 573	— en cuivre à dilatation libre..........................	609 à 612
	Emboutissage du plomb sur baguette...........................	430
	— en nervure..	615
	— en gousset..	525
	— en angle..	431
	— en ourlet...	429
	— en relief...	431
	Embranchement d'arêtier sur membrons.........................	303
	— sur faîtage...	374
	Emoussage..	573
	Encastrement de tête de boulon...............................	411
	Enduit en plâtre (voyez Légers)..............................	»
16,	Entablement en zinc..	20
66	—	48
	Entaille à bois de travers...................................	295
	— sur faîtage et arêtier................................	374
600	— à paume...	630
603	— pour corbeau..	633
	— sur zinc..	185
	— et soudure sur plomb..................................	437
95	Epi poinçon en zinc estampé..................................	86
96	— — embase zinc..	86
100	— —	92
59 et 60	— orné en terre cuite...................................	42
	Equerre d'angle en fer pour planche de socle.................	46
	— de scellement en fer pour chéneau.....................	46
	Expédition de mémoires.......................................	2

F

67	Face de socle en zinc orné...................................	48
	— en zinc...	295
	Faîtage de Bourgogne neuf....................................	9
6	— de Bourgogne..	12
14 et 15	— de Bourgogne à bourrelet..............................	16
35 et 36	— à recouvrement..	27

FIGURES		PAGES
58	Faîtage en terre cuite ornée...	42
	— de Bourgogne remanié au plâtre..............................	573
	— — au ciment............................	583
77	— en zinc orné (*composition d'ensemble en élévation*)........	59
78	— — — en plan.....................	60
90	— en zinc à bavettes plomb et zinc sur ardoise...................	78
	— en bois...	367
	Faîtage de comble en zinc cannelé...................................	515
35	Faîtière en terre cuite...	27
	Faux moignons en zinc...	29
	Feuilles débitées...	373
	Filet plâtre sur ardoise..	324
	— sur tuile à emboîtement....................................	16
	— sur tuile de Bourgogne......................................	13
	— sur tuile emboîtement vieille..............................	575
	— en ciment...	586
	Fond de chéneau en sapin..	223
	— — à double courbure........................	398
601	Fourrure en sapin..	631
	Frais de déplacement...	650
	Frais généraux et bénéfices (voyez *Considérations générales*)......	»

G

	Gaine ou pontet sur talon de support de gouttière anglaise........	222
	Gaine de garantie sous membron.....................................	312
	Garde-fou...	574
	Glacis plâtre..	66
561	Godets de marche en zinc..	581
	Gorge en plâtre...	412
	Goudronnage sur comble...	564
	Goujon de renfort en zinc..	428
	— cuivre...	527
404	Goulet en plomb au bas des descentes..............................	428
	Gousset à besace...	190
	— en plomb..	525
595	— en zinc (d'angle, plié)....................................	625
596	— à angle soudé..	625
	— de renfort sur dauphin en zinc.........................	621
	Gouttière ordinaire en zinc compris crochets........................	9
	— — sans crochets...................................	15
20	— anglaise sur entablement recouvert.....................	19
22	— — —	20
82	— à face de socle sur entablement recouvert..........	66
279	— ordinaire en zinc...	134
287	— anglaise sur entablement pour comble en zinc......	142
332	— Bigot-Renaux sur entablement recouvert avec banquette au bas de comble en zinc..	264
434	— en zinc au bas d'un revêtement en zinc...............	518
	— nettoyée...	573
	— redressée..	573
	— remaniée...	575
	— déposée..	573
	Gravois descendus..	574
	— enlevés..	574

H

	Honoraires..	3

I

	Incision sur plomb vieux avec raccordement de pente (*ou garantie en zinc*) retroussis et rebattage du plomb................................	618

J

	Jeu de poulies pour châssis..	244
	Jonction soudée sur vieux zinc (*pièce*)................................	573
299	Jouée de lucarne...	164
388	Jouée en zinc pour vitrage...	290

L

	Lanceur en zinc..	650
52	Lanterne en terre cuite..	38

FIGURES		PAGES
	Latte en recherche...	630
	Larmier embouti sur plomb...	525
	Légers ouvrages en plâtre...	
	— Arête..	
	— Bandeau...	
	— Cloison légère avec hourdis, lattis et enduits.........	
	— Coupe-larme sous bandeau............................	
	— Crevasse hachée et bouchée...........................	
	— Descellement de panne et bouchement de trou......	629 à 640
	— Hachement crépis et enduit en plâtre au panier......	
	— Hourdis plein de bandes de trémie....................	
	— Lardis de clous à bateau...............................	
	— Naissance en plâtre....................................	
	— Solin de calfeutrement avec lardis de clous..........	
	— Tranchée et scellement d'about de chevrons.........	
	— Trou et scellement de panne, plate-forme, linçoir...	
	Liteau double formant chanlatte..	15
	— sapin...	579
25	Lucarne sur ardoise à bavette d'appui, solins sur jouées, dessus ardoise avec égout tuile, faitage Bourgogne, arêtiers et noues en zinc..	22
69	— en zinc estampé (grande)...............................	51
70	— — (petite)..................................	52
84 à 86	— en pierre recouverte en ardoise et armée en zinc.....	74
297 à 300	— en ardoise avec terrasson et jouées intérieures en zinc............	162 à 165
308 à 310	— à bavette, jouées et dessus zinc sur comble circulaire en zinc....	227
360 à 362	— à dessus cintré sur brisis ardoise........................	333 et 334
366 à 368	— à fronton...	338 à 340
371 et 372	— zinc (assimilé par analogie)............................	350 et 351
423	— sur ardoise en zinc.......................................	506

M

	Main d'arrêt en zinc pour chéneau...	295
421	— — pour ardoise de zinc.............................	305
	— en cuivre sur plomb....................................	47
343	Manchette de poteau..	299
560	Marche en zinc fondu...	581
	Massifs plâtras et plâtre..	650
	Matériaux...	4
426, 427	Membron zinc sur ardoise de zinc..	511
306	— entre ardoise et zinc.....................................	208
351	— entre deux brisis en ardoise............................	310
357	— entre brisis ardoise et terrasson zinc..................	324
374	—	356
399	Membron circulaire en tête de dôme en ardoise............................	415
	— de socle en sapin..	296
	— zinc réparé...	587
	Mémoire en timbre et résumé (administrations)............................	456 à 491
109, 111)	Mémoire ordinaire particuliers..	4
327, 329)	Métré (orientation)..	106, 261, 262
89	Mitron en terre cuite et lanterne...	77
39	Moignon zinc..	28 et 29
577	— plomb..	619
	Montage de bois..	309
322	Mur mitoyen recouvert en zinc..	256

N

	Naissances plâtre (voyez Légers)..	»
	Nervure emboutie sur plomb...	615
	— façonnée dans la pente.................................	615
581	Nez zinc..	622
	Noquet zinc droit...	298
	— mouluré...	337
5	Noue zinc sur tuile Bourgogne neuve...	11
13	— à emboîtement neuve...................................	15
334	— encaissée sur comble zinc à ressauts..................	271
347	— — ardoise.................................	303
350	— — — avec fausse noue de garantie.........	309
353	— — — —	316
354	— accouplées dans un brisis en ardoise..................	318
	— sur comble circulaire (dôme)..........................	402, 403
	Noue en plomb..	23

COUVERTURE ET PLOMBERIE.

FIGURES		PAGES
	O	
71, 91	Œils-de-bœuf en terre cuite (*voyez Chatière*)...............	53, 81
305, 352	Œils-de-bœuf en zinc estampé sur ardoise d'Angers.........	205, 314
	— — sur dôme d'ardoise................	408
423	— — sur ardoise de zinc...............	506
»	Ourlet circulaire en zinc..	335
»	Ourlet embouti sur plomb.......................................	429
	Ourlet embouti circulaire sur plomb............................	429
	Ourlet plomb vieux redressé, refaçonné ; *droit*..............	610
	— — *circulaire*............	610
	P	
	Pannetonnage de tuiles..	650
	Panne en sapin (*voyez Charpente*).............................	»
	Papier goudronné...	376
	Parement plâtre..	12
	Patin zinc fondu pour support de gouttière anglaise..........	651
	Patte cuivre en plus-value.....................................	374
	— eu valeur entière sur zinc......................	418
	— — sur plomb........................	529
419	Patte zinc à obturateur...	503
	Patte d'about en fer..	223
	Patte fer pour châssis (*voyez Châssis réparé*)...............	»
	Pente plâtre de chéneau..	201
	— de terrasse..	525
	— tamisée...	525
	— sur souche...	376
	— démolie en chéneau................................	615
	— — en terrasse...............................	616
	Pente plâtre *ou bois* à revers ; à la pièce..................	189
	— — au linéaire..................	190
	Peinture de châssis..	190
	Percement sur bois...	197
	— zinc..	197
	— fer...	294
	— plomb...	619
	Petite cale en bois brut (*voyez Charpente*)...................	»
	Pièce en zinc...	598
	— en plomb..	614
	— de faîte en zinc estampé............................	418 à 426
400	— sur plomb...	526
	Planche de rive...	40
	— de socle droite...................................	45
	— — circulaire.............................	397
	Plates-bandes en fer..	46
	Plombaginage de zinc...	419 à 426
	Plomb fourni..	8
	— façonné en bavettes droites........................	412
	— — circulaires..........................	543
	— — en chéneau cintré en gorges..........	46
	— — — circulaire................	427
	— — en terrasse..........................	525
	— réparé en terrasse.................................	613
	— vieux déposé..	613
	Plomb vieux repris en échange..................................	651
	Plomb vieux déposé, rangé, repris, reposé.....................	613
	— — retroussé, rebattu, reposé.......................	613
	Poids des plombs laminés.......................................	8
	— du zinc laminé.....................................	8
37, 59, 60	Poinçons en terre cuite..	28, 42
459	Poinçon zinc sur tourelle ardoise..............................	543
464	— — zinc..................................	549
	Pose de mitron..	77
	Pose de châssis...	190
	— de cuvette zinc.....................................	619
	— de lucarne zinc (*voyez Lucarne*)...................	»
	— d'épi en zinc (*voyez Epi*).........................	»
	— de chatière...	197
	— de crapaudine.......................................	619
	— de marche...	581
	— et dépose de bâches.................................	599
	— d'échafaudage volant................................	609

MÉTRÉ DE LA COUVERTURE

FIGURES		PAGES
	Prix de base du zinc...	8
	— composés..	5
	— élémentaires...	4
	Plus-values ; sur tuyaux en zinc..............................	62

R

FIGURES		PAGES
	Raccord de bandeau zinc au passage de descente................	623
359	— d'about de chéneau..................................	332
375	— — de membron................................	374
370	— — de chéneau membron.......................	349
375	— de bande à crémaillère en about de membron...........	374
72	— cheminée sur ardoise................................	54
	Ramonage de cheminée.......................................	638
276	Rapporteur des degrés avec correspondance en centimètres......	132
	Recherche (*Echafaudages*)...................................	651
33	Recouvrement de banquette zinc...............................	27
448	— en plomb de balustre............................	528
447	— — de corniche............................	527
	Relief sur plomb ; droit.......................................	525
	— circulaire..	431
	— circulaire sur zinc................................	335
	Remplissage en plâtras et plâtre entre chevrons et souche (*voyez Légers*)..	»
	Renformis en plâtre.. d°	»
	Réparation de charpente......................................	629
	— de légers ouvrages hors combles....................	638
	— de souche de cheminée —	638
	Reprise en compte de vieux zinc...............................	648
64	Ressaut de chéneau en plomb..................................	46
	Résumé de mémoire en timbre.................................	499 et 50
	Revers d'eau en zinc...	441
433	Revêtement en zinc, imitation-moellons........................	518
436	— — à coulisseaux.........................	519
437 à 443	— — à double nervure...................	521 et 522
»	— — — (*Tableau des poids*).........	523
102	Rives de comble en ardoise ; en côté, avec fausse noue..........	101
103 et 104	— — en tête, avec bavettes plomb et zinc........	101
107	— — en tuile à emboîtement ; en côté avec fausse noue...	104
108	— — en tête avec bavettes plomb et zinc...............	104
44 et 45	Rive en terre cuite...	32
46	— — pièce d'angle...............................	33
53	— — de fronton..................................	40
54	— — pièce de fronton............................	41
422	— zinc ; sur ardoise de zinc...........................	505
431	— — sur zinc cannelé.............................	513
398	Rosace en zinc estampé.......................................	415
	Rondelles plomb (*voyez Vis et Rondelles*).....................	»
	Ruellée en plâtre sur tuile neuve de Bourgogne.................	9
	— — vieille....................................	573
	— — — à emboîtement.......................	575
558	— en ciment formant bandeau.........................	580

S

FIGURES		PAGES
	Sapin neuf, sciage 3 faces non assemblé, avec montage pour courbe......	633
	— — assemblé —	630
	— de 0.018 à 1 parement rainé........................	635
	Sciottage dans la pierre et joints en ciment....................	70
603	Semelle en sapin...	633
	Série appliquée...	3
	Solins et plâtre, sur ardoise.................................	23
	Solins filets plâtre, sur tuile neuve de Bourgogne..............	12
	— — vieille —	583
	— — neuve à emboîtement......................	17
	— — vieille —	575
	— sur zinc..	83
	— ciment sur comble tuile............................	583
92	Souche de cheminée sur comble ardoise, avec derrière zinc......	82
298 et 299	— — — zinc..........................	148
376 à 387	— — — —	375
28 et 30	— — — ardoise avec derrière plomb...........	24 et 25
48	— — — tuile à emboîtement à bavette plomb et derrière zinc........	35

FIGURES		PAGES
	Souche de cheminée sur comble tuile à emboîtement, à derrière zinc	17
355 et 356	— — couverte avec dessus mobile en zinc	322
93 et 94	— — — — en chapeau	82 à 84
	Soudure (obligée) sur zinc neuf	246
	— sur vieux zinc; au linéaire	598
	— — à la pièce	598
575	— sur plomb neuf, lisse; au linéaire	427
576	— — — barrée —	614 et 615
	— — vieux; au linéaire	615
	— — — à la pièce (recherches)	618
	— — — au kilogramme (recherches)	617
	Sous-détails	641 à 651
	Support de gouttière ordinaire	573
	— — renforcé à paillettes en cuivre	15
553	— — chantourné	575
23 et 83	— — à l'anglaise	20 et 68

T

406	Tableau de baie de balcon sur plomb	431
	— de classement (mémoire en timbre et résumé)	492 à 499
	Talon de gouttière zinc; droit	9
	— — biais	90
	— zinc de couvre-joint	373
56 et 57	— — d'arêtier et faîtage	41
	— — d'ourlet	582
	— — biais (en plus-value)	374
	— plomb embouti	430
	Tasseaux de couverture droits	365
	— — cintrés	214
	— d'accotement droits	327
	— — déposé	591
	— — remanié	591
	— — redressé sur place	591
	Terrasse en plomb	525
59	Tête d'arêtiers en terre cuite	42
	— de bandeau zinc	440
	— de couvre-joint zinc	139
	— de boulon encastrée sur bois	411
	Tige de poinçon en fer	544
	Tôle ondulée pour couverture	365
	Tourelle conique pour couverture, recouverte en ardoise cartelette	542
	— brisée pour couverture recouverte en ardoise cartelette	546
	— à pans; recouverte en zinc	548
	Tranchées en mur et joints en ciment	70
	Tranchis sur tuile neuve de bourgogne; droit	13
	— — — biais	12
	— — — à emboîtement	16
	Tranchis sur tuile neuve à emboîtement la scie	15
	— sur ardoise; droit	83
	— — biais	23
	— — circulaire	298
	— — mouluré	314
	Trop pleins en zinc	651
	Trou de boulon sur membron bois	411
	— et scellement en entablement	327
	— tamponné	292
	Tube de buée	299
	Tuile neuve Bourgogne petit moule sur lattis neuf	11
	— — grand moule —	9
11, 12	— — à emboîtement Müller sur liteaux neufs	14
	— — — Perrusson —	31
	— — — en recherches	575
	— de Bourgogne —	574
	— vieille — remaniée —	578
	— — — sur liteaux neufs	578
	— — à emboîtement —	575
	— — conservée (après découverture)	578
537 à 548	— métallique	565 à 567
	— (poids et prix)	566
	Tuiles clouées ou vissées	
	— émaillées ou vernissées	651
	— gironnées pour tourelle au kiosque	
	— ornementées pour couverture	

MÉTRÉ DE LA COUVERTURE.

FIGURES		PAGES
	Tuiles plates à crochets..	651
	— vitrées et de verre..	
578, 580	Tuyaux en zinc neuf (*pour descentes*).............................	620 et 621
582, 583	— en zinc vieux remaniées avec parties remplacées en bagues neuves.	623 à 625

V

348	Ventilateur zinc à chapeau et collerette sur comble ardoise.........	305
	Vis fer; à bois; tête ronde..	623
	— tête carrée...	411
	— étamé; avec rondelle en plomb...............................	277
337	Vitrage raccordé sur comble en zinc................................	282
	Voligeage sapin pour comble en ardoise d'Angers....................	11
	— — circulaire.................................	400
	— — zinc..	362
	— — remanié....................................	590
	— — redressé, recloué sur place.................	590
607	— — neuf, à baguette...........................	635 et 636
	Voyage de voiture à un cheval.....................................	636
	Vue de faîtière...	651

Z

»	Zinc (*Prix du mètre superficiel aux différents cours*)..............	133
280	— (*Coupe des feuilles avec dimensions des reliefs*)...............	135
	— (*Prix de base*)..	8
	— Couverture type *a* (*de hangar*)................................	135
	— — *b* (*de maison ordinaire avec souches, châssis, etc.*).	139
	— — *c* (*de brisis*)..	650
	— — *d* (*comble circulaire*)................................	220
	— — *e* (*comble à ressauts*)................................	276
455 et 456	— de dôme...	538 à 540
462 et 463	— de tourelle à pans..	547 et 548
428 à 430	— cannelé pour couverture...	512, 513
	— (*tableau des poids*)...	516
	— vieux, remanié, refaçonné.......................................	592
	— — sans retaille..	597
	— — repris en compte..	648

Zinc.

112	Principales applications de la couverture en zinc à tasseaux et agrafures..	107
113 et 114	Partie supérieure et inférieure d'une couverture à dilatation libre.....	108
115	Pattes passant sous les tasseaux..................................	»
116	Pattes s'agrafant avec le pli supérieur des feuilles...............	»
117	Patte clouée sous les feuilles.....................................	109
118 à 120	Divers systèmes de solins..	»
121 et 122	Agrafures de feuilles sur toute leur largeur.......................	»
123	Feuilles non agrafées sur leurs reliefs contre les tasseaux........	»
124	Coupe AB de la figure 123..	»
125 et 126	Couvre-joints fixés avec des clous recouverts de calotins en zinc..	»
127 et 128	Pose de couvre-joints suivant le système à gaîne et languettes.....	110
129	Couvre-joint d'arêtier...	»
130	Partie supérieure d'une noue ordinaire.............................	»
131	Coupe suivant AB de la figure 130..................................	111
132	Disposition d'une noue encaissée...................................	»
133 et 134	Rive avec tasseaux et couvre-joints. Rive à plat...................	»
135	Rive avec bande à cheval...	»
136	Couverture du dessus et des jouées d'une lucarne avec celle de la toiture	»
137	Raccord de la couverture de la lucarne avec celle de la toiture....	112
138	Coupe sur le larmier de la couverture de la lucarne................	»
139	Vue perspective de l'arêtier.......................................	»
140 et 141	Coupe suivant AB et CD de la figure 136............................	»
142	Lucarne en zinc et coupe suivant LM, EF, GH........................	112 et 113
146	Couverture d'un chemin de faîtage avec garde-corps en fer..........	»
147	Tasseau et couvre-joint plat.......................................	»
148	Coupe sur un montant du garde-corps................................	»
149	Chemin avec garde-corps en fer au-dessus d'un chéneau à l'anglaise.	114
150 et 151	Tuyau de ventilation ou de cheminée et coupe indiquant le raccord avec la couverture..	»
152	Membron en zinc, raccords avec la couverture en zinc à tasseau de la partie supérieure et avec le brisis en losanges de zinc............	»

FIGURES		PAGES
153 et 154	Plaque de garantie de 0m,20 largeur et coupe suivant AB............	115
155	Membron dit à gaine et languette sans bague......................	115, 233
156	Raccord de deux parties de couverture à tasseaux................	115
157 et 158	Châssis exhaussé avec coffre et coupe suivant AB...............	115 et 116
159	Châssis à tabatière pour toiture à forte pente..................	»
160	Chatière de ventilation..	»
161	Marche en fonte de zinc pour escalier sur couverture............	»
162	Coupe de marches à godets.....................................	»
163 à 165	Marches en fonte de zinc à crochets............................	»
166	Couverture de terrasse à tasseaux et ressauts..................	117
167	Détail d'exécution et coupe d'un ressaut.......................	»
168	Couverture de terrasse à rigoles, avant la pose du couvre-rigole..	»
169	Couverture — — après —	118
170	Couvre-rigole en zinc...	»
171 et 172	Extrémité inférieure de la rigole aboutissant dans la gouttière ou dans le chéneau..	»
173	Recouvrement de bandeau de faible largeur.....................	»
174	— — 0.15 à 0.20 de saillie.............	119
175	— — supérieur à 0,25................	»
176 et 177	Revêtements d'appui de fenêtre avec jet d'eau.................	119 et 120
178 à 181	Noquet en zinc contre un mur d'arêtier. Coupe AB de la figure 178.	»
182 et 183	Couverture à tasseaux pour pente de 0.35 à 0.50 par mètre.....	121
	Tasseau en bois, relief des feuilles et agrafures du couvre-joint avec les pattes maintenant les reliefs contre les tasseaux.................	»
184 et 185	Pattes A et B empêchant le glissement des feuilles.............	122
186	Système breveté pour pentes inférieures à 0.35 par mètre......	»
187	Tasseau en bois et couvre-joint................................	123
188 à 194	Couvre-joints, arêtiers et faîtages.............................	»
195 à 201	Gouttières...	»
202	Gouttière demi-ronde à deux boudins...........................	»
203 et 204	Gouttières anglaises ou havraises..............................	»
205 et 206	Gouttières plates, modèle Laval................................	»
207 et 208	Gouttières carrées ou dalles...................................	»
209	Faîtage simple avec pince......................................	»
210	— ourlet (dit du nord)............................	»
211 et 212	Faîtages composés...	»
213 à 220	Bande unie, rabattue, à ourlet (doublis), à pince, de rive, à cheval, de solin.	»
221 à 224	Mains courantes, ordinaires, à pince rechassée.................	»
225 à 231	Modèles divers de mains-courantes formant socle ou devant de chéneau.	123
232	Coudes cintrés..	»
233 à 235	Bagues et boudins...	»
236 à 239	Coulisseaux...	»
240 à 244	Membrons et moulures..	»
245 à 249	Gouttière et chéneau-gouttière à l'anglaise sans planche de socle ni ressauts...	125, 150, 154
250 à 253	Chéneau-gouttière à l'anglaise avec socle et devants en zinc sans ressauts.	126, 200
254 à 257	Chéneau gouttière à ressauts avec socle et devant de chéneau en zinc..	127, 223
258 et 259	Vue perspective et coupe d'un chéneau à l'anglaise à ressauts avec équerres ou supports semblables................................	128
260	Coupe sur deux équerres dont l'une au droit d'un ressaut.......	129
261	Système d'assemblage par boulons au lieu de vis................	»
262 et 263	Vue perspective et coupe transversale d'un chéneau à l'anglaise à ressauts avec équerre de hauteur variable.........................	»
264	Détail d'un ressaut..	130
265	Coupe sur le couvre-joint d de la figure 262....................	»
266	Coupe sur la gaine..	»
267 à 274	Vue intérieure, coupes et détails d'un chéneau à ressauts, avec trop plein, cuvette et tuyau de descente...................................	131

Tours. — Imprimerie DESLIS FRÈRES, rue Gambetta, 6.

www.ingramcontent.com/pod-product-compliance
Lightning Source LLC
Chambersburg PA
CBHW050320240426
43673CB00042B/1478